》叢書・歴史学研究《

関東水陸交通史の研究

丹治健蔵著

法政大学出版局

関東水陸交通史の研究／目　次

第一編　水上交通

第一章　利根川水運の展開……3

第一節　近世初期の水運動向　3

第二節　御用荷物の運漕　11

第二章　近世河川海上運漕と江戸廻船問屋……26

——利根川・荒川の舟運荷物を中心として

第一節　御用荷物の運漕と河岸問屋・廻船問屋　26

——宝暦十三年松平康福の引越し荷物

第二節　商人荷物の運漕と河岸問屋・廻船問屋　32

——武州紅花の上方輸送

第三章　水戸天狗党の乱と利根川舟運……47

——幕府鎮圧軍の軍需物資運漕

第一節　乱の勃発と幕府鎮圧軍の派遣　47

第二節　軍需物資運漕と古河・船渡河岸　49

第三節　軍需物資運漕と鉾田河岸　64

第四章　明治前期の内陸水運と道路輸送……76

——上利根川水系の河岸場を中心として

第一節　維新政府の内陸水運支配　76
第二節　舟運荷物の道路輸送　96
第三節　高崎線開通前後の舟運動向　110
第五章　明治前期の下利根川水運と商品流通……130
——総州高田河岸宮城家文書を中心として
第一節　明治初年の商人荷物の動向　132
1　高田河岸の概況　132
2　明治四年の「水揚帳」からみた商人荷物　135
3　明治四年の「当座帳」からみた河岸問屋の商品取引　146
4　明治三〜五年の「送り状」等からみた商人荷物　156
第二節　明治六〜十一年の商人荷物の動向　174
1　明治六年の「送り状」からみた商人荷物　174
2　明治七年の「万積附之帳」からみた商人荷物　186
3　明治七年の「万積附之帳」からみた輸送経路　190
4　明治十一年高田河岸出入りの商品と船舶　197
第三節　明治十八年以後の商人荷物の動向　205
1　明治十八年の「送り状」からみた商人荷物　205

2　明治二十年の「送り状」からみた商人荷物　209
3　明治十八年河岸問屋の商品取引　215
第四節　高田河岸を中心とする商品流通圏　226
1　商品流通圏　226
2　商品の輸送経路　230
補　論　関東水運史をめぐる諸問題……251
——河岸場と商品流通をめぐって
第一節　商人荷物運漕をめぐる問題　253
第二節　商品流通の進展と河岸場をめぐる問題　257
第三節　舟運荷物の道路輸送をめぐる問題　261
第四節　川船改番所と流通統制をめぐる問題　267
第二編　陸上交通
第一章　近世宿駅問屋制の確立過程再論……279
——問屋の宿役人化をめぐって
第一節　戦国期の宿駅と問屋　281
第二節　慶長・元和期の宿駅と問屋　287
第三節　寛永初年の宿駅と問屋　302

第四節　寛永十年代の宿駅と問屋　307
第二章　日光御成道大門宿の研究……337
——特権大通行と人馬継立・休泊の負担
第一節　大門宿の概況　337
第二節　特権大通行と人馬継立の負担　344
第三節　特権大通行と休泊の負担　360
第三章　水戸道中における特権大通行とその負担……383
——取手・藤代両宿を中心として
第一節　水戸道中宿駅の規模　384
第二節　武家通行と人馬継立・休泊負担　394
第三節　大名の通行と人馬継立・休泊負担　403
第四節　水戸藩主の人馬継立・休泊負担　414
第五節　幕末期における特権大通行とその負担　439
第四章　近世後期木下街道の在郷商人……469
——商品物資の生産・販売と輸送
第一節　木下街道の沿革と藤原新田の概況　470
第二節　商品物資の生産販売と陸上輸送　472

第三節　肥料の購入と輸送　477
第四節　商品物資の江戸販売と水上輸送　480
第五章　幕末維新期の助郷負担……495
——武州多摩郡の村々を中心として
第一節　幕末期の助郷負担　495
1　甲州道中宿場への助郷負担　495
2　中山道宿場への助郷負担　502
3　東海道宿場への助郷負担　505
第二節　東征軍の江戸進攻と助郷負担　509
1　甲州道中宿場への助郷重役負担　509
2　東海道宿場への兵食人馬賄い負担金　518
第三節　維新政府の成立と助郷負担　522
1　甲州道中宿場への助郷重役負担免除願　522
2　御臨幸につき東海道小田原宿への助郷負担　527
あとがき　533
物産および廻漕商品索引　(29)
地名索引　(18)　事項索引　(1)

図表目次

第一編

第一章

表1　元禄十二年　越後城米運漕表（新河岸出船）　15
表2　享保十八年　幕府買い米江戸運漕状況　24

第二章

表1　安政二年六月〜八月　上方送り紅花出荷表　37
表2　安政五年　江戸廻船問屋井上重次郎の紅花船積表　41
表3　午年（安政五年カ）　江戸廻船問屋利倉屋金三郎紅花船積表　43

第三章

図1　関東河川水運路略図　50〜51

第四章

表1　明治三年　上州平塚河岸船税上納額表　82
表2　埼玉県管内明治初年創立船積問屋一覧表　85
表3　明治十三年　利根川・烏川河岸運船調査表　90
表4　明治三年　中瀬河岸問屋預り荷物一覧表　98〜101
図1　武州中瀬河岸分布図　明治三年頃　102
表5　上利根川筋行き船賃表　113
表6　定増附運賃表　114
表7　明治五年　上利根川運賃駄目協定問屋一覧表　117
表8　明治十一年　内国通運会社水運会社・漕所荷物取扱高　120
表9　明治十二年　上利根川筋二四河岸輸出入品数量高　121

第五章

図1　明治四年　高田河岸馬方の居住村落図　133
表1　明治三年十一月～四年十二月　高田河岸陸揚げ商品　136
表2－1　塩の出荷人と荷受人（明治三年十一月～四年十二月）　137
表2－2　干鰯出荷人と荷受人（明治三年十一月～四年十二月）　137
表2－3　粕の出荷人と荷受人（明治三年十一月～四年十二月）　138
表2－4　明樽の出荷人と荷受人（明治三年十一月～四年十二月）　140
表2－5　むしろの出荷人と荷受人（明治三年十一月～四年十二月）　141
表2－6　米の出荷人と荷受人　142
表2－7　麦の出荷人と荷受人　142
表2－8　①菜種の出荷人と荷受人　②隠元の出荷人と荷受人　③落花生の出荷人と荷受人　143
表2－9　魚油の出荷人と荷受人　143
表2－10　明治四年八月二十一日入り新南郷米の輸送に従事した馬方　144
表2－11　明治四年九月十八日入り明（空）樽輸送に従事した馬方　145
表2－12　明治四年八月二十日入り酒の輸送に従事した馬方　145
表3－1　明治四年　高田河岸問屋商品取引表（1）　148
表3－2　明治四年　高田河岸問屋商品取引表（2）　150
表3－3　明治四年　高田河岸問屋商品取引表（3）　150
表4－1　明治三～五年　九十九里浜商人出荷表（飯岡）　157
表4－2　明治三～五年　九十九里浜商人出荷表（飯岡以西）　163
表4－3　明治三～五年　茨城商人出荷表　168

表4－4　明治三～五年　利根川筋商人出荷表　170
表4－5　明治三～五年　栃木・埼玉商人出荷表　172
表4－6　明治三～五年　東京商人出荷表　173
表5－1　明治六年　九十九里浜商人出荷表　175
表5－2　明治六年　常州茨城商人出荷表　179
表5－3　明治六年　利根川商人出荷表　180
表5－4　明治六年　野州栃木商人出荷表　182
表5－5　明治六年　東京商人出荷表　183
表6　明治七年十一月～八年三月　高田河岸商品出荷表　186
図2　明治前期高田河岸商品流通圏　188～189
表7－1　明治十一年（一月～十月）　高田河岸出荷商品表　202
表7－2　明治十一年（一月～十月）　高田河岸入荷商品表　202
表7－3　明治十一年　高田河岸出入り月別船舶数　204～205
表8－1　明治十八年　九十九里浜商人出荷表／明治十八年　利根川筋商人出荷表　206
表8－2　明治十八年　茨城商人出荷表／明治十八年　栃木商人出荷表　207
表8－3　明治十八年　東京商人出荷表表　209
表8－4　明治二十年　九十九里浜商人醤油出荷表　211～212
表9－1　明治十八年　河岸問屋魚肥買入れ表　216
表9－2　明治十八年　河岸問屋魚肥売渡し表（一月～六月）　218
表10－1　明治十八年　「買入帳」からみた取引商品　220
表10－2　明治十八年　「掛売帳」からみた取引商品　222

補論

図1　近世関東河川水運路略図　252
図2　文化十三年　権現堂・大越両河岸得意村協定図　259
表1　天保三年　戸田河岸積問屋場所分帳　260
図3　元禄初期の中瀬地図　263
表2　明治四年　中瀬河岸関係馬持数　264
図4　明治中期の羽根倉路　266
表3　安政三年　下仁田河岸筏改石銭取立表　273

第二編

第二章

図1　本陣平左衛門家間取図（文政頃）　341
図2　西本陣平八郎家間取図（文政頃）　341
図3　問屋源兵衛家間取図（天保十四年）　342
図4　問屋源左衛門家間取図（天保十四年）　342
図5　問屋彦太郎家間取図（天保十四年）　343
表1　大門宿継立人馬数表（文政六年～天保三年）　344
表2　大門宿定助郷・定助郷同様勤来村人馬徴発表（文政七年閏八月九日）　354
表3　大門宿加助郷村人馬徴発表（文政七年閏八月九日）　355
表4　大門宿助郷人馬賃銭割渡表（文政六年九月二十六日～二十九日）　359
表5　松平隠岐守一行乗馬・小荷駄馬宿割表　368
表6　松平隠岐守一行通し馬宿割表　369
表7　松平隠岐守一行旅籠代明細表（抄録）　371

表8　安藤対馬守一行宿割表　373
表9　安藤対馬守一行旅籠代明細表　374
表10　安藤対馬守一行宿泊諸入用取立表　376

第三章

表1　水戸道中宿駅間の距離　385
表2　寛政十一～享和三年　藤代・宮和田宿助郷人馬継立数　394
表3　弘化・嘉永期　取手宿助郷人馬継立数　395
表4　天保十四年四月　小金宿人馬継立数（一日～二十九日）　395
表5　天明九年　取手宿「加人馬元触控帳」からみた人馬継立状況　396～399
表6　寛政二年　取手宿への助郷人馬動員表　400～401
表7　水戸道中通行諸大名一覧表　404
表8　安永九年　松平陸奥守通行藤代宿助人馬動員表　405
表9　寛政六年　土屋但馬守取手宿止宿旅籠銭支払表　408
表10　文化十三年　笠間藩主牧野越中守一行取手宿旅籠代支払明細表　410
表11　天和二年　徳川光圀帰国人馬動員表　415
表12　文化六年三月二十四日　水戸藩主治紀側室継立表　424
表13　天保十一年　徳川斉昭一行の取手宿通行時の人馬賃銭支払表　434
表14　天保十年四月　水戸松平八郎麿人馬賃銭分配表（取手宿加助郷村）　435
表15　天保十四年五月　松平七郎麿帰国小金宿助郷人馬動員数　438
表16　嘉永七年四月　松平余八麿下国取手宿定助・加助村々人馬賃銭取立表　442
表17　安政六年九月二日　徳川斉昭藤代宿宿割表　445
表18　安政六年十二月　水戸御簾中一行藤代宿止宿旅籠代支払表　448

表19　万延元年十月十四日　徳川慶篤一行藤代宿旅籠代明細表　450
表20　文久三年三月八日　水戸御簾中一行下国藤代宿旅籠代明細書　452〜453
表21　文久二年閏八月　水戸松平余六麿一行藤代宿旅籠代明細表　454〜455
表22　水戸藩主関係人馬継立一覧表　458〜459

第四章

図1　木下街道周辺図　471
表1　弘化〜万延期　深町への陸送と販売　474
表2　弘化二年　本行徳河岸からの下肥付け取り記事　478
表3　天保・弘化期　河岸出し荷物表　482
表4　天保二年　薪河岸出し状況（本行徳河岸河原兵蔵扱い）　483
表5　天保・弘化期　江戸本所木下川屋への蔬菜販売　486
表6　弘化期　江戸神田宮田屋への蔬菜販売　487

第五章

表1　五日市寄場組合三五カ村名　496
表2-1　安政四年　小仏・駒木野宿助郷免除嘆願支出金　497
表2-2　（上平井村立替金）　497
表2-3　（下平井村立替金カ）　498
表2-4　（中平井村立替金）　498
表3　文久三年六月　遊行上人通行のための助郷人馬数　499
図1　五日市から甲州道中への道　501
表4　慶応元年　御進発につき保土ケ谷宿への当分助郷の二一カ村　507
表5　慶応元年五月　北大久野村伝兵衛組保土ケ谷宿への当分助郷負担金　507

表6　慶応二年　東海道戸塚宿当分助郷負担金割合（第一期分）　508
表7　慶応四年三月　小仏宿への助郷人足割り当て数　510
表8　慶応四年三月十一日・十二日　東征軍通行助郷人足の負担　512
表9　慶応四年三月十七日付甲州道中駒木野・小仏両宿当分助郷村々　513
表10　慶応四年三月〜五月　五日市村ほか一二カ村駒木野・小仏両宿当分助郷負担金・雑用金一覧表　517
図2　慶応四年　東征軍通行助郷・賄い金負担関係村々　521
表11　明治元年十月　御臨幸につき東海道小田原宿への当分助郷負担の村々　528
表12　明治元年十一月　御臨幸につき小田原宿御伝馬九カ村高・家数表　529

第一編　水上交通

第一章　利根川水運の展開

はじめに

近世における関東河川水運の動向については、これまで先学諸賢により鋭意研究が進められてきたが、史料的制約もあって十分とはいえない状況といってよい。そこで筆者は、これまでの研究を回顧しつつ若干の検討を試みたいと思う。

第一節　近世初期の水運動向

1　戦国期

天正四年（一五七六）九月北条氏照は次のような印判状を発給している。

　　船　壱艘

右、氏照被官船也、従佐倉（下総）関宿（下総）、自葛西（葛飾郡）栗橋（下総）、往復不可有相違候、若横合之輩有之者、為先此證文、可申披、

　後日之状如件、

　　天正四年

丙子九月廿三日　　氏照（北条）（花押）[1]

右の文書により下総国佐倉と関宿、武蔵国葛飾郡葛西と下総国栗橋との間に舟運路が開かれていたことが明らかである。また、この証文を下付された会田氏が北条氏の被官であったことも明らかである。さらに近年の研究では会田[2]氏が武州の有力商人であったと推定されているので、この船一艘も商船であったと考えられる。

次に、もう一通の氏照から布施美作守にあてた文書[3]（年不詳）をみよう。

（前略）

一八甫を上船者、商船及卅艘之由申、其直ニ彼船も上候条、別ニ咎無之候之条、早〻可被戻候、一八甫之儀者当知行ニ候、然者無体ニ他之船可通子細ニ無之候、今迄此穿鑿為如何不被申候、向後者一改可被申付候、誰歟船通共改而可承候、恐〻謹言、

六月三日　　氏照（北条）（花押）

布施美作守殿

右によれば三〇艘もの商船が八甫へ向かって登船しつつあったことが明らかとなる。この八甫は鷲宮神社（現北葛飾郡鷲宮町）の外港としての八甫を指すものと考えられるが、その出港地および積載物については明確ではない。しかし、鷲宮神社近くの花崎城からは十六世紀後半の陶磁器が発掘されているので[4]、この船にも当時の流通商品であった陶磁器が積載されていたと推定しても大過ないであろう。ちなみに「武州文書」[5]によれば武州地方には戦国期、あるいはそれ以前から市場が発達し、銭貨の流通もかなり盛んであったといえる。

さらにこれも年不詳であるが、十一月十六日付の北条氏照から富部郷船方中にあてた文書[6]をみよう。

注文

一　弐百はい　なまこ

一　五十枚　　たい

一　卅盃　　たこ

右、当月中、早〻相調、栗橋（下総）へ可相届候、就無沙汰者、可有御成敗者也、仍如件、

辰　十一月十九日（如意成就）

富部郷　船方中

これは「武州文書　八」久良岐郡所収の文書であるが、これによれば富部郷の船方に対し、なまこ二〇〇杯、たい五〇枚、たこ三〇杯を十一月中に調達して栗橋城へ運漕し届けるように命じたものである。

ところで『新編武蔵国風土記稿』久良岐郡の項を見ると、鯛・なまこ・たこの類は古より当郡の海で産していたとの記述があり、現在の三浦半島の金沢八景付近が右の漁獲物の産地として知られていたことがわかる。

これらの海産物を栗橋まで運漕するように命じていたことは、江戸近海の海船も旧利根川筋を遡って栗橋まで航行していたことを示すもので、当時の海産物流通の一端を示すものといえよう。

なお、参考までに『新編武州古文書』所収の商舟・商人・市場等に関する次の文書(7)を掲載しておこう。

条〻

一他国之商舟、外之浜へ直ニ乗通儀、堅相留候間、新井町へ着候而、可致売買候事、

一坂田波佐間浦〻内浦迄、他国之商人之宿いたす事、叶間敷候、若致宿仁候ハヽ、屋内不残とらせへき事、

一国中之商人れうし、一人にてあきない并れういたすニ付てハ、随其両様之儀、可走廻候事、

一奉公人所要之時分、あい物買候ハヽ、商人中へ致談合、有様ニ可買候、致私儀叶間敷候事、

一当町市相立候付而、里買堅相留候、市にて賈買可致之事、

右之通、国中商人中へ可申理也、

（天正十七年カ）
丑四月十四日　□（義康）

岩崎与次右衛門
石井丹右衛門
松本豊右衛門

右は先に述べた戦国期における利根川舟運と商品物資運漕の概況を示すものとして興味深い史料といえるであろう。

2　江戸初期

さて、天正十八年八月朔日、徳川家康が江戸入府後関東の利根川水系の舟運の概況について瞥見してみよう。

まず『武徳編年集成』の慶長五年八月朔日の記述には、

神君小山ヨリ台施ヲ武陽ニ凱シ玉フ所、洪水ニ因テ、利根川栗橋ノ船梁流ル、ニヘ、乙女河岸ヨリ御乗船ニテ、戸川通リ帆ヲ揚サセ玉フト云々

とある。

また『徳川実紀』慶長五年八月の項には次のとおり記されている。

君ハ小山御陣にて軍令ことごとく定られ。八月五日江戸へ帰らせ給ふべしとありしに。この頃の霖雨にて栗橋の舟橋おし流したりと聞召。是は会津征伐に諸軍往来のたよりよからんため設る所なり。今は用なしと宣ひ。乙女岸より御船にめし西葛西へ着せられ。七日に江戸へ帰らせ給ふ。

右によれば、慶長五年八月関ケ原合戦の直前会津征伐から急ぎ江戸へ帰還の際に渡良瀬川の支流、思川筋の乙女河岸から葛西まで舟運を利用していたことがわかる。ただし、葛西からは江戸まで陸路によったものと推察されるので、

いまだ江戸川・中川筋から小名木川を経て江戸に至る舟運路は開削されていなかったと考えられる。
次いで大坂の陣以後の関東の水運発達の状況を示すものとして注目されるのが元和二年（一六一六）八月の定船場制札である。それに掲示されている十六カ所の定船場名[8]を示せば次のとおりである。

白井渡　厩橋　五料　一本木　葛和田　川俣　古河　房川渡　栗橋　七里ケ渡　関宿之内大船渡境　府川　神崎
小見川　松戸　市川

以上一六カ所であるが、右のうち元禄三年（一六九〇）四月の「関八州伊豆駿河国廻米津出湊浦々河岸之道法并運賃書付」[9]に記載されている河岸名をあげてみると、利根川筋では五料・一本木・葛和田・川俣・小見川の五河岸であり、明和・安永期の河岸吟味により河岸として認定されたのは白井渡・厩橋・房川渡・市川の四渡船場を除く一二カ所であり、定船場制札にある一二カ所が河岸として機能していたことが明らかとなる。したがって元和二年当時からこれらの定船場が河岸としての機能を果たしていたと推定しても大過ないものと考えられる。
また、右定船場のうち七里ケ渡しについては、享保六年正月の「布施河岸荷物付送リ之概況答書」[10]には次のとおり記されている。

布施村下七里渡場之儀、先規ゟ南部、仙台并水戸御領之荷物其外銚子筋之商荷物舟揚致させ、加村并流山まて付送り申候事

右により七里ケ渡し場の利根川右岸の河岸場が布施河岸（柏市）であったことも明らかとなる。
次いで近世初頭における関東河川舟運の発達に関する文書としては延宝六年（一六七八）二月の川船極印改めに関する次の触書[11]が注目される。

覚

今度美濃部三郎左衛門・萩（荻）原十助・富本武兵衛川船奉行被　仰付候ニ付、舟極印打替候間、不寄何舟来三月初より四月中迄江戸江致出船極印をうくべし、委細之義者右三人ゟ之書付相添遣候、若遅々仕候歟又者今度極印ニ不

出舟有之而脇ゟ知候ハ、可為曲事者也、

延宝六年午二月

（徳山重政）徳　五兵衛（勘定頭）
（岡部吉昌？）岡角右衛門（〃）
（甲斐庄正親）甲斐喜右衛門（〃）
（杉浦正照）杉　内蔵允（〃）

阿佐布領枝川入江有之村々
品川領枝川入江有之村々
六郷川通枝川入江沼共ニ舟有之村々迄
神奈川領枝川入江舟有之村々
関宿ゟ新利根川通入江沼共ニ中川迄舟有之村々
鬼怒川辺枝川沼共ニ上ハ舟有之村々迄
関宿ゟ利根川河上枝川沼共ニ舟有之村々迄
千寿ゟ荒川河上枝川沼共ニ舟有之村々迄
関宿ゟ利根川下枝川入江沼共ニ海境舟有之村々迄

これは新たに任命された勘定頭徳山重政ほか三名から美濃部三郎左衛門・萩（荻）原十助・富本武兵衛らが関東の河川湖沼で船稼ぎをしている川船に対し極印を打ち替えるので船の所有者は三月初めから四月中までに江戸へ出船して極印を受けるように指示した触書であり、対象地域が江戸へ通じる関東の河川湖沼の全域に及んでいたことが明らかとなる。

また、この川船極印改めによって関東の江戸へ往来している商船は幕府勘定所の統制下におかれ、船の大小によって年貢・役銀の徴収が行なわれていたことが、次の文書によって確認される。
まず下利根川筋では利根川右岸の七里ケ渡し場に該当する布施河岸年貢役銀請取証文[12]をみよう。

請取申川舟御年貢之事

一、京銭　七百文　平太（艜）

右者午ノ御年貢仍如件

延宝六年十二月三日

荻原十助

富本武兵衛

美濃部三郎左衛門

布施村

（裏書）

表書御役銀　五匁五分二厘三毛

次に利根川支流広瀬川上流の伊勢崎河岸の文書[13]をみよう。

請取申川舟御年貢之事

一、永弐百文

此京銭八百文

右者当酉之御年貢仍如件

荻原十助

富本武兵衛

川井甚五兵衛　代

天和元年酉十二月晦日

山口弥兵衛

武井吉兵衛

松本勘兵衛

森村太郎兵衛

請負広や喜右衛門

喜兵衛納

伊勢崎かし

（裏書）

表書之外役銀三拾六匁六分六厘八毛

うけ取者也

右二点の文書のほか、布施・伊勢崎河岸には延宝期から元禄期にかけての川船年貢役銀請取証文がなお数点ずつ残存しているので、関東河川水運の発達状況を端的に示しているように思われる。

なお、元禄四年（一六九一）利根川の支流、烏川上流の倉賀野河岸と、烏川左岸の川井河岸・新両河岸および日光例幣使街道沿いの玉村町との商人荷物運漕をめぐる争論の際の倉賀野河岸の返答書(14)には、

倉賀野之儀ハ従往古之舟場河岸ニ而御座候、御極印御頂戴舟御年貢船銀上納仕、諸色荷物舟積致来り候、依倉賀野舟ニ米大豆之外何荷物ニ而茂積申間敷との儀者、古来ゟ至に《ママ》今被仰付無御座候、此道筋之荷物ハ倉賀野町江ハ一切通り不申候、三国通之荷物ハ玉村次ニ而、新河岸・川井河岸ニ而舟積致、江戸上下仕候事

とあって、下り荷物としては米・大豆・たばこ、登り荷物として干鰯が利根川上流の河岸では重要荷物であったことが確認される。

第二節　御用荷物の運漕

1　元禄十二年の城米の江戸廻漕

御用荷物の運漕で注目されるのは元禄三年（一六九〇）の幕府城米の江戸廻漕と運賃をめぐる規定[15]であり、これについてはすでに川名登・浅沼正明両氏の労作[16]が発表されている。

しかしながら、それ以降幕府城米の江戸廻漕に関する研究はあまり進展していないように思われる。そこでまず元禄三年の城米廻漕に関する運賃規定がはたしてどのように変化していったのかという視点から検討してみることにしよう。

利根川の支流烏川左岸の上州川井河岸の元禄十二年（一六九九）「越後御城米覚帳[17]」の中から運賃に関する部分を抜粋してみると次のとおりである。

元禄十二年十月　川井河岸ほか越後御城米覚帳

「（表紙）元禄十弐年
越後御城米覚帳
卯ノ十月吉日」

一御米壱万俵　江戸迄ノ船賃
此請合金弐百七拾九両壱分
此内弐百拾三両壱分船賃ニ払
引残而六拾六両有

内壱両ハ御手代衆ふるまい
　壱分弐百文川見分ニ付　　　　　　　　新かし
　　　　　　　　　　　　　　　　　　　　九右衛門所
同
　駄賃代ニ引　目野間村へ両人共　　　　　兵右衛門
　　　　　　　　　　　　　　　　　　　　作左衛門
同五百文寄合紙代　　　　　　　　　　　作左衛門所へ
同五百文酒手代　　　　　　　　　　　　同人所
同五百文両替賃ニ　　　　　　　　　　　同人所
同壱分五百文江戸へ飛脚賃　　　　　　　五郎兵衛
　是ハ小上ヶ賃ノ分ヶニ遣し
同五百文　右ノおい飛脚　　　　　　　　（金三
　　　　　　　　　　　　　　　　　　　　庄三郎
同五百文両替ちん　　　　　　　　　　新かし
　　　　　　　　　　　　　　　　　　　　九右衛門方へ
同金弐分松原治右衛門様へ極月廿六日ノ夕御祝ニ上ヶ
一絹三疋
此代金壱両三分弐朱　惣中間進上
　　　　　　　　　　　　　　　　　　川井かし
　　　　　　　　　　　　　　　　　　　六左衛門
　　　　　　　　　　　　　　　　　　市郎右衛門

浦野七左衛門様
松原治右衛門様
　　請合

一五百文両替ちん
一弐百文紙代

船賃残り金六拾両壱分

内

作左衛門
兵右衛門
金右衛門
新かし
　九右衛門
　善左衛門
　茂右衛門
五料
　佐治兵衛
　太郎左衛門
八斗島
　四郎右衛門
　市郎右衛門方
　兵右衛門方
川井かし
　兵右衛門
　金右衛門
　作左衛門
　六左衛門
　市郎右衛門

一金四両弐分四百八拾四文宛取
　　但シ壱人ニ付
　新かし外ニ弐人分ハ御請合本故
　　　五人分渡し

新かし
九右衛門
善左衛門
茂右衛門
同中間五料
佐治兵衛
太郎左衛門
同中間八斗島
四郎右衛門

右拾三人ニ割付

右の「越後御城米覚帳」によると越後城米一万俵の江戸までの請負運賃は金二七九両一分となっている。その内訳を見ると金二一三両一分を船賃にあて、残り六六両一分のうち六〇両一分は川井河岸五人、新河岸三人のほか仲間として五料二人、八斗島一人の問屋に一人につき四両二分あて分配し、さらに新河岸は請負元なので二人分を増して五人分渡し、これら一三人で分配していたことがわかる。

したがって、これら船賃と問屋分配金を合わせると二六三両二分となり、その残金五両三分は駄賃代・寄合の紙代・酒手代・両替賃・飛脚賃それに手代や惣仲間への進上金などの雑費にあてられていたことになる。

ところで、元禄三年の幕府城米運賃規定[18]には、

上野国烏川

一　河井　河岸　江戸江川通四拾七里
　　新　　　　　運賃米百石ニ付四石五斗

とあり、例示した文書の末尾には「両ニ七斗二升勘定」とあるので、金一両につき米七斗二升替えとして一万俵の運

賃を金に換算してみるとおよそ金二五〇両となる。したがって請負金額はそれよりやや上回ってはいるが元禄三年の運賃規定とそれほど大きな差異がなかったと考えてよいであろう。

なお、この廻米輸送にあたっては十月十三日から十一月二十四日にかけて表1に示したとおり一二回にわたり一日に船二～四艘に分載し、江戸へ運漕している。また、その船数は合わせて三三艘であり、船一艘の積載量は約二九四俵であったことがわかる。

表1　元禄12年　越後城米運漕表（新河岸出船）

便数	月日	船数	船頭名	上乗名
第1便	10月13日	1	勘左衛門	三右衛門
	〃	1	市之丞	伝八
	〃	1	猪兵衛	喜兵衛
第2便	不明	1	□三郎	喜左衛門
	〃	1	□太郎	亀之助
	〃	1	四郎左衛門	九右衛門
第3便	10月21日	1	九郎兵衛	吉左衛門
	〃	1	四郎兵衛	五左衛門
	〃	1	□兵衛	忠兵衛
第4便	10月24日	1	半之丞	里兵衛
	〃	1	作之丞	孫右衛門
	〃	1	次郎兵衛	清左衛門
第5便	10月□日	1	清兵衛	七兵衛
	〃	1	与惣兵衛	多右衛門
	〃	1	佐太郎	権右衛門
第6便	10月晦日	1	彦兵衛	喜左衛門
	〃	1	与次右衛門	弥助
	〃	1	彦右衛門	（記載なし）
第7便	11月3日	1	重右衛門	惣左衛門
	〃	1	孫七	（記載なし）
	〃	1	七兵衛	市郎兵衛
第8便	11月4日	1	重右衛門	忠兵衛
	〃	1	弥兵衛	津右衛門
第9便	11月6日	1	伝右衛門	宇右衛門
	〃	1	伝内	三郎兵衛
第10便	11月9日	1	四郎兵衛	弥兵衛
	〃	1	四郎左衛門	吉十郎
	〃	1	喜三郎	茂左衛門
	〃	1	三之丞	奥右衛門
第11便	11月14日	1	権右衛門	弥五左衛門
	〃	1	安右衛門	長兵衛
第12便	11月24日	1	半之丞	折右衛門
	〃	1	次右衛門	三右衛門
	合計	33		

出所：『小出町歴史資料集』第5集（近世土地・租税編）により作成．

2　享保十八年の幕府買米の江戸廻漕

次に享保十八年（一七三三）二月上州川井河岸から江戸浅草蔵前までの幕府買米三万俵を運漕した記録(19)をみよう。

差上申証文之事

川路川井河岸ゟ江戸浅草御蔵前迄四拾五里

一御廻米御運賃金壱両ニ付八拾弐俵積

右者川井河岸ゟ右御運賃直段を以、江戸御廻米被仰付被下候ハヽ、二月中旬ゟ四月中四斗入御米三万俵運送可仕候、其余ニ及御米少々御座候分ハ、五月中八拾四俵にて運送可仕候、江戸浅草御蔵前迄之積り御座候間、御蔵ニ而水揚之節者、小揚幷ニ御米番賃御蔵宿入用之分ハ被仰付被下候様ニ奉願候

（中略）

酒井雅楽頭知行所

上州川井河岸

享保十八年丑年二月

請負人　市郎右衛門

証人　六左衛門

同　兵右衛門

同　金右衛門

滝川　小石衛門様

後藤　庄左衛門様

松平九郎左衛門様

右記録によれば廻米運賃は金一両につき八二俵積みで川井河岸の問屋市郎右衛門が請け負っていたことがわかる。また差し出し相手は滝川小右衛門（貞寧《さだやす》・御勘定）、後藤庄左衛門（正傭《まさのり》・代官）、松平九郎左衛門（尹親《ただちか》・代官）であったことが知られる。

この運賃を元禄十二年（一六九九）の場合と比較してみると、元禄の場合の船賃は一万俵につき二一三両一分であるから一俵あての船賃を計算してみると四六・八九俵となり、おおむね四七俵ということになる。したがって享保十八年の場合には一両につき八二俵であるから元禄十二年に比べてかなり安くなっている[20]ことがわかる。

また、問屋市郎右衛門は次のとおり二月中旬から四月中にかけて金一両に八二俵で請け負っているが、五月には八四俵で運漕する旨の証文を差し出している。

覚

一金壱両ニ御米　八拾弐表積（俵、以下同じ）

　右ハ当月ゟ四月中迄

一金壱両御米　八拾四表積

　右は五月中少々御請可仕候

右之通御請負仕候、已上

　　　　川井かし
　　　　請負人
　　　　一郎右衛門

松平九郎左衛門様

　手代衆中様

ちなみに時代はやや下るが上州川井河岸をはじめ新・五料・平塚・靭負・藤木河岸などが宝暦年間に前橋藩の江戸への廻米輸送を入札により請け負ったときの運賃をみると金一両につき四八俵〜七四俵くらいで請け負っている[21]が、これと比べてもかなり安い運賃であったことがわかる。

ところで、この幕府買米は信州から中山道を利用して運んできたものとみえ、いったん倉賀野河岸へ運び込み、それから川井河岸まで艀下輸送していたことが次の史料[22]により明らかなるであろう。

差上申一札之事

一信州御買米江戸廻し被仰付候ニ付、御米宿之義奉願候所ニ被仰付難有奉存候、然上ハ倉加野宿ゟ御米着次第、俵毎貫目幷濡俵上符下符等相改、船積之間蔵ニ詰大切ニ預リ置昼夜番人附置、御米揃御役人中御指図次第ニ船積出舟可申付候事（後略）

また、川井河岸の御米宿一郎右衛門ほか三名から代官松平九郎左衛門の手代にあてた「差上申一札之事[23]」には運賃の半金は川井河岸で受け取り、残金の半金は江戸に着船し蔵納が済んだうえで江戸において受け取ることを承知したと記されている。

この信州廻米輸送にあたっては三月七日付で諏訪旅宿から後藤庄左衛門・松平九郎左衛門・滝川小右衛門など三名の連名で利根川・江戸川通りの御領・私領の村々に対して川井河岸からの運漕途中異変がないようにすること、もし、遭難した場合等には船頭より達しがあり次第滞りなく対処するようにという趣旨の通達を出している[24]。

さらに川井河岸の御米宿を仰せ付けられた市郎右衛門らは廻米輸送にあたっての心得として次のとおり五カ条にわたる請書[25]を差し出している。

その第一では倉賀野より御米着き次第俵毎に貫目、濡俵等を改め蔵入れして昼夜番人を付け置き、御米が揃い役人からの指図があり次第船積み出船すること。

第二では米預り中に盗難・焼失・ねずみ喰い・欠減等がないように注意すること、もしあった場合は弁納すること。

第三では船中では粗末に取り扱わないこと、江戸蔵納の節軽俵あるいは悪米などがあった場合は弁納すること。

第四では船足（吃水）については船の大小により米を積むこと、廻米以外の荷物は一切積まないこと。船は三年～五年造りの船を用いること。船頭・水主の飯米は相応に持参すること。

第五では川通りで破船した場合は松平九郎左衛門屋敷へ早速注進し、当所の代官・地頭に任せ吟味を受けること。

右のような五カ条の請書を差し出している。

そのほか米宿の一郎右衛門は次のような「船道具附之覚(26)」を代官松平九郎左衛門の手代内藤近右衛門へ差し出している。

船道具附之覚

三百俵積
一高瀬船壱艘三人乗　檜葉木 三年造り
此舟道具
一帆柱壱本　一帆桁壱本
一帆壱張　但莚帆　一楫壱拝
一碇壱頭　但八貫め　一櫓弐丁
一綱六房　竹綱三房 苧綱三房　一笘(苫カ)七拾枚
一粮米三俵　但三斗八升入　一舟中薪拾弐束
以上　船主　誰　印

何百俵積
一艜船壱艘何人乗　但檜葉木 五年造り
此舟道具幷粮米薪木共に認様右同断
何国何かし船頭誰印

右ハ此度信州御買米積遣候船幷船道具御改被成候所ニ相違無御座候、已上

御米宿
一郎右衛門

享保十八年丑三月

証人
兵右衛門
同
金右衛門
同
六左衛門

松平九郎左衛門様御手代

内藤近右衛門殿

これには廻米運漕に使用する高瀬船は三人乗りであること、船道具としては帆柱一本、帆桁一本、帆一張（莚帆）、楫一拝、碇一頭（八貫目のもの）、櫓二丁、綱六房、笘（苫カ）七〇枚、粮米三俵（三斗八升入）、薪一二束を備えていることなどが記載されている。

また、幕府役人あてに運航日数等については次のような「覚」[27]を差し出している。

覚

当かしゟ江戸御蔵前迄船中日数何程相懸り哉と御吟味御座候、順風節は大概七日八日程ニ而ハ御蔵前迄着船仕候、勿論増水に御座候得者五日六日ニ而も着船仕候義も御座候、若風雨等御座候得者日数十四五日程懸り候義も御座候、且又川井かしゟ浅草御蔵前迄川路四十五里程御座候、以上

丑三月十四日

川井かし
一郎右衛門
兵右衛門
金右衛門
六左衛門

これにより順風の場合には江戸まで七、八日くらいで、増水による場合は五、六日で蔵前へ着船するが風雨等の場

合は日数が一四、五日もかかるであろうこと、川井河岸から浅草蔵前までは四五里であることが記されている。
次いで寛文十三年（一六七三）三月付の左に掲示した船中「掟」[28]を遵守する旨を御勘定滝川小右衛門ほか二名の代官あてに差し出している。

掟

一於船中御城米不沙汰仕間鋪候、万一打米沢手米欠米等ニ准之御米少ニ而も盗取候ハヽ、後日ニ聞といふとも穿鑿之上船頭水主之義ハ不申及、品ニゟ諸親類迄可被行罪科事

附り船中火之用心堅相守之、且亦諸勝負一切仕間敷事

一御城米船積之砌、楫柱綱碇幷粮米薪諸道具等ニ至迄船中ニ而可入分不残積立、船足を改候以後何れ之浦ニ而も私之荷物隠而不可積之、若日和無之永逗留いたし粮米不足之時者何れ於浦ニ茂相調、其趣所之者ゟ可取之、自然偽粮米准之売買之米於積之ハ急度曲事可申付事

一遭難風打米仕候ハ而不叶時者、粮米不残捨之其上ニ而御城米捨可申候、若自分之穀類残置候ハヽ、可召上事

一沢手米有之者入念可干之事

附海中ニ而船具打捨於不足着船之湊ニ而可相調之事

一於江戸湊御城米不相渡已前、粮米之余分改なくして陸江上ヶ申間敷候事

右之条々堅相守可申候、若相背族有之者訴へ可出、縦同類たりといふとも其罪をゆるし御褒美可被下之、且又怨をなさゝる様ニ可被仰付候、自然隠置脇ゟ相聞候ハヽ、船頭ハ勿論水主かしきに至迄、悉ク可被行罪科者也

寛文十三年丑三月

右御条々之趣被仰渡委細承知仕候、船中急度相守可申候、已上

享保十八丑年三月

滝川小右衛門様

後藤庄左衛門様
松平九郎左衛門様

右の掟を要約してみると、その第一条では船中において万一打ち米・沢手米（濡れ米）・欠米等に准じ、御米を少しでも盗み取った場合、後日になって発覚しても船頭・水主は申すに及ばず理由によっては諸親類まで罪科に処せられること。

第二条では、城米積み立て時は、楫・柱・綱・碇ならびに粮米等に至るまで入念に改めて積み立てること、船足を改めてから以降、いずれの浦にても私用の荷物を隠して積み込んではいけない。もし天候にかかわらず長逗留して粮米不足の時はいずれの浦にても相調えてもよいが、粮米を偽って売買してはいけない。

第四条では沢手米があった場合には入念にこれを干すこと。

第五条では江戸において城米を渡さないうちに、粮米の余分を改めなくして陸揚げしないこと。

右のとおり仰せ渡された趣意を委細承知したので少しも違反しない。後日のため証文を差し上げるというものである。

なお、享保十八年四月付で川井河岸の一郎右衛門ほか三名から滝川小右衛門あてに提出した願書(29)には次のとおり記されている。

乍恐以書付を奉願候御事

一此度信州御買米江戸廻し就被　仰付候、御運送之儀奉願候所ニ、拙者共ニ被　仰付難有奉存候、依之当河岸ニ而船積仕右御米倉賀野ゟ艀下遣候を請取、拙者共四人之蔵江入置段々御運送仕候ニ付、蔵敷賃被下置候様ニ内藤近右衛門様へ奉願候所ニ被仰聞候ハ、当二月中御出被遊、船賃之義ニ付諸事御吟味被成候節者蔵敷之儀一向沙汰も不仕、唯今ニ罷成蔵敷之義奉願候而も御三人様御取上被遊間鋪由被仰渡、御聞済も無御座難儀仕候、右之段先達而不奉願不念仕候、拙者共渡世之義ニ御座候而、御慈悲ニ倉加野並ニ蔵敷被下置候ハ、難有奉存候、已上

一郎右衛門
六左衛門
兵右衛門
金右衛門

享保十八年丑四月

滝川小右衛門様
松平九郎左衛門様
後藤庄左衛門様

右の願書を要約してみると、このたび信州買米江戸廻し仰せ付けられるについては、運送の儀につき願いのとおり拙者共へ仰せ付けられ有り難く存じたてまつる。これにより当河岸にて船積みつかまつり、右御米につき倉賀野より艀下遣わし分を受け取り、拙者共四人の蔵へ入れ置き、段々運送するについては蔵敷賃下されるように内藤近右衛門様へ願い出たところ、当二月中に船賃の儀について諸事御吟味の節には蔵敷について一向に申し立てがなく、唯今になって願い出ても三人様には取り上げない旨仰せ渡されていて、難儀している。

右につき先だって願いたてまつらず不注意であるが、拙者共の渡世の儀ゆえ御慈悲に倉賀野なみに蔵敷を下されれば有り難く存じたてまつるという内容である。これにより川井河岸問屋では蔵敷賃は支払われなかったとみてよいであろう。

おわりに

以上、享保十八年（一七三三）の幕府買米運漕について上州川井河岸を中心として瞥見してきたが、それらを要約すれば次のごとくなるであろう。
まず第一に運賃は元禄九年（一六九六）の城米運漕に比べて格段に安かったこと、買米は信州で調達して中山道を駄送していったん倉賀野河岸へ陸送し、それから艀下船で川井河岸へ運び、いったん陸揚げして問屋の倉庫へ保管し、それから日和を見て高瀬船に積み込んで江戸浅草蔵前まで直接運漕したこと、また、三月十二日から四月十八日までの間に六一艘の船で江戸へ運漕したことが表2のとおり残存史料によって確認することができた。なお、史料で確認された運漕状況を参考までに付載しておいた。

表2　享保18年　幕府買い米江戸運漕状況

品種	俵数	容　量	蔵　宿
上米	4,099	4　斗　入　り	一郎右衛門
〃	7,074	3斗5升入り	〃
〃	12	3　斗　入　り	〃
〃	500	4斗4升入り	金右衛門
〃	972	3斗6升入り	〃
中米	1,945	〃	兵右衛門
上米	1,560	3斗1升入り	〃
中米	5,401	4　斗　入　り	六左衛門
〃	103	3斗5升入り	〃
合計	21,666	（江戸廻し船数61艘）	

出所：『群馬県史』資料編14（近世6・中毛地域2）680頁「俵数印覚」により作成.

（1）『新編埼玉県史』資料編6、中世2、四三三頁。
（2）『鷲宮町史』通史上巻、七三三―七四一頁。
（3）前掲『新編埼玉県史』八一四頁。『新編武州古文書』上、埼玉郡、五八三頁（角川書店、一九七五年）。
（4）前掲『鷲宮町史』七三一頁。
（5）国立公文書館所蔵文書、『与野市史通史編』上巻、二四〇―二五二頁など。
（6）前掲『新編埼玉県史』二五四―二五五頁。
（7）『新編武州古文書』下、久良岐郡、二〇八―二〇九頁（角川書店、一九七八年）。
（8）『柏市史』資料編6、一六―一七頁。
（9）『徳川禁令考』前集第6、九〇―九八頁。
（10）前掲『柏市史』八四―八五頁。

(11)「蠹余一得」巻二、拙著『関東河川水運史の研究』(法政大学出版局、一九八四年)に翻刻所収。
(12)「後藤早苗家文書」。
(13)「武孫平家文書」、群馬県立文書館マイクロフィルム所収。
(14)『群馬県史』資料編10、近世2、西毛地域、六九九頁。
(15)注9に同じ。
(16)川名登「関東における河川運輸機構の成立」(『歴史地理』八四巻四号)、浅沼正明「関東に於ける近世初期貢租米江戸廻漕機構の成立過程」(『歴史地理』九〇巻三、四号)、同氏「江戸幕府廻米政策の一考察」(『早稲田大学教育学部学術研究』第一五号)。
(17)『群馬県史』資料編14、近世6、中毛地域2、六六六—六七〇頁。
(18)注9に同じ。
(19)前掲(17)『群馬県史』六七二—六七三頁。「川井河岸清水純家文書」。
(20)右に同じ。「川井河岸清水純家文書」。
(21)拙著『関東河川水運史の研究』一七六—一七七頁。
(22)前掲(17)『群馬県史』六七五頁。
(23)右同書、六七六頁。
(24)右同書、六七四—六七五頁。
(25)右同書、六七五頁。
(26)右同書、六七六—六七七頁。
(27)右同書、六七八—六七九頁。
(28)右同書、六七九頁。
(29)右同書、六八〇—六八一頁。

第二章　近世河川海上運漕と江戸廻船問屋
――利根川・荒川の舟運荷物を中心として

はじめに

近年水上交通史に関する研究はいちじるしい進展をみせているが[1]、それらの論著には河川と海上の交通運輸を一体のものとして捉えようとしたものは少ないように思われる。

そこで小稿では利根川・荒川の舟運荷物と菱垣廻船・樽廻船を利用する海上輸送との関係、さらには河岸問屋・江戸廻船問屋の役割などについてもできる限り追究してみたいと考える。

第一節　御用荷物の運漕と河岸問屋・廻船問屋――宝暦十三年松平康福の引越し荷物

古河城主松平康福は宝暦九年（一七五九）一月十五日に古河へ入封以来三年八か月で三河国岡崎（五万四〇〇〇石）への所替えとなった。この転封に際し引越し荷物の水上輸送がどのように行なわれたのか、特に河川と海上輸送との関係について古河市旧河岸問屋井上家[2]の文書を中心として明らかにしてみたい。

この所替えの発令後間もない宝暦十二年十月、江戸小網町奥川筋の船積問屋白子屋権兵衛、古河領内河岸問屋貞五郎、同田村屋安左衛門の三名から早速古河藩江戸詰役人、一瀬滝左衛門あてに次のような運送願いが差し出されたの

である。(3)

乍恐書付を以奉願上候

一、此度岡崎江御所替被為　仰蒙候ニ付、私共御願申上候品ハ、先年　本多中務大輔様石州浜田へ御所替之節、古河ゟ江戸迄川舟之義ハ勿論、江戸ゟ浜田迄廻船御雇方之儀、私共へ被仰付、御荷物御国許迄無滞運送仕候、此度当御屋敷様御荷物之義も、岡崎迄廻船御雇方被仰付被下置候様奉願上候、廻船之義ハ、随分慥成舟吟味仕、御積立之節、御見分御願可申上候、依之別紙書付差上申候、願之通被為仰付被下置候ハヽ難有仕合奉存候、以上、

午十月

江戸小網町白子屋
権兵衛　印
古河舟問屋
貞五郎　印
同　田村屋
安左衛門　印

江戸御屋敷ニて一瀬滝左衛門殿へ出ス、

十月十八日

これによると、先年本多中務大輔（忠敞）の石見国浜田への所替えにあたっては、古河より江戸までの川船はもちろん、江戸より浜田までの廻船の雇方についても私共へ仰せ付けられ、荷物を国許まで無事に運送した。(4)ついてはこのたびの当御屋敷の荷物も、岡崎まで廻船雇方を仰せ付けられるようお願い申し上げる。廻船については随分確かな船を吟味し、積み立てる際に御見分をお願い申し上げる。これにより別紙に書付を差し上げるので、願いのとおり仰せ付けくだされば有り難き仕合せに存じたてまつる、という趣旨になるであろう。

このような願書と同時に運送の手順や運賃などに関する次のような四カ条にわたる内容の「覚え」(5)を差し出したの

である。

　その第一は、荷物を古河河岸から積み立てる際は、川船に一番船・二番船というように番付を決めて運漕し、江戸着のうえは、廻船の元船を聞き、廻船に積み立てをする予定である。もし、船が居合わせない場合には川船にそのまま積んで置くことは難しいので、深川辺にて借蔵をし、役人方の立ち会いのうえ蔵入れし、それから船に積み立てるが、その節は私共のうちから罷り出て、大切に船積みをする。ただし、蔵敷銭については日割りをもって頂戴する。なお、蔵入れ、蔵出し、積み入れ人足も仰せ付けくだされたい。

　その第二は、三河国鷲塚湊の運賃については、廻船問屋・船頭とよく対談し、追って申し上げることにしたい。また、鷲塚湊より岡崎までは、その土地の船問屋があるので、規定の船賃で直払いにしていただきたい。鷲塚湊からは矢作橋より二・三丁川下へ船着になるとのことである。なお、砂川なので艀船一艘に米五〇俵ほどずつ積み登せするとのことで、川路およそ三里半、御城下〝との橋〟と申す所へ船着になる。この川筋は矢作川より少し近いが川荒とのことである。

　その第三は、廻船は江戸より志摩国鳥羽湊辺へ乗り廻し、日和待ちしてから尾張国師崎の鼻と篠崎の間を乗り入れ、平坂湊、鷲塚湊へ着船すること。

　その第四は、三州船の問屋は当地に三、四軒あるが、いずれの問屋に雇船するのか、御用の節に聞き立て、雇うようにすれば御用に立つであろう。

　また、当地廻船問屋を決めてから浦賀番所へ印鑑を差し上げるようにするので、取り決めた廻船問屋のうち、実務担当者が相談して追って運賃値段付けを差し上げるが、そのときは願人・廻船問屋が連印をもって申し上げることにしたい。

　以上が覚書のあらましであるが、末尾に江戸屋敷一瀬滝左衛門に差し上げたと記されている。

　右のように宝暦十二年十月付で運送願書を古河藩役人あてに差し出して運動を開始したのであるが、さらに一カ月後の同年十一月付で再び古河船積問屋貞五郎および田村屋安左衛門、江戸小網町白子屋権兵衛（代判安左衛門）三名連印で御会所役人衆中あてに「廻船運送仕用書」(6)と共に再び提出したのである。この仕様書は四カ条から成っているが、そのうち二カ条については先に紹介した「覚」とほぼ同趣旨なので残りの二カ条だけ要旨を左に記してみよう。

一、三州鷲塚湊までの運賃を見積りにし廻船問屋の連印をもって値段付けを追って申し上げる。鷲塚湊より城下までの船賃は、先方問屋が定めたとおり御直払いにしていただきたい。ただし、鷲塚湊より城下まで川路四里ほどの場所は艀舟で運送するが、砂川である。

一、荷物が江戸に着した際廻船が不在のこともあるので、そのときは川船船頭が難儀しないように深川辺に借蔵をして荷物を保管するようにしたい。そして荷物を蔵入れする際には役人に立ち会いを願いたい。また、そのおりに封印をしていただきたい。もちろん、廻船については油断なく聞き立て船積みするように心がける。ただし、蔵入れ賃については日勘定をもって頂戴いたしたい。また、蔵入れ並びに船積み手伝い人足についても仰せ付け願いたい。

これが「廻船運送仕様書」のうち二カ条の要約であるが、この仕様書とともに江戸小網町の廻船問屋鳥居九兵衛も一緒に運送に加わりたい旨願い出て、御勘定頭西川兼右衛門から廻船雇い方につきすべて許可する旨古河石町の田村屋安左衛門あてに通知された。

そこで宝暦十三年（一七六三）正月付で江戸小網町一丁目の廻船問屋鳥居九兵衛、同町奥川筋積荷問屋白子屋権兵衛、古河船渡町船問屋善左衛門、同石町安左衛門の四名は全文一〇カ条にも及ぶ詳細な「御荷物之仕様帳」(7)を差し出したのである。

これも長文になるので要約して次に紹介することにしよう。

一、荷物河岸出しの節、錠前がある荷物については鍵を付けていただきたい。また、役人方も出向願い、荷物の番付け、荷分けをして帳面に仕立て奥印をしてもらいたい。そのうえで船問屋善左衛門か安左衛門のうち一人が上乗りして出帆し、江戸へ着船したならば直ちに積み入れするようにしたい。ただし、荷物積み出しの頃合いを見て、江戸表へ通知し、廻船を雇わせ、飛脚で古河へ注進があり次第に、早速荷物を河岸出ししていただきたい。

一、古河出船の際には、御留守居の証文をお渡し願いたい、中川番所へ右の証文を持参し、通船の際にその写しを差し上げる。

一、江戸から荷物を積み出す際には、廻船問屋ならびに白子屋権兵衛両人で雇い、江戸上屋敷に申し上げる。その節は空船見分、船道具等の改めを受ける。また、浦賀番所へ差し上げる御留守居証文をいただきたい。それから運賃高の三分の二も御渡し願いたい。

一、江戸出帆後三州鷲塚湊に着船し水揚げしたならば残りの運賃の三分の一を早速お渡し願いたい。

一、古河より積み出した荷物を廻船が積み残すようなことがあれば随分と働き、外の船へ積み合わせをするつもりであるが、もし、廻船がない場合は蔵入れにするので、これも承知願いたい。

その他五カ条については省略するが、末尾には廻船への積入れ荷物については大切に取り扱うようにすること、そのためこの仕様帳を差し上げる旨が記されている。さらに同年正月付で船問屋善左衛門・田村屋安左衛門両名から古河藩会所あて差し出された「覚」(8)には、江戸より三州鷲塚湊までの廻船一艘雇い切りの運賃について「百石ニ付、四両三分弐朱江戸表ニて下ヶ御請仕候」とあって、一〇〇石につき金四両三分の割合で、船の大小により運賃を下されたいと記されている。

なお、宝暦九年(一七五九)本多忠敞の引越し荷物を江戸の廻船問屋筑前屋新五兵衛が請け負った際の江戸から大坂までの海上運賃は一〇〇〇石積み一艘積み切りで金八〇両とあり、一〇〇石につき金八両という割合で船の大小により右の値段に準ずる旨記されているので(9)距離を勘案すると海上運賃に大差はないように思われる。

さて最後に宝暦十三年正月付の江戸の廻船問屋鳥居九兵衛、同所積荷問屋白子屋権兵衛、古河船渡町船問屋善左衛門、同所石町田村屋安左衛門の四名が連印で古河藩役所へ差し出した「廻船積方御請負証文之事」(10)二カ条の要旨を紹介してみると次のとおりである。

一、このたび総州古河より三州岡崎へ所替えにつき、私共へ廻船雇い方を仰せ付けられ有り難く存じたてまつる。これにより荷物が江戸に着き次第、廻船へ直ちに積み入れるが、その節お役人の立ち会いと廻船の見分をお願いしたい。また送り状・御留守居印形と運賃も一緒にいただきたい、雇船が万一海上で破船のため打ち荷した場合は浦届けがあり次第注進申し上げる。打ち荷の運賃は江戸表で受け取った三分の二の分から返納する。万一難風に逢い船が危険になり身命助かり難い場合は上乗り様へ相談のうえ打ち荷するが、その節も打ち荷損にされたい。そのほか残り荷の運賃は御渡しくだされたい。船並びに船道具は損しても一切御構いしない。浦届けは海上の筋により江戸表または岡崎鷲塚湊の役人へ注進申し上げる。

一、難風にて破船し、船の行方が不明になった場合および海上において火災に逢った場合も廻船・荷主の両損とする。

なお、末文には海上無事で三州岡崎湊へ着船し、荷物を水揚げしお渡ししたならば、早速残りの三分の一の残金をお渡し願いたい、万一船頭に不埒があれば吟味のうえ送り状のとおり急度差し上げる、右のほかは海上御定法のとおりにつかまつるという趣旨が記されている。

以上が宝暦十三年に松平康福が総州古河から三州岡崎へ転封になった際の古河の河岸問屋と江戸の廻船問屋などとの共同運漕のあらましである。

第二節　商人荷物の運漕と河岸問屋・廻船問屋——武州紅花の上方輸送

1　紅花の生産と集荷

本節では商人荷物の河川・海上運漕の事例として近世中後期から武州足立郡桶川・上尾地方を中心として盛んに栽培され、紅花商人により集荷され、荒川の舟運により江戸へ送られたうえ、さらに、江戸の廻船問屋を経由して上方へ海上輸送されていた武州紅花を中心として述べてみたい。

武州紅花が生産・集荷され桶川・上尾宿を中心として上方地方へ出荷されるようになったのはいつ頃のことであろうか。

この点についてはあまり明確ではないが、安永・天明年間の頃といわれている[11]。

たとえば、安政二年（一八五五）八月、江戸の諸問屋再興を契機として争論が起こった江戸小間物問屋丸合組と武州商人との紅花打越の出入りの際の訴訟文書によれば、桶川宿の百姓浅五郎ほか七人の惣代同宿百姓佐五兵衛ほか一人について次のとおり記されている[12]。

一此のもの共議、農業之間紅花商ひ致し、旧来上方表江重モニ直積致し来候処、再興已来、前書丸合組之もの共御当地を打越、他国江積廻候儀者難成旨、新規之自法申立候得共、前々直積致し来候段者、安永頃之古帳面所持致し相違無之候処、窮屈之儀定相立候而者、近郷近在一同難儀およひ候間、仕来之通、渡世永続いたし候様、相願候旨申立候、

右記録によれば、桶川宿の百姓浅五郎の農間紅花商いの初めは「安永頃之古帳面所持致し相違無之候」とあって、安永の頃から直積みしていたとも記されている。

また、同文書には「一体紅花之儀古来者奥羽筋ニ而重モニ作付致し、馬附ニ而飛脚問屋共引受、上方筋運送致し来、

……其後天明之頃ゟ武州桶川宿其外近在ニ而紅花作出し」[13]とも記されている。これらによっておおむね安永・天明の頃から桶川宿周辺で紅花の栽培が始められ、在郷商人らの活動とあいまって武州地方に商品作物として急速に紅花の生産が普及拡大していったものと考えられる。

そして武州紅花は中山道筋の大宮・浦和・鴻巣や与野・岩槻などの在郷町の買継商人の手を経て桶川宿・上尾宿の紅花商人に集荷され、陸路では中山道、水路では荒川舟運という水陸の輸送ルートにより江戸へ送られ、それからさらに海上輸送、あるいは陸上輸送により上方や京都の紅花問屋へと送られていったのである。

さらに、同文書には安政二年当時の紅花荷物の発送地について「桶川宿外三拾ヶ村、上尾宿・柏座村外四拾弐ヶ村、大宮宿外弐拾弐ヶ村」[14]とあり、これらの宿村から積み出された紅花は菱垣・樽両廻船によって上方地方へ積み送っているとも記されている。なお、安政二年五月三日付の桶川宿の紅花商人木嶋屋浅五郎・時太郎から京都の紅花問屋最上屋喜八ならびに御店衆中にあてた書簡[15]には武州・下総の紅花生産高予想について次のとおり記されている。

一、当地紅花咲方之義、例年より思之外早メニて、先月廿日頃より咲始メ摘取相初り廿五六日頃摘取盛り、昨今不残摘切ニ相成候、当年雨懸り無数半照半雨ニ御座候、駄数之儀未難計候へ共、武州・下総ニて大底《(抵)》四百駄位之見積ニ御座候

この書簡によれば武州・下総の紅花生産高はおよそ四〇〇駄くらいと記されているが、紅花一駄は四丸（三二貫目）[16]とされているので、四〇〇駄は目方にして一万二八〇〇貫目となり相当の生産高であったことが明らかとなる。

ちなみに、安政四年（一八五七）八月桶川宿およびその周辺の紅花商人が桶川宿不動尊に寄進した重厚な石灯籠[17]には左のとおり二四名の名前が刻銘されており、桶川を中心とする在郷商人の紅花商いが隆盛であったことがこれによっても裏付けられる。

中　分　村　　矢部半右衛門　　当　　駅　　綿屋幸次郎
上川田谷村　　岡村寿作　　〃　　木嶋屋太郎兵衛

藤波村	篠田金右衛門	〃	伊勢屋次郎兵衛
荒沢村	菅原源蔵		騎西屋安右衛門
菖蒲町	釜屋七兵衛	桶川南村	須田次兵衛
〃	穀屋文蔵	〃久保	須田大八郎
当駅	伊勢屋平兵衛	当駅	木嶋屋源右衛門
〃	木嶋屋七兵衛	〃	西村庄左衛門
〃	栗原七郎兵衛	〃	木嶋屋浅五郎
〃	青木屋彦八	〃	宮田屋源七
〃	松森宇吉	〃	木嶋屋幸助
〃	伊勢屋茂右衛門	〃	竹原栄三郎

2　荒川舟運と紅花運漕

さきに武州紅花の生産と集荷のあらましについて述べておいたので、本項では桶川・上尾の紅花商人が集荷した紅花を江戸から京都へ送るために荒川左岸の平方河岸（現上尾市）または畔吉河岸（同上）からまず江戸廻船問屋へ運漕する事例を紹介してみたい。

平方河岸については『新編武蔵風土記稿』足立郡平方村の項には「近郷ヨリ出ス処ノ貢米或ハ商人ノ荷物ヲ船ニ積テ江戸ヘ運送ス、常ニ船数九艘ヲ定メトセリ、且荒川通船ツトフ所ニテ少シ賑ハヘル地ナリ」とあって、さらに寛文九年（一六六九）には川船運送の高札が建てられたとも記されている。

また、明治七年（一八七四）埼玉県が調査した船積問屋の項によると平方河岸には河岸問屋が六軒存在し、そのうち最も古い石川家は貞享四年（一六八七）九月の創立とも記されている。(18)

次いで畔吉河岸についてみよう。同河岸は先述の埼玉県の調査によると安永三年（一七七四）十二月および嘉永六年（一八五三）二月に創立した河岸問屋が二軒存在していたことが知られ、(19)『武蔵国郡村誌』畔吉村の項を見ると似艜船六艘があったとの記載もある。

桶川宿・上尾宿付近から荒川縁まではおよそ一里余の道程で、紅花はこれらの周辺の在郷商人から水陸両路を利用して江戸へ送られていたのである。

たとえば、紅花商人、武州足立郡南村（現上尾市）買継問屋須田家の場合を見ると急ぎの荷物についてはまず中山道の大宮宿・蕨宿へ送り出し、それから先は各宿の問屋を経て輸送しているが、河川舟運を利用して輸送する場合は平方河岸または畔吉河岸まで駄送し、それから川船に積んで江戸まで運んでいる。(20)

また、「須田家日記」(21)安政四年（一八五七）七月十四日の項には「紅花荷物平方河岸清兵衛船江出し」とあり、同日記九月九日の項には「紅花荷物四駄畔吉河岸出し」とあって舟運により江戸へ送り出されていたことがわかる。

さらに安政二年六月十六日付の平方河岸問屋清兵衛から須田治兵衛にあてた紅花荷物の請取書(22)には次のとおり記されている。

㊞覚

一、紅花廿四丸 ㊞

右之通リ慥請取、江戸南新堀井ノ上重次郎殿迄早々積送り可申上候、以上

安政二年六月十六日　平方川岸 問屋　清兵衛 ㊞

南村 須田治兵衛殿

尚々、小包壱ツ深川佐賀町山喜様行慥ニ請取㊞申候、以上

右によると紅花買継問屋治兵衛は紅花荷物二四丸を平方河岸問屋清兵衛に対し、荒川舟運によって江戸南新堀の廻船問屋井ノ上重次郎方まで運送することを依頼していたことが明らかとなる。

また、午年（安政五年カ）七月二日付の畔吉河岸問屋清七から桶川下南村須田次（治）兵衛あて紅花荷物の「請取書」[23]には次のとおり記されている。

覚

一、猩々紅花廿五入　三丸
一、庄司　弐拾五入　三丸
一、錦木　弐拾三入　三丸
一、荒鬼　弐拾六入　三丸
〆拾弐箇
右之通慥ニ請取㊞、江戸日本橋利倉屋金三郎方江早々積送り申候
二筆
拾五箇　印色々
右之通慥ニ㊞請取申候

畔吉河岸

午七月二日　問屋　清七㊞

桶川下南村
須田次兵衛様

これは、畔吉河岸問屋清七が紅花銘柄の猩々二五袋入り三丸、同庄司二五袋入り三丸、同錦木二三袋入り三丸、同荒鬼二六袋入り三丸合わせて一二個（丸）を桶川下南村の紅花買継問屋須田次兵衛から受け取り、江戸日本橋の廻船問屋利倉屋金三郎方まで積み送ったこと、そのほかに一五個の紅花を受け取ったことを知らせた覚書である。

右の文書により、足立郡桶川宿・上尾宿周辺の紅花買継問屋は荒川左岸の平方・畔吉両河岸問屋を通して紅花荷物

表1　安政2年6月～8月　上方送り紅花出荷表

出荷月	出荷人	数量	代金	備考
6～8月	木嶋屋浅五郎	126丸		廻船問屋井ノ上積分との記載あり
7月	松坂屋初五郎	225	28両2朱	大宮宿の紅花商人
	笠原村酒巻栄蔵	116	14両2分	
	浦和宿大浜屋善助	30	3両3分	
	須田大八郎	139	17両1分2朱	
	須田次兵衛	81	6両3分	
	武蔵屋次左衛門	31	2両2分，銀5匁	
	騎西屋安右衛門	33	2両3分	桶川宿の紅花商人
	釜屋七兵衛	42	3両2分	菖蒲町の紅花商人
	坂倉万之助	36	4両2分	
	古河紙屋五郎右衛門	41	1両2分2朱，2匁5分	代金3分の1との記載あり
	〃	21	3分2朱	
	古河八百屋儀左衛門	304(3)	12匁(両)3分	代金3分の1との記載あり
	与野山田屋幸右衛門	16	2両	
	13人	1,235丸		

出所：『上尾市史』第2巻，資料編2，501－505頁，上尾市教育委員会蔵「久保村須田家文書」により作成．

を江戸へ輸送し、さらに江戸の廻船問屋を経由して上方地方へ海上輸送していたことが明白となってくる。

それでは、これら河川・海上輸送ルートによって上方へ送られていた紅花の数量が年間どのくらいの数量であったのか、必ずしも明確ではないが表1のとおり安政二年六月～八月の間の上方送り出荷表を見ると武州地方の桶川・大宮などの紅花商人一三人から一二三五丸（九八八〇貫目）もの多量の紅花が上方の紅花問屋あてに出荷されていたことは江戸地回り経済の進展を示すものとして注目される。

3　紅花の海上運漕と江戸廻船問屋

次に、本項では武州地方の紅花商人から荒川舟運によって江戸へ送られた紅花が廻船問屋の手によってどのように上方や京都の紅花問屋へ運ばれていったのか、追究してみることにしたい。

まず寅年（安政元年、あるいは慶応二年カ）六月一日付の江戸廻船問屋利倉屋金三郎から紅花買継問屋須田治兵衛にあてた紅花荷物船積み勧誘の書簡(24)を紹介してみることにしよう。

尚々、乍憚御懇意御取引衆中様江御用向被仰付被下置候様、
宜敷御執成被下候様偏ニ奉願上候、以上
一筆啓上仕候、向暑之節ニ御座候所先以貴地　御店衆中様御揃
益御機嫌克可被遊御座珍重之御儀ニ奉存候、然は毎々以御引立

御用向被仰付難有仕合ニ奉存候、就而は最早当年も新花御積出之時節ニも相成候ニ付、上船相撰無事早着仕候様
入念積方可仕候間、何卒不相替走り御荷物より御用向被仰付被下候様偏ニ奉願上候、先は右御願迄奉申上度如斯
ニ御座候、以上

（肉筆）「寅六月朔日」　　利倉屋金三郎

（肉筆）「須田治兵衛様
御店衆中様
貴下」

見られるとおり、これは廻船問屋利倉屋金三郎から須田治兵衛にあてた紅花の船積み運漕の勧誘状で、本年も六月になり紅花出荷の時節が到来したので、私共も上等の廻船を撰び海上無事に早々積み送るように努めるので、なにとぞ相変わらず荷物運漕の御用を仰せ付けられたいという趣旨の書簡である。

この書簡により紅花の海上輸送が毎年の恒例になっていたことが窺われる。

次に巳年（安政四年カ）七月付の廻船問屋利倉屋金三郎から須田大八郎あての「紅花積付状(25)」を見ると次のとおり記されている。

（端裏書）「須田様」

積附之覚

⌐夕　丸雨　四丸
廿四袋入
∧仁　関の戸　弐丸
廿四入壱
廿五入壱

〆大津屋利九郎船

京都

西村屋清左衛門殿

右之通無相違積入当地出帆為致候、以上

利倉屋

金三郎 印

須田大八郎様

御店衆中様

これは京都西村屋清左衛門に送り届ける丸雨・関の戸という銘柄の紅花二四袋入り五丸、二五袋入り一丸合わせて六丸を大津屋利九郎船に積み込んで当地を出帆させたという積付状である。

また、参考までにもう一点、申年（万延元年カ）六月十二日付の利倉屋金三郎から須田治兵衛にあてた紅花の荷物積付状を次に紹介してみよう。(26)

積附之覚

申六月十二日

〈キイ印　四丸

廿五袋入

〆　吉田芳太郎船

〈キイ印　弐丸

廿五袋入

露錦　弐丸

廿六袋入
〆　西田喜作船
大坂
大文字屋三右衛門上
同
油屋喜助殿行
右之通無相違積入当地出帆為致候、已上
申六月　　　利倉屋金三郎㊞
須田治兵衛様
御店衆中様

これは江戸廻船問屋利倉屋金三郎が須田治兵衛からの紅花荷物八丸のうち二五袋入り四丸を吉田芳太郎船に、また四丸を西田喜作船に積み込んで、大坂の大文字屋に水揚げし、さらに同所備後二丁目の紅花問屋油屋喜助あてに送り届けるために、船積みを終わり出帆したことを知らせたものであり、上方行きの紅花の輸送ルートをよく示した書簡である。

それではこれらの紅花は廻船一艘につきどのくらいの荷量が積み込まれていたのであろうか。安政五年（一八五八）十月、江戸廻船問屋井上重次郎の「上方送り紅花荷物控帳」(27)により同年六月から八月までの事例を示せば表2のとおりである。

見られるとおり、六月十八日には三五丸の紅花を西田米十郎・藤田常助・柴田秀蔵などの九艘の廻船に三〜四丸ずつ分散して積み込み、七月八日には一五丸を四艘の船に三〜六丸ずつ分けて積み送っていることが注目される。これは海難防止のための措置であったことは紅花の上方輸送にあたり破船等の海難事故がしばしば発生していることによ

表2　安政5年　江戸廻船問屋井上重次郎の紅花船積表

水揚げ月日	紅花銘柄	数量	船主名	備考
6月18日	正　宗	3丸	*西田米十郎	大坂大三殿上ヶ京都紅花問屋
〃	〃	3	藤田常助	近江屋嘉兵衛，同松居太七殿行
〃	鬼　丸	3	紫田秀蔵	〃
〃	〃	3	*西田増十郎	〃
〃	天　紅	3	森常八	〃
〃	〃	3	嶋屋彦十郎	〃
〃	峯　松	3	森正太郎	〃
〃	春　勇	4	藤田喜十郎	〃
〃	浦　島	3	小西徳太夫	〃
〃	〃	4	塩屋秀十郎	〃
〃	イ　印	3	*西田増十郎	大三殿上ヶ伊セ源殿行
	計	35	9名	運賃227匁，口銭56匁記載あり
7月8日	轢　雷	3丸	藤田利一郎	大坂大三殿上ケ京都近江屋行
〃	来　光	6	小西半三郎	嘉兵衛，同松居太七殿行
〃	玉　光	3	藤田利一郎	
〃	花　園	3	〃	
	計	15	2名	運賃325匁，口銭80匁記載あり
7月20日	朝　日	3	小西悦之助	大坂大三殿上ケ京都西清殿行
〃	沢　采	3	（不明，同船カ）	
	計	6		
8月8日	玉　梅	3	吉田万太郎	
	蜀　錦	3	小西吉之助	
	計	6	2名	
9月8日	唐　錦	4丸	嶋屋彦十郎	
	東　錦	2	（同船カ）	
	計	6		18丸，口銭28匁8分，運賃117匁記載あり

出所：『上尾市史』第2巻，資料編2，安政5年10月「上方送り紅花荷物控帳」555-557頁，上尾市教育委員会蔵「久保村須田家文書」により作成.
注：*印は複数の船主を示す.

っても明らかである。
たとえば、安政二年八月付の「破船関係書類控帳[28]」には次のとおり記されている。

差出申一札之事

一、此度我等手船有徳丸亀太郎沖船頭乗水主炊共十七人乗組、相州浦賀湊出帆走り登り候処、八月廿日逢難風及破船敷柱其御村方浜表へ漂着仕候処、其段御支配御役所江御届ケ被下候処、早速御出役有之、御手厚之御取計へ忝次第ニ御座候、且又荷物船滓等取揃御渡被下候、慥ニ受取申候、然ニ上ハ向後御村方対し故障ケ間敷義申間敷候、為後日一札如件

摂州河辺伊丹
船主かせ屋悦
代久兵衛
同大坂安次川江戸
樽廻船問屋木屋市蔵
同栄助
京都姉小路烏丸東へ入
紅花積合荷主惣代
柴崎屋惣右(宗)衛門

林伊太郎様
御代官所
馬郡村
御役人中

御元〆
池田泰蔵様
公事方
斎藤甫次(十カ)郎様
難事掛御出役

表3　午年(安政5年カ)　江戸廻船問屋利倉屋金三郎紅花船積表

紅花銘柄	数量	船主名	備考
荒川	3丸	＊西田喜作	
村雨	3	〃	
日の出	4	〃	
唐紅	3	〃	
連錦	4	＊西田徳太郎	
清正	3	〃	
計	20〃		7月9日着の記載あり
大力	3丸	西田徳太郎	
孝緋	3	大津屋鉄之助	
羽衣	3	吉田徳太郎	
末広	3	吉田芳太郎	
計	12		7月12日の記載あり
唐錦	3丸	西田徳太郎	以上9丸9月12日の記載あり
緋丸	3	〃	10月24日の記載あり
西頭	3	＊柴田弥八	
閻魔	3	〃	
計	12		
合計	44丸	8艘(船主5名)	運賃286匁　裏書賃70匁4分

出所：『上尾市史』第2巻，資料編2，560–561頁，上尾市教育委員会蔵「久保村須田家文書」により作成．
注：＊印は複数の船主を示す．

只木豊次郎様
馬郡村役人
津次右衛門殿
舞坂組頭
又七殿

右によれば、摂州伊丹のかせ屋悦の手船・沖乗船頭亀太郎など一七人が乗り組んだ有徳丸は浦賀湊出帆後、八月二十日、遠州沖で難風に遭い破船し、舞坂宿近くの敷知郡馬郡村に漂着している。乗組員のうち一六人は溺死し、一人だけが助け上げられたことがわかる。この有徳丸に積載されていた紅花は四九丸であったが、二七丸は浜に上げられ、そのうち八丸は無事であったが、残りの一九丸は一部が流出し半端ものになるという被害に遭っている(29)。

そのほか、これも年次不詳であるが、京都の紅花問屋西村屋清左衛門ほか二名から須田大八郎にあてた八月十日付の書簡(30)によると七月朔日兵庫近辺で破船したが紅花荷物は大体上がったので半金くらいの損害になるであろうという趣旨が記されている。

また、十一月二十日付の西村屋清左衛門ほか二名から須田大八郎にあてた書簡(31)には、昨十九日大坂大文字屋三右衛門よりの注進によると、毛馬屋辰之助船が江戸表出帆後に志州石鏡浦付近で大難風に遭い破船し、積み合わせた紅花二二丸が被害に遭ったことが記されている。

このように紅花の海上輸送にあたってはしばしば難船による被害に遭っているが、裏を返せば近世後期になって相当多量の武州紅花が江戸廻船問屋を経て上方方面へ荷送りされていたことの証左ともなるであろう。

なお、最後に午年(安政五年カ)十月付の江戸廻船問屋利倉屋金三郎から紅花買継問屋須田大八にあてた「紅花積附運賃請取之覚(32)」により紅花の海上輸送運賃についてみると表3のとおりで、廻船八艘に積み込んだ紅花四四丸の運賃は銀二八六匁とあり、それに手形の裏書賃七〇匁四分を加え三五六匁四分、これを金にして五両三分三朱と一六文と記されている。つまり紅花一丸について運賃が銀六匁五分という計算になっていたことが明らかとなる。

おわりに

以上、利根川・荒川の舟運下り荷物との関係について、古河藩の引越し荷物を中心とする御用荷物と、江戸地回り経済の発展とも関連する、武州紅花を中心とする商人荷物との運漕事例について若干の史料を紹介しつつ述べてきたが、これら河川・海上運漕においては江戸の廻船問屋がかなり重要な役割を担っていたことが明らかになってきた。今後、全国の河川舟運と海上運漕を一体化して捉える研究がさらに進展することを期待し、小稿を閉じることにしたい。

（1）柚木学編『日本水上交通史論集第一巻　日本海水上交通史』、同『日本水上交通史論集第二巻　続日本海水上交通史』、同『日本水上交通史論集第三巻　瀬戸内海水上交通史』、同『日本水上交通史論集第四巻　江戸・上方間の水上交通史』、同『日本水上交通史論集第五巻　九州水上交通史』（以上文献出版、一九八六～一九九三年）。上村雅洋『近世日本海運史の研究』（吉川弘文館、一九九四年）。

（2）「井上滋家文書」は『古河市史』資料、近世編（町方　地方）にも収録されている。なお、本節で使用した史料はほとんど同書に収録されているので、特別の場合以外は注記を省略した。

（3）右同書、三七四頁。

（4）宝暦九年、本多忠敞の下総国古河から石見国浜田への所替えの際の引越し荷物の水上輸送については「転封大名引越し荷物の水上輸送」というテーマで『日本歴史』四九六号（一九八九年）に発表しておいたので　併読していただければ幸いである。

（5）前掲『古河市史』三七五頁。

（6）右同書、三七六―三七七頁。

（7）右同書、三七七―三七八頁。

（8）右同書、三七八頁。

（9）前掲『日本歴史』四九六号参照。

（10）前掲『古河市史』三七八―三七九頁。

（11）武州紅花の生産と流通などについては上尾市教育委員会文化財調査報告第三集『武州の紅花――上尾地方を中心として』に詳説されている。本説も同書によるところが多い。

（12）『桶川市史』第四巻、近世史料編、四〇二頁。

（13）右同書、四〇五頁。

（14）『上尾市史』第二巻、史料編2、七〇六―七一〇頁収録、安政二年「乍恐以書付奉願上候」（上尾市教育委員会蔵「久保村須田家文書」）。

（15）右同書、三五六―三五七頁。

（16）右同書、三五七頁。注には普通紙袋一六個（一個は紅餅五〇〇匁入り）を一つにまとめて荷造りし、これを一丸または一個といい、四丸（三二貫目）を一駄というと記されている。

（17）前掲『桶川市史』、四二二―四二四頁収録、安政四年八月桶川宿不動尊石灯籠紅花商人名。

(18・19) 埼玉県立文書館「明治七年勧業部(明一五〇二)通信船積問屋」。
(20) 前掲『武州の紅花』など。
(21) 上尾市教育委員会蔵「久保村須田家文書」。
(22) 前掲『上尾市史』五五三頁。
(23) 右同書、五五四頁。
(24) 右同書、五五七頁。
(25) 右同書、五五九頁。
(26) 右同書、五六一頁。
(27) 右同書、五五五―五五七頁。
(28) 右同書、五六三―五七三頁。
(29) 前掲『武州の紅花』一九一頁。
(30) 前掲『上尾市史』五七四―五七六頁。
(31) 右同書、五七五―五七六頁。
(32) 右同書、五六〇―五六一頁。

第三章　水戸天狗党の乱と利根川舟運——幕府鎮圧軍の軍需物資運漕

はじめに

江戸幕府の軍需物資運漕に関する研究は、島原の乱以来幕末期まで平和が続いた関係もあり、関東では川船を軍事動員した例がほとんどなかったので、まったく等閑視されていた分野であったといえる。

そこで元治元年（一八六四）三月二十七日、武田耕雲斎など水戸藩の尊攘激派を中心として蜂起した天狗党の乱に際し、幕府から軍事動員された関東川船の御用荷物運漕と運賃をめぐる問題について、総州古河・船渡河岸問屋井上家文書[1]および常州鉾田町元寄場組合大惣代田山家の「御追討御用留」[2]などにより明らかにしてみたい。

第一節　乱の勃発と幕府鎮圧軍の派遣

1　乱の勃発

先にも述べたとおり水戸藩尊攘派のリーダー藤田小四郎（藤田東湖の四男）らは勅命による攘夷の実行を幕府に迫り、その目的を貫徹するため、まず郷士・神官・村役人ら六〇余人と共に筑波山で挙兵した。これら天狗党と呼ばれた水戸藩激派の勢力は日増しに増大し、五月三十日にはその数およそ七〇〇余人が筑波山で気勢をあげた。また、そ

の一派は常州府中・小川・潮来付近に屯集して水戸藩保守派の諸生党と戦いこれを敗退させた。(3)

2　幕府鎮圧軍の派遣

幕府はこれら水戸藩天狗党の反乱を鎮圧するため、まず四月十日目付の高木宮内に日光山見回りのために出兵を命じ、次いで総州古河藩主、土井利則に対して「兵器等用候而不苦候」との通達を出して鎮圧を命じている。(4)

また、四月十日には陸軍歩兵一大隊五〇〇人、大砲半隊大砲六挺、小筒組小隊一〇〇人など、およそ一〇〇〇人の兵員を日光山へ派遣したが乱は収まらず、(5)幕軍ならびに諸藩兵と水戸藩諸生党の連合軍は常州高道祖《たかさい》（現下妻市）の戦いで敗退した。(6)

その後の幕府軍の動向については『続徳川実紀』（明法院殿御実紀）には元治元年（一八六四）五月晦日から慶応元年（一八六五）まで空白になっているので、これまで不明というほかはなかった。しかし、八月に入って天狗党の藤田小四郎らおよそ五〇〇人は武田耕雲斎を支援するため拠点を筑波山から那珂湊に移したので、幕府軍増援諸隊はこれら天狗党勢を鎮圧するため一旦総州古河に集結し、筑波山・那珂湊方面へ向かって進軍していったことが、古河市元船渡河岸問屋井上家文書「備忘録」(7)によって明らかになってきた。

すなわち、右「備忘録」の古河在陣記録には常野追討軍総括の田沼玄蕃頭（意尊）・目付設楽弾正、高木宮内など三五人は教武所・旅宿・観音寺に宿泊し、大番頭神保山城守ほか合わせて三五〇人ほどは本陣に、書院番頭織田伊賀守ほか合わせて三〇〇人ほどが大田屋源六方に、小姓組番頭井上越中守ほか合わせて一二〇人ほどが大黒屋に、小十人頭竹内日向守ほか合わせて一三一人が須賀屋弥四郎方に、御先手頭土崎鈞之助ほか合わせて九〇人が大聖院に、御持頭和田伝右衛門ほか一五五人が西光寺・浄円寺・北新町・南新町に、御徒頭ほか一二〇人ほどが枡屋弥兵方に、歩兵御頭ほか六〇〇人がいせや忠左衛門方に、大砲方およそ一六〇人ほどが徳昌寺に、御持小筒方およそ一六〇人が本成寺に、別手頭上下一〇〇人が米屋甚右衛門方に、同三〇人ほどが越後屋に、そのほか目付・御徒目付・御小人目付など合わせて一九〇〇人近くの幕府直轄軍が古河に在陣していたことが確認される。

これらの軍勢は古河に滞在し、陣容をととのえて八月十八日から十九日にかけて常州筑波山からさらに天狗党の拠点となった那珂湊方面へ向かって進軍して行った(8)。

その進路は明らかでないが、古河から小山を経て、下館・笠間辺を通って水戸、そして那珂湊へ進んで行ったものと推定される。

第二節　軍需物資運漕と古河・船渡河岸

1　軍需物資の古河集積

元治元年(一八六四)七月下旬から八月中旬頃にかけて古河・船渡河岸には武州・上州の河岸沿いの農村地帯や江戸から幕府役人によって調達された軍需物資が続々と舟運によって運び込まれてきた。

たとえば、古河市井上家文書「追討御用手控」(9)によれば七月二十六日武州長宮河岸から白米四五一俵、下村河岸から白米二〇四俵、大越河岸から白米二〇〇俵、さある(笊カ)五〇個・片手桶五〇個、柄杓《ひしゃく》五つ、つり(竹付)二〇、かんな五丁、灰かき五丁、釜四つ、七月二十七日羽生領から白米六二五俵、玄米九〇〇俵、金杉河岸から白米七四六俵、大豆二〇俵、七月二十八日幸手から玄米一〇〇〇俵、七月三十一日大越・権現堂・金杉三河岸から合わせて米一五七一俵、八月四日には江戸表から苫《とま》一万枚、莚一万枚、明俵二〇〇〇枚、手桶二〇〇個、小柄杓五〇〇本、足場続縄五〇把、わらんじ一万足、馬くつ三六〇〇足、松明二〇〇〇把、大豆一〇〇俵、同日権現堂河岸から白米四〇〇俵、流山の向かい宮ノ井から馬草一〇〇〇貫、下早川田河岸から粮米一三七俵などである。このほかにも西金野井村河岸・川俣村・古海河岸・赤岩河岸・金杉河岸からも兵粮米や糠などが運び込まれているが、ここでは省略する。

また、八月十二日には次のとおり上州邑楽《おうら》郡小泉村・赤岩村・舞木村から粮米一九五俵(四斗入り)、古海村から

烏山
那珂川
水戸
笠間
涸
沼
川
涸沼
那珂湊
筑波山
巴
川
海老沢
大
和
田
塔
ケ
崎
七
瀬
川
小
川
紅葉
下吉影
高浜
串挽
鉾
田
玉造
土浦
霞
ヶ
浦
北
浦
牛堀
潮来
佐原
安食
木下
小見川
笹川
野尻
高田
銚子湊

図1　関東河川水運路略図

も粮米四〇〇俵合わせて五九五俵が運び込まれている。(10)

粮米送り状之事

十二日着
関東御取締御出役御懸り
高四百俵高之内

一　粮米百九拾五俵　但四斗入

右は御買上之分、書面之通於赤岩河岸積立、今十一日出帆申付候間、着船之上其御筋江御申立可被成、依而送り状如件、

堀賢三郎知行所
上州邑楽郡小泉村
名主　儀兵衛

瀬名伝右衛門知行所
同州同郡赤岩村
大惣代　名主　新右衛門

赤松左衛門尉知行所
同州同郡舞木村
小惣代　名主　半蔵

下総古河宿
河岸場
御役人衆中

粮米送り状之事

十二日着
関東御取締御出役御掛

一　粮米高四百俵　内白米弐百五俵　但四斗入
右は御買上之分、書面之通於古海村川岸ニ積立、今十一日出帆申付候間、着船之上其筋江御申立可被成候、仍送り状如件、

元治元年子八月十一日

三枝伝吉知行所
上州邑楽郡小泉村
名主　茂兵衛

河野伊予守知行所
同州同郡古海村
大惣代　名主　弥五左衛門

古河宿
河岸場
御役人衆中

右四百俵高之内訳ケ

七拾俵　岩蔵船
百廿五俵　与八船
五拾五俵　仙七船
五拾俵　武八船
百　俵　勝蔵船
〆五　艘

このほかにも武州の西宝珠花河岸・金杉河岸・西金野井河岸、あるいは積み出し河岸不明の多彩な物資が古河河岸へ陸揚げされている。

2　宗道河岸への運漕

これら古河へ陸揚げされた物資は再び舟運で鬼怒川左岸の宗道《そうどう》河岸（現結城市）、あるいは北浦北岸の鉾田河岸（現鹿島郡鉾田町）へと送り出されていった。

たとえば、元治元年（一八六四）八月十二日付で次のとおり宗道河岸あてに白米一七〇俵、大豆二五俵、味噌一五樽、蠟燭一個、梅干し三一樽、手桶五〇個、小柄杓（一〇〇入）一個、松明五〇束、笘（苫カ）一〇〇〇枚、莚一〇〇〇枚、莚鞋二〇〇〇足、馬くつ一〇〇〇足、秣草《まぐさ》一六〇貫目など多彩な軍需物資が三艘の船で宗道河岸積問屋善一郎あてに送り出されている。(11)

送り状之事

下総高田河岸　鉄　蔵　船
内守谷河岸　安五衛門船
野尻河岸　市郎左衛門船

一　白米百七拾俵　但四斗入
一　大豆弐拾五俵
一　味噌　拾五樽
一　蠟燭　壱個
一　梅干三拾壱樽
一　同小樽弐拾樽
一　手桶　五拾
一　小柄杓　百本入壱個

一　松明拾把〆五拾束
一　苫（笘）千枚
一　莚　　千枚
一　莚鞋　弐千足
一　馬くつ　千足
一　秣艸百六拾貫目
右は非常　御用物前書之通御積送申候間、着船之節御改御請取可被成候、以上、
下総古河河岸
元治元年子八月十二日　　積問屋　平兵衛　印
宗道河岸
積問屋　善一郎殿

右積込内訳ケ
下総野尻河岸
市郎左衛門船
一　白米六拾七俵
一　大豆　八俵
一　梅干大　三樽
一　同　小　拾樽
一　莚三百三拾枚

一　秣草八拾貫目
一　馬くつ三百足
一　わらんし七百足
一　松明　拾把結《拾把結》拾七束
一　手桶　拾七
一　味噌　五樽
一　苫弐百三拾枚
〆
常州高田河岸
鉄蔵船
一　白米三拾七俵
一　大豆　八俵
一　梅干　廿四樽
一　同小樽　五樽
一　手桶　拾七
一　馬くつ四百足
一　味噌　五樽
一　莚三百三拾枚
一　苫五百四拾枚
一　松明拾把結拾六束

一　わらんし七百足

〆

下総内守谷河岸
安右《(カ)》衛門船

一　白米六拾六俵
一　大豆　九俵
一　梅干　四樽
一　同小　五樽
一　味噌　五樽
一　苫弐百三拾枚
一　松明拾把結拾七束
一　馬くつ三百足
一　草鞋　六百足
一　手桶　拾六
一　蠟燭　壱箇
一　莚三百四拾枚
一　秣草八拾貫目
一　小柄杓百本入壱箇

また、元治元年八月十九日付で宗道河岸あてに味噌三六樽、耳取《みみとり》莚一九〇〇枚、蒲《がま》莚一三〇〇枚、竹皮三七個、わらじ三〇〇足、苫六〇〇枚が船積みされ、同月二十日付で苫一六六〇枚、蒲莚七〇〇枚、大豆七一俵、松明四九束の

ほか柄杓・兵粮桶・手桶・飯桶・味噌なども積み出されている。(12)

次いで八月二十一日には味噌四〇樽、莚一九〇〇枚、蓑莚二一〇〇枚、大豆八一俵、松明四九束、小柄杓三二五本、兵粮桶四二個、竹皮三七個、草鞋《わらじ》三八〇〇足、笘四二六〇枚、手桶二五一個、馬沓三五〇足など合わせて二八口もの軍需物資が船積みされている。(13)

他方では八月二十二日には武州葛飾郡上口村河岸から二番船で草一六七三貫六〇〇目、糠二五俵（五斗入り）、三番船で草八一九貫六〇〇目、藁三五〇貫目、糠二五俵（五斗入り）、五番船では草七八四貫四〇〇目、藁三三七貫目、糠二五俵（五斗入り）というように古河宿在陣の兵粮方あてに送り届けられている。(14)

3　鉾田河岸への運漕

さらに古河・船渡河岸積問屋平兵衛から兵粮方あての「覚」(15)を見ると、次のとおり古河から常州鉾田河岸まで白米一〇〇俵につき金六両二分の運賃で、日の丸の旗印を立てて運漕することが記されている。

覚

一　白米　百俵ニ付

古河川岸ゟ

常州鉾田河岸

運賃金六両弐分

但　当河岸積入人足
　　鉾田河岸水上ケ共

一　白米積立之節、百俵ニ付拾俵ツヽ改、壱割平均を以送状江相記置、万一御改之節、多分ニ貫切御座候節は、御取調ニ相成候旨、兼而船頭共江申聞、証文取之候事、但、御蔵詰承喰（鼠カ）之分は、別段貫札相付候事、

一　送状之儀は壱番ゟ番附ヲ以、俵数船頭名前書記、壱艘毎送状水戸向町兵粮方焚出所御掛り御役人中様江相届

候様書入、御宛は鉾田河岸御用先御懸御役人中様と認メ候事、
一　日の丸御船印は、送状一同船頭共ゟ鉾田河岸ニおゐて返上之事、
一　船頭共当河岸出帆之節、日記帳相渡、下り之儀ニ付、昼夜ニ不拘通船万一大風雨ニ而通船差支、滞船之節は、
地元村役人江相掛り、其段日記帳へ為相記候様、船頭共江可申聞事、
一　川中ニ而外船共通船差支候場処到共、御急ニ付、片時も滞いたし間敷旨申聞候事、
右ケ条之通、船頭共江申聞、早々鉾田河岸へ着船相成候様可仕候、依之書付ヲ以奉申上候、以上、

元治元年子九月

領主

国郡

古河川岸
積問屋　平兵衛

兵粮方御掛り
御役人中様

また、この「覚」には送り状は一番より番付をもって俵数・船頭名を書き記し、一艘ごとに水戸向町兵粮方焚き出し所掛り役人へ届くように書き入れ、あて名は鉾田河岸御用先懸役人中様と認める旨が記載されている。そのほか運漕中の船頭への注意事項が六カ条にわたり申し渡されている。

次いで河岸問屋平兵衛は兵粮方あてに、白米四一〇九俵（四斗入り）を九月二十九日から積み立てて、船一艘ごとに順次出帆することを約束した「御請証文」(16)を次のとおり差し出している。

差上申一札事

一　白米四千百九俵　但四斗入

右は当城内御預残米書面之俵数、今般常州鉾田河岸江御廻米ニ付、右運送向私御請仕、明廿九日ゟ積立取掛、壱

艘毎直ニ出帆申付、且御急ニ付途中滞船等は勿論、船中不取締候義無之様、別紙を以奉申上候通、船頭共ゟ証文取之、都而等閑之儀無之様仕候、依之御請証文差上申処如件、

元治元年子九月

土井大炊頭領分
下総国葛飾郡
古河川岸
積問屋　平兵衛

兵粮方御掛
御役人中様

ところで、これら運送米のうち二〇〇俵は陸送となり、残り三九〇九俵は九月晦日五五〇俵、十月一日七二一俵、同二日四八三俵、同三日一五三五俵、同四日六二〇俵を送り出した旨も付記されている。さらに、これらの兵粮米のうち船渡河岸から一七五四俵、古河城辰崎蔵から一二五五俵をそれぞれ一番から一六番までの船で送り出した旨も記載されている。(17)

4　軍需物資運漕と運賃

それでは、これら軍需物資運漕の運賃はどのようにして決められていたのであろうか。この点については古河河岸問屋平兵衛から兵粮米掛りあての次のような「運賃受取覚」(18)によって明らかとなってくる。

覚

一　金弐百五拾四両弐朱　但 百俵ニ付金六両弐分
　　永弐拾五文

右は当城内御預米三千九百九俵端弐俵、今般水戸向井町兵粮方御焚出所へ御廻米ニ付、常州鉾田河岸まで運送被

仰付、不残積立前書之運賃御渡被下置、慥ニ奉請取候、以上、

下総国
古河川岸
積問屋　平兵衛

子十月

兵粮方御掛り
御役人中様

一　運賃
金弐百五拾四両弐朱銭百六拾三文

一　御蔵方立替分
同　弐拾四両三朱　銭三百弐拾六文

〆金弐百七拾八両一分壱朱
四百八拾九文

右之通御下ケニ相成候、

右によれば米一〇〇俵につき金六両二分の割合で二五四両二朱と永（銭）二五文が支払われている。この「運賃受取覚」の日付を見ると十月となっているので、鉾田への米運漕後間もない時期に兵粮方掛りから現金で直接支払われていたものと思われる。

また、八月十五日付の次の「運賃受取覚[19]」を見ると古河河岸から金杉河岸までの伝馬船一艘の運賃として金一両一分が普請役馬場正吾から古河河岸積問屋平兵衛に支払われていたことがわかる。

覚

一　金壱両一分　古河川岸ゟ金杉河岸迄
伝馬船壱艘御雇

右之通慥奉請取候、以上、

子八月十五日

古河川岸
積問屋　平兵衛

御普請役
馬場正吾様

右は八月廿日深山様ゟ御割判被下置、御代官今川要助様ゟ請取

この運賃の算定基準は、九月二十五日付の運送御用掛り森善一郎から古河河岸積問屋平兵衛あての書面(20)には、次のとおり記されている。

態々以書面申上候、拙者義今般兵粮方諸向運送御用掛被仰付罷在候処、昨日笠間町御用先　御勘定所ゟ御達御座候ニ付、其　御城内御蔵江御詰置ニ相成候白米、霞浦西方高浜・北方鉾田幷江戸廻米商売荷物並合を以、運賃銀きぬ川船頭共ゟ申立候様御座候、右は是迄其方へ御尋有之候義も難計存、不都合之場合有之候而は、差支申候間御引合申上候、江戸廻米霞浦廻等も、御地ゟ商売荷物並合運賃を以御取調申進可被成候、右為可御意(得脱カ)如斯御座候、以上、

九月廿五日

森善一郎

問屋平兵衛様

（傍点引用者）

見られるとおり「商売荷物並合運賃」を算定基準として決定されていたことが明らかとなる。したがって、運賃は河岸問屋が仲介となって船頭と幕府役人の談合によって決められた相対運賃であったことは確かであるが(21)、それでは幕府役人側では一体誰が決定権をもっていたのであろうか。この点については次の史料を見れば明白となってくるであろう。

粮米送状之事

関東御取締御出役様御掛り

一　粮米三百俵　　四斗入

右は御買上之分書面之通、酒巻村ニおゐて積立、今四日申付候間、着船之上其　御筋江御申立可被成候、以上、

松平下総守領分

武州崎玉郡

酒巻村

名主　克右衛門

堤根村

名主　又左衛門

下総古河宿

河岸場

御役人衆中

御代官

中山誠一郎様御手附

川崎三郎様

右は大年寄斎藤佐市方へ御旅宿御呼出ニ付罷出候処、宗道河岸迄当処御廻之筈こも其外、尚又御積廻し被遊候ニ付、船積之儀被仰付、此節干川ニ付、部賀舟ニ而百俵積位之外積入相成兼、関宿川岸栄吉・伊平治両舟居合申談候処、百俵目ニ而金六両頂戴致(度脱カ)旨其段申立候処、高直之由被仰聞、御手附様ゟ御勘定様御窺ニ相成候処、陸地ニ而御廻しニ相成ニ付、御見合ニ相成候段御断ニ相成候事、

右は武州崎玉郡酒巻村ならびに堤根村から古河河岸あてに送られた粮米三〇〇俵（四斗入り）や、その他のこもなどの荷物を宗道河岸へ回漕しようとしたところ、関宿河岸の船頭栄吉・伊平治が当節干川につき部賀《べか》舟に一〇〇俵くらいしか積めないので、米一〇〇俵につき金六両頂戴したい旨申し立てたので、代官中山誠一郎の手代が運賃高値という理由で、御勘定様にお伺いを立てたところ陸地回しになったと記されている。したがって幕府側では物資運漕と運賃の最終決定権をもっていたのは勘定所役人の御勘定であったことが裏付けられる。(22)

第三節　軍需物資運漕と鉾田河岸

1　幕府鎮圧軍の動向

九月一日、幕府軍の先鋒佐倉・棚倉藩兵は天狗党の拠点となっていた小川（東茨城郡小川町、小川運漕方役所・小川郷校があった）の文武館を焼き払い、九月三日には鹿島郡鉾田村の三光院に集結していた浪士たちを追い払い、九月四日には攻撃を開始した。(23)この点について「天狗難題金控」(24)の筆者は次のとおり記している。

此時に当て雨天打続、大雨車軸を流し、同（八月二十九日）九ッ時より小川・玉造・羽生の天狗館のもの磯浜・鉾田両所へ引越昼夜共々通行、九月朔夜九ッ時迄ふり切申候

また、安塚村の井川恂左衛門は天狗勢鉾田着後の様子を次のように記している。(25)

其内九月朔日は鉾田村・烟田村江千人余浪人共押込、最早是切と是非に及ばず村々一統熟談候処へ同二日御公儀様人数追討いたされ二日八ッ時より浪人逼留とおぼしき鉾田村へ頻と大砲打掛誠ニ以、前代未聞恐れ入り候次第……首落候浪人十七人其外吟味の上江戸送り候者も有之

これらの記録により九月一日から三日頃にかけて北浦北岸の水陸交通上の要衝鉾田付近でも激しい戦闘が展開されていたことが明らかとなる。

さらに九月六日付で関東取締出役から鉾田村ほか四カ村（汲上村・串挽村・麻生村・大船津村）の寄場惣代にあてた通達[26]には次のとおり記されている。

筑波山脱走之賊徒共悉御誅伐可有之旨其筋より御達ニ付村々申合竹槍其外得物ヲ以無二念打殺可申旨其心得方先般相達置村々申合取締向も行届様ニ相聞候一段之事ニ候得共……自然賊徒共廻り候儀有之節捕方ニ手配方鳴物等ヲ以兼而合図ヲ定速ニ人数繰出方ニ合置農事ヲ専大切ニ可営旨村役人共より小前末々迄可申諭候

これにより鉾田村付近での戦闘は大砲等の火器も使用し、九月初旬には幕府鎮圧軍が天狗党勢を征圧し同地方はようやく落ち着きを取り戻しつつあったことがわかる。

なお、鉾田村付近の幕府軍の動向について田山家の「御追討御用留」には「元治元子年九月二日八ッ時頃より同六日朝御人数不残御出立ニ被遊候[27]」とあって陸軍奉行河野伊予守ほか御持小筒方天野貫一、大砲方伊藤陣三郎、関東取締出役大田源三郎、歩兵一番～八番六〇〇人、代官佐々井半十郎など総人数一四五〇人が水戸方面へ向かって出立した。

2　兵粮米の陸揚げ

ところで九月二十九日に古河から鉾田河岸あてに送った兵粮米は、十月初めに鉾田河岸に無事到着した。十月二日付の古河河岸積問屋平兵衛から鉾田河岸あての送り状[28]を見ると、一番御白米三四〇俵境河岸惣次郎船、二番同四一〇俵同嘉四郎船、三番同二七五俵同亀太郎船、四番同二二五俵同儀八船、締めて一二五〇俵とあり、後文には次のとおり記されている。

右者当御城内御預ケ兵粮米当河岸ニおゐて積立二日出帆其御地着船之節御改御請取此送り状水戸向町兵粮方御焚出所江御返可被下候以上

子十月二日　　下総国古河川岸

積問屋　平兵衛

常州鉾田河岸御用先

兵粮方御掛り　御役人中様

また、十月十六日付の鹿島郡鉾田村蔵主市右衛門から水戸弘道館御兵粮方秋山金七郎あての「奉預御米之事(29)」を見ると、次のとおり白米三九〇九俵は鉾田河岸に陸揚げされ、弘道館へ三三〇〇俵が陸送され、残り六〇九俵は鉾田村にそのまま預け置かれていたことが判明する。

奉預御米之事

高白米　三千九百九俵

五斗壱升壱合弐勺之内

内　白米　三千三百俵　塩ケ崎村并ニ水戸表江御継立

仕候分別紙ヲ以奉申上候

一　白米　六百九俵　鉾田村江　奉御預ケ候分

五斗壱升壱合二勺

此内

三拾三俵　但シ四斗七合弐勺入

八拾五俵　同　三斗九升六合七勺入

三拾壱俵　同　四斗五升入

四百五拾九俵　同　四斗入

壱俵　同　三斗九升六合七勺入

端弐俵ニ而　同　五斗壱升壱合五勺入

右者今般古河表より御積廻之御兵粮米書面之通私共へ被遊御預ケ慥ニ奉預り候然ル上者御米大切ニ相守御達有之次第御附送り方無遅滞取斗へ可申候依之御預り証文差上申処如件

元治元年
子十月十六日

北条新蔵
初鹿野備後守
蔭山惣次郎
渡辺孝次郎
知行所
常州鹿嶋郡鉾田村　蔵主
市右衛門
問屋
平左衛門
村役人惣代　秀　助
他出ニ付代印
彦右衛門

弘道館　御兵粮方
秋山金七郎　様

3　兵器・降参人等の運漕

まず田山家の元治元年「御追討御用留」(「御追討御用川路御用船運賃取調帳」)によると九月五日・八日・十日の三日間大砲方や小筒方、その他の分捕り荷物の運漕用に六〇〇俵積み一艘、四〇〇俵積み一艘、一〇〇俵積み三艘、五〇俵積み二艘など合わせて一九艘の川船が動員されていたことが明らかとなる。(30)

また、十月二日の記事(31)を見ると、次のとおり大砲二門その他の武器が水戸弘道館から鉾田河岸まで、人足八一人により陸送されていたことがわかる。

覚

一　大炮弐輛　引受人足拾五人
一　長持弐棹　此人足三拾人
一　釣台壱荷　此人足八人
一　目籠　弐ツ　此人足拾人
一　幕串八梱　此人足拾六人
一　樫木棒拾本　此人足弐人
〆　人足八拾壱人

右者田沼玄蕃頭殿荷物之内水戸弘道館より鉾田川岸より船廻し被致候ニ付明三日差出候ニ付書面之人足差出し差支無之様継立可申候尤弘道館江明六ッ時刻限無相違可差出候此先触早々順達留り於鉾田宿ニ可相返候以上

子十月二日　御普請役
郡司　宰助

水戸より鉾田川岸迄
右宿々役人中

此御先触大急ニ付宿村刻付ヲ以御継送可被成候以上
酉中刻　下町　問　屋
坂戸村
御庄屋様

さらに田山家の「御追討御用留」十月十六日付の記事(32)を見ると、次のとおり大砲その他の武器が、鉾田河岸から五

○○石積くらいの高瀬船一〇艘を動員し、江戸へ送り返されていたことも明らかである。

五百石積位
一　高瀬船　　拾艘
右者大炮方其外帰府ニ付諸御道具類鉾田川岸より江戸迄積送り候ニ付一両日之内其川岸江差送り候間兼而用意可
被致候
子十月廿六日　　佐々井半十郎手代
井上亀三郎
御普請役
森　禎　作
鉾田村　問屋　役人中

なお、十月二十九日付の記事(33)には、下総佐倉行の降参人九五〇人とその警衛人数六〇〇人を大高瀬船一〇艘で運漕するように、水戸弘道館兵粮方掛り飯島大作から鉾田村役人ならびに積問屋あてに次のとおり通達されている。

覚
一　堀田相模守預り　降参人四百人
右御警衛弐百人
一　久世鎌吉預り　降参人三百人
右警衛　弐百人
一　松平右京亮預り　降参人弐百五拾人
右警衛　弐百人
右者〆乗船人数凡書面之通有之候以上

子十月

浮浪之内降参人四百人右御警衛人数弐百人下総国佐倉町迄罷越候条其村河岸場ニ而乗船之積ニ付得其意明朔日夕刻迄ニ大高瀬船拾艘雇付相揃可置候尤吟味方下役奥野吉郎被差遣候ニ付都而同人差図ヲ請無差支様可被取斗候追而此書付可被相返候以上

子十月廿九日

水戸弘道館

兵粮方掛り

飯島　大作　判

常州鹿島郡

鉾田村役人幷積問屋中

右の運漕に使われた川船については田山家の「御追討御用留」を見ると、高瀬船五〇〇石積み一〇艘、あるいは六〇〇俵積み（四人乗り）一艘、小高瀬（二人乗り）二〇〇俵積み二艘、大房丁（二人乗り）一五〇俵積み一艘、中房丁二艘なども記載されている(34)。

これらの記事により、幕末期には北浦北岸の鉾田河岸まで相当大型の川船が就航していたが、これらの船が幕府鎮圧軍の軍需物資や兵器、そして降参人等の運漕に利用されていたことがわかる。

また、運賃については、十一月になって天狗党の乱が一段落した際に、兵粮方役所から鉾田河岸問屋平左衛門あてに支払われている。そして左に掲示した「覚」(35)を見ると、平左衛門は受領した運賃をその額面のとおり、それぞれの船頭へ手渡していたことが明らかとなる。したがって河岸問屋自身は口銭（手数料）を受け取らず無償で奉仕していたものと推察される。

たとえば次に示した「覚」に記載されているA群の記録を見ると関宿の船頭鹿蔵分三〇〇俵積み船一艘の江戸までの船賃として金七両、それに増し水主一人分として金一両合わせて八両と記されているが、A′群の記録を見るとこの金八両を鹿蔵が問屋平左衛門からそのまま受け取っていたことがわかる。

次に同様にB群とB′群の船賃を照合してみると、金一二両を鉾田村船頭清兵衛が河岸問屋平左衛門から受け取っていた事実が判明する。さらに、C群とC′群の船賃を照合して見ても同様のことが明白となってくる。

覚

A

十一月朔日

一　金七両也　　関宿鹿蔵舟
　　三百俵積壱艘
　　江戸迄船賃

一　金壱両也　　右大炮方様御乗舟
　　右増水主壱人賃銀

B

十一月朔日

一　金六両也　　鉾田清兵衛舟
　　弐百俵積壱艘
　　江戸迄船賃金也

一　金壱両也　　右御持小筒方様御乗舟
　　右増水主壱人賃銀

C

一　金拾弐両也　　鉾田与四郎船
　　同喜　七船
　　御印鑑並ニ　送り状願之事
　　弐百俵積拾弐艘

一　金弐両也　　　右増水主弐人賃銀

江戸迄舟賃金

右者当ケ崎村川岸江御預ケ之莚戈（ママ）木積舟之分

合金弐拾九両也

右者今般御用被仰付前書之通船賃御払被下慥ニ奉請取候以上

元治元子年十一月

鉾田村

問屋　平左衛門

同役人惣代

年寄　秀　助

御兵粮方

御役所様

A′

覚

一　金八両也

右者江戸表迄御用船賃御払被下慥ニ請取申候以上

子十一月朔日　　関宿舟頭

鹿　蔵

問屋　平左衛門殿

覚

B′

一　金七両也

右者江戸表迄御用船賃御払被下慥ニ請取申候以上

子十一月朔日

鉾田村舟頭
清兵衛

問屋　平左衛門殿

C′

覚

一　金拾四両也

右者江戸表迄御用舟賃御払被下慥ニ請取申候以上

子十一月朔日

右村舟頭
与四郎
喜　七

問屋　平左衛門殿

これにより幕末期、江戸幕府を驚愕させたともいえる水戸天狗党の乱に際し、明和・安永期に問屋株を公認して掌握した関東の河岸問屋に命じて川船を動員し、軍需物資の円滑運漕を期していたことが明らかとなる。

しかし、船持・船頭層に対しては船賃等について直接指示することができず、河岸問屋をとおして商人荷物並みの相対運賃を余儀なくさせられていたことは、幕府の基盤であった関東における権力の衰退を示すものといえる。

おわりに

以上のとおり、水戸天狗党の乱に際し、利根川舟運が幕府鎮圧軍の軍需物資運漕や兵器等の運漕にきわめて重要な役割を果たしていたことを明らかにしてきたが、このような軍需物資の大量運漕が幕府鎮圧軍の戦闘を有利に展開させた要因であったといっても過言ではないであろう。

(1)「井上滋家文書」は『古河市史』資料、近世編（町方　地方）に所収。
(2)「田山鋭二家文書」は『鉾田町史』近世史料編Ⅱに所収。
(3)『国史大辞典』（吉川弘文館）9巻、九五一頁。なお、これら乱の経過については『水戸藩史料』下編に詳述されている。
(4) 新訂国史大系51『続徳川実紀』第四編。
(5) 右同書。
(6) 前掲『国史大辞典』。
(7) 前掲『古河市史』所収、「備忘録」六九二―六九五頁。
(8) 右同書。
(9) 前掲『古河市史』所収、「追討御用手控」六五六―六七四頁。
(10) 右同書、六七二頁。
(11) 右同書、六七〇頁。
(12) 前掲『古河市史』所収、「備忘録」六九七―六九九頁。
(13) 前掲『古河市史』所収、「追討御用并粮米諸品運送簿」六八〇―六八一頁。
(14) 右同書、六八三―六八四頁。
(15) 右同書、六八七頁。
(16) 右同書、六八七―六八八頁。

(17) 右同書、六八八頁。
(18) 右同書、六八九頁。
(19) 右同書、六七七頁。
(20) 右同書、六八六頁。
(21・22) 前掲『古河市史』所収、「追討御用手控」六六三―六六四頁。
(23) 『水戸藩史料』下編、八一三頁。
(24) 『図説・ほこたの歴史』一三八頁に所収。
(25) 右同書、一三八―一三九頁。
(26) 前掲『鉾田町史』一〇八―一〇九頁。
(27) 右同書、一一一―一一二頁。
(28) 右同書、一二九頁。
(29) 右同書、一四三頁。
(30) 右同書、二三六―二三九頁。
(31) 右同書、一八〇頁。
(32) 右同書、一六〇頁。
(33) 右同書、一六八頁。
(34) 右同書、一八三頁。
(35) 右同書、一七一―一七二頁。

第四章　明治前期の内陸水運と道路輸送——上利根川水系の河岸場を中心として

はじめに

近世日本の内陸水運と地域経済の発展に多大の役割を果たしてきた河川舟運は、明治維新後どのように変化し衰退していったのであろうか。この問題についてはこれまでも研究者の関心の的となり、すぐれた研究も若干発表されているが[1]、それらはおおむね明治十年（一八七七）頃から鉄道が開通した明治二十年（一八八七）頃、あるいはそれ以降の時期を対象としているように思われる。

そこで本章ではまず、維新政府が成立した明治元年（一八六八）から同十二年（一八七九）頃にかけての変革期における維新政府の水運支配や河岸場とその後背地を結びつける道路輸送の実態、さらには地域経済に果たした舟運の役割などについて上利根川水系の河岸場を中心として追究してみたいと考える。

第一節　維新政府の内陸水運支配

1　維新政府の成立と河岸問屋

慶応四年（一八六八）四月十一日、薩摩・長州を主力とする討幕軍が江戸へ入城し、名実共に維新政府が成立すると、これまで江戸幕府の支配下にあった利根川水系を中心とする関東の水運関係業者に対して少なからぬ動揺を与えることになった。

とりわけ、明和七年（一七七〇）〜安永三年（一七七四）頃以降運上金を上納することによって江戸幕府から独占的運輸業者としての地位、すなわち株仲間の特権を公認されていた河岸問屋（船積問屋）の衝撃は大きかったものとみえ、早速その地位を保全するための運動に乗り出したのである。

たとえば、上利根川筋の河岸問屋仲間[2]に加入していた上州那波郡沼ノ上村五料河岸（利根本流右岸）の問屋惣代佐二右衛門と同村新河岸（烏川左岸）の問屋惣代善左衛門は明治元年（一八六八）十月二日付で岩鼻県民政役所あてに問屋稼業の永続について次のとおり願書[3]を差し出したのである。

乍恐以書付奉願上候

松平大和守領分
上州那波郡沼ノ上村之内
五料河岸
船積問屋惣代
佐二右衛門

同村之内
新河岸
船積問屋惣代
善左衛門

私共儀旧来船積問屋相稼罷在、年々御運上御冥加永上納永続仕候処、今般御一新ニ付ては、右御上納方御聞済之上、何卒以御慈悲此上共問屋株被　仰付被成下置度奉願上候、以上

明治元辰年十月二日

右
佐二右衛門

善左衛門

岩鼻県

民政御役所

これに対して岩鼻県民政役所では、船積問屋株の儀は、其方ばかりではないが、なぜ其方ばかり申し出たのであるか、と質問している。これに対して河岸問屋側では次のとおり返答した。

乍恐船問屋持株之義は、川筋多分之義ニ候得共、一体私共之義は、最寄拾《ママ》河岸組合と相定置、年々廻り番行事と唱ひ、諸事故扱候儀仕来ニ御座候、当年私共右行事ニ相当り申候、依之一同惣代ヲ兼御願申候事、決て一身之取計ニは無御座候(4)

すなわち、最寄りの河岸が寄り合い十河岸組合が結成されており、毎年廻り番で組合行事としての仕事をする慣行があり、たまたま当年は私共が当番にあたっているので問屋一同の惣代としてお願いしているのである、と申し立てたのである。

このようにして岩鼻県民政役所の審査を受けたが、結局「御一新とは乍申、於其儀子細無之間、是迄格別可相心得不直無之様正路ニ渡世致可申候(5)」とあって、これまでどおりの営業を許可されたのである。

また、上利根川支流鏑川通りの上州甘楽郡下仁田河岸問屋弥次右衛門、文右衛門、宗兵衛らは、明治元年(一八六八)六月二十九日付で通船ならびに筏川下げ運上金徴収について、次のような伺い書を岩鼻県民政役所あてに差し出している。

乍恐以書付奉願上候(6)

御料所上州甘楽郡下仁田河岸問屋弥次右衛門、同宗兵衛奉申上候、鏑川通当河岸通船幷筏川下ケ之義者、安永三午年中御代官飯塚伊兵衛様御支配之節、其御筋より御見立河岸場被仰渡、御紕之上私共三人江被仰付、河岸役永問屋冥加永幷魚猟運上共永五百八拾文五分宛年々御上納罷在、船積荷物駄数定有之、相改下り荷物壱駄ニ付石銭四文、登り弐文宛、外ニ諸入用銭六文、筏荷物竹木共竹者定束有之四束壱駄積り、材木ハ尺〆壱本弐駄積り何れも石銭四文諸入用銭共私共相改候上改済石銭取立候文言書入、当河岸ゟ群馬郡岩鼻村村々名主中ト認メ川触船筏主江相渡、川筋差支無御座候、……当村之義ハ市場弁利之場所故、私共義元通舟荷物縁合ヲ以、信州筋商人荷物往返幷産物継送り等いたし、聊之世話敷請取永続仕、年々御冥加永其外共、今以御上納罷在候義ニ御座候、今般乍恐書付ヲ以前願奉申上候間、何卒格別之以御慈悲前段御取調被為在、河岸役永其外共御上納被仰付度、是迄之通石銭番所御建被置、改役被仰付被下置度、偏ニ奉願上候、以上

明治元辰年十月廿九日

上州甘楽郡下仁田河岸
問屋　弥次右衛門
同　文右衛門
同　宗　兵　衛

御料所
岩鼻県支配所
上州甘楽郡下仁田村
与頭九郎右衛門借地
藤左衛門

岩鼻県
民政
御役所

右によれば、下仁田河岸問屋弥次右衛門ら三名は江戸幕府が安永三年（一七七四）河岸問屋株を設定した際に河岸問屋株を公認されるとともに、石銭番所の改役を仰せ付けられ、石銭として下り荷物一駄につき四文、登り荷物一駄につき二文、そのほかに諸入用銭として六文、筏の上積み荷物ならびに材木からも一駄に見積もり四文を諸入用銭とともに取り立て、石銭は幕府支配役所へその年限り上納していたことが明らかとなる。

また、寛政期（一七八九～一八〇一年）、代官吉川栄左衛門の在任中に若干の仕法替えがあったが、元通船荷物を取り扱っていた関係で信州筋の商人荷物の往返、産物荷物の継ぎ送り等をして世話銭を受け取っている旨申し立て、これまでどおりの石銭番所の存続と改役を仰せ付けられたい旨の願書を差し出している。

さらに下仁田河岸弥次平ら三名は、明治二年（一八六九）五月十日付で鏑川通りの同河岸で取り扱った木筏六一組五分、駄数にして六一駄五分から徴収した石銭二五四文を岩鼻県役所あてに上納している(7)。

なお、一八七〇年四月十六日付で下仁田河岸の石銭改役問屋惣代文四郎から岩鼻県役人にあてた書付け(8)を見ると、次のとおり記されている。

乍恐以書付奉申上候

一永弐百五拾文弐分　河岸役永

一永百五拾文壱分　問屋三人運上

一永百八拾文弐分　魚猟運上

合永五百八拾文五分

一船荷物石銭下り四文 登り弐文

但シ船積之義旧来相休申候

一筏石銭壱駄ニ付　鐚四文

但シ当岸川下ケ候節筏主ゟ取立御上納仕、尤も有無之義者年々御届奉申上候

右者今般船筏定税有無取調可差上旨被仰渡、奉畏取調奉書上候、以上

明治三午年四月十六日

御支配所
上州甘楽郡下仁田村
下仁田河岸
石銭改役
問屋惣代

文四郎

岩鼻県
御役所

当午六月十九日岩鼻県　奈良少属様
山口権少属様　御出役被為在
外御壱人

右により上利根川筋では、旧幕府時代から河岸運上金あるいは石銭の上納などに関与してきた河岸問屋が、維新政府に対して独占的運輸業者としての特権的地位を維持するために運動した結果、維新後も新政府によって旧幕府時代と同様の特権と営業を保障されていたことは明らかであろう。

そのほかにもう一例を付け加えれば、同年七月に上利根川支流の広瀬川沿岸伊勢崎河岸の問屋孫右衛門は、岩鼻県御出役衆あてに次のような運上金増永の願書[9]を差し出している。

乍恐以書付奉願上候

一永壱貫文

右者是迄年々冥加永六百文宛奉差上渡世向稼来り候処、此度改而増永四百文奉上納候間、是迄之通り渡世向被仰付候様奉願上候、以上

明治三庚午年
七月二日

伊勢崎藩支配所
佐位郡
伊勢崎町
船積問屋
孫右衛門
年寄

李兵衛

岩鼻県
御出役衆中様

右によれば、これまでの運上金六〇〇文に加え、さらに四〇〇文を加え合わせて永一貫文を上納するので、問屋稼業を存続させてほしいというものである。またこれと同時に、伊勢崎藩支配所の佐位郡中島村十兵衛も孫右衛門を代理人として、これまでの運上金五〇文に加え五〇文を増永するので五カ年季の営業を許可してほしいという願書を差し出している。[10]

表1　明治3年　上州平塚河岸船税上納額表

所有者名	船種	税額
忠蔵	高瀬船	1貫600文
政太郎	〃	1　920
新平	〃	1　920
粂次郎	艜船	2　600
〃	〃	2　160
〃	似艜船	1　600
八右衛門	〃	1　920
伊之助	〃	1　920
勇吉	〃	1　760
〃	〃	1　520
国八	〃	2　160
七兵衛	〃	1　760
清吉	〃	1　720
甚八	〃	1　680
（野州都賀郡部屋村重兵衛より買受け）		

出所：『群馬県史』資料編14（近世6・中毛地域2）665–667頁，佐波郡境町平塚区有文書により作成．

こうした水運業者の運動とあいまって維新政府もまた積極的に問屋運上金や船税の徴収など全国の内陸水運の支配に乗り出していたことが明治三年（一八七〇）四月三日付の書付に「是迄取立来候川々往来船筏之定税巨細取調、四国・西国者五月、其他者四月限可相届出事」[11]と記されていることによっても認知することができる。

船税の徴収については上利根川左岸の上州新田郡平塚河岸の明治三年「平塚河岸船税取調帳」[12]を見ると、表1に示したとおり、平塚河岸では四艘持ちの粂次郎をはじめ一一名は高瀬船三艘、艜船二艘、似艜船九艘など合わせて一四艘を所有し、船の大きさによって最高が二貫六〇〇文、最低でも一貫五二〇文の船税を維新政府に上納していたことがわかる。

以上のごとく、維新政府の関東における内陸水運支配は旧幕時代の河岸問屋や船持層などの運輸機構を依然としてそのまま容認しつつ、他方では県庁などの地方行政機構や地方役人をとおして運上金や船税などの徴収強化を画策しつつあったことが明らかとなってくるのである。

2　新河岸開設運動と反対運動

これまでみてきたとおり、明治初年の関東河川水運の動向をみると維新政府は特権的河岸問屋や船持層の掌握と問屋運上金、あるいは船税などの徴収強化を画策していた時期であった。これを被支配者層である河岸問屋や船持・船頭側からみれば、旧幕時代の権益を新政府に容認してもらうための運動が盛んであった時期であったともいえるであろう。

ところが、明治維新の変改期にもう一つ見逃すことができない運動が盛んになってきたのである。それは新興の在郷商人による新河岸の開設運動と、既存の河岸問屋の反対運動である。

そこでまず新河岸開設運動の事例を紹介してみると、明治二年（一八六九）十二月、上州前橋町河岸（川船）問屋三川民平の代理人久万吉は、前橋付近から利根川に合流する広瀬川沿岸の上福島村に新河岸を開設するため、烏川左岸の沼の上村新河岸の河岸問屋兼川船取締り人の沼田市郎から、三川民平を名請人として河岸問屋株を一五年季で借り受ける約定を取り交わしたうえ、上福島村役場に次のとおり、運送荷物の利益の一部を納入することを誓約している。

入置申一札之事(13)

一今般私共前橋三川民平殿持株借請、当午年ゟ拾五ケ年季相定、当村地内ニ而川船荷物運送仕候、然ル処村方荷合之上所為繁栄渡世仕度候、右ニ付運送荷物登り下り共、壱駄ニ付鐚八文宛積銭致、年分荷物運僧（送）高員数ニ応し積立、年分十二月中為村益当御村御役場江相納可申候、右御対談少茂相違無御座候、若又後日違失之儀御座候ハヽ、証人共罷出急度訳相立可申候、為後日仍而如件

前橋町川船問屋　三川民平

明治三庚午年
正月

代　内山久万吉
惣　吉
証人
久万吉親類　寅　吉
新　五

上福島村
御役場

右は、三川民平の代理人内山久万吉・惣吉の両名が、同河岸取り扱いの登り下り運送荷物一駄につき鐚銭八文あてを、年間の運送高に応じ同村役場へ納入するというものである。

これは河岸問屋株を借り受けて新河岸を開設しようとする運動であるが、このような新河岸開設運動の事例は上利根川筋に限らず、古利根川筋沿岸の村々からも起こりつつあったことが、次の史料によって知られる。

すなわち、武州埼玉郡和戸村の組頭勘兵衛は、明治三年（一八七〇）十月十八日付で新規河岸場開設願いを浦和県役所あてに差し出している。

乍恐以書付奉願上候(14)

武州埼玉郡和戸村組頭勘兵衛奉申上候、当村之儀者古利根川ニ而騎西領悪水落字大落堀与唱ひ葛西用水ニ相用、流末を松伏村ニ至、縁付村至而通船弁利之土地ニ而、同郡粕壁宿ゟ上手ニ舟持之ものも多人数有之、上下江船々通船いたし居候程之川筋ニ付、当正月中水利通舟之巨細相認メ、当邨和戸橋河岸場　被仰付度段奉願上候処、追而御沙汰迄帰村被仰付、其後度々奉追願候、然ル処先般　御県内一般農間職業相稼候もの御鑑札御下ケ渡し被成下置候御趣意、依而者粕壁宿舟上之手江通舟者勿論、右川筋舟不残東京河岸々迄無差支通船相成候様被　仰付度、且私ゟ者身元金奉上納、当河岸場ニ而船積問屋渡世仕度、然ニ最早御年貢米津出し時節ニ差向候間、右願之通御

聞済相成候上者組合御用会所江申出、御鑑札御下ケ願上、右稼方仕度奉存候間、何卒以　御仁恤追々奉願上候通、
当村河岸場御聞済之上、和戸橋川通ニ有之候船者不残東京河岸々迄無差支通舟相成、且粕壁宿之舟者上手へ通舟
相成候様被　仰付成下置度奉願上候、以上

午十月十八日

武蔵埼玉郡
和戸村
組頭
勘兵衛㊞

浦和県
御役所

表2　埼玉県管内明治初年創立船積問屋一覧表

所在地	問屋氏名	創立年月	河川名
埼玉郡和戸村＊	野沢勘兵衛	明治3年10月	古利根川
葛飾郡佐波村	杉田弥三郎	12月	利根川
埼玉郡何古河村	渡辺藤助	5年9月	〃
飯積村	木崎政蔵	〃	〃
〃	羽鳥弥右衛門	〃	〃
〃	平井浜吉	6年6月	〃
小野袋村	細谷喜三郎	〃	〃
麦倉村	赤萩多之助	〃	〃
発戸村	中島善太郎	4年10月	〃
上村君村	今成道之助	3年11月	〃
上大越村	藤木元次郎	〃	〃
外野村	荒井清兵衛	〃	〃
北河原村	小林兵右衛門	6年2月	〃
増林村	平野源左衛門	5年11月	古利根川
葛飾郡戸ケ崎村	蓮見恵蔵	6年3月	〃
末田村	岡野弥五郎	8月	元荒川
岩槻町	秋森平右衛門	5年11月	〃
〃	皆川忠右衛門	12月	〃
惣新田村	対馬栄三郎	3年10月	権現堂川
清地村	井上伝次郎	6年7月	古利根川
足立郡遊馬村	河野増五郎	3年10月	荒川
膝子村	磯野源七	7年3月	〃

出所：埼玉県立文書館所蔵「明治7年観業部（明1502）通信船積問屋」により作成.
注：＊印が和戸村河岸場.

この願書の内容を要約すれば、古利根川べりの和戸村は通船便利の土地柄なので、当正月中に水利通船の願書を差し出したところ、追って沙汰あるまで帰村しているように仰せ付けられたが、先般県内一般農間職業稼ぎの者に鑑札を下げ渡しくださるような御趣意なので、粕壁宿から川上への通船はもちろん、右川筋残らず東京河岸まで通船できるように仰せ付けられたく、かつ私よりは身元金を上納し、当河岸場において船積問屋渡世をしたいと思う。しかるに、もはや年貢米津出しの時節も到来したので、右願いのとおり御聞済みになったうえは、組合会所へ申し出て鑑札を頂戴し

右問屋稼ぎをいたしたいので、なにとぞ御仁恤の計らいで当村河岸場の開設を御聞き済みのうえ、和戸橋通りにある船は残らず東京の各河岸まで差し支えなく通船できるようにし、そのうえ粕壁宿の船は上手へ通船、上手の船は下手へ通船できるように仰せ付けくださるようにお願いしたい、というものである。この和戸村河岸場開設運動が功を奏し、許可になったことは、表2の埼玉県管内明治初年創立船積問屋一覧表によっても明らかである。

このような新河岸開設の事例は利根川筋に限らず荒川右岸の武州新座郡下新倉河岸においてもみられるので、これも参考のために紹介しておこう。

すなわち、同河岸では明治三年（一八七〇）五月三日付で新規河岸場開設願いを品川県役所あてに提出し、同年御免となり、次のとおり御請証文を同役所あてに提出している。

差上申一札之事(15)

私共村方之義者荒川付ニ而往古ゟ柴宮河岸与唱ひ川岸場壱ケ所有之、尤右船積問屋之義者平次郎請持ニ而既ニ同人ゟ年々冥加永上納仕、村内幷ニ近村々より東京其外江差送り候御用物者勿論、諸荷物等荷主より右河岸江付出候節者、兼而定置候運賃又者口銭等請取、速ニ船積之上夫々江差送り候義ニ御座候、然ル処近来村方疲幣（弊カ）およひ候ニ付、右之外別段新規河岸場壱ケ所取建運賃其外都而前同様ニ取扱、尤船積問屋之義ハ村惣持ニ致候ハヽ、自然村方助成ニ相成、追々村柄立直り困窮民之一助ニ相成候義ハ必定与奉存候間、一同相談之上永久異論無之ため議定取極メ、新規河岸場取建方御容許之義別段議定書相添奉願上候処、格別之以御仁恒（恤カ）右願之通リ御免被　仰付候、然ル上ハ向後議定之通リ堅ク相守リ、都而実意之渡世可仕旨被仰渡候、右被仰渡之趣一同承知奉畏候、仍而連印御請証文差上申処如件

当御支配所
武州新座郡下新倉村

明治三午年六月十三日　百姓惣代沢次郎

〃　常五郎
〃　源五郎
万五郎悴
〃　安太郎
船持惣代
新太郎
柴宮船積問屋
平次郎
村役人惣代組頭
源太郎
名主
冨太郎

品川県
御役所

ところで、下新倉村には正徳三年（一七一三）以前から既成河岸が存在し、商人荷物の運送をめぐってたびたび争論が起こっていたのである。たとえば、文政四年（一八二一）には同村役人惣代治太夫ならびに小前惣代らは、柴宮河岸問屋株を所有している平五郎を相手取って船積問屋稼ぎを村請にしてもらいたいと訴え出たのであるが、幕府評定所の裁決によって治太夫らの訴えは筋違いであるという理由でしりぞけられている。

しかるに、このたび村方が疲弊しているので新規河岸場を取り立ててもらいたいという下新倉村百姓惣代、沢次郎らの嘆願が功を奏し、品川県役所によって新河岸の開設が認可されたことは、この問題に対する新政府の方針を明示するものとして注目される。

ところで、こうした新河岸開設に反対する既成の河岸問屋の運動も起こりつつあったことが、次の事例により明らかとなる。

たとえば、明治四年（一八七一）二月、上利根川左岸に布置する倉賀野・河井・新・五料・靭負《ゆきえ》・伊勢崎・八斗島《やったじま》・平塚・徳川の上州側九河岸と、同右岸に布置する藤ノ木・八丁・三友《みとも》・山王堂《さんのうどう》・一本木・中瀬・高島の武州側七河岸、合わせて一六河岸の惣代として、徳川河岸問屋大竹儀七・高島河岸持田万次郎らは、徳川河岸最寄りの新田郡大館村名主儀平、靭負河岸最寄りの那波郡上之宮村百姓儀十郎らが新規河岸場を開設していると、次のとおり反対の陳情書を作成している。

乍恐以書付奉願上候(16)

上武両州拾六ケ川岸惣代当御支配所、上州勢多郡徳川河岸船問屋大竹儀七、同州新田郡平塚河岸、武州榛沢郡高島河岸持田万次郎奉申上候、私共一同問屋株式之儀は往古御奉行様より、故障有無御糺之上、株式被仰付罷在候処、安永度、石谷備後守様御勘定御奉行御勤役中河岸御改正被仰出、已来新規之河岸場可為停止旨被仰渡、依之御運上永被仰付、難有御請奉申上候、夫々御運上永上納仕候、右拾六ケ川岸船問屋共ニて、御用御荷物売等、年来廻漕罷在、是迄無難ニ相続罷在候処、今般御一新ニ付、在来御運上永上納仕度段、去辰年中大音龍太郎様在県中、右拾六ケ河岸惣代五料河岸高橋佐次右衛門、新河岸沼田善左衛門出願仕候処、願之通御採用被下置、一同難有稼方相続罷在候処、尚昨午年中御運上永増方被仰付候間、無難相続仕度、御趣意奉戴、右御請奉申上候、無滞上納罷在、然ル処新規河岸場取建候者在ニ、

徳川河岸最寄
前橋藩支配所
上州新田郡大館村

名主儀平

上州那波郡上之宮村
同藩支配所
靭負河岸最寄
百姓儀十郎

右両村二ケ所新規河岸場取建、船積相初メ諸荷物請払仕候

（中略）

右拾六ケ川岸惣代

徳川河岸　大竹儀七

平塚川岸

高島川岸　持田万次郎

（明治四年）
未二月七日会合之節右之通

柴宿

入舛屋ニて

右願書の文面を要約し、説明を付け加えてみれば、私共一同の問屋株式は往古奉行から故障の有無を御糺しのうえ問屋株を仰せ付けられ、安永年間（一七七二～八一年）勘定奉行石谷備後守（清昌）の勤役中に河岸改正を仰せ出され、以来新規河岸場の開設は停止された。そして私共に問屋運上金上納を仰せ付けられたので有り難くお受けした。また、右一六河岸問屋共[17]にて御用荷物・商人荷物の運送にあたり、これまで無難に相続してきた。今般御一新につき、これまでの運上を上納したい旨、去る辰（一八六八）年大音龍太郎様の在県中に一六河岸惣代として五料河岸高橋佐次右衛門・新河岸沼田善左衛門が出願したところ、願いのとおり採用になり一同有り難く稼方を相続してきた。なお、昨

表3　明治13年　利根川・烏川河岸運船調査表

河岸名	河川名	郡名	所在地	運船数
高崎	烏川	西群馬郡	高崎駅	379艘
倉賀野	〃	〃	倉賀野駅	9,804
岩鼻	〃	〃	岩鼻駅	1,385
新町	〃	緑野郡	新町駅	2,049
靭負	利根川	那波郡	戸谷塚村	33
八斗島	〃	〃	八斗島村	289
国領	〃	〃	国領村	67
島村	〃	佐位郡	島村	308
平塚	〃	新田郡	平塚村	239
徳川	〃	〃	徳川村	927
大館	〃	〃	大館村	426
二ツ小屋	〃	〃	二ツ小屋村	61
堀口	〃	〃	堀口村	148
高林	〃	〃	高林村	9
古戸	〃	邑楽郡	古戸村	775
古海	〃	〃	古海村	450
舞木	〃	〃	舞木村	43
赤岩	〃	〃	赤岩村	193
上五箇	〃	〃	上五箇村	137
下中条	〃	〃	下中条村	11
川俣	〃	〃	川俣村	736
千津井	〃	〃	千津井村	229
斗合田	〃	〃	斗合田村	289
飯野	〃	〃	飯野村	7
下早川田	〃	〃	下早川田村	642
25河岸				19,635

出所：明治14年9月刊行『群馬県統計表』により作成.
注：本表中の運船数は河岸所有船数ではなく，河岸出入船舶の運航回数を指しているものと考えられるが確かではない.

午（一八七〇）年中運上金の増し方を仰せ付けられたので、御趣意を奉戴し、仰せのとおり上納してきた。しかるに大館村名主儀平と上之宮村百姓儀十郎の両名の新規河岸が取り立てられ、船積み運送稼ぎを始め諸荷物の受け払いをしている、という趣旨のものである。

さらに史料の紹介は省略したが、先の文面に続いてもう一件の新河岸開設について記されている。それによれば、明治四年（一八七一）二月には利根川左岸の上州新田郡前小屋村河岸問屋金平は、武州榛沢郡石塚村百姓和吉の居宅を借り受け、利根川右岸の同村において新河岸を取り立て船積み稼ぎを開始したという趣旨のものである(18)。

これらの文面から推察すると、当時上利根川沿岸において三件の新河岸開設の動きがあり、これに対して上利根川一六河岸の既存の河岸問屋が日光例幣使街道の柴宿の入舛屋において集会し、陳情書を作成するなどして新河岸反対運動を展開していたことが明らかとなってくる。

それでは、維新政府はこのような新河岸の開設あるいは反対運動にどのように対処していったのであろうか。この点については先にも品川県の事例を述べてきたところであるが、埼玉県では表2（八五頁）のとおり明治三年（一八七〇）から同七年（七四）にかけて新たに開業した河岸問屋が二二軒にものぼっているのである。

時代はやや下るが、明治八年（一八七五）、陸運元会社の解散とあいまって内国通運会社が全国的に組織されたが、その当時、群馬県内の水運漕所、すなわち河岸場は明治十一年（一八七八）段階では二一カ所であった。ところがその翌年の明治十二年には新たに開設された河岸場として那波郡国領村、同郡柴町、同郡八斗島村、佐位郡島村の四カ所があげられている。さらに明治十三年（一八八〇）の利根川・烏川河岸運船調査表（表3）を見ると、河岸場として高崎河岸のほか二四河岸の名前が記されている。これら上利根川と支流烏川筋の高崎・岩鼻・新町・国領・島村・大館・二ツ小屋・堀口・高林などの諸河岸名は近世後期にはみられない河岸名であり、維新後に新たに開設された河岸（運漕所）であったと推定される。

このように維新政府が新河岸容認政策を打ち出した背景には、問屋運上金や船税の増徴、殖産興業政策の一環としての全国的流通経済の発展、それに次項で述べる貢米の東京回漕促進というねらいもあったものと考えられる。

3　維新政府の貢米東京廻漕

維新政府が新河岸を積極的に取り立てた政策の背景には貢米の東京廻漕があったものと考えられる。幕藩体制下の御用荷物、特に幕府の城米廻漕に代わる維新政府の貢米東京廻漕については、その重要性にもかかわらず、これまであまり研究が行なわれていないように見受けられる。そこで河川水運を利用した貢米廻漕の実態について、利根川水系の河岸場を中心として若干の事例を紹介してみたいと思う。

維新政府は貢米の東京廻漕と蔵納については早くから重大な関心を寄せていたものとみえ、明治二年（一八六九）六月二十五日の大蔵省の達し[19]には「諸国貢米運漕ノ義ニ付、去辰十一月中於京都御布令ノ趣モ有之候処、御米繰ノ次第モ有之候間諸国共是迄ノ風習ニ不拘精々尽力手配ノ上都テ早廻ノ積可取計候」とあり、続いて五畿内・瀬戸内・西国は年内積み切りのつもり、関八州ならびに豆州・甲州・奥五州は津出し川下げが延引になる場合は予めその旨を届け出ることとあり、その余については年内蔵納のつもりと記されている。このほか北国・羽前・羽後については精々津出しを差し急ぎ、翌年五月頃までに東京・大坂入津の心得をもって取り計らうように指示している。

その後も大蔵・民部両省から貢米運漕に関する達しがたびたび出されているが、明治三年四月四日付で民部・大蔵両省から韮山県ならびに関八州各県あてに出された達し[20]を見ると次のように記されている。

韮山県
関八州各県

貢米運送ノ儀ハ大切ニ取扱候ハ申迄モ無之、然ルニ従前ノ仕来トハ乍申船積ノ儀、是迄村方ヘ而已為任置候故、船問屋共ヘ相対ノ上雇付中ニハ上乗モ不致自然船方ノ者引受欠受負ノ姿ニ執(ママ)計品々悪弊ヲ醸シ候儀ト相聞候、向後ハ右体ノ儀無之様、各県ヨリ掛ノ官員差出、村役人・問屋立会ノ上船雇附サセ、若船方ノ者如何ノ及所業候ハ、其問屋可為越度旨可申渡、万一不埒ノ儀於有之ハ吟味ノ上連坐ノ者共一同被処厳科候条御取締筋一際尽力致シ悪弊断然候様可取計事

これは貢米の船積み運漕にあたって、従来は村方に一切を任せていたため、上乗りも付けず、欠け請負いの姿になり、種々悪弊を生じたので、今後は各県の官員を現地に差し遣わし村役人ならびに河岸問屋立ち会いのうえで船を雇い付けさせ、もし船方の者に不都合の所業があればその問屋の責任を追及するほか、不埒の取り計らいがあれば連座の者共一同を厳科に処する、というものである。

このほか、廻漕途中の滞船を取り締まるために刻付けの「航海日記」の記帳に関する一カ条、悪米の混入や俵の拵え方取り締まりに関する一カ条があり、後文には「御一新ノ際貢米納方手続不案内の村方モ有之趣」もあるので、各県において親切に世話をするようにとも付け加えられている。この布達は貢米の船積み運漕に際し、県庁役人を直接現地に派遣して雇船や貢米の船積みを監督するように指示しているほか、村役人や河岸問屋を立会人として連帯責任を負わせていることなどが重要な改正点として注目される。

さらに、明治三年（一八七〇）十月の大蔵省布達[21]を見ると次のように記されている。

一今般東京浅草猿屋町貢米会所被廃同所御蔵門取建候事
一御蔵六番堀貢米船届所取建候条、自今着船昼夜ニ不限納入同所へ可相届事
一是迄貢米納之節、持夫納入申合、種々弊習有之趣ニ付、今般持夫共取締方厳重申達候間、納人共得其意不埒之取計無之様可致事
右之条々支配村々へ吃度告示可致、此旨相達候事
庚午十月　　　　　　　　　　　　大蔵省

見られるとおり、この三カ条には旧来の浅草猿屋町の貢米会所を廃止し、六番堀貢米船届所を新たに取り立てたので、今後は昼夜に限らず同所へ貢米を納入してよいこと。そして、これまで貢米納入の際、持夫と納人の馴れ合いの弊習があったので、今般持夫に対する取り締まりを厳重にしたので十分に注意し、不正の取り計らいがないようにとの達しである。これは貢米納入の円滑化と不正防止のための対策であったといえるであろう。

右のほかにも明治三年八月十日の「貢米運送船掟」(22)など貢米の運漕と納入に関する大蔵省の達しが次々と出されているが、これは維新政府の財政基盤が全国から廻送される貢米に依存していた関係で、当然の施策であったといえよう。

そこで、これら貢米運送に関する大蔵・民部両省の達しが現地の河岸場ではたしてどのように実施されていたのか、次に紹介してみることにしよう。

まず「伊勢崎河岸諸用留」(23)を見ると、明治三年十二月十四日付の岩鼻県役人、清水史生から上州伊勢崎・福島両河岸の問屋にあてた達しには「其河岸々津出可相成、当午御廻米之儀俵揃相成候哉、且積船之儀差支無之哉、両様共取調今日中平塚河岸我等旅宿江可申出候、此段相達候也」と記されている。これにより群馬県庁の役人が平塚河岸まで出張し、貢米運送につき種々取り調べを指図している様子を知ることができる。

また、同日付の記録には「午十二月十四日　岩鼻県御出役様小林権少属様御出張ニ相成候、尤福ま(し脱カ)より御出向ニ相

成候、七ッ時御着任候間早速米調被仰聞、連取村ゟ御改相成候、改高左ニ」(24)と記されている。これを見ると、午後四時頃伊勢崎河岸に岩鼻県役人が到着し、早速連取村の貢米を次のとおり査検したことがわかる。

一、三十六俵積りたし、此内かり受申候ニ而三俵御枡廻しニ相成候間、此段印置候(25)

見られるとおり、一艘に三六俵積みとし、そのうち三俵だけ選び出し、実際に俵の米の検分をしていたことがわかる。

また、同年十二月十一日付で、貢米運漕にかかわる村役人・河岸問屋・上乗り・船頭らは連名で次のような廻米請負の一札を認めている。

差上申一札之事(26)

私共村々当午御廻米河岸場ニおゐて、夫々御改之上船積取計候上者、東京着船迄上乗者村役人江申付、船頭共へ進退為致候儀ニ付、厳重相心得不取締之義無之様可仕、素ゟ御廻米之儀者大切之儀ニ而、上乗船頭共上陸いたし候儀ハ勿論、猥ニ途中へ附船いたし候儀不相成筈之処、船掛り与号所之滞船又者船中ニおゐて上乗之ものを申勧メ、賭ノ勝負或者滞船場ニおゐて遊興ケ間敷義いたし、夫か為メ無益之日数を費シ自ラ不取締を生シ、中ニ者不届之所業(ママ)およひ候もの有之、村々難渋不少由ニ相聞以之外事ニ而、今般河岸々者勿論東京迄川筋万一御廻村之上、厳重御取締相成候間、万一右様之心得違於有之者、御吟味之上当人者不及申、品ニ寄村々迄も難儀相掛り候儀ニ付、精々申合厳重取締方可仕旨被仰渡承知奉畏候、仍而御請印形差上申処如件

明治三庚午
十二月十一日

上州緑埜郡
下沖森外四ケ村惣代
立石村　堤源十郎

同十二月十二日

同州同郡
落合新町
年寄問屋兼
上乗　樋口嘉平

船頭
同　三木金三郎

上藤木河岸
船頭　茂木新五郎

上州緑埜郡
東平井村三ケ村惣代
中村
名主　小野里藤平

同州同郡
岡之郷
百姓代　井野船（カ）左右

新河岸
船頭　鈴木甚平

岩鼻河岸
問屋　林　新作

この貢米運漕請負証文には、東京着船まで上乗りは村役人へ申し付け、船中において船頭などが取り締まりの対象となることをしたり、途中において船頭が上陸したり、船中や滞船場において賭事や遊興がましいことをしないように厳重に取り締まるという趣旨が記されている。

このような手続きを経て上州那波郡連取村の廻米七五二俵余と同郡宮子村の廻米七一八俵余、それに両村の用意米一三俵を合わせた米一四八四俵を六艘の船に分載して利根川左岸の上州平塚河岸から船積み運漕する手筈がととのえられたのである。右船に積載する蔵納廻米量はそれぞれ二四七俵、そのほか若干の用意米となっている。

これらの廻米は十二月十五日の段階では伊勢崎河岸に保管されていたものとみえ、出船にあたっては平塚河岸へ出張中の県庁役人の差図を受け出帆するが、それまで村役人、問屋人足一同で昼夜不寝番をする旨が記されている(27)。また、運漕中の船印として大六本、小六本の旗を岩鼻県廻米出役小林権少属から伊勢崎河岸問屋武孫平が借り受け、用済みのうえは岩鼻県東京出張所へ返納する旨の一札を差し出している(28)。

ところで、貢米の東京廻漕にあたっては難船することもしばしばあったものとみえ、明治三年十二月に出船した宮子村の廻米二九六俵を積んだ佐位郡島村の船頭・田島和藤治の船三人乗りが、同月十一日夕方七ツ時（午後四時頃）に西風が烈しく吹き起こり、武州埼玉郡中条村地先において破船し、八〇俵が濡俵となった旨、岩鼻県史生寺田国道にあてた見分書(29)に記載されている。この難破船は長さ一〇間三尺（約一八・二メートル）、敷幅（二・四メートル）の大きさで五年造りのものと付記(30)されている。

以上、明治二年（一八六九）から同四年（一八七一）にかけての維新政府の貢米運漕施策について、改正点に留意しつつ上利根川伊勢崎河岸の廻米事例を中心として述べてきたが、貢米運漕については、なお、廻米政策の推移と河川水運との関係、あるいは廻米運賃など今後さらに追究しなければならない問題と考えている。

第二節　舟運荷物の道路輸送

1　武州中瀬河岸の概況

近世中後期から明治初期にかけて中瀬河岸は利根川水運の河岸場として、また商品物資の中継地としてすこぶる栄えていたのである。

文政十一年（一八二八）に成稿した「新編武蔵風土記稿」榛沢郡中瀬村の項には「川岸場を設ケ商船幅湊ノ地ナ

リ」とある。また、寛政十年（一七九八）の「村方明細書上帳」（河田満次家所蔵文書）によると、河岸問屋は藤兵衛、十郎左衛門の二名であったことがわかる。

さらに『武蔵国郡村誌』中瀬村舟車の項を見ると、高瀬船二〇〇石積みのもの一二艘、一〇〇石積みのもの六艘、艀船三八艘、水車船二艘、耕作船四艘、伝馬船七艘、渡船四艘合わせて七九艘の船を所有し、そのほか荷車八八輛とあって水陸交通の要地としての中瀬河岸の繁栄振りがしのばれる。ちなみに中瀬河岸から江戸までの運航日数は、下り四、五日から一〇日くらい、江戸から中瀬までの上りには一五日から二〇日くらいかかったといわれている。なお、付言すれば中瀬河岸や対岸の平塚河岸は上流の小船と下流の大船（江戸廻り船）との積み換え河岸でもあった。

ところで、元治二年（一八六五）三月の中瀬河岸問屋河田十郎左衛門が記した「秩父郡中荷口覚之帳[31]」により秩父郡内の得意先の分布状況を見ると、荒川上流の大滝村四軒をはじめ大宮町（現秩父市）二八軒、小鹿野町二一軒、吉田町一六軒、野上村（現長瀞町）一三軒、末野村（現寄居町）八軒、皆野村（現皆野町）八軒など郡内町村およそ一七〇軒余りの得意先が分布し、近世後期における中瀬河岸からの荷物の駄送範囲が荒川上流の秩父郡全域に及んでいたことが明らかとなる（図1、一〇二頁）。

また、文化九年（一八一二）十二月には上利根川の一四河岸船問屋惣代として中瀬河岸問屋十郎左衛門らは荒川上流左岸の榛沢郡末野村との間に商人荷物運送をめぐる争いを起こした。しかし、勘定奉行曲淵甲斐守（景露）の仲裁により、荒川通船では木炭以外の商人荷物の運送は決して行なわないということで示談が成立した[32]。したがって、その後中瀬河岸は秩父郡中の商人荷物の水陸輸送の中継地としてすこぶる重要な役割を果たしていたのである。

2　商人荷物の道路輸送

中瀬河岸の問屋河田家が秩父荷物を取り扱うようになったのは正徳から享保年間（一七一一〜三六）にかけて、すなわち、五代目十郎左衛門の頃からで、それ以前は秩父六六郷の荷物は上利根川右岸の一本木河岸（現本庄市）で取

苦汁	艀来油	魚油	蠣灰	八石灰	南京米	煙草	瀬戸物	その他 1	その他 2
145俵							4 俵		
227〃									
			10俵				4 俵		
	4 樽				2 俵				
	〃				350〃				
				75俵					
								砥石　1 荷	
			2 俵				6 俵		
								木口　2 荷	駒板　2 荷
						12荷			
								藍瓶　8 本	
								油空樽　4 本	
						4 荷			
				2 俵		刻12荷			
								ろうそく　1 荷	傘（数量不明）
							6 俵		
		2 樽							
	15樽	7 〃	26俵		56俵				
								正露丸 50丸	
							4 俵		
							8 〃		
								割石　1 荷	
								箒入　1 〃	
								割石　1 〃	
								莚包　1 〃	
								紙荷　2 〃	戸障子　13荷

表4　明治3年　中瀬河岸問屋預り荷物一覧表

町村名	預り荷主名	斉田塩	赤穂塩	古積塩	直し塩	黒砂糖（大嶋）	砂　糖（俵詰）	砂　糖（樽詰）	缶水糖（灌々）
榛沢郡寄居町	武蔵屋伝蔵　A	505俵							
〃	〃　B	1585〃							
〃	大和屋善平　A					2挺			
〃	〃　B					10〃			
〃	丹波屋伝吉　A	155俵				1俵			
〃	〃　B	330〃				35樽			
〃	与惣次郎　A								
〃	善次郎　A								
〃	酒井屋徳次郎 A								
白久村	丑太郎								
皆野村	源右衛門								
〃	十郎右衛門								
小鹿野村	常陸屋常吉								
岩田村	杢右衛門								
太田村	忠右衛門								
児玉郡児玉町	篤太郎	264俵	123俵	22俵	200俵			{ 板砂糖4樽 天光1〃	1樽
〃	長谷川新之助 B								
八幡山町	清作　A	147俵	11俵	35俵			{ 平丸6俵 玉砂糖7〃	氷砂糖10樽	
〃	〃　B	〃	〃	〃			玉砂糖13俵	〃5〃	
〃	弥三郎　A	50俵							
〃	〃　B	54〃							
〃	勝助								
三友河岸	佐十郎	40俵							
本庄宿	金蔵						本口2俵		
〃	十蔵								
〃	善平								
〃	佐平								
〃	五郎助								
〃	吉田屋吉平								
〃	万吉								
比企郡小川町	十右衛門								

苦汁	舶来油	魚油	蠣灰	八石灰	南京米	煙草	瀬戸物	その他 1	その他 2
						刻 1 荷			
								麹粕　4 俵	
								板　1 連	
								ろう　3 丸	
								割石　1 荷	
								ぬり物　1 〃	
								油粕　4 俵	
								穀物　16 〃	味噌　5 樽
								琉球　3 荷	莚包　1 荷
								藍玉　2 本	
								藍玉　12本	
								桐甲ら　12荷	
								簞笥　1 〃	

により作成.

り扱っていたという記録[33]がある。

また、中瀬河岸には元禄年間（一六八八～一七〇四）頃から河岸を中心に熊谷道・深谷道・本庄道、それに秩父道などの脇往還が四通八達していたのである。[34]

これらの脇往還を利用して中瀬河岸へ陸揚げされた物資は馬付けにして河岸問屋の得意先がある榛沢郡寄居町、児玉郡児玉町・八幡山町、比企郡小川町のほか中山道深谷宿・本庄宿あるいは熊谷宿、さらには遠く秩父郡や上州地方の町村まで駄送されていたことが後述する資料によって明らかとなる。

それでは一体どのような物資が馬付けにして運ばれていたのであろうか。

中瀬河岸の旧問屋河田家には、明治三年（一八七〇）八月付の「武州榛沢郡中瀬河岸船積問屋十郎三焼失ニ付預り荷物仕訳書上帳」[35]（以下「預り荷物仕訳書上帳」と省略する）という記録が二冊保存されている。この二冊の帳面（便宜上A帳・B帳とする）は、明治三年八月十二日夜九ツ半時分、同家別宅から出火して倉庫に保管していた預り荷物多数を焼失したのであるが、その際の調査記録で、内容に若干の相違はみられるが、二冊共に同時期

町村名	預り荷主名	斉田塩	赤穂塩	古積塩	直し塩	黒砂糖（大嶋）	砂　糖（俵詰）	砂　糖（樽詰）	缶水糖（灌々）
大里郡熊谷宿	煙草屋平三郎								
〃	いかりや千蔵								
幡羅郡高柳村	三右衛門								
榛沢郡深谷宿	源右衛門								
〃	升田屋千次郎								
〃	内藤屋彦次郎								
〃	布施屋政七								
中瀬村	彦四郎・清作								
新戒村	米十郎								
下手計村	金助								
新井村	仙太郎　A	14俵							
〃	〃　B	8〃							
桜沢村	良助								
沖村	源蔵								

出所：「河田満次家文書」，明治3年8月「武州榛沢郡中瀬河岸船積問屋十郎三焼失ニ付預り荷物仕訳書上帳」2冊

に作成された記録である。

明治初年の商人荷物運送に関する帳簿が他に見当たらないので、この二冊の記録を中心として運送先の地域別に主な得意先商人の輸送物資の動向について述べてみたい。

そこでまず「預り荷物仕訳書上帳」によって武州地方の町村から紹介してみよう。預り荷物の数量がもっとも多かったのは榛沢郡寄居町である。寄居町は荒川左岸の河岸段丘上に位置し、「新編武蔵風土記稿」（榛沢郡之五）には「当所は江戸より秩父及上野国への往来にて其路二条あり、川越道にて十九里、中山道にては二十一里に及べり、当所は民戸軒を並べ、旅人の宿所も多く、榛沢郡深谷宿、児玉郡八幡山町、秩父郡大宮町へ人馬を継送る」とあり、寛永八年（一六三一）から四と九の日に市が立ち、近郷の絹・穀類その他の交易でにぎわっていたとも記されている在郷町であった。

同町の在郷商人武蔵屋伝蔵からは表4にも示したとおり、A帳では斉田塩五〇五俵、苦汁一四五俵、瀬戸物四俵、B帳では斉田塩一五八五俵、苦汁二二七俵となっている。組頭丹波屋伝吉からはA帳では斉田塩一五五俵、

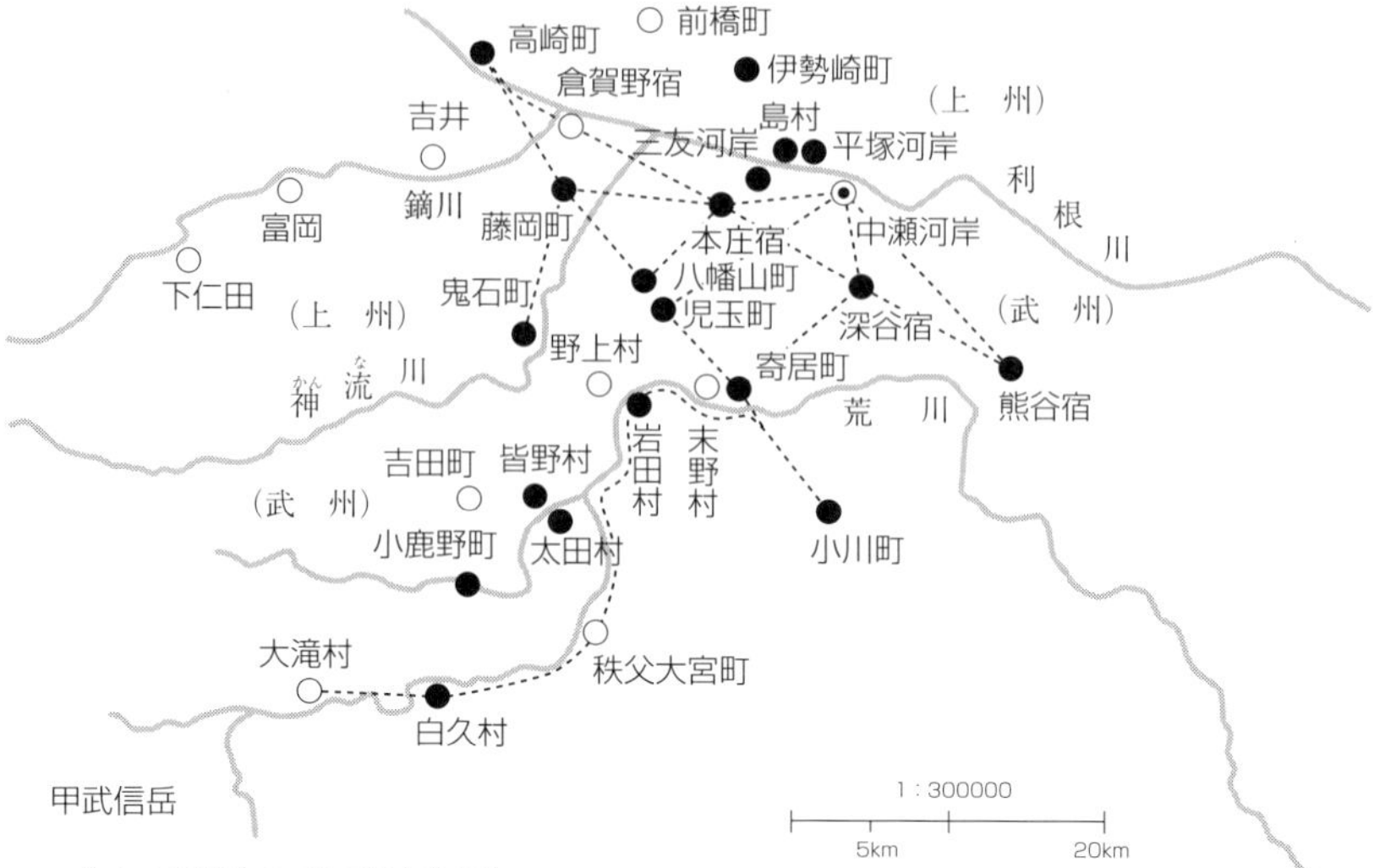

注１：●印は1870年の荷主所在地
　２：○印は参考地名
　３：⦿印は武州中瀬河岸
　４：-----は陸運推定路
出所：「河田満次家文書」,「秩父郡中荷口覚え帳」（1865年）および「預り荷物仕訳書上帳」（1870年）などにより作成.

図１　武州中瀬河岸分布図　明治３年頃

黒砂糖一俵、舶来油四樽、南京米二俵、B帳では斉田塩三三〇俵、黒砂糖三五樽、舶来油四樽、南京米三五〇俵と記されている。また、大和屋善平の預り荷物は、A帳では黒砂糖二挺、蠣灰一〇俵、瀬戸物四俵、B帳では黒砂糖一〇挺だけが記されている。そのほか与惣次郎が八石灰（武州八王子石灰の意か）七五俵、善次郎が砥石一荷、酒井屋徳次郎が蠣灰二俵、瀬戸物六俵となっている。

児玉町は隣接する八幡山町と一町のようにつらなり、江戸時代から脇往還の要地で武蔵府中から所沢・川越・高坂（現東松山市）・奈良梨（現小川町）・今市（現寄居町）・八幡山（現児玉町）・藤岡を経て高崎方面へ抜ける児玉往還（川越往還）が町内を通り抜け、三の日と十の日には市が立ち、商業も盛んな町であった(36)（図１）。

同町でもっとも荷量が多いのは篤太郎で、斉田塩二六四俵、赤穂塩一二三俵、古積塩二二俵、直し塩二〇〇俵、板砂糖四樽、天光（上砂糖）一樽、ろうそく一荷、それに傘なども記されている。

次に児玉町に隣接する八幡山町をみよう。同町も児玉（川越）往還の宿場町で五と八の日に市が立ち、当地方商業の中心地として栄えていた。[37] 当地の商人でもっとも荷量が多いのは清作で、A帳によれば斉田塩一四七俵、赤穂塩一一俵、古積塩三五俵、砂糖が平丸六俵、玉砂糖七俵、氷砂糖一〇樽、魚油二樽となっている。

またB帳によれば、塩の数量はA帳と変わらないが、玉砂糖一三俵、氷砂糖五俵、船来油一五樽、魚油七樽、蠣灰二六俵、南京米五六俵と記されている。そのほか八幡山町では弥三郎が斉田塩をA帳で五〇俵、B帳では五四俵とあり、勝助が正露丸五〇丸と記入されている。

江戸から秩父方面への通路にあたる秩父往還の宿場町として栄えていた小川町は、甲州街道の八王子宿から上州地方への通路にもあたり、当地方物資の集散地として、また、江戸時代から小川紙の産地としても知られ、毎月一と六の日には市が立ち、すこぶるにぎわっていた。[38] この小川町の十右衛門からは紙荷二荷、戸障子一三荷を預っていたことがわかる。

さらに中山道の宿場町をみよう。中瀬河岸からもっとも近い深谷宿の源右衛門・升田屋千次郎・内藤屋彦次郎・布施屋政七の四名からは、それぞれ少量ではあるが、表4に示したとおり蠟・割石・塗物・油粕などを預っている。また、本庄宿の金蔵・十蔵・善平・佐平・五郎助・吉田屋吉平・万吉の七名からは砂糖・瀬戸物・割石・箒入・莚包などを預っている。次いで能谷宿を見ると、煙草屋平三郎の刻《きざみ》煙草一荷、いかりや千蔵の麴粕四俵なども保管していたことが知られる。

そのほか、中瀬河岸に近接している村々を見ると、中瀬村の彦四郎・清作から小麦七俵、舂《つき》麦五俵、麦わり三俵、米一俵、味噌五樽など小口の荷物を預っている。中瀬村に隣接する下手計村金助から藍玉二本、同新戒村米十郎から琉球三荷、莚包一荷、近接している利根川右岸の三友河岸（現本庄市）佐十郎から斉田塩四〇俵、そして沖村（現深谷市）源蔵から箪司一荷を預っている。

さらに武州地方ではもっとも遠方にあたる荒川上流の秩父地方をみよう。白久村丑太郎の木口二荷、駒板二荷、次に皆野村源右衛門の煙草一二荷、同村十郎右衛門の藍瓶八本、小鹿野村常陸屋常吉の油空樽四本、岩田村杢右衛門の煙草四荷、太田村忠右衛門の八石灰二俵、刻煙草一二荷、傘なども記されている。

なお、荒川上流左岸の榛沢郡桜沢村（現寄居町）良助の桐甲ら（下駄）一二荷も記帳されている。

右のほか、「預り荷物仕訳書上帳」には武州地方以外の遠隔地の荷物も記載されているので引き続き紹介してみよう。

まず利根川の対岸上州地方をみると、高崎町勘助のぬり荷二荷、藤岡町半兵衛の南京綿二荷、傘二籠、伊勢崎町新蔵の古着八荷、勢多郡鬼石町利右衛門の稲扱一〇荷、同町惣二郎の鎌一荷、群馬郡白井村平吉の下駄六本、中瀬河岸の対岸新田郡平塚村伊惣次の蠣灰二六俵・俵物四八俵、同郡島村船大工浅次郎の莚包一荷などがある。

次に信州地方では小県郡丸子町市二郎の種紙五櫃、野州芳賀郡益子村勝之助の瀬戸物六俵などもある。そのほか東京の住吉屋惣兵衛の蚕玉二本、同じく東京・太兵衛の太鼓一荷、江州愛知郡矢守村・市兵衛の傘入二籠（四〇入）、同じく江州地方利右衛門の稲扱一〇荷など、相当遠隔地の荷物を取り扱っていたことが判明する。

以上が河田家の「預り荷物仕訳書上帳」を調査した結果であるが、これは一時的に預った荷物の数量であるから年間を通せばこれをさらに大きく上回る物資が中瀬河岸を中心として動いていたものと推定される。これら預り荷物の中でもっとも量的に多いのは四国・中国地方のいわゆる瀬戸内産の塩であり、そのほとんどが武州地方西北の農村地帯の陸上交通路の要地として、また商業の町として栄えていた寄居町・児玉町・八幡山町の在郷商人たちに馬付けにして送られていたことが注目される。特に寄居町の商人武蔵屋伝蔵・丹波屋伝吉の斉田塩・苦汁・南京米などの調味料や食料品が相当多量に倉庫に保管されていたが、これは寄居町が荒川上流の秩父地方への交通路の要地にあたっていたので、同町の問屋商人から、さらに秩父地方農村部の在郷商人や農民に売り渡されていったものと考えられる。

また、児玉町・八幡山町の商人からも塩や砂糖、あるいは蠣灰・石灰・船来油・魚油などを相当量預っていたが、両町には六斉市が開催されていたので、その際にも売買取引が盛んに行なわれていたものと考えられる。

それでは、これら武州地方の農村地帯にどのような交通路を通って荷物が運ばれていったのであろうか。中瀬河岸からの物資の陸送路としてとくに重要な役割を果たしていたのは秩父道であった。この道筋をたどってみると、中瀬河岸から中山道に向かつて真っ直ぐに南進し、中山道を深谷宿の北側で横切って、さらに現深谷・寄居線の付近を進み、榛沢郡小前田村（現花園町）を経て寄居町に出る。それから荒川沿いに進んで皆野町、さらには秩父大宮町や小鹿野町、あるいはさらに上流の白久村や最上流の大滝村へと運ばれていたものと推定される。

また、児玉町・八幡山町へは中瀬河岸から本庄宿へ通じている本庄道を進み、本庄宿からは二里一一町（約九・一キロメートル）で児玉町に到達する。[39] 児玉町から八幡山町へはわずか四町（約四三六メートル）余りの至近距離であった。[40] さらに本庄からは本庄西上州道（藤岡往還）があり、[41] 上州藤岡町へ通じていた。小川町へは深谷宿から秩父道西側の間道を南進し、およそ三里（約一二キロメートル）余りの道程であった。

明治四年（一八七一）二月の河田家問屋記録には「登り下り荷物運送之儀者、秩父郡、寄居町中、中山道深谷宿、本庄宿、熊谷宿、八幡山町、藤岡町、小川町右宿々在々に御座候」[42] とあって、中瀬河岸から放射状に伸びた四本の道路がそのまま河岸荷物の運送路として利用されていたことが裏付けられる。

さらに、中瀬河岸から世良田往還渡し場を渡船で渡り、対岸の上州新田郡大舘村に出て、それから足尾銅山街道を通って足尾方面、日光例幣使街道を経て伊勢崎―前橋―高崎、さらには北越街道へと通じる脇往還[43]が四通八達していたので、それらの道路を利用して河岸荷物が運送されていたのであろう。

3　道路輸送をめぐる馬持の争い

明治初年における中瀬河岸取り扱いの商人荷物の道路輸送にあたっていたのは、問屋十郎左衛門から岩鼻県巡検方役人にあてた商人荷物をめぐる馬持の争いについての始末書[44]によれば、中瀬村をはじめ河岸周辺の村々二〇カ村の馬持でその総人数は一三二名にも及んでいた。

右の始末書には中瀬河岸荷物の道路輸送の実態がよく示されているように思われるので、その一部を次に紹介しておこう。

一諸方荷物附送り之義者

中瀬村馬持四人　新戒村馬持十七人　成塚村馬持壱人

高畑村馬持四人　戸森村馬持壱人　下手計村（米原藩支配所）二人

大塚村（米原藩支配所）馬持壱人　矢島村馬持十二人　岡村馬持廿六人

原宿村馬持十六人　町田村馬持弐人　上手計村（米原藩支配所）馬持二人

血洗島馬持六人　北阿賀野村（米原藩支配所）馬持六人　南阿賀野村馬持弐人

横瀬村馬持五人　滝瀬村馬持十四人　牧西村馬持七人

宮戸村馬持壱人　小和瀬村馬持三人

合而弐拾ケ村当時右村々判取相渡し申候

右村々之内馬持農間稼相対を以て判取相渡し稼来候義ニ御座候

一中瀬村之義者皆畑村ニ付村内馬持少く古来ゟ馬五疋亦者六疋位ニ而村内御用御継立相勤候故、売荷物運送相成兼候ニ付、中瀬村馬持ゟ近村之義ニ付新戒村馬持中へ示談之上、中瀬川岸場荷物之義者村馬同様差支不相成候様示談致し、古来ゟ稼来り候義ニ御座候

一外村々之義夫ゟ追々相加り候義ニ御座候

一秩父郡中幷ニ寄居町荷物之義者寄居組与唱へ、本庄宿・熊谷宿其外宿村々附送候分者近在組与唱へ判取相渡し、近在附候馬も荷物之多少ニより寄居町附送り方も致し来り申候

一右村々組合中瀬村新戒村両村之仲間相立申談仕来り候、但新戒村之義者近在組仲間ニ加り申候

一新戒村・高畑村・下手計村・血洗島村・横瀬村・北阿賀野村・南阿賀野村・宮戸村・小和瀬村・滝瀬村・町田

村・上手計村
右拾弐ケ村近在与相唱仲間相立候
一矢島村・岡村・上手計村・下手計村・血洗島村・北阿賀野村・南阿賀野村・横瀬村・原宿村
但シ近在組合ゟ寄居組合江も加り申候
右九ケ村当時寄居組与唱申候

右によると、中瀬河岸荷物の陸送を取り扱っていた馬持は二〇カ村一三二名であった。それらの馬持が当時二組に分かれ、その一組が寄居組と唱え矢島村など九カ村で組織し、秩父郡中ならびに寄居町に付け送りをしていた。また、他の一組が近在組と唱え滝瀬村ほか一〇カ村で組織し、本庄宿・熊谷宿そのほかの宿や村々へ付け送っていたが、荷物の多少により寄居町へも付け送りをしていたというのである。

このように運送先の地域分担が慣例化していたのであるが、たまたま明治四年（一八七一）頃になって「昨冬以来世上不景気川岸場登り下り共荷物減少ニ相成候(45)」とあるように、河岸荷物の減少に加え、近在農民が荷物の有無にかかわらず多人数集まり、果ては騒動を起こし、酒代を差し出させるような不穏な情勢となっていたのである。

こうした情勢の中で八幡山町の荷物を運送している滝瀬村など近在組一〇カ村では八幡山町の馬持に対し金二分の酒代を差し出したのであるが、この酒代の出金をめぐって新戒村との間に争論が起こった。そこで滝瀬村など近在組の一〇カ村では次のように主張したのである。

一、近在組では八幡山町の馬持に対し、金二分の酒代を出したが、新戒村は熊谷宿・深谷宿の両宿へ酒代を出したので八幡山町の方へは出金できない。それについて八幡山町荷物の付け出しは延引するということで示談が成立したといっているがそんなことはない。

一、去年中廻米河岸出しの際、問屋蔵から船積場まで河岸出し浜付け中、中瀬村・新戒村の馬持が付け出していたが、滝瀬村ほか一〇カ村のうち荷不足で手明きの馬持がいたので、手伝ってくれるように申し入れたが、朋友のよしみもなく手伝ってくれなかった。それで八幡山町の酒代割合を差し出さず、それならば八幡山町はもちろん、藤岡町・本庄宿の荷物は残らず新戒村の馬持は付け送りを止めるべし。滝瀬村ほか一〇カ村の馬持が出て付け送りをする。そうでなければ滝瀬村の馬持一同は河岸荷物の付け送りを休み一切出頭しない。

一、問屋方において庭荷（問屋荷物）は中瀬村・新戒村に付けさせているが、滝瀬村ほか一〇カ村の馬持共へも慈愛の心付けをしてくれず、新戒村の馬持をひいきしているので、荷物の付け送りを断わる。

このような滝瀬村ほか一〇カ村の主張に対し、問屋十郎左衛門は始末書の中で次のような見解をしたためている。

一、酒代の割合は村々の差し引きにしたいといっているが、新戒村の心得違いについてはしかと筆記がなく、双方の争いにつき、このたび扱い人が立ち入り示談のうえは、八幡山町へは当午半年は休み、なおそのうえ荷が少なければ時節につき、右一〇カ村へ任せ、新戒村は当分出ていかないように示談したが、本庄宿共に出ていかないようにしなければ納得ができないとして示談が成立しなかった。

一、中瀬村・新戒村は庭馬と唱えてきたので廻米浜付は厳重に心得、船積み入れの模様にしたがい、河原地荷出しのため、六、七日中荷物の多少を計り、ことに烈風のときでも、馬増減など差し支えのないようにしている。そのようなときでもほかの荷物が一切ないということはなく、諸方の荷物があるので一一カ村馬持もそれぞれ稼ぎはしている。

一、廻米の浜付け出しはもちろん、ほかの浜付登り下り共に中瀬村馬持にて馬不足のときは、新戒村の馬持を雇い、なお差し支えが生じたときは下手計村・上手計村・北阿賀野村と追々順々に荷物の数量または晴雨等の宜敷にしたがい相雇い用を足している。時々により村々が入りまじって雇うこともあるが、廻米の浜出しについては大切なので烈風のあるときや、朝夕の無風のとき以外は船積み入れはできかねるので、近村の新戒村へ申し入れ、大切に取り扱わせ、付け出しをしているのである。粗末のことがあったり、紛乱があっては俵数積み入れ方にも差し支えるので厳重に手配している。

今般新戒村との一条につき同村びいきの取り計らいをしているとの趣きは難題を申しているのである。これが問屋十郎左衛門の所見であるが、これに続いて「扱人立入候得共行届兼候始末左ニ」(46)との表題で、示談がまとまらなかった経緯につき二カ条にわたり次のとおり記している。

一、新戒村の馬持は八幡山町へ遣わした割合金の義につき、互いに行き違いがあったのか、しかと筆記もないので、荷物を付けることについては当一カ年扱い人へ任せて出ないことにし、また荷物不足のとき藤岡町は遠隔につき差し支えがあっては弁利がよくないので、当分は出ず、庭荷の浜付けだけこれまでどおり深谷宿・熊谷宿・本庄宿など近在へ付け送り稼ぎをすること。

　これで扱い人に任せるよう承知される趣きである。もっとも一同何方へも出て互いに持合渡世するようにと扱いを任せてもらいたい。示談のうえどのようにでもする所存である。

一、滝瀬村馬持ほか一〇カ村は八幡山町・藤岡町には付け送り、本庄宿についてはこれまでのとおり庭荷浜付け、これまた仕来りのとおりにて示談を取り扱ったが、本庄宿へ新戒村がこれまでどおり馬稼ぎするのでは不承知であるとして示談が不成立に終わった。

右のように記されているが、なお、そのあとに問屋十郎左衛門は、船稼ぎ馬稼ぎ一派にて正直にしている者や私共は荷物が当月七日より八幡山町・藤岡町・本庄宿へは不通同様にて渡世が成り難いので、余儀なくこの段始末書をもって申し上げるのである、としたためている。

これが馬持同士の商人荷物の輸送をめぐる争いのあらましである。このような争いが起こった背景には維新後の不況による商人荷物の減少という要因があったことは否定できないが、それにしても中瀬河岸には二〇カ村一三〇名という馬持が絶えず河岸荷物の道路輸送に従事していたことは、同河岸が水陸交通の中継地として武州地方の物資の輸送にきわめて重要な役割を果たしていたことを明白に裏付けるものとして注目しておきたい。

第三節　高崎線開通前後の舟運動向

本節では明治五年（一八七二）から日本鉄道の高崎線開通後の明治二十年（一八八七）頃までの上利根川舟運と商人荷物の動向について追究してみたいと考える。

1　上州組仲間の取り決め規則

周知のとおり、江戸から利根川水系の各河岸へ運漕される商人荷物は、奥川組惣仲間（奥川船積問屋）と称されていた登り荷物を専門に取り扱う運輸業者を経て送られていたのであるが、明治五年（一八七二）四月、奥川組惣仲間のうち上州組仲間の小網町一丁目木屋清兵衛・竹村弥右衛門・伊勢屋吉兵衛・上州屋吉兵衛・伊東屋太兵衛、同二丁目鈴木屋伊助・河内屋彦助・喜村亦七、同三丁目河内屋四郎兵衛、小船町一丁目佐野屋伝兵衛の一〇名は利根川周辺の上武両州の問屋商人あるいは在郷商人六六名（表7、一一七頁）との間に船積み荷物の運賃・駄目に関する詳細な取り決めを結んだのである。

そこでやや長文になるが、この取り決め規則(47)のあらましを次に紹介し、上利根川舟運の動向を探ってみたいと考える。

一、新政府布告の御趣意はもちろんのこと、仲間規則を堅く守ること。
一、諸荷物を大切に取り扱うこと。
一、奥川組惣仲間三六軒のうち、当上州積組合の船積み荷物の運賃・駄目については旧来から取り決めがあったところであるが、追々猥りになり、且つ荷主に対して積み口銭のうち、ひそかに割り返している者もあり、惣仲間より一同の規則に反するという掛け合いがあったので、今般業体の取り締まりとして仲間一同の確証を取り置くものである。万一この規則に違反した者があれば、仲間惣代よりしかと相糺し、その者へは仲間惣代ならびに船方惣代より積船などを差し止めにすることはもちろん、その節になってどのような処置をされても後悔しないこと。

一、仲間の寄り合いの節、回覧書状に承知した旨の印形を押しておきながら参加せず、相談に差し支えが生じた場合は参加者だけで万事取り決めるので、後日になってから決してかれこれ言わないこと。

一、難渋している船があった場合は、その場所入用の諸勘定を月行事立ち合いのもとで調印すること。但し、荷物を出した者でありながら場所の入用割合を出金しない店には一同から掛け合い、それでも出金しない者に対しては、もし出荷しても船方一同から荷受けしないこと。

一、船方の者で当仲間内において不届きの稼ぎ方をした者があればきっと問い糺し、その事柄により仲間一同で張り札をしておき、右の船へは一切積み入れをしないこと。

一、船手の者が積み入れ荷物の売り払いはもちろん、そのほか不埒の筋があれば、一同より掛け合い弁金いたさせ、そのうえ組合一同にて張り札にいたし、たとえ代わりの荷物を弁償しても一切積み入れをさせないこと。

一、荷物を積み終わり出帆の際に不都合があった場合は一割を受け取ること。

一、上方筋ならびに神奈川・横浜表から積んできた下り荷物を蔵入れした場合は、荷物の大小にかかわらず蔵敷料として一個につき銀一匁あて受け取ること。

一、船手の者が買い積みと称して諸荷物から糠・塩にいたるまで送り状がなく、自分勝手に運送した者があった場合は、たとえ買い積みであっても仲間内問屋の送り状がなく出帆した船はきっと問い糺し、その船の名前を張り札にして一切積み入れさせないこと。

一、上川の河岸船賃増しならびにその他のことで寄り合いをする支度料についてはすべて惣割り合いで出金すること、但し、席料のうち四分は上州問屋二軒持ちとし、六分は八軒持ちとすること。

一、下川河岸の運賃増しでやむをえず寄り合いをする場合の支度料・席料については惣割り合いとすること。

一、船手の者から運賃増しの願い出がない河岸は、上川の習わしにより値上げをしないこと。但し、下河岸の船賃増し、多積みの者についてはその時々に取り決めること。

一、須賀・中条・酒巻・俵瀬・久津和田（葛和田）から高林・出来島までのところは、右の河岸荷物の糠・塩にいたるまで地船にかかわらず問屋口銭を一割ずつ受け取ること。

一、前島・前小屋より中瀬・平塚までのところ、糠・塩にいたるまで地船口銭増し運賃の分について五分の口銭を受け取ること。但し、旅船は口銭一割とすること。

一、船頭が不乗で、代わり船頭の引受人がない船に対しては一切荷物の積み入れをしないこと。

以上の一六カ条が上利根川筋積問屋・上州組仲間の取り決め規則の概要である。

なお、明治五年（一八七二）四月に上州組仲間の小網町一丁目木屋清兵衛ほか九名が記名捺印したあとに続いて記されている後文のあらましは次のとおりである。

上州利根川筋の運送諸荷物の駄目については、往古より取り決めがあったところであるが、文久二年（一八六二）に駄目の相違が多々あったので、これを改定したが、なおまた近来存外の不同となり、重ね造りのたぐいも出現し、関係業者はもちろん、人馬に至るまで困窮至極となったので、積問屋仲間一同が集会評議のうえ、仲間惣代ならびに船方惣代が同道にて諸方の商人荷主や各河岸の積問屋へ相談し、諸品至当の駄貫目を見計らいすべて熟談が行き届いたので、改定し取り決めをして、前段のとおり調印した。

これにより積問屋仲間惣代一名ならびに船業惣代三名の双方が詰め合い、諸荷物の運賃・送り状の表書きがまちまちにならないように見積もり改正し、当四月二十八日より運送することにしたので、別紙の割合のとおり、それぞれ洩れがないように積み置き、毎月晦日限り取り調べ相渡してもらいたい云々。

さらに、このような後文に続いて「右之通取極仲間儀定致候上者聊ニ而茂運賃駄目次第不同無之様堅積方可致ハ勿論、前条ニ無違失急度可相守依連《（ママ）》印如件」と再確認の文章が付け加えられている。

ところで、この取り決め規則に続いて「元運賃定之事」とあって、江戸から上州各河岸までの品目別運賃が記されている。

たとえば、烏川左岸の岩鼻河岸の場合には、

　元運賃一割込　七百五拾文
　　太物　　　一貫文
　　綿古手　　九〇〇文
　　紙荷物　　八五〇文
　　赤尾張糠　八五〇文

とあって、太物・綿古手・紙荷物・赤尾張糠の運賃が品目別に記されている。これを各河岸別に整理してみると表5のとおりである。

この船賃表を見てもわかるとおり、下流の河岸から上流河岸へさかのぼるにしたがって運賃が増額されていることがわかる。特に一本木河岸から上流の倉賀野河岸までは表5の注に付記しておいたとおり運賃が倍増しになっているが、これは中瀬河岸あるいは一本木河岸付近が大船と小船の積み換え河岸になっている関係で、それより上流は小船で運送しなければならないので倍増し運賃の

表5　上利根川筋行き船賃表

河岸名	元運賃 1割込み	太物	綿古手	紙荷物	赤尾張糠
（倉賀野）	800文	1貫文	900文	850文	850文
岩鼻	〃	〃	〃	〃	〃
南藤ノ木 靭負	600	800	750	700	
河合 八丁 新 五料 伊勢崎	570	715	700	650	
三友	550	750	665	625	
山王堂					
八斗島	500	680	650	600	
一本木	475	650	600	550	
中瀬 徳川 大館	425	550	500	425	
出来島	300				
高林	〃				
妻沼 古戸 古海	200				

出所：国立国会図書館所所蔵「利根川筋船賃控」により作成.
注：「元運賃定之事」には倉賀野より一本木河岸まで倍増のことと付記されている.

一 金巾　但上目四十貫目限
但同断
同断

表6　定増附運賃表

品目	高崎・倉賀野 岩鼻・落合	藤ノ木より 前島まで	備考
太物	250文		
反物		250文	
金巾	250	〃	
綿古手	200	200	
唐綿	〃		
天草	〃	200	
醤油	〃	150	但し上⌒サ印定増しなし
醤油明（樽）	300	〃	
酒明（樽）	〃	〃	
蠣灰	150	100	
糠	600		
青莚	400	200	
早嶋	200	100	青莚のほか畳表
遠州青莚	400	200	
魚腸樽	200	〃	
紙	〃	100	
白砂糖(80斤入)	100	100	
五貫目砂	100	100	砂糖と推定される

出所：国立国会図書館所蔵「利根川筋船賃控」により作成.
注1：出来島河岸・高柳河岸より下河岸は定増し無しと付記されている.
2：高崎河岸・倉賀野河岸・岩鼻河岸・落合河岸の4カ所揚げ荷物運賃高立替え1割のことと付記されている.

必要があったものと考えられる。

このほか取り決め規則中の「駄目定之事」にはおよそ一二一品目の輸送荷物一駄あたりの単位基準が記載されているが、それに続いて「定増附之分」という増し船賃の品目と運賃が記されている。これを表示したのが表6で、高崎・倉賀野・岩鼻・落合の四河岸とその下流の藤ノ木より前島河岸までの分との二通りの運賃が品目別に記載されている。したがって、これが特別扱いの塩を除いた上利根川筋河岸場揚げの主要な荷物であったと推定しても大過ないであろう。

ところで、先にも述べたとおり、この取り決め規則にある「駄目定之事」には一二一品目にも及ぶ多彩な商品物資について記されているが、その最初の部分だけを例示してみると次のとおりである。

駄目定之事

一 太物　大三箇 小四箇

一　唐　糸　但同断　　拾束入
　　　　　　　　　　　上〆四拾貫目切

一　操（繰カ）綿　　　三本

一　唐　綿　　　　　　大箇三十貫目
　　　　　　　　　　　小箇三十二貫目

一　南京綿十二貫目入　三箇
　　　　　六貫入　　　六箇

一　古　手　但上目四十貫目限　大　弐箇
　　　　　　　　　　　　　　　中　三箇
　　　　　　　　　　　　　　　小　四箇

一　大　嶋　但上目四十四貫目限　壱駄

一　蜜　但右同断　　　壱駄

一　白砂糖　但八十斤入　三樽

一　土州黒砂糖　但八十斤入　三樽

見られるとおり、当時江戸の上州積問屋一〇軒を経由して、上武両州あるいはそれ以遠の地方都市または農村地帯へ送り込まれていた多彩な商品物資の品目が明らかになってくるのである。ここでは紙数の都合もあるのでそれら全品目を紹介するのは差し控えるが、その中でも主要なあるいは興味深い輸送物資と思われる品目だけを摘出してみると次のとおりである。

肥料では、尾州糠・赤糠・〆粕・干鰯・蠣灰・吉田灰・地糠・小紋糠など多くの銘柄が見られる。

食料品では、出島砂糖・白砂糖・土州黒砂糖・金米糖などのほか酒・醬油・梅干し・蜜柑などもある。また、工業関係品としては、銑・鉄・舶来鉄・釼・針銅のほか農業用器具としての稲扱なども注目される。先の運賃表で紹介した衣料品や染料としての藍玉、日用生活用品としての簞笥や瀬戸物、その他魚油や水油、酒や醬油の明樽などが送り返されてきていることも興味深い。

また、表6に示した「定増附運賃表」によると、太物・唐綿・醬油・蠣灰・糠・青莚・白砂糖などの一八品目については、高崎・倉賀野・岩鼻・落合・藤ノ木・前島河岸など最上流地域の陸揚げ荷物に限り、定増し運賃が付加されていたことがわかる。

これらの駄日定めや運賃表によると、江戸時代後期に比べても上方筋のほか神奈川・横浜など開港による輸入品まで、きわめて多彩な生活物資が河川舟運により関東あるいはそれ以遠の都市や農村地帯へ送り込まれていたことが明らかになってくるであろう。

また、この点については、表7の運賃駄日の協定に署名した地域別の商人や河岸問屋のメンバーをみても、これを裏付けることができる。

すなわち、業種別商人がもっとも多いのは高崎宿で、塩・干魚・荒物・糠・干鰯・蠟・油紙・太物・紙・砂糖・菜種問屋など二二名が名を連ねている。次いで前橋町の砂糖・五十集取り扱いの商人四名、さらに安中宿の商人惣代三名などであり、その他は在方の河岸問屋や商人である。

なお、これを見ると、大館・宮下・武州北河原など江戸期にはみられない新河岸・新問屋も名を連ねていることが注目される。

このように江戸の奥川船積問屋に所属している上州組仲間一〇名と上利根川筋の商人・問屋との間に結ばれた運賃・駄日の取り決め規則を検討してみると、上利根川舟運が維新後も依然として商品物資の輸送と地域経済の発展に

表7　明治5年　上利根川運賃駄目協定問屋一覧表

所在地	業種別・役職名	商人・問屋名	所在地	業種別・役職名	商人・問屋名
高崎宿	塩・干魚・年番	百足屋惣次郎	前橋町	五十集	村田屋喜六
〃	〃	水戸屋吉蔵	〃	〃	栄木屋宗次郎
〃	〃	飛驒屋源太郎	〃	〃	日野屋和吉
〃	荒物	釜屋与四郎	平塚河岸	河岸問屋	田部井儀平
〃	〃	岸屋亀吉	〃	〃	北爪清三郎
〃	〃	中屋源五郎	徳川河岸	〃	橋本儀平
〃	〃	福島屋喜兵衛	大館河岸	(記載ナシ)	
〃	古手・荒物	市田孫市	中瀬河岸	河岸問屋	河田重郎三
〃	糠・干鰯	穀屋勇七	〃	〃	石川武十郎
〃	蠟・油紙	和泉屋庄八	一本木河岸	〃	石井伊左衛門
〃	〃	伊勢屋半九郎	山王堂河岸	〃	五十嵐五平
〃	〃	松屋仙次郎	〃	〃	五十嵐直次郎
〃	太物	近江屋惣兵衛	三友河岸	〃	宮下六郎治
〃	〃	中村屋伊兵衛	八丁河岸	〃	小林嘉治
〃	〃	杢屋伊兵衛	藤ノ木河岸	〃	小榑忠助
〃	紙	布袋屋吉次郎	八斗島河岸	(記載ナシ)	小榑清平
〃	〃	太物屋吉兵衛	宮下河岸	〃	須田亦八
〃	砂糖	百足屋弥七	古戸河岸	河岸問屋	原口権平
〃	〃	釜屋勘治	古海河岸	〃	白石才平
〃	菜種	大津屋喜兵衛	上州舞木河岸	(記載ナシ)	酒巻孫三郎
〃	〃	夷屋金蔵	赤岩河岸	〃	増田八太郎
〃	川岸	沼賀仁平	上五夜河岸	〃	家中孫八
安中宿	商人惣代	柳沢庄七	酒巻河岸	〃	石川金右衛門
〃	〃	藤田屋正次郎	〃	〃	中村勝右衛門
〃	〃	和泉屋利兵衛	葛和田河岸	〃	江森三八郎
倉賀野河岸	問屋	須賀長太郎	妻沼河岸	〃	三沢市衛
〃	〃	須賀庄平	出来島	〃	大和屋孫七
〃	〃	須賀喜兵衛	間々田	〃	青木治郎兵衛
〃	(記載なし)	水谷亦十郎	前小屋	〃	中野金平
〃	〃	黛新七郎	武州北河原	〃	小林兵右衛門
〃	〃	田口五平	高島	〃	持田万次郎
前橋町	砂糖・行事		前島	〃	白石宗内

出所：国立国会図書館所蔵「利根川筋船賃控」により作成.

重要な役割を果たしつつあったことが明白となってくるのである。

2　開通前の舟運と商人荷物の動向

明治七年（一八七四）三月、高崎田町の陸運元会社出張所浦野文蔵から熊谷県支庁にあてた、倉賀野から東京までの船積運賃の届け出には次のとおり記されている。(48)

又該元会社倉賀野川岸出張所船積運賃次ノ如シ

関宿経

一倉賀野ヨリ東京迄

荷物　壱駄　　金弐分銭五銭

但東京へ四日目着　風雨除之

大船積升荷物　壱駄　金壱分銭五銭

但東京へ十二日目着　風雨除之

坂巻経

一倉賀野ヨリ東京迄

荷物　壱駄　　金壱分弐朱銭六銭六厘六毛

但東京へ十二日目着　風雨除之

一倉賀野ヨリ関宿川岸迄

糸蚕種荷物　壱駄　　金弐分弐朱

但急ヲ要スル時東京三日目着　風雨除之

外荷品四駄　積船壱艘　金弐分弐朱

倉賀野川岸
陸運元会社出張所
浦野文蔵

これは明治六年（一八七三）六月二十七日付太政官布告によって河川湖沼を含む内陸運送業者はすべて陸運元会社に入社あるいは合併することになったので、[49]その傘下に入った倉賀野河岸陸運元会社の東京までの運賃報告書であるが、これによれば糸蚕種荷物について、特に他荷物よりも高い一駄につき金二分二朱と規定しているが、これは当時生糸・蚕種荷物が舟運荷物の主役として登場しつつあったことをうかがわせるものである。

さらに明治十一年（一八七八）以降、上利根川水運はどのように展開していったのであろうか。明治七年（一八七四）一月以来、諸街道の人馬継立網の再編を進めてきた陸運元会社は、翌年の明治八年二月、社名を内国通運会社と改め、従来の運送請負業のほか、新たに組織した継立所などによって営業規模をさらに拡大していった。その結果、これまでの上利根川筋の舟運業者は資本の出資などによって、おおむね内国通運会社の有力社員あるいは代理店的存在となって、水運分社あるいは運漕所の営業に従事することになったのである。[50]

ところで、明治十一年「駅逓科年報」運輸の項には「刀祢・烏・渡良瀬ノ沿川水運々漕所二十六ケ所ニテ取扱シ荷物駄数八二十二万三千八百廿五駄六厘、諸荷物貫数八二百八十七万九百十九貫八百十匁ナリ」[51]とあって、上利根川筋沿岸の河岸場は二六カ所で、表8に示したとおり、同年の荷物取扱高は内国通運会社の水運分社四カ所、運漕所二二カ所の合計が二二万三八二五駄余にも及んでいたことが確認される。

さらに明治十二年群馬県勧業課が調査した同県第一回報告に記載されている「上野国西群馬郡高崎外弐拾四河岸出帆入津船及輸出入物品調査表」[52]によれば、各河岸に出入りした船舶数および輸出入品名とその数量は表9に掲載したとおりである。これらのうち輸出物資中もっとも多いのは生糸ほか一五三品の一五万七三八個であり、次いで米ほか三三品の五万七〇八四俵、第三位が桑苗ほか一一品の五万三三一一個となっている。輸入物資を見ると、第一位が紙

表8　明治11年　内国通運会社
水運会社・漕所荷物取扱高

水運分社・漕所名	駄　　数	貫　　数
高崎分社	5,464駄3分4厘	
倉賀野分社	77,102駄	349,660貫匁
岩鼻分社	20,724駄8分	
平塚分社	26,256駄6分4厘	721,162貫68匁
4カ所計	129,547駄7分8厘	1,070,822貫68匁
岩鼻漕所	9,890駄3分	
阿久津漕所	450駄	
沼之上漕所	712駄	
堀口漕所	1,337駄3分	
国領漕所	1,215駄	
徳川漕所	12,810駄	
大館漕所	4,490駄6分	
嶋村漕所	4,359駄3分	
同村漕所	45駄5分	
二ツ小屋漕所	923駄5分	
前小屋漕所	970駄	16貫匁
古戸漕所	18,402駄	778,419貫匁
舞木漕所	560駄	19,424貫匁
赤岩漕所	1,062駄	1,472貫匁
同村漕所	2,963駄2分	96, 229貫匁
上五箇漕所	1,070駄3分	43,319貫匁
川俣漕所	5,274駄5分	
飯野漕所	4,319駄3分	
同村漕所	2,539駄9分	191,596貫匁
千津井漕所	9,976駄6分	446,511貫匁
武蔵嶋漕所	45駄5分	
新町漕所	10,806駄4分8厘	
22カ所計	94,227駄2分5厘	1,801,097貫742匁
合　計	223,825駄　6厘	2,871,919貫800匁

出所：『群馬県史』資料編24（近代現代8・産業2）990－991頁により作成.

類ほか一九六品の三二万九六四六個、第二位が酒ほか二七品の九万一一一七樽、第三位が莚ほか一〇品の八万一六三五枚となっている。

また、出帆船は六八二二艘で前年より七六四艘の増加、入津船は二万二〇六三艘で前年より三九〇八艘の増加を示し、上利根川水運が盛んになりつつあったことが明らかとなる。

そこで上利根川の河岸場は特に栄えていた上州平塚河岸の後背地にあたる山田郡桐生新町の織物市場について「群馬県勧業第一回報告」[53]により紹介してみると、同町は年々盛業で巨万の反数を生産したが、その反面粗製濫造の弊害を生じ、一時はその声価を失墜するに至った。しかし、明治十一年（一八七八）には群馬県の奨励もあって「職工ハ製品ノ改良ニ勉メ、真正ノ利ヲ占ントスルノ念慮起リシヨリ、業ノ進歩モ亦早ク、為メニ市場ノ取引著シク景気ヲ増シ、殊ニ遠隔地即チ西国ノ絹織ヲ需用スルノ多キヲ以テ大ニ繁盛ヲ加ヘ……本邦ハ勿論外国ノ注文モ日ニ月ニ増加スルニ至レリ」[54]と記されている。その他同報告書には近隣の大間々町市場についても輸出生糸が年々増加しすこぶる繁昌していると記されている。さらに前橋の定期市については「生糸・繭及屑物ニシテ開港ノ後逐年輸出額盛大、海外市場ニ前橋ノ名ヲ呼ブアルニヨリ[55]」云々とあって、生糸を中心とする織物業がきわめて盛況であったことが知られる。

そこで参考のために当時の水運荷物を取り扱っていた利根川左岸、すなわち上州側の河岸場を上流からあげてみると、高崎・倉賀野・岩鼻・新町・沼ノ上・伊勢崎・平塚・徳川・大館・高林・堀口・舞木・古海・古戸・赤岩・上五箇・飯野・千津井・斗合田・川俣の二〇河岸であり、それに渡良瀬川の下早川田河岸となっている。以上の河岸場は明治十一年（一八七八）までの既成河岸であるが、翌十二年になると、新たに国領・芝・八斗島・島村の四カ所に廻漕店が開設された旨が先述の勧業第一回報告書中の「明治十二年中上野国弐拾五河岸輸出入物品ノ景況[56]」に記されている。

なお、右同報告書によれば、明治十二年（一八七九）の輸出の増加は船数七六四艘、荷数一万二五二二個で、輸入の増加は船数三九〇八艘、荷数二一万六四九四個となっている[57]。ちなみに輸入物資中もっとも多かったのは米穀その他日用必需品の塩・油・魚類およ

表9　明治12年　上利根川筋24河岸輸出入品数量高

輸出品名		数量	前年比較・増	前年比較・減
米　他	33品	57,084俵	12,388俵	
生糸他	153	150,738個		6,788個
桑苗他	11	53,311束	11,714束	
酒　他	12	6,097樽		5,699樽
素麺他	6	230函		
油粕他	4	14,167枚		1,670枚
小麦粉他	2	106叺		742叺
唐竹他	10	8,589本	2,595本	
座繰他	2	1,516挺	771挺	
砥石他	2	2,036籠	462籠	
荷車		1輛		5輛
家屋				1棟
石	50切	50切	50切	
長持	8棟	8棟	8棟	
器械	1組	1組	1組	
出帆船		6,822艘	764艘	
輸入品名		**数量**	**前年比較・増**	**前年比較・減**
紙類外	196品	329,646個	35,167個	
材木外	10	10,079束		3,159束
酒　外	27	91,117樽		15,376樽
石油外	22	18,562函		626個
莚　外	10	81,635枚	24,768枚	
菓子種外	2	51叺		56叺
水瓶外	2	7,049本		1,120本
荷車外	1	20輛	13輛	
酒　外	2	(記載なし)		369駄
梨　外	3	2,826籠		2,526籠
箪笥外	1	5組	5組	
自転車外	1	11挺	11挺	
石　外		1,983切	834切	
椅子		256脚	256脚	
入津船		22,063艘	3,908艘	

出所：『群馬県史』資料編24（近代現代8・産業2）1106–1108頁により作成.

び酒・醤油・茶等の飲料であり、特に石炭・油の輸入が多かったと記されている。さらに河岸場の中でもっとも輻湊していたのは倉賀野・平塚・川俣の三河岸であったとも付け加えられている。

かように明治十年以後、上州機業地帯における生産の増大と市場の盛況が上利根川舟運の発展をなお一層助長したものと考えられる。

3　開通後の埼玉県河岸場の衰退

先述したとおり、鉄道開通前の明治十年（一八七七）から上州側の河岸場は桐生・前橋あるいは伊勢崎などの機業地帯の景気の好況とあいまってすこぶる繁栄していたのであるが、明治十七年（一八八四）の高崎線の開通は利根川右岸の武州側の河岸場にどのような影響を及ぼしたのであろうか。この点について明治二十年埼玉県内の各郡長から埼玉県知事にあてた「利根川古今沿革取調書」(58)等により河岸場の状況について概述してみたいと考える。

埼玉県賀美郡石神村連合八町河原村（八丁河岸）の「利根川古今沿革取調書」には、運輸業の起源について元和二年（一六一六）頃に始まり、幕府の盛時とともに貢米および領主・地頭の用物など江戸への貨物が大いに増え、元禄以降、ことに文化・文政に至るとますます繁く、天保以降も明治六年（一八七三）頃までは引き続き盛大であったが、同七年頃よりは諸車の便利のため陸運が大いに拡張し、水運の危険であるためにその衰状を顕わし、次いで中山道沿いに鉄道敷設以来は少しは船便があるものの、その業は廃滅同様の有様になったと記されている。

また、当河岸の運輸物資については「米・麦・大豆・塩・醤油・酒類・煙草・藍玉・木材等なり」と報告している。

次に児玉郡都島村連合部内新井村地内の三友河岸および山王堂河岸についてみよう。両河岸は水運の要津で、かつては廻漕店が各二戸あり、村民の十中八九までは水運を稼業としていた。その起源は往時烏川一派の廻漕にすぎなかったが、天明の利根川変流以来、耕地を失う者および微禄の者たちが漸次廻漕業に従事したので、運輸の便は年を追って開け、輸出物資は旧江戸および房総地方、輸入物資は上野国・東西の群馬郡枢要の地方、緑野郡藤岡・鬼石その他近傍の宿駅にかかわる運搬が頻繁であった。そのため該業に従事する者が多かったが、最近は汽車の便に圧せられ、累年生活の途が途絶えてしまった、という趣旨が記されている。

さらに、大里・幡羅・榛沢・男衾郡長平井光長から埼玉県知事吉田清英にあてた「利根川沿革調書進達」により榛沢郡中瀬河岸についてみよう。同文書には水路運搬にかかる物産の種類として米・藍・大小麦・豆・繭・糸などであると記され、運輸業については「中山道鉄道布設以来頓ニ衰頽ニ傾キタリ」とあって、江戸後期以来大いに栄えていた中瀬河岸もまた衰退するの止むなきに至ったことが明白となってくる。なお、同書には水量の多い時期には二〇〇石積みの船も通船できたが、減水の時にはようやく五駄積みの艀船が運航できたとも記されている。

最後に、北埼玉郡役所管内の酒巻・下中条・須加・上新郷・稲子・発戸・下村君・大越・本川俣・上川俣・飯積・麦倉・佐波などの諸河岸の動向について述べてみたい。これら諸河岸の運送物資としては米・大小豆・大小麦・綿・肥料・酒・醬油その他の雑品と記されている。そして運輸業の起源については、「米・麦ヲ東京ニ輸出シテ〆粕等ヲ輸入スルヨリ明治十五年頃迄ハ舟楫頻繁ナリシモ鉄道布設已来其便ニ因ル多キヲ以テ方今ハ著シク衰ヘタリ」とその窮状を端的に記している。

ところで、なお下流の中利根川筋にあたる栗橋河岸および権現堂河岸について北・中葛飾郡長の川島浩から埼玉県知事吉田清英にあてた「利根川古今沿革調進達」により運輸業の起源およびその進達を見ると、栗橋については「西洋形汽船明治五、六年頃ヨリ東京・下総・古河間往復ス」とあり、権現堂河岸については「現今廻漕店五軒、船三九艘置近郷七ケ領ノ津出シ場トシテ諸品物ヲ運搬ス」とあって、依然として舟運で物資の輸送にあたっていたことがわかる。また、栗橋地内にある最大の高瀬船の大きさは二二〇石積みであるが、冬川のときは艀船を使用するとあり、権現堂村のほか国府（市川）間では水量四尺五寸のときは二〇〇石積みを通すが、減水一尺五寸のときはようやく八石積みを通すのみとあって、水深によって通船の便が大いに異なっていたことが明らかとなる。

以上のごとく埼玉県内各郡長から埼玉県知事にあてた報告書によると、鉄道開通後の明治二十年（一八八七）の段階で、上利根川筋の八丁・山王堂・中瀬など高崎線の新町・本庄・深谷・熊谷駅に近接していた利根川右岸の河岸場は急速に衰えつつあったことが明らかとなる。しかしながら、権現堂河岸など鉄道の駅から離れた地域の荷物を取り扱っていた河岸場は依然として物資輸送に重要な役割を担っていたことが明らかである。なお、利根川右岸の八丁河岸では明治七年（一八七四）の頃から道路交通の発達によって衰退傾向を示しつつあったと記されていたことにも注目しなければならないと考える。

おわりに

以上において、維新期の内陸水運と道路輸送について上利根川水系の河岸場を中心として述べてきた。そこでこれまで述べてきたことを要約してみると、慶応四年（一八六八）の江戸幕府の倒壊と明治新政府の成立という、いわゆる維新期の激動の時代には関東の河川水運にも大きな変化をもたらした。

まず、これまで江戸幕府から独占的運輸業者として営業の特権を擁護されてきた河岸問屋は維新政府に願い出てその地位を保全し、営業を継続するための運動を進めた。他方、河岸周辺の在郷商人や在町商人などの有力者は、この機会に従来は幕府から容易に認められなかった新規河岸場の開設と水運業者としての許可を受けるための運動を各所において展開していった。ところが、これに対抗して既存の旧河岸問屋もまた結束して新河岸開設反対運動に立ち上がったのである。

しかしながら、旧河岸問屋はこれまで以上に運上金の上納を半ば強制されて、営業の継続は認められたものの、貢米運送などの重い負担を課せられたばかりか、新河岸の成立を阻止することはできなかったのである。維新政府は河岸問屋のほか、船持層の掌握にも積極的に乗り出し、船税を増徴するなど財政収入の増大と流通経済を発展させるための政策を積極的に推進していったのである。

このような政策とあいまって、維新政府は貢米の東京廻漕についても明治元年(一八六八)十一月二十一日の大蔵省の達し[59]以来、旧幕府の廻漕慣例を採用しつつも、これまでの悪習を刷新するため大蔵・民部両省から通達をたびたび出して、貢米東京廻漕の促進をはかったのである。

一方、利根川舟運の河岸場をめぐる商人荷物や道路輸送の動向については、武州中瀬河岸河田家の問屋史料によってみてきたが、明治四年(一八七一)の段階では不況の影響があったと認められるにもかかわらず、利根川舟運によって塩・砂糖、あるいは蠣灰・石灰などの肥料や舶来油・魚油・藍玉から稲扱・鎌などの農具にいたるまで多彩な商品物資が水陸運輸によって武州西北部の農村地帯の交通の要所であった寄居町・児玉町・八幡山町の問屋商人のほか、中山道の宿場町、さらには遠く荒川上流の村々まで中瀬河岸周辺二〇カ村の駄賃稼ぎの馬持一三二名によって運ばれていたのである。

さらに、日本鉄道開通前の舟運と商人荷物の動向について、江戸から関東の農村向けの登り荷物を専門に取り扱っていた江戸の上州組積問屋仲間の明治五年(一八七二)の運賃・駄目取り決め規則によってみると、一二一品目にも及ぶ多彩な商品物資が上利根川舟運によって、上武両州の農村地帯に送り込まれていたことが明らかとなる。

特に上方・西国筋からの物資のほか、神奈川・横浜などの開港により輸入物資である舶来鉄・南京綿なども利根川水運によって運ばれ、前橋・高崎の地方都市をはじめ上武両州の農村地帯へ送り込まれていたことは鉄道開通前の利根川舟運の役割を改めて認識する必要があろう。

その後、明治六年(一八七三)六月の太政官布告二三〇号による陸運元会社への河岸問屋の吸収合併、さらに明治八年(一八七五)二月の同会社の改組による内国通運会社の発足を契機とする全国的運輸機構の確立とあいまって、その傘下に組み込まれていった上利根川筋の河岸問屋は、水運分社あるいは廻漕店に勤務する有力社員となって水陸一体の営業規模の拡大に協力していったのである。

こうして明治十年(一八七七)頃からの上州機業地帯の織物業の盛況と生糸・蚕種荷物の増大とあいまって上利根

川舟運の役割もいよいよ増大しつつあったのであるが、明治十七年（一八八四）の高崎線の開通と熊谷・深谷・本庄などの新駅の誕生は、まず上利根川右岸の武州側河岸場に大きな打撃を与えることになり、河岸場の衰退と河岸問屋の営業不振を招来することになったのである。ちなみに、秩父の荷物や寄居・児玉・八幡山町・深谷・本庄などの在郷町の荷物で繁栄していた武州中瀬河岸問屋河田家も明治二十四年（一八九一）に河岸問屋稼業を廃業している。

しかしながら、鉄道各駅から遠距離にあたる地域、たとえば武州地方でも江戸川筋にある西宝珠花河岸では一八〇〇年代においては舟運による貨物輸送はなお盛んであったが、明治三十二年（一八九九）に北千住から久喜までの東武鉄道の開通、昭和五年（一九三〇）大宮と野田を結ぶ総武鉄道（のち東武鉄道に合併）の開通によって江戸川べりの西宝珠花河岸などが衰退の一途をたどっていったのである。(60)

（1）この点については「明治以降における河川水運の衰退過程」（拙著『関東河川水運史の研究』法政大学出版局、一九八四年）でも概述しておいたが、まだ不十分であると考えている。そこで参考までに、近代河川水運ならびに道路輸送に関する著書・論文について若干紹介しておこう。

まず、山本弘文『維新期の街道と輸送・増補版』（法政大学出版局、一九八三年）の名著があり、同編『交通・運輸の発達と技術革新――歴史的考察』（国際連合大学発行・東京大学出版会発売、一九八六年）にも山本弘文や増田廣實の道路輸送や河川舟運に関する労作が収められている。論文としては、黒崎千晴「明治前期の内陸水運」（新保博・安場保吉編『近代移行期の日本経済――幕末から明治へ』数量経済史論集2、日本経済新聞社、一九七九年）、松村安一「利根川汽船交通の変遷」（『交通史研究』七号、一九八二年）、川名登「河川交通における近代化過程」（同著者『近世日本水運史の研究』所収、雄山閣出版、一九八四年）、老川慶喜「明治一〇年代における埼玉県北埼玉郡の道路輸送」（関東学園松平記念経済文化研究所『紀要』第四号、一九八六年）、増田廣實「殖産興業政策と河川舟運」（『社会経済史学』四八巻二号、一九八六年）、瀬古龍雄「新潟県における川汽船の発達」（『交通史研究』二二号、一九八九年）、老川慶喜「新河岸川舟運と商品流通」（『交通史研究』二三号、一九九〇年）、同「日本鉄道の開通と河川舟運」（同著者『産業革命期の地域交通と輸送』所収、日本評論社、一九九二年）、などがある。

（2）河岸問屋株と上利根川筋河岸問屋仲間については、川名登・丹治健蔵の前掲書などを参照されたい。

（3・4・5）「河田満次家所蔵文書」。前掲拙著、付録史料三八九頁。深谷郷土史料編集会第二集「中瀬河岸河田家文書」一二六―一二八頁。

(6)『群馬県史』資料編9、近世1、西毛地域1、七七一―七七二頁。

(7・8) 右同書、七七二―七七三頁。

(9・10)『群馬県史』資料編14、近世6、中毛地域2、七〇七頁。

(11) 前掲『群馬県史』資料編9、七七三頁。

(12) 前掲『群馬県史』資料編14、六六五―六六七頁。

(13) 右同書、七〇六頁。

(14) 埼玉県立文書館所蔵「田口栄家文書」。

(15)『和光市史』史料編3、近代現代、三八頁。

(16) 前掲拙著、三九〇―三九一頁。『深谷郷土史料集』一二八―一三一頁。

(17) 上利根川では安永三年(一七七四)、勘定奉行石谷備後守在任中に河岸吟味が行なわれ、取り扱い荷物の多少により河岸運上金の上納を命ぜられると同時に河岸問屋株が設定され、新規河岸場の開設が停止された。それを契機として上利根川一四河岸組合が結成された。その後、領主廻米輸送の都合などにより伊勢崎河岸・八斗島河岸が加盟し一六河岸組合となった。

(18) 注16に同じ。

(19) 国税庁税務大学校租税資料室編、租税資料叢書第三巻『明治前期国税徴収沿革(参考法令編)』(一九四八年十一月刊行)三頁。

(20) 右同書、七頁。

(21) 埼玉県立文書館所蔵「田口栄家文書(権現堂河岸関係文書)」。

(22) 前掲『明治前期国税徴収沿革』八頁。

(23・24) 前掲『群馬県史』資料編14、七〇七―七〇八頁。

(25・26) 右同書、七〇八―七〇九頁。

(27) 右同書、七一〇頁。

(28) 右同書、七一〇―七一一頁。

(29・30) 右同書、七一一頁。

(31) 前掲「河田満次家所蔵文書」。

(32) この点については、丹治健蔵「近世荒川水運の展開」(二)(『交通史研究』二一号、一九八九年)「上利根川一四河岸組合との出入り」（四七―五〇頁）を参照願いたい。
(33) 前掲拙著、付録史料三九一頁、河田満次家所蔵文書「船問屋業体申伝書」。
(34) 埼玉県教育委員会発行、歴史の道調査報告書第十集『利根川の水運』二一七頁（「元禄初期の中瀬河岸場」）。
(35) 前掲「河田満次家所蔵文書」。なお、本項では特に注記のないものはこの史料による。
(36) 『新編武蔵風土記稿』児玉郡之四、児玉町の項。『児玉町史』近世資料編、四〇一―四〇九頁。
(37) 右同書、八幡山町の項。
(38) 右同書、小川町の項。
(39) 『武蔵国郡村誌』第八巻、本庄駅の項。
(40) 右同書、八幡山町の項。
(41) 『角川日本地名大辞典』11埼玉県、本庄西上州道。
(42) 前掲「河田満次家所蔵文書」、明治四年「始末書」「始末書を以奉申上候」。
(43) 丹治健蔵「利根川舟運の展開――上州平塚河岸の積荷をめぐって」（『歴史地理』九〇巻一号、一九六一年）などを参照されたい。
(44・45・46) 注42に同じ。以下特に注を付けないものは「始末書」による。
(47) この取り決め規則は国立国会図書館所蔵の「利根川筋船賃控」（古典籍、一冊四三丁）という表題の和書で、内容は「規制取極之事」「元運賃定之事」「駄目定之事」などのおおよそ三つの取り決めが記されており、末尾に上州組仲間木屋清兵衛・竹村弥右衛門・伊勢屋吉兵衛・上州屋吉兵衛・伊東屋太兵衛・佐野屋伝兵衛・鈴木屋伊助・河田屋彦助・喜村亦七・河内屋四郎兵衛など一〇名の氏名と印判が押捺されている。明治初年の上利根川船運の動向を知るための貴重な資料である。以下、本項で引用した資料はすべて右の資料に依拠しているので注記を省略したことをおことわりしておく。
(48) 国立公文書館所蔵「群馬県史料十八」（内閣文庫和書、五九〇一〇号）。
(49) 前掲、山本弘文『維新期の街道と輸送』六五―六六頁参照。
(50) 右同書、一一八―一一九頁。
(51) 前掲『群馬県史』資料編24、九八九頁。
(52) 右同書、一一〇六―一一〇八頁。
(53・54・55) 右同書、「市場盛衰ノ概況」一一〇〇―一一〇二頁。
(56) 右同書、一一〇五頁。

(57) 右同書、一一〇三頁。
(58) 埼玉県立文書館所蔵文書。この文書中には埼玉県内の各郡長からの報告書が一括して収められている。
(59) 前掲『明治前期国税徴収沿革』三八頁。
(60) 庄和町教育委員会編『庄和史談』(一九八五年)二八頁、『庄和町之百年』(一九七五年)一三四頁。前掲注34同書一四頁参照。

第五章　明治前期の下利根川水運と商品流通

――総州高田河岸宮城家文書を中心として

はじめに

近世の利根川水運と商品流通に関する研究は、これまで先学により優れた研究が積み重ねられてきたが、明治維新後の近代利根川水運と商品流通に関する研究は、史料的な制約もあって、なお、不十分といわざるをえない。幸い千葉県文書館で銚子市高田町の宮城家文書がマイクロフィルムに収められ、公開されたので、これらの史料を利用し、できる限り明治前期の下利根川水運と商品流通の関係について明らかにしてみたいと考える。それに先立ち、全国的視野に立った明治前期における内陸水運と商品流通の近年の研究動向を若干回顧してみることにしたい。

まず注目されるのは黒崎千晴氏の「明治前期水運の諸問題」（近代日本輸送史研究会編『近代日本輸送史』所収、成山堂書店、一九七九年）である。黒崎氏は全国主要河川の船舶の石数、航行範囲、主要な河岸場の移出入金額など鉄道網形成以前の河川水運の状況につき、海軍省艦政局編集の統計表を利用して明らかにされているが、商品物資の輸出入品目やその数量など各地域の商品流通の実態についてまでは追究されていない。

次いで山口和雄・石井寛治編『近代日本の商品流通』（東京大学出版会、一九八六年）には明治前期における国内市場の形成と商品流通に関する六編の力作が収められているが、河川水運と商品流通・地域経済との関係については高村直助氏が第二章「近代的輸送機関の発達と商品流通」において北陸地方の汽船の発達と商品流通との関係について述べ、林玲子氏が第五章「銚子醤油醸造業の市場構造」において利根川の和船と汽船による醤油製品・原料の輸送について明らかにされている。

また、林玲子氏は、「銚子醸造業と利根水運」(山本弘文編『近代交通成立史の研究』法政大学出版局、一九九四年)において、銚子ヤマサ醤油の江戸輸送と利根川水運との関係についての論文を発表されている。

そのほか老川慶喜・大豆生田稔編『商品流通と東京市場』(日本経済評論社、二〇〇〇年)には野﨑雅秀「近代における見沼代用水の舟運」、酒井知晴「在来肥料の後退と鉄道開通による肥料流通への影響」など、明治・大正期における首都圏を中心とした商品生産と流通に関する優れた論考が収められている。

さらに、近代の下利根川水運に関する研究を回顧してみると、古くは一九五九年に小笠原長和氏が「利根・江戸川近世史の諸問題」(『地方史研究』九巻一号)において明治七年の「万積附之帳」や同二十六年の「荷物積附帳」(高田河岸宮城家文書)により輸送物資の品目や数量等を明らかにされている。

次いで一九八〇年、内田龍哉氏が「幕末における魚肥流通の構造」(『海上町史』一三号)において、下利根川野尻・高田両河岸を中心とする研究を発表されているが、そこでは九十九里浜の飯岡・椎名内(現旭市)の旧特権問屋の〆粕・干鰯・魚油などの明治七・八年頃の水産加工品の商品流通の動向について明らかにされているが、魚肥の流通と特権問屋の関係に視点が据えられているので、下利根川水運と商品流通の全容を解明するまでには至っていない。

また、近年では仙頭達朗・田辺千尋両氏により「銚子地域における近代利根川水運の動向」(筑波大学歴史・人類学系歴史地理学研究室『歴理地理学調査報告』第一一号、二〇〇四年)が発表された。そこでは下利根川野尻河岸を中心とする商品流通の動向について明治二十一〜二十二年の「万積附之帳」(野尻河岸滑川家文書)により船積荷物の輸送先や集荷圏については明らかにされているが、商品物資の具体的品目や数量、さらには移入品の出荷先商人との関係など、明治前期の商品流通の実態については、なお研究の余地があるように思われる。

こうしてみると、明治前期の下利根川水運と商品流通との関係については、先学の努力にもかかわらず、なお未解明の点が多々残されているといわざるをえない。

そこで筆者はこれまでの先学の研究をふまえつつ総州高田河岸宮城《みやしろ》家文書(1)を中心として明治初年から二十年頃までを対象として下利根川水運と商品流通の関係をさらに追究し、その全容を明らかにしてみたいと考える。

第一節　明治初年の商人荷物の動向

1　高田河岸の概況

高田河岸は銚子に近接する利根川下流右岸に位置する。現地名は銚子市高田町である。明治時代は海上郡船木村に在り、東は芦崎村に隣接し、松岸を経て銚子へは二里一〇町の道程であった。西は野尻河岸に隣接し、南は白石、猿田の諸村を経て飯岡村に到達する。

明治時代の船木村の物産としては米・大豆・小豆・粟・甘藷・藍などがあげられている(2)。

また、西接する野尻・小船木河岸とともに「三河岸」と呼称され、利根川水運を利用する物資輸送にきわめて重要な役割を果たしていた(3)。明治三・四年の「水揚帳(4)」によると高田河岸には和七船をはじめ三五艘以上の船が所属し、荷物運送に従事していた周辺村落五五カ村の駄賃稼ぎの馬方人数はおよそ三〇〇人以上にものぼるものと推測される(図1参照)。

河岸問屋は一軒で、宮城家は嘉永四年（一八五一）頃から河岸問屋経営に乗り出し、明治八年（一八七五）三月株金一〇〇円を納め、内国通運会社に入社し、その後明治十四年（一八八一）銚子汽船会社が設立されるとその株主ともなっている(5)。

なお、宮城家が明治十年に所有していた問屋手船は高瀬船四五〇俵積み一艘、三〇〇俵積み一艘、一二〇俵積み一

図1　明治4年　高田河岸馬方の居住村落図

明治4年商品輸送に従事した馬方例

1月24日	から麦50俵	八木村	14人外
8月5日	赤穂塩24俵	足川村	7人外
〃 7日	小麦56俵	野手村	9人外
〃 9日	斉田塩70俵	網戸村	5人外
9月20日	小麦50俵	太田村	15人外

明治4年「当座帳」による.

注　国土地理院5万分1（銚子・成田）地形図などを参考にして作成.
馬方居住地の△地名は明治4年「水揚帳」ならびに「当座帳」による.
●印または（　）内は現在の地名.

艘、一〇〇俵積み一艘、七〇〜八〇俵積み一艘で合わせて五艘であった。(6) そのほか手馬も所持していた。

さらに付言すれば、宮城家は河岸問屋経営のほか商品の売買取引にも関与し、明治十二年十一月十八日付で千葉県海上《うなかみ》・匝瑳《そうさ》郡長河野通撲あてにつぎのとおり卸売営業願いを提出している。(7)

卸売営業願

三等

〆粕干鰯卸売営業 海上郡高田村 営業人――

壱ケ年見積金高　三千円

此税金五円

兼　〆粕干鰯仲買　壱ケ年見積金　千円

塩卸売　壱ケ年見積金　弐百円

〆粕干鰯小売　塩小売　舶来物小売

右成規之税金上納営業仕度

候間御許可被下度奉願上候也

右　宮城喜三郎

明治十二年

右村卸売仲買世話役 宮間儀兵衛

十一月十八日

右　小売肝煎 和田平蔵

千葉県海上匝瑳郡長河野通撲殿（下略）

右により宮城家が利根川水運による物資運送業とあいまって、〆粕・干鰯・塩などの売買取引によりかなりの利益をあげていたものと推定される。

これら宮城家に残された河岸問屋の「水揚帳」「船積帳」「送り状」その他の史料により、明治前期における高田河岸を中心とする商品流通の実態について、できる限り明らかにしてみたいと考える。

2 明治四年の「水揚帳」からみた商人荷物

本項では明治三年（一八七〇）十一月二十六日から同四年十二月二十六日までの約一年一カ月にわたって記録された河岸問屋の「水揚帳」(8)により、高田河岸に陸揚げされた商人荷物の動向を明らかにしてみたいと思う。

まず表1に示したとおり、陸揚げされた物資は多彩で、その品目はおよそ一〇〇品目以上にも及んでいる。そのうちの荷揚量の多い塩、それに水産加工品の干鰯、〆粕などの生産に九十九里浜の漁村で利用されたと推定される莚、農産物の米・麦・菜種・魚油・醤油・酒などの運搬に使われていた明樽（空樽）について出荷人と荷受人との関係、そして荷量についても明らかにしてみたい。

第一にあげた塩の水揚げ量は赤穂・斉田合わせて三五一四俵で、相当多量であることが注目される。これは家庭用のほか、醤油などの醸造用に利用されたものと考えられる。そこでこれら赤穂塩・斉田塩の出荷人と荷受人、その分量についてみると表2−1に示したとおりで、出荷人のほとんどが東京商人であったことがわかる。

そのうちもっとも出荷量が多かったのは北新堀町の徳島屋市郎兵衛で九〇〇俵、次が小網町の広屋吉右衛門の八五〇俵と続き、出荷人の人数は一二名となっている。

荷受量のもっとも多かったのは成田宿（現旭市）の伊能屋要蔵の六一九俵、次いで成田東町の和泉屋飯田佐次兵衛の五四〇俵、さらに飯岡三川の酒屋善七の五〇〇俵、下永井の宮内惣次の三一九俵、椎名内（現旭市）の酒屋伝九郎の一〇〇俵と続いている。

ちなみに明治二十六年（一八九三）の「水揚帳」によると塩の荷揚量は赤穂塩一四五〇俵、斉田塩一〇〇俵合わせ

表1　明治3年11月～4年12月　高田河岸陸揚げ商品

品　名	数量	品　名	数量	品　名	数量
赤穂・斉田塩	3,514 俵	繰綿	2 束	釜・塩釜・奠釜	5 個
干鰯	3,333 俵	綿	13 個	臼（36石）	1 柄
粕	1,277 俵	莚包唐糸	8 個	碇（いかり）	7 丁
束粕	5 樽	莚造り白糸	1 個	乗籠	2 挺
魚油	84 樽	むしろ	11,022 枚	印墨・灰墨	8 箱
米	1,391 俵	括むしろ	95 枚	石	170 本
小麦	539 俵	干鰯むしろ	8 枚	鉄	2 個
大麦	147 俵	粕縄	30 個	杭木	35 本
搗麦	102 俵	縄	9 個	柱	27 本
小糠	279 俵	粕皮	543 束	檜(8 寸角)・檜丸太	3 本
菜種	389 叺	棕呂皮	22 個	樫角物	2 丁
落花生	350 俵	椎皮	10 丸	杉割板	10 束
隠元	75 俵	石灰	59 俵	竹柄杉	5 本
大豆	10 俵	姥目木	26 本	杉割木	141 丁
小豆	1 俵	櫓木・腕木	15 挺	板・貫	31 束
西瓜	1 俵	瓦	10,652 枚	明（空）樽	5,796 樽
唐かん	1 俵	畳	6 枚	傘（2 本入）	2 籠
煙草	15 本	障子	2 個	笠	1 個
茶ノ実	1 俵	火鉢	1 個	下駄	1 足
ふど豆	1 俵	アンドン	4 個	足の湯（温泉）	1 樽
堅唐	30 俵	手燭	1 挺	三州文庫(正八入)	12 本
差蛤	4 個	燭台	1 挺	帳面（3 冊入）	1 個
鰹節	4 樽	タンス	1 棹	箱	2 個
塩辛	2 樽	机	1 個	さみせん	1 丁
酒	23駄41樽	ろうそく	3 個	丸天	1 丁
藍葉	83 俵	かし炭	15 俵	鳥もち	6 丁
のり	1 個	琉球	1 個	小坪玉付	1 丁
わさび	1 個	紙包針金	1 個	玉増坂丹	6 本
三河島（大根漬カ）	1 樽	油滓	1 樽	ふろえハ	半丸
砂糖	5 樽	銭	220 個	どうぶり	1 個
黒砂糖	1 樽	金札（25 両）	1 個	アンペラ包	1 個
胡麻油	1 樽	瀬戸物入莚包	1 個	莚・薦・琉球包など	1 個
麻	14 個	黒油紙造	1 個	明荷・小荷物	13 個

出所：千葉県文書館所蔵，宮城家文書明治4年「水揚帳」（文書番号オ11）により作成．

て一五五〇俵であった。[9]

第二の干鰯の出荷人と荷受人との関係について説明してみよう（表2-2）。干鰯の出荷人はそのほとんどが常陸利根川左岸に布置する河岸の問屋で、陸揚げ量三三三三俵のなかでもっとも多いのは鹿島郡横瀬河岸問屋利八の八〇六俵、第二位が同郡日川河岸の問屋五右衛門の七九八俵、第三位が同河岸の問屋儀兵衛の三二五俵と続き、そのほとんどが鹿島郡の茨城商人で、銚子商人の出荷は下利根川右岸の銚子荒野の田坂屋角兵衛の二三〇俵、同垣根の和泉屋源吉の一〇〇俵であった。

表2－1　塩の出荷人と荷受人（明治3年11月～4年12月）

出荷人			荷受人		
所在地	商人名	数量	所在地	商人名	数量
東京北新堀町	徳島屋市郎兵衛	900俵	（現旭市）成田宿	伊能屋要蔵	619俵
小網町	広屋吉右衛門	850	〃　東町	和泉屋飯田佐次兵衛	540
東材木町	及川清三郎	500	飯岡三川	酒屋善七	500
深川大工町	みとや又三郎	175	〃　下永井	宮内惣次	319
小網町	鹿島屋佐市郎	200	（旭市）椎名内	酒屋伝九郎	100
不明	広瀬秀蔵	240	銚子高田	宮城喜三郎	80
〃	〃　佐兵衛	200	不明	松田屋専助	69
〃	川越屋甚兵衛	100	〃	油屋清兵衛	25
〃	鹿島益蔵	100	（旭市）野中	伊藤新左衛門	10
〃	泉屋豊吉	100	（荷受人不明分）		1,252
〃	橋本平左衛門	80			
〃	銚子屋銀蔵	69			
		3,514			3,514

出所：千葉県文書館所蔵，宮城家文書明治4年「水揚帳」により作成．表2–12までは同文書による．

表2－2　干鰯出荷人と荷受人（明治3年11月～4年12月）

出荷人			荷受人		
所在地	商人名	数量	所在地	商人名	数量
鹿島郡横瀬	問屋利八	806俵	飯岡	宮内清七	580俵
日川	〃　五右衛門	798	〃　下永井	宮内惣治	162
〃	〃　儀兵衛	325	〃　〃	石毛縫右衛門	143
荒波	藤代助右衛門	156	旭　野中	伊東新左衛門	75
太田	米屋新兵衛	191	成田（現旭市）	伊能屋要蔵	592
矢田部	近江屋孝次郎	247	〃	和泉屋佐次兵衛	250
〃	和七	150	高田河岸	宮内清右衛門	150
〃	原長左衛門	107	（荷受人不明分）		1,381
〃	喜惣兵衛	50			
銚子荒野	田坂屋角兵衛	230			
垣根	和泉屋源吉	100			
（出荷人不明）		173			
		3,333			3,333

表2－3　粕の出荷人と荷受人（明治3年11月〜4年12月）

年月日		数量	出荷人と荷受人		船
明3. 12. 18	粕	11俵	常州荒波 藤代助右衛門		荒波 四郎左衛門
19	〃	17	銚子新生 田中太兵衛・長崎山口作右衛門出し		高田 甚兵衛
26	〃	50	福井喜八30俵, 八木 藤兵衛20俵(新生上田久六積)		〃 〃
〃	〃	25	銚子新生 江戸屋儀兵衛分（上田久六積）		高田 七郎左衛門
明4. 1. 12	粕	21	〃 上田久六出し		吉田 甚兵衛
29	〃	50	〃 福井庄左衛門		網屋左五郎
6. 10	〃	4		野中 伊藤新左衛門	荒波 藤四郎
11	袋粕	11		〃 〃	高田 与兵衛
18	〃	12		〃 〃	荒波 惣左衛門
7. 1	荒粕 種粕	22 22		野中 伊藤新左衛門 椎名内 嘉瀬四五兵衛	小浜 三九郎
9. 15	袋粕	40	銚子飯沼 菅屋太郎左衛門		高田 新兵衛
16	粕	150	銚子新生 福井喜右衛門		〃 助右衛門
25	〃	50	〃 〃		新生 忠七
29	〃	50	〃 〃	銚子 嶋屋八十八	芦崎 喜兵衛 野尻 佐次右衛
10. 7	袋粕	17	常州矢田部 近江屋幸次郎	成田 伊能屋要蔵	矢田部 清兵衛
13	粕	170	銚子新生 福井喜右衛門		高田 新兵衛外両船
〃	〃	30	〃 〃		高田 治兵衛
〃	〃	10	〃 上田久六		〃 〃
19	〃	45	〃 福井喜右衛門		高田 助右衛門
22	〃	30	銚子 嶋屋八十八出し，伊勢屋重三郎積		高田 新兵衛
〃	〃	25	銚子新生 福井喜右衛門		〃 〃
25	〃	104	〃 〃		高田 治兵衛
29	〃	50	銚子 嶋屋八十八		高田 新兵衛
11. 1	〃	52	銚子 いせ屋重三郎出し｛銚子外川 島屋喜兵衛 〃 荒野 棚部屋彦助 より買取分		〃 〃
11	〃	80	福井喜右衛門より引取		芦崎 平左衛門
19	〃	40	銚子 嶋屋八十八出し，福井喜右衛門積		高田 新兵衛
〃	〃	31	銚子新生 福井喜右衛門出し		〃 〃
20	〃	10	〃 〃		高田 喜三郎
25	〃	26	常州日川 問屋五右衛門出し，飯岡 近藤平左衛門		高田 三左衛門
12. 12	〃	22	常州荒波 藤代助右衛門		荒波 彦助
		1,277（内訳 粕1,153俵，袋粕80俵，荒粕22俵，種粕22俵）			

また、これら干鰯の荷受人についてみると、もっとも多いのは成田の伊能屋要蔵の五九二俵、その次が飯岡の宮内清七の五八〇俵、成田の和泉屋佐次兵衛の二五〇俵と続いているが、それに九十九里浜の飯岡・旭商人の荷受量を合わせると一八〇二俵となり、成田と九十九里浜商人が干鰯荷受人の主役であったことがわかる。なお、これら干鰯は鹿島灘沿岸魚村で生産されたものと思われる。

なお、これも参考までに付言するが、明治二十六年一カ年間の干鰯の陸揚げ量はわずか二五俵にすぎなかった[10]。

第三の粕の出荷人と荷受人との関係について紹介してみると、表2‐3のとおりである。見られるとおりで、「水揚帳」に出荷人・荷受人の名前が記載されていない者もいるが、その所在地など判明した分についてはできる限り記入しておいた。また、粕のほか袋粕・荒粕・種粕も一括して入れておいたが、最下欄に表示したとおり、総荷量は一二七七俵で、その内訳を見ると粕一一五三俵、袋粕八〇俵、荒粕二二俵、種粕二二俵となっている。

これを見る限り、出荷人は銚子新生の福井喜右衛門がもっとも多く、粕七四五俵を出荷していたことがわかる。そのほか銚子商人の出荷は嶋屋八十八が粕九〇俵、いせ屋重三郎が粕五二俵と続き、銚子飯沼の菅屋太郎左衛門が袋粕四〇俵を出荷している。

そのほか常州では、荒波の問屋藤代助右衛門が粕三三俵を出荷し、日川問屋五右衛門が粕二六俵を出荷していたことがわかる。

これらの荷受人は九十九里浜野中村（現旭市）の伊藤新左衛門、椎名内村（前同）の嘉瀬（加瀬・可瀬）四五兵衛、飯岡の近藤平左衛門など、いずれも九十九里浜の有力商人であった。なお、参考までにこれらの荷物を運んだ船頭名と河岸名を付載しておいたのでご覧いただきたい。これらの船頭は高田河岸がもっとも多く八名で、利根川北岸の鹿島郡荒波が四名、矢田部が一名、南岸の海上郡芦崎が二名となっている。また、明治二十六年（一八九三）の粕の水揚げ量は皆無となっている。(11)

次いで表2‐4の明（空）樽について説明しておこう。明樽の出荷人は江戸商人がもっとも多く、七名で合わせて三四四六樽を出荷している。これは全出荷量五三三一樽のおよそ六四パーセントにあたる。その次が銚子商人で二八八樽、そのほか横浜高砂町の伊勢屋繁三郎が二二一樽、佐原商人が一〇〇樽となっている。なお、樽の種類については銘柄欄に記載しておいたが、油明樽がもっとも多く、そのほかに酒明・醤油明・魚明と記載されているものもある。油明樽は醤油明樽の略称かと思われるが確かではない。

表2－4　明樽の出荷人と荷受人（明治3年11月～4年12月）

出荷人 所在地	出荷人 商人名	銘柄	数量	荷受人 所在地	荷受人 商人名	銘柄	数量
東京霊岸島	林屋梅次郎	油明	1,960	飯岡下永井	宮内惣治	油明100	705
小網町	樽屋藤八	油明	575	飯岡浜	油屋長蔵	油明	770
〃	加田屋仁兵衛	油明	207	飯岡	近藤平左衛門	醬油25 油明525	545
本材木町	村田彦七	油明 酒明	350	〃	堺屋与右衛門	油明	250
深川東大工町	岩出屋惣兵衛	油明	313	飯岡下永井	石毛縫右衛門	油油	100
深川黒江町	愛甲屋常吉	上明 二番明	7	〃	近藤平七	水明	30
小網町	柏谷利兵衛	醬油明	34	〃　永井村	宮内惣左衛門	油明	60
銚子新生	柳屋友右衛門	明樽	25	飯岡下永井	三川屋定兵衛	油明	50
荒野	田坂屋角兵衛	上明	131	〃	三浦屋市次郎	油明	135
〃	仲田屋利左衛門	油明	32	旭　椎名内	加瀬四五兵衛	油明	271
〃	松田屋九郎治	油明	50	椎名内	酒屋伝九郎	〃	560
新生田町	浜田屋嘉平	上明	50	野中	伊藤新左衛門	〃	312
佐原	箕輪由兵衛	酒明	50	椎名内	酒屋忠蔵	〃	537
〃	銭屋栄助	酒明	50	〃	儀宝屋銀蔵	〃	32
横浜高砂町	伊勢屋繁三郎（小網町和泉屋惣兵衛積）	油明	222	〃	塙九兵衛	〃	30
土浦	菊池五郎右衛門	魚明	30	〃	石橋嘉右衛門	魚明	30
不明	大国屋清兵衛	酒明	50	八日市場	和泉屋惣三郎	油明	222
〃	岡根屋金十郎	油明	91	〃	大谷（屋）忠兵衛	油明	57
〃	金子屋安兵衛	〃	60	野栄町新堀	伊藤市郎兵衛	酒明	100
〃	和泉屋七右衛門	〃	124	銚子新生田町	浜田屋嘉兵衛	酒樽	50
〃	田中太兵衛	〃	100	高田河岸	宮城喜三郎	油明	50
〃	堀川屋喜三郎	〃	50	海上町後草	三郎兵衛	醬油明	34
〃	（差出人不明）		770	成田	伊能屋要蔵	油明	101
					（受取人不明）		250
				不明	酒屋伝蔵	上樽	50
	計		5,331		計		5,331

つぎにむしろ（莚）の出荷人と荷受人との関係について説明を加えておこう（表2－5）。むしろは陸揚げ商品中ではもっとも数量的に多い荷物といえる。その出荷量総数は一万一〇二二枚である。

これらむしろにもいろいろの銘柄があり、もっとも多いのは神奈川むしろで、合わせて六七二二枚が出荷されている。その荷量は全体の六〇パーセント余りを占めている。そのほか抜むしろ、干鰯むしろ、上むしろ、上間むしろ、粕むしろ、嶋むしろなどさまざまなむしろが出荷されているが、「水揚帳」にはその出荷地が記載されていないものが多く残念であるが、判明している分だけを見ると、東京商人がもっとも多く二四八〇枚となっている。

他方、荷受人についてみると、九十九里浜の椎名内（現旭市）の酒屋伝九郎がもっとも多く三五六一枚と全荷量の三

表2-5　むしろの出荷人と荷受人（明治3年11月～4年12月）

年月日	銘柄	数量	出荷人	荷受人	船
3. 11. 26	神奈川むしろ	280枚	深川西大工町 銚子屋源蔵		手船七郎左衛門
4. 1. 29	抜むしろ	50		飯岡下永井 近藤平左衛門	
7. 1	干鰯むしろ	8		野中（旭市） 伊藤新左衛門	小浜 三九郎
〃	粕むしろ	158		椎名内（旭市） 嘉瀬四五兵衛	
8. 29	抜むしろ	195		嘉瀬四五兵衛，伊藤新左衛門	高田 七郎左衛門
9. 23	神奈川むしろ	910		飯岡 近藤平左衛門	〃 与次兵衛
24	〃	40		〃 〃	〃 七郎左衛門
26	〃	522	和泉屋七左衛門	野中（旭市） 伊藤新左衛門	房総 九兵衛
28	むしろ	300		成田（旭市） 伊能屋要蔵	高田 半右衛門
29	上むしろ	530		椎名内（旭市） 酒屋伝九郎	延方 吉兵衛
〃	神奈川むしろ	500	田中太兵衛	〃 嘉瀬四五兵衛	飯沼 藤兵衛
30	〃	300	延方 吉兵衛	〃 酒屋伝九郎	延方 市右衛門
〃	〃	500	田中太兵衛	〃 嘉瀬四五兵衛	飯沼 藤兵衛
〃	むしろ	221	新生（銚子） 佐左衛門	〃 酒屋伝九郎	新生 佐左衛門
10. 3	神奈川むしろ	280		〃 〃	飯貝根 豊一郎
4	〃	500	湯浅屋太郎兵衛	飯岡下永井 宮内惣治	高田 和七
5	入むしろ	800		成田（旭市） 伊能屋要蔵	小船木 長右衛門
〃	神奈川むしろ	290 ｝		椎名内（旭市） 酒屋伝九郎	延方 吉兵衛
〃	上間むしろ	180 ｝		〃 〃	〃
6	粕むしろ	200	延方 岡根屋金十郎	〃 酒屋伝九郎	延方 幸蔵
7	入むしろ	388	小舟木 福田金之助	成田（旭市） 伊能屋要蔵	小船木 金之助
16	むしろ	430		椎名内（旭市） 酒屋忠蔵	
18	〃	340		〃 酒屋伝九郎	延方 吉兵衛
〃	神奈川むしろ	400		飯岡下永井 宮内惣治	高田 七郎左衛門
19	〃	500	霊岸島 林屋梅次郎	〃 近藤平左衛門	〃 〃
〃	〃	200	深川油堀 和泉屋忠次郎	成田（旭市） 伊能屋要蔵	〃 〃
23	〃	1,500	深川堀川町 和泉屋三郎兵衛	椎名内（旭市） 酒屋伝九郎	高田 六兵衛
24	嶋むしろ	500	松岸村 米屋武右衛門	〃 酒屋忠蔵	松岸 木の治や
		11,022			

〇・九パーセントを占め、次いで成田（現旭市）の伊能屋要蔵の一六八八枚、飯岡の近藤平左衛門の一五〇〇枚と続いているが、成田の伊能屋要蔵を除けばそのほとんどが九十九里浜の商人であったことがわかる。

これらむしろは魚肥の干鰯や〆粕などの生産や輸送用俵の製造などに使われていたのではないかと想定される。ちなみに、明治二十六年一カ年間の水揚量を見ると、むしろが二六枚、干鰯が一〇俵、〆粕は皆無となっていることに注目したい(12)。

次いで農作物の米・麦・菜種などの商人荷物の動向についてみると、表2-6・7・8のとおりである。米の出荷人の多くは利根川左岸の小見川・佐原の水田地帯、麦は佐倉の臼井河岸や常州取手河岸、それに北浦の鉾田河岸や霞ケ浦の土浦から出荷され、そのほとんどが九十九里浜や銚子の商人に送られていたことがわかる。

それから表2-8に示した菜種は、北浦

表2－6　米の出荷人と荷受人

年月日	品名	数量	出荷人	荷受人
4. 1. 26	知県事米	25 俵	小見川 寿賀屋太蔵	
〃	かゝり米	3	かし上問平左衛門	
〃	蒿波米	2		
27	板倉米	7	成田 伊能屋要蔵	小舟木河岸 石井与惣右衛門積
〃	〃	30	〃 〃	桜井河岸 問屋権左衛門積
〃	わら波米	4	清滝村(海上町) 飯田吉左衛門	笹本河岸 問屋平左衛門積
〃	南京米	44		椎名内 酒屋伝九郎
〃	〃	60	船主和七分	下永井 宮内惣治
4. 5	〃	20	椎名内 酒屋伝九郎	
〃	〃	90		椎名内 酒屋伝九郎
5. 10	知県事米	34		下永井 石毛縫右衛門
8. 4	新米	50	佐原 磯屋嘉助	〃 〃
19	新南郷米	80	〃 〃	〃 〃 源蔵
21		170	〃 〃	〃 〃 〃
27	新米	10	土浦河岸 二葉屋宗兵衛	飯岡川端 綿屋六兵衛
〃	〃	11	〃 川口 伊勢屋市郎兵衛	〃 〃
〃	古領蔵米	23	〃 〃	〃 〃
9. 15	餅米	3	潮来 木田屋喜兵衛	銚子新地 寿賀屋太蔵
〃	米	2	〃 〃	〃 〃
10. 7	新わら波米	40	小見川 財木屋文助	飯岡 油屋長蔵
〃	かがり米	10	〃 〃	〃 〃
25	餅米	5	〃 〃	手前分（宮城喜三郎）
11. 6	町米	20	小春沢 権右衛門	下永井 三川屋忠兵衛
12. 19	蔵米	15	東京 林屋梅次郎	〃 宮内惣治
〃	裸米	14		椎名内 加瀬四五兵衛
20	蔵米	155	小見川 寿賀屋太蔵	手前分（宮城喜三郎）
21	〃	45		
	計	972		

表2－7　麦の出荷人と荷受人

年月日	品名	数量	出荷人	荷受人
4. 2. 15	搗麦	4 俵	取手河岸 銚子屋彦兵衛	舟子(本庄町) 油屋伝左衛門
5. 19	小麦	5	〃 〃	飯岡下永井 近藤平左衛門
6. 21	〃	64		銚子垣根 米屋倉吉
7. 2	〃	36	鉾田荒野 平左衛門	飯岡下永井 近藤平左衛門
6	〃	64	〃 〃	〃 〃
23	大麦	109	臼井(佐倉) 綿屋鉄五郎	銚子長塚 飯田角兵衛
〃	小麦	56	〃 〃	〃 〃
26	〃	12		下永井 近藤平左衛門
8. 6	搗麦	82	土浦 伊勢屋市郎兵衛	飯岡 綿屋六兵衛，境屋与右衛門
28	小麦	82	臼井河岸 問屋鉄五郎積	(府中石岡 銚子屋平十郎分)
〃	大麦	38	〃 〃	〃
29	小麦	69	〃 〃	〃
〃	大麦	21	〃 〃	〃
〃	小麦	151	〃 〃	〃
9. 6	搗麦	16	土浦川口 大岡屋儀兵衛	綿屋六兵衛
	計	809（内訳　大麦 215 俵，小麦 411 俵，搗麦 167 俵）		

表2－8　①菜種の出荷人と荷受人

年月日	数量	出荷人	荷受人	船
明4. 5. 15	30叺	大船津　松尾宇八	飯岡下永井　近藤平左衛門	大船津　藤助
〃	50	〃　小倉平七	〃　〃	〃　〃
6. 8	16	〃　六郎右衛門	〃　〃	谷原　政之助
10	130		飯岡三川　近藤平七外1名	高田　可七
16	91		〃　近藤平左衛門	谷原　久兵衛
7. 11	20	〃　春木屋嘉七	飯岡　油屋長蔵	小見川　平右衛門
〃	2	高浜　笹目八郎兵衛	〃　〃	〃　〃
〃	50	〃　〃	〃　〃	〃　〃
計	389			

②隠元の出荷人と荷受人

明4. 9. 12	20俵	山崎広吉	東京人形町堀留　加賀屋勘蔵	高田　源兵衛
	20	〃	神田鎌倉町　鈴木善助	〃　〃
11. 18	25	〃	加賀屋勘蔵	〃　清助
	10	〃	鈴木善助	〃　〃
計	75			

③落花生の出荷人と荷受人

明4. 11. 28	100俵	山崎広吉	東京柳原　田林仙吉	高田　重助
12. 3	50	〃	鎌倉河岸　鈴木善助	〃　重吉
〃	50	〃	東京堀留　藤田勘蔵	〃　〃
14	150	〃	銚子垣根　大国屋富造	親船積
計	350			

表2－9　魚油の出荷人と荷受人

年月日	数量	出荷人	荷受人	備考
明4. 6. 16	28本	飯岡　近藤平左衛門代真治郎	本人	谷原　久兵衛船
9. 15	2樽	銚子　菅屋太郎右衛門		高田　新兵衛船
19	12樽	常州川尻　高橋弥左衛門7樽 矢田部　近江屋幸次郎5樽	手前分(宮城家)	高田　新兵衛船
23	5樽	〃　〃		矢田部　新や船
10. 3	4樽	川尻　高橋弥左衛門		川尻　儀兵衛船
25	20樽	銚子新生　福井喜右衛門		高田　治兵衛彦三郎船
12. 8	13樽	佐原　小関芋四郎		佐原　直右衛門船
計	84樽			

表2-10　明治4年8月21日入り新南郷米の輸送に従事した馬方

村名	馬方名	俵数	村名	馬方名	俵数
上永井	五兵衛	2	八　木	七郎右衛門	2
〃	治右衛門外3人	8	〃	三左衛門	2
網　戸	惣兵衛	2	〃	甚左衛門外4人	10
八　木	市郎兵衛	2	八木・三川	角左衛門外2人	6
塙	藤右衛門外2人	6	塙・中島	弥惣右衛門外1人	4
野中・三川・蛇園	市郎兵衛外2人	6	八　木	五右衛門外1人	4
琴　田	惣吉外2人	6	三　川	喜平治	2
塙	長右衛門外1人	4	高　田	重兵衛	2
琴田・塙	七右衛門外2人	6		(売付)	30
	(石行)	4	高　田	新兵衛	2
八　木	清左衛門	2		(売付)	10
〃	惣左衛門外2人	6	飯　岡	伊右衛門	2
高　田	弥次右衛門	2	〃	太右衛門	2
〃	佐治兵衛外2人	6	高　田	新兵衛	2
〃	重右衛門	2	舟木台	四郎左衛門外3人	8
八　木	三郎左衛門	2	八　木	治郎左衛門外1人	4
高　田	与右衛門	2	〃	久右衛門	2
飯　岡	孫左衛門	2	〃	市左衛門	2
八　木	四郎兵衛外1人	4	合計		170俵

出所：明治4年「水揚帳」により佐原の磯屋嘉助出し，飯岡下永井の石毛縫右衛門行の記録より抜粋作成.

東岸の大船津や霞ケ浦北岸の高浜などの商人から出荷され、飯岡商人が受取人になっている。なお、落花生の出荷人の居住地は明らかでないが、荷受人は東京が三名、銚子が一名である。

さらに表2-9の魚油について見ると、その出荷人は飯岡の近藤平左衛門をはじめ銚子の菅屋太郎右衛門、下利根川左岸の常州川尻・矢田部両河岸の問屋や佐原商人であるが、荷受人についての記載は「手前分」(宮城家)以外はない。

これは問屋宮城家分のため省略したのではないかと思われる。なお、明治二十六年一カ年分の「水揚帳」では魚油の水揚量は皆無となっている(13)。

最後に、これら陸揚げ物資の馬付けによる陸送状況について説明しておこう。「水揚帳」には陸揚げ物資の輸送に従事した馬方の村落名と数量が明確に記載されている。

これを見ると明治四年(一八七一)八月二十一日に高田河岸に陸揚げされた佐原の磯屋嘉助出荷の新南郷米一七〇俵は表2-10のとおり、高田河岸周辺一一カ村の馬方延べ六二人により一駄二俵の割合で馬付けされ、飯岡

表2－11　明治4年9月18日入り明（空）樽輸送に従事した馬方

村名	馬方名	樽数	村名	馬方名	樽数
飯岡 後草	縫左衛門	6本	旭 足洗	半兵衛	8本
旭 網戸	孫兵衛	16	旭 太田	十兵衛	8
海上 見広	儀右衛門	8	〃	吉兵衛	16
旭 太田	十兵衛	8	〃	安右衛門・磯右衛門	16
飯岡 足洗	市右衛門	9	旭 足洗	甚五右衛門	8
旭 太田	吉兵衛	16	飯岡 後草	角左衛門	8
旭 川口	吉左衛門	7	旭 太田	文吉	8
海上 倉橋	友右衛門・権右衛門	16	海上 江ケ崎	重右衛門	8
海上 大間手	善右衛門	16	〃	権六	8
飯岡 後草	角左衛門		旭 網戸	四郎兵衛・太郎兵衛	16
海上 見広	徳左衛門	8	〃	六郎左衛門	8
旭 太田	四郎兵衛・利左衛門	12	飯岡 後草	角左衛門	6
銚子 高田	勘兵衛	16	旭 網戸	嘉右衛門	8
旭 蛇園	市郎左衛門・重左衛門	16	海上 江ケ崎	八郎兵衛	6
海上 大間手	治兵衛	6	飯岡 三川	藤右衛門・忠右衛門	14
飯岡 蛇園	角左衛門・兵右衛門	16	旭 太田	忠右衛門	8
旭 太田	次郎左衛門・忠左衛門 儀兵衛	24	〃	作兵衛	7
飯岡 後草	縫左衛門	6	〃	次郎右衛門	8
				計	375本

出所：明治4年「水揚帳」により9月18日入り，小網町の樽屋藤八出し，椎名内村の酒屋忠蔵行の記録から抜粋作成．

表2－12　明治4年8月20日入り酒の輸送に従事した馬方

村名	馬方名	駄数	村名	馬方名	駄数
高　田	与右衛門外4名	6駄	高　田	新兵衛	1駄
足川・野中	幸蔵・市郎兵衛	2	椎名内	源四郎	1
見　広	彦右衛門	1	〃	半七	1
〃	甚兵衛・惣吉	2	高　田	新兵衛	1
足　洗	作右衛門	1	〃	甚兵衛	1
足洗・野中	久右衛門・作兵衛	2		新兵衛	1
足　洗	五兵衛	1	高　田	与右衛門外1名	2
			計		23駄

出所：明治4年「水揚帳」により8月20日入り，高崎屋長右衛門出し，酒屋忠蔵行の記録から抜粋作成．

浜下永井の商人石毛縫右衛門方へ運び込まれていたことがわかる。

また、明治四年九月に陸揚げされた東京小網町樽屋藤八出荷の明樽（空樽）三七五本（挺）は表2-11に表示したとおり、高田河岸周辺一一カ村馬方延べ四五人により一人八本くらいの割合で九十九里浜椎名内村の商人酒屋忠蔵方まで送り届けられていたことが明らかとなる。

さらにもう一例をあげれば、明治四年九月十八日高田河岸に陸揚げされた高崎屋長右衛門から椎名内村の酒屋忠蔵あての酒二三駄は、表2-12に示したとおり、高田河岸周辺六カ村の馬方延べ二三人により送り届けられていたことがわかる。

以上の三例により、河岸揚げ荷物の陸上輸送に従事していた馬方の延べ人数は合わせて一三〇人にものぼる。そこで明治四年の「水揚帳」「当座帳」に記載されている馬方の居住する地域の村落数を調べてみると、高田河岸の周辺旧海上郡から匝瑳郡にまたがる五五カ村以上にも及んでいる。

これら馬方の居住地域は図1（一三三頁）に示したとおり、現在の銚子市、海上《うなかみ》町、飯岡町、旭市、匝瑳市（旧八日市場市・野栄町）にまで及ぶ相当広範囲の地域にまたがっていたことが明らかとなる。そして馬方の活動範囲は高田河岸の陸上における商品物資の流通圏ともほぼ共通しているように思われるが、これらの点についてはなお後述する「当座帳」や「送り状」などの調査結果により、なお一層鮮明となってくるであろう。

3　明治四年の「当座帳」からみた河岸問屋の商品取引

河岸問屋は本来舟運による幕藩領主の城米・年貢米などの御用荷物あるいは私用の商人荷物の運漕・保管を業務とする運輸業者として成立したが、商品流通の盛行とあいまって、自らも商品取引・売買にも積極的に関与するようになったのである。

本項ではこれらの視点から高田河岸宮城家の「当座帳」（文書番号ア7、R〈リール〉番号4）を中心としてその実態について明らかにしてみたい。

周知のとおり、「当座帳」はその日その日の商品の売買取引・貸借関係の明細を記録した帳簿である。したがって、これを分析することにより当時の商品流通の実態を追究することも可能となるであろう。

まずこの帳面によると、宮城家が売買取引に関与した商品は〆粕・干鰯・魚油などの水産加工品をはじめ、赤穂塩・斉田塩・米・麦などの食糧品や小糠・むしろ・縄・柏木皮・明樽などおよそ三〇品目以上にのぼるが、それらのうち、まず九十九里浜商人との取引状況について明らかにしてみたい。

九十九里浜商人との商品取引

まず、表3-1に示したとおり、〆粕はそのほとんどを九十九里浜商人から買い入れている。たとえば飯岡の堺屋与右衛門から七六俵、同じく下永井の宮内惣次から一九六俵、近藤平左衛門から八〇俵、椎名内村の嘉瀬四五兵衛から四三一俵、酒屋伝九郎から一五〇俵、さらには今泉村(現匝瑳市)の土屋甚右衛門から八四俵、尾垂村(現横芝光町)の糀屋善助から五六俵など、一九人から合わせて一六七六俵を買い入れている。

その記載例を示せばつぎのとおりである。

宮内惣治殿
正月七日
一　粕　弐拾五俵
弐分七厘弐毛かへ
代　九拾壱両三分ト
九匁七厘壱毛

表３－１　明治４年　高田河岸問屋商品取引表 (1)

居住地		商人名	〆粕	干鰯	魚油	赤穂塩	斉田塩
			俵	俵	樽	俵	俵
現飯岡町	飯　岡	油屋長蔵	13 買		40 本買		6 売
	〃	堺屋与右衛門	76 買				
	〃	小松屋伊助	42 買				
	下永井	石毛縫右衛門	30 買	172 買			
	〃	小島儀兵衛					50 売
	〃	近藤平左衛門	80 買				
	〃	宮内惣次	196 買	360 買	20 買		
	〃	三浦屋市次郎	10 買				12 売
	〃	三川屋定兵衛	58 買				6 売
	平　松	糀屋七右衛門				74 売	24 売
	〃	松田屋藤助					18 売
海上町	後　草	三郎衛門				50 売	
	琴　田	吉右衛門				20 売	
	蛇　園	醤油屋幸右衛門				17 売	
	〃	重右衛門					12 売
東庄町	舟　子	油屋伝左衛門	64 売				
旭　市	成　田	伊能屋要蔵				28 売 83 買	203 買
	太　田	嘉瀬正蔵		55 買		100 売	
	〃	米屋新兵衛		15 買			
	椎名内	嘉瀬四五兵衛	432 買				
	〃	酒屋伝九郎	150 買				
	〃	石橋角兵衛	234 買		20 買		
	〃	酒屋忠蔵	50 買				
	足　川	加藤半兵衛				24 売	
	野　中	油屋治兵衛			15 買		
	〃	伊藤新左衛門	10 買				24 売
	西足洗	米屋市右衛門				50 売	
	神宮寺	幸右衛門				20 売	
匝瑳市	長　谷	大木藤兵衛		231 売			
	〃	米屋源蔵		172 売		1 売	4 売
	西小笹	伊藤幸左衛門	2 売				
	新　堀	酒屋 伊藤喜兵衛	66 買				
	〃	伊藤市郎兵衛	83 買	355 買	30 買	3 買	15 売
	今　泉	土屋甚右衛門	84 買	190 買			6 売
	〃	吉右衛門				36 売	
	川　辺	伊藤善助	6 買				
横芝光町	尾　垂	糀屋善助	56 買				
山武市	蓮　沼	嘉瀬甚三郎					70 売
		小計	買分1,676 売分 66	買分 1,147 売分 403	買分 125 売分 0	買分 86 売分 420	買分 203 売分 247

出所：表３－１・２・３は千葉県文書館所蔵，宮城家文書明治４年「当座帳」（文書番号ア７）により作成.

内　弐両壱分
　　弐匁八分□（七）厘　口せん

差引　金八拾九両弐分
〆　　　六匁八分四厘

右は正月七日に飯岡の宮内惣治から粕二五俵を代金九一両三分と九匁七厘一毛で買い入れ、口銭（手数料）として二両一分と二匁八分七厘を差し引いた残り代金が八九両二分と六匁八分四厘であることを記したものである。

また、嘉瀬四五兵衛からの買い入れ記載例を左に紹介してみよう。

嘉瀬四五兵衛殿

二月廿四日

一、粕拾五俵　Ⓗ大々（商品銘柄記号）

代金四拾八両

内口せん　壱両

差引四拾七両也　渡ス

見られるとおり、右は椎名内村の有力商人嘉瀬四五兵衛から粕一五俵を代金四八両で買い入れ、口銭として金一両を差し引き四七両を渡した記録である。

ついでに売り渡し事例を一つ左に紹介しておこう（表3―3）。

近藤平兵衛殿

正月四日

一粕弐拾俵　㋖〈と

三分四厘かへ

表3－2　明治4年　高田河岸問屋商品取引表（2）

居住地		商人名	〆粕	干鰯	魚油	赤穂塩	斉田塩
			俵	俵	樽	俵	俵
現銚子市	新　生	江戸屋儀兵衛			30買		
	〃	福井喜右衛門	300買		20買		
	荒　野	大崎屋伊兵衛	袋粕13売	162買	99買		
	〃	田坂屋角兵衛	33売				
	今　宮	天満屋新兵衛			10買		
	高　田	橋本平左衛門					100売
	〃	宮内秀蔵		1売		14売	
	〃	宮内平七	55売				
	〃	利兵衛	82売				
	小舟木	福田金之助		228買			
	小見川	磯屋幸助	400売				100売
	佐　原	油屋久右衛門	95売				
	〃	伊勢屋重三郎			62買		
	〃	松本屋喜助			7買		
	取　手	福田屋六右衛門	80売	271売			
	〃	伊能屋源一郎			20売		
		小計	買分 300 売分 758	買分 390 売分 272	買分 228 売分 20	買分 0 売分 14	買分 0 売分 200

表3－3　明治4年　高田河岸問屋商品取引表（3）

居住地		商人名	〆粕	干鰯	魚油	赤穂塩	斉田塩
			俵	俵	樽	俵	俵
現鹿島郡	荒　波	藤代助右衛門	33買			16売	
〃	矢田部	近江屋孝三郎		100買			
〃	太　田	米屋新兵衛		15買			
霞ケ浦	土　浦	伊勢屋弥右衛門		90売			
〃	〃	近藤平兵衛	20売				
〃	〃	間原吉右衛門	20売	42売			
茨城県	龍ケ崎	前野屋源三郎	59売		20売		
〃	下　館	間々田惣助	40売	120売			
〃	下　妻	吉原太吉	31売				
〃	石　岡	浜屋勘兵衛	262売				
栃木県	真　岡	飯塚弥兵衛	150売				
〃	栃　木	奈良屋吉兵衛	62買		6売		
〃	鹿　沼	佐渡屋代蔵	350売	200売			
〃	〃	八木沢五郎治	44売				
埼玉県	酒巻河岸	利兵衛	32売				
東京	深川大工町	岩出屋惣兵衛	50買		253売		
〃	〃	伊豆屋安右衛門			100売		
その他		小口分 居住地不明分 } 計	10買 855売	10買 1,902売	25買	298売	75買 533売
		小計	買分 155 売分1,863	買分 125 売分 2,354	買分 25 売分 379	買分 0 売分 298	買分 75 売分 549
		合計	買分2,131 売分2,687	買分 1,662 売分 3,029	買分 378 売分 399	買分 86 売分 732	買分 278 売分 996

代金五拾八両三分ト
四匁四分壱厘
七百七十二文
正月廿一日
受取

右は常州土浦の近藤平兵衛に正月四日付で粕二〇俵を売り渡し、正月二十一日に代金として五八両三分と四匁四分一厘、銭七七二文を受け取ったことを記したものである。

さらに、もう一例を紹介してみるとつぎのとおりである（表3–3）。

浜屋勘兵衛殿
正月十四日
一粕三拾俵（銘柄記号略）
代金九拾両。三分ト
九匁五分五厘
内金廿両。三分ト
九匁五分五厘
代壱貫百拾九文
受取
差引金七拾両也

これは常州石岡の浜屋勘兵衛に粕三〇俵を代金九〇両三分と九匁五分五厘で売り渡し、内金として二〇両三分と九匁五分五厘を受け取り、差引残金が七〇両であることを記録したものである。

このような売買取引によって河岸問屋宮城家は運輸業の傍ら相当の利益をあげていたと思われる。

つぎに干鰯についてみると、飯岡下永井村の宮内惣次から三六〇俵、同村石毛縫右衛門から一七二俵、新堀村（現匝瑳市）の網主伊藤市郎兵衛から二五五俵、今泉村の土屋甚右衛門から一九〇俵など、明治四年には合わせて一一四七俵を買い入れ、四〇三俵を売り渡している（表3-1）。

また、魚油は飯岡村の油屋長蔵から四〇本（樽）、下永井村の宮内惣次から二〇樽、椎名内村の石橋角兵衛から二〇樽、野中村（現旭市）の油屋治兵衛から一五樽、新堀村の伊藤市郎兵衛から三〇樽（表3-1）、さらに銚子商人や利根川筋商人から二二八樽、合わせて三七八樽を買い入れ、他方では二五三樽を東京の岩出屋惣兵衛へ売り渡し、同じく東京の伊豆屋安兵衛へ一〇〇樽、取手の伊能屋源一郎へ二〇樽、栃木の奈良屋吉兵衛へ六本など合わせて三九九樽を販売している（表3-1・2・3）。

つぎに、東京から送られてくる塩の販売記録を見ると、赤穂塩を合わせて四二〇俵を九十九里浜辺の商人に売り渡している。

そのうち西足洗村（現旭市）米屋市右衛門へ売り渡した記録を左に紹介してみよう。

米屋市右衛門殿

一　赤穂塩　五拾俵

二月四日　（村名・馬方名）
太田　忠右衛門
アジト　五郎兵衛
〃　半左衛門
〃　彦左衛門

内拾六俵

――四日
一、拾六俵
成田　吉兵衛
茂右衛門
椎名内　儀右衛門

――四日椎名内
一、四俵　嘉左衛門

――九日　網戸
一、四俵　与左兵衛

――　後草

一、四俵　物左衛門

五月廿一日の中

弐俵　作兵衛

〆出切

――十二日

一、四俵　同人

見られるとおり、これは河岸問屋が西足洗村の米屋市右衛門へ売り渡した赤穂塩五〇俵を馬付けにして送った記録である。馬方はいずれも河岸周辺地域の太田（現旭市）、網戸（現海上町）、成田（現旭市）、椎名内（上同）、後草（飯岡）などの諸村であった。それぞれ一駄四俵くらいずつ運搬したものと思われる。

さらにもう一点、赤穂塩の売り渡し事例を左に紹介してみよう。

今泉村

吉右衛門殿

九月三日

一赤穂塩四俵　内馬

弐匁かへ

〆金弐両也　請取

右は今泉村（現匝瑳市）の吉右衛門へ赤穂塩四俵を売り渡し、金二両を受け取ったことを記録したものである。一俵の値段は金二分ということになろう。また、運搬に従事したのは河岸問屋の内馬であった。「弐匁かへ」とは金銀の交換比率を示したものであろう。

つぎに斉田塩についてみると、表3-3の合計欄に記載したとおり、買分が二七八俵に対して売分が九九六俵と圧倒的に売り渡し量が多かったことがわかる。そのうちの売り渡し記録の一例を左に紹介してみよう。

小島儀兵衛殿
十一月七日
一波止才田塩　廿五俵
一本才田塩　　廿五俵
〆五十
三匁五分かへ
内金五両也　請取

（村名・馬方名・俵数）
八木
清右衛門　六
〃
源左衛門　六
〃
治右衛門　七
〃
三左衛門　六

これは飯岡下永井村の商人小島儀兵衛に斉田塩を合わせて五〇俵を売り渡し、内金として五両を受け取ったことを記したものである。下段は本斉田塩二五俵を運搬した飯岡八木村の馬方四人の名前と俵数を付載したものである。なお、塩は周辺村落の商人らへの一〇俵以下の小売分も相当多く、表には人名を記載してないが赤穂塩が合わせて八九俵、斉田塩が二一九俵となっている。

そのほか「当座帳」からみた問屋取り扱い商品の集計数量だけを紹介しておくと、明樽三一二樽、柏木皮一四一九束、むしろ三〇七一枚、粕むしろ九九一枚、柏縄一万八六五〇尋と一八個、縄一万三九〇〇尋と一一個、粕糠九九俵、米一三五六俵、小糠二三〇俵、麦七七二俵、麻三個などとなっている。

こうしてみると、高田河岸周辺地域を中心とした商品流通の展開に河岸問屋がかなり重要な役割を果たしていたことが明らかとなったであろう。

本項では銚子から取手までの利根川沿岸商人との主要商品の取引状況について述べてみたい。まず魚肥の〆粕についてみると、表3―2に示したとおり、銚子新生の福井喜右衛門から三〇〇俵を買い入れ、小見川の磯屋幸助へ四〇〇俵を売り渡しているのをはじめ、佐原河岸の油屋久右衛門へ九五俵、取手河岸の福田屋六右衛門へ八〇俵、高田河岸の宮内平七へ五五俵など、合わせて七五八俵を売り渡している。

また、干鰯は銚子荒野村の大崎屋伊兵衛から一六二俵、小船木村の福田屋金之助から二二八俵を買い入れ、取手河岸福田屋六右衛門へ二七一俵、そのほか高田河岸の宮内秀蔵へ一俵を小売販売している。

さらに魚油について見ると、銚子新生村の江戸屋儀兵衛から三〇樽買い入れ、銚子荒野村の大崎屋伊兵衛から九九本、佐原商人伊勢屋重三郎から六二本など、合わせて二二八樽（本）を買い入れ、取手の伊能屋源一郎へ二〇樽を売り渡している。

次いで塩についてみよう。赤穂塩は高田河岸宮内秀蔵へ一四俵の売り渡しだけであった。

また、斉田塩は高田河岸の橋本平左衛門へ一〇〇俵、小見川河岸の磯屋幸助へ一〇〇俵など合わせて二〇〇俵の売りとなっている。そのほか利根川筋で比較的取引量が多かったのは米で、買い入れが三七六俵、売り渡しが九八〇俵であった。麦は一九六俵の買い入れで、売りは五九六俵のほか、金一〇〇両分の売りとなっている。

茨城・栃木商人との商品取引

宮城家の売買取引は茨城・栃木商人にまで及んでいるが、もっとも取引が多かったのはやはり〆粕であった。〆粕は両地商人との取引総量一〇三八俵のうち九七六俵が売り商品であった。

その売り先をみると表3―3に示したとおり、土浦の近藤平兵衛・間原吉右衛門の両名合わせて四〇俵、龍ケ崎の前野屋源三郎が五九俵、下館の間々田惣助が四〇俵、石岡の浜屋勘兵衛が二六二俵であった。

また、栃木では奈良屋吉兵衛へ六二俵、鹿沼の佐渡屋代蔵へ三五〇俵、同所の八木沢五郎治へ四四俵の売りであった。

そのほか東京の岩出屋惣兵衛との取引では買い取りが五〇俵となっている。

つぎに干鰯についてみると、買入れ分は鹿島郡矢田部の近江屋孝三郎から一〇〇俵、同太田の米屋新兵衛から一五俵などであった。売り先を見ると鹿沼の佐渡屋代蔵へ二〇〇俵、下館の間々田惣助へ一二〇俵、土浦の間原吉右衛門へ四二俵、同所伊勢屋弥右衛門へ九〇俵となっている。そのほか所在地不明の商人への売り分一九〇二俵、買い分一二五俵がある。

右のほか表示はしていないが神栖町（現鹿島郡）下幡木の久左衛門から干鰯むしろ四一八枚を買い入れ、同延方商人三人から神奈川むしろ一一一〇枚を買い入れている。

以上で明治四年「当座帳」からみた河岸問屋の商品取引に関する説明を終わるが、河岸問屋宮城家が高田河岸を中心とした商品流通の展開にきわめて重要な役割を果たしつつあったことが明らかとなったであろう。

なお、この点については後述する明治十八年の「売り帳」「買い帳」の分析などにより、なお一層明白となってくるであろう。

4　明治三〜五年の「送り状」等からみた商人荷物

飯岡浜商人の出荷状況

明治維新後の下利根川水運はどのような展開をみせたのであろうか。管見の限りでは明治元年から二年頃にかけての「送り状」はきわめて少なく、戊辰戦争などの混乱により利根川水運は一時麻痺状態に陥ったのではないかと考えられる。

明治二年（一八六九）九月になると、東京商人の林屋梅次郎から九十九里浜商人の近藤平左衛門にあてた、九月十日付の上明（空樽）五〇挺の「送り状」（文書番号イ一一四六-⑯）が残存している。

表4－1　明治3～5年 九十九里浜商人出荷表（飯岡）

	商人名	〆粕	干鰯	魚油	その他
飯岡	飯岡 油屋長蔵	460 俵		3 樽	水油 19 樽，種 69 枚，油粕 56 枚，東京表 100 俵
	塙 油屋孝助				種水 8 樽
	下永井 石毛縫右衛門	576		160	
	三川 大米屋六左衛門	57	58 俵		
	平松 鎌田七右衛門	120			味噌 30 樽
	八軒町 小松屋伊助	310	280		
	下永井 小島儀兵衛			34	
	足洗 米屋三郎兵衛		106		鱗 100 俵
	下永井 向後喜蔵	100			
	〃 近藤平左衛門	2,548			秋大羽 15 俵，糠 141 俵，東粕 100 俵，菜種 97 叺
	〃 近藤平七			4	
	〃 近藤□	50			
	飯岡 堺屋与右衛門	1,689		26	
	三川 酒屋善七		40		
	飯岡 土屋忠次郎		100		
	下永井 三浦屋市治郎	80		20 本	
	飯岡 三川屋徳兵衛			90 〃	
	下永井 宮内惣治	614		50 〃	
	飯岡 八木屋宇兵衛	12			
	〃 大和屋庄七				小豆 8 俵
	玉浦 湯浅屋五郎右衛門	172			
	計	6,788	584	387	

	送荷先／商人名	関宿	東京	高田河岸問屋	その他
〆粕	近藤平左衛門	859 俵	350 俵	507 俵	古河 200 俵，結城 20 俵
	堺屋与右衛門	860	150	207	水海道 50 俵
	宮内惣治	462	200	222	
	石毛縫右衛門	260	50	266	
	油屋長蔵	370		146	佐原 10 俵
	計	2,811	750	1,348	

出所：千葉県文書館所蔵，宮城家文書「送り状」「渡り書」など状物文書により作成．表4－6までは同文書による．

また、同年十月になると塙村（現飯岡町）の油屋孝助から林屋梅次郎にあてた水油一〇樽、種粕一〇〇枚余の「送り状」（イ一一四五―②）が存在する。

これら数点の文書をみると、明治二年秋頃になって利根川水運が再びよみがえってきたように思われる。そして明治三年以降、利根川水運は徐々に活況を見せはじめるのである。

そこで本項ではまず明治三年から五年にかけての「送り状」や「渡り書」[14]などにより、高田河岸を中心とする商人荷物の動向について明らかにしてみたい。

高田河岸の後背地としてもっとも重要な位置を占めていたのは九十九里浜の飯岡・椎名内村（現旭市）であった。飯岡には漁獲物の多い漁場があり、それら水産加工品を取り扱う有力商人が多く、東京や利根川水運の要衝関宿の商人へ魚肥の〆粕・干鰯、それに魚油などを送り込んでいたのである（表4－1）。見られるとおり、明治三年から五年にかけて飯岡商人から出荷された〆粕は合わせて六七八八俵に及んでいる。次いで干鰯の五八四俵、魚油の三八七樽となっている。

これはあくまで残存文書の集計量であるから、実際にはこれをさらに大きく上回るであろうことは確実といえる。これら二〇人の飯岡商人中もっとも〆粕の荷量が多かったのは飯岡・下永井村の近藤平左衛門で二五四八俵、第二位が堺屋与右衛門の一六八九俵、第三位が下永井村の宮内惣治の六一四俵、第四位が石毛縫右衛門の五七六俵、第五位が油屋長蔵の四六〇俵となっている。これらの五人はいずれも飯岡浜の有力商人であった。

〆粕に次いで多い出荷品は干鰯であったが、その総量は五八四俵で、〆粕の十一分の一程度であった。また、魚油は三八七樽（本）で、肥料の〆粕・干鰯に比べると少量であった。

これら出荷品のうちもっとも多かった〆粕について、飯岡浜の有力商人五人の送り先を調べてみると表4－1の下欄に付載したとおり、近藤平左衛門の場合は関宿八五九俵、東京三五〇俵、高田河岸問屋へ五〇七俵、古河へ二〇〇俵、結城へ二〇〇俵となっている。

また、堺屋与右衛門の場合は関宿八六〇俵、東京一五〇俵、高田河岸問屋へ二〇七俵、水海道へ五〇俵であった。そのほかは見られるとおりで、有力商人五人の送り先荷量をまとめてみると、関宿が二八一一俵でもっとも多く、次いで高田河岸問屋が一三四八俵、東京が七五〇俵となっている。

右のうち高田河岸問屋あての出荷が多い理由の一つは、送り先商人の名前が「送り状」に記載されておらず、代わりに積入れの船名を記入している場合がかなり多くなっているからである。その文書（ア七三八－⑥）を例示すればつぎのとおりである。

記

一〆粕　五拾俵　（銘柄）下総飯岡〈丗近藤　金銀不要〉大々

右者嘉七船江御積入奉願上候

壬申

八月廿日

〈内御店様　（下総飯岡〈丗近藤　金銀不要）

右の壬申（明治五年）八月二十日付近藤平左衛門（印鑑により確認）から高田問屋宮城家あての文書には、〆粕五〇俵を嘉七船（高田船）へ積み入れてもらいたいという文言が記されているが、送り先は特に明示されていないのである。このような文書は、このほかにも近藤平左衛門発送の粕五〇俵の芦崎助右衛門船への積入れ願い（ウ一四七二—㊺）、粕二〇〇俵の与二郎船への積入れ願い（ウ一四七二—㉖）、粕一〇〇俵の高田与五郎船への積入れ願い（ア七五〇—⑫）など三通があり、これらはおそらく東京か関宿商人へ送られたのではないかと考えられる。

なお、東京・関宿以外の出荷先は常州茨城の古河へ二〇〇俵、水海道へ五〇俵、結城へ二〇俵などであった（表4—1）。

つぎに干鰯の出荷状況について説明してみよう。総荷量は五八四俵で、そのうち飯岡八軒町の小松屋伊助が二八〇俵、西足洗村（現旭市）の米屋三郎兵衛が一〇六俵、飯岡土屋忠次郎が一〇〇俵、飯岡三川村の大米屋六左衛門が五八俵、三川村の酒屋善七が四〇俵の出荷となっている。

その「渡り書」（イ一一五〇—㊱）を見ると、小松屋伊助の場合はつぎのとおり、河岸問屋あてに〆粕五〇俵をこの書き付けと引替えに小嶋義兵衛殿に御渡し願いたいと記されている。

渡り書

一、〆粕　五拾俵

右の通り此書付引替ニ小嶋義兵衛殿ヘ御渡し可被下候、以上

（明治四年）
未十月廿一日

飯岡浜
小松屋伊助　㊞

高田河岸
宮城喜三郎殿

つぎに西足洗村の米屋三郎兵衛の干鰯一〇六俵はどこに送られていたのであろうか。これも「渡り書」（ウ一四六四―㊺）につぎのように記されている。

渡り書

一、干鰯　百六俵

右者塙新田村名主久兵衛殿方ヘ此手形引替ニ無相違御渡し可被下候、以上

午五月七日

米屋三郎兵衛　㊞

高田かし
宮城喜三郎様

これは西足洗村（現旭市）の米屋三郎兵衛が河岸問屋宮城家の倉庫へ保管を依頼しておいた干鰯一〇六俵を、塙新田村（現飯岡町）の名主久兵衛にこの手形と引替えに渡してもらいたいというものである。したがって、これは手形による売買取引にあたるもので、このような手形取引が河岸問屋を仲介としてかなり活発に行なわれていたことが、相当数の「渡り書」の存在によって明らかとなる。

また、米屋三郎兵衛から高田河岸問屋あての「送り状」（ア七五三―⑪）を見ると、つぎのとおり記されている。

送り状

一、鱗百俵　　　　△卅四貫入

〆

右之通り津出し仕候間蔵入有之候ハ、成丈御出情御売捌可被下候、以上

（明治三年）
午三月廿四日

足洗村
米屋三郎兵衛

高田かし
宮城喜三郎様

右によれば米屋三郎兵衛は鱗一〇〇俵を問屋へ蔵入れし、売捌きを依頼していたことがわかる。このような事例は他にもかなり多くみられるので、当時手形取引がかなり盛んであったことが裏付けられる。

また、午（明治三年）五月二十五日付飯岡土屋忠次郎の「覚」（ウ一四六四―⑪）を見ると、干鰯一〇〇俵は高田河岸商人宮内秀蔵への手形引換えの渡し依頼である。

さらに飯岡三川村の大米屋六左衛門の午（明治三年）四月二十八日付「覚」（ウ一四六四―⑯）によると、干鰯三〇俵を倉橋村（現海上町）忠兵衛への渡し依頼となっている。残りの三川村酒屋善七の干鰯四〇俵も小松村（現香取郡神崎町）清右衛門への渡し依頼である（イ九〇七―㉙）。

このように干鰯の出荷先は、そのほとんどが高田河岸周辺村落商人への売り渡しであったことが判明する。

さて、最後に魚油三八七樽の送り先について説明をしておこう。

まず、もっとも出荷量の多かった飯岡三川村の三川屋徳兵衛の九〇樽の行方についてみると、明治四年十月十四日

付の「覚」（イ一一五〇-⑨）には魚油六〇樽を浜田屋嘉兵衛（銚子新生浜田屋嘉平カ）へ渡してもらいたいと記されている。

また、もう一通の同年十月十四日付の「覚」（イ一一五〇-⑧）は飯岡三川村大米屋六左衛門への魚油三〇樽の渡し依頼である。右二通ともあて名は宮城喜三郎で、これは河岸周辺村落の問屋を仲介とした売買取引といえる。(15)

そのほか飯岡浜・下永井村の有力商人石毛縫右衛門の一六〇樽中一一〇樽は東京岩出屋惣兵衛、五〇樽は東京林屋梅次郎行きとなっている。また、同村三浦屋市治郎の魚油二〇樽も林屋梅次郎である。

なお、下永井村の宮内惣治の五〇樽、同村小島儀兵衛の三四樽、堺屋与右衛門の一六樽はいずれも河岸問屋あての与次郎船、和七船への積み入れ依頼である。

以上は明治三～五年の「送り状」等からみた、九十九里飯岡浜を中心とする海辺商人の主要商品である〆粕・干鰯・魚油の出荷状況である。

飯岡以西海辺商人の出荷状況

明治三年（一八七〇）以降、九十九里浜商人から高田河岸問屋への出荷は徐々に盛んになり、これら出荷にかかわる商人もまた多人数となってくる。

そこで本項では飯岡以西の現旭市・匝瑳《そうさ》市、さらには、それより西側の旧野栄町から蓮沼村（現山武市）までの海辺商人の主要出荷商品である〆粕・干鰯・魚油などの出荷状況について説明してみたい。

まず明治三～五年の高田河岸問屋の「送り状」「渡り書」などの状物から、右三品の出荷状況を集計してみると、表4-2に表示したとおり、〆粕四三三九俵、干鰯六三四九俵、魚油四七一樽となる。

右の品目中〆粕の出荷量がもっとも多い商人は椎名内村（現旭市）の加瀬四五兵衛で二四四五俵、次いで野中村の伊藤新左衛門の八二八俵、第三位が椎名内村の酒屋伝九郎の六五三俵であった。

表4－2　明治3～5年　九十九里浜商人出荷表（飯岡以西）

商人名		〆粕	干鰯	魚油	その他の出荷品
野中	油屋治兵衛				種粕 20 枚
野中	飯笹			30 樽	
〃	伊藤新左衛門	828	222 俵	50	
椎名内	加瀬四五兵衛	2,445	40	307	
〃	儀宝屋銀蔵				魚蠟 3 個
〃	儀宝屋文蔵			2	
足洗	米屋三郎兵衛		306		鱗 150 俵
椎名内	酒屋源蔵				糖 42 俵
〃	酒屋太吉		9		
〃	酒屋伝九郎	653	1,146	26	割貝 128 俵，塩鰯 2 個
〃	酒屋兵吉	200	8		
中谷里	林九左衛門			6	
野中	灰屋茂助				蠣灰 50 俵
長谷	米屋源蔵		100		
西小笹	油屋利左衛門	9	420		
〃	伊藤幸左衛門				藍玉 8 本
長谷	入野甚兵衛		160		
八日市場	大屋定兵衛			14	
〃	広屋忠太郎			20	
米倉	宮内治助				から麦 42 俵，糠 146 俵
長谷	網主茂一		10		
新堀	伊藤市郎兵衛	115	3,832	14	
川辺	伊藤善助		56		
野手	米屋勇次		40		
今泉	土屋文四郎	20			
新堀	房州屋金兵衛				干物 7 俵
尾垂	糀屋善助				町米 50 俵
屋形	海保作右衛門			2 本	
蓮沼村	三ツ堀勘五郎	69			
	計	4,339	6,349	471	

そこでこれら商人の出荷先を調べてみると、加瀬四五兵衛の〆粕二四四五俵の送り先でもっとも荷量が多かったのは関宿の商人喜多村富之助・小島忠左衛門・小森屋利藤治などで合わせて六一四俵、次いで高田河岸問屋宮城家が五八二俵、さらに鹿沼の佐渡屋代蔵、八木沢五郎治、栃木町麻屋永二郎などへ二五五俵、そして佐野天明（現佐野市）の仲屋庄兵衛が五〇俵、さらに下館の岡田惣助が三〇俵となっている。

つぎに干鰯の出荷状況についてみると、もっとも多かったのは新堀村（現匝瑳市）の伊藤市郎兵衛で三八三二俵である。これは九十九里浜商人中干鰯の出荷量では第一位となる。次いで多いのは椎名内村の酒屋伝九郎の一一四六俵、そして西小笹村（現匝瑳市）の油屋利左衛門と続いている。

この干鰯の出荷先をみると、伊藤市郎兵衛は三八三二俵中より高田河岸問屋宮城家あてに二三五俵を出荷しているが、そのほか「積手板」(16)の記録には三一九七俵と記されている。さらに、鹿沼の八木沢五郎治あてに四〇〇俵を出荷している。

次いで椎名内村の酒屋伝九郎の出荷先をみると、高田河岸問屋あてがもっとも多く七八五俵、東京の野口定次へ二〇〇俵、岩井村（現海上町）の与五右衛門へ八〇俵、そのほか倉橋村（現海上町）の市郎右衛門ほか七人へ合わせて四五俵、飯岡永井村の八郎兵衛へ二四俵、関根屋金平へ一二俵などである。

さらに魚油の出荷状況についてみると、もっとも出荷量の多かったのは椎名内村の加瀬四五兵衛の三〇七樽、続いて野中村（現旭市）の伊藤新左衛門の五〇樽、野中村飯笹の三〇樽、椎名内村の酒屋伝九郎の二六樽、八日市場の広屋忠太郎二〇樽、同村大屋定兵衛の一四樽、新堀村（現匝瑳市）の伊藤市郎兵衛の一四樽、そしてもっとも遠方の屋形村（現横芝光町）海保作右衛門の二本となっている。

そこでこれら魚油の送り先について確めてみると、高田河岸問屋宮城家が第一位で一五一樽、第二位は銚子餅屋高もの一五〇樽、続いて銚子荒野岡田屋源吉の五〇樽、八日市場村の和泉屋宗三郎あてが五〇樽、飯岡近藤平左衛門が三〇樽、野尻河岸広屋新太郎が一四樽、伊の屋（成田伊能屋）が一六樽、佐原油屋四郎兵衛が六樽、そして栃木の奈良屋太郎兵衛が二樽、同奈良屋吉平が二樽合わせて四七一樽となっている。

また、飯岡以西の椎名内村（現旭市）から新堀村、尾垂村（現横芝光町）にいたる海辺商人の〆粕・干鰯・魚油以外の出荷商品の品名と数量・送り先を列記してみると、つぎのとおりである。

鱗	一五〇俵	高田河岸問屋
糠	一四六〃	成田村佐治兵衛
割貝	一一八〃	奥州須賀川宿稲荷屋松之助ほか東京商人

から麦　五二〃　太田村（現波崎町）、成田村
蠣灰　五〇〃　銚子飯沼小宮藤左衛門
町米（尾垂村）　五〇〃　高田河岸問屋
粕束　三〇〃　〃
種粕　二〇〃　〃
煙草　九箱　関宿新店
藍玉　八本　東京隅田村箱屋文蔵
魚蠟　三個　東京深川愛甲屋常吉
塩鰯　二個　栃木大橋善助

なお、明治三年～五年の「送り状」など津出し文書中には品目や数量などが不明確なものが少なからず残存している。たとえば左記の五月二十九日付の椎名内村の加瀬四五兵衛が発送した「覚」（ウ一四六四-⑱）には、つぎのとおり記されている。

覚

一、Ⓗ別略（銘柄記号）津出し有丈
右和七舟江無心置御積入可被下候
（明治三年）
五月廿九日

椎名内
加瀬四五兵衛

宮城喜三郎殿

このような場合は他の文書によりⒽ荷は〆粕と推定されるが、数量は不明であるため、集計する場合除外せざるを

えないのである。

さらに蓮沼村より以西の海辺の村々は江戸・東京あるいは浦賀方面への物資輸送は五大力船や押送船を利用して海上輸送するか、東金街道を北上し、房総半島を横断し、東京湾の千葉海岸に出て、寒河《さむかわ》・五田保《ごたつぼ》・蘇我などから海上輸送したものと考えられる。(17)

これらを考慮すると、これまで「送り状」を中心として述べてきた九十九里浜の商品出荷量は、実際にはさらにこれを大きく上回るものと推定しても大過ないであろう。

それから本項で述べた九十九里浜から高田河岸へ馬付けにより送り出していた商品出荷地は、午（明治三年）三月八日付の蓮沼村（現山武市）三ツ堀勘五郎の〆粕三〇俵であったが、この付近が利根川水運の高田河岸を利用していた限界になっていたように思われる。

茨城商人の出荷状況

本項では九十九里浜商人に引き続いて常州鹿島郡・行方郡などで稼働していた、茨城商人の出荷状況について明らかにしてみたい。

茨城商人の高田河岸を利用して出荷した商人荷物中もっとも注目に値するのは水産加工品の干鰯であったといえる。表4―3に表示しておいたとおり、干鰯の出荷量を集計してみると三二六〇俵にも及んでいる。その出荷地のほとんどは銚子河口に近い利根川北岸から北浦の入口付近の河岸場であった。

たとえば未年（明治四年）一月十九日付の太田横瀬河岸（現波崎町）問屋石神利八から飯岡浦の宮内清七あて「送り状」（イ一〇五七―⑧）を見ると、つぎのとおり記されている。

送り状之事　　横瀬彦左衛門船

一干か　百六拾弐俵　〈H印

運賃壱俵ニ付　百弐拾文割
入方金三分ト　銀三匁六分
右之通り積送り申候間着船之節
荷物改御請取運賃入方御払可被成下候
　　　　　　　　　　　　已上
（明治四年）
未正月十九日
　　　　　　　　　　大田
　　　　　　　　　　石神利八（太田石利横瀬）
高田岸
　宮城喜三郎殿揚
飯岡浦
　宮内清七殿行

右は太田横瀬河岸問屋石神利八から高田河岸問屋にあてた送り状で、干鰯一六二俵を横瀬の彦左衛門船に積んで送ったので着船の節は荷物を改めて受け取ってもらいたいこと、そして送り先は飯岡浦の宮内清七であることなどが記されている。

このような干鰯の「送り状」は合わせて一二通が残存しているが、それらの出荷地は下利根川北岸の鹿島郡の荒波・石津・矢田部・川尻・太田・横瀬・日川・石神、さらには北浦東岸の大船津・沼尾（現鹿島市）の諸河岸にまで及んでいる。

これらの干鰯は鹿島灘沿岸で魚獲された鰯を加工したもので、内陸の鹿島郡諸河岸に馬付けで運び込まれたものと思われる(18)。

ところで、これら干鰯の出荷先を見ると高田河岸問屋宮城家あてがもっとも多く、全荷量の五〇パーセント近くを占め、合わせて一五六二俵であった。そのほか大船津河岸（現鹿島市）の小倉屋半七へ五八〇俵、成田宿（現旭市）

表4－3　明治3～5年　茨城商人出荷表

商人名	品名	数量	出荷先
荒波　藤代助右衛門	入莚	1,300 枚	高田河岸　宮城家
	干鰯	63 俵	〃　〃
	〆粕	81 〃	〃　〃
	粕皮	70 束	〃　〃
石津　菅谷伝右衛門 外1名	干鰯	580 俵	大船津　小倉屋半七・青山忠兵衛
矢田部　近江屋孝二郎	〆粕	38 〃	高田河岸　宮城家
〃　〃	干鰯	244 〃	成田　伊能屋要蔵
〃　長谷川惣兵衛	〃	126 〃	高田河岸　宮城家
川尻　高橋弥四郎	〃	30 〃	〃　〃
鹿島太田　米屋新兵衛	〃	253 〃	〃 宮城家 200 俵, 成田　伊能屋要蔵 53 俵
〃　〃	鰯	16 〃	〃　〃
太田横瀬　石神源蔵	○酒	1 樽	飯岡　宮内惣治
〃　〃	○雨傘	10 本	〃　〃
〃　石神利八	干鰯	410 俵	飯岡　宮内清七 204 俵，宮内惣治 131 俵，高田河岸宮城家 21 俵
太田新田　市原喜惣治	〃	64 〃	高田河岸　宮城家
太田村　平野喜三郎	糠	70 〃	〃　〃
日川　保立儀兵衛	入莚	2,130 枚	〃　〃
〃　〃	干鰯	365 俵	〃　〃
〃　保立五右衛門	〃	553 〃	〃　〃
〃　〃	魚油	2 本	〃　〃
〃　〃	田作	1 俵	〃　〃
石神　阿部大兵衛	入莚	1,920 枚	成田　和泉屋佐次兵衛
大船津　小倉屋半七	干鰯	280 俵	古河　川崎利市
〃　〃	菜種	50 叺	飯岡　近藤平左衛門
鹿島沼尾　宮本善右衛門	干鰯	292 俵	高田河岸宮城家 140, 飯岡近藤平左衛門 152
鉾田　米屋半七	粕皮	543 束	銚子新生　酒屋儀八
五丁田（麻生町）宇野助右衛門	○町米	17 俵	成田　和泉屋佐次兵衛
土浦　大国屋儀兵衛	○搗麦	16 〃	飯岡　綿屋小兵衛
信太郡追原村　若松屋	○煙草	1 個（15 本入）	下総小笹村　伊藤幸次郎
	○茶の実	1 俵	〃（下総小笹村　伊藤幸次郎）
○印その他	○大豆	1 〃	飯岡　三川屋定兵衛
	○米	9 〃	〃（飯岡　三川屋定兵衛）
	○銭	266 貫文	〃（飯岡　三川屋定兵衛）

計｛干鰯 3,260 俵，〆粕 119 俵，入莚 5,350 枚，粕皮 613 束，魚油 2 本，田作 1 俵，糠 70 俵，菜種 50 叺，鰯 16 俵

伊能屋要蔵へ二九七俵、古河の川崎利市へ二八〇俵、それに飯岡浜の宮内清七へ二〇四俵、同じく飯岡の近藤平左衛門へ一五二俵、宮内惣治へ一三一俵となっている。東京その他の遠方地域へは送荷されず、その大半を高田河岸問屋へ販売を任せていたと思われる。

また、飯岡浜の有力商人も主な販売先になっていたことも注目しておきたい。

茨城商人からの〆粕の出荷量は干鰯に比べて意外に少なく、荒波の藤代助右衛門から八

一俵、矢田部の近江屋孝二郎から三八俵、合わせて一一九俵が高田河岸問屋へ送られている程度であった。

それに比べ出荷量が多いのは、入むしろ（莚）の五三五〇枚であった。その送り先は高田河岸問屋あてのものが三四三〇枚、成田宿の泉屋佐次兵衛あてのものが一九二〇枚となっている。これらのむしろは九十九里浜の干鰯の生産や荷造り用などに使用されていたのではないかと思われる。

さらに残りの品目を見ると多彩であるが、その送荷先は高田河岸問屋あてのものが多く、糠七〇俵、鰯一六俵、魚油二本、田作一俵となっている。

こうして見ると茨城商人の出荷商品の大半が河岸問屋送りであったことが明らかとなり、下利根川周辺地域における商品取引に河岸問屋宮城家がきわめて重要な役割を果たしていたことが認知される。

利根川筋商人の出荷状況

つぎに明治三〜五年の「送り状」「渡り書」などにより利根川沿岸の河岸またはその近辺に居住する商人の出荷量を商人別に集計してみると表4-4のとおりである。

河口の銚子からさかのぼってみると、魚肥等の商品の出荷地は高田・小船木・桜井・笹川・小見川・佐原・瀬戸（現野田市）・関宿（現東葛飾郡）・栗橋の諸河岸が対象となる。

これら利根川筋商人の出荷品中でもっとも多いのは〆粕一八九六俵で、それら〆粕の出荷地は銚子地域が最多で、河口近くの飯沼から垣根までの出荷量を集計してみると一〇〇六俵となる。このうち高田河岸問屋あての数量をみると、新地の菅谷太郎右衛門が四一五俵、荒野の菊池屋辰蔵が一〇三俵、新生の上田久陸（六）が一五〇俵、荒野村大崎屋伊兵衛が一〇〇俵など、合わせて七六八俵となっている。

そのほか成田宿（現旭市）の伊能屋要蔵が三七七俵、関宿の喜多村藤蔵が二八五俵を出荷している。これらの送り先をみると、伊能屋要蔵の三五〇俵は東京難波町の和泉屋豊吉あて、喜多村藤蔵の送り先は河岸問屋が一五二俵、新

表4－4　明治3～5年　利根川筋商人出荷表

商人名	〆粕	干鰯	魚油	その他の出荷品（　）内は送り先
銚子 飯沼 白鳥屋権助				鱗50俵（高田問屋）
〃 伊貝根 川津長二郎	18俵			
〃 新生田町 堀川屋喜三郎			10樽	（高田問屋）
〃 新生 上田久陸	150			（高田問屋）
〃 新生池の端 米屋新吉			157	（和七船へ積入れ願い）
〃 荒野 岩瀬貞治	50			
〃 〃 大崎屋伊兵衛	100（藤之助船）			斉田塩121俵（高田問屋）
〃 〃 岡田屋源吉	50		30	
〃 〃 鍵屋				割具8個（高田問屋）
〃 〃 田板屋角兵衛				水2番，明樽50本（高田問屋）
〃 〃 米屋小四郎		30俵		（琴田 半兵衛）
〃 〃 菊池屋辰蔵	195			103俵（高田問屋），20俵（土浦伊勢屋市郎兵衛），72俵（船で積み込み）
〃 〃 相模屋惣七			20	（高田問屋）
〃 〃 広屋重次郎	28			（後草村 作左衛門）
〃 今宮 和泉屋七重郎		95		（高田問屋）
〃 長塚新河岸 金井己之蔵				1番葉12俵
〃 新地 菅谷太郎右衛門	415（高田問屋行）			粕明俵110俵，魚明2本
〃 垣根 米屋倉吉			58	米10俵
〃 高田河岸 宮内秀蔵		5	22	
〃 小船木河岸 柏屋弥兵衛				割具12俵（高田問屋）
〃 〃 浜屋利八	34	200		（干鰯200俵，野尻 作左衛門船へ積み入れ）
成田 伊能屋要蔵	377	450	174	斉田塩14俵，菜種85叺，蔵米10俵，搗米
〃 和泉屋佐次兵衛	14	479		袋粕10俵，米68俵，菜種4叺，から麦100俵
桜井河岸 向後平左衛門				蔵米50俵（清滝村 飯田吉兵衛）
上総松ケ谷（海上町）伊藤源二郎	90			
新宿（東庄町） 柳堀長兵衛				種粕84俵（銚子新地 菅谷多郎左衛門）
笹川河岸 万田屋三蔵				かかり米20俵，樫揃炭24俵
小見川河岸 磯屋孝助				水明樽300本（高田問屋）
〃 菅谷太郎右衛門				わらは米300俵（高田問屋）
佐原 久保屋甚四郎				酒・味淋3駄（高田問屋）
〃 蓑輪由兵衛				酒3駄（飯岡 綿屋六兵衛）
瀬戸河岸 岡田平左衛門				魚油明40本
関宿 喜多村藤蔵	285			（152俵高田問屋，135俵新堀村伊藤市郎兵衛）
〃 喜多村富之助		339		（櫓木・腕木3挺，正油明樽18樽，棕呂皮4個）
〃 小島忠左衛門				魚明30本（飯岡石毛縫右衛門）
栗橋 伊勢屋長治郎				麻9個（蓮沼新田村宮内啓蔵）
〃 伊勢屋伊之助	90			（高田問屋宮城家）
計	1,896	1,598	471	

堀村伊藤市郎兵衛あてが一三五俵などとなっている。

こうしてみると高田河岸問屋あての分が一〇一〇俵となり、問屋が下利根川流域の商品流通の担い手として重要な役割を果たしていたことが確認される。

次いで干鰯の主な出荷人と送り先についてみると、つぎのとおりである。

（主な出荷先）

成田宿　伊能屋要蔵　三〇〇俵　野尻河岸清七船へ積入れ
四五〇俵　五〇俵　善七船へ積入れ
五〇俵　今泉村椎名弥作
四〇俵　飯岡三川村酒屋善七

成田宿　和泉屋佐次兵衛　二〇〇俵　常州五丁田村（現麻生町）助左衛門
四七九俵　二〇〇俵　高野助右衛門

小船木河岸　浜屋利八　二〇〇俵　野尻村作左衛門船へ積入れ
二〇〇俵

銚子今宮　和泉屋七重郎　九五俵　高田河岸問屋
九五俵

見られるとおり、干鰯の出荷量が多いのは成田宿（現旭市）の和泉屋佐次兵衛の四七九俵、次いで同宿の伊能屋要蔵の四五〇俵であるが、出荷先は伊能屋の場合清七船へ積入れ三〇〇俵、善七船へ積入れ五〇俵とあるだけである。小船木河岸の浜屋利八の二〇〇俵も作左衛門船へ積入れと記されているだけで出荷先については明記されていないが、送り先は東京商人ではなく関宿、あるいは北関東の農村地帯ではないかと推測される。

さらに魚油の出荷状況についてみよう。魚油の出荷量は四七一樽で、そのうち一五七樽の出荷人は銚子新生池の端

表4－5　明治3～5年　栃木・埼玉商人出荷表

商人名		品名	数量	送り先		備考
栃木河岸	井筒屋重三郎	麻	6個	蓮沼村	小川平次郎	
〃	岡田嘉右衛門	〃	11個	椎名内	酒屋伝九郎	
〃	〃	里芋	2俵			
〃	〃	芋	2俵		〃	
栃木	大橋善助	〆粕	50俵	鹿沼	戸室屋藤助	渡り書
〃	奈良屋六兵衛	〃	50俵	栃木町	井筒屋金太郎	
鹿沼	八木沢五郎治	〃	80俵	〃	釜屋六兵衛	
〃	〃	〃	30俵	〃	大坂屋菊蔵	
〃	〃	〃	35俵	〃	柳田佐右衛門	
〃	〃	天保銭	108貫	八日市場	釜屋与八	
部屋河岸	山中杢兵衛	石灰	5俵	高田	宮城家	
粕壁宿	松島忠兵衛	魚油明樽	48本	椎名内	加瀬四五兵衛	

の米屋新吉で高田河岸和七船への積入れを河岸問屋へ依頼しているが送り先は明記されていない。

また、成田宿伊能屋要蔵の出荷分一七四樽の送り先をみると、東京難波町和泉屋豊吉が一七〇樽で、残り四樽は小船木村福田金之助渡しと記されている。それから銚子垣根の米屋倉吉の五八樽の出荷先をみると、四九樽が河岸問屋への積入れ依頼、あるいは「渡り書」の引き替えによる売人への渡し依頼となっている。

そのほか銚子荒野の岡田屋源吉の三〇樽は油屋金兵衛渡しと記されているが、所在地は明記されていない。おそらく高田周辺の商人と思われる。銚子荒野の相模屋惣七の二〇樽は問屋の積入れ依頼であるが、これも送り先は特に記されていない。

以上が利根川筋商人の〆粕・干鰯、それに魚油の出荷状況である。

なお、右三品以外の出荷品と送り先については表4－4のその他の出荷品欄を参照していただければ幸いである。

栃木・埼玉商人の出荷状況

次いで高田河岸からやや遠隔地となる栃木・埼玉商人の出荷状況についてみると、表4－5に示したとおりである。栃木の主な出荷地は巴波《うずま》川の上流、栃木河岸や部屋河岸からのものがほとんどで、麻が蓮沼村の小川平次郎や椎名内村（現旭市）の酒屋伝九郎に送られている。〆粕が栃木商人大橋善助か

表4－6　明治3～5年　東京商人出荷表

商人名		品名	数量	出荷先
小川町	和泉屋久兵衛	麻	25 個	椎名内 加瀬四五兵衛
難波町	和泉屋京次	アンペラ，渋紙外	13 品	成田 伊能屋要蔵
深川堀川町	和泉屋三郎兵衛	魚油	140 樽	椎名内 酒屋兵吉
大門通	越後屋七兵衛	銅あみ，銅針	2 樽	新堀 伊藤市郎兵衛
木場大和町	上総屋清兵衛	木材	4 口	飯岡 宮内惣治
小網町	加田屋仁兵衛	赤穂塩	50 俵	三川村 金桝喜左衛門
〃	〃	瓦	700 枚	椎名内 酒屋伝九郎
〃	〃	火鉢，蠟燭	2 個	〃 〃
〃	釜屋清右衛門	塩釜	2 個	新堀 伊藤市郎兵衛
霊岸島	林屋梅二郎	明樽	968 樽	飯岡 宮内惣治・近藤平左衛門 椎名内 加瀬四五兵衛外
〃	〃	ごま油	1 樽	飯岡 近藤平七
〃	〃	足の湯	1 樽	〃 〃
〃	〃	秤	1 個	飯岡 近藤平左衛門
〃	〃	大漁印墨	4 箱	〃 〃
〃	〃	砂糖	1 樽	〃 〃
小網町	広屋吉右衛門	赤穂塩	200 俵	椎名内 土屋由五郎，高田河岸 宮城家（100 俵ずつ）
〃	〃	斉田塩	230 俵	高田河岸 宮城家，飯岡 磯屋彦兵衛
〃	〃	琉久包	1 個	飯岡 東屋吉平
葛飾柴又村	鈴木安五郎	瓦	1,938 枚	飯岡 酒屋兵吉，下総平木村 幸左衛門
本材木町	村田彦七	油1番・2番	100 樽	高田河岸 宮城家
日本橋室町	山形屋弥兵衛	魚油	2 挺	大船津 大黒屋喜助

ら鹿沼商人戸室屋藤助に送られているが、これは九十九里浜産の〆粕を転売したのであろう。奈良屋六兵衛、鹿沼宿の八木沢五郎治分も同様と考えられる。そのほか八木沢五郎治から八日市場の釜屋与八あてに天保銭一〇八貫が送られているが、これは九十九里浜付近に貨幣経済が浸透しつつあったことを示すものといえよう。

埼玉の粕壁宿松島忠兵衛からは魚油明樽四八本が椎名内村の加瀬四五兵衛あてに送られているが、これは加瀬四五兵衛から送荷された魚油の返品樽ではないかと考えられる。

東京商人の出荷状況

これで最後になるが、高田河岸宮城家に残存している「送り状」により、東京商人からの出荷状況について述べてみたい。

表4-6に示したとおり、出荷品中まず第一に取り上げたいのは塩である。塩の出荷人は小網町の加田屋仁兵衛で赤穂塩五〇俵を飯岡三川村の金枡喜左衛門あてに送っている。

また、同じ小網町の広屋吉右衛門も赤穂塩一〇〇俵、斉田塩一〇〇俵を高田河岸問屋宮城家あてに送っている。そのほかにも広屋は明治四年七月十六日付で赤穂塩一〇〇俵を椎名内村商人土屋由五郎あてに送荷しているが、その運賃は三円一四銭八厘と記されている（六月二十七日新貨条例制定）。

さらに、東京霊岸島の林屋梅二（次）郎が明樽九六八本、大漁印墨、ごま油、砂糖、秤などさまざまな物資を飯岡浜商人へ送り込んでいる。また、葛飾柴又の鈴木安五郎が瓦を一九三八枚、小網町の加田屋仁兵衛が七〇〇枚をそれぞれ飯岡浜の酒屋兵吉や椎名内村の酒屋伝九郎あてに送っていたことが明らかとなる。

第二節　明治六〜十一年の商人荷物の動向

1　明治六年の「送り状」からみた商人荷物

九十九里浜商人の出荷状況

明治六年（一八七三）一カ年間の九十九里浜商人の出荷状況について「送り状」等により集計整理してみると、表5－1のとおりである。

見られるとおり、もっとも荷量が多かったのは水産加工品の〆粕で、その総量は四六九四俵で全荷量の約八一パーセントを占め、干鰯四二九俵の約十倍にもあたっている。そのほとんどが飯岡・椎名内（現旭市）の海辺商人であった。

これら海辺商人のうち圧倒的に出荷量が多かったのは椎名内村の加瀬四五兵衛で二五七〇俵であったことがわかる。この送り先を調べてみると、もっとも多いのは河岸問屋宮城家で二〇六五俵であった。このうち一五〇〇俵は「入帳願い」で販売先未定の〆粕を河岸問屋の倉庫へ一時的に保管を依頼しておくものであった。このような事例は多く見受けられるのであって、保管中の商品を売買する際に使われるのが「渡り書」なのである。参考のために酉年（明治

表5－1　明治6年　九十九里浜商人出荷表

現市町名	旧村名	商人名	〆粕	干鰯	魚油	その他の出荷商品（　）は送り先
飯岡町	飯岡	油屋長蔵	284俵			水油10樽（東京），〆粕284俵（関宿）
	下永井	石毛縫右衛門	220	79俵		〆粕200俵（関宿）
	三川	大米屋大左衛門				塩鰯25個（銚子荒野）
	下永井	小島儀兵衛			12樽	（積問屋宮城家）
	飯岡	小松屋伊助	22			（関宿）
	下永井	近藤平左衛門	25			（積問屋）
	飯岡	堺屋与右衛門	102		20	〆粕（関宿），魚油（東京）
	下永井	三河屋定兵衛	48			（関宿）
	〃	三浦屋市次郎	242			〆粕130俵（関宿），112俵（飯岡堺屋）
	〃	宮内惣治	230			（関宿）
	〃	宮内惣左衛門				鰹節18樽（東京）
旭市	椎名内	石橋角兵衛	25		20	〆粕・魚油（佐原）
	〃	石橋善助			40	（飯岡）
	〃	加瀬四五兵衛	2,570		32	〆粕1,790俵（積問屋），580俵魚油（関宿・粕壁）
	〃	酒屋伝九郎	250			（積問屋）
	〃	酒屋兵吉	200			（飯岡堺屋）
匝瑳市	野中	伊藤新左衛門	470		60	〆粕160俵（東京），魚油10樽（東京）
	長谷	江波渡四郎兵衛				藍玉55俵（東京）
	〃	入野芸兵衛				魚油明樽100本（長谷村）
	西小笹	藍屋孝左衛門				藍玉6本（越ケ谷）
	〃	伊藤慎次郎			10本	藍玉18本（東京），小麦14俵（積問屋）
	新堀	伊藤市郎兵衛		200		干鰯・袋粕18俵（積問屋），紺（藍カ）玉25個
	〃	伊藤喜兵衛				菜玉50叺（新堀村）
	今泉	椎名弥作		150		（積問屋）
	〃	土屋儀兵衛	6			田作7俵，〆粕6俵（鹿島郡）
横芝光町	新堀	小川屋与五右衛門			64樽	32樽（積問屋），32樽（飯岡永井村）
	屋形	浅野屋平三郎			2	（部屋河岸）
	〃	須賀和吉				田作12俵（積問屋）
		計	4,694	429	1,260	その他368　合計6,741

送り先別荷量

〆粕	関宿	1,586俵	干鰯	高田河岸	350俵	魚油	飯岡	72樽
	高田河岸	2,065		塙村	79		高田河岸	44
	飯岡	312	藍玉	東京	73		東京	30
	東京	200	鰹節	東京	18		関宿	20
	その他	445					佐原	20
							粕壁	12
							栃木	2
							その他	60

出所：千葉県文書館所蔵，明治6年酉年「送り状」「渡り書」などにより作成．表5－5までは同文書による．

六年）一月二日付の「初荷送り状」（ア七四〇―②）を左に紹介しておこう。

初荷送り状之事

一　〆粕　千俵　Ⓗ大々（三飛）

右之通り津出し仕候間着

御改御入帳可被下候已上

酉ノ一月二日　椎名内村　可瀬四五兵衛　㊞

高田河岸　宮城喜三郎殿

見られるとおり、右文書は椎名内村可（加）瀬四五兵衛が初荷として〆粕一〇〇〇俵を津出ししたので、荷物を改めたうえで宮城家の帳面に入帳していただきたいという趣旨のものである。文中に津出しとあるので、高田河岸まで駄送したのではなく海上輸送したのではないかと考えられる。

また、このあとも同年一月十六日付で〆粕五〇〇俵の「送り状」（ア七三〇―⑯）があり、これも積問屋宮城家への入帳願いであった。

一方、同年一月二十六日付の「渡り書」（ア七三〇―㉚）によれば、〆粕一〇〇俵を銚子の松田屋九郎治へ手形引替えに心置きなく御渡し願いたいと、つぎのとおり積問屋宮城喜三郎あてに依頼している。

渡り書之事

一　〆粕百俵　Ⓗ大々赤口

但し渡り蔵敷之義当方持

右之通松田屋九郎治殿方江

手形引替ニ無心置御渡し
可被下候　以上
酉一月廿六日　椎名内村 加瀬四五兵衛 替え無印
高田 宮城喜三郎殿

こうしてみると、宮城家あてに送り出した〆粕はいったん同家倉庫に蔵入れしたあと、手形引替えなどにより次々と売り渡されていったものと考えられる。事実、一月三日付の「渡り書」（ア七三九―㊼）にも「この手形引換えに渡し」てもらいたいと記されている。

右のほか宮城家へ送られた〆粕二〇六五俵のうち二九〇俵は送り先は明記されていないが、和七船へ三〇俵、六〇俵合わせて九〇俵、利兵衛船へ一〇〇俵、庄左衛門船へ一〇〇俵、合わせて二九〇俵が問屋への積み入れ依頼の文書であった。

そして残りの五八〇俵は関宿の商人小島忠左衛門、加瀬嘉七へ送られていった。また、東京の岩出屋惣兵衛へは一〇〇俵の送荷となっている。以上が加（可）瀬四五兵衛の送り先である。

つぎに野中村（現旭市）の伊藤新左衛門の〆粕四七〇俵の送り先を見ると、東京の岩出屋惣兵衛へ一〇〇俵、御地（高田）惣左衛門船へ積み入れ願いが三〇〇俵、積問屋宮城家あてが二〇俵となっている。

さらに飯岡浜の油屋長蔵分二八四俵の行方をみると、関宿の小島忠左衛門・喜多村富之助へ送った荷量は二八四俵で、全部が関宿送りであった。また、飯岡下永井村の三浦屋市次郎の送り先は一三〇俵が関宿、一一二俵は「渡り書」で飯岡の堺屋与右衛門へ売り渡していたことがわかる。

次いで干鰯の出荷状況についてみると、新堀村（現匝瑳市）伊藤市郎兵衛の二〇〇俵は積問屋宮城家あてとなっているので、蔵入れして宮城家に販売を依頼したものと考えられる。

また、今泉村（現匝瑳市）の椎名弥作の一五〇俵も宮城家あてに送られているので、委託販売と推定される。

最後に魚油の出荷状況について瞥見しておこう。飯岡下永井村の小島儀兵衛の一二樽は積問屋宮城家、飯岡堺屋与右衛門の二〇樽は東京林屋梅二郎、椎名内村の石橋角兵衛の二〇樽は佐原村油屋久右衛門、椎名内村の加瀬四五兵衛三二樽のうち二〇樽は関宿小島忠左衛門、一二樽は粕壁松崎忠兵衛、野中村伊藤新左衛門の一〇樽は東京岩出屋惣兵衛、新堀村小川屋与五右衛門の三二樽は積問屋宮城家などとなっている。

以上で明治六年の九十九里浜商人の〆粕・干鰯・魚油など水産加工品の出荷状況の説明を終わるが、表5−1の下欄に送り先別荷量の概要を付記しておいたので参照していただければ幸いである。〆粕の送り先が高田河岸を除いては関宿が一五八六俵でもっとも多かったことが注目される。

常州茨城商人の出荷状況

本項では高田河岸の対岸にあたる下利根川北岸から北浦・霞ケ浦にまたがる茨城商人の出荷状況について、明治六年（一八七三）の「送り状」等を中心として述べてみたい。

まず表5−2に見られるとおり、高田河岸に近接している利根川北岸の荒波・矢田部・川尻・太田の諸河岸、さらに常陸利根川沿岸の横瀬・日川・高浜から石神・大船津・沼尾など北浦東沿岸にいたる諸河岸や村々からの水産加工品の干鰯や〆粕の出荷が多いことに注目したい。

たとえば、日川河岸保立五右衛門からの干鰯の出荷量は合わせて四七八俵となっている。

また、大船津河岸の松屋宇八からは干鰯一八二俵、小倉屋半七からは干鰯五八俵、矢田部の原長左衛門からは三四俵などが出荷されている。そしてこれらの出荷先は、そのほとんどが高田河岸積問屋あてとなっているのである。そ

表5－2　明治6年　常州茨城商人出荷表

商人名		品名	送り先		その他の送り先
			高田積問屋	飯岡商人	
荒波	藤代助右衛門	粕	8俵		
〃	〃	魚油	1本		
〃	〃	米	3駄(6俵)		
矢田部	原長左衛門	干鰯	34俵		
川尻	高橋弥左衛門	〃	25俵	17俵	飯岡　石毛縫右衛門干鰯17俵
〃		粕袋	9俵	9俵	
太田横瀬	石神源蔵	薩摩芋		2俵	
太田新田	高橋伝左衛門	〆粕			川尻村　高橋弥左衛門74俵
〃	〃	魚油			高田村　藤右衛門33本
日川河岸	保立儀右衛門	〃	1本		
〃	保立儀兵衛	県米			高田船頭25俵
〃	保立五右衛門	干鰯	478俵		
〃	〃	柏皮	1個		
〃	〃	種油	21本		
鹿島柳川新田	宮内清兵衛	〆粕	56俵		
〃	〃	麻	3個		
大船津	松屋宇八	干鰯	182俵		
〃	小倉屋半七	〃	58俵		
沼尾河岸	宮本善右衛門	〃		80俵	飯岡　石毛縫右衛門行
札河岸	吉田屋清助	油屋木貫小玉	147俵		〃　〃
塚原河岸	塚原五右衛門	干鰯		18俵	〃　〃
高浜河岸	石井新右衛門	県米・町米		80俵	飯岡　酒屋与右衛門
鉾田河岸	荒野平左衛門	菜種		466叺	飯岡　近藤平左衛門
〃	〃	わかめ・切粉		3個	〃　〃
〃	米屋半七	柏皮			大柿専蔵 355束
〃	扇田三造	〃			野州伊王野　大黒屋嘉兵衛行62束
当ケ崎	川野徳三郎	〃	60個		〃
土浦	伊勢屋弥右衛門	小麦	50俵		積問屋宮城家
〃	伊勢屋市兵衛	古領蔵米・町米	200俵		旭・椎名内　加瀬四五兵衛行
〃	伊勢屋市郎兵衛	魚明		2丁	飯岡　兼田屋太七行
〃	太国屋儀兵衛	古領蔵米	38俵		
〃	京屋六右衛門	瓦物		7個	飯岡　湯浅屋卯七行
		計	1,378個	684個	合計2,062内 {干鰯892俵 / 〆粕130俵 / 柏皮486束}

表5－3　明治6年　利根川商人出荷表

商人名			品名	送り先	
				高田積問屋	その他
銚子	高生	江畑嘉平次	印元豆	22俵	
	飯見根	庄七	〆粕	100俵	
	新生	江戸屋儀兵衛	〃	50俵	
	〃	米屋新吉	水油	10本	
	〃	〃	〆粕	10俵	
	飯沼新地	萱谷太郎左衛門	搗麦	17俵	
	飯沼	新屋長七	米	70俵	
	荒野	岡田屋源吉	蔵米	20俵	
	〃	〃	〆粕	25俵	
	〃	広屋重次郎	醤油・新粕		58俵 後草村 作右衛門
	〃	松田屋九郎兵衛	〆粕	100俵	
	〃	〃	㊉印荷(〆粕)	58俵	
	垣根	三川屋次助	干鰯	14俵	
	高野	市原助右衛門	〆粕	4俵	
	高田問屋	宮城喜三郎	〆粕	〃	20俵 古河 川崎利市
	高田村	宮内秀蔵	〃	48俵	
	〃	宮城家奉公人参五郎	県蔵米	445俵	(小見川から出荷)
	〃	〃	干鰯	637俵	(荒波河岸から出荷)
	成田宿	伊能屋要蔵	油樽		8本 古市場 林正太郎
	笹川河岸	万田屋三蔵	〃	40俵	
	瀬戸河岸	佐原屋喜助	魚明		42本 椎名内 加瀬四五兵衛
	〃	〃	魚明樽		50本 矢田部 近江屋善六
	〃	〃	切干		2俵 〃 〃
	〃	〃	斉田塩		100俵 成田村 糀屋八郎右衛門
	〃	〃	〃		12俵 今泉村 椎名弥吉
	小見川	磯屋孝助	明樽	200本	
	関宿	加瀬嘉七	干鰯	100俵	
	〃	喜多村藤蔵	㊂印荷(〆粕)	130俵	
			計	2,104(個)	292(個)　合計 2,396(個)

の総量は干鰯七七俵、〆粕五六俵である。

高田河岸積問屋以外では、飯岡商人石毛縫右衛門あてに干鰯一一五俵が送られている。これを合わせると干鰯の出荷量は八九二俵となる。

これら干鰯・〆粕の水産加工品は鹿島灘の漁村で魚獲された鰯などが加工されて、馬背により鹿島郡の諸河岸に送られ、さらに舟運により高田河岸へ送荷されたものと思われる。

荒居英次氏の鹿島灘の干鰯出荷に関する記述を見ると、後背地に細長く横たわる北浦の諸河岸問屋へ馬背で運ばれ、それからさらに四、五〇俵積みの川船で北浦東岸の大船津河岸や銚子に運び出されたとされているが、明治初年の場合も鹿島灘産出の干鰯・〆粕などが同じようなコースで高田河岸問屋へ運び込まれたと考えてもよいであろう(19)。

これら水産加工品のほか北浦北岸の鉾田・当ケ崎からは柏皮や菜種、霞ケ浦の土浦からは米・小麦などの農作物や瓦が九十九里浜の飯岡や椎名内(現旭市)の商人へ送られている。また野州伊王野(現那須町)大黒屋嘉兵衛へは柏皮六二束が送り込まれている。

利根川筋商人の出荷状況

次いで利根川沿岸の河岸を中心とする商品の出荷状況について明らかにしてみたい。これら地域の出荷状況を集計してみると表5−3のとおりで、その総量は二三九六個(品目の単位俵・本を統一表示)となる。その品目を見ると多彩で〆粕・干鰯・水油・斉田塩・米・搗麦・印元豆・切干・明樽・油樽・醤油新粕など一一品目に及んでいる。

ところで、これら出荷品の送り先をみると、全荷量二三九六個のうち二一〇四個が高田河岸の積問屋宮城喜三郎あてとなっている。その品目別数量をまとめてみると〆粕五二五俵、干鰯七四一俵、水油一〇本、米五三五俵、搗麦一七俵、印元豆二二俵、明樽二〇〇本など、合わせて二一〇四個となる。

これを見ると利根川筋商人からの出荷は、およそ八八パーセントが高田河岸問屋送りであったことがわかる。

そして特に注目されるのが、宮城家奉公人参五郎が干鰯六三七俵を荒波河岸(茨城)から出荷し、県蔵米四四五俵を小見川河岸から高田河岸へ送り込んでいることである。積問屋宮城家が積極的に商品取引に関与していたことがうかがわれる。

そのほか明治三年以降の史料を見ると成田宿の伊能屋要蔵も斉田塩や明樽、粕・むしろなどの売買取引に積極的に参加していた様相を垣間みることができる。

表5－4　明治6年　野州栃木商人出荷表

商人名		品名	数量	送り先		船賃
部屋河岸	山中重兵衛	ねき	4俵	高田問屋	宮城家	
〃	〃	麻	11個	椎名内	酒屋伝九郎	
〃	〃	竹林	8俵	銚子	伊勢屋重三郎	運賃金2分2朱
栃木河岸	井筒屋重三郎	魚油明樽	33本	高田問屋		
〃	大坂屋晋三郎	搗麦	16俵	椎名内	酒屋伝九郎	
〃	〃	麻	6個	飯岡横根	三河屋善兵衛	4個分関宿より銀7匁2分
〃	〃	〃	4個	〃	磯屋彦兵衛	〃　〃
〃	〃	〃	6個	〃	湯浅屋五郎右衛門	〃　銀10匁8分
〃	〃	〃	4個	〃	磯屋彦三郎	船賃国払
〃	〃	〃	5個	椎名内	酒屋伝九郎	〃
〃	〃	〃	3個	〃	加瀬四五兵衛	〃
〃	〃	〃	4個	飯岡	駿河屋藤右衛門	関宿より船賃8匁
〃	〃	〃	6個	〃	湯浅屋五郎右衛門	〃　10匁
〃	〃	〃	8個	高田問屋	宮城家	〃　16匁
〃	〃	大俵石灰	54俵	椎名内	酒屋伝九郎	部屋まで3分2朱と250文
〃	〃	麻	6個	飯岡	堺屋与右衛門	
〃	〃	〃	4個	〃	三浦屋茂吉	
嘉右衛門河岸	岡田嘉右衛門	〃	9個	椎名内	酒屋伝九郎	関宿まで船賃国払 それより先払27匁
〃	〃	魚油明	14個	高田問屋	宮城家	〃　14匁
〃	〃	麻	4個	飯岡	堺屋武七	〃　7匁2分
〃	〃	〃	3個	〃	磯屋彦兵衛	〃　3匁6分
〃	〃	〃	2個	〃	湯浅屋五郎右衛門	〃　〃
〃	〃	〃	8個	椎名内	酒屋伝九郎	〃　14匁
〃	〃	〃	3個	〃	加瀬四五兵衛	〃　5匁4分
〃	〃	〃	4個	高田問屋	宮城家	〃　7匁2分
栃木町	奈良屋松下吉平	粕	40個	〃	〃	
〃	〃	〃	40個	〃	〃	
〃	〃	魚油（明カ）	2本	〃	〃	
出荷品合計		竹林	8俵			
		麻	155個			
		石灰	54俵			
		粕	80個			
		搗麦	16俵			
		魚油明樽	47本＋2本			
		ねき	4俵			

表5－5　明治6年　東京商人出荷表

	商人名	塩	明樽	その他の出荷品
深川油堀	和泉屋忠次郎		100本	成田行
伊勢町	伊勢喜十郎			岩城墨3個飯岡，2個旭
霊岸島	伊勢屋利右衛門			大魚印墨2箱，布海苔1俵，西小笹
深川東大工町	岩出屋惣兵衛	斉590俵	77本	(魚油明)，伊勢新荷100本，味噌漬1瓶，結城木綿13反
小網町3丁目	加田屋仁兵衛		138本	(肴明)，火鉢1個，行灯1個，風呂敷包・笠2個，下駄1足，傘1本
深川	釜屋六右衛門			大風呂釜1個
本八丁堀	金屋甚兵衛			豆州熱海温泉 銚子行10樽
日本橋	ならや勘兵衛		110本	(青明・選明)
北新堀町	徳島屋市郎兵衛	斉100俵		
霊岸島	林屋梅次郎		130挺	(上明樽)，印墨1箱，銅上戸2個，銅口金2個，イセ新50挺
小網町3丁目	大野屋徳兵衛	斉50俵		
〃	広屋吉右衛門	赤50俵	50挺	(上明樽)
茅場町	福田屋新兵衛		200本	太縄200個，木香1個
本材木町	村田彦七		30樽	(酒明)，油並100樽，油上2番108樽，油上1番60丁
日本橋	山形屋弥兵衛			魚油2挺
深川大和町	湯浅屋十郎兵衛			本印莚250枚
北新堀	吉野屋伊兵衛			紀州紙1個
		790俵	835樽	(単位は樽に統一した)

出所：千葉県立文書館所蔵，宮城家文書明治6（酉）年「送り状」等により作成．
注：表中（　）は明樽の補説である．また，塩の赤は赤穂塩，斉は斉田塩のことである．なお，送り先はほとんどが高田河岸問屋宮城家，それに飯岡，旭，八日市場，成田などの商人である．

野州栃木商人の出荷状況

さらに引き続いて、野州栃木商人の「送り状」からみた出荷状況について説明しよう。

表5-4に見られるとおり、その出荷地は利根川の支流渡良瀬川の上流巴波《うずま》川沿岸の部屋河岸、さらに上流の栃木河岸であった。

その主な出荷品は麻のほか石灰・搗麦などで、送り先は高田河岸問屋の宮城家のほか九十九里浜商人であった。

たとえば、部屋河岸山中重兵衛から送られた麻一一個は椎名内村酒屋伝九郎へ、栃木河岸井筒屋重三郎から送付された魚油明樽三三本は宮城家へ、同河岸大坂屋晋三郎から送られた麻五六個は飯岡商人三河屋善兵衛ほか七人へ、大俵石灰五四俵は椎名内村酒屋伝九郎へ、それぞれ着荷している。

また、嘉右衛門河岸（栃木）岡田屋嘉右衛門から送られた麻三三個は飯岡商人堺屋武七ほか二人、椎名内村酒屋伝九郎ほか二人の商人へ、それぞれ着荷していたことが明らかとなる。

これら出荷商品の品目別荷量は麻一五五個、石灰五四俵、粕八〇個、魚油明樽四七本、魚油（明カ）二本、搗麦一六俵、ねき四俵、竹林八俵となっている。なお、出荷表に船賃を付載しておいたので参考にしていただければ幸いである。この時期にはまだ旧貨幣が通用していたことがわかる。

東京商人の出荷状況

東京商人からは高田河岸やその周辺地域にどのような商品が送られていたのであろうか。

明治六年、東京商人の出荷人数は残存「送り状」等によれば一七人であった。これら商人の出荷品目中でまず注目されるのは塩である。

この塩の出荷量は表5−5に表示したとおり七九〇俵にも及んでいる。塩の出荷人中もっとも多いのは深川東大工町の商人岩出屋惣兵衛で、その出荷量は五九〇俵であった。その出荷先を見ると、飯岡の加瀬嘉七が三三〇俵、高田河岸問屋宮城喜三郎が二〇〇俵、そして飯岡平松の糀屋七右衛門が七〇俵となっている。

そのほか小網町広屋吉右衛門が飯岡下永井村の近藤平左衛門へ赤穂塩五〇俵、同町大野屋徳兵衛が斉田塩五〇俵を高田河岸宮城喜三郎あてに送っている。

塩とあいまって出荷量が多かったのは明（空）樽で、合わせて八三五樽が送り出されているが、それらの出荷人と荷受人との関係を調べてみるとつぎのとおりである。

（東京出荷人）	（品目）	（出荷量）	（荷受人）
深川油堀　和泉屋忠次郎	魚明樽	一〇〇本	成田宿（現旭市）　伊能屋忠蔵
深川東大工町　岩出屋惣兵衛	洋酒明	四本	野中村（現旭市）　伊藤新左衛門
小網町三丁目　加田屋仁兵衛	肴明樽	一三八本	長谷村（現匝瑳市）　入野仁兵衛
日本橋　ならや勘兵衛	青明・選明	一一〇本	飯岡平松　糀屋七右衛門

霊岸島四日市町　林屋梅次郎　上明樽　一〇〇挺　飯岡　宮内惣治
小網町　広屋吉右衛門　上明　五〇挺　飯岡下永井　三浦屋市次郎
茅場町　福田屋新兵衛　明樽　二〇〇本　新堀村　伊藤喜兵衛
本材木町　村田彦七　酒之明　三〇樽　高田　酒屋兵右衛門

このように塩と明樽が東京商人からの主な出荷品であったことが知られるが、そのほか酒（伊勢新荷）・魚油（明樽カ）・印墨・紙・布海苔・味噌漬・火鉢・行灯・笠・傘・下駄・風呂釜・銅製品など食料品や日用雑貨品が送られていたことがわかる。そして特に興味深いのは、豆州熱海の樽詰温泉一〇樽が本八丁堀の金屋甚兵衛から銚子の高田佐兵衛あてに送られていることである。

参考までにその「送り状」（ア七四〇―⑫）一通を左に紹介しておこう。

送り状之事
豆州熱海温泉　六樽
右之通り慥ニ積切御送り申候間
当着之砌ハ御改メ御受取可被下候、以上
金屋甚兵衛 □
銚子高田
佐兵衛殿行

なお、これで明治六年の「送り状」からみた商品物資の各地城別出荷状況についての説明を終わるが、出荷量については、残存文書からの集計であるため、実際にはこれをさらに上回るであろうことは確かである。

表6　明治7年11月～8年3月　高田河岸商品出荷表

出荷先	〆粕	干鰯	種粕	魚油	醤油	田作	糠
関宿	1,298	813		121	50	174	166
千葉	148	170			30(布佐)		
東京	423		632	235	110	130	
茨城	642	24		50	40		
栃木	174			20	125		
埼玉							126(粕壁)
その他						4(船頭売)	
計	2,685	1,007	632	428	355	308	292
							総計 5,707

送り先別荷量

〆粕	栃木地方	栃木 114	合戦場 10	芳賀郡小林村 50	
	茨城地方	龍ケ崎 118	下館 78	結城 30	土浦 260
		笠間 47	藤代 60	取手 10	信太郡中村宿 39
	千葉地方	関宿 1,298	銚子 131	高田 17	
干鰯	茨城地方	高浜 24			
	千葉地方	関宿 813	銚子 170		
醤油	栃木地方	栃木 60	鹿沼 3	野州中里62	
	茨城地方	土浦 20	取手 20		
	東京	東京 110			
	千葉	関宿 50	布佐 80		

出所：千葉県文書館所蔵，高田河岸宮城家文書明治7年「万積附之帳」（文書番号オ3）により作成．

2　明治七年の「万積附之帳」からみた商人荷物

本項では高田河岸の積問屋宮城家の明治七年（一八七四）十一月から翌八年三月までの五カ月間の記録「万積附之帳」（オ3）からみた地域別主要商人荷物の出荷状況について明らかにしてみたい。

その総量は二八品目合わせて七八一三個に及ぶが、それらのうち特に出荷量が多く重要品目と思われる七品目を選び、送り先別の出荷量を示したのが表6である。

見られるとおり、七品目中もっとも出荷量が多かったのは九十九里浜産の〆粕で二六八五俵、続いて干鰯の一〇〇七俵、種粕六三二俵、魚油四二八樽、醤油三五五樽、田作三〇八俵、糠二九二俵となっている。

これら七品目の出荷先を見ると、〆粕は二六八五俵のうちその約四八・五パーセントにあたる一二九八俵が関宿であった。そのほか銚子へ一三一俵、高田河岸商人へ一七俵であった。

また、茨城の農村地帯へは六四二俵が送られている。その内訳は土浦が二六〇俵、龍ケ崎が一一八俵、下館七八俵、藤代（現北相馬郡）六〇俵、笠間四七俵、信太郡中村宿三九俵、結城三〇俵、取手が一〇俵となっている（表6下段）。

これに比べ、東京送りは〆粕四二三俵、魚油二三五俵、醬油が一一〇樽にとどまっている。これは屋形村（現横芝光町）・蓮沼村付近以東の漁村で産出された干鰯などの魚肥は、馬背により東金街道を北上し、千葉海岸の寒河・五田保・蘇我野・今井・登戸河岸へ運送され、それより五大力船・伝馬船により江戸の問屋へ送られていたのではないかと思われる[20]。

一方、五大力船利用の海上運送により、浦賀の干鰯問屋へ運び込まれた場合もあったものと考えられる。この点については『東浦賀干鰯問屋関係史料』を見ると、嘉永二年（一八四九）安房・上総・下総三カ国から浦賀への干鰯入荷量は合わせて四〇万三八一九俵、〆粕は合わせて一一万四六〇五俵であったと記されている[21]。

さらに『東浦賀干鰯問屋関係史料』には天保十年（一八三九）から明治三年（一八七一）にかけての房総漁村網方への干鰯問屋橋本家の出資金について詳しく記されているが、それを見ると九十九里浜片貝村万次郎、同一ノ宮村和三郎、同粟生村市蔵、同東金村清三郎、蓮沼村次兵衛、武射郡木戸村八郎右衛門、同屋形村惣左衛門などへ金一分から二五両くらいの資金を提供していたことがわかる[22]。

これらにより木戸村（現横芝光町）付近から以東の九十九里海岸漁村の出荷は、主として前述のコースにより東京や浦賀へ馬付けまたは海上輸送されたものと考えられる。高田河岸から出荷された干鰯も東京送りは皆無で、関宿へ六〇〇俵、銚子へ二〇三俵、茨城の高浜へ二四俵となっている。

つぎに種粕についてみると、六三二俵（枚）が東京商人へ送られている。その内訳を見ると、岩出屋惣兵衛が一七〇俵と二八九枚で、林屋梅次郎が一七三俵である。それから魚油四二八樽の出荷先をみると、東京の岩出屋惣兵衛が一二〇樽、林屋梅次郎が一一五樽、関宿の小島忠左衛門が五九樽、嘉瀬嘉七が五〇樽、喜多村富之助が一二樽、鉾田

図2　明治前期高田河岸商品流通圏

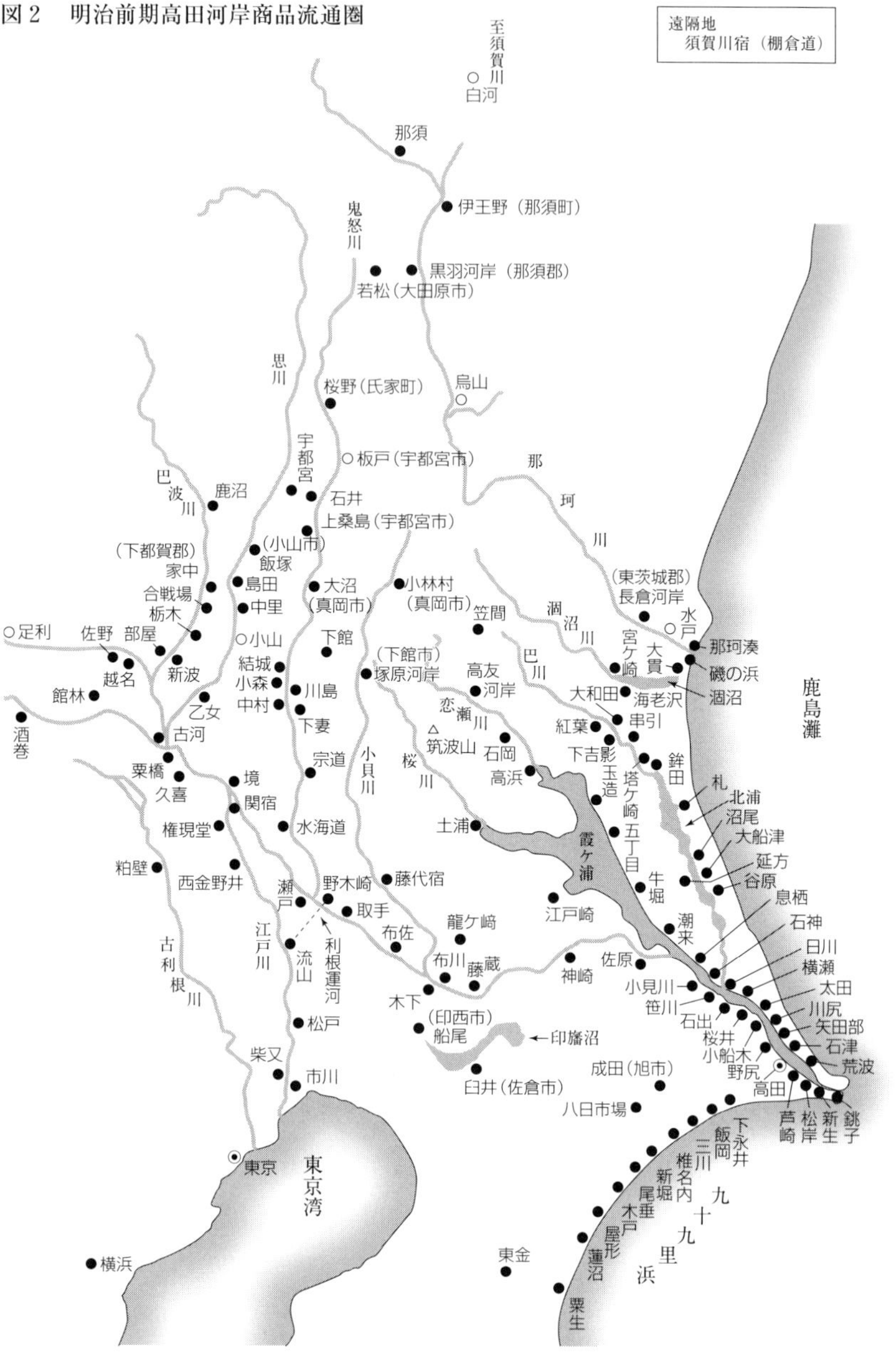

の米屋半七が五〇樽、新波川岸問屋七郎右衛門あてが二〇樽などとなっている。なお、魚油の出荷人は全員が飯岡商人であった。

さらに醤油三五五樽の出荷状況についてみよう。醤油の出荷人で比較的多いのは椎名内村（現旭市）の嘉（加・可）瀬四五兵衛で、栃木若松町（現大田原市）の穀屋源吉あてに四〇樽、野州中里村（現真岡市）の橋本茂兵衛あてに八二樽、東京深川の岩出惣兵衛あてに六〇樽、同霊岸島の東屋周吉あてに五〇樽、鹿沼の佐渡屋台蔵あてに三樽など、合わせて二三五樽であった。

飯岡下永井の近藤平左衛門は関宿の木村清兵衛あてに三〇樽、同関宿の小島忠左衛門あてに二〇樽、そして布佐の榎本善兵衛に三〇樽、取手の和泉屋半次郎へ一〇樽、同所の伊勢屋源太郎へ一〇樽、合わせて一〇〇樽であった。そして出荷人不明の二〇丸の送り先は土浦川口の伊勢屋新兵衛であった。これらを合わせると三五五樽となる。

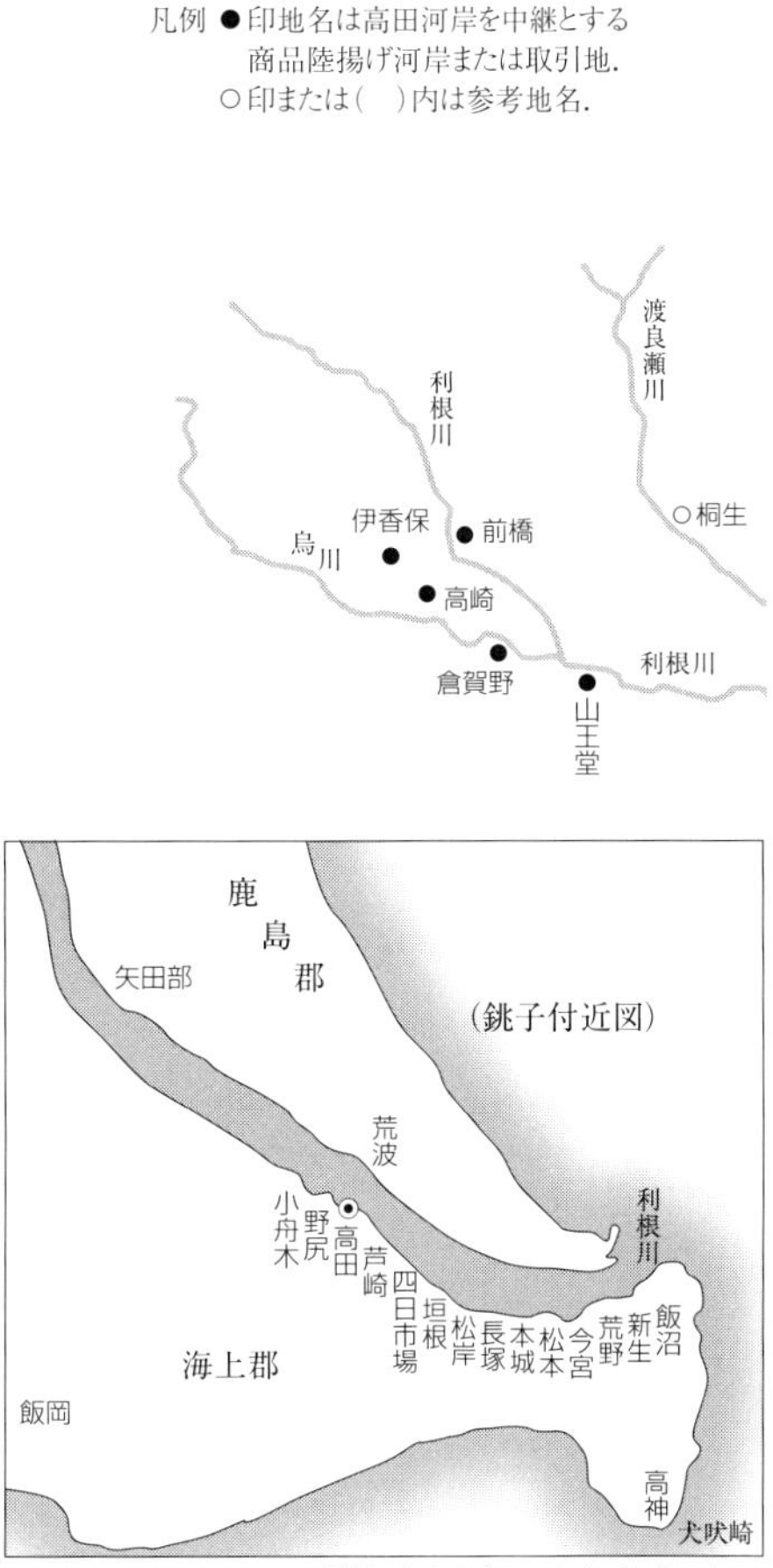

(『銚子市史』により作成.)

遠隔地
熱海, 勢州通町（伊勢市）

続いて田作についてみると、出荷人は「手前分」と記されているので、三〇八俵全部が河岸問屋宮城家分と思われる。その送り先は栗橋伊勢屋長次郎へ一七六俵、東京岩出屋惣兵衛へ一三〇俵、残りの六俵分については「道売」と記入されているので、運送途中で一俵ずつ二回販売したものと考えられる。

また、糠二九二俵の送り先についてみると、銚子伊貝根（飯沼村の字）武蔵屋国蔵の一二六俵は粕壁宿梅田藤蔵、足川村（現旭市）小島作兵衛の一六六俵は関宿嘉瀬嘉七に送られている。

3　明治七年の「万積附之帳」からみた輸送経路

「万積附之帳」（オ3）には北関東の農村地域への商品の水上輸送経路がかなりよく記されている。そこで本項ではできる限り、これらの点について述べてみたい。

まず茨城・栃木など北関東の農村地域へもっとも出荷量が多かった〆粕の出荷記録を見ると、明治七年十一月二十七日付で芦崎（高田河岸に西隣）の此助の船は〆粕二七八俵、醬油五樽を積み込んで出船した。右のうち〆粕一〇俵の記録を見ると、つぎのとおり記されている。

右同船頭（芦崎此助船）

粕　拾俵（三）

此船ちん関宿江

百俵ニ付四百□（匁）

敷 請取

椎名内村

嘉瀬四五兵衛殿分

関宿

木村清兵衛殿積替

部屋河岸
荒井庄作殿次
栃木川岸
金沢利平殿揚
同倭町
松下吉平殿行
戌二月廿七日

右によれば、椎名内村の嘉瀬四五兵衛から栃木倭町の松下吉平に送った粕一〇俵の輸送経路は、関宿河岸でいったん積み替え、古河付近から渡良瀬川・思川筋をさかのぼり、部屋河岸の荒井庄作のところで継送し、さらに支流の巴波《うずま》川筋に入って栃木河岸問屋金沢利平のところで陸揚げし、それから馬付けにして倭町松下吉平へ送り届けられていたものと考えられる。部屋河岸では小船に積み替えられた可能性もある。

また、明治七年十二月十七日付で銚子貞蔵船に積み込んで野州家中《いえなか》（現下都賀郡都賀町）鳩山米造に送られた椎名内村酒屋兵吉の粕四〇俵も部屋河岸荒井庄作殿次、栃木河岸大坂屋晋三郎殿次、野州家中鳩山米造行と記されている。

さらに明治八年二月十九日付で高田七左衛門船に積み込まれた〆粕合わせて二六四俵の行方をみると、そのうち二四俵分の送り先についてはつぎのように記されている。

高田七左衛門船

一、粕弐拾四俵
此船賃　銚子並
くら敷廿五銭弐厘
高浜川岸
山口九兵衛殿揚

笠間町
石井東治右衛門

亥二月十九日

三月十六日 請取

これを見ると笠間町（現茨城県笠間市）へは霞ケ浦北岸の高浜河岸で陸揚げされ馬付けされていたことがわかる。

また、他の二三俵も同コースにより笠間町石井藤治右衛門に送られている。

さらに二月二十四日付で高田七左衛門船に積み込まれた粕三九俵については、つぎのとおり記されている。

右同船

一粕拾俵　三大々赤

一同弐拾九俵　〈石大

〆卅九俵

此船賃　壱俵ニ付弐匁わり

くら敷四十四銭八厘五毛 請取

土浦
大国屋儀兵殿揚

常州神郡村
石井保太殿

同信太郡中村宿
横田安三郎殿

亥二月廿四日

右によると常州神郡村（現筑波市）石井保太、信太《した》郡中村宿（現土浦市）横田安三郎へ送られた粕三九俵は土浦河岸で陸揚げされ、その後駄送されたものと思われる。

つぎに明治八年二月二十三日付で高田河岸七郎左衛門船に積み込まれた〆粕六〇俵について見ると、つぎのとおり記されている。

高田七郎左衛門船

一粕　拾四俵　Ⓗ大

一同　三拾六俵　丼山ヨ改

一同　拾俵　三赤大々

此船賃但百俵ニ付弐百四十匁わり

弐円四十銭

くら敷　六十四銭　請取

〆金三円四銭

亥二月廿三日

藤蔵河岸

大野庄十郎殿揚

龍ケ崎町

筆屋忠兵衛殿行

これにより龍ケ崎の筆屋忠兵衛へ送られた〆粕は利根川左岸の藤蔵河岸へ陸揚げされ、それから陸送されていたことがわかる。

右同船へ積み込まれた他の〆粕五八俵も同コースにより龍ケ崎の大和屋源兵衛へ送られている。なお、このときの船賃は二円三〇銭、倉敷は六一銭九厘と記されている。

このほか、明治八年二月付で芦崎太兵衛船で輸送された〆粕五〇俵は木の崎（野木カ）山崎惣左衛門で積み替えられ、さらに鬼怒川をさかのぼり大沼河岸で陸揚げされ、野州芳賀郡小林村（現真岡市）飯塚弥平に送り届けられている。

さて、引き続いて醬油の輸送経路について明らかにしてみよう。明治七年十一月二十日付の記録によると、高田和七船に積み込まれた醬油二〇樽の行方についてつぎのとおり記されている。

当所和七船

一醬油弐拾樽　Ⓗ上

此船賃百樽ニ付

くら敷㊢

椎名内
嘉瀬四五兵衛殿分

関宿
木村清兵衛殿積替

新波河岸
田中歌之進殿揚

中里
橋本茂兵衛殿行

戌十一月二十日

見られるとおり、椎名内村嘉瀬四五兵衛から中里村へ送られた醬油は関宿で積み替えられ、巴波《うずま》川の新波河岸で陸揚げされ、中里村（現小山市）橋本茂兵衛のところまで駄送されていたことがわかる。

また、明治八年一月二十日付で高田庄左衛門船に積み込まれた嘉瀬四五兵衛の醬油二〇樽も、同コースで中里村橋本茂兵衛へ送り届けられている。

さらにもう一例、醬油の輸送コースを紹介してみよう。明治七年十二月二日の項には椎名内村嘉瀬四五兵衛から野州鹿沼佐渡屋台蔵あてに送った醬油三樽の輸送経路について、つぎのとおり記載されている。

右同船（芦崎平助船）

一醤油　三樽Ⓗ
此船ちん川並
くら敷㊢
椎名内　嘉瀬四五兵衛殿分
関宿　木村清兵衛殿積替
乙女川岸　青木覚左衛門殿次
飯塚河岸　稲葉半左衛門殿次
野州鹿沼　佐渡屋台蔵殿行
戌十二月二日

見られるとおり、芦崎平助船に積載された醤油三樽は関宿で積み替えられたあと思川乙女河岸に運ばれ、問屋青木覚左衛門を継由して、さらに上流の飯塚河岸（現小山市）稲葉半左衛門のところで陸揚げされ、それから鹿沼の佐渡屋台蔵まで馬付けにされたものと考えられる。

ついでに明治七年十二月十九日付の上州伊香保温泉場行き荷物の運送記録を紹介してみたい。これは商人荷物かどうか不明だが、つぎのように記されている。

一、菰包壱ツ　芦崎藤二郎舟
但　皆掛 壱貫八百
此舟ちん倉賀野迄相済

書状壱通添

新堀村
伊藤市郎兵衛殿出分

倉賀野
水谷又十郎殿上

上州伊香保温泉場
木暮武太夫殿行

但　栗橋
伊勢屋長次郎殿積替

戌十二月十九日

栗橋迄船ちん三百文渡ス

亥一月一日

見られるとおり、この荷物は新堀村（現匝瑳市）伊藤市郎兵衛から上州伊香保温泉の木暮武太夫にあてたもので、芦崎藤二郎船に積み込まれ、栗橋河岸の伊勢屋長次郎方でいったん積み替えられている。これは上流に遡江するため吃水の浅い艜船などを利用するための積み替えと考えられる。また、船賃も栗橋まで三百文とあるので、おそらく芦崎藤二郎船に支払われたのであろう。

そして荷物は利根川・烏川の遡江終点倉賀野河岸で陸揚げされ、伊香保温泉場まで馬付けにして運ばれたものと考えられる。なお、「但皆掛壱貫八百」とあるのは運賃諸掛りが全部で一貫八百文という意味であろう。

これで明治七年「万積附之帳」からみた北関東の農村への輸送系路の説明は終わるが、高田河岸を中心とした商品流通圏と商品の輸送経路については第四章一・二節でも述べた。

4　明治十一年高田河岸出入りの商品と船舶

高田河岸の出荷商品と入荷商品

明治初年から同七・八年にいたる商品流通の動向を追究してみると、九十九里浜商人の取り扱っていた〆粕・干鰯などの魚肥の出荷量は徐々に増大しつつあったことが明らかになってくる。

それでは明治十年代に入ってからは、下利根川水運と商品流通の動向はどのような展開を見せるのであろうか。この点についてまず宮城家の「定式帳」の記録を中心として追究してみることにしたい。

この「定式帳」には明治十一年一月から十月までの一〇カ月間の、高田河岸輸出入商品の一カ月ごとの品目別輸出と輸入の数量と原価などが記載されている。

たとえば、明治十一年一月分の記録にはつぎのとおり記されている。

明治十一年戊寅

一月ヨリ二月マデ（二月分省略）

積出荷物数量原価地名

醤油	五百八十五樽	金三百九十円	東京行
	（貫匁省略、以下同じ）		
水油	十樽	金百卅円	同所行
種粕	四百拾八俵	金百六十七円弐十銭	〃
魚油	六拾六樽	金五百廿八円	〃
小麦	弐百七十五俵	金三百卅円	銚子行
大豆	弐拾九俵	金五十八円	〃

〆粕	五十俵	金弐百円	乙女行
醤油	拾四樽	金五円□銭	関宿行
〆粕	百五十六俵	金六拾四円	〃
〆			

見られるとおり、一月分で出荷量がもっとも多かったのは醤油で、五八五樽が東京へ出荷されている。次いで種粕四一八俵で、これも東京行となっている。そのほか魚油六六樽、水油一〇樽も東京へ出荷されている。銚子へは小麦二七五俵、大豆二九俵が送られている。それから関宿へは醤油一四樽、〆粕一五六俵であった。

次いで一月分の陸揚げ荷物の数量・原価とその送り先を見ると、つぎのとおりである。

陸揚荷物数量原価地名

米	弐百弐十俵	金四百四十円	高田迄
米	百俵	金弐百円	い丶岡迄
搗麦	五十俵	金九十円	〃
醤油明	五百十樽	金五十一円	椎名内
アコ塩	百俵	金三十六円	〃
アサ	二十四本	金弐百四十円	〃
種粕	七十俵	金拾四円	い丶岡
一月分〆			(貫目省略)

これによると、陸揚げ商品中もっとも数量の多いのは醤油明で、五一〇樽となっている。続いて米が合わせて三二〇俵、赤穂塩一〇〇俵、そして種粕七〇俵、搗麦五〇俵、麻二四本が高田河岸に陸揚げされていたことがわかる。

これらの送り先は、高田河岸を除いて、ほとんどが九十九里浜の飯岡・椎名内村であった。

これら輸出入商品中、特に注目されるのは醬油・醬油明が最多となっていることであろう。

これら輸出入商品の品目や数量は季節的な変動があったことが認められる。

そこで参考のために、もう一カ月分の輸出入商品の動向について紹介しておくことにしよう。まず明治十一年四月分の積み出し記録を左に掲示してみよう。

積出荷物数量原価地名

一〆粕	百三拾壱俵	金四百卅六円	野州
一関宿	粕千弐百四十俵	金四千九百六十円	
一同所	干か三百七十八俵	金三百七十八円七十銭	
一醬油	弐百六十九たる	金百七十三円三十銭	東京
一水油	弐拾樽	金弐百廿円	〃
一油明	八本	金一円五十銭	〃
一魚臘	弐箇	金弐円	
一干か	五百四拾五俵	金五百四十円	川通り
一粕	弐百六拾六俵	金千六十四円	〃
一水油	四樽	金四十四円	〃
一ヌカ	五十俵	金弐十円	〃
一魚油	四樽	金弐十円	〃
一藍玉	六本	金五十四円	〃
一米	四拾五俵	金六十弐円五十銭	〃
一麦	六俵	金九円六十銭	

一粕	百十八俵	金四百七十弐円	栗橋
一粕	七拾八俵	金三百八円	西浦
一ヌカ	弐拾九俵	金拾壱円六十銭	銚子

四月分
積出し〆

これを見ると、一月分よりも品目が増加していることに気づくであろう。その品目は油明・魚臘・干鰯・糠・藍玉・米・麦など七品目となっている。

これらの商品中もっとも出荷量の多いのは〆粕で、野州・関宿が一三七一俵、利根川通りが二六六俵で、合わせて一六三七俵となっている。そのほか干鰯が九二三俵、醤油が二六九樽などとなっている。

つぎに六月分の陸揚げ荷物について左に紹介しておこう。

陸揚荷物数量原価地名

一粕	五拾俵	金百四円	飯岡
一干か	六十八俵	金六十円	〃
一米	弐百四十八俵	金四百九十六円	〃
一大豆	四拾八俵	金六十五円	〃
一麦	六十弐俵	金八拾弐円六十銭	〃
一酒	四樽	金拾弐円	〃
一酒明樽	五十本	金五円	〃
一油明	三百十本	金七拾七円八十銭	〃
一棕呂皮	四箇	金五円	〃
一附木	拾俵	金五円	〃

一干かむしろ	千九百七十枚	金十九円八十銭	〃
一醤油明	三百卅三本	金五十円	椎名内
一赤穂	百卅俵	金五十円	〃
一斉田	六俵	金弐円五十銭	〃
一柏皮	四百四十八	金百十円	当岸迄

見られるとおり、陸揚げ商品の品目は一五種類で、それらのうちもっとも入荷量の多いのは干鰯むしろの一九七〇枚、次いで醤油明三三三本、油明三一〇本などとなっているが、赤穂塩一三〇俵が椎名内村に入っていることは醤油の出荷量の増加とあいまって注目される。

さて、そこでこれら一月から十月までの入出荷量を集計し表示してみると、表7-1のとおりである。見られるとおり、出荷商品中もっとも多いのは〆粕で一万七八三九俵を数え、全出荷量のおよそ六二パーセントにあたる。また、この出荷量は明治七~八年の五カ月間の二六四八俵と比べても、およそ三倍以上にもあたることがわかる。

つぎに醤油の出荷量は三二五六樽となっているが、これも明治七~八年の五カ月間の出荷量三五五樽に比べると、およそ四・六倍にもあたることが明らかとなる。さらに干鰯の出荷量二四六七俵を明治七~八年の五カ月分七九四俵と比べると、およそ一・六倍となる。

これにより明治七・八年からわずか三年の間に、高田河岸の商品出荷量は大幅に伸長していたと言いうるであろう。

そこで引き続いて、明治十一年一〇カ月間の入荷商品についてみることにしよう。表7-2に示したとおり、入荷量がもっとも多かったのは明（空）樽で、醤油・酒・油の三品の明樽数は合わせて四一〇八本となる。これを明治三年~四年の一三カ月分の五七九六樽と比べると、それほど大きな変化はないように思われる。また、塩の入荷量は赤穂・斉田合わせて九八三俵となっているが、これは明治三~四年の「水揚帳」の集計量三五一四俵と比べると、かなり減少しているように思われる。その要因が何であるか現時点では明らかでない。

表7－2　明治11年（1月～10月）
高田河岸入荷商品表

品名	数量	備考
米	887俵	
搗麦	70俵	
醤油明（樽）	3,623本	
酒明（〃）	125本	4,108本
油明（〃）	360本	
赤穂塩	517俵	983俵
斉田塩	466俵	
石油	36箱	
麻	34本	
種粕	70俵	
粕	408俵	
袋粕	926俵	
干鰯	493俵	
麦	145俵	
柏皮	4,996束	
酒	10樽	
棕呂皮	24個	
涺油	2樽	
魚油	10樽	
水瓶	54本	
砂糖	4俵	
田作	7俵	
瀬戸物	55俵	
荏油	1樽	
銭	22個	
粟	16俵	
大豆	48俵	
附木	10俵	
干鰯むしろ	1,970枚	
艫木	14挺	
味淋	1箱	
姥目	60本	
胡麻油	3樽	
田作	7俵	
糠	84俵	
合　計	15,558	

表7－1　明治11年（1月～10月）
高田河岸出荷商品表

品目	数量	明治7～8年（5カ月）
醤油	3,256樽	355樽
水油	46樽	
水瓶	28本	
〆粕	17,839俵	2,648俵
干鰯	2,467俵	794俵
魚油	261樽	446樽
大豆	29俵	
麻	12個	
小麦	406俵	
麦	332俵	748俵
から麦	10俵	
糠・小糠	563俵	292俵
種粕	768俵	747俵
柏皮	1,040束	(82)
粕莚	966枚	(180)
菜種	45叺	
袋粕	15俵	
藍玉	68本	
魚臘	14個	
鰹節	72個	
塩辛	60樽	
粟	18俵	
米	219俵	
麩(ふすま)	8俵	
焼酎	40樽	
箱入□	5個	
油明	8本	
荒粕	21俵	
板□	176式	
むしろ	120枚	
合　計	28,906	

出所：表7－1・2・3は千葉県文書館所蔵，宮城家文書慶応4年1月「定式帳」（文書番号ア116）により作成．

そのほか柏皮は明治三〜四年の五四三束に比べ四九九六束であるから、大幅な伸張といってよいであろう。また、干鰯むしろの一九七〇枚も明治三〜四年のむしろ・括むしろ・干鰯むしろ合わせて一万一一二五枚に比べると、大幅な減少と言わざるをえないのである。

しかし、明治十一年の高田河岸の出荷商品中〆粕・干鰯などの魚肥、それに醬油の出荷量が急速に増大し、入荷商品の一万五五五八（個）に対し、出荷商品が二万八九〇六（個）となっていることにより、高田河岸の重要な後背地である九十九里浜の産業経済が活況を呈しつつあったことがうかがわれる。

明治十一年高田河岸出入りの船舶

明治十年代に入ってから、高田河岸にどのくらいの船舶が出入りしていたのであろうか。この点については商品流通の動向を考えるうえでも大いに参考になると思われるので、先にも述べた「定式帳」に記載されていた明治十一年一月から十月までの月別船舶の出入り数を紹介してみると、表7-3のとおりである。

これにより、まず出入り船舶の大きさをみると、最大の船が一八〇石積みで最小が一〇石積みの船舶であったことがわかる。一八〇石積みの船は川船としてはかなり大きい方であるといえるが、幕末期に下利根川・北浦に五〇〇石積みの船が就航していたこと（拙稿「水戸天狗党の乱と利根川水運」など参照されたい）、同時期に荒川でも一二〇石積みの船が東京と往来していたことなどを考え合わせると、下利根川にしては思ったより小さいと考えざるをえないのである。

このように下利根川にしては比較的小型の船舶が東京との往来に就航していたのは、関宿付近の浅瀬の障害などにより、あまり大型船では東京との往来に不適であったからではないかと考えられる。

また、月別船舶の出入り数をみると、かなりの差異があることに気づくであろう。たとえば合計欄を見ると、もっとも出入りが多かった五月は一〇二艘であり、もっとも少ないのは八月でわずか一二艘となっている。

8月		9月		10月	
入船	出船	入船	出船	入船	出船
1	1		2	6	7
1					
			2		
				1	
			1		1
			1		
	1				
1		1	3	2	1
	2				1
		2		1	1
	1	1			
			1		1
	4			17	
3	9	4	10	27	12

出入り船数合計

月別	入船	出船	計
1月	11	15	26
2月	5	20	25
3月	16	24	40
4月	19	31	50
5月	50	52	102
6月	17	25	42
7月	26	13	39
8月	3	9	12
9月	4	10	14
10月	27	12	39
計	178	211	389

注：7月分出船計は16艘とあるが，筆者の計算では13艘であった．

これも渇水期との関係によるものではないかと考えられる。利根川の水量は上流の上越地方の山々の雪解けなどにより四月頃から水量が多くなり、舟運にとって好条件といえるであろう。また、冬期渇水期・夏期渇水期といわれる時期には比較的高田河岸出入りの船舶数が少ないように思われる。

また、小型船舶は東京との往来はせずに、所働船として下利根川周辺や北浦・霞ケ浦の河岸との間の商品輸送に従事していたものと考えられる。

いずれにしても一月から十月までの一〇カ月間に、合わせて三八九艘もの船舶が出入りし、商品物資の輸送に従事していたのであるから、高田河岸を中心とする商品輸送が相当活況を呈していたといっても過言ではないであろう。

表7－3　明治11年　高田河岸出入り月別船舶数

船舶石数	1月		2月		3月		4月		5月		6月		7月	
	入船	出船	入船	出船	入船	出船	入船	出船	入船	出船	入船	出船	入船	出船
180		2					1	2	3	2	2	2	1	
170						2								
160			1	4	7			3	2	6	2	1	2	1
150	2	3		3	1	4	7	6	12	8	5	5	5	3
140												1		
130									1	1		1	1	
120		1	2		3	2								
110														
100	1			1				2	5	4	1	3		1
80	3	2		3	2	6	3	1	1	5		3		4
70						1		1	5	6		2	2	1
60									2	3	1	1		
50		2	1	2		3		4	13	5		3	5	2
40	1	2		2	1		7	3		1				
36～37		2			2		1	4						
30									5	5	2	1	1	
20	4					2								
16		1	1	2		3		5						
12						1			1	6	4	2	9	1
10														
石数不明				3										
計	11	15	5	20	16	24	19	31	50	52	17	25	26	13

第三節　明治十八年以後の商人荷物の動向

1　明治十八年の「送り状」からみた商人荷物

九十九里浜・利根川筋商人の出荷状況

本項では高田河岸の積問屋宮城家に残存する「送り状」に依拠しつつ、明治十八年の商人荷物の動向についてできる限り明らかにしてみたい。

まず明治十八年の「送り状」三七通を整理集計した九十九里浜商人の出荷状況についてみると、表8－1に示したとおり、醬油がもっとも多く合わせて一一三九樽となっている。

その出荷先をみると、東京がもっとも多く正（醬）油会社へ一一〇九樽、同じく東京の喜多村富之助へ二一二樽、北新堀町の徳島屋市郎兵衛へ一八三樽、神田の榛原嘉助へ一三七樽、日本橋の越後屋新蔵へ二〇樽、越後屋龍蔵へ二〇樽、大伝馬町茗荷屋善五郎へ一三〇樽、大伝馬町茗荷屋四郎

表8-1　明治18年　九十九里浜商人出荷表

商人名		品名	数量	送り先
萩園村	瓦屋新左衛門	瓦	160 枚	鹿島郡東下村
下永井	近藤平左衛門	醤油	192 樽	東京 醤油会社，喜多村富之助
平松	糀屋七右衛門	〃	42 樽	〃　〃
下永井	宮内清七	〃	374 樽	東京 喜多村富之助外4名，関宿，取手
椎名内	加瀬四五兵衛	〃	481 樽	東京 徳島屋市郎兵衛外3名，関宿，鹿沼，高間木
〃	〃	粕	65 俵	鹿沼 大橋正治，榊佐吉，高間木
鎌数村	伊藤覚蔵	米	50 俵	高田河岸 宮城家
〃	〃	羽麦・小麦	13 俵	〃　〃
西足洗	千本松卯之助	麩	4 俵	〃　〃
〃	〃	唐麦	6 俵	〃　〃
椎名内	伊藤寅松	玄米	12 俵	〃　〃
川口村	和田滝司	和楽醤油	50 樽	東京大伝馬町 茗荷屋善五郎
〃	和泉屋宗二郎	櫛入中箱	1 個	東京横山町 柏屋善蔵
今泉	椎名弥作	〆粕	50 俵	上州前橋 下妻屋杢弥
柏田	伊藤半治郎	干鰯	300 俵	高田河岸 宮城家

明治18年　利根川筋商人出荷表

長塚村新河岸	金井己之蔵	米	24 俵	喜多村	富之助掲げ筒井久兵衛
高田河岸	宮城喜三郎	〆粕	40 俵	銚子	岡本念太郎
野尻河岸	滑川藤弥	〃	4 俵	今泉村	椎名弥作
藤蔵河岸	大野金一郎	菰包	1 個	飯岡	近藤平左衛門
〃	〃	小麦	3 俵	〃	宮内清七
〃	〃	米	60 俵	〃	〃
〃	〃	大豆	15 俵	〃	〃
〃	〃	搗麦	3 俵	〃	近藤平左衛門
栗橋河岸	玉井屋清三郎	東星袋	49 俵	〃	宮内清七

出所：表8-1，2，3は千葉県文書館所蔵，宮城家文書明治18年「送り状」「渡り書」などにより作成．

兵衛へ四〇樽、合わせて八五一樽が送られている。

そのほかの出荷先は関宿の喜多村富之助へ八七樽、同所の山中道太郎へ一二樽、鹿沼の八木沢五郎治へ二四樽、同所の榊佐吉へ四六樽、同所の大橋正治へ四五樽、そして取手宿の染野源一郎へ四〇樽、高間木（現真岡市）へ一八樽など、東京以外は合わせて二七二樽で、総樽数一一二三樽中東京が八五一樽で全体のおよそ七六パーセントを占めていたことがわかる。

一方、九十九里浜商人の出荷数で特に注意しておきたいのは、〆粕・干鰯などこれまで出荷量が最多であった魚肥がほとんど見られないことである。たとえば表8-1に表示した出荷表によると、今泉村の椎名弥作が〆粕五〇俵を上州前橋の下妻屋杢弥へ送っているだけであり、干鰯は柏田浜（現匝瑳

表 8－2　明治 18 年　茨城商人出荷表

商人名			品名	数量	送り先	
鹿島郡	宮ケ崎	海老沢惣左衛門	柏皮	210 個	大和田河岸	井川市右衛門
〃	荒波河岸	藤代助右衛門	干鰯	12 俵	高田河岸	宮城家
〃	矢田部	長谷川惣右衛門	〃	50 俵	飯岡	宮内清七
〃	川尻	高橋弥左衛門	鰮〆粕	55 俵	〃	〃
〃	太田新田	石神源蔵	袋粕	62 俵	〃	〃
〃	〃	〃	〆粕	102 俵	〃	宮内清七外
〃	〃	〃	入梅干鰯	50 俵	〃	〃
〃	〃	〃	魚油	5 樽	〃	〃
〃	〃	〃	古網	2 把	〃	〃
〃	日川	保立藤右衛門	袋粕	69 俵	〃	宮内惣治
〃	東下村	山本忠五郎	〆粕	49 俵		喜多村富之助
〃	〃	〃	入梅干鰯	200 俵		〃
〃	中新田	長谷川惣左衛門	干鰯	50 俵	飯岡	宮内清七
行方郡	潮来	海老沢吉兵衛	酒	2 駄	〃	中条忠八
鉾田	大和田河岸	井川市右衛門	柏皮	68 個	当ケ崎	川野徳三郎
〃	当ヶ崎	川野徳三郎	〃	375 個	高田河岸	宮城家
	那珂湊	湯浅久七	柏木皮	960 束	飯岡	近江屋由兵衛
	高浜	山口九兵衛	網端木	97 束	〃	八木屋卯兵衛
	土浦	塚田安蔵	魚明	50 本	〃	梅花定助
	〃	〃	上春麦	10 俵	〃	宮内清七
	〃	〃	樫炭，さくら炭	12 俵	〃	近藤平左衛門
	〃	〃	米	27 俵	〃	宮内清七
	〃	〃	銭	5 個	(500 貫文)	
	下館	中村五右衛門	莚小包	2 個	高田河岸	宮城家
	水海道	滝川政平	小麦	不明	飯岡	近藤平左衛門･嘉瀬和七

明治 18 年　栃木商人出荷表

越名河岸	山田四郎右衛門	石灰	10 俵	高田宿	会社
栃木町	松下孝蔵	麻	13 個	高田河岸	宮城喜三郎
黒羽向町	三ツ島屋与左衛門	柏皮	412 個	〃	〃

市）の伊藤半治郎が三〇〇俵を高田河岸宮城家あてに送っているのである。これは明らかに高田河岸を中心とする商品流通に大きな変動があったことを示すものと考えられる。

つぎに利根川筋商人の出荷状況をみると、残存「送り状」が少ないので商品流通の動向を知るのは難しいが、利根川左岸の藤蔵河岸大野金一郎から飯岡浜の近藤平左衛門あてに龍ケ崎町河内屋清四郎の菰包銭百貫文が送られていることが興味深い。九十九里浜では商品経済が浸透しつつあったので銭が不足していたのであろうか。

また、そのほか米・小麦・大豆などの食糧品が龍ケ崎商人河内屋清四郎から飯岡商人へ送り込まれていた様子も垣間みることができる。

茨城・栃木商人の出荷状況

本項では茨城・栃木商人の出荷状況について説明することにしたい。

まず表8―2をご覧いただきたい。これも残存「送り状」が少ないのが残念であるが、茨城商人中比較的出荷量が多かったのは魚肥の干鰯・〆粕であった。

干鰯は利根川北岸に布置する荒波・矢田部・川尻・太田・日川などの諸河岸から出荷されているが、その総量は三六二俵であった。

また、〆粕は二〇六俵の出荷がみられる。これら魚肥の送り先はそのほとんどが飯岡の宮内清七・宮内惣次となっているが、東下村（現波崎町）の山本忠五郎の〆粕四九俵は喜多村富之助（関宿カ）あてとなっている。

なお、魚肥以外では北浦の鉾田・当ケ崎、那珂湊、さらには那珂川上流の黒羽河岸の商人三ツ島屋与左衛門からも柏木皮（柏皮）が送られてきている。これは漁撈用（綱）として九十九里浜の漁村には必要不可欠のものとして重用されたものと思われる。

このほか越名河岸の山田四郎右衛門からは石灰一〇俵、栃木町松下孝蔵からは麻一三個が高田河岸宮城家あてに送られてきている。

東京商人の出荷状況

明治十八年一カ年間の残存「送り状」からみた東京商人の出荷状況を集計してみると、表8―3のとおりとなる。これは四一通の文書をまとめたものであるが、それらのうち塩の「送り状」が二〇通に及び、その出荷量は合わせて赤穂塩五五〇俵、斉田塩が一二六〇俵であった。

表8－3　明治18年　東京商人出荷表

商人名		品名	数量	送り先	
日本橋本船町	越後屋 秋山新蔵	醤油	100本	椎名内	加瀬四五兵衛
〃	〃	改正青印荷	50本	〃	〃
北新堀	喜多村藤蔵	斉田塩	1,260本	高田	宮城喜三郎，飯岡 石毛源蔵，宮内清七外
〃	〃	赤穂塩	550俵	飯岡	近藤平左衛門，宮内清七，大橋伊兵衛外
深川永代橋	喜多村富之助	腕木	110挺	椎名内	土屋由五郎，亀田源四郎
〃	〃	櫓木	23挺	飯岡	亀田源四郎
北新堀	〃	油紙包	1個	高田河岸	宮城喜三郎
〃	〃	莚包等	11個	飯岡	石毛縫右衛門
〃	〃	醤油	1樽	〃	宮内清七
〃	〃	ブランデー	30本	〃	〃
〃	〃	櫓腕	50丁	〃	梅花定助
〃	〃	明樽	50樽	〃	〃
〃	〃	紙	2個	高田河岸	宮城喜三郎
小網町	斉藤六兵衛	丸釘	2樽	飯岡	宮崎藤蔵
北新堀	高井又吉	石油	144箱	〃	石毛源蔵
日本橋南	藤木徳兵衛	上明樽	30樽	籠部田村	磯部岸五郎
本材木町	村田屋彦七	油	100樽	飯岡	宮内清七
〃	〃	〃	100樽	高田	宮内与助
深川熊井町	櫓屋安二郎	櫓木	29挺	飯岡	亀田子之助

このように塩の出荷量が多いのは、後述する醤油の増産と関係しているものと思われる。一方で、東京の日本橋本船町の越後屋秋山新蔵からは九十九里浜の醤油出荷人である椎名内村の加瀬四五兵衛あてに醤油一〇〇本が送られてきていることにも注目したい。

そのほか深川永代橋の喜多村富之助、深川熊井町の櫓屋安二郎の二人からは船舶用具の腕木一一〇挺、櫓木五二挺、櫓腕五〇丁、それに北新堀の高井又吉からは石油一四四箱が送られてきている。石油は灯火用ではないかと考えられる。

2　明治二十年の「送り状」からみた商人荷物

先述のとおり、明治十八年の「送り状」を見た限りでは、〆粕・干鰯などの魚肥の出荷量が減少し、その反面、九十九里浜商人の醤油の出荷が増加傾向を示しているように思われるが、はたして本当にそうなのであろうか。その点についてさらに追究するため、明治二十年の「送り状」などにより確かめてみることにしよう。

残存の「送り状」一三八通を見ると、そのほとんどが九十九里浜商人の醤油の「送り状」である。そこでまず醤油以外の「送り状」により、高田河岸問屋扱いの送り荷を列挙してみるとつぎのとおりである。

(居住地)	(商人名)	(品名)	(数量)	(送り先)
今泉村(現匝瑳市)	椎名弥作	〆粕	一〇俵	滑川藤弥
野手村(右同)	土屋伊助	小豆	二俵	高田宮城家
高田河岸問屋	宮城喜三郎	干鰯	三〇俵	銚子新生田辺栄吉
太田横瀬河岸(茨城)	石神源蔵	袋粕	二〇俵	飯岡宮内清七
東京深川大和町	高瀬利兵衛	吉田灰	四俵	海上郡菅生浅吉

右五点の文書からは、これまでの出荷品と特別な変化があったとはいえないであろう。そこで出荷商人・送り先商人別ところで、それ以外の残りの「送り状」は全部、醬油出荷に関するものであった。そこで出荷商人・送り先商人別に醬油の出荷量を集計して作成したのが表8-4である。

これによれば、醬油合わせて三七五三樽の出荷人はすべて九十九里浜の商人で、〆粕・干鰯など水産加工品の出荷人とほぼ同じであったことがわかる。そこで一カ年の間に出荷数が一一二二樽の飯岡油屋長蔵の送り先を見ると、東京醬油会社へ二四七樽、南新川の鈴木忠右衛門へ二三三樽、日本橋国分勘兵衛へ二一七樽など、七名の商人へ送っていたことが判明する。

つぎに飯岡大橋伊兵衛の七五八樽の送り先を見ると、東京蠣殻町の桝本喜作へ二五四樽、森太郎へ一五三樽、茗荷屋善五郎へ一二六樽など、七名の商人へ送っている。

さらに椎名内村の加瀬四五兵衛の五四四樽の出荷先を見ると、茗荷屋善五郎など東京商人四名に合計して三八四樽、そのほか鹿沼・栃木商人へ合わせて一六〇樽を送り出している。

こうしてみると三七五三樽中三五一三樽が東京向けであり、残りの二四〇樽が関宿・鹿沼・栃木・取手・高田問屋あてとなっている。

表8－4　明治20年　九十九里浜商人醤油出荷表

商人名	品名	数量	送り先・備考	
飯岡 油屋長蔵	醤油	121樽	東京南新堀	岩崎重治郎
		233	南新川	鈴木忠右衛門
		100	蠣殻町	桝本喜作
		44	北新堀町	徳島市郎兵衛
		217	日本橋	国分勘兵衛
		160	深川	前田友吉
		247	東京	東京醤油会社
計		1,122		
飯岡 大橋伊兵衛	醤油	254樽	蠣殻町	桝本喜作
		50	東京	東京醤油会社
		126		茗荷屋善五郎
		153		森太郎
		30		伊坂藤七
		57	南新堀	鈴木忠右衛門
		88	北新堀	北村富之助
計		758		
飯岡 近藤平左衛門	醤油	90樽	東京	東京醤油会社
		50	日本橋	国分勘兵衛
		40	北新堀	徳島市郎兵衛
		14		井坂市郎兵衛
		194		
飯岡 宮内清七	醤油	30樽	関宿	喜多村琴蔵
		225	北新堀	徳島市郎兵衛
		147	日本橋	越後屋新蔵
		85	神田	榛原嘉助
		35	茅場町	伊坂重兵衛
		14	東京	秋山新蔵
		80	深川大工町	前田友吉
		10	取手宿	染野源一郎
		24	東京	島田嘉助
計		650		
飯岡 宮内惣治	醤油	20樽	茅場町	伊坂重兵衛
		92	神田	榛原嘉助
		83	北新堀	越後屋新蔵
		98		徳島屋市郎兵衛
		50	深川大工町	前田友吉
		30	東京	秋山新蔵
		15	関宿	喜多村琴蔵
計		388		

商人名	品名	数量	送り先・備考	
椎名内 加瀬四五兵衛	醤油	112樽	東京	茗荷屋善五郎
		212		徳島市郎兵衛
		50		榛原嘉助
		10		越後屋新蔵
		16	鹿沼	八木沢忠吉
		74		柳佐吉
		40	栃木	佐渡屋代蔵
		20		大橋正松
		10		島田雄三郎
		544		
籠田部 江波戸久兵衛	醤油	72樽	東京小網町	広屋吉衛門
		25	高田河岸	宮城喜三郎
計		97		

合計 3,753 樽

送り先別荷量	東京3,513	関宿 45	鹿沼 90
	栃木 70	取手 10	高田 25

出所：千葉県文書館所蔵，宮城家文書明治 20 年「送り状」「渡り書」などにより作成．

右により主要な出荷地が東京であったことが判明する。これは、明治十年代に入ってから東京をはじめ、北関東農村における醤油の需要が急速に高まってきたからではないかと考えられる。

そのため九十九里浜商人が、これまでの魚肥の出荷に重点をおいた商業活動から、醤油の製造販売に転換しつつあったことを示すものと考えられる。

ちなみに、明治十年代に入ってからの醤油の「送り状」を見ると、「大至急」と添書したものがしばしば見受けられるのである。たとえば、明治十年七月二十五日付の九十九里浜野中村（現旭市）の醤油の「送り状」（イ三四五六―95）にはつぎのように記されている。

記

一 山二上　五拾樽
　　榛原嘉助殿行
一 〈サ上　五拾樽
　　国分勘兵殿行
右者至急出帆の船ニテ
御積り被下度候　已上
十年　　野中村

七月廿五日　　　　　　伊藤新左衛門

高田河岸
宮城喜三郎殿

また、伊藤新左衛門は明治十年八月八日付書簡でも、津出し醤油一〇〇樽につき至急出帆願いたいと河岸問屋に依頼している。

さらに椎名内村可瀬四五兵衛も、十三年八月二十六日付「送り状」（イ三三九九－㉑）で、醤油の津出しにあたり問屋あてにつぎのように依頼している。

記

一（宝来）醤油　五十弐樽

〃　十六樽　　関宿向川岸　山中道太郎殿行

〃　三十六樽　　野州鹿沼　柳佐吉殿行

右之通り大至急御積
立可被下候也尤も和七船
至急出帆之由ニ承知仕候間
此方江御積入被下度頼入候也

十四年
八月廿六日　　　可瀬四五兵衛 □

宮城喜三郎殿

このほかにも明治十四年九月三日付で、醤油合わせ九三樽を東京徳島市郎兵衛、下野鹿沼の柳佐吉・佐渡屋代蔵・吉田勇三郎へ送った際の「送り状」（イ一八二六－①）にも至急積み入れ下されたいと記している。さらに同年六月二日、八月二十六日付可瀬四五兵衛の「送り状」にも至急、大至急という文言が記されている。

その後、明治十八年四月二十四日付加瀬四五兵衛の「送り状」（イ二〇五七）を見ると、これにも東京向け醤油の船積み運送につぎのとおり記されている。

記

一 (宝来)上 五十樽

一 古印 千才 印

徳嶋市郎兵衛殿行

一 (宝来)上 五十樽

東京大伝馬町
茗荷屋善五郎行

一 (宝来)残 有丈

越後屋新蔵殿行

右之通り大至急御積入方

被成下度願上候也

明治十八年

四月二十四日 加瀬四五兵衛 □

宮城喜三郎殿

これら明治十年代に入ってからの数通の文書を紹介してみたが、いずれも至急とか大至急という文言が付け加えられているのをみると、東京をはじめ北関東の農村における醤油の需要がいちじるしく増大しつつあったことが察知できるであろう。

ちなみに、明治二十六年一月から十二月までの醬油の高田河岸船積量は四八〇六樽、〆粕は二九一六俵、干鰯はわずか二俵となっている。(23)

3　明治十八年河岸問屋の商品取引

高田河岸問屋宮城家は商品の輸送・保管という運輸業務のほかに、流通商品の売買取引にも積極的に関与し、大いに利益をあげていたのである。

この点については第一節3の「明治四年の『当座帳』からみた河岸問屋の商品取引」のところでも若干述べておいたが、明治十一年には〆粕・干鰯・塩などの営業許可を千葉県へ願い出ているので、以後引き続いて商品の売買取引に積極的に関与していたものと考えられる。

そこで本項では、明治十八年一〜六月の「買入帳」(原表題は「万売帳」、文書番号一一九号)、「掛売帳」(原表題は「買之帳」、文書番号ヱ3)によりその実態を明らかにしてみたい。

「買入帳」からみた商品取引

まず「買入帳」により、問屋の商品買い入れ状況について調べてみよう。この帳面を見ると九十九里浜の飯岡・椎名内(現旭市)のほとんどの有力商人が〆粕・干鰯・束粕などの水産加工品を宮城家へ売り渡していたことが判明する。換言すれば宮城家がこれらの商品を買い入れていたのである。

そこで明治十八年一月から六月までの間に問屋が買い入れた商品を集計してみると、表9-1のとおりである。

これを見ると六カ月間の問屋が九十九里浜商人から買い入れた分量は〆粕が二三六九俵、干鰯が一〇三一俵、束粕が七八一俵であったことがわかる。このうちもっとも買い入れ量が多かった商人は椎名内村の加瀬四五兵衛で、〆粕八四一俵、干鰯六五五俵、束粕七六俵に及んでいる。

表9－1　明治18年　河岸問屋魚肥買入れ表

	商人名	〆粕	干鰯	束粕
飯岡	石坂吉五郎	20俵		
	宮内清七	295	209俵	306俵
	石毛源蔵	90		
	亀田源四郎	30		
	立山利助			27
	梅花金口	100		
飯岡下永井	石毛縫右衛門	307		
	近藤平左衛門	138		
	三浦屋市治郎	32		
萩園村	安藤幸七	200		
椎名内	加瀬四五兵衛	841	655	76
	土屋由五郎	101		
	石橋太郎兵衛	65		
	伊藤寅松			72
野中村	伊藤新左衛門	20		
今泉	椎名弥作	20	150	
新堀	石田米治	50		300
	佐久間忠蔵		17	
九十九里浜	計	2,369	1,031	781
銚子 大里庄二郎			120	
鹿島郡東下村（荒波）藤代助右衛門			14	
合　計		2,369	1,165	781

出所：千葉県文書館所蔵，宮城家文書明治18年「万売帳」（買入帳）により作成．

参考までにその当時の記載例を一つ紹介してみると、つぎのとおりである。

椎名内村
加瀬四五兵衛殿
酉一月三十一日売分
一〆粕　五拾俵（銘柄略）
金壱円ニ付三分六厘かへ
代金　百三拾八円八拾八銭弐厘
内金壱円七拾三銭六厘（口銭）
〆金百三拾七円拾五銭弐厘
酉一月三十一日仕切金
持参相渡ス

見られるとおり、これは宮城家が椎名内村の加瀬四五兵衛から十八年一月三十一日付で〆粕五〇俵を代金一三八円八八銭二厘で買い入れたときのものである。そして問屋口銭として一円七三銭六厘を差し引き、残金は金一三七円一五銭二厘となっている。また、同日仕切金を持参して渡したと記されているが、その金額は不明である。

なお、これも参考までに紹介してみると、明治四年の「当座帳」によると、加瀬四五兵衛からの〆粕の買い入れ量は四三二俵、明治六年の「送り状」からみた加瀬四五兵衛の〆粕出荷量は二五七〇俵、明治十四年の「送り状」からみた出荷量は〆粕三七四俵、干鰯七五六俵となっている。

つぎに飯岡下永井の石毛縫右衛門からの明治十八年の問屋の買い入れ量をみると、〆粕三〇七俵で干鰯の買い入れ量は皆無であった（表9-1）。また、明治四年の「当座帳」からみた石毛縫右衛門からの買い入れ量は〆粕三〇俵、干鰯一三四俵となっている。また、明治六年の「送り状」からみた石毛縫右衛門の出荷量は〆粕二二〇俵、干鰯七九俵であった。

こうしてみると、明治十八年の宮城家の〆粕・干鰯の買い入れ量はかなりの分量であったと考えられる。先述の明治十八年の「送り状」では〆粕五〇俵、干鰯三〇〇俵と出荷量が激減していたようであるが、その反面問屋へ売り渡していた〆粕・干鰯などの出荷量はかなりの分量にのぼっていたことが明らかとなる。

「掛売帳」からみた取引商品

本項では「掛売帳」（「買之帳」）により高田河岸問屋の商品販売状況について明らかにしてみよう。

まず宮城家の〆粕・干鰯の販売先とその数量を地域別に集計してみると、表9-2のとおりである。

見られるとおり、栃木地方の商人へは〆粕六九〇俵、茨城商人へは〆粕七〇四俵、干鰯三七〇俵、束粕六四八俵であった。また、千葉商人へは〆粕四〇七俵、干鰯一三四九俵、束粕二三五俵、売り先不明分が〆粕一三二俵、干鰯一〇俵であったことがわかる。

右のうち栃木商人への売り渡し状況について説明を加えると、桜野村（現氏家町）滝沢喜平治へ〆粕四〇〇俵、黒羽向町三ツ島屋与右衛門へ一八〇俵、栃木町松下吉平へ五〇俵、土室村佐久間新吉へ四〇俵、君島村（現真岡市）山口佐兵衛へ二〇俵、合わせて〆粕六九〇俵を売り渡している。

表9－2　明治18年　河岸問屋魚肥売渡し表(1月～6月)

商人名			〆粕	干鰯	束粕
栃木	桜野村(氏家)	滝沢喜平治	400俵		
〃	黒羽向町	三ツ島屋与右衛門	180		
	栃木町	松下吉平	50		
〃	土室村	佐久間新吉	40		
	君島村	山口佐兵衛	20		
栃木　計			690		
茨城	高浜	浜屋卯兵衛	20		
	土浦	真原吉右衛門	50		
	土浦大町	伊勢屋弥右衛門	50		
	下館	島屋又八郎	40		
	〃	伊下田常吉	90		
	龍ケ崎	筆屋忠兵衛	45	200俵	30俵
	〃	筆屋鎌治郎	10		82
	〃	岡田孝二郎	50		
	取手	日野屋喜平	158		
	〃	伊勢屋源一郎		100	20
	藤代	山形屋卯三郎	35		271
	鹿島郡東下村	伊東又八郎			50
	芦崎	石毛茂左衛門	56		
	谷田部	釜屋市兵衛		20	
	矢田部	釜屋新八	100		20
	磯之浜(大洗)	関根彦兵衛		50	175
茨城　計			704	370	648
埼玉	栗橋	玉井与三郎	50		
千葉	東葛飾郡横須賀村	菅谷孝造	70		
	関宿	喜多村藤造	72		200
	松戸	八百屋岩二郎	90	200	
	布佐	榎本治郎右衛門		245	
	笹川村	土屋由五郎		96	
	〃	八百屋熊吉外		90	
	成田宿	伊能屋要蔵		100	
	銚子周辺商人		175	618	35
千葉　計			407	1,349	235
その他　不明分			132	10	
総　計			1,963	1,729	903

出所：千葉県文書館所蔵，宮城家文書明治18年「買之帳」(掛売帳)により作成.

また、茨城商人への魚肥の売り渡し先を見ると、取手日野屋喜平へ〆粕一五八俵、伊勢屋源一郎へ干鰯一〇〇俵、束粕二〇俵、下館伊下田常吉へ〆粕九〇俵、土浦真原吉右衛門・伊勢屋弥右衛門の両人へ合わせて一〇〇俵、龍ケ崎岡田孝二郎ほか二人へ〆粕一〇五俵、干鰯二〇〇俵、束粕一一二俵、藤代宿山形屋卯三郎へ〆粕三五俵、束粕二七一俵、磯之浜（現大洗町）関根彦兵衛へ干鰯五〇俵、束粕一七五俵など、合わせて〆粕七〇四俵、干鰯三七〇俵、束粕六四八俵であった。

右のうち土浦商人への売り渡し事例を紹介してみると、つぎのとおりである。

土浦大町
伊勢屋弥右衛門殿

二月廿一日

〆粕五拾俵　〈石大別

円二三分弐厘替

代金百五拾六円弐拾五銭

三月十四日　請取

これは土浦大町伊勢屋弥右衛門へ〆粕五〇俵を代金一五六円二五銭で売り渡した記録である。

さらに千葉では関宿の喜多村藤造へ〆粕七二俵、東粕二〇〇俵、布佐の榎本治郎右衛門へ干鰯二四五俵、松戸の八百屋岩二郎へ〆粕九〇俵、干鰯二〇〇俵、成田宿伊能屋要蔵へ干鰯一〇〇俵などのほか、銚子周辺の商人へ合わせて〆粕一七五俵、干鰯六一八俵、東粕三五俵を売り渡している。

これらを総合すると、宮城家の魚肥の販売量は明治十八年半年分で〆粕一九六三俵、干鰯一七二九俵、東粕九〇三俵となり、相当の売り上げ量であったことが明らかとなる。

最後に宮城家の商品取引から商品流通の動向をみると、干鰯・〆粕などの魚肥はそのほとんどを九十九里浜商人から買い入れ、北関東方面の農村地帯を中心に送り込み、東京商人へはほとんど出荷していなかったことが明白となってくるのである。

河岸問屋商品取引の収益

それでは宮城家はこのような商品の売買取引によって、どのくらいの収益があったのであろうか。まずその事例の

表10-1　明治18年「買入帳」からみた取引商品

買入日	商人居住地	商人名	商品名	数量	代金
1月13日	椎名内	加瀬四五兵衛	〆粕	100俵	287円35銭
〃	〃	〃	〃	200俵	560円17銭3厘
〃	〃	〃	醤油	5樽	2円70銭
〃	〃	〃	〆粕	100俵	327円86銭2厘
1月24日	飯岡下永井	石毛縫右衛門	〃	50俵	161円93銭4厘
19日	椎名内	加瀬四五兵衛	〃	50俵	142円85銭5厘
〃	〃	〃	醤油	3樽	2円75銭
〃	飯岡	宮内清七	〆粕	50俵	160円28銭3厘
31日	椎名内	加瀬四五兵衛	〃	50俵	138円88銭2厘
2月1日	〃	石橋太郎兵衛	〃	15俵	49円16銭5厘
〃	〃	土屋由五郎	〃	15俵	48円88銭5厘9毛
〃	〃	加瀬四五兵衛	〃	20俵	54円70銭4厘
9日	〃	伊藤寅松	束粕	30俵	55円55銭4厘
1日	飯岡下永井	石毛縫右衛門	〆粕	40俵	161円29銭
4日	〃	〃	〃	50俵	161円29銭
1日	〃	近藤平左衛門	〃	40俵	148円21銭
1月24日	椎名内	土屋由五郎	〃	30俵	98円36銭
2月6日	飯岡下永井	亀田源四郎	〃	30俵	94円94銭2厘
11日	椎名内	加瀬四五兵衛	〃	100俵	250円
〃	〃	〃	干鰯	15俵	10円70銭
23日	飯岡下永井	石毛縫右衛門	〆粕	20俵	65円78銭
1月29日	〃	〃	〃	20俵	64円72銭4厘
〃	椎名内	加瀬四五兵衛	〃	10俵	28円41銭
2月7日	〃	〃	〃	50俵	136円61銭 [2厘]
1月29日	飯岡下永井	近藤平左衛門	〃	20俵	64円72銭4厘
23日	〃	宮内清七	〃	30俵	96円77銭4厘
2月1日	〃	〃	〃	40俵	127円79銭5厘
〃	〃	〃	〃	35俵	106円6銭
〃	〃	〃	〃	5俵	15円12銭1厘
	〃	石毛縫右衛門	〃	25俵	79円36銭5厘
24日	新堀	石田米治	〃	50俵	129円87銭
26日	飯岡下永井	石毛縫右衛門	〃	22俵	57円50銭
〃	新堀	石田米治	束粕	50俵	86円20銭7厘
〃	柏田	伊藤半治郎			
〃	飯岡	石毛源蔵	〆粕	50俵	150円15銭

出所：千葉県文書館所蔵，宮城家文書明治18年「万売帳」（買入帳）により作成．

一つを紹介してみることにしよう。「買入帳」(表10−1)の一月十三日付で椎名内村の加瀬四五兵衛からつぎのとおり〆粕二〇〇俵を五六〇円一七銭三厘で買い入れている。このとき、他の一〇〇俵と合わせ口銭として一〇円六九銭四厘を受け取っている。

(買例)

加瀬四五兵衛殿

酉一月十三日

一〆粕　百表　(銘柄記号略)

円ニ壱円に三分四厘八毛かへ

代金弐百八拾七円拾五銭弐厘

同郡同村

同人村

酉一月十四日

一〆粕　百表　(銘柄記号略)

円ニ三分五厘弐毛かへ

代金五百六拾八円十七銭三厘

〆金八百五拾五円五拾弐銭五厘

内金拾円六拾九銭四厘　(問屋口銭)

〆金八百四拾四円八拾五銭一厘　(下略)

つぎに「掛売帳」(表10−2)の一月十四日の項を見ると、〆粕二〇〇俵を野州桜野村の滝沢喜平治へ五六八円一七銭三厘で売り渡している。これによると差引八円の利益があったことになる。そのうえ三〇〇俵分の口銭収入一〇円

表10−2　明治18年「掛売帳」からみた取引商品

売り出し日	商人居住地	商人名	商品名	数量	代金
1月14日	野州桜野村	(氏家)滝沢喜平治	〆粕	100俵	327円86銭7厘
〃	〃	〃	〃	100俵	287円35銭2厘
〃	〃	〃	〃	200俵	568円17銭3厘
19日	野州黒羽町	三ツ島与右衛門	〃	50俵	142円85銭7厘
〃	〃	〃	〃	50俵	161円28銭1厘
21日	東葛飾郡横須賀村	菅谷孝造	〃	20俵	65円78銭9厘
〃	〃	〃	〃	30俵	96円77銭
24日	野州黒羽町	三ツ島与右衛門	〃	50俵	163円93銭4厘
〃	〃	〃	〃	30俵	98円26銭5厘
29日	?	鈴木半之助	〃	20俵	64円72銭4厘
〃	〃	〃	〃	10俵	28円40銭
30日	〃	〃	〃	50俵	138円88銭8厘
2月?日	松戸村	八百屋岩次郎	〃	50俵	161円29銭
〃	〃	〃	〃	40俵	127円79銭5厘
〃	高浜	浜屋卯兵衛	〃	20俵	55円55銭
〃	〃	〃	束粕	30俵	55円95銭
4日	土浦	真原吉右衛門	〃	50俵	161円29銭
〃	銚子荒野村	高橋利兵衛	〃	30俵	94円94銭
17日	栃木町	松下吉平	〃	50俵	136円61銭
〃	四日市場村	島田喜平治	〃	15俵	10円31銭4厘
19日	常州下館町	島屋又八郎	〃	35俵	106円6銭
〃	〃	〃	〃	5俵	15円15銭1厘
〃	銚子荒野村	山中又治郎	〃	100俵	250円
〃	北相馬郡藤代村	山形屋卯三郎	束粕	271俵	497円24銭7厘
20日	龍ヶ崎	筆屋忠兵衛	〆粕	25俵	79円36銭5厘
〃	若柴宿	山形屋卯三郎	〃	25俵	79円36銭5厘
21日	土浦大町	伊勢屋弥右衛門	〃	50俵	156円25銭
22日	矢田部	釜屋新八	〃	50俵	165円56銭3厘
〃	〃	〃	〃	50俵	158円73銭
〃	若柴宿	山形屋卯三郎	〃	10俵	20円95銭9厘7毛
〃	東葛飾郡横須賀村	菅谷孝造	〃	50俵	160円25銭6厘
24日	取手宿	日野屋喜平	〃	50俵	129円87銭
〃	〃	〃	〃	21俵	58円21銭1厘
〃	〃	〃	〃	10俵	32円15銭4厘
25日	〃	〃	〃	20俵	65円57銭1厘
〃	〃	〃	〃	10俵	52円45銭1厘
26日	常州下館町	伊下田常吉	〃	20俵	65円57銭4厘
〃	〃	〃	〃	70俵	219円43銭
〃	〃	〃	〃	50俵	150円15銭

出所：千葉県文書館所蔵，宮城家文書 明治18年「買之帳」(掛売帳) により作成．1,2月分だけを収録．

六九銭のうち、その三分の二にあたる約七円を加算すれば、この取引で約一五円の収益を得たことになるのである。
さらにもう一例、問屋の売買取引の記事を紹介してみると、つぎのとおりである。

（買例）

椎名内村
加瀬四五兵衛

西一月三十一日

一〆粕　五拾俵　（銘柄記号略）

金壱円ニ付三分六厘かへ

代金百三拾八円八拾八銭弐厘

内金壱円七拾三銭六厘（問屋口銭）

〆金百三拾七円拾五銭弐厘

西一月三十一日　仕切金

持参相渡ス

（売例）

土浦町
真原吉右衛門殿

二月四日

一　〆粕五拾俵　（右

三分壱厘かへ

代金百六十一円弐拾九銭　請取

右によれば問屋は一月三十一日付で加瀬四五兵衛から〆粕五〇俵を金一三八円八八銭二厘で買い入れ、一円七三銭六厘を口銭として差し引いた一三七円一五銭二厘を代金として支払うことになる。そのうち仕切金として若干を持参したと記されている。

つぎに二月四日付の「掛売帳」の記事を見ると、土浦町の真原吉右衛門へ〆粕五〇俵を代金一六一円二九銭で売り渡し、その代金を受け取っていたことがわかる。したがって売り代金一六一円二九銭から買い代金一三七円一五銭二厘を差し引いた二四円一三銭八厘の収益があったことになる。

なお、参考までにもう一例を左に提示してみたい。二月二十六日付の記事を見ると、飯岡の石毛源蔵からつぎのとおり〆粕五〇俵を買い入れている。

酉二月廿六日売

〆粕五拾俵　八大々

円ニ三分三厘三毛かへ

代金百五拾円十五銭

内口せん壱円八拾七銭七厘

〆金百四十八円弐拾七銭三厘

相渡ス

見られるとおり、〆粕五〇俵を口銭一円八七銭七厘を差し引いた残金一四八円二七銭三厘を渡したと記されている。そこで同日付「掛売帳」を見ると、同じ銘柄の〆粕五〇俵を常州下館町の伊下田常吉に代金一五〇円一五銭で売り渡していたことがわかる。それでは売買値段はまったく同じとなるが、この場合でも口銭一円八七銭七厘は問屋の収入となるのである。

これらの三例でも明らかなように、河岸問屋宮城家は〆粕・干鰯など九十九里浜の水産加工品などの売買取引に積極的に関与し、相当の利益をあげていたものと考えられる。その取引範囲も北関東の野州黒羽や桜野村（現氏家町）、同州君島村（現真岡市）、常州磯之浜（大洗）、同州龍ケ崎・下館・土浦・取手のほか関宿・栗橋・松戸・布佐、そして銚子周辺など多方面にわたっていたことが明らかとなる。

ちなみに明治十八年一月から六月までの売買取引の収益を計算してみると、つぎのとおりである。

売上高

〆粕	五八〇一円三三銭四厘
干鰯	一一〇〇円一七銭七厘
東粕	一五〇九円二厘
合計	八四一〇円九〇銭三厘

買入高

〆粕	四三六五円七二銭
干鰯	六八七円一三銭
東粕	一六一八円二五銭
醤油	五円四八銭
合計	六六七六円五九銭九厘

右により売上金八四一〇円九〇銭から買入金六六七六円五九銭を差し引いてみると、その差額は一七三四円三〇銭となる。これが半年間の計算上の利益金と見なしてもよいであろう。

この金額は明治十二年十一月十八日付で、千葉県海上・匝瑳郡長の河野通撲あてに提出した「卸売営業願(24)」に記されている一カ年の営業見積金高三〇〇〇円を上回る金額とみてもよいであろう。

第四節　高田河岸を中心とする商品流通圏

1　商品流通圏

本節では高田河岸を中心とする商品流通圏につき改めて述べてみたい。

高田河岸の商品流通圏については図2（一八八―一八九頁）に示したとおりで、北は奥州須賀川宿を北限として那珂川上流の伊王野、黒羽、鬼怒川上流に位置する桜野（氏家町）・宇都宮、巴波《うずま》川上流の鹿沼・合戦場・栃木などに及んでいる。

また、関東北西部では渡良瀬川筋の古河から遡って越名・佐野あるいは館林にまで及び、利根川上流では倉賀野・高崎・前橋・伊香保も物資の流通圏内に入っている。

常州茨城地方についてみると、海上・河川交通の要地として知られる那珂湊をはじめ磯の浜（大洗）、涸沼の南岸宮ケ崎、巴《ともえ》川沿岸の大和田・下吉影・串引、そして北浦では大船津、北岸の交通の要地鉾田・塔ケ崎と続き、霞ケ浦では土浦・高浜などが水陸交通の中継地となっている。

さらに茨城では利根川左岸の藤蔵河岸を中継地として龍ケ崎、鬼怒川左岸の宗道・同川に近接している水海道、さらには笠間も商品流通圏内に入っている。

つぎに利根川中流域では江戸川との分流点に位置する境・関宿、水戸街道との接点にあたる取手、さらに利根川を下って布施・布佐・木下・布川・藤蔵の諸河岸、そして下流域では佐原・小見川なども高田河岸を仲介とする商品取引が盛んに行なわれていた。

高田河岸に近接している下流域をみると、下利根川北岸に位置する茨城の荒波・矢田部・川尻・太田・横瀬・日川の諸河岸からは干鰯・〆粕などの鹿島灘産の水産加工品が高田河岸問屋や九十九里浜商人へ送り込まれている。

翻って銚子・高田河岸から以南の九十九里浜の漁村地帯は高田河岸のもっとも重要な後背地となっていた。飯岡の下永井には、これまでも述べてきたとおり、油屋長蔵、近藤平左衛門などの有力商人が〆粕・干鰯・魚油、そして醤油などを関宿・東京、さらには栃木・茨城方面の在郷商人へ出荷していたことが明らかとなっている。

飯岡に西接している九十九里浜の椎名内（現旭市）には加瀬四五兵衛・酒屋伝九郎などの有力商人が飯岡と同じように、水産加工品や醤油などを関宿をはじめ東京や北関東農村を中心に広い地域に送り込んでいたのである。

さらに椎名内村の西側に位置する新堀村（現匝瑳市）にも伊藤市郎兵衛（網主）が〆粕・干鰯などを多量に出荷していた。さらに、それより西側に位置する尾垂村・屋形村（以上、現横芝光町）、蓮沼村（現山武市）からも〆粕・干鰯を高田河岸問屋へ出荷していたことが明らかとなっている。その一例（エ二九三）を提示すればつぎのとおりである。

送り状之事

一 ㊉舎焼印付　〆粕　百俵　但し無砂

右之通り遣し申候間荷物着之砌り御改
受取宜敷御売捌被下度願上候、以上

明治九年子年五月廿二日

上サ屋形村
菅和吉（和泉屋）

下サ高田河岸
宮城喜三郎殿

見られるとおり、右には上総屋形村の菅和吉から〆粕一〇〇俵を送ったので、問屋に売り捌いてもらいたいとの趣旨が記されている。地理的位置が高田河岸からやや遠方にあたるので、東京・関宿・北関東方面へは直接出荷せずに、問屋へ売り捌きを依頼したものと思われる。

なお、九十九里浜では高田河岸からかなり遠方となる粟生村（現山武市）も柏皮などの取引があり、高田河岸問屋の取引圏内に入っていたといえる。

利根川中流域に位置し、江戸川の分流点にあたる関宿は東京とあいまって商品の流通拠点として重要な役割を果していた。九十九里浜産出の干鰯・〆粕などの魚肥や醬油の出荷量はもっとも多量であった。

たとえば明治三〜五年の「送り状」からみた〆粕の出荷量は、東京の八五〇俵を凌いで、関宿が二八一一俵と圧倒的に多かったことがわかる。

また、明治七・八年の五カ月間の高田河岸から関宿への〆粕の出荷量は一二七一俵で、全体二六四八俵のおよそ四八パーセントを占めていたのである。これらの事例により、関宿は九十九里浜・高田河岸と関宿周辺の農村地帯とを結ぶ流通拠点となっていたことが注目される。

利根川から関宿で分流していた江戸川筋では、左岸の流山・松戸・市川へは九十九里浜産の〆粕・干鰯が送り込まれ、右岸の柴又からは瓦が九十九里浜商人へ出荷されていた。

ところで、東京は高田河岸の後背地九十九里浜漁村地帯とを結びつける塩と醬油などの流通拠点となっていたことはいうまでもない。高田河岸・九十九里浜からは魚肥や魚油それに醬油などが主として送り込まれ、東京商人からは多量の塩をはじめ明（空樽）、櫓木・腕木などの船具や石炭油、太物、それに砂糖などの食料品や生活用品が送り込まれていたのである。

さらに上州方面を見ると、中年（明治五年カ）四月十三日付「送り状」（ウ一四六七-⑩）によれば、椎名内村の酒屋兵吉から上州館林堅町の荒井藤次郎あてに干鰯八俵を積み送っているが、このときは東京小網町の木村又兵衛を経由している。

また、年代は不明だが四月二十二日付「送り状之事」（ア一一二四-⑥）によれば、上州高崎河岸の船積問屋沼賀茂一郎から柏皮四八個が長谷村（現匝瑳市）の入野甚兵衛あてに送られているが、このときは利根川右岸の武州酒巻河岸・高田河岸経由で送られていたことがわかる。

なお、これも申年十一月二日付「送り状」（ア一一二─⑧）によると、武州粕壁宿砂塚の松島忠兵衛から椎名内村（現旭市）可（加）瀬四五兵衛あてに油明樽四八本が送られているが、その際には江戸川西金野井河岸の田谷八郎左衛門経由で送られている。

それから東海地方の熱海からは、明治十四年八月十三日付で鈴木良三から九十九里浜椎名内村法花屋太兵衛あてに熱海温泉四樽を送った「送り証」（イ三三九九─⑪）や、明治七年四月十九日付で東京八丁堀永島町の岡田屋清吾から熱海湯六樽を椎名内村の酒屋伝九郎あてに送ったことを記した「送り証」（ウ一四六六─㉒）もある。

ところで、明治九年二月十九日付書簡[25]を見ると、尾張国亀崎湊の間瀬権作から当地の〆粕・干鰯が高値なので九十九里浜産出の魚肥を積み送ってほしいと千葉県役人椎名権作あてに依頼しているが、はたしてこれが実現したのかどうかは不明だが、これも興味深い事実といえる。

そのほか、遠隔地との取引で特に注目されるのは、明治初年と推定される三月十五日付「送り状」（イ三四一九─⑰）を見ると、椎名内村加瀬四五兵衛から東俵一八〇一俵、大羽東一〇俵を勢州通町（現伊勢市）舞野久兵衛あてに東京蠣殼町の鈴木信二郎経由で積み送っていることである。

これが事実とすれば、九十九里浜・高田河岸からはもっとも遠隔地との取引事例となるであろう。

それから「万積附之帳」の明治十年七・八月の記録[26]を見ると、七月十日付で仙台米五〇俵、十一日付で六九俵が野尻村永井勝蔵あてに送られ、さらに七月一一日付で相馬米二〇〇俵、八月三日付で南部米九六俵が野尻村永井勝蔵あてに馬付けにされ駄送されているが、これらの奥州米は荒野村（現銚子市）広屋孫兵衛積みと記されているので、銚子荒野村へ入港した奥州地方の海船から銚子へ荷揚げされた米穀類が再び川船に積み換えられて高田河岸へ送られてきたものと思われる[27]。

これにより高田河岸は奥州産米の中継地ともなっていたことに注目したい。

2　商品の輸送経路

奥州道中宿場への輸送経路

高田河岸からの商品物資の送り先で、東北方面でもっとも遠方にあたるのは奥州須賀川宿である。この須賀川宿関係文書としては「渡り書」二点がある。その一点は明治四年（未）六月六日付のもので、椎名内村酒屋伝九郎から高田河岸の宮城喜三郎にあてたつぎのような文書である（イ一一四〇―⑱）。

渡り書
一割貝　四拾俵　〈三印
右者須賀川宿稲荷屋
松之助殿方江此渡書
引替ニ無心置御渡し
可被下候、以上
さかや
伝九郎 ㊞
（明治四年）
未六月六日
高田河岸
宮城喜三郎殿

もう一点の文書（イ一一四〇―③）は、その翌日の明治四年六月七日付の椎名内村加瀬四五兵衛から高田河岸宮城喜三郎にあてた、つぎのようなものである。

〈三印
渡り書

割貝　八俵
右者奥州須賀川稲荷屋松之助殿荷物ニ
有之候間無心置御渡し
可被下候、已上
未六月七日

椎名内村
加瀬四五兵衛 ㊞

高田河岸
宮城喜三郎殿

右の文書は「渡り書」であるから、河岸問屋宮城家へ蔵入れしておいた割貝八俵を須賀川宿の稲荷屋松之助へ引き渡してもらいたいというものであり、前掲の割貝四〇俵と合わせ四八俵が須賀川宿へ送られたものと考えられる。

この「渡り書」には割貝の輸送経路は記されていないが、当時の水陸交通事情を考慮すると、北浦を船で水上輸送して涸沼を経て那珂川を遡り、遡江終点の黒羽で陸揚げし、それから氏家・大田原・鍋掛・伊王野・白坂・白河という脇往還を利用し、黒羽から馬付けにして鍋掛からこのコースに入り、須賀川宿へ送られていったものと推定される。

また、明治七年醤油四〇樽が栃木若松町（現大田原市）に送られているが、これは黒羽街道（約八キロメートル）を駄送したものと思われる。

もう一つのコースとしては、鬼怒川の遡江終点の阿久津河岸まで水上輸送し、氏家から脇往還を利用して馬付にして送るということも考えられるが、運賃・諸掛りはどちらが安くつくのであろうか、今後の課題としたい。

また明治十二年、宇都宮日野町の石塚治平から高田河岸宮城喜三郎あてに箱一つを送った「送り証券」(28)がある。

それには「右附送り候間其着大至急御逓贈被下度奉願上候也」とあって、そのあとにつぎのように輸送コースが記されている。

下総境川岸通運会社
　小松原三保太郎次
同木下し
　通運会社御中
高田川岸通運会社
　宮城喜三郎行

右によれば「箱」荷物は宇都宮から鬼怒川上流の河岸まで馬付けにし、それから鬼怒川舟運を利用して境河岸まで運び出し、境河岸で積み換えて利根川を下り、木下通運会社を経由して高田河岸まで運送したものと考えられる。

黒羽・那珂湊方面との輸送コース

野州黒羽河岸へは明治十八年の「買之帳」(29)には、〆粕五〇俵を売ったつぎのような記録がある。

黒羽
　三ツ島屋与左衛門殿
酉一月十九日
一〆粕　五拾俵
　円ニ三分ト五厘替
　代金百四拾弐円八拾五銭七厘
同日　請取
　同人殿
一月十九日

一〆粕五拾俵三印

円ニ三分壱厘替

代金百六拾三円廿八銭壱厘

同日　　請取　請取

右記録によれば、高田河岸問屋は明治十八年一月十九日付で〆粕五〇俵二口合わせて一〇〇俵を黒羽の三ツ島屋与左衛門へ売り、代金として一四二円八五銭七厘、一六三円二八銭一厘をそれぞれ受け取っていたことがわかる。

このほかにも同帳には三ツ島屋与左衛門へ〆粕八〇俵を売った記録があるので、これらは北浦から那珂川に入り黒羽まで舟運により運送したものと考えられる。

一方、黒羽町からは柏皮が相当数高田河岸へ送られていたことを示す文書が残存している。たとえば明治十八年七月二十一日付「送り状」（ウ四六七―②）には左記のとおり記されている。

送り状

一柏皮弐束分　　八拾弐箇

運賃先払

右之通り積送り候条亥着御

改メ先方江大至急御贈り可被下候也

明治十八年

七月二十一日

野州黒羽町

三ツ島屋与左衛門

黒羽河岸

菊地長三郎殿

長倉川岸
西田市郎平殿
宮ケ崎
海老沢惣左衛門殿
塔ケ崎
川野徳三郎殿
高田川岸
宮城喜三郎殿

右によれば、黒羽町三ツ島屋与左衛門から柏皮八二個が高田河岸宮城喜三郎あてに積み送られていたことがわかる。その輸送コースを見ると、那珂川を下り長倉河岸で陸揚げして涸沼まで陸送し、それから涸沼北岸の宮ケ崎を経て北浦北岸の塔ケ崎に出て、再び舟運で高田河岸まで運漕していたことが明らかとなる。

また、十八年八月十四日付で黒羽町三ツ島屋与左衛門から柏皮一二〇束を高田河岸問屋へ大至急との添書で送っているが、その記録(30)にも黒羽河岸―長倉川岸―宮ケ崎―塔ケ崎―高田河岸というコースが記されている。なお、このほかにも十八年六月二十八日付で柏皮一五〇個を三ツ島屋与左衛門から高田河岸問屋にあてた「送り状」(ウ四五五―③)があるが、これにも黒羽河岸―宮ケ島―当ケ崎―高田河岸という継送路が記されているので、このコースが当時は多く利用されていたものと思われる。

次いで那珂湊の湯浅久七から高田河岸問屋宮城喜三郎あてに送った柏皮の「送り状」(エ二五九)を左に紹介しておこう。

大至急

送り状　　拙店分

但シ六束ニ付
壱駄也

一　柏皮　六〆五百束　百束
右之通り積送り候条亥着御調査大々至急御送り可有之候也
十五年七月二日
茨城県下中湊
湯浅久七 印

海老沢かし
川崎金十殿
紅葉かし
井川弥重郎殿
鉾田かし
坂東半左衛門殿
下総高田村
宮城喜三郎殿

右によれば、那珂湊からの輸送コースは涸沼の海老沢から巴《とも》川《え》左岸の紅葉河岸まで陸送し、巴川を下って北浦の鉾田河岸まで運び出し、それから高田河岸まで再び水上輸送して送り届けていたことがわかる。

このほか十六年十一月十一日付「贈券」（エ四〇一）には鉾田河岸の堀米半左衛門から高田河岸の宮城喜三郎あてに柏皮一二〇個が送られているが、その柏皮荷物は上総粟生村（現山武市）戸村彦兵衛分であることが記されている。また、十六年三月二十二日付「早蔵船送り状」（エ四一一）には北浦の串引河岸問屋の今瀬寅吉から菰包柏木皮二〇個が高田河岸宮城喜三郎継ぎで飯岡の近江屋芳兵衛あてに送ったことが記されている。

以上により黒羽や那珂湊から鉾田河岸経由のコースで柏木皮が数多く九十九里浜へ送荷されていたことが明らかとなってくる。

栃木方面への輸送経路

栃木方面への商品の輸送経路を見ると、鹿沼へは関宿の問屋木村清兵衛のところで積み替え、思川を遡って乙女河岸問屋継ぎで飯塚河岸まで船で運び、それから陸送して鹿沼へ届けるという輸送コースをとっていたことが明らかとなっている。

また、明治七年「万積附之帳」によれば、野州家中村（現下都賀郡）へは部屋河岸—栃木河岸—野州家中というコースで椎名内村酒屋兵吉から鳩山米造あてに粕四〇俵を積み送っている。

さらに亥年（明治八年）十二月二十四日付の椎名内村加瀬四五兵衛の「送り状」（イ一〇四九）により、野州川原田村（現栃木市）への醬油五〇樽の輸送コースを紹介しておこう。

送状之事

一、Ⓗ　上醬油　廿五樽

一、㊉　上醬油　廿五樽

右之通津出し仕候間大至急御積送り可被下候、以上

亥十二月廿四日

椎名内村
加瀬四五兵衛

高田川岸
宮城喜三郎殿

関宿
木村清八殿

部屋河岸
荒井庄平殿

栃木嘉右衛門町

岡田嘉右衛門殿上ケ

川原田村
小野才助殿行

右によれば、椎名内村加瀬四五兵衛から栃木の川原田村小野才助あてに積み送った醬油も関宿―部屋河岸―栃木というコースにより輸送されていたことがわかる。

さらに、明治十六年三月三十一日付の「送り状」（イ二八〇一）を見ると、飯岡八軒町の小松屋伊助から野州河内郡上桑島村（現宇都宮市）金田芳造あてに〆粕二〇俵が送られているが、それには輸送経路がつぎのように記されている。

送り状之事

一◇大俵　〆粕　弐拾俵

右之通り御積送り申候間無事着御改御入帳被下度候

十六年
三月三十一日

小松屋伊助

瀬戸川岸
岡田平左衛門殿継

中村川岸
須賀屋嘉治右衛門殿継

上桑島川岸
常陸屋弥兵衛殿継

野州河内郡上桑島村
金田芳造殿行

この送り状を見ると、利根川・鬼怒川の分流点に近接する瀬戸河岸で継ぎ換え、鬼怒川を遡って中村河岸まで送り、それからさらに遡江して上桑島河岸に到着し、そこで荷揚げして金田芳造家まで馬背で運んでいたものと思われる。

右のほか、明治八年二月二十四日付で粕五〇俵を木の崎（野木崎）河岸で積み替え鬼怒川上流の大沼河岸で陸揚げし、常州芳賀郡小林村（現真岡市）へ運んだ記録（「万積附之帳」）や日光例弊使街道の合戦場宿（現下都賀郡）へ粕一〇俵を送った記録（右同帳）もあるが、その詳細については紙数の都合で省略することにしたい。

茨城方面への輸送経路

茨城の農村地帯へは利根川藤蔵河岸や霞ケ浦の高浜・土浦の両河岸、それに鬼怒川の小森河岸などで陸揚げして商人荷物を輸送していた事例を紹介してみたい。

まず明治八年「万積附之帳」の二月二十四日付の記事を見ると、高田の七左衛門船で粕四一俵を常州芳賀郡小林村に積み送っている。その輸送経路をみると霞ケ浦北岸の高浜河岸で積み替えて恋瀬川を遡江して高友河岸（現西茨城郡岩瀬町）で陸揚げし、岩瀬村陸運会社継ぎで小林村飯塚弥平に送り届けられている。

そのほか高浜河岸からは網端木《あばぎ》が飯岡の伊藤忠兵衛・八木屋卯兵衛あてに数多く送られている。

土浦へは飯岡浜から〆粕が送られ、米・小麦・大豆などが高田河岸問屋あてに相当量送り込まれている。また、明治十八年六月二十一日付「贈り証」（ウ四八一—㉞）によると、土浦河岸廻漕店塚田安造からは飯岡下永井の近藤平左衛門あてに木炭（樫炭）が送られ、同年六月十四日付「送り証」（ウ四八一—⑩）には銭五〇〇貫を送荷した旨記されている。これら残存する「送り状」などから土浦と九十九里浜商人との間にはかなり商品取引が盛んであったことがうかがわれる。

つぎに利根川左岸の藤蔵河岸についてみよう。明治九年三月二十四日付「送り状」（イ三三六八）によると、椎名内村（現旭市）の儀宝屋銀蔵から高田河岸問屋宮城喜三郎・藤蔵河岸問屋大野庄右衛門を中継として常州河内郡早井村の海老原源左衛門あてに干鰯三〇俵を送り込んでいたことがわかる。

一方、明治八年六月六日付の「送り状」（一一五一―⑧5）によると、内国通運会社藤蔵分社の大野庄重郎から高田河岸橋本平左衛門あてに町米一五俵が送られている。

さらに龍ケ崎町の伊賀屋重右衛門から飯岡浦の湯浅屋五郎右衛門あての十二年五月十八日付「送り状」（エ三九二）を見ると、つぎのように記されている。

盛運丸

送り状

一×五莚包太物三拾八反入　弐箇也

但シ蒸気船積　藤蔵川岸迄賃済夫ゟ先払

右之通積送り候間安着之砌

御改之上御受取可被下候也

十二年五月十八日

常州龍ケ崎町
伊賀屋重右衛門

大野庄重郎

上ケ

高田川岸
宮城喜三郎殿

下総海上郡飯岡浦
湯浅屋五郎右衛門殿行

右によると、常州龍ケ崎の伊賀屋重右衛門から莚包太物三八反入り二個が飯岡浦の湯浅屋五郎右衛門あてに送られているが、この「送り状」には特に蒸気船積みと指定し、盛運丸という船名まで記入されている。これにより明治十

二年当時、すでに下利根川には銚子の蒸気船が就航していたことが明らかとなる。(31)

また、もう一通の龍ケ崎の伊賀屋重右衛門から椎名内村加瀬四五兵衛あての十二年九月六日付「送り状」（エ二四四）を見ると、これにも太物三五反入り二個を「銚子蒸気積」と特に注文を付けている。これにより盛運丸は銚子に所属する船であったことがわかる。この太物荷物は濡れを防ぐため特に蒸汽積みと指定したものと思われる。なお、龍ケ崎からは馬背により藤蔵河岸まで搬出したものと推定される。

つぎに鬼怒川ルートについてみよう。鬼怒川舟運による商人荷物の主な輸送先としては下館・結城・水海道などがあげられる。

そこでまず、明治七年の「万積附之帳」三月七日付の記事を紹介してみることにしよう。

　　　　川嶋 源三郎船
一、粕拾俵　□（銘柄記号略）
　　此船賃　川並
　　　くら敷　請取
常州下館町 間々田惣助殿分
小森河岸 野村周作殿揚
結城 中沢清八殿行
　亥三月七日

これを見ると、常州下館町の間々田惣助分の〆粕一〇俵を鬼怒川中流域の小森河岸で陸揚げし結城まで運んでいたことがわかる。

また、同帳の三月七日付記事には、粕を合わせて七八俵を鬼怒川左岸の川島河岸の池場藤蔵揚げで常陸国下館町の間々田惣助へ届けるように記されている。

さらに明治十二年二月二十日付「積口記」[32]によると、飯岡商人から積み送った〆粕合わせて一三〇俵は利根川右岸の瀬戸河岸問屋の積み替えで鬼怒川中流域の宗道《そうどう》河岸松村新蔵あてに送られていたことがわかる。また、十三年四月二十八日付の文書「記」[33]によると、飯岡下永井村の石毛縫右衛門から〆粕五〇俵が新宗道の松村新蔵あてに送られている。

そして明治四年（未年）一月十七日付「渡り書覚」（イ一五〇四）を見ると、飯岡の堺屋与右衛門から粕五〇俵が水海道釜屋忠兵衛に送られているが、これも鬼怒川水海道河岸に陸揚げされたものと考えられる。

なお、明治十八年六月三日付で水海道駅滝川政平からは飯岡浦の近藤平左衛門・嘉瀬和七あてに小麦が送られている[34]。

そのほか、霞ケ浦東岸の玉造河岸関係の明治九年一月十四日付の「送り状」（イ一一四六）を左に紹介することにしよう。

送り状

一藍玉四玉入　拾六俵

右之通り正ニ附送り申候間

御改之上受取可被下候、以上

下総国海上郡
八木村新田
藍屋源兵衛 ㊞

明治九年
旧正月十四日

高田川岸
宮城喜三郎殿
常州玉造下宿
藍屋源蔵殿行

右は飯岡八木村新田の藍屋源兵衛から霞ケ浦東岸玉造下宿の藍屋源蔵あてに藍玉一六俵を積み送ったことを示す文書である。九十九里浜から出荷された魚肥や醤油以外の商品輸送ルートを示すものとして付記しておく。

なお、東京商人は遠隔地との物資輸送の中継地として重要な役割を果たしていたことはいうまでもない。この点については明治四年の「水揚帳」に記載されている十月八日付の記事を見ると横浜高砂町三丁目の伊勢屋繁三郎発送の油明二二〇本は東京小網町三丁目の加田屋仁兵衛の中継で八日市場の和泉屋惣三郎に送り届けられていたことが明らかとなる。

おわりに

さて、いささか長文になってしまったが、本章を終えるにあたり、これまで述べてきたことをもう一度整理要約し、総括とすることにしたい。本稿の目的は史料上の制約もあって先学の研究では比較的看過されていた明治前半期、すなわち明治初年から二十年頃までを対象として高田河岸を中心とする下利根川水運と商品流通との関係を明らかにすることであった。

幸い高田河岸問屋宮城家の膨大な文書を千葉県文書館が丁寧に整理され、それら文書をマイクロフィルム化されたので、これを複写し利用できるようになった。そこでこれら文書のうち利根川水運と商品流通に関係する文書をできる限り複写し、先学の研究を補完したいと考え研究に着手した次第である。

この研究に利用した史料は宮城家問屋文書のうち、簿冊としては明治四年の「水揚帳」(三年十一月~四年十二月)、

「万積附之帳」（明治七年十一月～八年二月）、そして商業帳簿の「当座帳」（明治四年正月～十二月）、明治十八年の「買之帳」（掛売帳）、同年の「万売帳」（買入帳）、さらに宮城家の家業に関する諸事項を記した「定式帳」（慶応四年～）などである。そのほか相当多数の「送り状」や「渡り書」その他の文書であった。

これらの史料の分析によって所期の目的を達成しようと努めてきたが、明治十一年以降については史料上の制約もあって必ずしも十分とはいえないが、それでも高田河岸を中心とする商品流通の実態や河岸問屋の役割など、これまで不分明であった点についてはかなり究明することができたのではないかと考えている。

明治四年の「水揚帳」の分析では、東京商人からの赤穂塩や斉田塩が三五一四俵と相当多量に陸揚げされ、それらのほとんどが九十九里浜の飯岡や椎名内村の商人に馬付けにされて送られていたが、これらの塩は醤油などの醸造用に多く利用されていたものと考えられる。

また、明樽類が五七九六樽と多いことも醤油・魚油などの出荷に大いに利用されていた証拠といえるであろう。

そのほかの陸揚げ物資はおよそ一〇〇種類にも及んでいるが、そのうち特に陸揚げ量が多く注目されるのは干鰯である。これら干鰯の出荷先はほとんどが下利根川北岸の荒波・矢田部・川尻・横瀬・日川など常州鹿島郡の問屋からで、これらの干鰯は鹿島灘沿岸の漁村で生産されたものであり、その主な荷受人は高田河岸の問屋であった。

それから陸揚げ物資中で特に多かったのは茨城方面から出荷された干鰯むしろ、括むしろなど莚の類で、合わせて一万一一二五枚にも及んでいるが、これらは九十九里浜漁村地帯に送り込まれ、干鰯の生産や俵の製造に利用されたものと思われる。

そのほか銭が二二五個とかなり陸揚げされているが、これは九十九里浜一帯に貨幣経済が浸透しつつあったことを裏付けるものであろう。

なお、これら陸揚げ物資の九十九里浜漁村地帯への輸送に従事していたのは高田河岸周辺地域の馬方であるが、その人数はまだ正確に把握したわけではないが、およそ三〇〇人前後に及ぶのではないかと推定される。

つぎに明治三〜五年の三カ年間の「送り状」や「渡り書」など、状物類からみた船積み荷物中もっとも多かったのは魚肥で、〆粕一万一一三七俵、干鰯六九三三俵合わせて一万八〇七〇俵となる。これらはそのほとんどが九十九里浜の飯岡・椎名内村などの商人から出荷されたもので、その出荷先は関宿がもっとも多く、次いで高田河岸問屋・東京と続き、そのほか北関東の古河・結城・水海道・栃木・鹿沼などの在郷町などであった。

利根川北岸の河岸問屋からは干鰯・〆粕などの魚肥のほか莚などが多く出荷されたが、それらは高田河岸問屋にあてたものが多く、そのほか成田（現旭市）商人や九十九里浜商人にあてたものもある。

利根川筋では河口に近い利根川南岸の新生・荒野・新地などの商人から〆粕・干鰯、それに魚油などが比較的多く出荷されていたが、それらの多くは高田河岸問屋あてとなっている。そのほか下利根川沿岸の銚子からは〆粕・干鰯、それに米や明樽などが高田河岸問屋や銚子・九十九里浜商人へ送られていた。

東京商人からは赤穂塩・斉田塩・明樽・瓦、その他の生活物資が送り込まれていたことが明らかとなった。

さらに明治六年一カ年間の「送り状」や「渡り書」などの残存文書により商品物資の動向を調べてみると、九十九里浜商人から出荷された〆粕は四六四四俵と明治三〜五年の出荷量一万一一三六俵（一カ年平均三七一二俵）に比べてかなりの増加となっている。

これらの出荷先でもっとも多かったのはやはり高田河岸の問屋で二〇六五俵、次いで関宿の一五八六俵で、東京は二〇〇俵と比較的少量であったことがわかる（表5–1、一七五頁）。

また、明治七—八年の「万積附之帳」五カ月間の記録によれば、高田河岸から船積みして送られた〆粕合わせて二六七五俵の送り先荷量をみると、関宿商人あてが一二九八俵で第一位であった。次いで茨城商人が第二位で六三二俵、第三位が東京商人の四二三俵、第四位が栃木商人の一七四俵という順位となっている。これらのうち茨城と栃木を合わせると八〇六俵となり、さらに関宿を加えると二一〇四俵となり、全出荷量の七八・六五パーセントが北関東農村地帯へ送られていたことが明らかとなる。

〆粕に比べ干鰯の出荷量は少なく、関宿が八一三俵、銚子が一三一俵、茨城が二四俵、栃木は皆無であった。

一方、明治四年の高田河岸問屋の「当座帳」を見ると、宮城家が取り扱った商品中もっとも多かったのは〆粕で売買合わせて四八一八俵、続いて干鰯が四六九一俵、魚油が七九一俵となっている。これらの干鰯のほとんどは九十九里浜商人からの買い入れであった。これに対し赤穂塩八一八俵、斉田塩一二七二俵は河岸問屋の販売商品で、このほか小売の塩もかなりの俵数になっている。

以上が明治三・四年から七・八年にかけての高田河岸を中心とする商品流通の動向であるが、関宿とあいまって高田河岸もまた商品流通の重要な拠点となっていたことが明らかとなってくる。また、明治初年から七年にかけて高田河岸を中心とする商品流通量は逐次増加しつつあったことも確かである。

それではこれら高田河岸を中心とする商人荷物の動向は明治十年代以降にどのような変化をみせたのであろうか。高田河岸問屋の「定式帳」に記録されている明治十一年一月から十月までの一〇カ月間の荷量を集計してみると、入荷商品中もっとも多かったのは漁撈用の柏皮で四九九六本、次いで醬油明（樽）三六二三本、干鰯むしろ一九七〇枚、赤穂塩・斉田塩合わせて九八三俵、米八八七俵となっている。

また、出荷品中もっとも多いのは〆粕で一万七八三九俵で、明治七・八年の五カ月間の二六七五俵に比べるとかなり増大していたことがわかる。つぎに多いのは醬油の三二五六樽で、これも明治七・八年の五カ月間の三五五樽に比べおよそ四・六倍の伸び率を示している。

そのつぎに出荷量の多い干鰯は二四六七俵で、これも七・八年の五カ月間の一〇〇七俵を大きく上回っていたことがわかる。これらの数字をみると明治初年から魚肥や醬油などの商品出荷量は徐々に増加し、十年代に入ってからさらに増大していたことが明らかとなる。

一方、高田河岸出入りの船舶数をみると、明治十一年一月〜十月の一〇カ月間に大小合わせて三八九艘となっている。毎月三八、九艘の船舶が出入りしていたことになり、高田河岸が盛況であったことがうかがわれる。

ところで、その後高田河岸の商人荷物はどのように変化していくのであろうか。明治十一年以降になると「送り状」など状物文書の残存数は徐々に少なくなっているが、明治十八年の「送り状」の集計により出荷量を調べてみると、醬油が一一三九樽、〆粕が一五九俵、干鰯が三〇〇俵、といちじるしく減少している。

また、明治二十年の「送り状」の残存数は十八年よりも多いが、それら記載の出荷物のほとんどは醬油であった。その出荷人は飯岡や椎名内村の商人で、合計すると三七五三樽にものぼっている。

その出荷先はほとんどが東京で三五一三樽と圧倒的に多く、北関東農村地帯への送荷量は二二一樽となっている。これらは明治十一年の一〇カ月間の三二五六樽をやや上回っている程度であるが、残存文書の集計であるから、実際にはこれをさらに大きく上回ることは確実といえる。

これらを総合して考えると、明治十一年以降になると〆粕・干鰯など水産加工品の荷量が減少し、九十九里浜商人の醬油の出荷量が増加しつつあったことが明白となってくる。それでは〆粕・干鰯の生産・出荷はどうなったのであろうか。

この点については明治十八年半年間の河岸問屋の商業帳簿により、九十九里浜商人からの買い入れ量をみると、〆粕二三六九俵、干鰯一〇三一俵、束粕七八一俵となっている。

これは明治初年、あるいは明治十一年の一〇カ月間の出荷量には及ばないが、〆粕・干鰯などもある程度の荷量は維持していたことがわかる。また、河岸問屋の〆粕の販売量一九〇〇俵のうち北関東方面への出荷高は一三六七俵で、東京商人への出荷は皆無であった。

これを総合してみると、高田河岸とその後背地の九十九里浜商人を中心とする出荷品は明治十年頃までは〆粕・干鰯などの水産加工品が増大しつつあったが、十年代以降は九十九里浜商人の北関東農村商人への直接販売は減少し、それら水産加工品の販売は高田河岸問屋へ委託するようになっていった。その反面、九十九里浜商人は当時需要が急速にたかまってきた醬油の製造販売に精励し、東京商人をはじめ北関東方面への醬油の出荷量が増大していったのではないかと考えられる。

明治十年代に入ると「送り状」には醤油の出荷が多く見られ、それには「大急ぎ」と記入されたものが多く見られるが、これも醤油の需要増大を反映するものといえよう。

ちなみに、明治二十五年の「荷物積付帳」[35]の集計を見ると、東京への醤油の出荷量は六八一九樽、その他地廻りが一〇二七樽となっている。また、明治二十六年の「荷物積付帳」によると、〆粕の出荷量二九一六俵[36]に対し、醤油は四八〇六樽を記録し、干鰯の出荷量はわずか二俵であった。

なお、明治二十年代に入ってからもなお下利根川水運が発展しつつあったことを示す河岸問屋、すなわち銚子・高田・東京の回漕店連盟の広告[37]を左に紹介しておこう。

広　告

各位様益々御隆盛大賀之至りに奉欣賀候、随て弊店共儀従来利根川筋則ち東京より高田銚子へ到る五日間之川舟回漕業営業罷在候処、大方各位様之御高配を蒙り日増に繁栄仕り候段難有仕合に奉存候、就てハ今や商勢日に新月に盛んなるに際し一層の便益を図り東京より高田銚子に到る四日間に改正し、且つ米穀其他雑貨之委托販売等に励勉し、特に荷物等極めて大切丁寧に取扱ひ営業仕り候間、何卒旧に倍し御愛顧を賜ハらん事を伏て奉希望候

以上

明治廿二年

三月一日開業

東京日本橋区小網町三丁目廿八番地

回漕店　青池喜之助

下総国海上郡高田川岸

回漕店　宮城喜三郎

下総国海上郡銚子港荒野

回漕店　大里庄治郎

上

また、明治二十三年三月に通船が開始された利根運河（利根川沿いの柏と江戸川沿い流山との間八・二キロメートル）は、利根川水運にとって大きな便益をもたらしたことはいうまでもない。これにより下利根川水運はさらに飛躍的に発展するかと思われたが、二十七年七月市川―佐倉間に鉄道が敷設され、さらに三十年に入ると佐倉―銚子間にまで延伸されるに及んで、下利根川水運と鉄道との競合時代に入ってゆくのである。

この点につき銚子汽船株式会社の明治二十七年度（七月〜十二月）の営業に関する「第三回報告」(38)によれば総武鉄道開業の影響により汽船乗客数は若干減少をみたとも記されているが、航海数は一七二回、乗客人員二万三五五人、打越荷物一二万二六五九貫五二〇匁、途中貨物五九四五個、鮮荷物一四万五〇九個とあって、汽船運送がなお盛んであったことがわかる。

また、右報告によれば汽船の航海数が半年間で一七二回とあるから、在来の高瀬船・艜船などによる商品輸送にはそれほど大きな影響はなかったものと考えられるが、これらの点については今後の研究課題として稿を閉じることにしたい。

（1）千葉県文書館所蔵、宮城徹家寄託文書中の廻船問屋に関する文書。
（2）『利根川汽船航路案内』（一九一〇年汽船荷客取扱連合会）一六一頁。
（3）前掲注1『宮城家文書目録』（上）解説、二頁。
（4）「宮城家文書」文書番号オ11、R番号75。
（5）前掲『宮城家文書目録』（上）解説六―八頁。
（6）前掲「宮城家文書」、慶応四年一月「定式帳」文書番号ア一一六―㉗㉘。
（7）右同家文書。
（8）前掲注4に同じ。

(9～13) 小笠原長和「利根・江戸川近世史の諸問題」(『地方史研究』九巻一号、一九五九年)第六表による。

(14) 「渡り書」とは高田河岸問屋と取引関係のある商人が問屋倉庫へ蔵入れしておいた商品の引き渡しを問屋へ依頼した一種の手形であり、この手形を中心として商人間に売買取引が盛んであったことが裏付けられる。上州平塚河岸付近でも天保期頃大豆の「預り手形」を中心とする売買取引がかなり盛んに行なわれていた。拙著『関東河川水運史の研究』(法政大学出版局、一九八四年)四七―四九頁を参照されたい。

(15) 河岸問屋宮城家の周辺村落の得意先商人は同家の慶応四年一月「定式帳」(文書番号ア一一六―㉗㉘)に記されているが、それによると明治十一年頃の人数はつぎのとおりである。

野尻村一〇名、小船木村(現銚子市)七名、忍村(同)一名、笹川・小見川・府馬七名、多古町三名、垣根村など(現銚子市)一一名、荒野村(同)二一名、銚子新生村七名、銚子飯見根三名、銚子飯沼二名、飯岡一九名、後草村(現海上町)一名、網戸村(現旭市)二名、太田袋村(同)一名、成田(同)四名、神宮寺(同)二名、吉崎(現匝瑳市)三名、長谷(同)七名、野手(同)一名、今泉(同)四名、新堀(同)三名、谷(現横芝光町)一名、屋形(同)一名、蓮沼(現山武市)一名、中鐙(現旭市中谷里)二名、足川(同)一名、三川(現匝瑳市)二名、野中(現旭市)二名、足洗(同)一名、椎名内(同)七名、荒波(鹿島郡)一名、平松(現飯岡町)二名、永井(同)六名、八木(同)一名、柏田(現匝瑳市)一名、尾垂(現横芝光町)、栢田(現匝瑳市)一名(計一四八名)。

(16) この「積手板」(文書番号ウ一八七―㊿)は申十二月九日付で伊藤市郎兵衛から高田河岸問屋あての文書で、干鰯の銘柄別に五〇〇俵、三五〇俵、八六五俵、八七二俵、二〇〇俵、二〇〇俵、二一〇俵、合わせて三一九七俵と記されていて、そのあとに「右之通積立出帆為致申候間宜敷御願申候以上」という趣旨が記されているので、あるいは海上輸送により高田河岸まで積み送ったのではないかと考えられる。

(17) この点については荒居英次『近世の漁村』(吉川弘文館、一九七〇年)三八一―五八三頁を参照されたい。

(18・19) 鹿島灘産の干鰯の出荷と駄送については荒居英次『近世の漁村』三七八―三七九頁においても概述されているので参照されたい。

(20) 荒居英次「九十九里浜の鰯漁業と干鰯」(『日本産業史大系』関東地方編、東京大学出版会、一九五九年)二四四頁。

(21) 横須賀史学研究会編(たたら書房、一九六八年)七五頁。

(22) 横須賀史学研究会編橋本家(湯浅屋)文書『東浦賀干鰯問屋関係史料』(一九七三年)二〇八―二一七頁(「網方仕入出金・荷為替前金弁飯米・味噌・塩・艫木・柏皮仕送金覚㈠」)による。

(23) 前掲、小笠原長和論文表4による。
(24) 前掲注6、宮城家文書「定式帳」の記録。
(25) この書簡(文書番号ウ五七三)は尾張国亀崎湊の間瀬権作から千葉県参事の岩瀬為春内椎名嘉助にあてた長文のものである。また、これと同時に「今日取組相場」(文書番号ウ五七三)として、くり綿・種油・ほしか・〆粕・樽などの相場記録もあり、前記書簡と一緒に送られてきたものと思われる。この書簡が宮城家文書として保存されているので、〆粕・干鰯が実際に送られていたのではないかと推察される。
(26) この記録は明治七年「万積附之帳」の後半部分に明治十年の水揚げ記録が一緒にとじられていたので利用することにした。
(27) 右同書。
(28) この「送り証書」は宇都宮日野町石塚治平から高田河岸通運送店宮城喜三郎にあてたものである(文書番号エ三八一)。
(29) 明治十八年九月吉日(文書番号エ3)。
(30) 明治十八年八月十四日「送り状之事」柏皮(文書番号ウ四六六―②)。
(31) 前掲注2に同じ。これによれば銚子汽船会社が創立したのは明治十四年十二月で、翌十五年一月銚子―木下間に銚子丸が就航したと記されているが、それ以前の明治十二年には銚子所属の蒸気船盛運丸が就航していたことに注目したい。
(32) この「積口記」は発信人が㊨とあるから、飯岡下永井村の石毛縫右衛門から高田河岸問屋宮城喜三郎にあてたものと推定される。
(33) この文書「記」は石毛縫右衛門から高田河岸の宮城喜三郎にあてたものである(文書番号イ三四〇七―⑯)。
(34) 「送り状」小麦(文書番号ウ四八一)。
(35) この「荷物積付帳」(文書番号オ4)は明治二十四年九月十二日から記録がはじまっているが、二十六年頃から以降は荷揚げ記事も入っていて、帳簿整理の際に「水揚帳」の記事も一緒に閉じ込んだものと思われる。なお、出荷量の数字は前掲注9の小笠原氏論文表5による。
(36) 出荷量の数字は前掲注9の小笠原氏論文表4による。
(37) 文書番号イ二四四三。
(38) 印西市史編纂室所蔵「吉岡重弘家文書」。

補論　関東水運史をめぐる諸問題──河岸場と商品流通をめぐって

はじめに

江戸幕府の権力基盤といわれている関東では、幕藩領主による近世初頭以来の数次にわたる大小の河川改修工事によって利根川・荒川水系を中心とする関東河川水運網が形成された。そして利根川本流をはじめその支流の渡良瀬川・鬼怒川・江戸川・古利根川、あるいは荒川とその支流の新河岸川、さらには那珂川・相模川その他の中小河川にいたるまで舟運に利用され、河川湖沼の沿岸要地には多くの河岸場が成立し、城米・年貢米などの御用荷物や多彩な商人荷物、それに近世中期以降になると旅人や一般通行人の輸送にも重要な役割を果たすようになったのである（図1参照）。

これら関東河川水運史に関する研究は昭和三十年代に入ってからとみに活発化し、昭和五十九年には拙著『関東河川水運史の研究』(1)（法政大学出版局、一九八四年）、川名登氏の『近世日本水運史の研究』（雄山閣出版、一九八四年）などが相次いで刊行された。その後渡辺英夫氏・内田龍哉氏などの俊秀も研究に加わり、さらに県史や市町村の自治体史などにもそれぞれの地域の河川や河岸場を中心とする研究が収められて、利根川水系の中小河川にいたるまで相当の研究成果を蓄積することができたように思われる。

これらの研究業績については、増田廣實氏の「一九九〇年代の水運史関係文献一覧」（『交通史研究』第48号、二〇〇

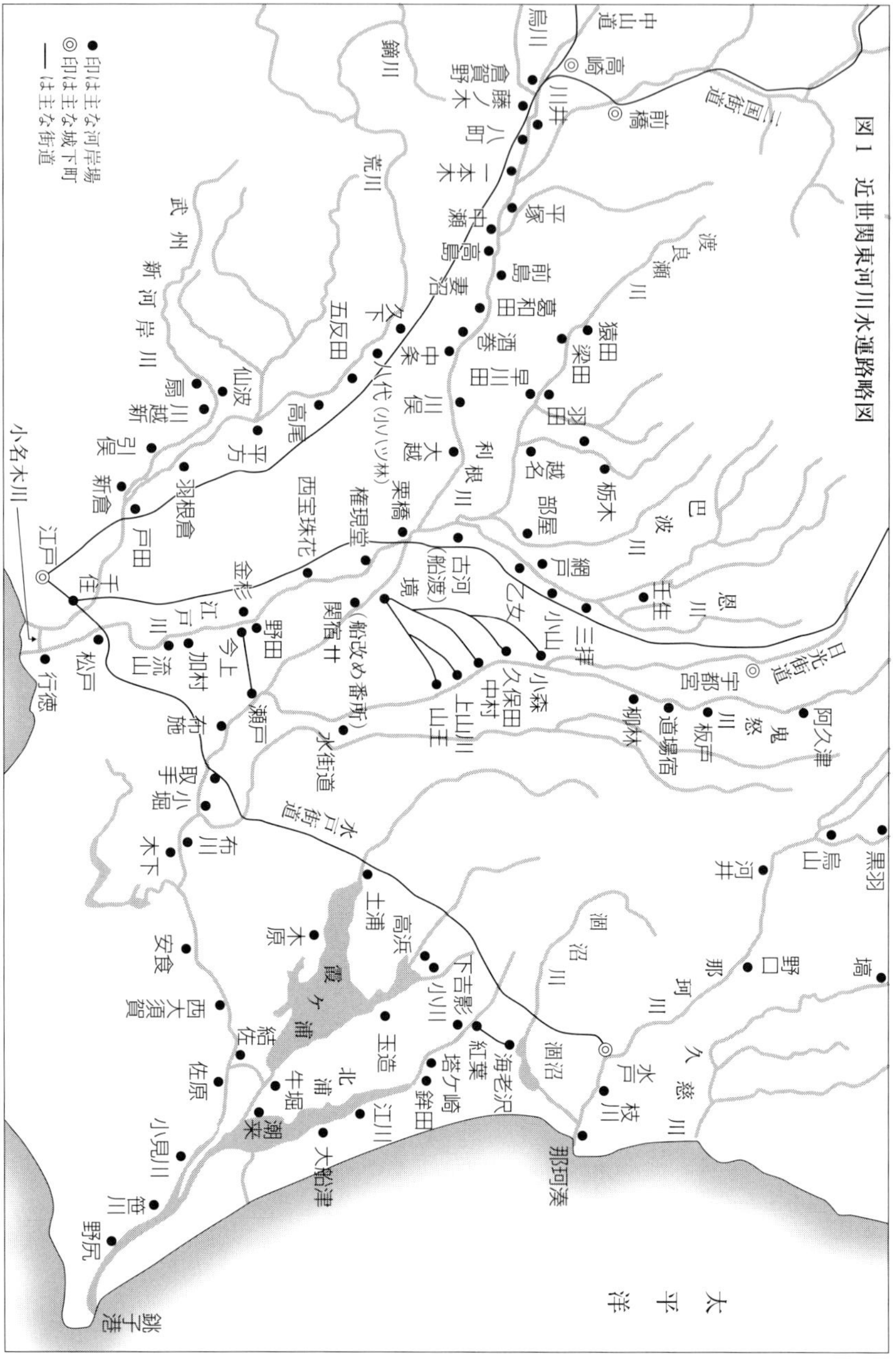

図1　近世関東河川水運路略図

二年、七五—九一頁)に譲ることにして、本稿ではこれまでの研究史を回顧しつつ関東水運史に関する重要と思われる問題について参考のために若干の事例を紹介しながら述べてみることにしたい。なお、『地方史研究』二三八号にも拙稿「近世河川水運と商品流通をめぐる諸問題——利根川水系を中心として」が収められているので、参考にしていただければ幸いである。

第一節　商人荷物運漕をめぐる問題

1　荷量の変化をめぐる問題

利根川中流左岸の総州境河岸に奥州竹貫・三春地方から水陸両路を経て送られてくる江戸向けの竹貫たばこの荷量を調べてみると、宝永七年(一七一〇)の場合には取り扱い荷量六九五六俵の全部が竹貫村(現石川郡古殿町)から出荷されたもので、出荷人は一七名であったことがわかる。(2) 次いで正徳六年(一七一六)の取り扱い荷量を見ると合計八〇二二俵であったが、そのうち荷量の多い順に出荷地を見ると、第一位は三春町(現田村郡)で出荷人一五名四〇八九俵に及び、第二位が竹貫村で出荷人七名三〇六一俵、第三位が石川町(現石川郡)一名四一四俵、第四位が松川村(現石川郡古殿町)二名三五八俵となっている。これらのうち三春町などにたばこの出荷人が多いことは同地がたばこの集散地となっており、出荷人はたばこの直接生産者ではなく、たばこを取り扱う在郷商人であったと推測される。その理由として同年閏二月二十二日に三七八俵出荷している左五平は、四月八日に一九四俵、そして十二月十一日に九九俵と三回も出荷していることがあげられる。

さらに寛保三年(一七四三)境河岸で取り扱った竹貫たばこの総荷量は五九六九俵であるが、このうちもっとも多いのは三春町の二九八六俵、第二位が竹貫村の二一一六俵、そして第三位が仁井町(現田村郡小野町)の四四五俵となっているが、このように出荷地・出荷人・出荷量が毎年変化していることは、奥州たばこの生産地の拡大とあいまって、江戸市場へ送り出される運送路や流通経路もたばこの値段や運賃などによって絶えず流動的であったことがわかる。その証拠に竹貫たばこの荷量は正徳六年の八〇二二俵をピークとして寛保元年（一七四一）一五三三俵、同二年三六九俵、同三年五五一九俵と増減し、さらに明和五年（一七六八）になるとわずかに一〇九俵と激減しているのであるが、このような変化の要因についてもなお追究してみる必要があるのではないだろうか。(3)

つぎに総州境河岸取り扱いの野菜の荷量の変化の事例を紹介してみよう。(4) 元文二年（一七三七）八月六日から翌年の五月二十四日までの蓮根の荷量は二六八二個、牛ぼうが三二八七個、明和六年（一七六九）八月十一日から翌年の四月十四日までの蓮根の荷量が八四八一個、牛ぼうが五五一四個と急増し、境河岸における江戸向け全荷量三万二四五八個の四三パーセントを占めている。

ところがその後漸減し、文政十二年（一八二九）には五月一日から十一月二十一日までの牛ぼうの荷量は皆無となり、蓮根の出荷量もまた一五八七個にまで減少しているのである。

このような河岸問屋の取り扱い物資や荷量の変化については、生産地や周辺市場との関係、あるいは流通経路の変化、さらには江戸地廻り経済の進展との関係などとも関連させながら、今後追究してみなければならない課題と考えている。

2　水路の浅瀬と陸送路をめぐる問題

この問題については利根川中流右岸の布施河岸の商人荷物の動向を中心として、若干の事例(5)を述べてみたい。

布施河岸は、利根川と江戸川の分流点から約三〇キロメートルほど下った下総国相馬郡布施村地内にある、船揚げ荷物を専門に取り扱う陸付け河岸である。したがって布施河岸には船積み荷物の運漕と保管とを専業とする河岸問屋は存在せず、船揚げ荷物を専門とする荷宿が二軒あって主として下利根川筋から舟運によって運ばれてくる登り荷物や鬼怒川下り荷物を布施河岸で陸揚げし、約一二キロメートルほどの陸路を駄送して江戸川中流左岸の加村・流山河岸まで運び、それから再び舟運により江戸へ運漕するというコースの中継河岸として栄えていたのである。

それではなぜこのような陸付け河岸が成立し栄えたのであろうか。その点については、明和八年（一七七一）十月、境河岸船持惣代から領主にあてた艀下出入りに関する歎願書を見ると、つぎのように記されている。例年十月上旬から翌年二月頃にかけての冬期渇水期には年貢米や商人荷物を積んだ高瀬船が一〇〇艘ほども浅瀬に滞船し、やむなく荷物を艀下船に積み換えていると述べ、さらに「一体川々ゟ入込候舟数多候得者百艘余、又者二百艘宛上下之舟々浅瀬ニ差支難儀之場所ニ御座候」と訴えているが、下利根川筋あるいは鬼怒川筋からの江戸向け舟運荷物を運漕する最大難所は総州関宿・境河岸から下流の利根川中流と江戸川上流付近の浅瀬の場所であったといわねばならない。また、それゆえに布施河岸などの陸付け河岸や陸送ルートの運送が栄えたのである。

そこでさらに、布施河岸からどのような舟運荷物がどのくらい運ばれたのであろうか。そして河岸の荷量はどのように変化していったのか、追究してみよう。

宝歴十年（一七六〇）から明和六年（一七六九）までの品目別荷物駄数を見ると、第一位は大山田たばこ（常州産）の二万九八一七駄である。これに第七位の竹貫たばこ（奥州産）を加えると全荷量の実に五〇パーセントにあたる。その他塩物・干物・生魚・紙・鰻・蒟蒻玉・蓮根などの荷物も相当量運漕していたことがわかる。

また、享保期になって開業した布施河岸の荷宿のうち一軒の善右衛門の引受荷物を見ると、享保十四年（一七二九）から紙・木綿、同十九年から紅花、元文二年（一七三七）から酒、同四年から綿実・薬種、そして宝暦五年（一七五五）から醤油などが江戸向け商品として登場してくるのである。

さらに、天明五年（一七八五）布施河岸荷宿・名主善右衛門、同荷宿佐次兵衛の馬付け荷物の運送をめぐる争いの訴状には「土浦醤油三百樽余付送りいたし候、残荷物七百樽余我等当番ニ相当り候故此度付送り仕候(6)」とあって、天明に入ると常州土浦近辺で生産された醤油が相当多量に江戸向けに輸送されていたことが明らかとなる。

ところで、善右衛門の引受荷物を見ると酒荷物について「是は元文二年ゟ請払仕候、明和之頃ゟ荷数相増申候(7)」と付記されているので、北関東の農村で生産された醤油・酒なども近世中期頃から生産高が上昇し、江戸向け輸送荷物として登場しつつあったことがうかがわれる。この点については渡良瀬川下流左岸、利根川との合流点に近い総州古河の船渡河岸問屋でも天明五年（一七八五）には醤油が一万二八〇三樽も出荷されていたことが注目されるが[8]、その後船渡河岸から船積みされた醤油の動向については現段階では明らかでない。

このように関東の農村における農村工業の勃興または衰退は舟運による輸送物資の変化となって現われる。ところで、関東の河川舟運の登り下りのさまざまな輸送物資の変化はいつ頃からどのような要因によって起こったのであろうか。そして、それが関東の農村や上方地方、あるいは東北・上信越地方の農村の産業経済の発展または変質とどのような関係にあったのであろうか[9]、もちろん、地域的な差異はあろうが、このような問題もさらに追究してみる必要があるのではないだろうか。

3　水路の浅瀬と船賃値上げをめぐる問題

総州古河の船渡河岸における天明二年（一七八二）四月付の記録[10]によれば、船渡河岸の問屋稼ぎについて「近年ハ江戸川甚浅ク罷成候ニ付、艀場所多賄銭多相懸り[11]」云々とあって江戸川が浅くなり艀船を雇って運送する場所が多くなったために、船持が江戸表からの登り船賃の値上げを三年以前から要望しているという趣旨が記されている。また、天明元年九月～同二年七月にかけての船渡河岸問屋平兵衛の記録[12]には浅瀬と船賃値上げとの関係について、つぎのように記されている。

一　前々ハ川深く艀舟雇候儀ハ度々無之、近年ハ全体川浅相成、舟賃取高少ク、其上浅瀬之場所増長艀銭多相掛り、舟中往来も自隙取一ヶ年之往来数先年ゟ甚相劣り、甚難儀いたし巳ニ近年舟数四五艘減少いたし候事、

右によれば、以前は水路が深く艀船を雇う回数が少なかったが、近年になって全体的に川が浅くなり、船賃収入が減少したばかりか、浅瀬の場所が多く艀銭も多分にかかり、そのうえ、江戸との往来回数も少なくなったので難儀し

ていると問屋が窮状を訴えていたことがわかる。

このような水路の浅瀬の障害は江戸川や中利根川筋に限らず、上利根川・烏川筋でも天明三年の浅間山噴火以来浅瀬の障害が起こり、銭相場の下落とあいまって船持・船頭・水主などの船賃値上げ要望の運動が高揚してくるのであるが、水路の浅瀬の障害も関東河川水運史にとって看過することができない重要な問題といえるであろう。

第二節　商品流通の進展と河岸場をめぐる問題

1　市場圏の形成をめぐる問題

関東の河川舟運は幕藩領主の城米・年貢米や御用荷物の江戸廻漕を主な目的として開発されたものと考えられる。しかるに舟運による地廻り経済の進展は河岸を中心とする商圏の形成にも大きな影響を及ぼすようになったのである。たとえば、上利根川・烏川左岸の上州川井河岸にかかわる天明七年（一七八七）の文書[13]には次のとおり記されている。

塩市場取立一・六・四・九之定日を取極メ月次十二さい市立来り申候、勿論穀物等・糠・干か売買仕候、右ニ付塩商人之義者三友河岸、八丁河岸・横瀬・嶋村其外近在ゟ入込ミ市日ニ者高崎・惣社・渋川其外近在之塩買共十二さいニ参り塩売買仕候、

右により近世中期の川井河岸では塩市を中心として、穀類や糖（糠カ）・干鰯などの取引が在郷商人の間で活発に行なわれていたことがわかる。

また、この市場には高崎・総社・渋川辺の在郷商人までが塩取引に参加していたことが明らかである。それではこのような塩市場はいつ頃から形成され、その後どのように変化していったのであろうか。

次に天保期の事例を紹介してみよう。上州平塚河岸では在郷商人層が「預り手形」[14]を中心として大豆や穀類の取引

を活発に展開していたが、天保六年（一八三五）八月の「俵物取調帳[15]」には「翌市渡之積ニ而金三両相渡候処、翌市手形相渡候ニ付、内金返済致候[16]」とあって平塚河岸でも市場が開催され、河岸を中心とする市場圏が形成されていたことがわかる。これらの取引に参加していたのは河岸周辺の上武両州農村の在郷商人のほか、前橋町・伊勢崎町などの城下町商人や中山道熊谷宿などの在町商人層も取引に参加していたのである。

このような河岸を中心とする穀類・大豆の手形取引や市場圏はいつ頃から形成され、そしてその後どのように変化していったのであろうか。これらも河川水運史研究上の問題として提起しておきたい。

2　河岸問屋営業圏をめぐる問題

河川舟運による地廻り経済の進展と新河岸の出現は河岸の後背地や河岸問屋の得意先商人や荷主にも少なからぬ影響を与えたものと考えられる。

たとえば、上利根川右岸の武州の河岸場を見ると近世中期以降俵瀬・須賀・別所・下村君などの新河岸が出現している[17]。これら新河岸の出現は既成河岸の積荷量を減少させる要因ともなった。他方、地廻り経済の進展は在郷商人の自由な活動を助長し、河岸の後背地にも大きな変化を及ぼすようになった。

たとえば、文化十三年（一八一六）には利根川と江戸川の分流点に近接する武州葛飾郡の権現堂河岸問屋と利根川右岸の同州埼玉郡下大越村問屋との間に河岸営業圏をめぐる争いが起こっている。そして同年三月には両河岸問屋との間で図2のとおり荷受け村々についての協定が成立した[18]。その第一は騎西領下柳村など六カ村については前々より大越河岸・権現堂河岸の双方へ津出ししてきたので、今後も両河岸にて引き受けてもよいこと。第二は蒲生領など四一カ村は権現堂河岸の得意とすること。第三は羽生領の村々など二三カ村は大越河岸を得意先とすること。以上のような議定証文を取り交わし落着しているが、これも新河岸の出現と地廻り経済の進展に伴う河岸後背地の在郷商人層の自由な活動を要因とする争いであったといえよう。

図2　文化13年　権現堂・大越両河岸得意村協定図

注1：明治27年埼玉県管内全図（『新編埼玉県史』別編1附録）を参考にして作成.
2：○印は権現堂河岸の得意村
△印は大越河岸の得意村
×印は両河岸の得意村を示す.
3：権現堂河岸の得意とされる葛梅村については所在など不明.

表1　天保3年　戸田河岸積問屋場所分帳

問屋 宿村	太郎兵衛	藤五郎	万治郎	勘治郎	谷五郎
蕨宿	住吉屋弥吉 油屋藤右衛門 村田屋与八 粕屋長右衛門 藤屋定七	住吉屋弥四郎 漬物屋長松 住吉屋五兵衛 石村源右衛門	大黒屋重治郎 同庄五郎 同金六 和泉屋平八 住吉屋重兵衛	紙屋弥兵衛 鍵屋重次郎 種屋庄右衛門 住吉屋安右衛門	住吉屋平左衛門 粕屋惣左衛門 駿河屋茂八 斉藤与右衛門 住吉屋清兵衛
浦和宿	和泉屋平兵衛 松屋小兵衛 小物屋次右衛門 和泉屋庄八 大浜屋善助 肴屋重太郎	上州屋治助 枡屋友四郎 丸屋要助 森田屋万次郎 増田武兵衛 油屋平蔵 松屋吉右衛門 山口屋藤助 餅屋利兵衛	伊勢屋元七 同忠兵衛 和泉屋栄吉 駿河屋文七 石屋宇右衛門 伊勢屋重次郎 山田屋彦兵衛	伊勢屋伝右衛門 油屋源助 小間物屋清兵衛 鍵屋六之丞 中田屋弥太郎 馬喰屋長五郎 和泉屋利兵衛 松沢屋彦太郎 大黒屋仙吉	油屋弥右衛門 肴屋源次郎 角屋庄五郎 吉野屋儀助 和泉屋伊之助 八百屋源蔵 住吉屋吉兵衛
大宮宿	加藤平十郎 油屋勘七 植田屋長五郎 武藤屋源助	銭屋忠右衛門	小島屋金兵衛 栗原茂右衛門 町田屋浅右衛門 杉村屋	漆屋又七 八百屋助七 梅本源右衛門	菱屋条次郎 北川屋新蔵 相模屋銀五郎 八百屋与兵衛
与野町	沢田屋助次郎 米屋与市 木村屋久右衛門	川越屋弥四郎 八百屋安兵衛 大和屋利右衛門	石川太郎兵衛 大木屋金右衛門 大黒屋	酒屋善右衛門 米屋弥市 塩田庄八	井原忠右衛門
その他	中里村 三宝村 針ケ谷村 上戸田村 加茂宮村	上下落合村 領家村 上下小村田村 柴村岡村 串引村	本太村 中尾村 大宮宿 瀬ケ崎村 別所村	並木村 大戸村 大田窪村 上下加村 塚越村 道祖土村	大成村 大谷口村 岸村 下戸田村 原山村 駒場村 鹿手袋村
合計	18人，5カ村	17人，5カ村	19人，5カ村	19人，6カ村	17人，7カ村

右宿村取極候外洩村洩荷主等有之分者仲間五人ニ而順番ニ荷物引受可申候、右之通双方其村役人立会得意宿村場所分致候上者別紙儀定之通堅相守以来違変為無之場所分帳連印致為取替置申処如件

天保三辰年閏十一月廿九日　　下戸田村

太郎兵衛㊞　藤　五　郎㊞
万　治　郎㊞　勘　治　郎㊞
谷　五　郎㊞

前書之通一同立会場所分ヶいたらし候ニ付奥書印形致申処如件

辰閏十一月廿九日　　名主　八郎右兵衛門㊞

出所：『戸田市文化調査概報』Ⅵ武内家文書（1）により作成．

さらに、もう一例をあげてみよう。荒川左岸の戸田河岸では天保三年（一八三二）十一月河岸問屋五軒が表1のとおり、得意先商人の名前まで列挙して、それぞれの持ち分についての協定を結んでいるが[19]、これを見ると隣接する中山道蕨宿をはじめ浦和宿・与野町、さらには大宮宿までが積荷輸送の得意先となっていたことがわかる。これも商品流通の進展にともなう河岸後背地や営業圏の変容を示すものといえるであろう。

ちなみに、与野町では享保五年（一七二〇）十一月の「与野町両組差出帳[20]」によると年貢米の津出しは道法一里一二町の荒川左岸の羽根倉河岸（現浦和市）を利用していたことがわかる。

また、宝暦五年（一七五五）十二月の「与野町村鑑差出帳[21]」には与野町より道法一里の羽根倉河岸、または道法一里半の道満河岸（荒川左岸、現戸田市）へ津出していたと記されている。したがって、当時は商人荷物もこれら近接する両河岸を主として利用していたものと思われる。しかるに、その後商品流通の進展にともなう在郷商人層の活動の活発化とあいまって江戸との物資交流に便利な戸田河岸を利用するようになってきたものと考えられる。

たとえば、文政十三年（一八三〇）御鷹場内で鉄砲打ちをした戸田渡船場の船乗り渡世の留五郎の供述書には、「浦和宿・大宮宿・与野町商人荷物其外在々雑穀・芋幷千菜（前栽）物船積致し、江戸表江積下ヶ、且江戸表ゟ宿村商人仕入日用品積上ヶ、渡世致来候[22]」とあり、また他の船乗り渡世の庄五郎の供述書を見ると、月に六、七度も江戸へ上下通船していたと記されている。

それではなぜ天保期に入って、戸田河岸問屋間において積荷の協定を結ぶ必要があったのであろうか。

第三節　舟運荷物の道路輸送をめぐる問題

舟運荷物の道路輸送に関する研究は水上輸送に比べてあまり進展していないように思われる。そこでこれまで筆者が手がけてきた若干の事例を紹介し、今後の研究の参考に供したいと考える。

1　上利根川中瀬河岸をめぐる問題

水陸輸送物資の中継地として重要な役割を果たしていた河岸は当然のことながら、地理的にみて道路輸送に便利な位置に成立発展してきた場合が多いように見受けられる。そこでまず上利根川右岸の武州中瀬河岸をめぐる道路輸送の問題について例示してみよう。

中瀬河岸には近世中期以降に河岸問屋が二軒存在していたことが知られているが、[23]そのうち一軒の問屋河田家が舟運荷物の取り扱いをするようになったのは正徳・享保年間（一七一一―三六）の頃からであったという記録[24]もあるが、それ以前の元禄年間（一六八八―一七〇四）には図3のとおり、すでに河岸を中心として放射状のように熊谷道・深谷道・秩父道・本庄道などの道路が四通八達していたことが明らかとなる。

近世後期に編纂された『新編武蔵国風土記稿』の中瀬村の項には「河岸場ヲ設ケ商船輻湊ノ地ナリ」と記されている。また、時代は下るが明治四年（一八七一）二月の河田家問屋記録[25]には「登り下り荷物輸送之義者、秩父郡中・寄居町中、中山道深谷宿、本庄宿、熊谷宿、八幡山町、藤岡町、小川町右宿々在々に御座候」とあって、中瀬河岸を中心とする脇往還がそのまま河岸荷物の輸送路として利用されていたことが裏付けられる。

これら脇往還のうち中瀬河岸からの物資の陸送路として特に重要な役割を果たしていたのは秩父道であった。この道筋をたどってみると、中瀬から中山道方向に向かって南進し、中山道を横切って、さらに現深谷―寄居線の付近を進み、荒川左岸の寄居町にでる。それから荒川沿いに進んで大宮町（現秩父市）へ到達するという経路で、その当時としては中瀬河岸から秩父郡へ行く最短のコースであったと考えられる。

ちなみに河田家所蔵の元治二年（一八六五）「秩父郡中荷口覚之帳」によると、秩父大宮町をはじめ郡内町村の得意先一七〇余軒が記されている。このほか中瀬河岸問屋河田家の明治三年（一八七〇）八月付の「預り荷物仕訳帳」二冊（仮にA帳・B帳とする）の記事を中心として、運送先得意商人の主な預かり荷物の品目と数量を紹介してみるとつぎのとおりである。まず寄居町で最も荷量が多い武蔵屋伝蔵を見ると、A帳では斉田塩五〇五俵、苦汁一四五俵、

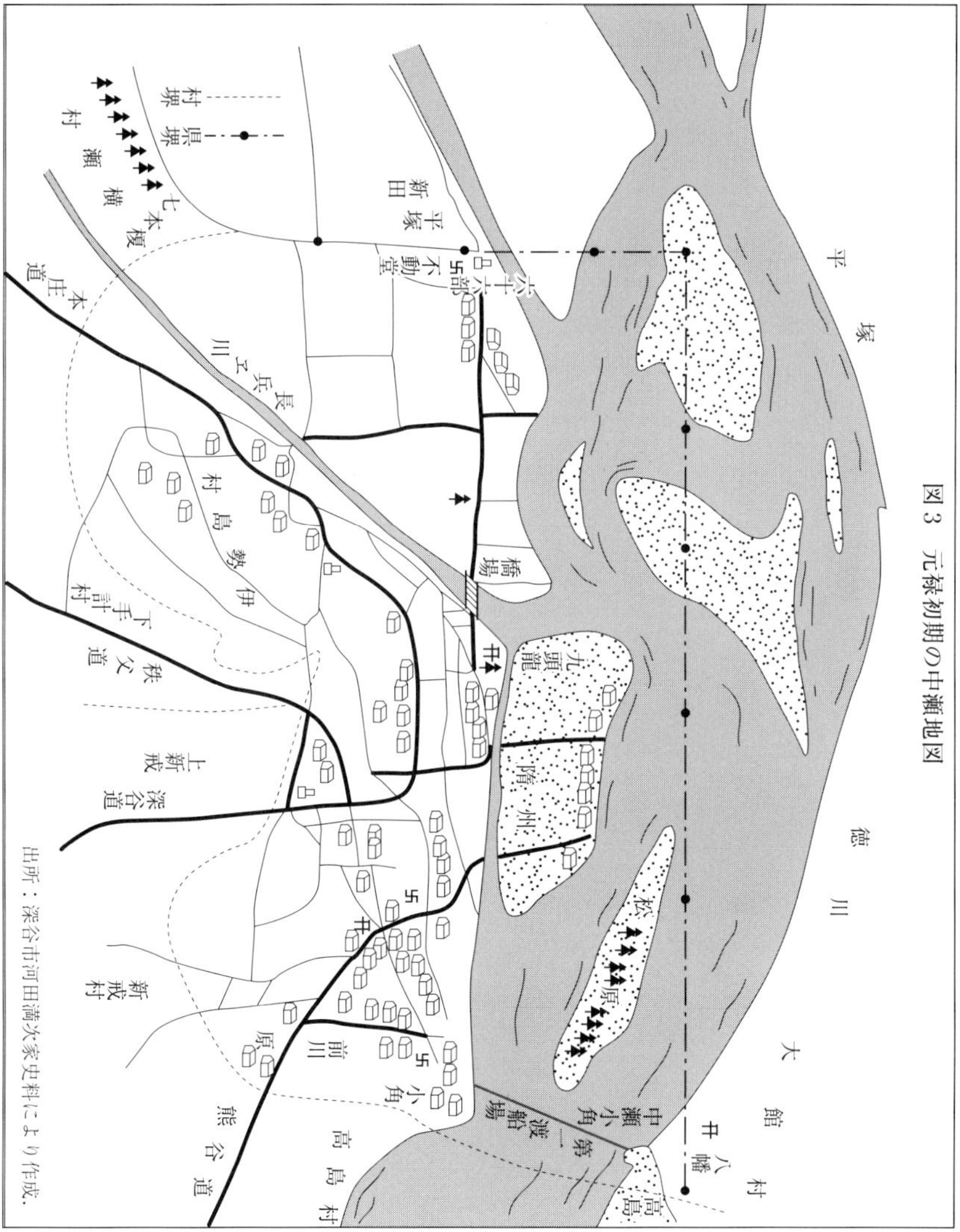

図3　元禄初期の中瀬地図

出所：深谷市河田満次家史料により作成.

表2　明治4年　中瀬河岸関係馬持数

村名	馬持数
中瀬	4人
新戒	17
成塚	1
高畑	4
戸森	1
下手計	2
大塚	1
矢島	12
岡	26
原宿	16
町田	2
上手計	2
血洗島	6
北阿賀野	6
南阿賀野	2
横瀬	5
滝瀬	14
牧西	7
宮戸	1
小和瀬	3
計	132

出所：河田満次家文書，明治4年「始末書を以奉申上候」により作成．

瀬戸物四俵、B帳では斉田塩一五八五俵、苦汁二二七俵となっている。また、児玉町でもっとも荷量が多いのは篤太郎で、斉田塩二六四俵、赤穂塩一二三俵、古積塩二二俵、直し塩二〇〇俵、板砂糖四樽、天光（上砂糖）一樽、ろうそく一荷、それに傘なども記されている。さらに児玉町に隣接する八幡山町をみよう。当地の商人でもっとも荷量の多いのは清作で、A帳によれば斉田塩一四七俵、赤穂塩一一俵、古積塩三五俵、その他砂糖・魚油などもある。そのほか中山道宿場町の深谷宿・本庄宿・熊谷宿の商人からも蠟・割石・塗物・油粕・穀物・味噌・琉球（畳表）・莚包・砂糖・瀬戸物・箒・刻煙草などの生活物資を預かっていたことが判明する。

なお、中瀬河岸からもっとも遠方にあたる荒川上流の秩父郡の村々をみよう。白久村丑太郎の木口二荷、駒板二荷、皆野村源右衛門の煙草一二荷、同村十郎右衛門の藍瓶八本、小鹿野町常磐屋常吉の油空樽四本、岩田村杢右衛門の煙草四荷、太田村忠右衛門のろうそく一荷、傘なども記録されている。

こうした中瀬河岸問屋河田家の河岸荷物の道路輸送にあたっていたのは中瀬村をはじめ河岸周辺の村々二〇カ村の馬持で、その総人数は一三二人にも及んでいたのである（表2）。

それではなぜこのように広範囲の村々の馬持を動員して河岸荷物を運送するようになったのであろうか。この点については明治四年の河田家の「始末書を以奉申上候」によると次のとおり記されている。

中瀬村は畑作地帯のため馬持が少なく、古来五、六頭くらいにすぎなかったので、隣村の新戒村の馬持へ示談のうえ、村馬同様に荷物の付け送りを古来より行なってきたが、そのほかの村々は追々加わってきた。そしてこれら二〇カ村一三二名の馬持が当時は二組に分かれ、一組が寄居組ととなえ矢島村など九カ村で組織し、他の一組が近在組ととなえ一二カ村で組織し、本庄宿・熊谷宿などへの荷物の付け送りにあたっているという趣旨が記されている。以上が武州中瀬河岸の道路輸送のあらましである。(26)

2　渡良瀬川古河の船渡河岸をめぐる問題

総州古河の船渡河岸は渡良瀬川が思川・巴波《うずま》川を合わせて利根川と合流する地点から約4キロメートルくらい遡江した左岸、すなわち古河城下町の西辺に位置する河岸であった。

船渡河岸の運輸業者としては河岸問屋・船持などのほかに船積荷物の陸送に従事する馬持がいた。これらの馬持は日光街道古河宿の伝馬役負担の代償として領主から河岸荷物運送の特権を認められ、船積荷物を取り扱っていた河岸問屋と古河城下町をはじめ近在村々の荷主との間の物資輸送にあたっていたのである。

明和元年（一七六四）閏十二月には、これら馬持七名と河岸問屋・荷主間で荷物の取り扱い方について七カ条にわたる取り決めを結んでいる。(27) これを要約すれば、荷物の取り扱いを大切にすること、河岸荷がある場合は他の駄賃稼ぎをしないこと、荷物は差図があり次第付け送ることなどが主な内容である。また、これには宿馬が主として河岸荷の運送を取り扱い、それでもなお不足の場合には河岸問屋が農間駄賃稼ぎの雇い馬で付け送っていたことも記されている。

ところで、天明二年（一七八二）になると町内馬持から河岸荷駄賃の値上げの要望が出されている。この駄賃銭値上げ問題は翌天明三年に持ち越され、同三年四月の船渡町馬持一七名から河岸問屋平兵衛・年寄吉兵衛にあてた口上書(28)によると、近年は荷物が少なく駄賃銭・諸荷物共に他所に比べて下直であること、とくに穀物・糠・塩などの運賃が安く、一日一〇駄ほどの駄賃銭では一日一五四文くらいにしかならず、これでは渡世が難しいと訴えている。

この問題は馬持と荷主などの談合ののち天明三年五月になって駄賃銭値上げの示談が成立したのである。(29) それによると古河城下町の江戸町・大工町・一丁目・二丁目というように輸送先の距離に応じ、酒・斉田塩・赤穂塩・油・菅

図4　明治中期の羽根倉路

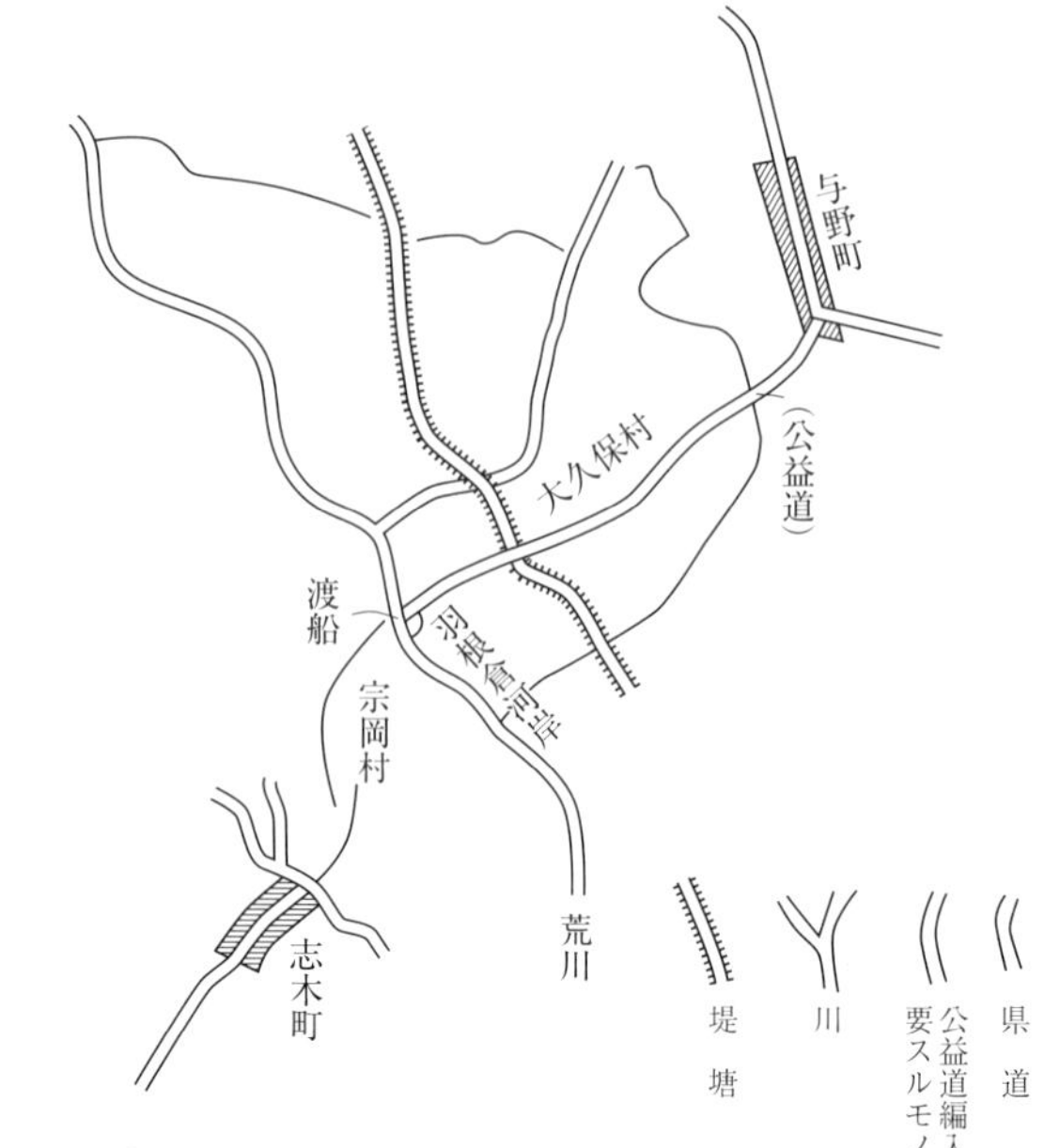

出所：『与野市史』近代資料編により作成.

笠・穀物・油糟・醤油・糠・干物・茶などの品目ごとにそれぞれ駄賃銭を二〜六文増しという値上げが認められ決着がついている。

このような馬持と河岸問屋・商人荷主間の駄賃争いなども道路輸送をめぐる重要な問題の一つとなるであろう。

3　荒川羽根倉河岸をめぐる問題

荒川左岸の羽根倉河岸（現さいたま市下大久保）は、江戸時代には甲州街道と奥州街道を結ぶ脇往還（岩槻道、羽根倉道ともいう）の渡船場として知られ、元禄十三年（一七〇〇）一月の「足立郡与野町差出帳」[30]には年貢米津出しの河岸場としてその名が見える。与野町（現さいたま市）から羽根倉河岸までは道法一里一二町で、その間を馬付けにして舟運荷物の輸送を行なっていたことがわかる。

明治七年（一八七四）の埼玉県の記録[31]には、寛文二年（一六六二）一月に創立した河岸問屋が二軒あったと記されている。

ところで、明治二十一年の「埼玉県第二等道路公益道要領調」[32]には、羽根倉河岸について「本道ハ与野町ト羽根倉河岸ト雑穀、干糟、しめ粕等交互輸出入多ク」[33]とあり、また明治二十五年六月の大久保村（現さいたま市）村長から埼玉県知事にあてた「道路修繕ニ付具伸」[34]には、与野町から羽根倉河岸、それより新座郡志木町へ通じる路線（図

4）について人馬往来の頻繁なことを述べ、さらに「羽根倉回漕店ニ於テ取扱フ所ノ荷物ノ数量ハ壱ヶ年三万駄ノ多キニ在リ」[35]とも記されていて、羽根倉河岸と市場で栄えていた与野町との間に商品物資の道路輸送が盛んであったことが裏付けられる。

さらに右「具伸書」には、数年前までは荷車、荷積馬車なるものははなはだ稀にして、たんに駄馬にて輸送するだけであったため、道路橋梁等の破損が少なかったが、近年になって荷積馬車の運送が増加したために道路橋梁の破損がおびただしく、その修繕費はとうてい本村では負担に堪えられないので、どうか該路線の修繕を地方税で賄ってもらいたいと具申している。

これによって荒川下流域の羽根倉河岸では明治二十五年になっても河岸荷物の道路輸送が盛んであったことが明らかとなるが、それとあいまって明治二十年代に入ってから、これまで道路輸送の主役であった駄馬に代わり荷車や荷積馬車が登場しつつあったことが裏付けられる。

このような状況については荒川中流左岸の高尾河岸についてもいえる。すなわち、「明治中期頃の高尾河岸図」[36]を見ると、当時高尾河岸には河岸問屋が二軒（此右衛門・儀右衛門家）のほか、馬力屋が五軒存在していたことが確認されるが、これらの馬力屋は荷積馬車によって河岸荷物の運送に従事していたものである。

このように明治二十年代以降になって河岸荷物の道路輸送は馬持による駄送から馬力屋による荷積馬車の輸送へ変化し、さらにその後自動車輸送へと変化していったものと考えられる。これらについても関東では利根川・荒川をはじめ各河川の河岸場についての事例を積み重ねてゆく必要があるのではないだろうか。

第四節　川船改番所と流通統制をめぐる問題

江戸幕府が関東諸河川を通行する船舶や積荷を取り締まるために設置した川船改番所（関所）の主なるものとして

は、関宿、中川それに本所猿江・浅草橋場などの諸番所がある。

これら川船改番所についての研究は近年中川番所を中心としていちじるしい進展をみせているが、なお残された問題もあるように思われるので、まず、これまでの研究史を回顧しながら私見を若干述べさせていただきたい。

関東の川船改番所に関する研究としては松村安一氏の「近世関東における川船の管理統制」(『大正大学研究紀要』第六十四輯、一九七八年)が先駆的な業績といえる。松村氏は利根川水系では川船やその積荷などを調べるのが中川番所で、海上船舶を調べる下田番所に対応するものとされ、これに対して船体の極印、年貢役銀の完納未納、幕府規定の積荷と数量を取り調べるのが川船改役所(本所)とその出先の関宿・浅草橋場の両川船改番所であったとされている。そして中川番所については「中川御関所御規定伝達」により査検の対象となった武家の箪笥・長持・鑓・焔硝・生蠟などの荷物や鑓・鉄砲などの武器、それに城米・廻米・酒・硫黄・筏・生鮮食料品などの査検方法などについても紹介されている。

次いで川名登氏は「関宿関所・中川番所の研究――近世川船改番所の性格について[37]」(一九八四年)についての研究を発表されている。川名氏はこの論文で中川番所について、いわゆる「入鉄砲に出女」を改めるばかりでなく、この番所の本来の目的は「川船による物資流通・商品流通を把握するところにあったのである」と指摘されているが、設立当初からそうであったのか、あるいは商品流通の進展にともなって、そうなったのかという点にまでは言及されていない。

さらに、加藤貴氏は「中川番所の機能とその特質」(『交通史研究』第一二号、一九八四年)において中川番所の前身とみられる深川番所の設置について、正保四年(一六四七)九月から十月にかけてのことと考えられるとして、同番所設置の意図は、関所一般と同様に「入鉄砲に出女」の査検の軍事警察的機能にあったとされている。そしてこの深川番所が小名木川地先に移転し、中川番所が成立するのは寛文元年(一六六一)とされ、同年九月十三日付の番所高札に掲示された通関規則を紹介し、同番所の査検対象は小名木川通船の人と物資にあったとされている。また、享保十二年（一七二七）十月日本橋音羽町の市右衛門店の要助が江戸へ入津する物資の数量に応じて荷役銭を徴収する方法の紹介や、元文元年（一七三六）江戸で銭相場が高騰した際に、幕府が浦賀・中川両番所において銭荷物の査検を指令していた事例なども紹介され、「中川番所における積荷改の対象と方法は、右のように幕府の個別的流通政策・物価政策との関連で、個々に成立・整備されていったものと考えられる」という新見解を発表されている。

そして寛政三年（一七九一）十一月、幕府は米価騰貴のため酒造高三分一造りを指令したが、その際に浦賀・中川両番所と川船役所の出先機関である浅草の橋場番所（荒川・隅田川筋）に酒荷物の査検を命じているが、中川番所がそれ以降も酒荷物査検体制を継続していったとされている。

その後加藤氏は「江戸の境界としての中川番所[38]」でも、中川番所が商品流通上に果たした機能について追究されているが、最後に中川番所では江戸に入津する船を把握できたが、荒川筋から江戸へ入津する船の査検は、中川番所では不可能であるとされ、この点については今後の検討に待ちたいと問題を提起されている。

熊井保氏もまた「中川番所の査検と勤務[39]」において中川番所の成立について、寛文元年（一六六一）六月に深川より中川口への番所を移転したのが起源であったとされ、その前身ともいえる深川番所は「人改番所」であったと述べておられる。

さらに中川番所の通船改めの項では、夜間出船禁止、夜間入船許可、女子通行禁止、鉄砲・武具取り締まり、器物・囚人手負取り締まりなどについて述べ、また積荷改めの項では酒、上州硫黄、古銅類、水戸藩支配川船の検査方法などについても詳しく説明されている。そして鉄砲・武具取り締まり個所では軍事警察的な面が強く出されていた点について言及され、残された課題としては、特に船改番所として猿江・橋場、さらには関宿との関係がいかなるものであったのかという点についても検討を加える必要があることを提言されている。この点については筆者も同感で、中川番所も合わせて幕府の関所政策とも関連させながら再検討してみる必要があるのではないかと考えている。

なお、筆者は先に江戸の本所猿江（小名木川筋）と浅草橋場の両番所でも流通統制に関与していた点について指摘[40]

しておいたが、この川船役所管轄下の両番所の機能と役割については、なお一層追究してみる必要があるのではないだろうか。

たとえば、橋場番所についてみると、その成立時期については現時点では不明というほかないが、元禄元年（一六九六）三月の川船極印改めの御触には「江戸両国橋石場船改所迄差出、川船奉行得差図、極印可受之」(41)とあって、この石場船改所が橋場船改番所に該当するものと思われる。この橋場番所の役割について初め川船極印改めが主任務であったと考えられるが、武州新河岸川の牛子河岸問屋大島屋文書中の天明四年（一七八四）船方趣法書と一括して発見された「橋場御番所被仰付御請書之覚」(42)には船積問屋に対する申し渡し一〇カ条、船持に対する申し渡し一七カ条が記録されている。右のうち船積問屋取り締まりに関する条文には、つぎのような要旨が記されている。

一、城米入津の際には代官所名、出所、俵数（何年米、何斗何升入）のほか浅草御蔵納の旨を認め、惣代納名主印形のうえ当番所へ書き上げいたすべきこと。

一、領分知行寺社領米入津の際には知行主名、年貢米俵数（何年米、何斗入）、江戸屋敷まで積み送る理由を認め、その村名主印形のうえ書き上げを差し出すこと。

一、百姓商米入津の際には出所、俵数（何年米、何斗何升入）、江戸積み送り先などを書面に認め、その河岸船積問屋より書き上げを差し出すこと、もっとも荷主が書き上げても苦しからざること、その場合には船積問屋の加印を必要とすること。

一、穀物・俵物・叺物についての書き上げは右に順じてよいこと。

一、炭・薪・前栽物そのほか積物については船中よりの口上にて入船いたすべきこと。

一、入津酒については知行所名、出所、酒造者名、駄数（造酒年）、銘柄、送り先などを書面に認め、荷主実印をもって書き上げを差し出すべきこと。ただし、酒造人より江戸問屋への送り状は仕切印にて西之内紙三切にいたし認め、三分二つ分は書き上げの紙にいたし差し出し、当割御判を願い申すべきこと。もっとも入津酒については樽数改め方差し支えにつき夜間入船は禁止のこと。
一、極印の無い船ならびに川筋通手形を持参せず、船へ荷物を積むことは禁止する。
一、新造船で極印を受けていない船に荷物を積むことは禁止する。
一、酒米共ならびに雑穀の類については当番所への書き上げと送り状と員数ならびに行く先の引き合わせをしないうちは、調べが済むまで差し止めておくこと。
一、先年も申し渡したとおり、川船方掛りの者などと申し立て、河岸々船問屋・船持共へ、無心がましいことを申し掛ける者がいたならば名前を聞き、その所へ止め置き早速申し出ること。

以上が船積問屋に対する輸送物資取り締まりについての条文のあらましである。

なお、船持への申し渡し一七カ条については紙数の都合もあり省略するが、川船年貢は毎年八月一日から納入すること、江戸出船のときは川船年貢手形を差し出し、昼夜を限らず番所の改めを受け通行することなど船持船頭に対する取り締まり規則・心得などが記載されている。

この船積問屋や船持に対する申し渡しをみると荒川・隅田川河口に近い橋場番所においても米・酒・雑穀などの輸送物資の査検にあたっていたことが明らかとなる。

そこで参考までに橋場番所あて天保十三年（一八四二）十一月の通行手形[43]を次に紹介してみよう。

差上申手形之事

一米千壱俵　下戸田村 上戸田村積合

右者、関保右衛門御代官所武州足立郡上戸田村、下戸田村当寅御年貢米前書之通、江戸神田川若宮安五郎船江積、浅草御蔵納仕候間、御番所無相違　御通被下候様奉願上候、以上

天保十三年寅年十一月廿三日　右下戸田村

納人
年寄　孫　平

橋場御番所
御役人衆中様

見られるとおり、この手形は荒川下流左岸の武州足立郡上戸田村・下戸田村の年貢米納人孫平から橋場番所役人にあてた通行手形で、米一〇〇一俵を江戸神田川若宮安五郎船へ積んで浅草御蔵へ蔵納するものであることが記載されている。

またもう一通、嘉永三年（一八五〇）六月付の武州入間郡下奥富村の名主茂右衛門から橋場番所役人あての通行手形(44)を紹介しておこう。

乍恐以書付御届ヶ奉申上候

一、酉年御年貢米　五拾俵但三斗七升入

右は江戸小石川新見豊前守様御屋敷迄積送り申候間、何卒　御番所無相違御通シ被遊可被下候様偏ニ奉願上候、以上

嘉永三戌年六月

御知行所
武州入間郡下奥富村
名主茂右衛門

橋場御番所
御役人中様

これは旗本新見豊前守の年貢米五〇俵を江戸小石川の屋敷に運漕することを届け出た書付けである。

表3　安政3年　下仁田河岸筏改石銭取立表

月日	木筏数	駄数	石銭	諸入用銭	筏主
3月21日	138組5分	138駄5分	574文	863文	上州甘楽郡蛇井村　五右衛門
4月1日	34　5	34　5	142	211	〃　谷五郎
16日	190　5	190　5	790	1貫187	〃　五右衛門
28日	140　5	140　5	542	875	〃　谷五郎
5月24日	68　5	68　5	282	427	多胡郡吉井宿　源松
26日	29　5	29　5	122	181	〃　〃
〃	7　5	7　5	30	45	〃　谷五郎
28日	123　5	123　5	514	769	緑野郡阿久津村　紋三郎
6月13日	45　5	45　5	186	281	〃　才吉
24日	65　7　5厘	65　7　5厘	171	410	甘楽郡中小坂村　倉吉
29日	31　5	(31　5)	130	193	下仁多町　六右衛門
〃	137　3	137　3	569	851	南蛇井村　五右衛門
7月7日	170　7　5	170　7　5	731	1貫　94(外)	緑野郡阿久津村　宗十郎
11月12日	3　5　2	3　5　2	14	100文	〃　〃
〃竹筏	12　5	12　5	50		

出所：『群馬県史』資料編9（近世1）安政三年三月甘楽郡下仁田河岸「筏改石銭取立帳」により作成.
注：表中6月29日駄数は「拾三壱駄五分」と記されていたが，明らかに誤記または誤植と思われたので（　）を付け訂正した．また石銭は森新田，山名村，福島河岸までそれぞれ記されていたが本表では省略した．

これにより橋場番所が通行船舶の取り締まりのほか流通物資の査検・統制にも関与していたことが明らかとなってくるが、さらに荒川上流から江戸へ乗り下げてくる筏、すなわち材木の流送の統制にも重要な役割を果たしていたことが注目される。

すなわち、明和九年（一七七二）七月、新古の両大滝村名主・組頭・百姓代・筏士など七四名から代官藤沢藤十郎にあてた「差上申請書之事」[45]には、荒川上流から川下げ筏運上金徴収について「当村之義荒川通り筏乗下し候ニ付、橋場御番所ニ而御運上差上可申御事ニ御座候」とあって、橋場番所において筏士が名主印形の送り状によりその書面を引き合わせ改めたうえで運上金を取り立ててもらいたいと願い出ている。

なお、関東における材木流送の統制に関する研究としては渡辺和敏氏の「相模川水運と荒川番所」[46]があり、相模川上流から搬出されてくる商品物資、特に薪炭・材木などから五分の一運上金を徴収していた事実が明らかにされているが、このような薪炭・材木などの商品物資統制のため関東の他河川でも運上金徴収のための番所が設置されていたものと推定されるので、これらの点についても今後調査研究してみる必要があるのではないだろうか。

たとえば、利根・烏川上流の鏑川沿岸の上州甘楽郡下仁田の河岸問屋惣代宗兵衛、同福島河岸問屋代組頭要七などから支配代官吉川栄左衛門・近藤和四郎役所にあてた寛政九年（一七八五）七月付の「河岸筏・材木貫目改めにつき一札[47]」によると両河岸では安永三年（一七九七）支配代官飯塚伊兵衛の差図により材木筏から一駄につき石銭として四文ずつ取り立てていた旨を申し立てている。

また、安政二年（一八五五）三月の下仁田河岸「筏改石銭取立帳[48]」により安政三年の石銭取立高を表示してみると表3のとおりである。

このような筏石銭取立が安永三年から行なわれたという見方も、田沼時代の明和・安永期の河岸問屋運上金の賦課徴収とあいまって推定できるのであろうが、これらの点についても関東の他河川との関連で今後追究してみなければならない課題であると考えている。

おわりに

以上で関東河川水運史に関する諸問題について先学や同学諸兄の研究に依拠しつつ、これまで筆者が手がけてきた問題などについて若干の新史料を提示しながら今後の研究への手がかり、足がかりとなるように努めてきたつもりであるが、なにぶんにも関東水運史研究の課題は広範多岐にわたるので十分に意を尽くせなかったように思われる。

特に近世初頭の河川水路開発の問題や東廻り海運や江戸―上方間の海上輸送ルートと内陸水運との関係、あるいは明治維新後の河川水運の衰退過程なども重要な研究課題と考えられるが、紙数の関係その他の事情により割愛せざるをえなかったが、これらについても今後の研究の進展を期待しつつ稿を閉じることにしたい。

（1）本稿で特に注記していない場合は本著によることをお断りしておく。
（2）『茨城県史料』近世社会経済編1、三七二頁。

(3)この点については前掲拙著第三章第三節「中利根川水運と奥州荷物の動向」などにおいても述べておいたので参照されたい。
(4)前掲拙著第四章「総州境河岸の衰退と商品流通」なども参照されたい。
(5)この点については前掲拙著第三章第二節を参照されたい。
(6)『柏市史』資料編六、一九〇頁。
(7)右同書、一九二頁。
(8)『古河市史』資料、近世編(町方地方)五七一頁。
(9)関東醤油の生産と流通、江戸地廻り経済の変質などについては林玲子編『醤油醸造業史の研究』(吉川弘文館、一九九〇年)、白川部達夫「江戸地廻り経済の展開と土浦醤油問屋」(田中喜男編『歴史の中の都市と村落社会』思文閣出版、一九九四年)なども参照されたい。
(10・11)古河市井上滋家文書、安永八年「登荷増船賃願一件」。
(12)前掲『古河市史』資料、五二〇頁。
(13)清水純家、天明七年「河岸問屋から代官に宛てた塩市場に関する弁書」。
(14)北爪清家文書。
(15・16)右同家文書。
(17)前掲拙著、一三二頁、第35表参照。
(18)『加須市史』資料1、一〇〇九―一〇一一頁、加須市黒田家文書。
(19)『戸田市史文化財調査報告書』Ⅵ、武内家文書(1)。
(20・21)『与野市史』中、近世史料編、三五七―三六四頁。
(22)『蕨市の歴史』第二巻、七七一―七七三頁。
(23)寛政十年三月「古来ゟ村方明細書上帳」(『武州榛沢郡中瀬村史料』所収)など。
(24)河田満次家所蔵文書、年不詳「船問屋業体御裁許状幷申伝書」。
(25)前掲河田家文書、明治四年「始末書を以奉申上候」。
(26)中瀬河岸の道路輸送については拙稿「明治前期の内陸水運と道路輸送」(『近代交通成立史の研究』所収、法政大学出版局、一九九四年)を参照されたい。
(27)宝暦十三年十月～安永七年七月「馬持え申渡覚」(『古河市史』資料　近世編(町方地方)』四一四頁)。

(28) 天明三年四月「乍恐奉願口上書」、右同書、五二九―五三〇頁。
(29) 天明二年五月～寛政六年閏十一月「河岸荷往来共増駄賃願諸事書留」、右同書、五三二―五三五頁。
(30) 前掲『与野市史』中、近世史料編、三五二―三五六頁。
(31) 埼玉県立文書館所蔵「勧業部(明一五〇二)逓信船積問屋」。
(32・33) 前掲『与野市史』中、近代史料編、二五三―二五五頁。
(34・35) 右同書、三五六―三五七頁。
(36) 高尾河岸旧問屋田島和治氏提供。
(37) 前掲川名登『近世日本水運史の研究』所収。
(38) 第二〇回交通史研究会大会『研究発表要旨』。
(39) 津田秀夫編『近世国家と明治維新』所収(三省堂、一九八九年)。
(40) 拙稿「近世河川水運と商品流通をめぐる諸問題」(『地方史研究』二三八号)。
(41) 『徳川禁令考』前集第三、一六三二号、一九四頁。
(42) 『新編埼玉県史』資料編15、七二九―七三二頁。
(43) 『戸田市史』資料編二、近世1、二七八頁。
(44) 前掲『新編埼玉県史』資料編15、七三二頁。
(45) 『大滝村誌』資料編一、三〇六―三〇七頁。
(46) 渡辺和敏『近世交通制度の研究』所収、一一二―一二六頁(吉川弘文館、一九九一年)。
(47) 『群馬県史』資料編9、近世1、西毛地域1、七六三―七六四頁。
(48) 右同書、七六六―七七七頁。

第二編　陸上交通

第一章　近世宿駅問屋制の確立過程再論——問屋の宿役人化をめぐって

はじめに

筆者はかつて『日本歴史』（二二〇号、一九六九年九月）誌上に「近世宿駅問屋制の確立過程」という論文を発表した。その序論において、宿駅問屋について「戦国期から東国地方の宿に存在して旅人の宿泊や伝馬の仕立等を業とする商人問屋に由来するもので、幕府の法制にもとづき宿・助郷人馬を差配し、公私の継立や宿泊に関する一切の駅務を総括する役人」であると規定した。

その論文構成を示せば、つぎのとおりである。

はしがき

一、駅制初期問屋の性格

イ、初期問屋の由来

ロ、初期問屋の地位と役割

二、駅制の推移と問屋の宿役人化

イ、継飛脚給米と問屋

ロ、幕府の宿駅助成と問屋

ハ、助馬制と問屋

むすびにかえて

そして、最後の「むすびにかえて」では、「慶長～寛永期にかけて転封により領主と問屋の緊密な関係が次第に除去され、幕府職制の整備や地方支配機構の確立と相俟って常備人馬の確定など駅制の推移に伴い、助馬制や宿助成の問題と関連しつつ宿駅問屋の性格も公的性格を強め、宿役人としての地位が明確化してくるのである。その時期は東海道赤坂宿等の限られた史料から見た場合、寛永十年を上限とし、寛永十九年を下限とすることができると思う」と述べておいた。

この見解はその後、交通史研究者の間では若干の異論はあったようであるが、おおむね容認されていたように思われた。

たとえば丸山雍成氏は、その著『近世宿駅の基礎的研究　第一』（吉川弘文館、一九七五年、一〇四頁）で宿駅問屋が「江戸幕府の支配機構の中に編入されて宿役人化するのは寛永十二年の参勤交代制の実施と前後する時期からであって」と述べておられる。また、丸山氏は児玉幸多編『日本交通史』（吉川弘文館、一九九二年）でも拙論を引用しつつ同趣旨の見解を記述されている。

ところで、近年牧原成征氏は『史学雑誌』（第一〇七編第八号、一九九八年八月）誌上に「近世初期の宿、その構成と展開」という論文を発表された。その要旨は近世初期の宿駅内部における問屋対伝馬衆との商人荷物運送をめぐる争論に視点を据えつつ、在地有力者である問屋が町中（伝馬衆）へと包摂されていく過程を中山道を中心として論述されたもので、従来の交通史研究に新見解を提示した労作といえる。

しかしながら牧原氏は、右論文中で拙論を取り上げ、「はたして近世初期においても問屋は商人の宿を独占的に営む存在であったろうか、江戸幕府は、戦国大名のように問屋を安堵したり、任命することはなく、一七世紀半ばまで幕府が一斉に出した法令や定書に問屋は一切登場しない」と指摘された。

また、同論文の注13でも「このような（個別ではなく）一斉に出された高札や定書の文言からは、丹治氏の主張のように、寛永期に画期を見出すことはできない」と批判された。

さらに牧原氏は、「万治元年の起請文、同二年の道中奉行の設置、天和二年の高札以降、宿における責任主体が従来の「其町之年寄」から「其町之問屋・年寄」へと変わることなど幕府が統一的に掌握する状況が明瞭に読み取れる」という見解を述べておられる。

そこで筆者は牧原論文を念頭に置きつつ、戦国期から徳川政権成立後の寛永期頃までの駅制の推移と問屋の宿役人化する過程について、これまで利用していなかった若干の新史料も提示しつつ、再検討を試みようとするものである。

第一節　戦国期の宿駅と問屋

戦国期における宿駅と問屋との関係については、相田二郎氏が名著『中世の関所』中の「戦国時代に於ける東国地方の宿　問屋　伝馬」[1]において論述されているので多言を要しないであろう。

相田氏は相模国当麻宿の商人問屋関山弥五郎などの事例を取り上げ、当時の問屋が旅人宿泊と伝馬の仕立にあたっていたことを明らかにされた。

そこで相田氏の著書に収載されている丑（天文二十二〈一五五三〉年）十一月廿六日付で駿河国駿東郡ならびに富士郡の一部を領有していた豪族葛山氏元から駿東郡茱萸沢《ぐみさわ》宿（御殿場町）の芹沢玄蕃尉にあてた文書[2]を見ると、つぎのとおり記されている。

一葛山氏元証状（折紙）

於二茱萸沢内一彼居屋敷幷問屋十間之分、伝役、棟捌（別）、桑役、茶役、其外諸役永代令免許訖、万一於レ有二急用之一儀者、直ニ為二奏者一可二申付一、但、伝馬之儀者、可レ勤レ之者也、仍如レ件

（天文二十二年）丑
十一月廿六日　氏元（花押）

芹沢玄蕃尉殿

見られるごとく、葛山氏元領国内に居住していたぐみ沢宿の土豪・問屋であった芹沢玄蕃尉は、伝馬仕立の御用を勤仕する代償として居屋敷ならびに問屋屋敷一〇間をはじめ伝役・棟別などの諸役を免除されていたことがわかる。

またもう一点、葛山氏元勢力圏内にあったぐみ沢宿関係文書(3)を見よう。

御厨之内くみさわ宿中給衆、何れ之為二被官者一共、入二駄賃一者之儀者、不残伝馬之事可二申付一、并問屋之儀、可レ為レ如前々者也、仍如レ件、

（永禄二年）未
十一月七日　〇月日ノ字面ニ葛山氏万歳ノ朱印小形一アリ

芹沢玄蕃殿

これは領主葛山氏元がぐみ沢宿の問屋芹沢玄蕃尉にあてて発給した文書で、宿中の給衆、つまり被官に対して商人荷物などの駄賃付を許容する代わりに伝馬仕立の御用を勤仕することを命じたもので、芹沢氏の問屋職もこれまでどおり安堵するという趣旨と考えられる。これら二点の文書により、芹沢氏が宿駅全体を掌理する有力な地侍であったことが明らかとなる。

次いで天正十一年（一八五三）駿河国富士郡上井出宿中に与えた徳川家康の下知状(4)を見ることにしよう。

駿州富士郡上井出宿中、去年甲州郡内当方江敵対之刻、彼宿中へ夜討入、男女等討捕撃散付而、伝馬之百姓等退転之旨令答、各屋敷家数三十間、此内問屋々敷四間、表口八間、奥へ三十間宛、並棟別諸役等、如二前々一令二免許一配分二之一、但右之宿中者、斎藤半兵衛為二本知一之由言上之間、以二北山之内一所二宛行一不レ可レ有二相違一、者守二此旨一、伝馬役弐拾六疋之分、無懈怠可二相勤一之状如レ件、

倉橋三郎五郎（政範）

奉之

天正十一年（家康）
正月十九日（朱印）（印文福徳）
上井出宿中百姓等

右により富士山西麓を走る街道の要衝に位置する上井出宿には当時伝馬屋敷の所有者が三〇軒（間）あり、そのうち問屋屋敷所有者が四軒あって、二六疋分の伝馬継立を勤仕することを命ぜられたが、その代償として問屋四軒は表口八間、奥へ四〇間分の地子と棟別諸役を免許されていたことが明らかとなる。したがって上井出宿には伝馬問屋四軒が存在し、伝馬衆とその持馬二六疋を差配して領主の伝馬継立の御用を勤仕していたことがわかる。

さらに北国脇往還にあたる信濃国筑摩郡松本町の地侍倉科半五郎（盛軌）にあてた天正十七年九月二十日付の小笠原貞政の「伝馬之覚」(5)により問屋の地位と役割について明らかにしてみよう。この文書には伝馬勤仕人として新左衛門・惣左衛門など五八人の名前が掲載されているので、問屋の倉科半五郎がこれらの伝馬勤仕人を差配し、小笠原氏の伝馬継立の御用を勤仕していたものと思われる。

この点については天正十七年十月十三日付の小笠原貞慶の家来（松本町の奉行カ）葉山猪介から倉科半五郎にあてたつぎの黒印状(6)を見ると、より一層鮮明になってくるであろう。

追而、於町中誰之被官とこう申候共、きつく御用有においてハ御断尤候、以上、
当町中之儀我等ニ被仰付候間、其方問屋・肝煎之内誰や之者於町中違乱申候共穿鑿可有候、次我等の内か忠次殿無御断候者伝馬之儀堅御無用ニ候、但和泉・三郎右衛門請合可有候、為後日手形進之者也、仍如件、
（天正十七年）天丑之
拾月十三日猪介（葉山）（黒印）
倉科半五郎殿

まいる

この文書の宛名の倉科半五郎は天正十七年三月小笠原貞慶から知行五〇貫文を宛がわれた地侍である。さて、この町方手形は松本町の支配を葉山猪介が仰せ付けられたので、その方の問屋・肝煎のことについて、もしも違乱する者がいたならば捜し出して取り締まってもよい、また、葉山氏のほか忠次（伊奈氏）の許可無しに伝馬を出すことを禁止する、という趣旨のものである。

こうしてみると、松本町の地侍倉科半五郎は領主の小笠原氏から問屋職を安堵されるとともに、町奉行と推定される葉山猪介や伊奈忠次らの指図を受け、伝馬勤仕人五八名を差配して伝馬継立の掌にあたっていた地侍的商人であったといえる。そして商人荷物などの脇道通行を取り締まる任にあたるとともに、門構えの居屋敷も免許されていたのである。(7)

その後慶長十八年（一六一三）になると、倉科氏は半五郎の跡目九郎右衛門が、小笠原氏と交代した新領主石川康長から引き続いて問屋職を安堵され、商人荷物運送の独占権を認容されていたことがつぎの文書(8)によってわかる。

当町問屋之儀申付候上、諸商人荷物為致脇宿申間敷候、并門屋敷之儀、無相違指遣候者也、

以上

慶長拾八年

十月二日（石川康長）（朱印）

倉科九郎右衛門

なお、慶長十八年十月十八日付で石川康長は改易となり、代わって小笠原秀政が松本城主となるが、小笠原氏の街道宿駅支配については改めて次章で述べる。

つぎに関ケ原合戦以前の東海道宿駅の問屋関係文書を見ることにしよう。まず文禄四年（一五九五）四月三日付の見付宿文書(9)を見ると、つぎのように記されている。

定問屋之事

一十五日番ニ無相違可被仕事

一問屋之儀、歳寄《(年)》拾人ニ被仰付候へとも、口多候故、成不申候てすて置申候、殊更若者迄再すておき申候、然共従前々先問屋之事候間、かん阿ミ《(閑阿弥)》と米屋ニ申付候、若余人ヨリ申分候ハヽ、拙者方ゟ可申候事

一宿荷、毎日壱駄ツヽ取置、地下之入目ニ可仕候、但馬之かいれう、口付之飯米ニ、浜松へ者三升ツヽ、袋井へ者馬口付ニ米壱升ツヽ可取、此外ちり《(散)》荷・のりかけ《(乗懸)》荷、壱駄も不可取、若取候ハヽ、宿可為曲事候、此条々於相背者、問屋之儀も地下百人之者急度可申付者也

文禄四年未卯月三日　正靏（花押）

米屋殿

まいる

右の文書は発給者正靏の素姓は明らかでないが、当時駿河国一円を支配していた中村式部正一氏配下の代官と推察される。また、文中問屋を仰せ付けられた「かん阿ミ」と「米屋」とは閑阿弥入道・米屋弥二郎のことで、両名とも見付宿の問屋役を勤仕していた地侍的有力者であったと思われる。

また、この文書は領主の問屋役任命にかかわる三カ条の定書で、その一カ条目では問屋役を二人で一五日ずつの交代で勤めること、二カ条目では問屋役を両名に任命するまでの経緯を記し、この人事につきもし余人がかれこれ異論を唱えた場合には正靏が決着をつけるであろう、という趣旨が記されている。

そして三カ条目では宿荷、すなわち商人荷物のうち一駄分は地下の入用にあてること、口付（駄賃）として隣宿の浜松へは米三升、袋井へは一升ずつ収受すること、そのほか規定外の散り荷（抜荷カ）、乗掛荷（人と荷物）は一駄も運送してはいけないこと、そして地下人（伝馬勤仕衆）一〇〇人を差配して伝馬継立の御用を勤仕するように命じた定書といえるであろう。

なお、この文書と同年月の閑阿弥と米屋から正覊あての「問屋之儀に付申上候事」[10]という連署状案には地下人を召し抱え「如前々宿荷等之儀被仰付候、相心得申候」[11]とあり、宿荷運送などにつき承知した旨の返答書を差し出している。

これらの文書により徳川氏覇権成立以前の東海道見付宿では、問屋が領主代官などから任命され、地下人等を差配して伝馬継立の御用を勤めるとともに、商人荷物運送の独占権を認められていたことが明らかとなる。

さらにもう一点、東海道岡部宿の関係文書により戦国末期の宿駅における問屋の地位と役割について述べてみよう。

慶長五年二月二十日付の駿河府中城主中村一氏の宿老（代官カ）横田内膳正村詮から岡部宿問屋仁藤氏にあてた定書[12]には、つぎのように記されている。

定　　岡部新宿

一当宿伝馬之事、我事手かた（形）無之者、自然かりことを云、伝馬出し候へと申者於在之ハ、町中いてあい搦捕可相越候、然上、肝煎内々を以なとわき〱へ伝馬をあてかし候事、縦後日ニ聞届共、第一そのきも入可為曲事之事

一丸子・藤枝ヨリ東西への駄賃馬之事、自先年如相定、岡部にてつけかへへき事

一当町之伝馬数、前々ゟ弐拾壱疋ニ相定上、今以無相違之間、得其意伝馬役可相勤之事

右之条々少も相違の輩於在之ハ、則相搦、即刻注進可仕者也

慶長五年子二月廿日　　内膳正

村詮（花押）

岡部問屋

仁藤

見られるとおり、この文書は岡部新宿の伝馬継立に関する三カ条の定書である。その一カ条目では伝馬継立には横

田村詮の手形が必要であること、もし、手形を所持しない者が伝馬を要求した場合は町中で搦め捕ること、また、たとえ肝煎でも伝馬を出すことは禁止するという趣旨である。

その二カ条目は隣宿の丸子・藤枝からの駄賃馬は、先年のごとく岡部宿で付け替えをすることとしている。

その三カ条目では岡部宿の伝馬数は二一疋と定めたので、相違なく伝馬役を勤めるように命じたものである。

そして後文では、右の条文にすこしでも違反したものが出たならば搦め捕り、即刻注進するようにと記されている。

これにより戦国末期における宿駅問屋と伝馬継立の関係について、かなり明瞭に汲みとることができるであろう。

また、中村一氏支配領域における東海道の宿駅問屋はこのような領主の規制を受けていたが、その一方では伝馬継立の御用を勤仕する代償として商人荷物を運送する特権を付与され、さらに居屋敷その他の諸役も免除されていた地侍的性格の伝馬問屋であったといえるであろう。(13)

第二節　慶長・元和期の宿駅と問屋

1　慶長期の宿駅と問屋

慶長五年（一六〇〇）関ケ原合戦前後の問屋関係文書として注目されるのは、徳川家康の家臣大久保長安から中山道妻籠宿問屋にあてたつぎの馬荷運送請取状(14)である。

信州伊奈(那)郡ゟ被召□ものを□
合三千百貫目、此馬数百三拾弐疋之通、御朱印御座候、右之内只今馬拾弐疋請取申候、残合馬百弐十疋ハ荷物上セ次第請取可申候、為後日如件
慶長三(五)年十一月廿五日　　大重兵衛(大久保長安)（花押）
(妻籠)つまこ

とや殿江

この文書は慶長三年の年紀に同五年ではないかとの疑念がもたれているが、筆者もまた五年が正しいのではないかと考えている。いずれにしても中山道妻籠宿に北国西街道経由の佐渡金山採掘の金物荷物かと推定される三一〇〇貫目、馬数にして一三二疋もの相当多量の御用荷物があり、その運送の掌にあたっていたのが宿駅問屋であったことが裏付けられる。

また、この妻籠宿の問屋関係文書としては慶長六年四月十三日付で徳川家代官（美濃国木曾谷中）の山村道勇（良候）から六郎左衛門にあてた、つぎのような問屋職預置証文(15)がある。

妻籠半分之問屋之事申付候間、其段可相意得候、為其筆染候、謹言

慶長六年

卯月十三日　　道勇《山村良候》御判

六郎左衛門

かたへ

そのほか慶長六年四月十一日付で山村道勇から中山道野尻宿の脇田佐吉にあてた、つぎのような問屋職預置証文(16)もある。

一野尻半分問屋相預ケ申候、其分可申付、為後日一筆如此候、以上

慶長六年卯月十一日　　道勇《山村良候》（花押）

脇田佐吉

なお、同年四月十二日付で山村道勇から同じく野尻宿の木戸へあてた同文言の問屋預置証文もあるので、妻籠・野尻両宿の問屋につきそれぞれ二名ずつの問屋が徳川家代官から任命されていたと考えてもよいであろう。

ところで、関ケ原合戦後に徳川家の街道と宿駅の支配が急速に進められつつあったことが、つぎの慶長五年十月八

日付の浅野幸長をはじめ徳川家武将五名が連署した伝馬駄賃免許状(17)によって看取することができる。

道中人馬諸役幷渡船運賃之事

右為戦功之賞、奥山左近進ニ被成置御免許之旨、永相違有之間敷候也、如件

浅左京大夫幸（浅野幸長） 御判
桜安芸守信（桜井信忠） 御判
小田大隅守茂（小田切茂富） 御判
跡九郎右衛門尉昌（跡部昌忠） 御判
伊　熊　蔵忠（伊奈忠次） 御判

国々所々問屋庄屋中

見られるとおり、これは合戦後間もない頃戦功のあった甲斐の奥山左近進あてに発給した宿駅伝馬や渡船の無賃使用を認めた免許状であるが、そのあて名が「国々所々問屋庄屋中」とあって、当時街道の宿駅に人馬継立を専業とする戦国時代からの運輸業者、すなわち伝馬問屋が存在していたことがわかる。

次いで（慶長六年カ）十一月十四日付の大久保長安から美濃国木曾谷中の代官山村道勇（良候）にあてたつぎのような書簡(18)を見ると、伊奈街道の小野新町に宿駅を開設し、新たに問屋を取り立て、宿駅制度の整備に尽力していた様子を垣間見ることができる。

尚々新町わり奉行ニ駒沢管左衛門こし申候、貴所ゟも只今御遣シ可被成候、以上

急度申入候、仍（伊那郡）小野海道出来候由申候間、小野新町割ニ人を遣し、貴所ゟも慥成衆被遣といや以下、何レ彼地、我等も此中頃さん〱とて甲府に居申候、はやよく候て昨十三日ニ罷立、江戸江参り候、用事の儀も候ハヽ、可被

仰渡（越）候、恐々謹言

（慶長六年カ）霜月十四日　　大十兵　花押

山道勇軒

―方へ

なお、この書簡とほぼ同時期の、慶長六年十一月十一日付の大久保十兵衛（長安）から千村《ちむら》喜太郎（重利）にあてた書簡[19]も参考までに紹介しておこう。

尚々、小野之義も木曾御蔵入ニいたし候間、心やすくあるへく候、やかてやしきわりに人をこし可申候間、道勇（山村良候）たんこう候て、よきやうにあるへく候、以上

急度申入候、桜沢口何ほと出来候哉、承度候、ほしな（保科正光）との様子も無心元候間申入候、不及申候へとも、其元万事無油断やうに尤候、松本ゟもさた〳〵と申候へとも、此方之儀者一円たかい不申候間、其心得あるべく候、ほしな殿分者よく出来候由被仰候か、信濃殿（小笠原秀政）御手前もよく出来申候哉、是又承度候、恐々謹言

（慶長六年）霜月十一日　　大十兵（大久保長安）へ

長安（花押）

千村喜太郎（重利）

久兵衛殿

まいる

この書簡を見ると、大久保長安が山村道勇や千村喜太郎を督励して、信濃・美濃地方の街道と宿駅の整備を着々と進めつつあったことがわかる。

さらに、その後、慶長八年（一六〇三）十月二十八日付で大久保長安から御嶽宿惣中ならびに問屋あてに、つぎのような五カ条にわたる「伝馬駄賃定書」[21]が渡付されている。

覚

一伝馬次之事、弐拾五疋迄之事ハ、大井より大くてニて次可申候、廿五之外廿六疋ニなり候は、大井之馬ミたけ迄可被通候、大くてよりミたけまでの駄賃ハ、我等かたより可出候間、其時〳〵に新六かたより伝馬衆へ駄賃相渡、重て可有算用之事

　付、人足之事は、拾人迄ハ、大くてニて次可申候、其外ハ右同前可為駄賃事

一下之時は、弐拾五疋迄ハ、大くてニて次可申候、廿五疋之外大伝馬ハ、ミたけ宿之馬は無用ニて、在郷幷かね山之馬ニて大井迄送可申候、同人足拾人迄ハ、大くてニて次可申候、拾人之外ハ、右同前之事

一此前も、度々置目申付候へ共、弥以手形なくして、馬・人足一切出ましく候、縦手形ありといふ共、ミせずして申懸人あらは、是も一切不可立之事

一ほうにもれたる荷物を渡、非分申かけ候は、手形ありといふ共、一切不可立事

一馬他行之時、おそく候とてうちたゝき、非分之人あらは、其才料(宰領)之名を書付、はゞかりなく早々可申上候、もし名をかくし、不申候は、いつかたまでもあとをとめ、相改可申上候事

　付、我等家中之者ニ候は、郷中より合(ママ)、非分之人をしとめ可申上事

　　慶長八年

　　　十月二十八日　　　　　大久保石見守(長安)　御判

　　　ミたけ
　　　　惣中
　　　同といや

右の大久保長安から御嶽宿惣中ならびに問屋にあてた「伝馬駄賃定書」は、御嶽宿—大久手宿—大井宿間の常備人馬の継立仕法、伝馬衆への駄賃の支払方法、通行手形の確認、不法通行者の取り締まりなどにつき具体的に指示したものである。その一カ条目の文中に「新六かたより伝馬衆へ駄賃相渡」しとある新六が伝馬衆を差配していた問屋で

はないかと推定される。いずれにしても御嶽宿では問屋が伝馬継立に重要な役割を果たしていたであろうことは、この定書の文面によって疑う余地がない。

また、慶長十年八月二十八日付で東海道見付宿の問屋米屋二郎兵衛は、奉行所あてに問屋としての由緒をつぎのとおり申し立て、問屋職安堵の朱印の下付を願い出ている。(22)

乍恐見付といや（問屋）之儀ニ付而申上候事

一見付といや之儀、前々ハ下りハならや二郎左衛門、上りハ我等両人にて相抱申候……

一去子年（慶長五年）天下太平に罷成、京都ニて　御朱印出テ申候時、我等共も罷登り　御朱印可申請と存候処ニ、伊豆の三嶋の問屋、我等共よりさきに罷登り、御奉行所へ御理り申上候へハ、是程御せいすい成御代ニ、問屋と申かたく　御朱印なとハ出テ申間敷、前々仕来候者、前々のことく仕候へと被仰付、其時　御朱印不被下候、今度之儀ハ江戸御年寄中、駿府ニて申請候へと御意被成候ニ付、如此申申（ママ）上候、末代之儀ニ御座候間、御けちゑんと被思召　御朱印被下候様ニ奉憑申候事

（一カ条略）

右之趣聞召被分、御朱印被下候様ニ奉憑申候、仍如件

巳（慶長十年）

八月廿八日　見付問屋　米屋二郎兵衛

御奉行所

これを見ると、東海道の徳川家支配領域では問屋の任免権を幕府が掌握していたようにも思われるが、この点についてはなお後述する。

次いで、慶長十二年十二月二十八日付で田中城主酒井備後守忠利から藤枝宿次郎左衛門にあてた問屋任命書(23)には、つぎのとおり記載されている。

白子御伝馬町といや之儀、其方壱人ニ申付候、弥　御大途御用之砌、夜中かきらす可被走廻者也、仍如件

慶長十二年

丁未極月廿八日

次郎左衛門殿

これを見ると、藤枝宿問屋の任免権は領主が掌握していたことになる。しかし、御大途御用の砌《みぎり》は、夜中を限らず走り廻るようにと指示しているので、私領の宿駅問屋は幕藩権力の二重支配下に置かれていたとみるのが妥当であろう。

次いで、もう一点、慶長期における公儀と問屋との関係を示す史料として、慶長十四年十一月二十五日付で彦坂光正から由比宿中にあてた伝馬継立に関する「掟書」(24)を紹介しておこう。

覚

一上下之駄賃之儀、人馬出しかね、上下衆留被置候故、迷惑被致候、馬次はやく出し可申候、番ニ致候由、遅々仕候間、つけ次第ニ可致候事

一夜中をきらわす、何時成共たちん(駄賃)取候て人馬出し可申候事

一上下之御伝馬御手形改、立可申候、若かり事申人於有之ハ、人馬立候ましく候事

右之条々相背候て、重而物言有之ハ、といや(問屋)を急度御成敗可被　仰付之旨　御諚候間、其心得可有之者也、仍如件

慶長十四

酉十一月廿五日

彦(彦坂光正)　九兵　㊞

由比宿中

見られるとおり、これは当時駿府町奉行だった彦坂光正から由比宿あてに出した宿場の人馬継立仕法など三カ条の

掟書であるが、その後文には「右之条々相背候て、重而物言有之ハ、といや（問屋）を急度御成敗可被　仰付之旨　御掟候」とあって、問屋が宿場における人馬継立の責任者、すなわち公儀役人として認容されていたことを示すものであろう。

さらにもう一点、慶長期における私領の領主と問屋との関係を示す史料[25]を左に紹介しておこう。

たるいといやかたへ相渡大豆覚

大豆四石者　十郎兵衛

同　四石者　六左衛門

同　四石者　増右衛門

以上拾弐石

右払升を以可相渡者也、仍如件

慶長十四酉五月廿三日　（徳永寿昌）式法印（黒印）

西脇久左衛門殿
□□

これは慶長十四年五月二十三日付で高須藩主徳永寿昌が、垂井宿問屋三名に対し宿場助成として合わせて一二石の大豆を支給した証文であるが、これにより私領でも問屋が宿駅を代表する責任者として認定されていたことがわかる。

さらに慶長十一年以降における宿駅問屋の存在形態について述べてみよう。

慶長十一年関ケ原宿問屋と居益（今須）・柏原両宿問屋との間で北国街道・九里半街道の商人荷物の運送をめぐる争いが起きたが、このとき関ケ原宿問屋七名が大久保石見守（長安）へ提訴した結果、京着駄賃荷物などの上り荷物は脇道の玉村へ付け抜けせずに居益・柏原両宿方面へ継ぎ送るということで一応の決着をみることになった[26]。しかし、このような商人荷物運送の争いは慶長十六年、同十九年にも繰り返し起こっている。

これら駄賃稼ぎ出入りの訴状を見ると、関ケ原・居益両宿にはそれぞれ六〜八名くらいの問屋が存在していたことが確認される。これら問屋は公用の人馬継立に従事する代償として駄賃稼ぎの特権を認められていたのであるが、このように多人数の両宿問屋同士が駄賃稼ぎ荷物の争奪を繰り返していたことは、彼らが公儀の伝馬継立に従事する役人的性格を帯びていたが、その反面では戦国期以来の伝馬問屋的形態をなお色濃く残していた商人であったといえるであろう。

次いで慶長十七年四月二十八日付で幕府作事奉行鈴木左馬助・杉田忠次から関ケ原問屋中にあてた「禁中御作事榑《くれ》木運送督促状[27]」を見ると、木曾川流域の綿織（綱場）から送り出した榑木の運送について、つぎのとおり記されている。

以上

禁中御作事榑木之儀、去年より杉九郎兵下代綿織より過分ニ出し候へ共、道中にて滞、上着不申候間、為服部久左衛門申付指越候間、先々より其地へ参着次第、不移時刻運送可被申候、御作事殊外御急候へ共、榑木ニ御事闕候間、油断之所候者、必為越度候、駄賃米之儀如前々可被請取、其段申付候、猶久左衛門可申候、恐々謹言

（慶長十七年）壬子卯月廿八日　（鈴木）鈴　左馬助 印
（杉田忠次）杉　九郎兵 印

関ケ原
問屋中

見られるとおり、これは京都御所修築関係と推定される木曾産出の榑木の運送を関ケ原問屋へ命じた書簡であるが、急用なので関ケ原へ参着次第に早速運送するように命じている。また、これを見ると、駄賃米については前々のごとく受け取るようにと指示しているので、これまでも榑木運送の御用がしばしば行なわれていたことを示唆している。そして、こうした御用荷物運送の代償として商人荷物運送の特権が宿駅問屋に認められていたのである。

そこで、さらに慶長期における領主と問屋との関係について、信濃地方の史料を中心として明らかにしてみたい。

まず慶長十九年七月十三日付で松本城主小笠原秀政から中山道本山宿問屋にあてた問屋職任命状(28)を見ると、つぎのとおりである。

今度本山問屋之儀に付而裁許承届、両問屋に申付候上者、双方少も違乱有間敷候、一ケ月之内上十五日者小野七左衛門、下十五日者小林弥右衛門、如此伝馬駄賃之儀可申付候、為後日、仍如件

（小笠原政信）小主水佐（花押）
（春日）春淡路（花押）
大半左衛門尉（花押）
小隼人佐（花押）

これを見ると、本山宿問屋二人の間で紛争が起こり、領主の裁決により一カ月のうち一五日ずつ交代で伝馬・駄賃付けの運送をするように申し付けられていたことがわかる。

右のほか、小笠原秀政の領国では慶長期の段階で北国街道の苅屋原宿や保福寺通りの保福寺宿にも伝馬定書が出されている。たとえば慶長十九年二月九日付で保福寺問屋あての定書(29)を見ると、つぎのとおり記されている。

定

一宿場作法之儀、前々通相務可申事
一問屋・肝煎田地無役之事
一往還諸荷物駄賃之内十分一上まい可取之事
右前々通、申付者也
慶長十九年
甲寅二月九日　（小笠原）秀政（黒印）

保福寺町
問屋

この定書三カ条の第一条は、宿場の仕来りは従前どおり務めること、第二条は問屋と肝煎はそれぞれ役儀を務めるので田地の課税は免除すること、第三条では往還諸荷物、すなわち商人荷物の駄賃のうち十分の一は問屋が収受してよいという意味であろう。この定書によっても問屋が伝馬役人を差配して公儀ならびに領主の人馬継立の負担をする代償として、こうした特権が認められていたことがわかる。

さらに、慶長十九年五月五日付で小笠原秀政から北国西街道青柳町（筑摩郡）問屋・肝煎あてに付け渡された「青柳町伝馬役定之事」(30)には、つぎのとおり記されている。

青柳町伝馬役定之事
家数三拾七間
此内無役之分
一壱間　問屋
一弐間　同問屋
一弐間　肝煎
一壱間　散使
一壱間　禅門
一壱間　笠縫
一壱間　庭はき
一四間　明屋敷
拾三間　無役

九　間　　半役
拾五間　　本役
合三拾七間
右伝馬・歩者共ニ役儀仕候者、駄賃・榑上・薪・たゝミ・こも用捨候、以此旨伝馬数出来候様ニ才覚可仕候也
（慶長十九年）
慶長刁
五月五日　　　　　　　（小笠原）
　　　　　　　　　　　秀政（朱印）
青柳町
問屋
肝煎中

これを見ると、青柳町には家数が三七軒あって、そのうち無役が一三軒、半役が九軒で、残り一五軒が本役となっている。本役が伝馬役、半役が歩役と思われる。また、伝馬・歩役共に駄賃・榑上（材木）・薪・たたみ・こもなどの上納を免除するので、伝馬継立の御用を勤仕するように命じたものといえる。この伝馬役定めで特に注目したいのはあて名が問屋・肝煎となっていることである。これにより青柳宿では問屋三軒が伝馬・歩役を差配し、伝馬継立の御用を勤仕し、肝煎とともに宿場町を総括する責任者として領主からその地位を保障されていたものと考えられる。

こうしてみると、関ケ原合戦後の慶長期の問屋は戦国期からの地侍的性格を払拭して町人身分となり、幕藩領主から改めて問屋としての地位を安堵または任命され、宿の伝馬・歩人足を差配し、人馬継立や御用荷物の運送、継飛脚逓送の御用を勤仕する反対給付として商人荷物運送の独占権を認容されていた運輸業者であったことが確認できる。また、宿場内では幕藩領主から屋敷地やその他の諸税を免除され、肝煎などとともに宿場内の統制にも関与していた在地有力者であったともいえる。もちろん、それぞれの領主や宿場によって若干の差異はあろうが、大局的にみてこのように考えても大過ないであろう。

2　元和期の宿駅と問屋

元和二年（一六一六）十一月、幕府は中山道木曾福島などの諸宿に対して安藤対馬守（重信）・土井大炊助（利勝）・酒井備後守（忠利）・本多上野介（正純）・板倉伊賀守（勝重）など幕府重臣五名連署の五カ条にわたる「伝馬定書」(31)を出して、街道と宿駅支配の強化に乗り出してゆくのである。

この幕府の「伝馬定書」に対して中山道追分宿（佐久郡）では、元和三年正月六日付でつぎのような請書を幕府役人石川長左衛門（忠吉）・樽田平太夫に対して提出している。

御定　被仰下候御事

一御伝馬幷駄賃荷何も四拾貫目之事

一追分より小田井迄上下荷物、ひた銭弐拾文、くつかけ拾七文、幷帰馬駄賃銭も右同前之事

付、人足賃壱人ニ馬半分取可申之候事

一御定之外、増銭取者御座候者、其町中より過銭（と脱）して、家壱間ニ付而ひた銭百文つゝ指上可申候事、但当人ハ五拾日籠（舎）者可被仰付之候事

一御伝馬駄賃荷、宿中馬持次第ニ出可申候事

一駄賃馬多入候時ハ、其町より在々之馬をもやとい、荷物ちゝ無御座様ニ、雨風おもきらわす出し可申之候事

右五ケ条之御判形慥ニ請取申候、若此旨於相背者、其町之年寄共何様之御法度ニも可被仰候、少も御うらみと存間敷候、為後日仍如件

元和三年正月六日

追分之問屋
市左衛門
きもいり

喜左衛門

石川長左衛門殿

樽田平太夫殿

この請書によれば、追分の問屋市左衛門は肝煎とともに宿場における人馬継立に関しては全責任を負っていたことが明白となる。また、幕府役人から宿駅の責任主体としての地位も認容されていたといわざるをえない。

そこで、さらに中山道洗馬宿の問屋関係文書をみよう。宿駅問屋が書き留めた元和二年十一月付の定書(32)を見ると、つぎのとおり記されている。

定

一、御伝馬并駄賃荷、何レも壱駄ニ付、四拾貫目之事

一、御定之外、増銭取もの於有之ハ、其町中ゟ過銭として、家壱軒ニ付而ひた銭百文ツヽ、可出候、当人ハ五十日可為籠舎事

一、御伝馬駄賃荷、宿中馬持次第可付事

一、駄賃馬多入候時ハ、其町ゟ在々之馬共やとひ、荷物遅々無之様ニ、雨風をも不嫌可出之事

右之条々、若於相背は、其町之問屋共可為曲事者也

仍而如件

元和二年霜月日

この定書は先述の追分宿の定書五カ条と若干の相違は認められるが、ほぼ同趣旨のものと考えられる。ただこの定書の後文には「其町之問屋共可為曲事者也」とあって、洗馬宿でも問屋が宿場における人馬継立の責任主体としての地位を認知されていたことを示しているように思われる。

洗馬宿に保存されている史料中に問屋の名前が登場するのはこれが初見であるが、元和期に入ってから幕府の宿駅

政策に徐々に変化が現われつつあったことを示すものとして注目しておきたい。

そこでもう一点、元和二年に新設された東海道袋井宿問屋あてに出された徳川頼宣家（駿河・遠江・東三河五〇万石）の年寄衆彦坂光正（幕府代官）・安藤直次（掛川城主）など徳川家の重臣四名連署の地子免許状(33)を紹介してみよう。

袋井町屋敷法丈高内弐拾三石五斗弐升之所、町人ニ被下候間、惣町むらなくわり可申候、御公方之御役上下之駄賃之儀、無沙汰なく可仕者也、仍如件

元和二年辰

八月四日

彦坂九兵衛（光正）　印

安藤帯刀（直次）　印

水野対馬（重央）　印

三浦長門守（為春）　印

袋井町問屋中

見られるとおり、これは徳川氏一門頼宣の所領であった袋井町伝馬屋敷に対する二三石五斗二升の地子免許状であり、御公方、すなわち公儀の人馬継立に従事する代償として地子の負担を免許したものである。この免許状のあて名が袋井町問屋中となっているので、問屋が袋井宿の責任主体としての地位が徳川氏の支配領地でも認定されていたといえる。

また、元和九年（一六二三）に新たに設立された東海道川崎宿では問屋四人が公儀から任命されたという記録(34)もある。

以上、慶長・元和期における宿駅と問屋との関係について公・私領を問わず明らかにしてきたが、この時期の伝馬問屋は幕命による人馬継立や公用荷物の運送に従事する代償として地子免許、あるいは商人荷物の運送などの特権を認められていたので、渡辺信夫氏が幕政初期の「問屋はまだ伝馬問屋的形態をもつといえども、伝馬制の当初より宿

役人としての公的性格は与えられていたとみてもよいであろう(35)」という見解も確かに成り立つものといえる。
しかし、筆者が意図する宿駅役人とは「幕府の法制にもとづき宿・助郷人馬を差配し、公私の継立や宿泊に関する一切の駅務を総括する役人」であって、このような宿役人としての地位が確定するのは、なお、寛永十年代まで待たねばならないと考えている。

第三節　寛永初年の宿駅と問屋

本章では徳川政権成立後に宿継体制がより一層整備されつつあった寛永期における宿駅問屋の地位と役割について、これまであまり利用されていなかった若干の新史料も提示しつつ、明らかにしてみたいと考える。
まず寛永元年（一六二四）八月十一日付で中山道大久手・細久手・御嶽・伏見・太田・善師野《ぜんしの》・小牧など七カ宿は、商人荷物が脇道の釜戸街道（下街道）へ多く利用されるようになったので、これを阻止するため尾張藩役人あてにつぎのような嘆願書を提出している(36)。

一中山道御伝馬次の村々より御訴訟申上候、先年より商人荷物上下駄賃取申ニ付て、御公儀御伝馬役仕申候処ニ、此近年ハ荷物脇道他領之釜戸村筋へ遍り道を仕、本海道通り不申候ニ付て、駄賃をは取り不申、御伝馬役をは前々之ことく被仰付村々迷惑仕候、御伝馬仕申候御拝領之内をは荷物通し不申、他領之内を通、御拝領之内ハ山田村壱郷儀ニて御座候

（一カ条略）

一釜戸筋先年よりたちん取申海道ニて無御座候付て、壱里山なとも御つかせなく候、其上御伝馬判形御書付何ニても証拠御座有間敷□、近年本街道商人荷物通り不申候付て、村々すいひん仕、馬抔持申事不罷成候、釜戸筋より罷出御伝馬役儀さへ仕候は、中山道之者共ハ、駄賃ニ構ひ少も無御座候、何方もたちん取申ニ付、御伝馬

役仕申候、上り荷物ハ大井之儀ハ相違無御座候、下り荷物当所之御伝馬町問屋衆ニ被仰付可被下候事

右之条々少も偽無御座候、此外条々申上度御事御座候得共、有増申上候、畏被召口上ニ申上度候、為其御目安、

依而如件

（寛永元年）
子ノ八月十一日

小牧宿

善師野宿

太田宿

伏見宿

御嶽宿

細久手宿

大久手宿

御奉行様

御小姓衆

（傍点筆者）

この中山道筋宿場の申し立ては尾張藩当局の裁定によって認められたのであるが、右の嘆願書で特に注目されるのは「下り荷物当所之御伝馬町問屋衆ニ被仰付可被下候事」と記されている点である。これにより商人荷物運送の特権が幕藩領主から問屋に認められていたことが改めて確認される。

次いで寛永二年八月二十七日付で幕府奉行名で出された、宿駅統制に関する「定書」[37]九カ条を見ると、つぎのとおり記されていた。

定

一、人売買一円停止たり、若猥之輩於有之ハ、其軽重をわかち、或ハ死罪・籠舎、或ハ可為過銭事

附、口入宿、同罪之事、

一、男女抱置年季之事、拾ケ年を過ハ可為曲事事

一、手負たるもの不可隠置事
一、人馬賃ニ而雇通り候者、奉行所ゟ添状於無之ハ、夜通し相立候儀一切停止之事
一、御伝馬幷駄賃荷物、壱駄ニ付四拾貫之事
一、御定之外増銭取もの有之は、五十日可為籠舎事、幷其町之問屋為過料五貫文、其外、家壱軒ニ付百文ツヽ、可出之事
一、御伝馬駄賃荷物、馬持次第可出之事
一、駄賃馬多入申時ハ、其在々所々江雇、荷物遅々無之様ニ、雨風之時も可出之事
寛永二年八月廿七日
奉行

この定書は、先に紹介した元和二年（一六一六）の定書と比べてみると、人身売買や年季奉行人、あるいは手負人に関する禁令も加わり、幕府の宿駅統制が治安の維持にも及んでいたことが明らかとなる。また、第六カ条目を見ると、御定賃銭のほか増銭を収受した違反者には五〇日の籠舎、そして問屋には過料として五貫文、そのほか宿駅の家一軒につき一〇〇文ずつの罰金を賦課すると規定しているが、これにより問屋は人馬継立を掌理するほか、公儀から御定賃銭遵守の責任者としての地位を認められていたことになる。

さらに寛永二年（一六二五）八月洗馬宿の公儀高札文[38]を見ると、つぎのとおり記されている。

一、大かけ　一、われ銭　一、かたなし
一、新銭　一、なまり銭　一、ころ銭
此六銭之外嫌ふへからす、若撰もの、また六銭押而つかふものあらハ、其面に火下（印カ）を可捺事
右可相守此旨、若猥之輩有之ハ、其町之問屋過料として五貫文、其外ハ家壱軒ニ付百文ツヽ、可出之、見出し候ものニハ、ほうひとして、彼過料銭不残被下之もの也

寛永二年八月廿七日

右により宿駅問屋は幕府の銭貨流通の統制にも重要な役割を負荷されていたことが明らかとなってくる。

一方、脇往還の宿駅問屋は当時どのような役割を担っていたのであろうか。この点について寛永三年三月二十九日付で信州松本から伊那郡飯田町に至る伊那街道の伊那郡大島村（宿）問屋又左衛門・九左衛門から宿場の伝馬衆に対して提示した「駄賃定書」(39)三カ条を見ると、問屋の存在形態がかなり明瞭になると思うので、その全文を左に紹介してみることにしよう。

（伊那郡）大嶋村御伝馬町駄賃付ケ申御定之事

一駄賃之荷物拾駄廿駄又ハ壱駄も何ほとも参候共、問屋ハ弐人御座候間、壱人ニ付壱駄宛可付候ニ相定申候、其外町中ニ伝馬仕候者共ハ、村なく壱人ニ付壱駄宛相定也、問屋共ニ馬弐拾八疋御座候間、此馬共ニ壱疋ニ付壱駄宛、高荷之事ハ不及申ニ、乗掛うちまたけハも右之通り村なく可付候、若定之外壱駄もかくし候て付候ハヽ、如何様共ニ曲事ニ可仰付候、其時一言之御わひこと申間敷候

一御伝馬之指引ゑこひいきなく可申付候事

一問屋馬大伝馬之時ハ何程も我等之馬有次第ニ出シ御馳走可仕候事

一御伝馬之指引ゑこひいきなく可申付候事

右之三ケ条、少も相違仕候ハヽ、曲事ニ可被仰付候、為後日之一札仕上申候、仍如件

此通り飯田御奉行様へも手形仕也

寛永三年刁ノ三月廿九日

問屋又左衛門

同　九左衛門

御伝馬町之町中へ

（裏書）「右之通相定申者也、

亀井平左衛門　判

橋都長左衛門　判」

右の定書第一条を見ると、大島宿には問屋馬・宿伝馬衆の馬が合わせて二八疋いたことがわかる。そして注目される点は、商人などの駄賃荷物が一日に何駄きても問屋二人はそれぞれ一駄ずつ付け、残りの駄賃荷物は伝馬衆が一人一疋ずつ付けるという約定をしていることである。

第二条は御用伝馬継立の負担はえこひいきなく平等に割り当てることを、問屋が伝馬衆に対して約定したものといえる。

第三条は公儀の大伝馬御用に際しては問屋馬をすべて差し出して勤仕することを明示している。

右の三カ条の問屋の約定書は信州伊那藩（藩主脇坂安元）の飯田奉行へも提出してあるので公的性格を帯びた約定証文といえる。

また、もう一点伊那藩の家臣[40]（飯田奉行カ）下津屋金左衛門（景信）から大島宿の問屋にあてた寛永三年（一六二六）四月十六日付の判物を紹介して見ると、つぎのとおりである。

何にても商人駄賃荷物通候ハヽ、此所にてつがせ、駄賃之義者　御公儀ゟ御定之通取可申候、付通之馬堅通申間敷候、但所に馬無之候ハヽ、付通しニ可仕候、以上

（寛永三年）寛寅
卯月十六日　　下津屋金左衛門
景（景信）（花押）

（伊那郡）大嶋
問屋

見られるとおり、この伊那藩下津屋金左衛門の判物によれば、大島宿問屋は公儀定書の規定により駄賃を収受するように指示されるとともに、原則として商人荷物の付け通しは認めないようにとの指図も受けている。これらを見ると伊奈街道の問屋は戦国時代以来の在地有力者であった伝馬問屋的性格を徐々に払拭し、幕藩制下の宿役人としての地位と役割がかなり鮮明になってきたように思われる。

なお、寛永初年から問屋が宿役人化しつつあったことを傍証する史料として、「浜松宿御役町由来記」から抜粋した記事(41)を左に掲示しておこう。

一、元和九戌(亥)年
大猷院(家光)様御上洛、七月十三日、当御城ニ被為遊御旅館候、其頃ゟ天下益盛明ニして、江戸大阪へ(ママ)之御大名様方其外諸御役人様方日々賑々敷御旅行有之候ニ付問屋役壱人ニて難相勤候ニ付同役を御願申上、寛永八年より問屋役両人ニて上下月番ニ相定御用相勤申候……

この記録によれば、元和九年（一六二三）の家光上洛以来諸大名や幕府役人らの通行が多くなり、問屋役一人では御用が勤め難いとの理由により、寛永八年（一六三一）から問屋役二名で上下月番に継立御用を勤めるようになったと記されている。

これにより、寛永期に入って武家通行量の増大とあいまって宿駅問屋は、運輸業者としての伝馬問屋から宿役人としての問屋へと移行しつつあったといえるであろう。なお、この点については次節において改めて述べる。

第四節　寛永十年代の宿駅と問屋

1　将軍家光の上洛と問屋

次いで寛永十一年七月の三代将軍家光の上洛関係文書により宿駅における問屋の地位と役割について、美濃路「大垣宿問屋留書」を中心として検証してみることにしよう。

まず寛永十年三月十七日付の大垣宿問屋清兵衛・三右衛門から江戸町年寄衆中にあてた公儀への人馬継立に関する「請書(42)」を見ると、つぎのとおり記されている。

従御公儀様、度々被仰出品々御請状指上ケ申覚書

（原本剥損不読につき前条略）

一御朱印御乗物かき人足、常ハ八人、御急之時は拾六人、其以前ハ夜は御法度之儀ニ候へ共、以来ハ不限夜中ニ
可出御意之事

寛永拾年酉三月十一日

雅楽様（酒井忠世）御中屋敷ニて
播磨守様（伊丹康勝）
［　　］大様（松平右衛門大夫正久）
丹後守様（稲葉正勝）
信濃守様（永井尚政）
周防守様（板倉重宗）

一大垣より黒俣（墨）［　　］
一大垣より樽井迄　上二里半

寛永拾年酉三月十七日　美濃大垣問屋　清兵衛
江戸町寄衆中　三右衛門
道中なミ之手形ニて候

右記録は将軍家光の上洛に伴う人馬継立に関する請書であるが、その継立仕法は老中酒井忠世の屋敷で勘定奉行伊丹康勝、松平正久、小田原城主稲葉正勝、淀城主永井尚政、京都所司代板倉重宗など幕府重臣の協議によって決められ、東海道・中山道・美濃路などの宿駅に布達されたものと考えられる。

ちなみに、「大猷院殿御実紀」寛永十年（一六三三）三月十一日の条には「御上洛のとき宿次飛脚。府より大坂まで毎駅に米五十苞下さるべし。尋常の宿次轎夫は八人。急劇のときは十六人たるべし。御通行の時所在の寄人馬に。飯米飼料下さるべし。御通行のほか所在の寄人馬は。駄賃銭のみ下さるべしとなり」(43)とあって、将軍の上洛にあたって江戸—大坂間の宿駅に継飛脚給米の支給や継立人足の仕法、寄人馬への手当の支給などについて記されている。

また、同年三月二十日付で大垣宿問屋清兵衛・三右衛門から江戸町年寄樽屋藤左衛門・奈良屋市右衛門・北村三五郎にあてた「未之正月より極月迄御伝馬人足之覚」(44)には、大垣宿から墨俣・中山道の垂井・美江寺《みえじ》宿への寛永八年中の継立人馬数が記されている。

さらに寛永十年三月二十七日付の「道中米被下候宿並之覚」(45)を見ると、つぎのとおりである。

道中米被下候宿並之覚

一四拾石九升四合　熱　田　□丈郎
一六石五斗七升三合　名古屋　伊兵衛
一五石壱斗六升五合　清　須　弥次右衛門
一弐石八斗壱升四合　稲　葉　吉右衛門
一弐石三斗四升七合　荻　原　庄九郎
一三石七斗五升六合　小　越　右門七
一四石八斗壱升弐合　黒(墨)俣　左　吉
一四石三斗四升三合　大　垣　清兵衛
一六石七升九合　垂　井　六左衛門
一六石弐斗壱升　関ケ原　兵　助
一四石九斗七升弐合　今　須　仁　助

一六石弐斗弐升　　柏原喜八
一六石弐斗弐升　　覚井新助
合百石五斗九升
寛永拾年
酉
三月廿七日

これは寛永十年幕府から将軍上洛を契機として支給が開始された継飛脚給米の中山道・美濃路宿駅の支給高であって、受取人のうち大垣宿清兵衛は問屋であったことが確認される。また、同日付で東海道吉田宿でもつぎのとおり継飛脚給米を受け取っていた記録がある。(46)

寛永十四（酉）年ヨリ
一、米二十四石五斗七升三合　問屋二人年寄六人伝馬奉行
右者公儀御用御継飛脚之料ト毎年恩賜之、但明暦三年二川（河）宿十一町西ノ方ニ　因テ壱石八升二合増シ　附ク白須賀宿ニ　故ニ残今如シ今ノ（ママ）

これは寛永十四（酉）年から吉田宿に支給が開始された継飛脚給米に関する記録であるが、これを見ると、その責任者として問屋二人が重要な役割を果たしていたことがわかる。
さらに家光の上洛関係文書を中心として問屋の宿役人化の過程を追究してみたい。
まず、寛永十一年六月六日付で美濃国郡代岡田将監（義政）から嶋田・押越・直井・大塚の四カ村に対して助馬を命じた書状(47)を紹介してみよう。

関ケ原御伝馬次へ、すけ馬すくなく候て、往還衆荷物滞候間、其村ゟ牛馬関原へ被出、駄賃を取荷物無滞様、関原問屋と詰合可有候、唯今御上洛御供御人数御通候条、少もはやく関原へ馬被出、荷物無滞様可被入情、油断仕候者公儀ゟ御改可有候間其心得可有候、恐々謹言

六月六日
嶋田村　徳永手代衆
所之年寄庄屋衆
押越村　同事
直井村　同事
大塚村　織田河内殿手代衆
所之庄や年寄衆

右によれば、伊勢街道高田宿周辺の村々に対して中山道関ケ原宿への伝馬継立の助馬を命じているが、その際に関ケ原宿問屋と打ち合わせをするようにと指示していたことがわかる。

これは明らかに伝馬継立の掌にあたっていた問屋の差図に従うようにという趣旨に解釈できる。したがって問屋は美濃国郡代岡田将監（義政）から助人馬を差配する宿役人としての地位を認容されていたといってもよいであろう。

また、この点については寛永十年十一月七日付の岡田将監から関ケ原宿問屋にあてたつぎの書状(48)を見ると、より一層明白となるであろう。

急度申入候、諸大名衆上下之刻、御伝馬所ニ馬数すくなき所ハ、其近辺御蔵入給所共ニ馬を寄置、往還之衆人馬事欠不被申様ニとの御事ニ候、其心得可有候、近日松平筑前殿嶋津殿など御上候間、実祭馬数多可入候条、荷物無滞様ニ隣郷之馬を取寄置尤候、為其申遣候、恐々謹言

霜月七日　岡将監
御判

関ケ原
問屋中

これは岡田将監から将軍家光の上洛以前に通行する松平筑前守（家弘）[49]や島津などの諸大名の伝馬継立にあたり、関ケ原問屋に対して公・私領を問わず助人馬を徴収して継立に支障がないよう万全の体制を整えるように指示した書状である。

また、問屋の役割については寛永十一年（一六三四）六月二十六日付で岡田将監手代柴山長兵衛から美江寺（御影寺）宿近傍や揖斐川下流付近に布置する天領の七カ村に対するつぎの「申渡覚」[50]を見れば、なお一層明瞭となるであろう。

申渡覚

一今度御上洛居益へ寄置候駄賃馬之内、其之一疋成共懈怠仕おゐてハ、其才料越度ニ可申付事

一御定之外まし駄賃取申間敷候、幷弥怠り申間敷候、若御法度相背候者、其馬方者不及申ニ才料共曲事ニ可申付候事

一駄賃荷物付候儀、番かわりニ仕昼夜ともニ付居候て、居益といや屋之指図次第、御定之駄賃を取柏原迄付送可申候、若柏原ゟ先へ付通し申ニおゐてハ、馬方曲事ニ申付才料之ものニ過退をかけ可申候、万一柏原ニ馬無之追通し於被申ニハ、柏原問屋ニ手判取醒井迄ハ送可申候事

寛永十一戌六月廿六日　柴山長兵衛花押

右表書之通一二承届ケ得其意存候、若違背仕ニおゐてハ、何様ニも曲事ニ可被仰付候以上

同日

十八条村　作助　印

深谷忠兵衛殿御代官所分、馬数百六疋ノ才料

草道嶋村　清三郎　印

山田長右衛門殿御代官所分、馬数三十疋ノ才料

石原清左衛門殿御代官所分、馬数弐拾四疋ノ才料

岩道村　三郎　印

栗原村　三太夫　印

岡田将監殿御代官所分、馬数六拾三疋ノ才料

嶋田村　九右衛門　印

同御代官所分、馬数弐拾五疋ノ才料

沢田村　六三郎　印

同御代官所分、馬数四拾弐疋ノ才料

上野村　助一　印

（傍点筆者）

見られるとおり、右の「申渡覚」は、将軍の上洛にともない総勢三〇万七〇〇〇余人ともいわれる随行諸大名などの継立にあたって、深谷忠兵衛代官所管轄の十八条村・草道嶋村から一〇六疋、山田長右衛門代官所管轄の岩道村から三〇疋、石原清左衛門代官所管轄の栗原村から二四疋、岡田将監代官所管轄の嶋田村から六三疋、沢田村から二五疋、上野村から四二疋、合わせて二九〇疋の助馬の徴収と継立仕法など三カ条の申し渡しである。右によると、これら助人馬は今須宿問屋の指図に従って柏原宿まで昼夜を問わず継ぎ送るようにと命ぜられている。また、もし柏原宿に継馬不在の場合には同宿問屋の手判を取ってから醒井宿まで付け通すようにと七カ村あてに指示している。

これにより宿駅問屋は天領から動員された助人馬の差配権も容認されていたことが明白となってくる。

さらに寛永十一年八月二十日付で岡田将監から関ケ原近郷の庄屋・年寄、関ケ原問屋にあてた書状を見ると、つぎのとおり記されている。(51)

急度申入候、上様御供之衆御通之際、御傳馬所其町之馬斗にてハ往行之衆荷物滞候故、御傳馬次近郷之人馬其年

寄不残御傳馬次へ罷出、御法度之駄賃銭にて荷物滞候ハぬ様ニ先々へ可送渡候由、御法度ニ則此書立之村衆、御通之刻者関ケ原へ罷出、無油断駄賃つけ可被申候、為其如此候、恐々謹言

岡田将監

御判

後(ママ)八月廿日

玉村

伊吹村

野上村

岩手村

府中村

於し村

荒井村

敷原村

山中村

高田村

大関村

右之庄屋

年寄中

関ケ原

問屋中

これは将軍の帰路にあたり、岡田将監から御供衆の荷物運搬のため関ケ原宿への助人馬を玉村ほか一〇カ村の村々へ命じた書状である。

この書状のあて名を見ると、一一カ村の庄屋・年寄と関ケ原問屋が併記されている点に注目したい。それと、この書簡の文中に「御傅馬次近郷之人馬其年寄不残御傅馬次へ罷出」とあって、年寄などの村役人までが責任者として関ケ原へ出頭し、問屋の指図により人馬継立にあたるように指示されていることである。

このように、将軍家光の上洛にあたって美濃国郡代岡田将監によって発令された助人馬は、やがて寛永十四年（一六三七）三月十九日付の大河内善兵衛・市橋三四郎から浜松宿への助高二〇二三石、村数五カ村（伊場村・東鴨江村・西若林村・東若林村・佐藤村）の助馬数五〇疋の設定によって制度化されてくるが[52]、こうした助人馬の制度化とあいまって問屋の宿役人としての地位もいちじるしく強化されてくるのである。

この点については旧稿[53]でも述べておいたが、かなり重要と思われるので、さらに寛永十七年三月十二日付で中山道中津川宿・落合宿の助郷村指定一五カ村から美濃国郡代岡田将監あての請書全文[54]を左に掲載しておこう。

中津川宿
落合宿　助郷人馬寄村之訳

尾州御領
一千八拾八石六升　茄子川村
馬場三郎左衛門殿知行所
一弐百八拾石　同　村
尾州御領
一五百五拾弐石六斗弐升　千旦林村
同断
一七百七拾弐石　駒場村
同断
一四百四拾六石五斗四升　手金（手賀野）村

同断
一四百八拾石七斗八升　落合村
遠山刑部少輔殿領分
一七百四拾五石八斗九升　福岡村
同断
一三百拾三石四斗八升八合　高山村
同断
一百八石三斗七升　瀬戸村
同断
一九百七拾弐石弐斗　坂下村
同断
一弐百五拾弐石三斗五升六合　上野村
同断
一八拾六石四斗七升　下野村
同断
一九百九拾九石弐斗五升　日比野村
同断
一九拾五石九升　上地村
丹羽式部少輔殿領分
一千五百八拾九石六斗四升　阿木村
高合八千七百八拾弐石九斗五升九合
外ニ千三百三拾八石六升　中津川村
都合壱万百弐拾壱石
右村々中津川宿助人馬御役被仰付、得其意存候、何時ニ不寄、中津川問屋より差図次第、時刻不移人馬出し、御役相勤可申候

寛永十七年辰三月十二日

落合
喜兵衛
同
善兵衛

中津川
長右衛門
同
次郎右衛門

岡田将監殿

見られるとおり、これら中津川宿の助人馬村に指定された村々は尾州領が五カ村、馬場三郎左衛門知行所が一カ村、遠山刑部少輔領分が八カ村、丹羽式部少輔領分が一カ村、合わせて一五カ村、助郷高が一万〇一二一石となっている。後文によれば、これら助人馬村は「何時ニ不寄、中津川問屋より差図次第、時刻不移人馬出し、御役相勤可申候」と記されている。したがって問屋は助人馬村からの人馬徴発権、さらには人馬継立の差配権を公儀から容認されていたことが確認される。

このような助人馬体制の編成について土田良一氏は、寛永十七年（一六四〇）には美濃国中山道においても横断的な助人馬編成が実施されたと説き、大湫《おおくて》宿（大久手）では一三カ村一万一〇四石七斗七升七合の助郷高がつけられ、その請書には「右村々大湫助人馬御使ニ被仰付候、得其意存候、何時ニ不寄大湫問屋より之差図次第ニ時刻不移人馬ヲ出し、御役相勤可申候」とあって、助人馬編成体制が形成されつつあったという趣旨を述べておられる(55)。

以上のごとく寛永十一年の将軍家光の上洛を契機とする特権者の人馬継立の増大、さらには同十七年にいたる間の東海道・中山道宿駅に対する助人馬体制の強化とあいまって、宿駅問屋は従来からの伝馬問屋的性格を払拭し、公儀の宿役人としての地位と役割が宿駅の内外において認知されてくるのである。

これらの点についてはなお次項においても述べる。

2　宿駅統制の強化と問屋

寛永十年代に入ると幕府の宿駅統制の強化とあいまって、問屋の宿駅内における総括責任者としての地位と役割がなお一層明確化してくるのである。

たとえば、寛永十三年六月付で奉行名により中山道洗馬宿に通達された寛永新銭流通促進に関する五カ条の「定書」[56]を見ると、つぎのとおり記されている。

定

一、寛永之新銭幷古銭、共ニ金子壱両ニ付四貫文、勿論壱分ニ壱貫文之売買たるへし、若違背いたし、高下之うりかひ仕候ニおゐてハ、双方ゟ其売買之代、一倍為過料可出之、其町之問屋五貫文、其外ハ家壱軒より拾疋ツヽ為過罪可出之事、

一、大かけ・われ銭・かたなし・ころ銭・なまり銭・新悪銭、此外えらふへからす、若えらふもの、六銭を押而つかふものあらは、あるひハ其所ニ三日晒、或ハ十日籠舎たるへし、其町之過料、右同前之事、

一、新銭、江戸幷近江大坂本ニ而被　仰付候間、両所之外、悪銭ニ至達（迄カ）不可鋳出、若相背族ハ可為曲事事、

一、今度、新銭被　仰付候上、縦、有来ル悪銭たりといふとも、或は礼儀、或は散銭等ニも不可取扱事、

一、御料・私領共ニ年貢収納等ニも、此御定之通、不可相背事、

右之条々、堅可相守者也、

寛永十三年六月朔日　　奉行

（傍点筆者）

右の第一カ条目は寛永新銭の交換比率を金一両につき四貫文と定めた条文であるが、特に注目されるのは、もしこれに違反した者がいた場合にはその町の問屋に五貫文を過罪として賦課することを明示していることである。これにより問屋は宿駅の人馬継立を掌理するだけでなく、宿場住民の幕府法令違反の取り締まり責任者としても認定されていたという見方も成り立つであろう。

さらに寛永十四年（一六三七）二月二日付奉行名で洗馬宿に付け渡された全文八カ条にわたる「定書」[57]には、つぎ

のとおり記されている。

定

一、人売買一円停止たり、若猥之輩於有之ハ、其軽重をわかち、或ハ死罪・籠舎、或ハ可為過銭事、

附、口入人、同罪之事、

一、男女抱置年季、拾ケ年を限るへし、十ケ年過ハ可為曲事事、

一、手負候ものを不可隠置事、

一、御伝馬并駄賃、壱駄ニ付四拾貫目之事、

一、人馬之御朱印を、伝馬次之所ニおゐて致拝見、御書付之外、壱疋壱人も多く不可出之事、

一、宿賃之事、薪木銭ともニ壱人ニ付六文、馬ハ拾文ツヽたるへき事、

附、人馬之駄賃宿賃以下、御定之外、増銭取もの有之ハ、三十日籠舎たるへし、并其町之問屋為過料五〆文、其外、家壱軒より百文ツヽ可出之事、

一、御伝馬駄賃之荷物、馬持次第可出之、但駄賃馬多く入候時ハ、其町ゟ在々所々やとひ、荷物遅々無之様ニ、雨風之時も可出之事、

一、往還之輩、制礼之面を相背、理不尽之儀申掛へからす、往還之ものニ対し、非分申ニおゐてハ、可為曲事事、

右之条々可相守、若於相背ハ急度可被　仰付、仍而執達如件、

寛永十四年二月二日　　　　奉行

（傍点筆者）

この定書で特に注目されるのは第六カ条目の宿賃に関する付けたり文で、人馬の駄賃・宿賃につき御定めのほか増銭を取る者が出た場合には、その本人は三〇日の籠舎、その町の問屋は過料銭五貫文とあって、問屋が連帯責任を負

わされていることである。これを見ると問屋は宿駅の旅籠屋などの宿泊賃銭や薪木銭の公定賃銭遵守の監督責任も負荷されることになったといえる。

なお、これから五年後の寛永十九年二月二日付で奉行名により出された「定書」(58)一〇カ条の八カ条目を見ると、つぎのとおり記されている。

一、人馬宿賃以下ニ御定之外、増銭取もの有之ハ、三十日籠舎たるへし、幷其町之問屋過料として五貫文、其外ハ、家壱軒ゟ百文ツ、、可出之事

これらの定書中にある文言を見ると、問屋の役割と責任が人馬継立ばかりでなく、旅籠屋の宿賃規正の監視にまで及んでいたことがわかる。

こうした問屋の宿役人化について、東海道宿駅の事例をさらに紹介しておこう。

先述した寛永十三年（一六三六）六月一日付で幕府から通告された銭貨流通促進に関する五カ条の「定書」に対して、東海道宿駅の監察に派遣された目付石谷十蔵（貞清）、小姓組頭嶋田五郎兵衛（直次）あてに提出された大垣町役人の請書(59)を見ると、つぎのとおり記されている。

一海道中銭遣之儀、不自由之由江戸へ相聞候、御定之様子委可申聞之旨被仰付両人之遣候事
一今度被仰付候寛永之新銭幷ニ御札之ことく、六銭之外古銭無疑取引可仕候、諸代官・諸給人年貢方ニ古銭納候間、此旨能能可相心事
一御札之面用不用、道中不自由之由重て江戸へ相聞候ハヽ、如何被仰付も不知候間、問屋・年寄承届、脇々之者共ニ能々申聞せ、御定之通可相守事

寛永拾三年

六月廿八日

石谷十蔵様

嶋田五郎兵衛様

（傍点筆者）

見られるとおり、この請書の一・二カ条目には寛永新銭など銭貨の流通が不自由のため、石谷・嶋田の両役人を派遣したこと、寛永新銭ならびに御定めの古銭などの通用にはよくよく注意し、違反することのないようにと告諭している。次いで三カ条目では、もし、制札に従わず、道中不自由のよしが重ねて江戸へ知れたならば「如何被仰付も不知候間、問屋・年寄承届、脇々之者共ニ能々申聞せ、御定之通可相守事」という趣旨が記されている。

この三カ条目の文面には「問屋と年寄が脇々の者共へよくよく申し聞かせ」とあって、その主役が年寄よりもむしろ問屋に移行しつつあったことが明白となってくる。

そこで、さらに寛永十四年十二月二十日付で大垣町役人から美濃国郡代岡田将監（義政）手代の柴山長兵衛・北村庄兵衛あてに差し出した大垣町の「米大豆相場之覚」(60)により、この点を確かめてみることにしよう。

米大豆相場之覚

一金子壱両ニ付　米壱石壱斗三升五合ツ、

但　銀子ニハ壱石ニ付五拾六匁ツ、

一金子壱両ニ付　大豆壱石三斗五升宛

一壱分判之切賃　壱両ニ付銀五匁宛

一新銭・古銭共ニ　御公儀様より御用ノ時ハ、壱分ニ付壱貫文宛調申候、但　相対ニハ七百五拾六文ツ、仕候

右何れも今日迄之相場ニて御座候

一御伝馬三拾六疋　此外不足之時ハ、寄馬ニて夜中ニ不寄御用達シ申候

右之通御伝馬人足米・大豆・銭等迄、不残相調御馳走申上候

大垣町中　判

寛永拾四年
丑十二月廿日　宿本町平右衛門

庄左衛門
善四郎
吉介
與左衛門
問屋《といや》平右衛門

見られるとおり、これは美濃大垣町の米・大豆の相場、それに伝馬数が三六疋であることを記した公儀役人あての「覚書」であるが、この相場書の終末の日付の下に「宿本町平右衛門」と署名し、さらにその下欄には大垣町役人五名が連判しているが、その最後にも「問屋平右衛門」とある。これによりこの「覚書」差し出し人の主役が問屋の平右衛門であったことが認められる。

なお、この「覚書」と一緒に岡田将監手代の柴山長兵衛、北村庄兵衛へ差し出した大垣町の「明細書」(61)には家数・伝馬数・年寄・職人・新家数などがつぎのとおり記されている。

美濃大垣町家数幷人馬之御役書付指上申御目録

家数合六百弐軒　本役・半役・三分一役
御伝馬役共ニ

内

一御役人　弐百拾人

此家数三百六拾八軒　但　大小共ニ

一御伝馬　三拾六疋

一脇馬　拾八疋

馬持家数五拾四軒　　但　大小共ニ
一年寄町代
此家数弐拾壱軒　　　弐拾壱人
一諸職人
此家数八拾六軒　　　八拾六人
一新家七拾三軒ハ　　戸田左門殿御入部以来ニ出来仕候
右之通相違無御座候
寛永拾八年辛巳正月廿三日
大垣町年寄
兵　太　夫
問屋
平右衛門
岡田将監殿御内
柴山長兵衛殿
北村庄兵衛殿
（傍点筆者）

見られるとおり、これは大垣町の概況を岡田将監役所に報告したものであるが、最後の差し出し人の箇所に大垣町年寄兵太夫と問屋平右衛門の名前が連記されているので、大垣町内における問屋の地位と役割が年寄と同格になっていたことが裏付けられる。また、これらにより私領内の宿駅に対する公儀の支配力が着々と浸透しつつあったことも明らかとなってくる。

さらに寛永十九年四月十九日付で大垣町問屋平右衛門・肝煎清左衛門から代官鈴木太兵衛にあてた高札請取証文(62)をみよう。

指上ケ申手形之事

一御高札壱枚慥ニ請取申御事
一雨お丶ひ長サ壱丈ニやねのさかり弐尺五寸、うへハ板ニてふき可申候御事
一御高札之面、南向ニ立可申御事
一火事出来候は、御札早々のけ可申御事
右被仰渡候通、急度立可申候、少も油断仕間敷候、以上

戸田左門（氏鉄）領美濃大垣町
問屋　平右衛門
肝煎　清左衛門

寛永拾九年午ノ四月十九日
鈴木太兵衛様

この高札請取証文を見ると、「右被仰渡候通、急度立可申候」とあって高札面を南向きに立てること、火事の際には高札を早々取り除き保護することなどを問屋平右衛門と肝煎清左衛門が連名で誓約している。これは明らかに公儀から宿駅全体の責任者として問屋と肝煎が位置付けられていたことを明示するものといえる。

右のほか寛永十年の追分宿「高札請取証文」の受取人の土屋茂兵衛も問屋ではないかと推察される。他の市兵衛は庄屋であることが確認されている(63)。

さて、これまで本章においては主要街道の宿駅関係史料を中心として問屋の公儀役人化の過程について寛永十一年の将軍家光の上洛、寛永十〜十七年にいたる間の横断的な助人馬体制の編成強化、あるいは人馬・宿泊賃銭の公定、銭貨流通促進などの幕府の宿駅統制の強化という視点から述べてきたが、さらに寛永十九年二月十二日付の中山道塩名田宿の「宿場定書塩名田連印請証文(64)」一〇カ条の全文を提示し、問屋の宿役人化の実態について明らかにしてみたい。

覚

一月行知弐（司カ）人宛壱宿ニて可申付事

但　町頭に壱人宛不断罷在、往行衆見かけ候者馬さはきいたし、遅々なくとおし可申候事

一武士荷物宿々にて無滞様ニ問屋さはき可申事、立合不申候者問屋曲事たるへき事

一駄賃馬おひとおし申間敷之事

但　馬一円無之に付而ハ、壱次もと（ママ）通可申之事

一御上使上下御通之時、軽井沢・和田寄其しな（品）お承届、早々小諸得（江）宿次にて御注進可申事

一往還之衆ゟやと銭御ほうしの外、壱銭成共取過有之間敷事

一御伝馬参候に夜の内ハまし、馬方弐人宛付候て越可申之事

一武士衆馬方口お取、はなれ申間敷之事

一問屋駄賃付申儀、一日に弐駄付可申候事

一武士荷物指置、あき（商）人荷物付申間敷候事

一往行之衆上下によらす、町々にて慮外申間敷候事

右之旨背相（ママ）おひてハ問屋は不及申、其町中にてひんほう（貧乏）くしにて壱人曲事急度申付也、若申分有之共、曲事出来申之上は申分ハ立申間敷候、能々注進可有之者也、右被仰付之旨一ケ条成共背相おゐ（ママ）てハ、御安もん（案文）之通可被仰付候、少も御浦（恨）みと存間敷候、為後日仍如件

寛永拾九年

二月十二日

半　助㊞　佐次右衛門㊞

長三郎㊞　多兵衛㊞

久九郎㊞　孫十郎㊞

忠左衛門 ㊞　　彦左衛門 ㊞
長次郎 ㊞　　勘　七 ㊞
（以下六十二名連印省略）

見られるとおり、これは寛永十九年に中山道塩名田宿に付け渡された宿場定書に対する宿住民七三名連印の請証文である。その内容は多岐にわたるが、要約すれば宿場の管理運営、人馬継立仕法とその心得、公定宿泊賃銭遵守などに関する全文一〇カ条にも及ぶ規定である。

右の宿場規定証文で特に注目されるのは、二カ条目の「武士荷物宿々にて無滞様ニ問屋さはき可申事、立合不申候者問屋曲事たるへき事」とある条文と、それに八カ条目の「問屋駄賃付申儀、一日に弐駄付可申候事」という条文である。この八カ条目の条文により問屋は商人荷物の一日二駄付けが認められ、他の伝馬衆よりも優先権が与えられていることがわかる。しかし、同時に問屋馬の駄賃付けは一日に二駄に制限されたともいえる。さらに、もっとも重要と思われる点は、後文に「右之旨背相おひてハ問屋は不及申、其町中にてひんほうくしにて壱人曲事急度可申付者也」とあって、問屋が宿駅全体の責任者としての地位と役割を公儀からも、また宿住民全員からも認容されていたということである。

ちなみに、寛永二年八月二十七日付の塩名田宿「伝馬定書」[65]を見ると、七カ条目には「御定之外まし銭取者有之者、五十日籠舎たるへし、并其町之年寄過料として五貫文、其外は家一間（軒）より百文宛可出之事」とあって、同宿では寛永二年の段階では年寄が宿駅の責任者と認められていたことがわかる。

したがって、寛永十九年の段階では宿駅の総括責任者が年寄から問屋へ移行していたという事実が確認される。

なお、最後に寛永二十年二月十八日付の東海道赤坂宿伝馬拝借金に関する証文[66]を、問屋の宿役人化を示す史料として提示しておこう。

御公儀ゟ御借シ被成請取申候金子之事

金五百両　　但江戸小判也

右是ハ道中伝馬役仕候壱宿ニ百疋之馬持共ニ御借シ被成候金子、慥ニ請取申候、被仰渡候通、馬持之手前能々念を入せんさくいたし、銘々ニわり渡、井上筑後守様へ小帳ニいたし指上可申候、何成共御指図次第ニ急度上納可仕候、為後日手形仍如件

寛永弐拾年　　　　赤坂町
未二月十八日　　　問屋　彦十郎
　　　　　　　　　庄屋　次郎右衛門

兼松弥五左衛門様

（傍点筆者）

右は赤坂宿が伝馬助成金として金五〇〇両を公儀から拝借した証文であるが、その分配金については大目付井上政重(66)あてに小帳にして差し出すことを誓約している点が注目される。

なお、この証文の差出人は赤坂宿の問屋彦十郎と庄屋次郎右衛門で、あて名は目付兼松弥五左衛門となっている。これもまた問屋の宿役人化を示す重要な証拠となりうるであろう。

おわりに

以上において近世宿駅問屋の宿役人化の過程について、戦国期から徳川政権成立後の寛永二十年までを対象とし駅制の推移と関連させながら論述してきたが、紙数の都合もあり、この辺で稿を閉じることにしたい。閉稿にあたりこれまで述べてきたことをもう一度整理要約してみると、つぎのとおりである。

まず戦国期の宿駅問屋については、東国や信濃地方の史料を中心として再検討を試みてきたが、いずれの場合も問屋は地侍的な在地有力者で、戦国大名あるいはその配下の土豪などに服属し、宿駅の問屋役を任命または安堵され、

伝馬勤仕衆を差配して、領主発給の伝馬手形による継立御用を勤めるとともに、その反対給付として居屋敷ならびに諸役の免除を受け、商人荷物運送の独占権を付与されていたということができる。

やがて慶長五年関ケ原の戦いで徳川氏が勝利し、天下の覇権を掌握すると街道と宿駅支配の様相は一変し、問屋は徳川家の「伝馬掟朱印状」、あるいは徳川家奉行衆連署の「伝馬定書」などにより人馬継立や御用荷物の運送を半ば強制的に勤仕することが義務付けられる。

また戦国期からの問屋はそのほとんどが町人身分となり、幕藩領主あるいはその代官などから改めて問屋職を安堵または任命され、人馬継立や御用荷物の運送に従事したが、その代償として居屋敷その他諸税の免許を受けるとともに、商人荷物運送の特権を認められ、駄賃荷物の脇道通行監視などの役割も委ねられることになった。

なお、慶長六年（一六〇一）以後の伝馬朱印状や伝馬定書のあて名を見ると、そのほとんどが年寄名で、次いで宿名となっており、問屋名はあまり見られなくなるが[67]、私見によれば、「年寄」という名称は戦国期から宿駅に在住していた土豪や地侍、それに伝馬問屋などの在地有力者を包摂して名づけられたのではないかと考えている[68]。

管見の限りでは、戦国期の東国地方や信濃地方の交通関係史料からは「年寄」という名称は東海道の見付宿以外にほとんど見つけることはできなかった[69]。

したがって戦国期からの土豪や地侍、そして伝馬問屋など在地有力者は徳川政権成立後、そのほとんどが町人身分の年寄あるいは肝煎などに変身せざるをえなかったのではないか、それがまた徳川政権の狙いではなかったかと考えている。

一方、戦国期以来の伝馬問屋、すなわち宿駅問屋は公儀の伝馬継立や御用荷物運送勤仕の代償として認められた商人荷物運送の特権を確保するため懸命な運動を展開していった。

慶長十一年から元和三年（一六一七）にかけての九里半街道、北国街道の駄賃荷物運送をめぐる関ケ原宿問屋と今須・柏原両宿問屋との争いや、寛永元年（一六二四）の中山道大久手宿など七カ宿問屋の商人荷物の脇道（釜戸街道）

通行阻止運動などがそれである。

このような慶長期の問屋は徳川政権に従属し、朱印改めや公用人馬継立・御用荷物運送などの役割を果たしていたので、徳川氏の駅制初期から宿役人であったという渡辺信夫氏の見解（注35参照）も納得できるが、また、その一方では、戦国期以来の伝馬問屋的形態をなお色濃く残していた商人の運輸業者であったともいえる。

やがて大坂の役が終わった元和から寛永期に入ると、公用人馬や諸大名・武家通行の増大とあいまって、江戸幕府は「伝馬定書」や宿駅統制に関する「制札」をつぎつぎに出して駅制の整備強化に乗り出してくるが、これら幕府法令にも問屋の名前が徐々に登場してくるようになる。

たとえば、元和二年十一月奉行名により通達された洗馬宿の「定書」[71]後文には「右之条々、若於相背は、其町之問屋共可為曲事者也」とあり、また同宿の寛永二年八月二十七日付「定書」[72]にも、もし、この条文に違反した場合には「其町之問屋過料として五貫文」と記載されている。

右のほか、寛永二年には洗馬宿の高札文にも「御定之外、増銭取もの於有之ハ、五十日可為籠舎事、幷其町之問屋為過料五貫文、其外ハ家壱軒ゟ百ツヽ、可出之事」[73]と掲示されるなど、公儀の「定書」や「高札」にも問屋の名前が登場し、人馬賃銭・銭貨交換の公定遵守の励行促進にも問屋の責任が負荷されてくるのである。これらにより問屋が戦国期以来の伝馬問屋的形態を徐々に払拭し、公儀の宿役人へと移行しつつあったことが明らかとなってくる。

このような寛永初年における問屋に対する責任体制の強化は、徳川政権が宿駅制度を確立するために問屋の存在を無視できなくなったことの証左といえる。

さらに寛永十年代に入ると、将軍家光の上洛を契機として、公儀の宿継体制の強化確立とあいまって問屋の公儀役人化がなお一層顕著となってくる。

たとえば、将軍家光の上洛は寛永十一年七月であるが、その前年の十年三月には美濃路大垣宿では問屋清兵衛・三右衛門両名が江戸町年寄樽屋藤左衛門ほか二名あてに大垣宿の人馬継立記録を差し出している[74]し、そのほか問屋が幕府から支給される継飛脚給米の受領と配分にも重要な役割を果たしている。

次いで寛永十一年六月二十六日付の美濃国郡代岡田将監手代の柴山長兵衛から天領七カ村あての「申渡覚[75]」を見ると、今須宿へ出勤した助人馬は問屋の指図を受け人馬継立に従事するように命ぜられている。

やがて寛永十七年になると、中山道中津川・大久手・鵜沼・赤坂・関ケ原など五カ宿を中心とする横断的な助人馬編成が実施されたが[76]、このとき中津川宿の助人馬村に指定された公私領一五カ村は「何時ニ不寄、中津川問屋より差図次第、時刻不移人馬出し、御役相勤可申候[77]」との請書を岡田将監あてに提出している。これを見ると問屋の助人馬村に対する人馬徴発権が公領ばかりでなく私領にまで及んでいたことがわかる。

なお、平川新氏は「寛永一四年助馬令は、東海道全域を対象とし、同時に各宿それぞれ二〇〇〇石程の助馬高が付せられた」と考えられている[78]。

一方、美濃路大垣宿では寛永十三年六月幕府の銭貨流通促進に関する「請書[79]」を問屋が年寄と連名で目付石谷十蔵・嶋田直次に提出している。それから同十四年二月二日付の奉行名で公布された「定書[80]」を見ると、問屋が公定宿泊賃銭遵守の責任者にされるなど人馬継立以外の宿駅統制の一環を担うことが義務付けられてくる。

これらの事実から、寛永十年代に入ってから主要街道では問屋の宿役人化が着々と進められつつあったことが明らかとなる。

なお、寛永十八年、岡田将監手代の柴山長兵衛・北山庄兵衛あての「大垣町明細書[81]」にも問屋が年寄と連名で差し出していること、同十九年四月十九日付で代官鈴木太兵衛あてに提出した「公儀高札請取証文[82]」にも問屋と肝煎の連名になっているので、宿駅問屋が宿駅全体の総括責任者としての地位と役割がきわめて明確になっていたと考えられる。

なお、中井信彦氏の研究によれば、横断的な地子免除が再度実施された東海道では、寛永十五年掛川宿の「拝借被下物帳」に「地子壱万歩、伝馬屋敷ニ被下、是は東海道一同ニ江戸江問屋被召寄、御伝馬役人百軒江地子御免被為成候、但御免之刻御証文無御座候[83]」とあって、各宿場一様に伝馬屋敷の地子が免除されていたことを明らかにされているが、これを見ると問屋が宿場の代表として江戸へ出向し、地子免許状を受け取っていたことがわかる。

これらの事実もまた問屋の宿役人化の重要な証拠となりうるであろう。

なお、寛永十九年二月十二日付の「塩名田宿連印請証文[84]」を見ると、問屋が宿駅全体の責任者として公儀からも宿住民からも認定されていたことが明らかとなるが、駄賃付けが一日に二駄と限定されるなど、もはや戦国時代以来の伝馬問屋的性格はほとんど払拭され、近世的な宿役人としての問屋に移行していたことが確認される。

ちなみに、寛永二年八月二十七日付の塩名田宿あての「伝馬定書[85]」七カ条目には、御定賃銭よりも増銭を取る者がいたときは、その町の「年寄」が五貫文の過料銭を負荷されると規定されていたが、寛永十九年の「塩名田宿連印請証文」からは年寄の名前を見つけることができない。

このように、寛永十一年の将軍家光の上洛を契機とする公用人馬継立の増大、同十五年の東海道宿駅の横断的な地子免除、同十年から十七年にかけての助人馬体制の編成強化、さらには公定の継立賃銭や宿泊賃銭の規定遵守、さらに幕府の銭貨流通政策の推進や宿駅統制の強化とあいまって、問屋は宿駅の総括責任者、すなわち公儀の宿役人としての地位と役割が明確化してくるのである。

牧原成征氏は「江戸幕府は、戦国大名のように問屋を安堵したり、任命することはなく、一七世紀半ばまで幕府が各宿に一斉に出した法令や定書に、「問屋」は一切登場しない」と指摘された[86]。そして同論文の注13でも「このような（個別ではなく）一斉に出された高札の定書の文言からは、丹治氏の主張のように、寛永期に画期を見出すことはできない」と批判されているが、その以前の寛永十年代こそ東海道や中山道など主要街道の問屋が公儀の宿役人化していった重要な画期になりうると考えている。

なお、寛永二十年（一六四三）から三年後の正保三年（一六四六）十一月に幕府が出した「定書」には、庄屋とともに問屋名が三カ所も登場しているが、これは寛永期に問屋が既に宿役人化していた事実を裏付けるものといえよう。

参考までに、この「定書」(87)の全文を左に付記しておくことにしたい。

一、本伝馬百疋幷助馬出払、馬無レ之時は、其所之庄屋・問屋往還之面々え、其趣可二申断一、然上は往還之輩互ニ申合、前後之人馬不滞様ニ、日限時刻定、段々ニ可相通ル、若又馬有レ之を隠置、偽申ニおゐてハ、庄屋・問屋可為二曲事一、馬レ之時分、むりニ可二通ル一由申懸ル輩あらは、幾度も可二申断一、幷鳥目金子壱両ニ四貫文、壱分ニ壱貫文之売買たるへき旨、此已前より雖二相定一、去年・当年江戸火事之節、銭焼失たるの間、新銭不二鋳出一内は、其時々之相場次第売買すへし、若押て壱歩ニ壱貫匁之積買へきよし申族雖レ有レ之、承引すへからす、勿論相場より高ク売買致ニおゐてハ、売主は不レ及二沙汰一、其所之庄屋・問屋可レ被レ行二曲事一者也

奉行

(1) 相田二郎『中世の関所』四〇一―四五七頁（畝傍書房、一九四三年）。このほか中世の宿駅問屋に関する研究としては豊田武『増訂 中世日本商業史の研究』二五四―二五八頁（岩波書店、一九五二年）、阿部浩一「戦国期東国の問屋と水陸交通」（『年報都市史研究』4、一九九六年）などの優れた論考があるので参照されたい。
(2・3) 前掲相田二郎『中世の関所』四七九頁。
(4) 中村孝也『徳川家康文書の研究』上巻、四八三頁（日本学術振興会、一九五八年）。
(5) 『信濃史料』一七巻、七―八頁。
(6~8) 小岩井聡志「地侍から商人へ――問屋倉科氏の事例から」（『法政史学』五九号、二〇〇三年）注6・8の文書は松本城管理事務所所蔵「倉科文書」写真資料による。
(9) 『静岡県史』資料編13、近世五、五頁。
(10・11) 右同書、六頁。
(12) 右同書、七―八頁。
(13) この点については慶長四年九月一日付の横田内膳正村詮から由井宿の由井郷右衛門にあてた手形には「其方居屋敷分如前々出置上、諸役相除候条、可成其意、為後日如此也」とあって、東海道宿駅でも領主から居屋敷に対する諸役を免除されていたことがわかる。
(14) 前掲『信濃史料』補遺編、巻下三一頁。

(15)『江戸幕府代官頭文書集成』四〇六頁（文献出版、一九九九年）。
(16)右同書、四〇五頁。
(17)右同書、二六三―二六四頁。
(18)前掲『信濃史料』一九巻、一五五頁。木曾谷中の代官には慶長五年十月二日付で徳川家康から山村道祐が任命されている。この点については所三男『近世林業史の研究』（吉川弘文館、一九八〇年）五一九頁にその史料が収載されている。
(19・20)右同書、一五四―一五五頁。
(21)『岐阜県史』史料編、近世七、二頁。
(22)前掲『静岡県史』一九―二〇頁。
(23)右同書、二〇頁。
(24)右同書、二二頁。児玉幸多編『近世交通史料集』八、幕府法令上、四七―四八頁（吉川弘文館、一九七八年）。
(25)前掲『岐阜県史』一五〇―一五一頁。
(26)右同書、五六三―五六六頁。
(27)右同書、五六三頁。
(28)前掲『信濃史料』二一巻、四一八頁。
(29)右同書、三二二頁。
(30)右同書、三八八―三八九頁。
(31)前掲『信濃史料』二二巻、四三一―四三二頁。
(32)波田野富信編『中山道交通史料集』（一）御触書の部、二頁（吉川弘文館、一九八二年）。
(33)前掲『静岡県史』二九頁。
(34)注24児玉幸多編『近世交通史料集』八九―九〇頁。
(35)渡辺信夫「街道と水運」（岩波講座『日本歴史』10、近世2、一九八〇年）三〇二頁。
(36)前掲『岐阜県史』五九〇―一頁。
(37)前掲、波田野富信編『中山道交通史料集』三頁。
(38)右同書、二六頁。このほか同書一五頁の寛永二年八月の高札文にも「一、御定之外、増銭取もの有之ハ、五十日可為籠舎事、并其町之問屋為過料五貫文、其外ハ家壱軒ゟ百文ツ、可出之事」と記されている。なお、公儀高札については、土田良一「近世高札場の研究序説――寛永期を中心に」（『研究紀要』第六二号、一九九八年）の労作がある。

(39) 前掲『信濃史料』二四巻、三五八―三五九頁。

(40) 右同書、三六八―三六九頁。

(41) 『浜松市史』史料編一、三〇二頁。

(42) 前掲『岐阜県史』四―五頁。

(43) 『徳川実紀』第二編、五九二頁（吉川弘文館、一九六四年）。

(44) 前掲『岐阜県史』四―五頁。

(45) 右同書、六頁。

(46) 豊橋市史資料「吉田宿問屋場に関する西光寺本」六―七頁（近藤恒次編『東海道新居・吉田御油・赤坂交通史料』所収、愛知県宝飯地方事務所、一九五五年）。

(47) 徳川林政史研究所所蔵「御上洛ニ付慶長・元和・寛永度之書類差出方申上候書付」（写）、土田良一『近世宿駅の歴史地理学的研究』三七六頁（吉川弘文館、一九九四年）。

(48) 右同書、三八一頁。

(49) 『寛政重修諸家譜』第一、二一二頁。

(50) 注47、土田良一『近世宿駅の歴史地理学的研究』三八四―三八五頁。

(51) 右同書、三七九―三八〇頁。

(52) 前掲『静岡県史』三八―四〇頁。

(53) 拙稿「近世宿駅問屋制の確立過程」（『日本歴史』二二〇号、一九六五年）。

(54) 前掲『岐阜県史』三九八―三九九頁。

(55) 前掲、土田良一『近世宿駅の歴史地理学的研究』三八六頁。また、助馬制の成立過程については平川新「助郷制度の成立と展開」（『法政史論』第四号、一九七六年）なども参照されたい。

なお、『不破郡史』上巻（岐阜県不破郡教育会編纂）によれば、中山道赤坂宿では寛永十七年に一町二〇カ村が助人馬村に指定されている。また、同年関ケ原宿では一一カ村家数六三〇軒・馬数四一疋が助人馬役を申し付けられている。

(56) 前掲、波田野富信編『中山道交通史料集』四―五頁。

(57) 右同書、五頁。

(58) 右同書、五—六頁。
(59) 前掲『岐阜県史』七—八頁。
(60) 右同書、九—一〇頁。
(61) 右同書、一三頁。
(62) 右同書、一四頁。
(63) 『長野県史』近世史料編、第二巻（二）東信地方、一五六—一五七頁（追分宿本陣・問屋文書）。
(64) 右同書、一五七頁（北佐久郡浅科村塩名丸山憲一氏所蔵文書）。
(65) 右同書、一五五頁。
(66) 前掲、近藤恒次編『東海道新居・吉田御油・赤坂交通史料』九六頁。
(67) 前掲『徳川家康文書の研究』下巻之一、一二一—三八頁、「伝馬掟朱印状」「徳川家奉行衆連署伝馬掟書」など三九通の文書。
(68) 前掲『岐阜県史』八七頁。この点については、東海道赤坂宿の延享二年「地方往還万記録」（赤坂宿名主・年寄控）に、つぎのとおり記されている。

赤坂宿問屋・年寄衆

一慶長・元和・寛永・正保年中迄問屋十壱人也、但問屋役計り相勤ル者アリ、年寄・問屋兼役アリ（以下一一人名前略）

(69) 前掲『静岡県史』には、つぎのとおり、年寄の存在が確認されている。文禄二年四月「横田村詮手形」には白子年寄中とあり、年不詳「見付宿問屋に関する某掃部手形」には見付年寄中との記載もある（四頁、八頁）。
(70) 前掲『岐阜県史』五六三—五六六頁。
(71) 前掲、波田野富信編『中山道交通史料編』二一—二三頁。
(72) 右同書、三頁。
(73) 右同書、一五頁。
(74) 前掲『岐阜県史』五頁。
(75) 前掲、土田良一『近世宿駅の歴史地理学的研究』三八四—三八五頁。
(76) 土田良一「近世前期美濃国助郷」（『研究紀要』第四八号、一九九一年）。
(77) 前掲『岐阜県史』三九八—三九九頁。
(78) 前掲、平川新「助郷制度の成立と展開」。

(79) 前掲『岐阜県史』七―八頁。
(80) 前掲、波田野富信編『中山道交通史料編』五頁。
(81) 前掲『岐阜県史』一三頁。
(82) 右同書、一四頁。
(83) 中井信彦「江戸時代中期における陸上交通の一断面」(『史学』三四巻一号、一九六一年)。
(84) 前掲『長野県史』一五七頁。
(85) 右同書、一五五頁。
(86) 牧原成征「近世初期の宿その構成と展開」(『史学雑誌』第一〇七編第八号、一九九八年)。
(87) 『御触書寛保集成』(岩波書店、一九七六年)六四二頁。

〈付記〉本稿は旧稿の「近世宿駅問屋制の確立過程」(『日本歴史』第二二〇号、一九六六年)の続編として執筆したので、旧稿も参照していただければ幸いである。

第二章　日光御成道大門宿の研究——特権大通行と人馬継立・休泊の負担

はじめに

近世陸上交通史の研究は明治以来、幾多の先学によって鋭意進められ、貴重な労作が残されている。[1]とくに昭和三十年代からは児玉幸多・大島延次郎・丸山雍成・藤沢晋、あるいは渡辺和敏氏をはじめ優れた研究者によって宿駅制度を中心とする研究が長足の進歩を遂げてきたが、[2]なお微視的にみるとき研究の余地が残されているように思われる。そこで、本章では徳川将軍家の日光社参大通行ときわめて関わりの深い日光御成道大門宿（現さいたま市）を研究の対象として取り上げ、老中・若年寄などを始めとした幕府要職者の特権大通行と人馬継立・休泊負担との関連に視点を据え、これまでの研究成果を踏まえながら究明してみたい。

第一節　大門宿の概況

日光御成道の宿駅に関する研究は、これまで浦和市・大宮市・岩槻市（以上、現さいたま市）や川口市・鳩ケ谷市などの自治体史編纂の過程で進められ、それぞれの「通史編」[3]には人馬継立や休泊負担についても適宜に述べられている。また、大門宿については、兼子順・室清両氏が『浦和市史研究』などに論文を発表されている[4]ので、本章ではそれらの成果を参考にしながら、さらに研究を進めてみたいと考える。

さて、日光御成道とは、江戸の本郷追分で中山道と分かれ、荒川の右岸岩淵宿に到達し、それから荒川を渡船で渡り、川口（現川口市）・鳩ケ谷（現鳩ケ谷市）の両宿を経て大門宿に着き、さらに岩槻宿（現さいたま市）を経由して日光道中に合流し、幸手宿に至る五宿・一二里（約四八キロメートル）ほどの街道である。

この街道がいつ頃開設されたのか、その時期については必ずしも明瞭ではない。しかし、「会田落穂集　壱番」に寛文六年（一六六六）頃の大門村伝馬勤めに関する記録(5)として、つぎのように記されている。

一、大門村之義、岩築・鳩ケ谷幷御□□（伝馬カ）相勤候ニ付、往還之書付等ニ者大門町と認申候、尤往還之書付計りニ候事、尤御領主様・御家中様方江戸御往返多く、前後宿方同様御継立被　仰付難渋至極いたし候、別而去ル寛永拾弐年

一、諸御大名様江戸参勤被　仰出候後、別而当村御継立多く困窮難渋いたし候

これによれば、日光御成道の開設は、参勤交代制度が制定された寛永十二年（一六三五）以前まで遡るのではないかと考えられる(6)。そして、大門宿は諸大名の通行が多くなり、人馬継立に難渋していたことが明らかとなってくる。また、正保三年（一六四六）～慶安三年（一六五〇）頃に作成されたと推定される「武蔵田園簿」には、足立郡馬継村として蕨・浦和・大宮・川口・鳩ケ谷などの宿場とともに、大門もその名を連ねているので(7)、それ以前から人馬継立の役割を果たしていたものと考えられる。

そして、「会田落穂集　壱番」掲載の天和二年（一六八二）五月の駄賃高札(8)七カ条中の三カ条目には、つぎのとおり記されている。

一、大門より岩付へ駄賃銭壱駄ニ付而五拾文、乗掛荷ハ人ともに同前、荷なくして人之乗ハ三拾八文、人足賃ハ壱人ニ而弐拾九文、鳩ケ谷へ四拾弐文、荷なしに乗ハ弐拾八文、人足賃ハ弐拾壱文、但夜通し急き相通る輩ハ荷なしに乗といふとも、夜の分ハ壱駄荷之積に駄賃銭可取之事

これは大門宿から岩槻・鳩ケ谷宿への人馬継立の駄賃銭を記した部分であるが、すでに宿駅としての機能を十分に果たしていたことがわかる。

ついで、大門宿に関する記録として注目されるのは、「会田落穂集　弐番」掲載の元禄二年（一六八九）十一月二十九日付の「武州岩附領松平伊賀守領分御伝馬宿馬数人足数宿高地子御免許之覚」(9)である。この当時、大門宿は岩槻藩領であり、これは藩役人から幕府勘定所に宛てたもので、つぎのとおり記されている。

足立郡大門町

一、有馬四拾壱疋

内　弐拾五疋ハ御定之馬数
　　拾六疋ハ御定之外馬

一、人足数四拾壱人

内　弐拾五人ハ御定之人足
　　拾六人ハ御定之外

一、地子御免ハ無御座候、諸役之儀ハ御赦免被成相勤不申候

右御伝馬宿弐ヶ所、馬数人足数宿高地子御赦免吟味仕如此御座候、以上

元禄二巳年十一月廿九日

松平伊賀守内
加舎市兵衛

御勘定所

これによれば当時、大門宿では馬四一疋、人足四一人の継立人馬を保有し、そのうち二五疋・二五人は幕府規定の御定人馬で、残りの一六疋・一六人は規定外の人馬数であったことがわかる。

さらに、「会田落穂集　五番」には、正徳元年（一七一一）五月に道中奉行から下付された駄賃高札が載せられて

いる。[10] それには、大門宿から岩槻へは荷物一駄・乗掛荷人共に九一文、軽尻馬一疋六〇文、人足一人四六文とある。また、鳩ケ谷へは荷物一駄・乗掛荷人共に六五文、軽尻馬一疋四三文、人足一人三二文と記されており、幕府から正規の宿場として認定されていたことがわかる。

つぎに時代は下がるが、天明八年（一七八八）七月の「村明細帳」[11]により大門宿の概要をみると、宿高は一一三七石七斗三升五合、耕地面積は一八九町八反七畝一二歩、うち水田が四七町四反三畝一五歩、畑が一四二町四反三畝二七歩であった。総家数は一八〇軒、うち百姓一五五軒、水呑み一四軒、ほかに寺五カ寺、寮六軒とあり、人数は男三七五人、女三三七人、ほかに医師・出家・道心など一三人、合わせて総人数は七二五人、また馬は二七疋おり、牛はいないとある。

さらに、宿駅に関する記載には鳩ケ谷へ一里二五町（約六・六キロメートル）、岩槻へは二里一一町（約九キロメートル）とあり、大門宿はこれらの宿場と違い地子（屋敷年貢）の免除がなく、市場の開催も認められていないが、人馬継立は両宿と同様に勤めているので、いたって困窮難儀しているとある。なお、前栽物として里芋・唐辛子・生姜などを作り、江戸神田・千住河原町で売り捌いているとの記述もある。

さらに、文政四年（一八二一）十月の「村明細帳」[12]によれば、大門宿の本陣は中宿の平左衛門（図1）と上町の平八郎（図2）の二軒で勤め、問屋は平左衛門・源兵衛（図3）・源左衛門（図4）・彦太郎（図5）の四軒、帳付・馬差は常時置かず、大通行の時だけ組頭が勤めていた。

そして、立人馬は人足一五人・馬一八疋とある。これは御定人馬（常備人馬）は二五人・二五疋であるが、急御用などのために助郷村と対談の上で囲人馬五人・五疋、待人馬五人・二疋の合わせて一〇人・七疋を除いたためである。したがって、立人馬一五人・一八疋を使い切った後は、助郷人馬により継立をしていたのである。また、当時の問屋場は街道の東側、本陣と問屋源左衛門の中間に位置する場所にあったが、一日から十五日までは上組問屋二人が、十六日から晦日までは下組問屋二人がそれぞれ勤める慣習となっていた。

ついで、旅籠銭についてみると、一三二文から一五〇文の間で、相対によって取り決めていた。また、宿助成金についてみると、寛政四年（一七九二）から十一年までの八年間、宿住民から高割で金一九両を取り立て、それを幕府貸付役所へ納め、その利息を一割として元金二〇〇両になってから利金を頂戴する仕組みになっていた。さらに、宿入用も高割で宿住民から取り立てていた。

なお、「日光御成道宿村大概帳」(13)によると、天保十四年（一八四三）には旅籠屋が六軒あったが、それ以前に旅籠

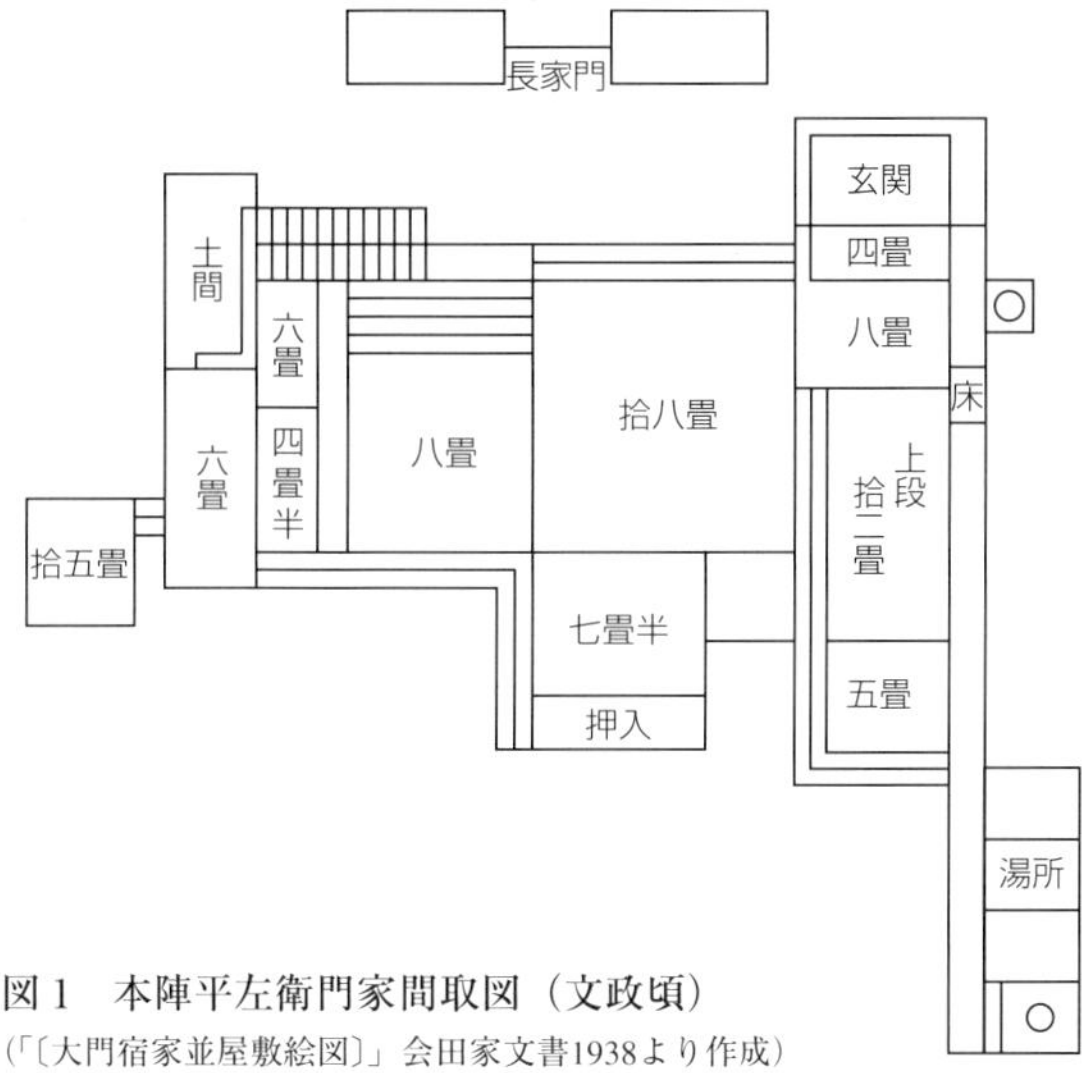

図１　本陣平左衛門家間取図（文政頃）
（「〔大門宿家並屋敷絵図〕」会田家文書1938より作成）

図２　西本陣平八郎家間取図（文政頃）
（「〔大門宿家並屋敷絵図〕」会田家文書一九三八より作成）

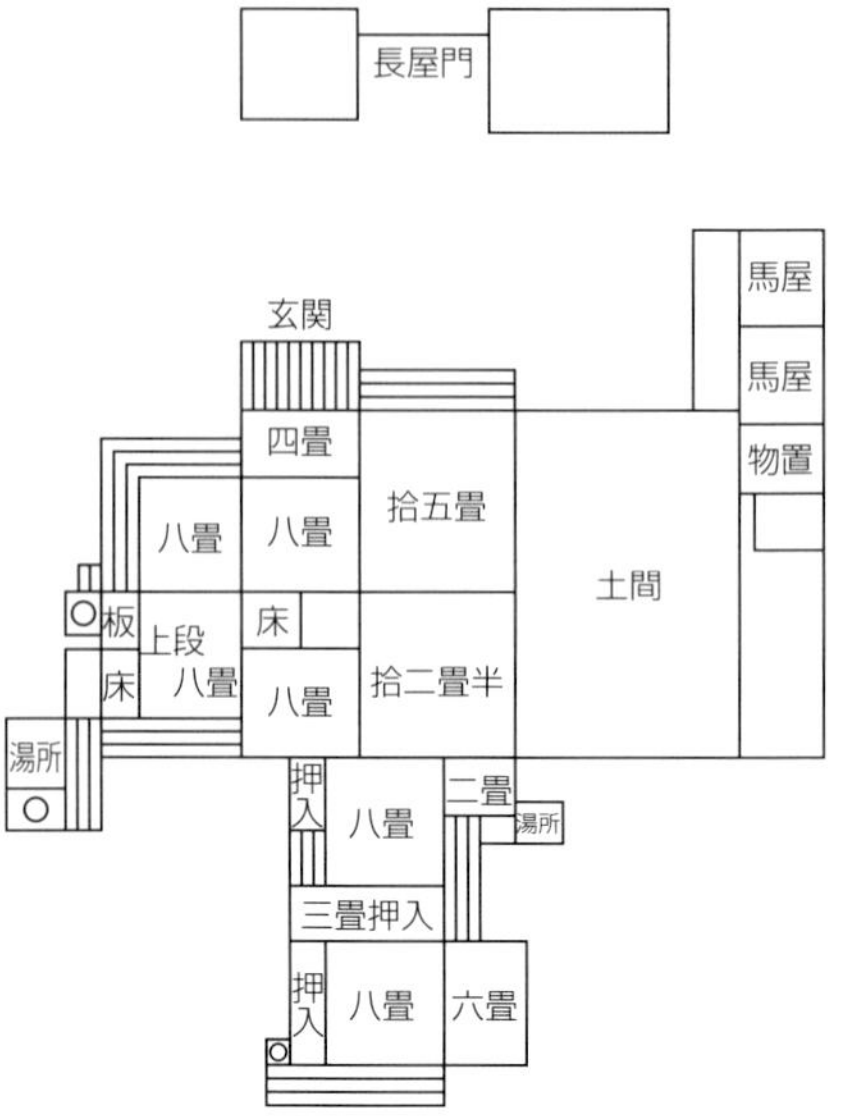

図3　問屋源兵衛家間取図（天保十四年）
（天保十四年三月九日「御成道家麁絵図　西側　佐左衛門より利右衛門迄」会田家文書一九一五より作成）

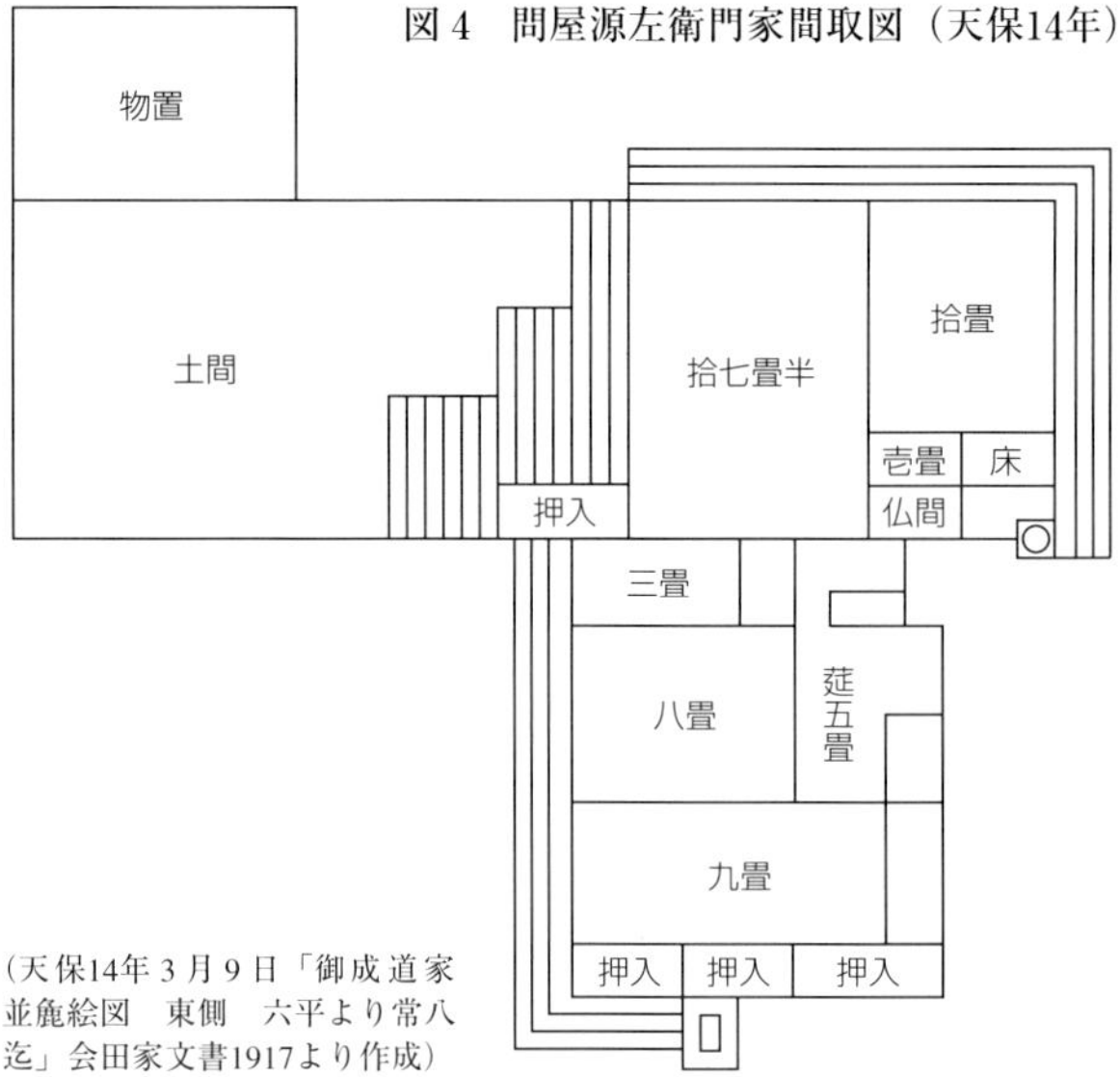

図4　問屋源左衛門家間取図（天保14年）
（天保14年3月9日「御成道家並麁絵図　東側　六平より常八迄」会田家文書1917より作成）

屋があったという記録はない。

最後に大門宿の人馬継立数について、そのあらましを説明しておくことにしたい。

まず、大門宿にとってもっとも負担が重かった徳川将軍家の日光社参および日光法会に関わる大通行時の公用人馬継立数の一例を示せば、次のとおりである。

①徳川家康一五〇回忌法会(14)

明和二年（一七六五）三月六日～四月二十七日

人足三五〇三人・馬一〇四一疋

②徳川家治社参(15)

安永五年（一七七六）正月九日～五月十二日

人足三〇一四人・馬八六〇疋

③徳川家光一五〇回忌法会(16)

寛政十二年（一八〇〇）四月二日～二十八日

人足五二一二人・馬五八六疋

図５　問屋彦太郎家間取図（天保14年）

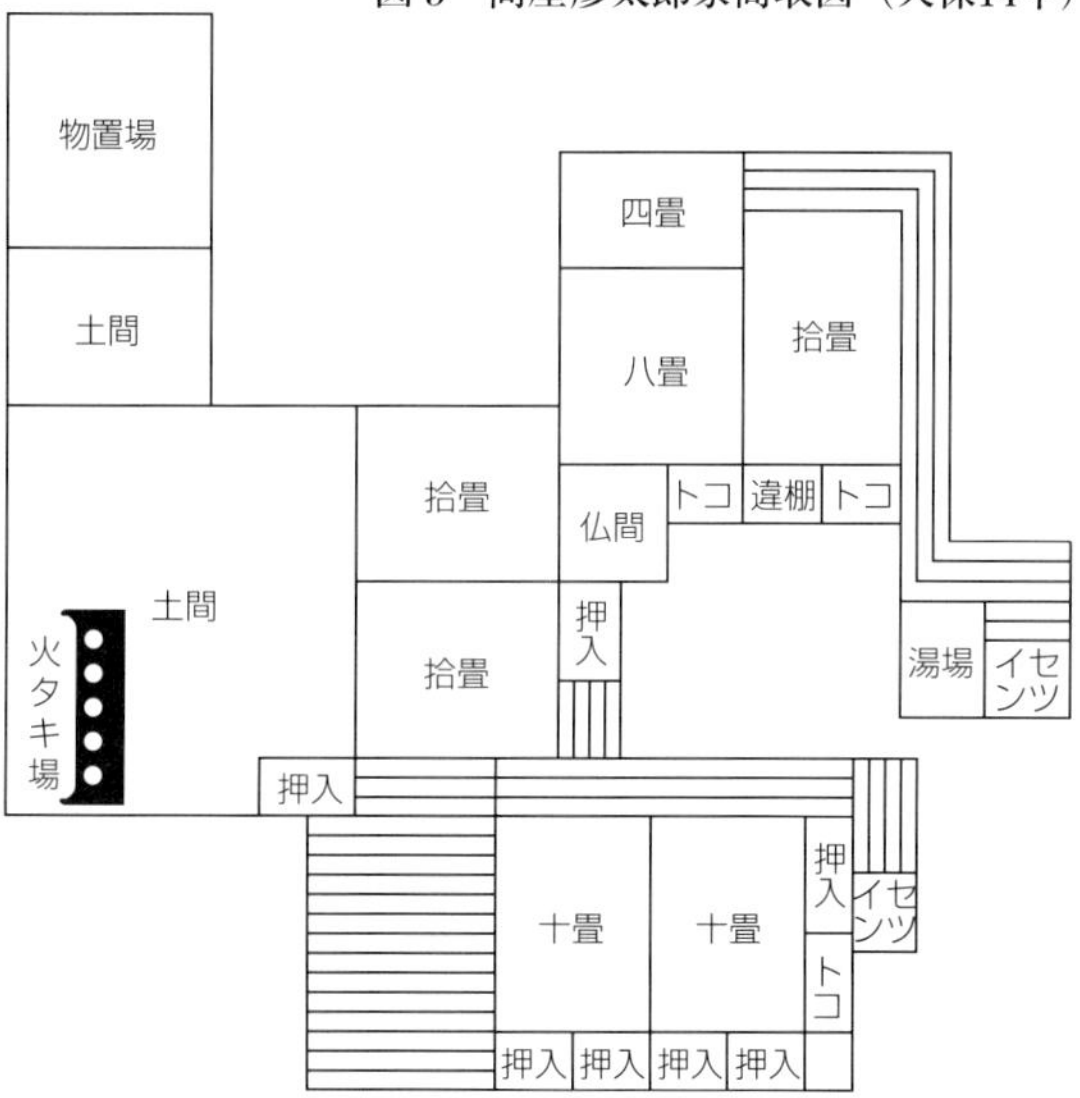

（天保14年３月９日「御成道家並麁絵図　東側　六平より常八迄」会田家文書1917より作成）

つぎに大通行時以外の平常時における大門宿の公用人馬継立数の一例として、文政六年～天保三年までの人馬継立数をまとめたものが表1である。これによると、一〇カ年の合計は人足一万三七二五人（宿八三九六人、助郷五三二九人）、馬一三四二疋（宿六九六疋、助郷六四六疋）、一カ年平均で人足約一三七三人（宿八四〇人、助郷五三三人）、馬約一三五疋（宿七〇疋、助郷六五疋）、月平均で人足約一一一人（宿六八人、助郷四三人）、馬約一一疋（宿六疋、助郷五疋）となる(17)。このうち文政七年、同十年、天保元年、同三年の四カ年が平均を上回っているが、文政七年は後述する十一代将軍徳川家斉の日光社参のため諸役人による準備通行が頻繁に行なわれ、また同十年は日光門主、天保三年は老中大久保加賀守の通行があったためである。ともに宿・定助郷村だけでは対応できず、加助郷村からも人馬を徴発している。またこの四カ年はすべて閏月があったことも、年平均を上回った要因の一つとなっている。

なお、同じ日光御成道岩淵宿の文政九年一カ年の継立人馬数は、人足四九六人・馬六二疋(うち宿人足三四九人・馬三疋)、同十年は人足一五三三人・馬一五六疋(うち宿人足三七〇人・馬三三疋)である。(18) 大門宿と比べて、文政九年は人足は少なく、馬は若干多いが、それほど大きな差異はない。しかし、同十年は人馬ともにかなり少なく、特に馬は六割にも満たない状況である。

以上、述べてきたとおり、大門宿は比較的小規模の宿場で、平常時の公用人馬継立数は少なかったが、二五人・二五疋の定立人馬を維持することはできず、助郷村との対談で立人馬一五人・一八疋としたが、これを維持することも容易ではなかったといわざるをえない。また、幕府から地子の免除や宿助成金の下付もなく、宿益となるような市場の開催も認められず、いたって困窮の宿場であったといえよう。

第二節　特権大通行と人馬継立の負担

表1　大門宿継立人馬数表(文政6年〜天保3年)

年代	人足 宿方	人足 助郷	馬 宿方	馬 助郷	合計 人足	合計 馬	備考
文政6年	1,094人	253人	105疋	30疋	1,347人	135疋	
7	1,022	279	65	14	1,301	79	
	(40	1,315	16	187	1,355	203	日光社参準備通行分)
8	920	479	63	39	1,399	102	
9	596	69	44	15	665	59	
10	786	171	100	15	957	115	
	(	1,085		160	1,085	160	日光門主通行分)
11	839	263	69	25	1,102	94	
12	733	332	62	32	1,065	94	
天保元	940	350	56	58	1,290	114	
2	398	149	42	22	547	64	
3	979	283	72	38	1,262	110	
	(49	301	2	11	350	13	老中大久保加賀守通行分)

出所：天保4年3月「宿助郷人馬勤辻改帳」会田家文書263より作成.

1　目付一行への人馬継立

先述したとおり、日光御成道大門宿にとってもっとも負担が重かった人馬継立は、将軍の日光社参時であったが、それ以外にも幕府要職者や日光門主などの大通行もあり、人馬継立は困難を極めた(19)。

そこで、本節ではその一事例として文政七年（一八二四）の幕府諸役人による、十一代将軍家斉の日光社参準備通行を取り上げ、その実態について究明してみたい。

そもそも、この準備通行の由来をたずねると、『文恭院殿御実紀』文政六年四月十七日の条に「水野出羽守日光山御宮御参詣の事奉はるべく命ぜらる(20)」とあって、同八年四月に将軍家斉の日光社参が決まり、老中水野出羽守忠成がその責任者に任命されたことによる。

これにより、安永五年（一七七六）以来六九年ぶりに将軍の日光社参が実施されることになったのである。なお、安永五年の日光社参時の人馬動員数は、実に人足二三万八三〇人、馬三〇万五〇〇〇疋という膨大なものであったという(21)。

ついで、文政七年閏八月一日に大目付石谷周防守清豊、勘定奉行石川主水正忠房、作事奉行臼井筑前守房興、普請奉行初鹿野河内守信政、および目付羽太左京正秀・神尾市左衛門元孝など、七日に老中水野出羽守忠成、若年寄植村駿河守家長などが、それぞれ道中筋の視察を命ぜられ将軍家斉に拝謁した(22)。

こうして、いよいよ将軍社参のため準備通行が開始されることになり、前述の老中水野出羽守、若年寄植村駿河守、大目付石谷周防守一行など、幕府要職者の大門宿通行は閏八月九日に決まった。このほか目付、御徒目付、勘定組頭、御勘定、代官、御大工頭、御駕籠頭、御駕籠方、御普請方、御畳方、地割棟梁などの諸役人も随行し、いわゆる大通行となるのである。

なお、これ以前の六月二十八日、目付大草主膳高好と酒井作右衛門政長は「明年日光山御詣大宿割としてかしこに赴くにより暇賜(23)」い、大宿割のため準備通行に出発することになった。そして、七月六日に目付酒井作右衛門と大草主膳一行および御徒目付四人、御小人目付八人など合わせて二五人の役人が大門宿を通行した。その時の人馬継立は、どのように行なわれたのであろうか、この点についてまず検討してみることにしよう。

酒井作右衛門が、幕府から許可された公用人馬数は、その先触れをみると御朱印人足八人・馬五疋、御証文御用長持一棹（人足六人持）で、ほかに賃人足七人である。このうち、馬一疋は人足二人に代えると記されているので、使用できる人馬数は、人足二三人・馬四疋ということになる。しかるに、大門宿で実際に継立をした人馬数は次のとおりである。(24)

本　馬		四疋（荷付四人）
駕　籠	三挺	一一人
宿駕籠	一挺	三人
両　掛	三荷	五人
分　持	一荷	二人
具　足	（一荷）	二人
合羽籠	二荷	七人
竹　馬	三荷	
御証文御用長持	一棹	六人
先　払		二人
遠　見		一人
御案内（上下着用）		二人

この人馬を合わせると、荷付を含めて四五人・四疋となる。先払・遠見人足、御案内などの人数五人を差し引いても、人足一七人の大幅な超過となっていることが明白となる。

また、大草主膳は先触れによると、御朱印人足・馬数、御証文御用長持数は酒井作右衛門と同じで、賃人足は八人である。すなわち使用できる人馬数は、人足二二人・馬五疋ということになる。これに対して、実際の使用人馬数は荷付を含めて三九人・五疋で[25]、本来使用できる人馬数から遠見人足、御案内など三人を除いても、一四人の超過となっている。なお、これら超過人足の賃銭の支払いや受け取りに関する史料は、会田家文書には見当たらない。

つぎに御徒目付四人のうち小田切彦兵衛の場合をみてみよう。御証文馬二疋、賃人足五人が先触れ人馬数であるが、馬一疋を人足二人に代えるとあるので、使用できる人馬は七人・一疋になる。これに対して実際に使用した人馬数はつぎのとおりである[26]。

本　馬		一疋（荷付一人）
合羽籠	一荷	二人
駕　籠	一挺	六人
具　足	一荷	二人
両　掛	一荷	二人
先　払		二人
遠　見		一人
御案内（上下着用）		一人

これを合わせると、荷付を含めて一七人・一疋となる。これも先払・遠見人足、御案内などを除いても、六人超過していることが明らかとなる。なお、先払・遠見・御案内などは宿場人足であるが、残りは助郷人馬である。

さらに、御小人目付の場合について検討してみよう。御小人目付橋本五四郎ほか三人の先触れは、御証文馬四疋と賃人足四人である。ただし、馬四疋は人足八人に代わると記されているので、使用できる人足は一二人である。これに対して実際に使用した人足数はつぎのとおりである[27]。

両掛	四荷	八人
駕籠	四挺	一一人
遠見		二人
御案内（袴着用）		二人

合わせると二三人で、遠見・御案内を除いても七人の超過となっていることが明白である。

また、同じ御小人目付の松岡礒左衛門ほか三人は、先触れでは馬四疋（人足八人に代わる）と賃人足三人、賃馬一疋の合わせて一一人・一疋である。しかし、実際には遠見・御案内を除いて人足一八人・荷付一人と馬一疋が使用され、[28]人足八人の超過である。

このように、大門宿では目付一行の大宿割のための準備通行時でさえ、その継立に先触れを上回る人馬数を供さねばならなかったのである。

2　幕府要職者への人馬継立

文政七年（一八二四）閏八月九日に老中水野出羽守・若年寄植村駿河守以下、幕府要職者多数が通行すると告知された大門宿では、その準備の一環として閏八月八日に宿人足の役割をつぎのように決めた。[29]

御案内人足	二二人
付替立働（問屋場）	一六人
問屋場小遣	六人
人足矢来番	八人
水前（水手桶）	一六人
盛砂	四人

掃　除　　　　　四人
遠　見　　　　　二〇人
問屋場立働　　　一六人

これを合わせると総人数は一一二人で、これに御案内のため組頭・村役人、さらに宿役人が加わり、大門宿では総動員態勢で大通行に対処しようとしていたことがわかる。

ついで、閏八月九日の大通行の人馬継立の実態について明らかにしてみたい。

まず、老中水野出羽守の先触れ[30]にはつぎのように記されている。

御先触表
　人足百拾八人
　本馬拾壱疋
　軽尻五疋

これは岩槻宿への人馬継立数を示しているが、これには「御朱印」とか「御証文」という記載が一切ない点が注目される。老中は幕府の最高権力者であり、御証文の発給権者でもあるから、そのような記載の必要性がなかったのであろうか。それはさておき、水野出羽守の実際の使用人馬数はつぎのとおりである[31]。

本　馬　　　　　一一疋
軽　尻　　　　　五疋
駕　籠　一五挺　六〇人
宿駕籠　一挺　　二人
長　持　五棹　　三六人
分　持　一八荷　二四人

御風呂（一荷）　五人
御　箱（一棹）　一人
具　足（一荷）　二人
御先払　　　　　二人

これらは合わせると人足一三二人・馬一六疋となる。継立にあたったのはほとんどが助郷人馬であるが、それだけでは対応できなかったのか、越ヶ谷宿からの買上げ人足一九人も含まれている。また、水野出羽守一行への継立人馬はこれだけにとどまらず、ほか家来分として人足二二人、提灯持人足二〇人が使用されており、これらも合わせると実に人足一七四人・馬一六疋にものぼっている。なお、最後の提灯持人足は、通行日が大風雨となり、継立が難行して夜間にまで及んだため必要となったものである。この点については後述する。

つぎに若年寄植村駿河守の継立についてみよう。先触れによると人足五〇人・馬三一疋となっているが、この先触れにも御朱印・御証文の記載は見られない[32]。それでは、実際にはどのように人馬は使われたのであろうか。あいにくと継立帳[33]には具体的な記述を欠いているため実態はつかめない。しかし、人足については、この継立帳には小曾川村三六人、高曾根村三四人、大間木村六人、大間木新田二五人という助郷人足数と思われる記載があり、別な継立帳[34]には植村駿河守分として高畑村二五人、大崎村二八人、大谷村二〇人という助郷人足数が載せられている。これらを合わせると一七四人となり、これだけでも水野出羽守への継立人足数に匹敵している。さらに、馬については二八疋が使用されたことが確認できている[35]。したがって、若年寄植村駿河守の場合も先触人足数を大幅に上回っていたことは疑う余地がない。

つぎに大目付石谷周防守の場合はどうであろうか。先触れには御朱印人馬八人・七疋とあり、このうち馬二疋は人足四人に代わるとある。また、御証文御用長持（人足六人）は二棹が認められている。これらを合わせると人足二四人と馬五疋（荷付五人）を使用できるわけである。これに対して実際の人馬使用数は、御先払二人、御召（駕籠）四人、駕籠二人、分持一〇荷・一〇人、御用長持二棹・一二人、馬五疋・荷付人足五人の合わせて三五人・五疋を使用していたことがわかる。[36] 先払人足を除外しても人足が九人超過していたことになる。

つぎに勘定奉行石川主水正の場合をみよう。先触れの御朱印人馬数は八人・七疋で、大目付石谷周防守と同じであるが、このうち馬四疋は人足（八人）に代わるとある。また、御証文御用長持も二棹で、ほかに賃払人足七人とあり、合わせると人足三五人、馬三疋（荷付三人）が使用できることになる。それでは実際に使用した人馬数はどうなっていたのであろうか、この点について検証してみたい。

継立帳[37]に人足名の記載のあるものは、御証文長持二棹・一二人、合羽籠二荷・三人、竹馬二荷・二人、供駕籠一挺・四人、長（長持）一挺・四人、御箱一人のみで、他に提灯籠一人六分、長持一棹・五人、馬四疋・荷付四人、先払二人などの記載がある。さらに、つぎのように記されている。

道悪敷ニ付、添人足八人

長持一棹壱人まし

此人足三人

合羽籠三荷

人足三人

供駕壱丁

人足三人

宿かこ壱丁

人足三人

夫七十六人

これらによると、継立の詳細は不明であるが、実際に使用された人馬数は、人足七六人・馬四疋であったと考えられる。したがって、先触れの人足三八人・馬三疋と比べると、悪天候と重なったせいもあるが、人足は二倍になっていたことになる。なお、先述したように閏八月九日は大風雨が吹き荒れ、道の状態が悪くなり、人足を増やして継立をしていたことがわかる。そのため、徴発した助郷人足だけでは間に合わず、供駕籠一挺と長持一棹の人足八人は、越ケ谷宿から買い上げて継立せざるをえなかったことが明らかとなる。

つぎに作事奉行臼井筑前守の継立についてみよう。先触れでは御朱印人馬は八人・五疋、御証文御用長持二棹、ほかに賃人足五人とある。これに対して実際の使用人馬数は、御召（駕籠）一挺・四人、具足一荷・二人、分持二荷・二人、合羽籠二荷・三人、竹馬二荷・二人、提灯籠一荷・一人、御証文御用長持一棹・四人が人足名の記載があり、他に馬五疋・荷付五人、高張提灯籠一つ・一人、提灯箱一人、杖払二人となっている(38)。合わせると人足二七人・馬五疋となり、この場合も勘定奉行石川主水正と同様に、御朱印・御証文人馬と比べて人足は二倍を超過していたことになる。

つぎに普請奉行初鹿野河内守の場合をみよう。先触れでは御朱印人馬八人・五疋、このうち馬一疋は人足二人に代わり、ほかに賃人足三人とある。合わせると人足一三人・馬四疋（荷付四人）となる。これに対して実際に使用した人馬数は、分持二荷・三人、合羽籠二荷・三人、竹馬三荷・六人には人足名の記載がある。ほかに人足名はないが、御先払二人、御召（駕籠）四人、具足二人、御長持一棹・三人、御供駕籠一挺・三人、馬四疋・荷付（四人）とあり(39)、これらを合わせると人足三四人・馬四疋となる。先払人足を除いても一九人の超過となる。

ほかに当日は、御目付羽太左京・神尾市左衛門（御朱印人馬八人・五疋、御証文長持一棹(40)）、御小人目付加藤此八・金子惣四郎（御証文馬一疋(41)）、勘定組頭米倉藤兵衛（御朱印人馬三人・四疋、御証文長持一棹(42)）、勘定根岸三十郎（御朱印人馬二人・二疋(43)）、御祐筆組頭青木忠左衛門（御朱印人馬六人・五疋、御証文長持一棹(44)）、御普請方下御奉行増田源三郎・青木忠左衛門（御朱印人馬二人・二疋、御証文長持一棹(45)）、大工頭金田藤太郎（御朱印人馬四人・二疋、御証文長持一棹(46)）、同甲良吉太郎（御証文人馬一人・三疋(47)）、地割棟梁中村三左衛門（御証文馬一疋(48)）、代官大原四郎右衛門（人足二三人(49)）など多数の役人が通行した。

このように、幕府要職者のほとんどは先触れを上回る人馬を使っていたのであり、特権大通行に際しての大門宿の負担がいかに重かったかが明白となってくる。

3　特権大通行と人馬継立の実態

本項では、大門宿が特権大通行に際してどのように人馬継立に当たったたのか、文政七年（一八二四）閏八月九日の継立に焦点をあて、さらに追究してみることにしたい。

大門宿では、まず先触れの人馬数とにらみ合わせ、定助郷一五カ村、定助郷同様勤来村六カ村、そして加助郷村一九カ村から助郷高に比例して人馬の徴発を行なったのである(50)。

定助郷・定助郷同様勤来村二一カ村への触当人馬数と実際の徴発人馬数は表2に示したとおりである。これによると、定助郷村の足立郡間宮村（現さいたま市）へ人足二人・馬七疋、差間村（現川口市）へ人足一〇人・馬八疋、定助郷同様勤来村の片柳村（現さいたま市）へ人足一六人・馬一六疋というようにして、定助郷村一五カ村へ人足三〇二人・馬一四九疋、定助郷同様勤来村六カ村へ人足八〇人・馬三八疋を触れ当てた。さらに、片柳村に五〇人、大谷村に二〇人の人足を追触れとして触れ当てたのである。

そして、加助郷村一九カ村へは表3に示したとおり人足九三三人を触れ当てた。たとえば、足立郡大間木村（現さいたま市）へ三五人、埼玉郡小曾川村（現越谷市）へ三六人、そしてもっとも遠方の葛飾郡川藤村（現吉川市）へは九〇人を触れ当てている。これら定助郷村・定助同様勤来村・加助郷村四〇カ村を合わせると、触当人馬の総数は人足一四〇〇人、馬一八七疋ということになる。

しかし、これらの触当人馬が必ずしもそのとおりに着到したとはいえない。表2・3をみるとそれが明らかとなる。たとえば、間宮村は人足二人・馬七疋を触れ当られ、着到人馬数はそのとおりであるが、差間村は人足一〇人・馬八

表2　大門宿定助郷・定助郷同様勤来村人馬徴発表（文政7年閏8月9日）

	村名	助郷高	平均割人足数	触当数		着到数		過不足	
				人足	馬	人足	馬	人足	馬
定助郷村	間宮村	17石	2人	2人	7疋	2人	7疋		
	差間村	85	10	10	8	20	8	10人	
	北原村	83	10	10	3	10	3		
	戸塚村	1,403	168	72	35	72	35		
	玄蕃新田	280	34	26	3	10	3	△16	
	下野田村	244	29	18	8	18	8	5	
	大崎村	126	26	28	10	28	10		
	辻村	260	31	34	17	34	17		
	中野田村	300	36	16	12	16	12		
	代山村	135	16	16	8	16	8		
	寺山村	204	25	24	8	24	8		
	上野田村	100	12	12	7	12	7		
	新染谷村	126	15	15	5	15	5		
	膝子村	625	75	8	16	16	16	8	
	高畑村	50	6	11	2	11	252		
合計		4,038	495	302	149	304	149	2	0
同様勤来村	片柳村	137	16	16(50)	16	66	16		
	新井村	55	6	6	3	6	3	33	
	大谷村	97	12	20(20)	10	40	10	28	10疋
	新堤村	122	14	9	2	9	2	△1	
	門前村	178	21	17	3	17	3	2	
	風渡野村	137	17	12	4	12	4		
合計		726	86	150	38	150	38	62	10
総計		4,764	581	452	187	454	187	64	10

出所：文政7年閏8月9日「御継立」会田家文書200，同「御通行助郷人馬平均」同295，同「御老若様其外様大御見分ニ付定助・加助郷村々人馬触元帳」同296等より作成．

注1：高畑村の触当人足数は，加助郷分を含めると26人．
2：過不足は平均割に対する値．
3：△印は不足分．

疋に対して実際に前日の八日に大門宿に着到したのは二〇人・八疋、大間木村は人足三五人に対して二五人・五疋、大間木新田は人足七人に対して人足三人・馬二疋、高曾根村（現さいたま市）は人足一一〇人に対して人足一〇六人・馬二疋がそれぞれ着到していて、触当とは異なっている。しかし、馬一疋は人足二人に代えることもできるので、差間村のみ触当より人足一〇人が過剰（超過）になるが、大間木村・大間木新田・高曾根村の着到人馬数を人足数に換算すると、計算は合うことになる。こうして、大門宿に着到した助郷人馬数は、人足四五四人・馬一八七疋となったのである。先の触当数と比べると、人足六四人、馬一〇疋の過勤となる。

いずれにしても、これら大勢の助郷人馬が前日に続々と大門宿に着到したが、それらには村役人クラスの宰領が一、二名ずつ付き添い引率してきた。これら助郷村々からの着到人馬は、宿場の着到帳に一人ずつ名前を登録し、翌日まで待機したのである。そして、遠方からの加助郷村人馬は、宿泊所として宿場住民の屋敷一六軒が割り当てられた。たとえば、問屋・名主を勤め宿中央西側に屋敷があった源兵衛宅（図3、三四二頁）には川藤村の人足が、同じく問屋・名主で宿中央東側の源左衛門宅（図4、三四二頁）には中島村（現越谷市）の人足がそれぞれ宿泊した。(51)

こうした助郷人馬の徴発とともに、大門宿にも継立人馬が触れ当てられたのである。そして、八日夜までに大門宿の字西方・神明久保・上町・下町などから人足九八人・馬一八疋が着到した。(52)

表3　大門宿加助郷村人馬徴発表（文政7年閏8月9日）

村名	助郷高	触当数		着到数	
		人足	馬	人足	馬
大間木村	254石	35人		25人	5疋
大間木新田	70	7		3	2
長蔵新田	127	14		14	
小曾川村	327	36		36	
野島新田	177	19		19	
弐丁目村	299	33		33	
鶴ヶ曾根村	834	92		92	
伊原村	577	63		63	
高曾根村	997	110		106	2
野島村	535	62		62	
孫十郎村	121	14		14	
木曾根村	690	76		76	
長島村	168	18		18	
増林村	1,280	141		141	
大吉村	299	33		33	
増森村	474	52		52	
中島村	207	23		23	
川藤村	815	90		90	
高畑村	137	15		11	2
合計	8,388	933		911	11

出所：文政7年閏8月9日「加助郷触出元帳」会田家文書201，文政7年閏8月9日「加助郷人馬着到帳」同227より作成．

ちなみに、準備通行直前の文政五年（一八二二）時の大門宿の概要は、(53)総家数一六四軒、うち本百姓一三〇軒、地借百姓七軒、水呑百姓一六軒、寺五軒、寮六軒であった。人数は七七六人（男四〇八人・女三六一人・出家五人・道心二人）、抱え者一九人、合わせて七九五人であり、馬数は一七疋であった。また、同六年時の家数は一五三軒、「継立可相勤惣人足」数は七九人、「有馬」は一六疋である。(54)史料によって若干相違はみられるが、これらが大門宿の人馬継立の対象となったといえよう。ちなみに、文政七年時の助郷人馬数は、人足一二八五人・馬二〇二疋である。[55]

さて、大門宿ではこれら継立人馬九八人・一八疋のほか、大通行に対処するため遠見人足二二人、水夫人足一六人、御案内之者二二人、人足矢来番八人、問屋場付替立働一〇人、問屋場小遣六人、馬付替一六人、掃除人足四人、盛砂・水手桶四人など、合わせて一〇八人の人足も徴発したのである。[56] さらに本陣・問屋などの宿役人を加えると、まさに宿挙げての総動員体制であったといわなければならない。

このように、老中・若年寄一行などの継立のため、宿・助郷人馬の大動員体制を採ったにもかかわらず、先述したように当日は大雨という悪天候により人馬の継立は困難を極めた。そのため、当初徴発していた人馬だけでは賄い切れず、やむをえず遠近の村々から臨時に人馬を買い上げ（雇い上げ）対処することになったのである。[57]

たとえば、老中水野出羽守一行継立のため、着到人馬だけではなく大門宿から市治・巳之蔵・重蔵、北原村（現さいたま市）から助右衛門・重右衛門、間宮村（現さいたま市）から久治郎・乙治郎、また助郷村ではないが鳩ケ谷宿の善次郎、三室村（現さいたま市）の幾右衛門など、宿・周辺村から賃銭一人二〇〇〜八〇〇文で買い上げている。[58] さらに、遠方では日光道中の草加宿（現草加市）や埼玉郡西方村（現越谷市）や葛飾郡一本木村（現三郷市）などから一人六〇〇文で人足を買い上げている。なお、買上人馬数を「〆人足四拾三人、馬五疋」と記す史料[59]や買上人馬の賃銭合計を「〆金拾九両ト弐百三十文」とする史料[60]もあり、買上人馬数やそれに伴う出費の実態の一端が明らかとなる。

このようにして、悪天候のため継立に余計の人馬が必要となり、これら不足人馬を補うため、やむをえず相対賃銭で人馬を買い上げるなど、大門宿では人馬継立に尽力したのである。それにもかかわらず、大門宿役人は道中奉行から継立の不行届きを詰問されたらしく、閏八月二十八日付で大門宿役人惣代問屋平左衛門・百姓代半七は道中奉行所あてに宥免願を差し出している。[61] それによると、大門宿では大通行の先触人馬数が人足四一六人・馬一〇四疋、御証文御用長持一四棹であるのに対して、宿・助郷人馬数は人足一二八五人・馬二〇二疋あり、差し引き八六九人・九八疋余計にあるので、臨時の使用には対応できると考えていた。しかし、「当月八日夜ゟ翌九日迄大雨降続、御道筋深ぬかりいたし、殊夜ニ入候ニ付、前宿ゟ壱疋ニて附送り候御荷物者分荷ニいたし、弐疋ニ而継送り、人足壱人持ハ弐人、四人持者五六人宛ニ無之候而者持運ひ難相成、人馬遣払候上、御一同当宿御着之節ハ夜ニ入候ニ付、挑灯持人足百五拾人余差出し、殊夜中之儀混雑之紛寄置候人足等之内、遁出候もの共百人程も有之、旁人馬引足不申継立差支ニ相成」と状況を述べ、大雨の上に夜間の継立となったため、提灯持人足一五〇人余りを差し出し、そのうえ逃亡人足が一〇〇人程も出たので人馬が不足し継立に支障を来したと弁明している。さらに「其上宿役人并近村役人共義も、歩行荷等岩槻宿迄持送り候得共、行届不申遅刻罷成候」と続け、宿役人・近村村役人までが徒人足になり、岩槻宿まで荷物を持ち送るなど尽力したが、遅くなってしまったと詫びている。

それでは、閏八月九日の大通行にあたって、実際にはどのくらいの人馬が動員されていたのであろうか。閏八月付で大門宿問屋平左衛門・年寄平八郎・百姓代幸右衛門などが代官大原四郎右衛門に差し出した書上帳[62]によると、定助郷・加助郷高は一万三五三二石、先触人馬高は人足五〇〇人・馬一〇四疋、このうち御朱印・御証文は一六七人・五二疋、老中・若年寄への無朱印・無証文一六八人・四七疋、御証文御用長持一四棹・八四人、賃払八一人・五疋であった。これに対して閏八月八日夕刻の寄人馬触当高は、人足一一一〇人・馬二〇二疋であり、定助郷村は高一〇〇石につき人足一二人、加助郷村は同じく一一人が触れ当てられた。さらに九日夜に定助郷村に急触れで徴発した人足が七六人、鳩ケ谷宿からの継立人馬および当分助郷村からの人馬の買い上げ分は人足四三人・馬五疋である。これらを合わせると、実際の動員人馬数の合計は人足一二二九人・馬二〇七疋となる。先触人馬数と比較すると、人足七二九人・馬一〇三疋の過勤となる。

また、宥免願[63]には、実際に動員した人馬数を買上人馬を含め、かつ逃亡した人足一〇〇人を差し引き、人足一二三二人（宰領四人を含む）・馬二〇七疋とし、先触人馬数と差し引くと人足八一六人・馬一〇三疋もの「御継立増」になったと記されている。しかし、人足については、先触人足数四一六人に御証文御用長持一四棹分の人足八四人を加えると五〇〇人となるので、過勤は宰領を含めて七三二人、除くと七二八人となり、先述の書上帳の人馬数とほぼ同様となる。

このように、大門宿では過重な負担を蒙りながらも、懸命に継立をしたにもかかわらず、先述したように宿役人は道中奉行から継立方の不行き届きを詰問され、宥免願を差し出している。さらに、翌九月には大門宿役人は、大通行時に不足人馬の調達のため問屋場を明け、荷物継立に支障を来したという理由で、道中奉行から問屋は過料銭三貫文、年寄は急度叱の処罰を申し渡された。[64]まさに、踏んだり蹴ったりという状況といわざるをえない。

以上が、文政七年閏八月九日の老中・若年寄一行などに対する人馬継立の実態である。では、宿・助郷村はどのくらいの人馬賃銭を受け取っていたのであろうか。買上人馬については先述したとおりであるが、正規の人馬についてはは残念ながら史料が残されていないので明らかにできないが、参考までに前年の同六年九月二十六日〜二十八日の通行時の賃銭割渡しの状況について触れておこう。[65]

この時の助郷高は一万三四四四石（定助郷四八四六石・大助郷八五九八石）、触当高は人足九三九人・馬一四六疋で、高一〇〇石につき人足六人で九分八厘五毛、馬一疋九厘で平均割をした。これに対する人馬賃銭は六貫六九四文で、これから大門宿方分として四五二文を差し引いた残り六貫二四二文を助郷高で割り、高一〇〇石につき銭四四文六分とし、助郷村四一カ村に割渡したが、この割渡賃銭の内訳を示したのが表4である。これによると、人馬数九三九人・一四六疋は記載値と計算値が合致しているが、割渡賃銭は記載値と計算値が合わない。これは割渡賃銭の記載方法が短銭と長銭が混じっているためかも知れないが、記載値が六貫二四二文、計算値が長銭を短銭に換算しても六貫二一七文となり二五文の不足である。他に原因があるのかも知れない。

人足一人・馬一疋あたりの賃銭は、過勤人足については一人二〇〇文と判明しているが、正規の人馬については具体的な記載はない。しかし、先述の高一〇〇石あたりの人足平均割と割渡基準を基に計算すると一人六文四分弱となる。しかし、表4に記載の大間木新田を例にとると、助郷高は七〇石で人足平均割に基づく触当数は五人弱となるはずであるが、実際の触当人足数は七人となっている。これに対して割渡賃銭は三一文で、七人割とすると一人四文四

表4　大門宿助郷人馬賃銭割渡表（文政6年9月26日〜29日）

村名	人足	馬	賃銭
戸塚村	98人	15疋	*650文
膝子村	44	7	287
北原村	6	1	37
差間村	6	1	39
間宮村	1	1	8
辻村	18	3	120
大崎村	15	2	100
代山村	9	1	60
寺山村	14	2	111
上野田村	7	1	45
新染谷村	9	1	56
高畑村	3	1	22
玄蕃新田	20	3	129
中野田村	21	3	138
下野田村	17	3	113
合計	288	45	1,915
片柳村	10	2	61
大谷村	7	1	43
風渡野村	10	2	61
門前村	12	2	80
新堤村	8	1	*50
新井村	4	1	25
合計	51	9	320

村名	人名	馬	賃銭
大間木村	18人	3疋	117文
大間木新田	7		31
長蔵新田	9	1	57
上下土呂新田	15	1	94
高畑村	9	1	61
小曾川村	23	4	*150
大吉村	21	3	137
中島村	14	2	92
伊原村	40	6	265
弐丁目村	20	3	137
鶴ケ曾根村	58	9	384
木曾根村	48	8	320
長島村	12	2	75
孫十郎村	8	1	54
野島村	37	7	247
野島新田	12	2	79
高曾根村	70	11	461
増林村	89	14	591
増森村	33	5	219
川藤村	57	9	375
合計	600	92	3,946
総計	939	146	6,217
記載値	939	146	6,242

出所：文政9年「人馬平均賃銭割渡帳」会田家文書90より作成．
注1：＊印は長銭，注2：賃銭総計は長銭を短銭に換算してのもの．

分余となり、六文四分を下回ることになる。しかし、この割渡賃銭を先述の助郷高一〇〇石につき四四文六分の割渡基準で割ると三一文二分余となり、ほぼ基準に合致する。一人六文四分弱とすると、他の助郷村でも割渡賃銭を超えることになり、実際の基準額ではなかったと思われる。馬については具体的な賃銭計算の基準が見いだせないが、大間木新田の人足一人四文四分余を基準にして他の助郷村の人馬数に当てはめて計算すると、馬一疋の賃銭は新堤村《にいづつみ》（現さいたま市）の約七文四分が最低、上野田村の約二四文七分が最高で、一三〜一六文ぐらいの村が多いということになるが、明確な基準は見いだしがたい。

以上、助郷村への割渡賃銭についてみてきたが、人馬への具体的な割渡基準は不明瞭である。しかし、助郷高に割渡賃銭の基準額を乗じた数値が、各村への割渡賃銭にほぼ合致することから、実際の人馬数の内訳によらず助郷高により割渡賃銭を決めていたのではなかろうか。いずれにしろ、きわめて僅少な額であったといわざるをえない。もっとも遠方の加助郷村の川藤村からは人足五七人・馬九疋が泊まりがけで出勤し三七五文、他に人足二人の過勤分として四〇〇文、合わせて七七五文の賃銭を受け取っているが、これでは只働き同然というほかはない。こうした特権大通行が度重なれば、農民生活を窮乏に追い込んでいくことは当然のことといえる。

第三節　特権大通行と休泊の負担

1　天保十四年の将軍日光社参と休泊者

本節では、天保十四年（一八四三）四月の十二代将軍徳川家慶の日光社参通行時における大門宿の休泊負担の実態について明らかにしてみたい。

将軍家慶の日光社参は、天保十三年二月十七日に老中土井大炊頭利位から江戸城芙蓉間において幕府要職者に伝えられた。つづいて、同月十九日寺社奉行松平伊賀守忠優、大目付初鹿野河内守信政、勘定奉行梶野土佐守良材・跡部能登守良弼、作事奉行堀伊賀守利堅、普請奉行池田筑後守長溥、目付佐々木三蔵一陽・榊原主計頭忠義などに日光社参の準備にあたるように命が下された[66]。さらに、四月十六日には目付諏訪庄右衛門頼篤・中川勘三郎忠潔、小姓組千葉左衛門、書院番早川十右衛門などにも日光社参の大宿割が命ぜられたのである[67]。

ちなみに、この天保度の日光社参に際し、大門宿に休泊した主な人々を紹介しておこう。まず、四月四日・二十三日岩槻城主・若年寄大岡主膳正忠固（本陣小休）、四月八日・二十三日寺社奉行兼奏者番松平和泉守乗全（本陣小休）、四月十三日大御押（将軍警護の重職）松平隠岐守定穀（本陣泊）、四月二十日奏者番安藤対馬守信由（本陣泊）、祭祀奉行・奏者番青山大和守幸哉（西本陣泊）、四月二十一日老中堀田備中守正篤（本陣小休）、四月二十二日戸田采女正氏正（本陣昼食）、四月二十三日大目付初鹿野河内守信政、小笠原大膳大夫忠固、太田摂津守資功（本陣小休）などであった。[68]

2 本陣修復金拝借嘆願運動

それではまず、大門宿休泊者のうち、もっとも負担が重かった大御押松平隠岐守定穀（伊予松山藩主）一行の本陣宿泊の実態について明らかにしてみよう。

天保十四年（一八四三）四月十三日に松平隠岐守一行の宿泊が内定したことにより、大門宿がもっとも苦慮したのは、宿泊所となる本陣や民家の老朽化であったといえる。当時、本陣をはじめ街道沿いの民家の損傷がいちじるしく、これら宿泊所を修復するためには多額の費用を必要としたのである。

そこで、大門宿では本陣ならびに宿内民家の窮状を訴え修復費用を拝借するため、本陣栄次郎、問屋・名主兼帯源左衛門など宿役人一三名連名で天保十三年四月には道筋番掛り役人[69]へ、五月には代官伊奈半左衛門役所[70]へ、それぞれ長文の嘆願書を差し出したのである。そして、前者には金九〇〇両、後者には金五〇〇両の拝借を願い出ている。このうち、後者の嘆願書の要旨は以下のとおりである。

当宿は本陣敷地の地子免除もなく、往還役・地方役などの諸役は勤め、宿並の住家は百姓一〇八軒で、いずれも貧家で上雪隠付きの家もない。本陣も家作が大破し、ことに屋根等は雨洩りがしていたって手狭の住居である。また、近年は凶作続きで困窮しているため、銘々が家作の修復もできず多くは大破している。

安永度の社参の折は、大名など三〇〇〇人余、馬二九〇疋もの宿泊を命ぜられ、さらに還御の時にも同様の宿泊を命ぜられた。本陣の家作向きも今は先年とは変わり、困窮のため手狭の住居になり難渋しているので、御慈悲にて本陣や宿並を見分のうえ、御憐愍のご沙汰で本陣栄次郎に金五〇〇両の拝借を仰せ付けられたい。返納については宿方一同で引き受けるので、無利息一〇カ年、延べ二〇カ年賦の返納でお願いしたい。

なお、この件については道筋掛役人にもお願いしたが取り上げられず、嘆願書は差し戻しとなったので、再度宿役人一同で相談した結果、このままでは通行時期になり差し支えることは明白なので、この嘆願を聞き届けてほしい、というものである。

しかしながら、この嘆願書も取り上げられず、六月八日付で伊奈半左衛門へ、ついで代官の支配替えにより十月二十九日付で平岡文次郎へ、それぞれ大門宿役人惣代の兵右衛門名義で嘆願書の取り下げ願いを差し出すのやむなきに至ったのである。(71) そのうち、平岡文次郎宛の取り下げ願書はつぎのとおりである。

乍恐以書付奉願上候

日光　御　成道大門宿役人惣代年寄兵右衛門奉申上候、来卯年日光　御参詣被　仰出、諸御役人中様御休泊繁相成候儀承知奉畏候、然処本陣栄次郎家作向先年ゟ当時手狭ニ付、御差支之程難計ニ付先規之通家作補理候儀、自力ニ而は中々以難行届ニ付右始末申立、右栄次郎幷宿役人共連印を以金五百両拝借被　仰付度段当五月中奉願上置候処、最早近々御支配替相成候間、跡御支配様江御願立可仕旨御利解之趣奉承伏候、依而者先達而奉差上置候願書、何卒以　御慈悲御下ヶ被成置度奉願上候、以上

日光　御　成道大門宿
役人惣代
兵右衛門

寅十月廿九日

平岡文次郎様
御役所

こうして、幕府からの拝借金に見切りをつけた大門宿本陣栄次郎は、安永五年（一七七六）の十代将軍徳川家治の社参にも、先祖の松平隠岐守定静が大御押役として供奉し大門宿へ宿泊した縁故のある、大御押役の松平隠岐守定穀の家中あてに十一月付で次のような嘆願書を差し出したのである。(72)

乍恐以書付奉願上候

日光　御成道大門宿本陣栄次郎奉申上候、来卯年　　御大守様御泊可被　仰付旨、先般被　仰渡冥加至極難有仕合奉存候、早々本陣向修復可仕処、外道中筋と違平日　御大名様方御通行少も無御座、本陣敷地無之、百姓地同様御年貢上納仕、助成何ニ而も無御座、然ル処安永度とは大ニ替り手検（狭）之住居罷成、御差支之義者眼前と奉存候間、当五月中道中筋御見分御役人様江拝借金願上候処、江戸表江可願旨被　仰渡願書御下ケ相成候間、其節之支配役所江願上候処数日御沙汰無之、去月廿九日願書御下ケニ相成、先年御　公儀様ゟ金弐百両拝借仕、壱ヶ年金弐拾両宛返上納仕候間年延相願候得共、去ル七月中願書御下ケ相成、右両様共御下ケ相成今更当惑至極仕候、何卒以　御慈悲拝借金被　仰付被下置度奉願上候、然ル上は右御金を以小屋掛同様ニも家作仕、御用物幷家内之もの共諸道具ニ至迄右小屋江入置、本陣勝手向迄明ケ渡差上、御番所其外先達而御積之品々別段御入用頂戴不仕作立差上可申候、御座之間張付其外廻り囲等取崩見候処悉く破物仕、実ニ難差置、万一御着之節御不興被為在候歟、御時節雨洩いたし候而者恐入奉存候間、何卒以　御慈悲金弐百両拾ヶ年割済拝借被　仰付被下置度、何卒御慈悲之御沙汰奉願上候、以上

日光
御　成道大門宿
本陣
栄次郎

天保十三年寅年十一月
松山様御内
御役人中様

右のとおり栄次郎は幕府への拝借金嘆願書が取り下げになった事情、これまでに幕府から金二〇〇両を拝借し毎年金二〇両ずつ返上納していること、本陣建物がいちじるしく損傷していることなど窮状を訴え、金二〇〇両の拝借を

松平定穀へ願い出た。しかしながら、聞き届けられなかったものとみえ、翌十四年正月に再びつぎのような嘆願書を本陣栄次郎・西本陣平八郎連名で松平家に差し出したのである(73)。

乍恐以書付奉願上候

日光　御成道大門宿本陣栄次郎奉申上候、当卯四月　御大守様御泊被　仰付冥加至極難有仕合奉存候、然ル処外道中筋と違ひ平日　御大名様方御通行無御座、本陣敷御免除無御座、百姓地同様御年貢上納諸役相勤、助成何ニ而も無之、殊ニ安永度とは大キニ替り余程手狭之住居ニ罷成、御差支之義ハ眼前と奉存候間、先般奉申上候通

御　公儀様江拝借之義再応奉願候得共御取上ケニ不相成、且又文政之度　御参詣被　仰出御沙汰止ニ相成候後、天保四巳年九月四日南大嵐ニ而家根通ハ勿論、御座所向床土台朽腐、壁共一式、縁其外処々難保大破相成候ニ付、難叶自力ニ直様御訴、取崩候義も歎ケハ敷申上候処、拝借被　仰付早速取懸り手入仕、是迄取繕罷在候得共、今以年賦上納仕候間、右年賦金去寅暮年延奉願候処御聞済不相成、前文願之趣両様共御下ケ相成、右之次第ニ而無拠先達而修復拝借奉願上候処、願書御下ケニ相成、今更当惑至極、左候迚稀之御泊被　仰付候事故其儘難捨置、御座所向襖張付、障子張替、畳替、壁共一式、外間数之分ハ相応之繕仕、其上手狭ニ付御時節雨天等之砌ハ如何可致様無御座候間、表之方拾五坪、裏之方拾五坪別段仮家相建、所々家根葺替、囲廻り二重垣ニ相仕立候場所も有之、右ニ付入用相嵩何共手段可致様無御座候間、何卒以　御慈悲御用序之節御見分被成下、幾重ニも御慈愛之御沙汰加印一同挙而偏ニ奉願上候、以上

天保十四年卯年正月

右宿
本陣　会田栄次郎㊞
西本陣　同　平八郎㊞

松山様御内
村井忠蔵様

その要旨は、基本的には前のものと同様であるが、新たに①天保四年九月四日の南大嵐により本陣建物の屋根、御座所向床の土台が腐り、その他に壁や縁側まで大破して幕府からの拝借金で取り繕ってきたこと、②今なお年賦返納があるので返納延期と先述したように新たな拝借金を嘆願したが両方とも却下されてしまったこと、③宿泊を命ぜられた以上そのままにはできず、そのため本陣の御座所向襖張付、障子張替、畳替、壁の修復を行ない、さらには仮屋の建増、屋根の葺替、囲廻りの仕立てたこと、④建物が手狭になったので新たに仮屋を建てたこと、などにより入用が嵩んだことを追加して、御慈愛の沙汰を願い出たのである。

この松平家への嘆願はある程度功を奏したものとみえ、詳細は後述するが本陣をはじめ宿内の宿泊民家へも若干の普請金が下付されることになった[74]。そして、宿住民の久太郎の金三分をはじめとして四三軒・四六名に対し、金二一両二朱の前借金が下付された[75]。わずかな額ではあるが、大門宿は一息つくことができたのである。

3　松平隠岐守一行の宿割

やがて、天保十四年（一八四三）四月十三日卯中刻（午前六時）、将軍家慶は日光社参のため江戸城を進発した。これに先立ち、奏者番安藤対馬守信由は前夜の亥時（午後十時）に、続いて祭祀奉行・奏者番青山大和守幸哉は午前零時に、以下、奏者番真田信濃守幸貫、老中堀田備中守正篤、若年寄遠藤但馬守胤統などが先発した。また、将軍進発の後に若年寄堀田摂津守正衡、老中水野越前守忠邦、そして大御押松平隠岐守定穀と行列が続いたが、その人数はおよそ一四、五万人ともいわれている[76]。

この日光社参にあたり、大門宿には往路の四月十三日に松平隠岐守一行が、帰路の四月二十日に安藤対馬守・青山大和守一行が、それぞれ予定どおり本陣をはじめ宿内旅籠・民家などに宿泊した。

それでは、松平隠岐守一行の大門宿宿泊の実態についてみてみよう。本陣には松平隠岐守と供回りの家来が宿泊し、残りは宿内の民家・寺と戸塚村の民家に分宿する予定になっていた。その総人数は一三二八人、宿泊請負人は六六人で、寺は大興寺・花厳寺・円福寺の三寺院である。(77) ちなみに、この年の大門宿の家数は一八〇軒、うち六軒が旅籠屋であり、総人数は八九六人（男四六六人・女四三〇人）であった。(78) 宿住民の一・五倍の宿泊者が大門宿に泊まるのである。

大門宿では事前に宿内の民家・寺を一番から五〇番にわけ、それぞれに宿泊する人数、乗馬数、各種荷物の種類と数量などを詳細に取り決めた宿割帳を作成していた。(79) たとえば、一番の忠左衛門宅の宿泊者は、相田六左衛門など上下一六人・乗馬一疋、大興寺は二番と三番の二枠となり、二番には岩瀬又左衛門など上下二〇人・乗馬一疋・駕籠一挺、三番には久松杢之助など上下二三人・乗馬一疋・駕籠一挺とあり、それぞれ幕を張るように指示されている。また、六番の直右衛門宅には、下目付二人、足軽六人、中間類一六人など合わせて二七人、雨鞘駕籠一駄、揚提灯四張、合羽掛一荷などと割り振られている。この宿割帳には朱書きを含めて種々の書き込み訂正があり、実際の宿泊にあたっては変更があったことが知られる。なお、本陣には隠岐守のほかに、側役・小姓・坊主・大賄方・料理人・目付方など二一人程とあり、さらに門内番詰の者共二四人と記されている。

なお、この宿割帳に記されている総人数は一四〇九人、馬三一疋となる。そのほか、日雇方の宿割をみると、三三九人が二七軒の民家に分宿していたことが明らかとなる。以上が松平隠岐守一行の宿割の概要である。

4　松平隠岐守一行の乗馬・小荷駄馬の宿割と取り扱い

松平隠岐守一行の宿泊にともなうもう一つの難題は、乗馬・小荷駄馬の宿割であった。乗馬・小荷駄馬は、宿内の宿泊請負人および馬宿・賄人に預けられた。(80) その内訳をまとめたものが表5である。これによると、乗馬は上組に一六疋、中組に一二疋、坂之台組に三疋の合わせて三一疋が、小荷駄馬は宿内上組に二七疋、中組に三三疋、坂之台組に一四疋の合わせて七四疋がそれぞれ預けられた。このうち、上組分はすべて宿泊請負人が預かったが、中組分のうち乗馬五疋と小荷駄馬一〇疋は、馬宿・馬賄・賄人などが預かっている。

また、これらの乗馬・小荷駄馬などに与える餌についても、その種類・分量などが細かく指示されていた。それはつぎのとおりである。(81)

改

飼場壱貫目

大豆三升五合

糠三升

籾ぬか壱升五合ツヽ

弁当大豆壱升、籾ぬか 糠五合

馬旅籠仕様

御付之節壱度飼、夜中壱度、朝壱度、昼飼弁当仕出し共、都合四度、但し夕・夜中両度者飼葉五百匁、大豆五合、糠壱升、朝者大豆弐升五合、荒糠壱升ツヽ、昼弁当大豆壱升、荒糠五合

小荷駄馬旅籠

大豆二升五合、小糠三升

わら

これによると、乗馬一疋分の餌として、飼葉一貫目、大豆三升五合、糠三升、籾糠一升五合ずつ、そのほか弁当として大豆一升、籾糠五合を用意することとしている。また、食事の回数は夕刻の到着時に一度、夜一度、朝一度、昼弁当一度の計四度与えること。餌の分量は、多少計算が合わない部分もあるが、夕方と夜分は飼葉を五〇〇匁、大豆

表5　松平隠岐守一行乗馬・小荷駄馬宿割表

宿割番号	宿泊請負人	馬宿・賄人等	乗馬	小荷駄馬
1	忠左衛門		1疋	1疋
2	大興寺		1	1
3	同		1	1
7	半　七			1
5	吉之丞			(3)
12	仙　蔵			1
13	磯　八			2
14	同			2
15	同			2
16	竹次郎・佐右衛門 与兵衛・与左衛門		7	1
17	甚右衛門			1
18	平八郎		1	1
19	同			1
20	千代太郎			1
21	同			2
23	源兵衛			2
24	同			2
25	彦左衛門			1
26	平　七			2
27	久太郎		2	2
	上　組		16	27
30	友　七	賄人清五郎		3
31	平右衛門	馬宿清四郎	1	1
32	源左衛門	馬宿清四郎		1疋
33	藤　吉	馬賄初五郎	1疋	1
34	多　吉	馬宿清五郎		1
37	清四郎	小荷駄賄人清五郎	1	1
38	丈八・三郎右衛門	小荷駄初五郎	2	2
39	新蔵・熊右衛門		2	2
40	金右衛門		1	1
41	清右衛門		1	1
42	弥八・弥五左衛門		1	3
43	平兵衛・花厳寺		1	2
44	勇次郎・多七 利兵衛・文弥		1	1
48	佐　平			13
	中　組		12	33
45	亀右衛門・長次右衛門 与右衛門・巳之助		1	1
22	佐左衛門・常八			2
35	平　七		2	7
50	戸塚村源蔵			1
	清　六			1
外				2
	坂之台組		3	14
外				3
	合　計		31	77

出所：〔天保14年〕「松平隠岐守様乗馬・小荷駄宿割帳」会田家文書1382より作成.

五合、糠一升ずつ、また朝は大豆二升五合、荒糠一升ずつとし、昼の弁当としては大豆一升、荒糠五合と取り決めたものである。そして、小荷駄馬については大豆二升五合、小糠三升、藁などを与えるように指示している。

つぎに通し馬（＝小荷駄馬）の宿割についてみよう。松平隠岐守一行が使用した通し馬は八〇疋、これを預かり人一四人が分担して世話を引き受けている。その内訳をまとめたものが表6である。他は宿泊請負人から通し馬の世話を引き受けた者である。たとえば、清五郎は預け主友七分の馬三疋、平右衛門分の馬一疋、源左衛門分一疋、多吉分の馬一疋合わせて六疋を預かり世話をするのである。預け主は松平隠岐守一行の宿泊請負人で、三〇番、三一番などの番号は宿割の番号である。預かり人一四人のうち、佐平（四八番）と平七（三五番）は宿泊請負人と預かり人を兼ねている。なお、大工久五郎への預け主の名は史料には記載されていないが、四四の番号から勇次郎・多七・利兵衛・文弥であることがわかる。[82] これら預け主（＝宿泊請負人）は、おおむね宿場の中央付近に屋敷を持つ者が多く、問屋・年寄・百姓代・寺院など宿内の有力者たちが主な宿泊請負人であったことが確認される。宿泊請負人によっては、一軒に三〇人、四〇人と大勢の者を宿泊させるので、馬の世話まで手が回り兼ね預かり人に頼んだものと思われる。

なお、江戸の通し馬請負方である三木喜内・鈴木長右衛門は、通行前の三月に大門宿本陣会田栄次郎あてに、一番から五〇番までと無番の宿泊請負人宅に泊まる予定の宿泊者名と通し馬数を認めた宿泊取り計らいの依頼書を送っている。[83] これによると、通し馬は七二疋と用意馬二疋・乗掛馬三疋、合わせて小荷駄馬七七疋、うち三疋は松平隠岐守の江戸進発の前日に出立すること、また馬士・宰領・世話役など九〇人が帯同することが知られる。

表6　松平隠岐守一行通し馬宿割表

預かり人	預け人・他	宿割番号	馬数
清五郎	友　七	30	3疋
	平右衛門	31	1
	源左衛門	32	1
	多　吉	34	1
初五郎	山　本	41	1
	清四郎	37	1
	三郎右衛門	38	1
	ろうそく馬		2
八右衛門	丈　八	38	1
	熊右衛門	39	1
	弥八・弥五左衛門	42	3
藤　吉	花厳寺	43	1
	金右衛門	40	1
	藤　吉	33	1
宮前長五郎	新　蔵	39	1
	平兵衛	43	1
大工久五郎		44	1
佐　平		48	14
武　助	彦左衛門	25	1
	上平七	26	2
	平八郎	18・19	2
	甚右衛門	17	1
	竹二郎他3人	16	1
	千代太郎	21	3
留五郎	久太郎	27	2
	源兵衛	23	2
	同　人	24	2
幸　八	磯　八	13	2
	同　人	14	2
	同　人	15	2
金子半七	忠左衛門	1	1
	大興寺	23	2
	半　七	7	1
	仙　蔵	12	1
平　七	平　七	35	7
馬宿太七	亀右衛門他3人	45	1
	戸塚源蔵・直右衛門	50	1
	清　六		1
	用意馬		2
	佐左衛門・常八	22	2
甚右衛門	人足馬		3
	合　計		80疋

出所：〔天保14年〕「松平隠岐守様通馬宿割」会田家文書1385より作成.

いずれにせよ、これらを総合してみると大門宿の預かり馬は、乗馬・小荷駄馬など相当多数にのぼり、馬宿の負担もまた容易ではなかったことが明らかとなってくるのである。

5 松平隠岐守一行の旅籠代

それでは、これら多人数が宿泊した松平隠岐守一行の旅籠代はどのように支払われていたのであろうか、検討してみることにしたい。そこで、まず旅籠代の払方控帳(84)をみると、八〇人の宿泊請負人と宿泊人馬数、それに支払われた宿泊代金などが詳細に記されている。旅籠代は一人銀四匁、乗馬一疋八匁、通し馬五匁、雇人足・馬の口付き人足には銭二五〇文が支払われている。宿泊請負人八〇人のうち、一八人についてその内訳をまとめたものが表7である。

これによると、宿割一番の宿泊請負人忠左衛門は、一六人・一疋分旅籠代として銀七二匁、金に換算して一両二朱と銀四匁五分を受け取っている。二番・三番の大興寺には四〇人・二疋が宿泊し旅籠代として銀一八四匁、金に換算して三両と銀四匁を受け取ったとあるが、四〇人ではこの値にはならない。他の史料では宿泊者は四二人・二疋とあり(85)、計算すると一八四匁となるので、四〇人は誤記と思われる。一八・一九番の西本陣平八郎家には二八人・一疋旅籠代として銀一二〇匁、金にして二両が支払われている。また、二三・二四番の問屋源兵衛家には三九人・二疋が宿泊し、旅籠代として一七二匁、金にして二両三分が支払われた。ついで、三二番の問屋源左衛門家をみると、三六人が宿泊し銀一四四匁、金にして二両一分二朱と銀一匁五分が支払われたことがわかる。さらに、無番の伝十郎は日雇三二人分の銭八貫文と茶代金二朱、合わせて金一両一分一朱と銭二八一文(計算値)を受け取っている。なお、銭の換算値は金一両=銭六貫五〇〇文である。馬賄いの初五郎は、乗馬一疋、通し馬三疋、口付き人足三人の世話をし、銀二三匁と銭七五〇文をそれぞれ受け取っていることが明らかとなる。

このようにして、旅籠代が宿泊請負人に支払われたが、これらのうち一部が先述したように「普請金」という名目で支払われたのである。つぎに挙げた史料によりそのことが明らかとなる(86)。

表7　松平隠岐守一行旅籠代明細表（抄録）

宿割番号	宿泊請負人	宿泊人馬数	備考	旅籠代	請取額	
1	忠左衛門	16人・1疋		銀72匁	金1両2朱と	銀4匁5分
2・3	大興寺	40　・2		184	3両	4匁
4	又兵衛・又七・嘉平次	50		200	2両2分	5匁
6	直右衛門	27	3人増6匁払	114	1両3分2朱	1匁5分
8	安左衛門	48	4人減8匁減	184	3両	4匁
10	源右衛門	11		44	2分2朱	6匁5分
13〜15	磯　八	43		172	2両3分	7匁
18・19	平八郎（西本陣）	28　・1		120	2両	
23・24	源兵衛	39　・2		172	2両3分	
31	平右衛門	24　・1		104	1両2分	14匁
32	源左衛門	36		144	2両1分2朱	1匁5分
38	三郎右衛門	10　・1		48	3分	3匁
43	花厳寺	30　・1		128	2両　2朱と	銭52文
	伝十郎	32（雇人）	茶代2朱	銭8貫文	（金1両1分1朱と銭281文）	
	初五郎	4疋 3人（口付）	乗馬1・通馬3	銀23匁 銭750文	銀23匁と	銭750文
	醤油屋留五郎	5疋（通馬） 6人（口付）	増大豆5合ずつ	銭1,500文	金　3分2朱と銭144文	

出所：天保14年4月「松平隠岐守様御旅籠払方控帳」会田家文書1379より作成.
注1：旅籠代請取人80人のうち，18人を抄録した．注2：（　）内は計算値.

一、銀七拾弐匁　忠左衛門
内
銀三拾九匁六分　御人数拾六人 乗馬壱疋 賄入用
同三拾弐匁四分
是ハ屋根修覆入用、厩柱立替払直段程
引見改入用一式
（中　略）
右者日光　御参詣ニ付、大御押　松平隠岐守様去月十三日当宿御泊被　仰付、賄方之義魚類禁一切不相用、一汁香之もの、ふとん三人ゟ弐人江壱枚、壱人江壱枚ツヽ、差出、本陣請負ニ被　仰付、御壱人前銀二匁二分ツヽ、其外屋根取繕、厩修覆入用之内半金払直段差引、書面之通一同立会割合いたし、慥ニ請取申処実正也、向後違論無之ため銘々印形いたし置候、以上
忠左衛門 ㊞
天保十四年卯年五月
大興寺
（以下六八名略）

これにより、忠左衛門が受け取った銀七二匁のうち旅籠代

は三九匁六分で、あとの三二匁四分は「屋根取繕、厩修覆」などの普請金として支払われていたことがわかる。同様にして大興寺は一八四匁のうち旅籠代は一〇一匁二分、普請金八二匁八分である。これら宿泊料と普請金の比率は、五五対四五となるが、以下の宿泊請負人の受領額も同じ比率である。また、先に旅籠代は一人銀四匁・馬八匁と述べたが、実際の宿泊料は文中に「御壱人前銀二匁二分」とあることから、一人二匁二分で比率にすると五五パーセントであったことが知られる。馬一疋も同じ比率により四匁四分として計算すると、忠左衛門宅に宿泊した一六人・一疋の旅籠代は、三五匁二分と四匁四分、合わせると三九匁六分となり、先の受領額と合致する。

なお、これらの宿泊請負人は、先述したように家作の修復や準備のため前借をしていた者もおり、前借額は金二一両二朱あった(87)。ちなみに、宿割八番の安左衛門は四四人が宿泊し、旅籠代・普請金として合わせて銀一八四匁、金にして三両と銀四匁を受け取った形であるが、実際には前借が金一両二分あり、差し引くと手取りはほぼ半額となる。また、三八番の三郎右衛門は一〇人・一疋を宿泊させ、受領額は金三分と銀三匁であるが、これも前借が金二分あり、手取りは一分ほどにしかならない。これでは、宿泊に際しての諸経費を引くと、赤字になるのではないかと思われる。ともあれ、この旅籠代でも宿泊請負人の負担が大きかったことが窺われる。

6　安藤対馬守一行の宿割と旅籠代

つぎに、天保四年(一八四三)四月二十日、日光社参の帰路に大門宿に宿泊した奏者番安藤対馬守一行の宿割と宿泊代についてみてみよう。

この日、大門宿には安藤対馬守と祭祀奉行・奏者番青山大和守が宿泊した。宿割は安藤対馬守が本陣、一行が街道東側の民家、また青山大和守が西本陣、一行が西側の民家とそれぞれ定められていた(88)。

さて、安藤対馬守一行は人数六三三人(士分六九・他五六四)、馬四七疋(乗馬七・小荷駄三七)で、本陣や問屋源左衛門、花厳寺などを含めて二五番・二九番に分宿した(89)。その内訳を示したのが表8である。たとえば、本陣には安藤

表8　安藤対馬守一行宿割表

宿割番号	宿泊請負人	主な宿泊者	人数	馬数
	本陣(栄次郎)	近習頭，徒頭，小納戸，医師	68人	
中2番	源左衛門	家老	16	
中3番	同	用人	10	
中4番	同	番頭	10	
先5番	金右衛門	旅奉行	14	
先6番	弥八	鉄砲組物頭	39	
先7番	金右衛門	弓組物頭	19	
先8番	友七	大目付，徒目付，下目付	22	
先9番	花厳寺	長柄奉行	34	
先10番	金右衛門	使番	6	
先11番	源左衛門	留守居	9	
中12番	清右衛門	持筒・持弓奉行兼	41	
先13番	友七	平士，右筆	7	
中14番	武助・初五郎	馬役	43	18疋
後15番	清四郎	勘定奉行，払方，下吟味	20	
先16番	利兵衛	徒士	18	
中17番	伝十郎	武器掛,行列世話役,筆談役	18	
18番	留次郎・定右衛門	中間頭	30	
19番	与右衛門・長次右衛門		35	
20番	丈八・熊右衛門		31	
21番	繁右衛門		12	
22番	直右衛門・常八	武器・長持才領	36	
23番	喜曾右衛門・留五郎		35	
24番	太七・さん		28	
25番		小荷駄世話役	32	29
		合　計	633	47

出所：〔天保14年〕「宿割帳」会田家文書1387,〔天保14年〕「安藤対馬守様御宿割附帳」中島良三家文書より作成.

対馬守を除いて近習頭・徒頭・医師・坊主など上下合わせて六八人、二番の問屋源左衛門宅には家老をはじめ上下合わせて一六人、九番の花厳寺には長柄奉行をはじめ三四人、というように宿泊の宿割をされていたことがわかる。また、このほかに日雇人足二五人が伝十郎宅、小荷駄馬三〇疋が政田屋帳場にそれぞれ宿割されていた(90)。

このようにして、安藤対馬守一行は宿割されたが、実際の宿泊請負人と宿泊者数は変更されていた。旅籠代の対象となったのは馬士四四人を含めて六五七人、小荷駄馬四〇疋で、旅籠代を受け取った宿泊請負人は三〇人、旅籠代は一人銀二匁七分、小荷駄馬一疋五匁、馬士一人銭二五〇文とされた(91)。その内訳を示したのが表9である。たとえば、宿割一四番の武助は事前の宿割では初五郎と共に四三人・一八疋を宿泊させることになってい

表9　安藤対馬守一行旅籠代明細表

宿割番号	宿泊請負人	人数	馬数	馬士数	旅籠代	
中14	武　助	13人	11疋	11人	銀90匁1分	銭2貫750文
	多　吉	11			29.7	
先8・13	友　七	34			91.8	
先2～4・11	源左衛門	43			116.1	
後15	清四郎	19			51.3	
中12	清右衛門	42			113.4	
20	丈　八	17			45.9	
20	熊右衛門	16			43.2	
先5・7・10	金右衛門	40			108.	
先6	弥　八	40			108.	
先9	花厳寺	34			91.8	
先16	利兵衛	18			48.6	
24	太　七	20	7	7	89.	銭1貫750文
24	さ　ん	9			24.2	
18	留次郎	16			43.2	
18	定右衛門	15			40.5	
19	与右衛門	16			43.2	
	亀右衛門	19			51.3	
19	長次右衛門	10			27.	
中17	伝十郎	18			金3分　銀3匁6分	
23	喜三右衛門	14			銀33匁8分	
	留次郎	21			56.7	
	佐左衛門	17			45.9	
22	常　八	20			54.	
22	直右衛門	16			43.2	
	本　陣	59			159.3	
	長五郎		2	2	10.	銭500文
	初次郎	16	7	11	88.2	2貫750文
	平　七		7	7	35.	1.750
	清五郎		6	6	30.	1.500
		613	40	44		

出所：天保14年5月「安藤対馬守様御旅籠請印帳」会田家文書1391より作成.

たが、実際には一三人と小荷駄馬一一疋、それに馬士一一人が宿泊したことになる。先述した旅籠代を基に計算すると、一三人・三五匁一分、一一疋・五五匁、一一人・二貫七五〇文となり、これらを合わせて銀九〇匁一分と銭二貫七五〇文を受け取っていたことがわかる。一六番の利兵衛は一八人が宿泊し四八匁六分を受け取ったが、これは予定人数と同じである。また、本陣の栄次郎は五九人が宿泊し一五九匁三分を受け取っているが、予定人数六八人と比較すると九人減となる。一行は宿泊に際して「賄方之義一汁香之物付、夜具無之」(92)というように、松平隠岐守一行と同様に賄いは質素であった。なお、宿泊代一人二匁七分は、松平隠岐守一行の時の銭相場（金一両＝銭六貫五〇〇文）を基に換算すると約二九三文となる。

なお、安藤対馬守から宿泊の節に「御本陣幷下宿世話方万端行届候趣を以」て、大門宿本陣会田家をはじめ宿泊請負人・世話役などに対して餅米五俵（四斗入）・小豆一俵（四斗入）の二石四斗が下賜された。このうち四斗を本陣・脇本陣や本陣世話人などに渡し、残った二石を六三三人・四七疋の宿泊人馬数割りにして、泊一人・一疋につき二合九勺四才、永にして一文八分余ずつ分配した。実際には銭で分配されたようで、本陣栄次郎は五九人分・一斗七升三合・永一〇八文一分二厘を銭七〇三文、問屋源左衛門は四三人分・一斗二升六合四勺・永七九文を銭五一三文、また小荷駄馬七疋を預かった平七は二升五勺、永一二文八分六厘を銭八〇文というようにして、三二人に分配された[93]。こうして、些少ではあるが労苦が報われた形となったのである。

また、この日光社参後に幕府から大門宿助郷村々に「御時節柄多分之人馬御継立ニ付失脚被下置候分」として銭一三〇貫文、「此度ニ限被下置候分」として金二二〇両が下賜されたことも付記しておく[94]。

7　諸雑用の取立

このようにして、天保十四年（一八四三）四月十三日に松平隠岐守一行、四月二十日に安藤対馬守一行が大門宿に宿泊し、宿側は総出でその対応に追われ、またその後には宿泊代の精算や下賜金の分配などにも努めたのである。しかし、宿側の対応はこればかりではなかった。両人の大門宿宿泊が決定した段階から準備はすでに始まっていた。すなわち、宿役人は江戸屋敷へ打ち合わせのため赴き、また両人への献上物を用意するなどしたのである。これらの費用のほかにも筆墨紙代など、諸雑用が相当に嵩むと予想されたので、これらを松平隠岐守・安藤対馬守一行の宿泊請負人から宿泊者予定人数に応じて取り立てることにしたのである。その取立額は宿泊者一人につき銀一分五厘、馬一疋につき三分、通し馬一疋につき一分五厘の割合と定めた[95]。

松平隠岐守分の諸雑用は八〇人から取り立てているが、その例を上げてみると、西本陣の平八郎は二八人分・乗馬一疋分で、取立割合により銀三匁七分と三分、合わせて四匁を納めた。問屋の源兵衛は三九人分・乗馬二疋分、合わせて六匁四分五厘を銭六九五文で、通し馬一一疋を預かる佐平は一匁六分を銭一七二文でそれぞれ納めている。この場合の銭換算は金一両＝銭六貫四五〇文である。

　つぎに安藤対馬守分の諸雑用取立の状況についてみてみよう。宿泊請負人三〇人から先述の割合で諸雑用を取り立

表10　安藤対馬守一行宿泊諸入用取立表

宿割番号	納人	人数	馬数	取立額
	佐左衛門	17人		銀2匁5分5厘
22	常八	20		3.
22	直右衛門	16		2.　4.
23	かじや留次郎	21		3.　1.　5
23	喜三右衛門	14		2.　1.
中17	伝十郎	18		2.　7.
	亀右衛門	19		2.　8.　5
19	長二右衛門	10		1.　5.
18	定右衛門	15		2.　2.　2
18	酒屋留次郎	16		2.　4.
	御本陣	59		8.　8.　5
	米沢屋多吉	11		1.　6.　5
中2〜4・11	源左衛門	43		6.　4.　5
先5・7・10	金右衛門	40		6.
先6	弥八	40		6.
先8・13	友七	34		5.　1
中11	清右衛門	42		6.　3
先9	花厳寺	34		5.　1.
中14	武助	13	10疋	3.　4.　5
中14	初五郎	12	11	3.　4.　5
後15	清四郎	19		2.　8.　5
先16	利兵衛	18		2.　7.
	留次郎	16		2.　4.
19	与右衛門	16		2.　4.
20	丈八	17		2.　5.　5
20	熊右衛門	16		2.　4.
24	太七	20	7	4.　5.
24	さん	9		1.　3.　5
	平七		7	1.　5.
	清五郎		6	.　9.
	合計	625人	41疋	100.　7.　7

出所：〔天保14年〕5月「〔安藤対馬守様御泊ニ付諸入用取立〕」会田家文書1394より作成.

てたが、その総額は六二五人・四一疋分で銀一〇〇匁七分七厘である。その内訳は表10のとおりであるが、本陣栄次郎の五九人分・八匁八分五厘を筆頭に、問屋源左衛門の四三人分・六匁四分五厘、清右衛門の四二人分・六匁三分と続いている。

　これで天保十四年四月十三日の松平隠岐守一行、同月二十日の安藤対馬守一行の大門宿宿泊に関わる人馬の宿割と旅籠代、および諸雑用についての分析を終えることにする。かかる特権者の宿泊が、大門宿のような小規模の宿場にとって相当の負担となったことが明白になった。わずかな宿泊代も家屋の修復費用、諸雑用などを差し引けば、決し

て利益が出るようなものではなかったのである。

おわりに

以上、日光御成道大門宿の特権大通行と人馬継立・休泊負担の実態について、できる限り検討してきた。しかし、紙数の都合もあり、この辺で本章を要約して終わりにしたいと思う。

先述のとおり、日光御成道は徳川将軍家の日光社参と関係の深い特殊な街道である。平常時には公用人馬の通行は比較的少なかったといえるが、それでも定立人馬二十五人・二十五疋を維持することは、大門宿のような小規模の宿場にとっては容易ではなく大きな負担となっていた。その上、大門宿は他の宿場と異なり地子の免除や問屋給米・継飛脚給米もなく、宿益となるような市場の開催も認められていなかった。また、年貢・諸役は他の村々と同様に賦課され、公用人馬の継立や宿の諸入用まで宿住民は負担していたのである。

このように、平常時でさえかなりの負担を強いられていたが、将軍家の日光社参にかかわる大通行時の人馬継立や休泊負担は、宿住民にとっては並々ならぬ重荷となっていたことはいうまでもない。この点については、文政七年（一八二四）閏八月九日の老中水野出羽守・若年寄植村駿河守、あるいは大目付・勘定奉行など幕府要職者の人馬継立の実態をみると、より一層明白となってくる。御朱印・御証文などの無賃の人馬継立は、そのほとんどが大幅な超過となり、宿人馬はもとより助郷人馬を徴発しても間に合わず、周辺宿村から人馬を雇い上げてようやく事態を収拾した。しかし、その後には継立方の不行き届きを詰問され、挙句の果てには問屋が過料銭三貫文、年寄が急度叱という処罰を蒙るという結末に終わった。

また、天保十四年（一八四三）将軍家慶の日光社参に供奉した大御押松平隠岐守・奏者番安藤対馬守一行の宿泊にあたっては、宿住民をはるかに上回る多くの人馬の賄いもまた大変な負担であった。さらに、老朽化した本陣や民家の修復費用、通行・宿泊の準備費用などを考慮すれば、この大通行は決して宿の利益となるようなものではなかった。こうした特権者の通行が度重なれば、宿住民の窮乏により一層拍車をかけることは火を見るより明らかであった。

なお、文化~天保期の「宗門人別帳」三冊(96)により、宿住民の持高の変遷を調べてみると、住民の階層分化がいちじるしいのに驚嘆せざるをえない。たとえば、天保三年には持高一石以下、地借・水呑百姓を含めた極貧層は全住民一七一軒中六五軒（三八パーセント）を占めているのである。しかも、こうした極貧層にまで人馬継立や宿入用の取立などの負担が、持高に比例して課せられるようになった(97)という事実を付記して本章を閉じることにしたい。

（1）本庄栄治郎編『日本交通史の研究』（改造社、一九二九年）、大島延次郎『日本交通史論叢』（国際交通文化協会、一九三九年）、大山敷太郎『近世交通経済史論』（国際交通文化協会、一九四一年）、黒羽兵治郎『近世交通史研究』（日本評論社、一九四三年）など。

（2）児玉幸多『近世宿駅制度の研究』（吉川弘文館、一九五七年）、大島延次郎『日本交通史論叢』続編（吉川弘文館、一九五七年）、丸山雍成『近世宿駅の基礎的研究』第一（一九七五年）、『近世宿駅の基礎的研究』第二（吉川弘文館、一九七五年）、藤沢晋『近世封建交通史の構造的研究』（福武書店、一九七七年）、渡辺和敏『近世交通制度の研究』（吉川弘文館、一九九一年）、深井甚三『幕藩制下陸上交通の研究』（吉川弘文館、一九九四年）、土田良一『近世宿駅の歴史地理学的研究』（吉川弘文館、一九九四年）など。

なお、拙著『近世交通運輸史の研究』（吉川弘文館、一九九六年）にも、宿駅問屋の成立過程、享保十三年・安永五年の日光社参と国役助郷負担、日光例幣使街道の宿駅などに関する論稿を収録してある。

（3）『浦和市史』通史編Ⅱ、『大宮市史』第三巻上、『川口市史』通史編上巻、『岩槻市史』通史編、『鳩ケ谷市史』通史編、『北区史』通史編、近世。

（4）室清「天保十四年日光社参について」(一)~(三)（『浦和市史研究余録』第一号~第三号、一九八一年~八二年、浦和市）、兼子順「日光御成道における助郷制の成立」（『浦和市史研究』第十号、一九九五年、浦和市）、室清「将軍の日光廟社参と農民の負担——新染谷村守富家文書を中心として」（同上）、兼子順「日光御成道における助郷制の展開」（『浦和市史研究』第十五号、二〇〇〇年、浦和市）、兼子順「幕末・維新期における日光御成道の助郷制」（『浦和市史研究』第十六号、二〇〇一年、浦和市）。

（5）『浦和市史』第三巻、近世史料編Ⅰ、一〇二―一〇三頁。

（6）杉山正司氏は「日光御成道の成立と将軍社参」（『埼玉県立博物紀要』第一一号、一九八五年）の中で「日光御成道の成立は完成された形としてではなく、いくつかの段階を経て成立した」と指摘されているが、傾聴に値する見解といえる。
(7) 北島正元校訂『武蔵田園簿』二六四頁（近藤出版社、一九七七年）。
(8) 前掲『浦和市史』第三巻、近世史料編Ⅰ、一一二頁。
(9) 右同書、一一九—一二〇頁。
(10) 右同書、一六八—一六九頁。
(11) 天明八年七月「大門宿村明細帳」（『浦和市史』第三巻、近世史料編Ⅱ、六五一—六五五頁）。
(12) 文政四年十月「大門宿明細書上」（『浦和市史』第三巻、近世史料編Ⅲ、六二八—六三四頁）。
(13) 右同書、六〇八頁。
(14) 文化十年十一月「御社参御法会旧記書上　控」（『新編埼玉県史』資料編15、近世6交通、九七一—九七二頁）。
(15) 安永五年四月「安永五年申四月日光御社参御用一件」右同書、九六七—九六八頁。
(16) 右同書、九七三—九七四頁。
(17) 文政七・十年、天保元・三年に閏月があるので、一二四カ月の平均である。
(18) 文政十一年七月「宿助郷人馬立辻帳」（会田真言家文書一一五九、埼玉県立文書館寄託）。以下、「会田家文書」と略す。なお、史料番号は埼玉県立浦和図書館編『会田家・会沢家文書目録』（一九七一年）掲載のものである。
(19) 前掲注4、兼子論文参照。
(20) 『続徳川実紀』第二編（新訂増補国史大系49、八七頁、吉川弘文館、一九三四年）。
(21) 松浦静山『甲子夜話』（東洋文庫『甲子夜話』1、二〇一頁、平凡社、一九七七年）。
(22) 前掲『続徳川実紀』一一一—一一二頁。
(23) 右同書、一一〇頁。
(24) 〔文政七年〕七月六日「改済覚（酒井作右衛門外人馬継立）」（会田家文書五六三）。
(25) 右同文書。
(26) 右同文書。
(27) 右同文書。
(28) 右同文書。
(29) 〔文政七円閏八月八日〕「宿人足役割名前附」（会田家文書一八〇）。

(30) 文政七年閏八月九日「水野出羽守様御継立帳」(会田家文書二一八)。
(31) 右同文書。
(32) 文政七年閏八月九日「御若年寄植村駿河守様　御継立帳」(会田家文書二四四)。
(33) 文政七年閏八月九日「石川主水正様　御継立帳」(会田家文書二四五)。
(35) 文政七年閏八月九日「馬継立覚帳」(会田家文書二二五)。
(36) 文政七年閏八月九日「大目付石谷周防守様　御継立帳」(会田家文書二四二)。
(37) 前掲注34、同。
(38) 文政七年閏八月九日「御普請御奉行初鹿野河内守様　御継立帳」(会田家文書二一三)。
(39) 文政七年閏八月九日「御作事御奉行臼井筑前守様　御継立帳」(会田家文書二四一)。
(40) 文政七年閏八月九日「御目付衆羽太左京様・同神尾市左衛門様　御継立帳」(会田家文書二四七)。
(41) 〔文政七年閏八月九日〕「御小人目附加藤此八様・同金子惣四郎様」(会田家文書二三八)。
(42) 文政七年閏八月九日「勘定御組頭米倉藤兵衛様　御継立帳」(会田家文書二一九)。
(43) 文政七年閏八月九日「御勘定根岸三十郎様　御継立帳」(会田家文書二三〇)。
(44) 文政七年閏八月九日「御祐筆組頭青木忠左衛門様・御祐筆米野弥兵衛様　御継立帳」(会田家文書二一七)。
(45) 〔文政七年〕閏八月九日「御普請方下御奉行増田源三郎様・青木忠左衛門様　御継立帳」(会田家文書二四六)。
(46) 文政七年閏八月九日「御大工頭金田藤七郎様・同甲良吉太郎様　御継立帳」(会田家文書二三六)。
(47) 右同文書。
(48) 〔文政七年〕閏八月九日「御地割棟梁中村三左衛門様・御普請改役中島八郎様　御継立帳」(会田家文書二四三)。
(49) 〔文政七年〕閏八月九日「大原四郎右衛門様御継立帳」(会田家文書二一六)。
(50) 加助郷村一九カ村のうち、高畑村は本来定助郷村であるが、大通行に際しての増助郷高を加助郷村扱いとしたもので、実質的な村数は一八カ村となる。
(51) 〔文政七年〕閏八月九日「加助郷村々人馬着到帳」(会田家文書二二七)。
(52) 文政七年閏八月八日夜「宿人足馬着到帳」(会田家文書一八五)。
(53) 文政五年三月「宗門人別帳」(会田家文書七七一四)。
(54) 文政六年八月「高家数継立人馬書上帳」(会田家文書三六一)。

(55) 文政七年閏八月「問屋場不行届の件宥免願」、前掲『浦和市史』第三巻、近世史料編Ⅲ、七〇八—七〇九頁。
(56) 〔文政七年〕閏八月九日「宿人足役割」(会田家文書一〇六一)。
(57) 前掲注55、同文書。
(58) 文政七年閏八月九日「買上賃渡帳」(会田家文書一四一)。
(59) 〔文政七年〕閏八月「買上賃銭渡方帳」(会田家文書一〇六〇)。前掲注55、同書。
(60) 〔文政七年〕閏八月九日「買上人馬賃銭渡し帳」(会田家文書一四九)。
(61) 前掲注55。
(62) 文政七年閏八月「書上帳」(会田家文書一一二〇)。
(63) 前掲注55。
(64) 文政七年九月十四日「人馬継立差滞につき過料銭請証文」、前掲『浦和市史』第三巻、近世史料編Ⅲ、七〇九—七一〇頁。
(65) 文政七年九月「人馬平均賃銭割渡帳」(会田家文書九〇)。
(66) 前掲『続徳川実紀』四五三頁。
(67) 右同書、四六〇頁。
(68) 天保十三年八月十八日〜「御参詣御用留」(会田家文書一一三二)、天保十四年四月「松平隠岐守様御宿割帳」(会田家文書一三三二)、天保十四年五月「安藤対馬守様御旅籠代請印帳」(会田家文書一三九一)、天保十四年十一月「御老若様其外様御内御役人中様江差上候御請書扣」(会田家文書一三八四)などの史料により、休泊日・休泊者名などが確認できる。
(69) 天保十三年四月「乍恐以書付奉願上候(修復拝借)」(会田家文書四八八六)。
(70) 天保十三年五月「宿困窮につき願書」、前掲『浦和市史』第三巻、近世史料編Ⅲ、六三四—六三五頁。
(71) 天保十三年八月「大門宿日光社参御用留(抄)」、前掲『新編埼玉県史』九九〇頁。
(72) 右同書、九八九頁。
(73) 右同書、九九一—九九二頁。
(74) 天保十四年五月「松平隠岐様御旅籠代・普請金　割合帳」(会田家文書一一一五)。
(75) 〔天保十四年〕「松平隠岐様御下宿御旅籠前借請印帳」(会田家文書一三八〇)。
(76) 前掲『続徳川実紀』四八九—四九〇頁。
(77) 天保十三年八月十一日「松平隠岐守様御宿割」(会田家文書一四八〇)。

(78) 前掲『浦和市史』第三巻、近世史料編Ⅲ、六〇八頁。
(79) 〔天保十四年〕四月十日「松平隠岐守様　御宿割帳」(会田家文書一三三二)。
(80) 〔天保十四年〕「松平隠岐守様乗馬・小荷駄宿割帳」(会田家文書一三八二)。
(81) 右同文書。
(82) 前掲注77・78などにより判明する。
(83) 〔天保十四年〕三月「大門宿松平隠岐守様通馬員数書」(会田家文書一三八六)。
(84) 天保十四年四月「松平隠岐守様御旅籠払方控帳」(会田家文書一三七九)。
(85) 注78、同。
(86) 注74、同。
(87) 注75、同。
(88) 天保十四年五月「安藤対馬守様御旅籠代請印帳」(会田家文書一三九一)。
(89) 天保十四年「安藤対馬守様御宿割附帳」(中島良三家文書一九六)、前掲『浦和市史』第三巻、近世史料編Ⅲ、七二七―七三〇頁。
(90) 注88、同。
(91) 天保十四年四月「安藤対馬守様旅籠代請印帳」(会田家文書一三九一)。これには宿泊請負人二八人、宿泊者六一三人、小荷駄馬二〇疋、馬士二四人が掲載されている。さらにその後に「調落」として太七・平七・清五郎の名義で、銀一〇〇匁・銭五貫文が載せられている。これらは小荷駄馬・馬士の宿泊請負人であるので、平七と清五郎の二人、および一人・一疋の宿泊料により計算した人馬数二〇人・二〇疋をそれぞれ加算した宿泊請負人三〇人、人数六五七人、小荷駄馬四〇疋、馬士四四人とした。
(92) 注87、同。
(93) 天保十四年四月「安藤対馬守様ゟ被下置候餅米幷小豆御本陣幷御下宿向江割合帳」(会田家文書一三八八・一三八九・一三九〇)。
(94) 「頂戴金割合帳」、前掲『浦和市史』第三巻、近世史料編Ⅲ、七三一頁。
(95) 天保十四年四月「松平隠岐守様・安藤対馬守様御泊ニ付諸雑用取立帳」(会田家文書一三九二)。
(96) 文化三年三月「宗門人別書上帳」(会田家文書七七一四)、文政五年三月「宗門人別帳」(会田家文書七七一四)、天保三年二月「宗門人別帳」(会田家文書七七一六)。
(97) 文化二年「軒役日割帳」(会田家文書五三)、文政十一年六月「宿内番人給料割合」(会田家文書一四二五)、天保三年「〔御伝馬・宿入用地高割〕」(会田家文書八九二)。

第三章　水戸道中における特権大通行とその負担

——取手・藤代両宿を中心として

はじめに

水戸道中は千住を起点として新宿で水戸佐倉道と分かれ、松戸・我孫子・取手・藤代・牛久・土浦など一八宿を経て水戸に至る二九里一九町（約一一六キロメートル）、道幅三間（約五・四五メートル）の日光道中に附属する脇街道であるが、水戸藩主をはじめ常州・奥州の諸大名やその家中の往来が多く、きわめて異色の街道であったといえる。

そこで、近年の水戸道中に関する研究状況をみると、高橋実氏の牛久宿を対象とした労作『助郷一揆の研究』（岩田書院、二〇〇三年）をはじめ、『松戸市史』（中巻、近世編）、『取手市史』（通史編Ⅱ）、『牛久市史』（通史編）、『藤代町史』（通史編）などに宿駅や助郷・渡船などに関する多面的な研究成果が収められているが、水戸道中の宿駅住民や助郷村々農民を窮乏に追いやった水戸藩を中心とする特権大通行の実態についてはなお研究の余地が残されているように思われる。

このような点については他の主要街道の研究についてもいえることではあるが、史料的な制約もあって特権大通行の実態については必ずしも十分とはいえないのが現状[1]といえよう。

こうした研究状況にかんがみ、本章では水戸道中の取手・藤代両宿の本陣史料を中心として、水戸道中を通行した諸大名やその家中の人馬継立と休泊負担の実態についてできる限り追究してみたいと考える。

第一節　水戸道中宿駅の規模

水戸道中の起源については必ずしも明確ではないが、慶長十八年（一六一三）三月に発給されたつぎのような徳川家康朱印の伝馬手形が取手市の弘経寺に保存されているので、それ以前にまでさかのぼるものと考えられる。

（朱印）
馬五疋従駿府相馬まで可出者也

慶長十八

丑三月

右宿中(2)

右の手形には駿府から相馬までとあるので、水戸道中からさらに延伸し陸前浜街道にも人馬継立の宿駅制度が形成されていたものと推定される。

つぎに「駅肝録」により水戸道中の宿駅間の距離を調べてみると表1のとおりで、もっとも長いのは小金—我孫子間の二里二一町であった。また、牛久宿と荒川沖宿とは合宿となっていたため、牛久宿は中村宿までの下り三里、若柴宿までの登り二里の継立を行なっていた。

なお、水戸道中には千住—松戸間に江戸川の渡船場、我孫子—取手間には利根川の渡船場、さらに藤代—若柴間には小貝川の渡船場があった。

それから藩主旅行の休泊用として小幡・長岡に御殿が、松戸・小金・取手・藤代・牛久・府中には宿館（本陣）が設定されていた(3)。

そこでまず最初に、文化二年（一八〇五）の「御分間御絵図御用宿方銘細書上帳(4)」により、水戸道中ではもっとも規模が大きかった葛飾郡松戸宿の概況を紹介しておこう。

宿高　　合七五六石六斗五升二合　新田共
本陣　　一軒（建坪七〇坪余）
脇本陣　一軒（建坪七〇坪余）
旅籠屋　二八軒（大八軒、中七軒、小一三軒）

表1　水戸道中宿駅間の距離

江戸～千住	2里	
千住～新宿	1里18町	千住から松戸宿までが道中奉行の支配下に置かれていた．
新宿～松戸	1里24町	
松戸～小金	1里28町	
小金～我孫子	2里21町	
我孫子～取手	1里　9町	取手宿の加宿は大鹿村
取手～藤代	1里30町	藤代宿と宮和田村（宿）は合宿で一宿としての機能を果たしていた．
藤代～若柴	1里	
若柴～牛久	2里	牛久宿と荒川沖宿は合宿のため牛久宿は中村宿までの下り3里，若柴宿までの登り2里の継立を行なっていた．
牛久～荒川沖	2里	
荒川沖～中村	1里	
中村～土浦	1里	
土浦～稲吉	2里	
稲吉～府中（石岡）	1里30町	
府中～竹原	1里　9町	
竹原～片倉（堅倉）	1里　8町	
片倉～小幡	1里　5町	
小幡～長岡	2里　5町	
長岡～水戸	2里	

出所：「駅肝録」（『日本交通史料集成』第2輯）217頁の水戸道中駅名および『松戸市史』中巻，近世編（481頁）の「水戸街道宿駅里程と駄賃表」，『牛久市史』近世1などを参考にして作成．
注：1里は36町＝3.9273 km，1町は109.091 m.

宿内人別　一四二六人（男七二六人、女七〇〇人）
　　　　外召使七〇人、出家一一人
御定人馬　二五人、二五疋
問屋場　　一カ所
　　　　　問屋一人
　　　　　年寄四人
　　　　　帳付一人
　　　　　馬差二人

右のほか、定助郷二一カ村四八〇一石八斗八升、加助郷二二カ村六〇二六石九斗六升四合とあり、宿内には六斉市が開催されていたと記されている。なお、千住から松戸までは道中奉行の支配下におかれていたが、それ以北の小金―水戸間の人馬継立などについては勘定奉行が管掌していた。

つぎに葛飾郡小金宿について寛政十一年（一七九九）「小金町明細書上帳」(5)により、その概要を紹介してみよう。

宿高　　　　　　　　六四八石九斗八升二合
水戸様御旅館　一カ所
家数　　　　　一六三軒（内六軒組頭、四軒下役）
　　　百姓馬　八疋

なお、小金宿には問屋は不在で、年寄六人が隔番で勤めていた。また御定人馬の規定はなく、延享年間（一七四四～四八）出入りのとき、有馬一六疋と裁定され、その後日々八人八疋となり、そのうち二人二疋は水戸家の早飛脚御用のため囲人馬とした。そして平日は六人六疋で人馬継立の御用を勤め、それ以上の継人馬は助郷村へ触れ当てた。(6)

次いで相馬郡取手宿の宿駅機構について説明しておこう。天保十四年（一八四三）六月の「取手宿立人馬勤高書上帳」(7)を見ると、つぎのとおり記されている。

宿高三百五拾五石七斗壱升　取手宿
加宿高三百三拾八石九斗壱升　大鹿村
　宿高加宿高
合高七百拾四石六斗弐升
此勤高宿高加宿高不残ニ而日々定立人馬相勤申候
一立人足　拾人
　馬　拾疋
右者　水戸道中取手宿・加宿大鹿村立人馬勤高書面之通相違無御座候、以上

天保十四年卯年六月

　　　　　　　　　　　　　水戸道中
　　　　　　　　　　　　下総国相馬郡取手宿
　　　　　　　　　　　　　年寄　仁兵衛㊞

問屋
忠左衛門 ㊞

日光御用
　御調所

また、弘化二年（一八四五）八月の「取手・大鹿人馬勤方出入済口証文(8)」を見ると、取手宿・大鹿村の間で人馬継立についてつぎのような示談が成立している。

一取手宿定立人馬之儀、先年宿助郷及出入候砌拾人拾疋与取極候ニ付、右之内弐人三疋急御用手当ニ囲置、八人七疋取手・大鹿両村当半ニ相勤可申候
一日々御先触継送り無賃人足前々之通取手・大鹿両村ニ而当半相勤可申候
一日々馬差四人・取手・大鹿両村ニ而当半相勤可申候

右により弘化二年には定立人馬一〇人・一〇疋のうち二人・三疋は急御用のため囲い置き、残りの八人・七疋を取手・大鹿両宿村で二等分にし勤めていたことがわかる。

また、本陣は一軒で貞享四年（一六八七）に染野家が水戸徳川家の本陣に指定され、以来代々本陣職を勤めていた(9)。問屋は代々一軒で古くは元禄十一年（一六九八）の「御定使様通行につき人馬役割覚(10)」にはとんや市郎兵衛の名前が記されている。

なお、旅籠屋・家数・馬数については、弘化四年（一八四七）五月の「会津様御尋につき宿明細書上（状）(11)」にはつぎのとおり記されている。

一当宿之儀者旅籠屋七軒御座候、其外商人家・百姓家江申付候而も得者御勘弁ニ相成候得者、七百人位者御宿可仕候
一宿方家数百弐百八拾軒御座候得共、表並者其内弐百弐十六八拾口軒ニ御座候、馬者四拾疋位ニ御座候

見られるとおり、弘化四年には旅籠屋が七軒、家数が一八〇軒、それに馬数が四〇疋であったことがわかる。また、

弘化三年正月「宿内往来人馬役勤帳[12]」によると、馬差（指）六八人・馬役四七人・歩行役四四人・取持五一人で人馬継立にあたっていたことが明らかとなる。

つぎに相馬郡藤代宿の概況を述べることにしたい。

藤代宿は隣宿の宮和田村とを合わせて一宿としての機能を果たしていたが、便宜上本章では特別の場合を除いて藤代宿と呼称し記述することにしたい。

天明六年（一七八六）二月「水戸道中藤代・宮和田両宿鑑帳[13]」によると、両宿についてつぎのとおり記されている。

水戸道中

下総国相馬郡藤代宮和田両一宿

一高千八百三石三斗六升四合

土屋能登守領分

内

高六百九拾七石四斗九升六合　藤代宿

宮村孫左衛門御代官所

高百拾四石四斗九升五合（同宿之内片町）

宮村孫左衛門御代官所

高八百弐拾三石弐斗三合　宮和田宿

太田佐平治知行所

高百六拾八石壱斗七升壱合　同村分郷

（中略）

一拝借金・宿助成金并御免除地無御座候

一御朱印・御証文者勿論、諸往来御先触之外無賃之人馬差出不申候
一道中　御奉行様ゟ被　仰付候外、無賃之御書状幷御荷物等継送り儀無御座候
一日光　御祭礼幷其外今般御尋之日光向御用等相勤候儀無御座候
一人参御用幷水戸向御山　江戸崎村　大念寺御通行、其外御朱印・御証文、其外人馬継送り候儀無御座候
一御三家様　御三卿様方御使、其外諸事御荷物幷御家中御荷物御通行節、定請負人・飛脚人馬継立仕候儀無御座
候
一定飛脚荷物幷商荷物之儀者御定之賃銭受取之継送り申候
一諸大名様方幷御家中御通行之節、御定之賃銭請取之継立仕候
一御鷹匠通行幷巣鷹御用、是迄御通行無御座候
一添人馬之儀平日無御座候、然処当宿者勿論、助合村共困窮之村々故、弱人馬ニ而壱駄之御荷物附兼候間、水戸
御家中様方御交代之節者訳ヶ荷ニ相成候ニ付、御先触ゟ過人馬無御座候而ハ継立相成不申候
一去辰年ゟ七ヶ年之内、賃銭割増被　仰付候由ニ御座候得共、当宿江者右割増被仰付無御座候
一当宿江助合村高之儀壱万八千四百五拾四石余之助合ニ御座候、依之宿人馬ニ而継立相成兼候節者右助合村江申遣
候ニ付、助郷組合ゟ惣代名主立会之上、宿役人立会、人馬継立仕候
（中略）
一当宿ゟ登り者取手町、里数壱里三拾丁
一当宿ゟ下り者若柴宿、里数壱里
一当宿ゟ若柴宿江之間渡船場有之、百姓役ニ船造建仕、日々四人宛百姓罷出、渡舟場御用相勤申候
宿入用壱ヶ年辰年迄
一米六俵問屋給米、但藤代・宮和田問屋両人

右同断
一銭四拾貫文馬指給、藤代・宮和田馬指両人給
右同断
一籾四石
但右同断両人分給
同
一麦四石
同
一銭拾貫百文
是ハ人馬不足之節、前後宿人馬相頼継立賃入用
同銭三拾貫文
是御先触宿送り人足賃、壱里ニ付銭廿文宛
同銭三拾貫百七十文
是ハ諸士様方大通り之節、問屋場ニて年中遣候筆墨并蠟燭、其外昼夜詰之節者立会候者共作事仕候米噌代共如
此御座候
〆
米六俵
銭
右者去ル辰年壱ケ年宿入用辻之内、高割半・家並半分つヽ、前々ゟ両宿ニ而割合仕、百姓指出来申候、以上
（後略）
見られるとおり天明六年（一七八六）の藤代・宮和田両宿の宿高は一八〇三石余、助郷村高は一万八四五四石余で、

隣宿若柴との間には小貝川の渡船場があり、毎日四人ずつ人夫が詰め渡船御用を勤めていたことがわかる。

また、五街道宿駅のような地子免除、問屋給米、継飛脚給米などの助成策がほとんどなく、そのうえ馬指給として銭四〇貫文、臨時の人馬継立費用として銭一〇貫一〇〇文、先触人足賃として三〇貫文、問屋場入用金として三〇貫一七六文、合わせて一一〇貫二七六文を両宿住民が高割半分、家並半分ずつの割合で負担していたことが明らかとなる。

さらに天保十四年（一八四三）九月付の「御本陣御用留帳(14)」には、つぎのとおり記されている。

当宿之儀ハ寛永度　御屋形様街道拾九ケ継場幷本陣・問屋・下宿迄被仰付御屋形御継立御通行ハ勿論、都而御朱印・御証文、其外御大名様方御通行之砌、御休泊之義ハ先規ゟ仕来御継立御用勤罷在候

これを見ると、藤代宿では寛永年間から本陣・問屋役を仰せ付けられ、水戸藩主やそのほかの大名の継立御用を勤めていたと推定することができる。

本陣一軒は文政六年（一八二三）以前から飯田家が名主兼帯で、幕末に至るまで勤めていたことが確認される。問屋は藤代・宮和田両宿に明和二年（一七六五）以来それぞれ一名ずつ、名主は一～三名くらいが幕末まで勤務していたことが、藤代宿飯田家文書により明らかとなる。

問屋場について「明和四亥年文化十四丑年為取替口証文写(15)」に収められている明和九年（一七七二）十一月の「覚」には、つぎのとおり記載されている。

覚

一其村・当村両一宿ニ付、御伝馬役勤人馬継立問屋場之義壱ケ所可致候処、左候而者上り下り与込合混乱候ニ付、先年其村与相談を以、上り下り与両所ニ問屋場立置、併両村共少高村之儀差支勝ニ付、日々打込御用相勤候処相違無之候、以上

土屋能登守領分

明和九年
辰十一月

藤代宿
問屋
藤右衛門　印

名主
飯田三左衛門　印

宮和田宿
名主
問屋　中

右により藤代・宮和田両宿には問屋場が一カ所ずつ置かれていたことがわかる。

なお、藤代宿の宿内家数は明らかでないが、安永三年（一七七四）十一月「助人馬未進出入諸入用軒割ニ付村中百姓定書」(16)に署名した人数が七九名で、享和元年（一八〇一）四月「助郷勤番議定連印一札」(17)に署名した藤代宿の署名捺印人数は八六名となっているので、それらが藤代宿の本百姓の家数と考えてもよいであろう。

なお、最後に藤代・宮和田両宿の御定人馬賃銭がどのくらいであったのか、参考までに元治二年（一八六四）二月の史料(18)を紹介しておくことにしたい。

覚

取手宿江　道法壱里三拾丁
元御定賃銭
人足壱人　人足壱人三拾五文五分
本馬壱疋七拾壱文
三倍五割増
八文

本馬壱疋　人足壱人百廿六文五分
　　　　　本馬壱疋　弐百五拾文
若柴宿江　道法壱里
　　　　　元御定賃銭
　　　　　　人足壱人廿文
　　　　　　本馬壱疋四拾文
　　　　　三倍五割増
本馬壱疋　人足壱人七拾文
　　　　　　本馬壱疋百四拾文
右者、往還人馬継御定元賃銭書上、書面之通相違無御座候、已上、

土屋采女正領分
下総国相馬郡藤代宿
問屋
与五右衛門
与頭
源二左衛門
稲葉民部大輔領分
同国同郡宮和田宿
与頭
平右衛門

右により元治二年の藤代宿の御定人馬賃銭は上り取手宿まで人足一人が三五文五分から一二六文五分へ、本馬一疋が七一文から二五〇文へ、また下り若柴宿まで人足一人が二〇文から七〇文へ、本馬一疋が四〇文から一四〇文へとようやく値上げが認められていたことがわかる。

第二節　武家通行と人馬継立・休泊負担

1　水戸道中人馬継立の動向

水戸道中では通常どのくらいの人馬継立負担があったのであろうか。

まず藤代・宮和田両宿の場合を見ると、表2に示したとおり、寛政十一年（一七九九）には人足七九四四人・馬七一二八疋、享和三年（一八〇三）には人足六四四二人・馬六八二八疋の継立負担があったことがわかる。

また、弘化・嘉永期における取手宿の助郷人馬動員数を見ると表3に示したとおりで、弘化三年（一八四六）には人足四九一〇人・馬三五二〇疋、嘉永二年（一八四九）には人足六四〇九人・馬六八五〇疋となり、嘉永期に入って増加傾向を示している。

なお、参考までに小金宿の天保十四年（一八四三）四月（一日～二十九日）の人馬継立数を表示してみると表4のとおりで、人足数は町勤一六一人・助郷勤七六八人、合わせて九六九人で、馬数は町勤四五四疋・助郷勤六九六疋、合わせて一一七四疋の人馬継立にあたっていたことがわかる。

表2　寛政11～享和3年　藤代･宮和田宿助郷人馬継立数

年次	人足	馬
寛政11年	7,944 人	7,128 疋
12	6,472	6,054
享和元	6,429	6,237
2	5,610	5,826
3	6,442	6,828
	32,897	32,073

出所：『取手市史』近世史料編Ⅱ（319―320 頁），「文化元年藤代・宮和田宿往還人馬書上帳」により作成．

なお、「人馬継立日〆帳」[19]には触辻人馬として人足一七六四人・馬一〇九五疋と記されているので、助郷村からの徴発人馬は実際に継立にあたった人馬をさらに上回り、不用人馬は揚げ返しとなったものと考えられる。また、同帳には水戸様囲人馬二人・二疋、日光御用につき囲人馬二人・二疋と記されている。

ところで、これら水戸道中の継立人馬数を日光御成街道の大門宿と比較してみると、文政十一年（一八二八）の大門宿の継立人馬数は人足一一〇二人・馬九四疋、天保元年（一八三〇）が人足一二九〇人・馬一一四疋[20]であるから、

表3　弘化・嘉永期　取手宿助郷人馬継立数

年次	人足数	馬数	備考
弘化3年	4,910人	3,520疋	定助郷8,680石9斗．1カ年受負賃金243両
4	4,096	4,200	
嘉永元	5,825	6,450	受負賃金30両増し
2	6,409	6,850	〃　40両増し

出所：『取手市史』近世史料編Ⅱ（281―283頁），「水戸往還取手宿御継立助郷人馬遣辻書上帳」により作成．

表4　天保14年4月　小金宿人馬継立数（1日～29日）

日	人足数 町勤	人足数 助郷勤	人足数 計	馬数 町勤	馬数 助郷勤	馬数 計	揚げ返し（過不足）数 人足	揚げ返し（過不足）数 馬	先触無賃人足 その他
1日	6人	61人	67人	4疋	33疋	37疋	18人	4疋	先 5人
2	6	22	28	4	52	56	（不足馬12疋，翌日分繰越）		〃 4
3	6	20	26	4	12	16	14	1	〃 6
4	6	24	30	4	21	25	6（人足4人馬2疋替）		〃 2
5	6	35	41	4	42	46	（人足10人馬5疋替，馬10疋不足）		〃 6
6	6	26	32	4	66	70	（人足34人馬27疋替）		〃 11
7	6	28	34	4	15	19	5	8	〃 3
8	6	69	75	4	41	45	33	16	〃 5
9	6	75	81	4	19	23	10（馬15疋人足30人替）		〃 5
10	6	58	64	4	39	43	45	24	〃 2
11	6	52	58	4	27	31	42	27	〃 8
12	6	185	191	4	12	16	33	25	〃 3
13	6	1	7	4	1	5	33	18	
14	6	8	14	4	5	9	25	14	先 6
15	6	25	31	3		3	5	20	
16	6	23	29	4	12	16	5	9	囲人馬ヨリ馬2疋出ス
17			40			24	37	19	先 3
18	2		2	4	6	10	34	13	〃 3
19	6	4	10	112	14	126	30	5	案内外宿人足20人
20	3		3	4	10	14	35	12	先 1
21	6	2	8	4	12	16	36	6	〃 5
22	6	22	28	4	10	14	33	19	〃 5
23	6	4	10	40	16	56	6	16	〃 3
24	6	4	10	6	10	16	11	2	〃 7馬1疋
25	6	4	10	35	58	93	（不足14人馬6疋）		〃 7
26	6	4	10	37	55	92	（人足26人馬13疋替）		（人足5人不足　翌日分）
27	6	4	10	15	39	54	23 （人足20人馬10疋替）	8	先 7
28	6	4	10	40	34	74	25	9	
29	6	4	10	90	35	125	13（馬12疋人足24人替）		先 5
実働人馬数	161	768	969	454	696	1,174			

触辻人馬数（4月1日～29日），人足1,764人，馬1,095疋（4月17日は町勤・助郷勤の人馬記載なし）

出所：『松戸市史』史料編（二）（435―444頁），天保14年4月「小金宿人馬継立日〆帳」により作成．

水戸道中の方がはるかに多く、その負担が容易ではなかったものと推察される。

2　天明九年取手宿の人馬継立動向

そこで水戸道中の人馬継立の実態を追究するため、まず天明九年（一七八九）の「加人馬元触控帳」[21]により、武家通行の動向を探ってみることにしたい。

表5は同帳面から先触れによる通行者の名前と人馬数、それに駕籠・運搬具数などを表示したものである。これによれば先触れ件数は大名・武家（藩士等）・僧侶など合わせて一三九件となっている。このうち大名の先触れ人数を見ると、四月二十八日通行の奥州磐城中村藩主相馬因幡守（祥胤）が本馬七〇疋・人足八〇人、九月一日（触出し）通行の土浦藩主土屋能登守（泰直）が下り本馬二三疋・軽尻一八疋・人足一〇三人、十一月十六日通行の土

長持	その他
2棹3人持	
2挺	
1棹	
1棹3人持	両掛1荷
1棹2人持	両掛1荷
1〃3人持	
1棹	分持1荷
1棹	具足1人
2〃	簞笥2棹
2〃	
1棹	
2〃	乗輿6人
10〃	具足箱1荷 合羽かご3荷 竹馬2荷 釣台1荷
	分持2人
11棹60人	挑灯かご合羽かご 両掛4荷外33 人分持4荷

表5　天明9年　取手宿「加人馬元触控帳」からみた人馬継立状況

出立日	出立地		先触通行者名	本馬	軽尻	人足	駕籠
1月 7日	江戸		大塚八郎右衛門	1疋			1挺3人持
不明		水戸	黒鍬方	15〃		4人	2〃　〃
12	水戸	〃	白須平次兵衛	3〃		4〃	
14	〃	〃	萩庄左衛門外1人	26〃		22〃	
22	〃	〃	加倉彦右衛門	2〃			
23	〃	〃	木村善蔵	4〃		4人	
〃	江戸	〃	入野次右衛門	1〃		2〃	
24	水戸	〃	黒鍬方　所嵯儀左衛門	10〃			
〃	江戸		武藤一学内　山川元介		1疋		
25	〃		鈴木忠左衛門	2疋		4人	
27	〃		白須平次兵衛内　長須藤十	3〃		4〃	
〃			牧野備後内　渡辺金右衛門	1〃	2疋	2〃	1挺3人持
28	志筑		本堂大和守守内　小林権兵衛	3〃		4〃	
不明		水戸	黒鍬方	15・6〃			
29			増上寺山内　在源	3〃			1挺4人持
31	江戸		本多弾正大弼家中	1〃			
3月15日	水戸	水戸	乙部吉兵衛組	10〃			
〃	〃	〃	矢野九郎左衛門組	5〃		2人	
17	江戸	〃	林十左衛門組	10〃			
20	〃	〃	矢田頭組	5〃			
〃	水戸	〃	松原弥右衛門組	5〃			
〃	江戸	〃	矢田登組　野立重郎右衛門				
〃	奥州泉		本多弾正大弼家中	6疋	3疋		丸棒2挺6人
21	江戸		本堂大和守家来本堂頼母	2〃		4人	
〃	〃	水戸	高倉宇一右衛門		2疋	1〃	
〃	水戸		芦沢伊賀内	3疋		2〃	1挺
〃	当地		常昭寺				1〃
22	水戸	水戸	塩津治部小頭	5疋			
23	江戸		代官大岡源右衛門手代	2〃	1疋	9人	山かご4挺
25	水戸	水戸	布施右門組小頭	3〃		2〃	
26	〃	〃	久貝太郎兵衛組	5〃			
27	〃	〃	神代杢太夫組外	13〃		7人	
4月 3日	江戸		小笠原文次郎内	10〃			
4	〃		茨　彦太郎	4〃			1挺
5	〃		小笠原文次郎内	6〃			4〃
10			向御山役人			14人	
11	常州府中		松平播磨守家中		3疋		丸棒　4挺
16	水戸	水戸	留田善右衛門家来	3疋			1〃
21	江戸		向山江戸役人	3〃		10人	
23	水戸	水戸	小山小四郎	24〃			6挺
25	〃	〃	興津平馬	12〃		25人	
28	江戸		相馬因幡守	70〃		80人	
9月 1日	岩城中村		安藤対馬守内稲葉又右衛門	3〃			3挺10人
〃	江戸		土屋能登守　下り	23〃	18疋	103人	6〃
2	香取郡飯塚村		小幡弥四郎外4名	3〃		25〃	2〃
3			牧野備後守献上松茸	2〃		4〃	
4	水戸	水戸	門奈弥五郎組	5〃			

屋能登守が上り本馬四五疋・人足一二〇人と記されている。そのほか常州志筑藩の本堂大和守（親房、八五〇〇石）が八月二十一日に通行し、本馬二五疋・人足八五人を使用している。

つぎに水戸藩士の通行状況について見ると、もっとも人馬使用数が多いのは四月二十三日に水戸を出立した小山小四郎で、本馬二四疋・駕籠六挺・長持一〇棹、そのほか具足箱一荷・合羽かご三荷・竹馬二荷・釣台一荷となっている。つぎに多いのは四月二十五日に水戸を出立した興津平馬で本馬一二疋・人足二五人である。そのほか多いのは一月十四日出立の萩庄左衛門・雨宮又右衛門両名の本馬二六疋・人足二二人・長持一棹となっている。

水戸藩以外では笠間藩牧野備後守、奥州泉藩本多弾正大弼、府中藩松平播磨守、棚倉藩小笠原佐渡守、奥州磐城平藩安藤対馬守などの家中が通行している。

たとえば天明九年（一七八九）五月二十二日棚倉を出立した小笠原佐渡守の家中は本馬五疋・軽尻一疋・駕籠人足

長持	その他
1棹	
	両掛2荷
2棹	
1〃	
1〃	具足1人
	分持人足2人
1棹	
1棹4人	具足2人両掛2人合羽かご2人
1棹2人	青駄1挺
	分持2人
	両掛2荷
1棹	
2〃	たんす1棹
2棹	乗輿6人
71棹	

出立日	出立地		先触通行者名	本馬	軽尻	人足	駕籠
9月 5日	江戸		大久保丈右衛門	5〃		7人	
〃	〃	水戸	酒泉彦太夫組	5〃			
〃	〃	〃	三木孫太夫組	6〃			
6	江戸		井坂久左衛門	1疋		2人	
〃	水戸	水戸	山本粂之助	6〃			丸棒1挺
7	〃	〃	布施右門組	3〃		5人	
〃	〃	〃	庄勘右衛門組	5〃			
〃	〃	〃	中根八右衛門組	2〃		4人	
9	江戸小石川		小松崎権兵衛	3〃		4〃	
〃	不明		長谷川庄右衛門内	3〃		6〃	
〃	〃		不明		1(無賃)		3挺
10	牛久		山本仲之進内	4疋			
15	水戸	水戸	生熊次右衛門内	8〃			
〃	〃	〃	嶺　彦太郎	10〃			
16			鈴木三郎左衛門内	1〃	2疋		1挺
19	水戸	水戸	萩口（虫）重郎	6〃			1〃
24	〃	〃	生態次右衛門	4〃		12人	
〃	江戸		安藤対馬守家来3名	4〃			3挺10人
27	水戸	水戸	跡口（虫）彦八郎	2疋		1人	1挺
10月 2日		〃	伊藤孫兵衛内	1〃			1〃
5	江戸		半村恵介	3〃		6人	
〃	〃		岡見甚三郎	1〃		2〃	
7	〃		高野市蔵	2〃		6〃	
8	〃		三木子之介内	3〃		4〃	
10	塙陣屋		岡野久四郎			14〃	1挺4人
22	水戸	水戸	杉浦内近	2疋		8〃	
〃	〃	〃	横山縫殿蔵外1名	7〃		17〃	
11月 3日	盛岡	南部藩	奥瀬要人	13疋	3疋		
4	水戸	水戸	天野孫右衛門	4〃		5人	
15	江戸		土屋能登守内田原小源太				1挺4人
〃	水戸	水戸	津川竹太夫	1〃			1　〃
16	土浦		土屋能登守上り	45疋		120人	
〃	牛久		常盤喜一郎		1疋		2挺
28	水戸	水戸	伊藤孫三	4疋		1人	1挺
29	〃	〃	佐藤八右衛門	2〃			3〃
〃	江戸	〃	藤田幸次郎	1〃		4人	
12月21日			向御山役人能登逸平	3〃		10〃	
			合計（筆者）	503.6疋	60疋	580人	96挺

出所：『取手市史』別巻，本陣交通史料集1（143―171頁）により作成．
注：5・6・7・8月の4か月は省略．

表6　寛政2年　取手宿への助郷人馬動員表

1月7日	水戸	御鏡長持黒鍬衆	30人	15疋	高野30人15疋
1月15日	水戸	鈴木忠左衛門外 黒鍬衆	47	35	米野井村人足12人馬5疋,大柏村15人7疋 大柏村10人6疋,守谷村10人17疋
17		牧野備後守家中	28	5	野々井村28人5疋
19		牧野備後守家中 向御山常福寺	57	15	稲村33人8疋,野々井村24人7疋
22	水戸	皆川弥六外5人	24	18	下高井村24人18疋
27	〃	黒鍬衆	11	19	戸頭村11人19疋
2月20日	〃	伊禄広蔵	27	12	守谷村25人10疋,大山村2人2疋
3月10日	安藤対馬守家中・水戸武士2人		42	47	守谷村40人45疋,大山村2人2疋
14		本間与右衛門組2人 安藤対馬守家中	50	50	守谷村50人50疋
18		本堂大和守	25	15	守谷村25人15疋
4月2日	 水戸	相馬因幡守 大田原伝内	32	32	守谷村30人30疋，大山村2人2疋
19	〃	中山備前守	67	37	守谷村65人35疋，大山村2人2疋
26	水戸	萩原六郎 相馬因幡守家中	25	15	守谷村25人15疋
29	水戸	宇野文助外1人	27	17	守谷村25人15疋，大山村2人2疋
5月6日	〃	小笠村文次郎 土屋能登守家中	15	15	守谷村15人15疋
12	水戸	浅羽勘右衛門	17	16	戸頭村17人16疋
14	〃	嶋村重郎右衛門外2人	39	24	稲村25人12疋，野々井村14人12疋
〃		相馬因幡守家中 萩原弥五郎手代	24	5	米野井村12人5疋，上高井村12人
20	水戸	松原内近 浅岡彦四郎手代	25	12	稲村25人12疋
6月11日	水戸	額田久兵衛	51	18	稲村31人9疋，野々井村21人9疋
12	〃	佐藤斉宮	24	18	下高井村24人18疋
17	〃	冨田利助	15	15	守谷村15人15疋
23	〃	綿引丈助外1人	16	22	高野村16人22疋
27	〃	平沢平太夫	12	5	乙子村12人5疋
29	〃	磐船様	60	5	稲村30人5疋，戸頭村30人
7月4日	水戸 〃	御金荷物 朝倉清七	17	17	貝塚村2人2疋,小山村2人2疋,辰新田2人2疋, 同地村3人3疋,市ノ代村4人4疋,赤法花2人2疋, 奥山新田2人2疋
6	〃	近藤義太夫 平尾弥蔵	41	35	鈴鹿村5人5疋,大柏村21人15疋 守谷村15人15疋
10	〃	中山備前守	82	40	野木崎村30人15疋,大木村20人8疋, 坂戸井村30人15疋,大山村2人2疋
19	水戸	朝倉清七	15	15	守谷村15人15疋
20	〃 〃	間々田弥吉 中山備前守	18 34	10 14	野々井村18人10疋(守屋村25人10疋削除) 下高井村20人10疋,上高井村14人4疋

7月28日		本堂大和守家中	12	5	米野井村 12 人 5 疋, 守谷村 21 人 12 疋
	水戸	高橋市兵衛	21	12	
8月2日		土屋主税家中	10	7	乙子村 5 人 2 疋, 鈴鹿村 5 人 5 疋
	水戸	中井兵助	10	5	立沢村 10 人 5 疋
4	水戸	奥方御用 滝清兵衛外 2 人	92	70	高野村 16 人 30 疋, 大柏村 31 人 10 疋 野木崎 30 人 15 疋, 守谷村 15 人 15 疋
11		大岡源右衛門	20	6	稲村 15 人 2 疋, 野々井村 5 人 4 疋
	水戸	遠江五郎兵衛	15	10	守谷村 15 人 10 疋
		中井清太夫	30	5	下高井村 30 人 5 疋
12	水戸	中山備前寺	173	65	戸頭村 31 人 10 疋, 乙子村 12 人 5 疋, 大木村 18 人 10 疋, 板戸井村 30 人 15 疋, 大山村 4 人 1 疋, 立沢村 18 人 5 疋, 守谷村 25 人 10 疋, 奥山村 4 人 1 疋, 同地村 7 人 2 疋, 赤法花村 4 人 1 疋, 市ノ代村 8 人 2 疋, 辰新田 4 人 1 疋, 小山村 4 人 1 疋, 貝塚村 4 人 1 疋
16	水戸	大久保久左衛門 岡本源右衛門	24	10	米野井村 12 人 5 疋, 上高井村 12 人 5 疋
19	〃	伊藤忠太夫	25	10	守屋村 25 人 10 疋
21		安藤対馬守家中	18	10	野々井村 18 人 10 疋
28	水戸	中村紋四郎外 2 人	37	19	高野村 32 人 14 疋, 鈴鹿村 5 人 5 疋
9月2日	〃	乙部吉兵衛外 1 人	22	37	大柏村 7 人 22 疋, 守屋村 15 人 15 疋
4		本多弥五兵衛	25	12	稲村 25 人 12 疋
6	水戸	林重左衛門外 3 人	20	57	野木崎村 10 人 25 疋, 大木村 6 人 16 疋 坂戸井 2 人 14 疋, 大山村 2 人 2 疋
7		稲葉丹後守家中 大久保加賀守家中	34	8	下高井村 34 人 8 疋, 立沢村 4 人 12 疋
	水戸	宮田三郎介組	4	12	
9	〃	松原弥五右衛門外 1 人	4	22	高野村 10 疋, 立沢村 4 人 12 疋
12	水戸	三木孫太夫組 外 7 人	49	101	米野井村 14 人 4 疋, 上高井村 8 人 7 疋, 下高井村 4 人 15 疋, 貝塚村 2 人 2 疋, 小山村 2 人 2 疋, 辰新田村 3 人, 同地村 1 人 4 疋, 市ノ代村 6 疋, 赤法花村 3 疋, 奥山新田村 3 疋, 守谷村 9 人 18 疋, 坂戸井村 2 人 14 疋, 大柏村 4 人 23 疋
14		中井清太夫	35	6	戸頭村 35 人 6 疋(稲村, 野々井村から変更)
16		水戸諸司	19	9	野々井村 14 人 4 疋, 鈴鹿村 5 人 5 疋
		南部藩家中	16	22	野木崎村 16 人 22 疋
19		本多弾正少弼家来	25	10	守谷村 25 人 10 疋
29		佐久間甚八 御勘定武嶋安右衛門	37	6	稲村 37 人 6 疋
23	水戸	長崎弥十郎外 1 人 岩城龍門寺	30	30	守谷村 30 人 30 疋
		合計　人足	1,804人	馬 1,184 疋	

出所：『取手市史』別巻，本陣交通史料集 1，寛政 2 年「助郷人馬触出帳」により作成.

三二人、五月二十五日江戸を出立した安藤対馬守家中三人は本馬四疋・駕籠人足一〇人・分持一荷（人足二人）を使用している。

そこで、この「加人馬元触控帳」により天明九年の継立人馬や駕籠、その他運搬具などの総数を調べてみると、人足五八〇人、本馬五〇三・六疋、軽尻六〇疋、駕籠九六挺、長持七一棹、両掛一八荷、具足一二荷、分持一三荷、合羽かご九荷、箪笥三棹、竹馬二荷、乗輿二挺（僧侶）、挟箱一荷、釣台一荷、提灯一挺、青駄一挺となり、これら駕籠・運搬具の人足を加えると、継立総人足数はさらに相当増加するものと思われる。

また、この取手宿「元触控帳」を見ると、先触れによる継立件数がもっとも多かったのは水戸藩士で、先触れ一三五件のうち確認できるものだけでも七三件（五四パーセント）を占めていたことが注目される。

3　寛政二年取手宿の人馬継立

つぎに寛政二年（一七九〇）の「助郷人馬触出帳」(22)により取手宿の人馬継立状況について明らかにしてみよう。

まず大名関係の通行状況から見ると、表6に示したとおり、三月十八日に本堂大和守（親房、志筑藩八一〇〇石）の人足二五人・馬一五疋を守谷村の助人馬が継立し、四月二日相馬因幡守（祥胤、中村藩六万石）、水戸大田原伝内の通行に際しては人足三二人・馬三二疋を守谷村三〇人三〇疋、大山村二人二疋で継立し、常陸太田藩の中山備前守（信敬、二万五〇〇〇石）が四月十九日に人足六七人・馬三七疋、七月十日に人足八二人・馬四〇疋、八月十二日に人足一七三人・馬六五疋を使用し、いずれも助郷人馬が動員されている。

さらに水戸藩士関係で継立人馬の多いものを拾い出してみると、一月七日水戸御鏡長持・黒鍬衆が三〇人一五疋、二月二十日伊禄広蔵が二七人一二疋、四月二十六日萩原六郎が二五人一五疋、六月十一日額田久兵衛が五一人一八疋、六月十二日佐藤斉宮が二四人一八疋、八月四日水戸奥方御用滝清兵衛ほか二人が九二人七〇疋と記されている。

また、水戸藩関係以外では笠間藩牧野備後守（貞長）、磐城平藩安藤対馬守（信成）、奥州相馬中村藩相馬因幡守

（祥胤）、土浦藩土屋能登守（泰直）、常州志筑藩本堂大和守（親房）、淀藩稲葉丹後守（正諶）、小田原藩大久保加賀守（忠顕）、奥州泉藩本多弾正少弼（忠籌）の家中が通行している。

さらに、この「助郷人馬触出帳」により取手宿助郷二三カ村の人馬動員数を見ると表6のとおり人足一八〇四人・馬一一八四疋となるが、このうち水戸藩関係で確認できた先触れ件数は全体の七〇件中四一件を占め、人馬使用数は人足が一一二九人、馬が八二一疋となる。これを人馬動員数中に占める割合を見ると、人足が六三パーセント、馬が七三パーセントとなるが、実際にはさらにこの数値を上回ることが確実と考えられる。

第三節　大名の通行と人馬継立・休泊負担

本節では水戸道中通行の諸大名の人馬継立と休泊負担について、改めて説明してみることにしたい。

1　仙台藩主伊達氏

近世後期に入って水戸道中を通行した諸大名を調べてみると、表7に示したとおり、水戸藩主をはじめ一七氏に及んでいたことが明らかとなる。

ところで、仙台藩主伊達氏は奥州道中を通行するのが慣例とされていたので、水戸道中の通行は臨時のものといえるが、六二万五〇〇〇石余の有力大名でもあるので、まず最初に伊達氏の人馬継立の規模について概述しておこう。

安永四年（一七七六）十一月の松戸宿「日光御社参御用留」[23]によると、安永五年二月松戸宿の問屋治郎右衛門が仙台藩役人小形権助・今野五平次にあてて差し出した人馬継立請負いに関する返答書には、つぎのとおり記されている。

一来ル五月中旬下旬迄之内、大守公様御国元江御発駕被為遊候ニ付、人馬継立之義、左之通差滞有之間敷哉之旨、御聞合御座候

表7　水戸道中通行諸大名一覧表

藩主名	城地	石高	参府時期
水戸	常州水戸	35万石	〔定府〕
松平播磨守	〃 府中	2 〃	定府
松平大炊頭	〃 宍戸	1 〃	〔定府〕
土屋相模守	〃 土浦	9万5000石	8月,6月
牧野越中守	〃 笠間	8万石	8月,6月
石川中務少輔	〃 下館	2 〃	2月
細川長門守	〃 谷田部	1万6300石	6月
新城越前守	〃 麻生	1万石	〃
山口周防守	〃 牛久	1 〃	〔定府,2月〕
井上遠江守	〃 下妻	1 〃	2月
相馬因幡守	奥州相馬中村	6 〃	4月
安藤対馬守	〃 岩城平	5 〃	
本多越中守	〃 〃 泉	2 〃	
内藤主殿頭	〃 湯長谷	1万5000石	6月
本堂伊豆守	常州志筑（新治）	1万石	〃
松平陸奥守	〃 仙台	62万5600石	〃
中山備前守	常陸太田	2万5000石	〃

出所：『日本交通史料集成』第2輯「駅肝録」，および『松戸市史』中巻，近世編第122表，『取手市史』通史編Ⅱ第2–26表を参考にして作成．
注：佐倉道通行大名は除外した．

前々日　人足七拾人
　　　　馬　廿六疋
前日　　人足六拾四人
　　　　馬　七十三疋
御当日　人足五百三十人
　　　　馬　四百七拾疋
松戸ゟ小金迄
　人足壱人　三十四文
　本馬壱疋　六十七文
　から尻壱疋　四十三文

右之通、人馬数可被仰付旨承知奉畏候、御発駕之砌、御先触を以人馬員数被仰下候ハヽ、随分無御差支継送り可仕候、勿論当所渡舟、御雇舟其節無御差支相立可申候、右為御請一札差上申候、以上

安永五申二月　　松戸宿　問屋　治郎右衛門

仙台様御役人中
　小形権助様
　今野五平次様

右によると、藩主重村の松戸宿通行予定三日間の継立人足数は合わせて六六四人、馬数は五六九疋であったことがわかる。また、松戸から小金までの人馬賃銭（御定賃銭）は人足一人三四文、本馬一疋六七文、から（軽）尻一疋四三文であったことも明らかとなる。

また、明和八年（一七七一）十一月、取手町名主藤左衛門・問屋市郎兵衛から仙台藩役人刈部庄十郎・小形権助にあ

てた人馬先触れ請書(24)によると、取手宿から我孫子宿まで道法一里半の人馬賃銭についてはつぎのとおり記されている。

覚

一鐚弐拾九文五分　人足壱人
一同五拾九文　本馬壱疋
一同四拾文　軽尻壱疋

表8　安永9年　松平陸奥守通行藤代宿助人馬動員表

村名	人足	馬	明和元年石高	備考
山王新田	11 人	11 疋	556,602 石	常陸国筑波郡
神住新田	3	2	118,437	〃
伊丹	13	12	621,190	〃
下嶋	12	13	630,630	〃
中島	5	4	228,940	〃
上嶋	5	5	248,409	〃
上谷井田	7	8	384,590	〃
下谷井田	6	7	335,928	〃
太田	12	12	598,890	〃
戸茂	4	5	237,820	〃
戸崎	3	3	154,290	〃
神生	6	7	314,310	〃
野堀	6	7	312,410	〃
下平柳	10	10	502,263	〃
中平柳	10	□(5 カ)	488,976	〃
上平柳	8	8	404,781	〃
狸淵	7	8	358,549	〃
青木	8	9	425,770	〃
長渡路	5	6	291,675	〃
長渡路新田	5	5	250,000	〃
川崎	16	17	830,000	下総国相馬郡
下小目	18	18	800,000	常陸国筑波郡
上小目	5	5	250,000	〃
鬼長	14	15	740,000	下総国相馬郡
古新田(小)	3	4	181,316	常陸国筑波郡
宮戸	6	6	300,000	〃
北袋	4	5	240,000	〃
箕輪	2	2	90,000	〃
大崎	10	9	450,000	常陸国豊田郡
押砂	6	6	290,000	常陸国筑波郡
長助新田	4	4	200,000	常陸国豊田郡
十花	15	15	750,000	〃
32 カ村	249	248	12,965,776	

出所：国立史料館所蔵，飯田家文書（2080号）「松平陸奥守様御通行助人馬寄帳」により作成.
注：助人馬寄帳では合計が人足 244 人，馬 253 人（疋）と記載されている.

これら人馬賃銭がどのように支払われていたのか明らかでないが、「五街道便覧」（文政五年の規定）には「松平陸奥守、当日幷前後一日宛、都合三日、五拾弐人五拾疋宛(25)」という規定もあるので、それらの規定に準拠して御定賃銭によって支払い、それ以上の超過人員については相対賃銭によったものと推定される。

つぎに安永九年五月

松平陸奥守（重村）通行にあたり、どのくらいの助人馬が動員されたのであろうか、藤代宿の「松平陸奥守様御通行助人馬寄帳[26]」により明らかにしてみたい。

藤代宿では五月七日常陸国筑波郡・豊田郡、下総国相馬郡三二カ村から表8に示したとおり人足二四九人・馬二四八疋の助人馬を動員し継立にあたった。

なお、この「助人馬寄帳」の末尾には本馬一疋四〇文と記されているが、これは藤代宿から若柴宿までの御定賃銭の額を示したものと考えられる。

2　土浦藩主土屋氏

土浦藩主土屋能登守（泰直）の人馬継立の規模については既述のとおり、天明九年（一七八九）の取手宿「加人馬元触控帳[27]」によれば、同年九月一日江戸から帰藩の際の先触れ人馬写しには本馬二三疋・軽尻一八疋、そのほか長持一一棹（人足六〇人）、乗替かご三挺一二人、雨掛四荷、挑（提）灯かご二挺（人足四人）、合羽かご一荷・御箱一つ・合羽竹馬一荷・厩荷物持各一人ずつ、箱挑灯持三人、中小姓供二人など、人足合わせて一〇三人と記録されている。また、同年十一月十六日付の土屋能登守参府に際しての先触れ通知によると、右帳面には馬四五疋・人足一二〇人と記されている。

さらに文化十二年（一八一五）九月十四日付の藤代宿の問屋与五右衛門・本陣問屋飯田三左衛門から土浦藩役人菅喜惣兵衛にあてた土浦藩主土屋相模守（彦直）の帰藩通行の人馬継立に関する一札[28]には、つぎのとおり記されている。

差上申一札之事

一人足弐百六拾四人

一馬六拾壱疋

右者今般

御殿様御通行ニ付、書面之人馬差出し、当宿ゟ牛久宿迄御継立仕候、依之一札差上申候処、相違無御座候、以上

藤代宿
問屋
与五右衛門 ㊞

文化十二亥年九月十四日

飯田三左衛門 ㊞

菅喜惣兵衛様

右によれば、領主にあたる土屋相模守の継立にあたっては、次宿の若柴宿を通り越して牛久宿までおよそ三里の道程を付け通しで人馬継立に従事していたことがわかる。

なお、この土浦藩主の人馬継立賃金に関する記録はないので、どのくらいの賃金が支払われていたのか、あるいは支払われていなかったのか、現時点では明らかでない。

ただし、文化十三年（一八一六）十一月土屋相模守（彦直）の参府通行にあたり藤代宿問屋与五右衛門に御祝儀金一〇〇疋が下付されていたので、その史料を左に紹介しておこう。

覚

一臨時人馬御印鑑　壱枚

一金百疋

右者今般

御殿様御参府御通行ニ付、被下金共ニ御渡被遊、慥ニ奉受取候、以上

文化十三年子年十一月

藤代宿
問屋
与五右衛門

御宿割

御役人中様

表9　寛政6年　土屋但馬守取手宿止宿旅籠銭支払表

旅籠屋		人数	宿泊銭	備考
市郎兵衛（問屋）		6人	900文	1人150文
釜や	弥兵衛	6	900	
油や	茂右衛門	3	450	
〃	与兵衛	3	450	
山口屋	儀兵衛	6	900	
山崎屋	市兵衛	9	1貫350	
銚子屋	彦兵衛	4	600 匁（ママ）	
万屋	重兵衛	8	1貫200	
釜屋	新五郎	□（虫）	1貫 50	
十一屋	忠左衛門	15	2貫250	
釜屋	清兵衛	6	900	
万屋	四郎兵衛	16	2貫400	
河内屋	忠右衛門	12	1貫800	
万屋	新五郎	14	2貫100	
釜屋	喜兵衛	12	1貫800	内300文2人引
〃	喜伝次	7	1貫500	
本陣		35	5貫850	馬2疋
計		162	26貫250	馬2疋

出所：『取手市史』別巻，本陣交通史料集1，寛政6年「土屋但馬守旅籠銭払帳」により作成．
注：本陣旅籠1人につき148文，馬飼料1疋につき300文．

なお、右文書中に記載されている「臨時人馬御印鑑(29)」とは人馬継立にあたり、先触れのほか人馬入用の際に混乱を避けるため先触れと一緒に担当役人の印鑑見本を問屋へ渡して置き、その印鑑のある書付に限り人馬を提供するためのものである。

つぎに土浦藩主一行の取手宿止宿の状況と宿泊賃銭がどのくらい支払われたのか明らかにしてみたい。

まず寛政六年（一七九四）「土屋但馬守（英直）旅籠銭払帳(30)」により旅籠屋への分宿人数と宿泊代を表示してみると表9のとおりである。宿泊総人数は一六二人で、それらが本陣三五人・馬二疋のほか問屋・旅籠屋など一六軒へ分宿している。

宿泊賃は一人につき一五〇文ずつ、馬一疋につき三〇〇文で、合わせて二六貫二五〇文が支払われている。

また、文化十二年（一八一五）十一月「土屋相模守（彦直）参府本陣藤代止宿幷外宿旅籠人数帳(31)」によれば、本陣に三九人・馬二疋、そのほかの旅籠・民家へ一八六人が分宿し、旅籠代として一人につき一七四文、馬飼料として一疋につき三四八文が支払われていたことがわかる。

さらに元治元年（一八六四）九月十五日付の「御殿様御参府ニ付御昼休御旅籠払方帳(32)」によれば、土屋采女正《うねめの》（寅直）一行が藤代宿で昼時に休息した際には本陣に一七人のほか、さのや幸右衛門へ一四人、谷川や平兵衛へ一人、上ミや伝蔵へ一三人、永田や忠右衛門へ一二人、与兵衛へ一二人、大工平左衛門へ九人その他一人、など、合わせて七九人が休息した。このときは休息代金として一人一二五文、馬一疋分として二五〇文の割合で支払われている。総額では七九人分として九貫八七五文、馬一一疋分として二貫七五〇文、合わせて一二貫六二五文であった。

なお、元治元年十二月藤代宿本陣の記録「御奥様於通様江戸表御引移ニ付御泊旅籠払方帳」[33]によれば、土屋采女正（寅直）の奥方一行が同年十二月十五日藤代宿に止宿したが、その際本陣飯田家には上下三四人分として一四貫四四八文が支払われている。これを一人分に換算してみると四二四文九分四厘余で、支払日は十二月十八日と記載されている。

そのほか問屋源二左衛門家では上下八人分として三貫四〇〇文、多郎兵衛家では上下六人分として二貫五四八文、七左衛門家では上下九人分として三貫八二四文・馬一疋分として八四八文合わせて四貫六七二文、治左衛門家では上下五人分として二貫一二四文、幸右衛門家では上下二四人分として一〇貫二〇〇文、治兵衛家では上下七人分として二貫九七二文、与兵衛家では上下四三人分として一八貫二三二文、伝蔵家では上下九人分として三貫八一四文、甚右衛門家では下四七人として一九貫九七二文をそれぞれ受け取っている。これら止宿人数を合わせると一九二人で、本陣をはじめ旅籠などに分宿していたことが判明する。

3　笠間藩主牧野氏

笠間藩主牧野氏に関する人馬継立記録はないので、本項では休泊負担に限り言及しておくことにしたい。

まず文化十三年（一八一六）十月二十一日付取手宿の「牧野越中守（貞長）下宿払方帳」[34]を見ると、一行の宿泊人数と支払い賃銭が明らかとなる。

それによると、表10に示したとおり、本陣藤左衛門家に二四人が宿泊したのをはじめ、問屋・旅籠屋・民家など総勢一一六人が一四軒に分宿していたことが明らかとなる。

宿泊賃銭の記録を見ると、問屋市郎兵衛宅には七人が止泊し一貫三一二文、弥兵衛宅には一〇人が止宿して一貫八

表10　文化13年　笠間藩主牧野越中守一行取手宿旅籠代支払明細表

宿泊請負人		宿泊人数	宿泊賃銭		備考
本陣	藤左衛門	24人	4貫	500文	
問屋	市郎兵衛	7	1	312	
	弥兵衛	10	1	872	
	儀兵衛	9	1	684	外2人増 300文，2口〆 1貫976文
	与兵衛	5		936	〃2人増 300文 〃 1貫236文
	山口	3		560	〃1人増 150文 〆 712文
	彦兵衛	7	1	312	
	平蔵	5		936	
	又右衛門	4		748	外1人増 150文 〆 900文
山崎	市兵衛	9	1	684	
	茂右衛門	3		560	
	門屋	6	1	124	外馬2疋 750文 〆1貫872文
	八郎兵衛	9	1	684	外1人増 150文 〆1貫836文
	〃	11	2	60	
	弥兵衛	4		748	
（筆者計算）		116	計21	720	計1貫800文，合計23貫520文

出所：『取手市史』別巻，本陣交通史料集1，文化13年10月21日「牧野越中守様御泊御下宿払方帳」，文化13年10月「牧野越中守宿割帳」により作成．
注：宿泊賃は「牧野越中守宿割帳」には上下平均184文ずつと記載．

七二文が支払われている。また、問屋には六人分一貫一二四文と馬二疋分として七五〇文、合わせて一貫八七二（四カ）文の支払いであった。なお、これら宿泊賃は一人増分が一五〇文と記載されている。

また、天保十一年（一八四〇）「牧野越中守宿割帳」(35)により牧野越中守一行の取手宿における宿泊状況を見ると、文化十三年（一八一六）に比べてかなり少なく、総勢九四人で、本陣には侍分九人とその家来など合わせて二七人が止宿し、そのほか一番から七番まで侍分とその家来・馬などが分宿していた。

なお、同帳の末尾には旅籠代は上下平均一人につき二二四文と記されている。

以上が水戸道中通行大名の人馬継立と休泊負担の実態であるが、つぎにこれら取手・藤代両宿と密接な関係があった大名の渡船場利用の状況についても言及しておこう。

4　大名の通行と渡船場下賜金

この点については『取手市史』（通史編Ⅱ）でも宝暦十三年（一七六三）の大名の渡船利用状況について簡明に記述されているので、それと重複しないように宝暦六年（一七五六）「諸大名通行運賃割合帳」(36)により水戸道中利根川渡船場の大名の「被下物」、すなわち運賃・下賜金がどのくらい支給されたのか述べてみたい。

宝暦六年十月十二日、土浦藩主土屋能登守（篤直、九万五〇〇〇石）が帰藩の際に利根川渡船を利用したが、このときは中水のため二瀬越しとなり高瀬船三艘、馬渡りかち渡り八艘のほか、さらに用心船一艘など合わせて一二艘が動員された。

このときは渡船運賃として金五〇〇疋（一両一分）、取手町名主藤左衛門へ金二〇〇疋（二分）、同問屋市郎兵衛へ一〇〇疋（一分）、大鹿村平右衛門一〇〇疋、取手組頭佐左衛門一〇〇疋、取手・大鹿両組頭中へ一〇〇疋、それに御召船運賃として一〇〇疋、合わせて金三両が下賜されている。

つぎに笠間藩主牧野越中守（貞長、八万石）が宝暦九年六月一日江戸登りの節、渡船平船（艜）六艘・高瀬船三艘、そのほかに平船二艘など合わせて一一艘を利用しているが、このときは運賃として金五〇〇疋、取手町藤左衛門へ一〇〇疋、同市郎兵衛へ一〇〇疋、大鹿村平右衛門へ一〇〇疋、両村組頭へ二〇〇疋、合わせて金二両二分が支給されている。

つぎに宝暦九年七月二十九日、奥州磐城泉藩主本多弾正少弼（忠籌、一万五〇〇〇石）が藤代宿の泊りで登り通行に際し渡船を利用したときの下賜金についてみると、取手町名主へ三〇〇文、川世話いたし候者へ六〇〇文、帳付四人へ四〇〇文、馬差四人へ四〇〇文、御召船運賃として金一分、惣船頭へ二貫文、惣人足六〇人へ二貫文、問屋へ五〇〇文、取手・大鹿庄屋二人へ四〇〇文、同町組頭へ三〇〇文、合わせて金一分と六貫九〇〇文が支給された。

以上が利根川渡船場を大名が利用したときの下賜金の事例であるが、ついでに小貝川渡船場を通行大名が利用した場合の下賜金に関する史料を左に紹介しておこう。

まず文化十三年（一八一六）九月十日付の土浦藩主土屋相模守（彦直）の渡船利用に関する「御殿様御帰城ニ付下金頂戴一札[37]」を見ると、つぎのように記されている。

相渡申一札之事

一金弐百疋　宮和田 小通　舟場名主分

一同弐百疋　両村惣舟頭共江之分

〆金壱両也

右者今般

御殿様御帰城御通ニ付、宮和田・小通舟場名主共幷双方惣舟頭江之被下金、書面之通御渡被下置、難有、慥ニ頂戴仕候、依之一札相渡申候処仍而如件、

文化十三子年九月十日

宮和田宿 組頭 武左衛門 ㊞

小通村 名主 長左衛門 ㊞

藤代宿

飯田三左衛門殿

見られるとおり、これは土屋相模守が小貝川渡船を利用した際に下賜金として渡船に従事した宮和田宿・小通村の名主へ金二〇〇疋、両村の惣船頭へ二〇〇疋を支給したときの藤代宿本陣・名主飯田三左衛門にあてた両村役人の受取証文である。

このような渡船場下賜金の金額は恒常的なものと思われ、他の文政元年（一八一八）九月十五日付の小通村名主勘右衛門から土屋相模守の役人衆中あての「御通行ニ付渡船場被下御目録」(38)を見ると、小通村名主金一〇〇疋、船頭働共一〇〇疋と記されている。

なお、他の文政元年九月十五日付の宮和田宿組頭武左衛門・小通村名主勘右衛門から藤代宿飯田三左衛門にあてた「御殿様御帰城ニ付下金頂戴一札」(39)を見ると、つぎのとおり土屋相模守から両村への下賜金四〇〇疋のほか、さらに篝代《かがり》として金二朱が支給されている。

相渡申一札之事

一金弐百疋　宮和田 舟場名主分

一金弐百疋　小通り 舟場名主分

一金弐百疋　右両村惣舟頭共江之分

一同弐朱文　篝代、但小通り分共

右者今般

御殿様御帰城御通行ニ付、宮和田宿幷小通り村舟場名主共幷双方惣船頭共江之被下金、書面之通御渡被下置、難有、慥奉頂戴候、依之一札相渡申候処仍而如件

文政元寅年九月十五日

宮和田宿

組頭　武左衛門㊞

小通村

名主　勘右衛門

藤代宿

飯田三左衛門殿

右に見られる篝代とは、渡船場利用が夜間にさしかかったための松明などの灯火代として特に支給されたものであろう。

第四節　水戸藩主の人馬継立・休泊負担

1　天和二年二代藩主徳川光圀の人馬継立

水戸藩主の水戸道中通行に関するもっとも早い記録は、天和二年（一六八二）十月二十日付で取手町の領主牧野備後守（成貞）の家臣栗原六右衛門から取手町名主伊右衛門にあてたつぎの「書状」(40)である。

一筆申入候、然者一昨日水戸様御国へ之御暇拝領被遊候、其町御通り可被遊候、其町御通り可被遊茂難計間、前廉ゟ御船幷道橋掃除人馬等迄入念、先々之通諸事無油断支度可被致候、御通り之日限知れ候ハヽ、先達而可有注進候、佐左衛門・武左衛門方へも申遣候、扨又有来候御馳走船之やかたたたみ以下何ニよらす吟味致し候、自然不足之所有之候ハヽ、先々之通入念早々拵置可被申候、尤役人可被遣候得共先達而如此候、諸事油断有間敷候、以上

十月廿日　　栗原六右衛門　㊞

取手町

伊右衛門殿

右の書状の別紙には「天和弐戌年　水戸様御通行之節、御領主牧野備後守様御家中栗原六右衛門様ゟ御達シ状　壱通入」とあって、この書状は水戸光圀の帰国に先立って、取手町の領主であった牧野備後守の家臣栗原六右衛門から伊右衛門にあてた、通行準備のための通達であったことがわかる。

これによると、水戸藩主光圀がお暇を賜わり帰国するにあたり、取手町を通行するかも知れないので、前もって渡船用の御座船ならびに道橋の掃除をはじめ、人馬継立の準備を油断なくしておくようにと記されている。

さらに後文では、通行の日取が知れ次第に知らせるであろうこと、御馳走船の屋形やたたみに至るまで念入りに準備しておくようにとの趣旨が認めてある。

表11　天和2年　徳川光圀帰国人馬動員表

村名	人足	馬
稲	13人	22疋
下高井	17	28
上高井	5	9
立（辰）新田	1	1
小山	1	2
貞（貝）塚	2	3
市ノ代	3	5
守谷	20	32
立沢	8	14
野木崎	17	28
高野	17	28
戸頭		16
米野井	6	11
野々井	11	18
同地	1	3
赤法花	1	2
奥山新田	2	2
報恩寺	4	7
幸田	15	25
神田山	15	25
鈴塚	2	4
乙子	5	9
坂平	25	42
大木	1	
24カ村	192人	336疋

出所：『取手市史』別巻，本陣交通史料集1，天和2年「水戸様通行人馬之割帳」により作成．
注：人足数合計は人馬割表では200人となっているが，筆者の計算では192人となる．200人は計算の誤りではないかと思われる．

なお、取手町の本陣であった染野家には、天和二年四月と推定される「屋形船諸道具注文書（状）[41]」、それに同年六月（年欠）と推定される「屋形船屋根諸事仕様書[42]」なども保存されている。

この光圀の帰国の日取りは天和二年十月二十四日付の「水戸様通行人馬之割帳[43]」によれば、十月二十七・二十八日に江戸発足の予定とあって、取手町周辺の二四カ村から表11に示したとおり人足一九二人・馬三三六疋の助郷人馬が動員されていたことが明らかとなる。

この光圀の帰国通行の人馬継立の規模は後述するであろう後継藩主に比べてみると、かなり小規模のものであったことがわかる。

2　五代藩主宗翰の継立人馬動員数

明和元年（一七六四）十二月、五代藩主宗翰《むねもと》帰国の際の人馬動員数について、同年十一月付の藤代宿「加助村々石高之覚[44]」を見ると、つぎのとおり記されている。

差上申一札之事

水戸様御入国ニ付人馬継立之分

申ノ
十二月九日　一人足弐百拾七人
　　　　　　一馬　弐百拾八疋　但シ前日
十二月十日　一人足八百三拾五人
　　　　　　一馬　六百五拾七疋　但シ御当日
十二月十一日　一人足弐百拾五人
　　　　　　一馬　百三拾疋　但シ後日
〆
人足千弐百六拾七人
馬　千五疋

見られるとおり、宗翰の帰国通行にあたっては、明和元年十二月九日には人足二一七人・馬二一八疋、藩主通行日の十日には人足八三五人・馬六五七疋、そして後日の十一日には人足二一五人・馬一三〇疋、合わせて人馬動員数は人足一二六七人・馬一〇〇五疋であったことがわかる。

また、明和三年一月十八日藩主宗翰が参府通行の際の藤代宿の助郷人馬動員数について、右の「石高之覚(45)」にはつぎのとおり記されている。

戌ノ正月十八日
水戸様御参府ニ付、加助人馬百石ニ付三人、三疋小野日向守様江御頼、同小林孫四郎様江被仰渡、御添触共ニ頂戴仕候
人馬定介・加介共ニ
三日継立人馬遣高

人足千弐百人余
馬　千五百疋余
〆

右によれば、藩主宗翰の通行にあたり勘定奉行小野日向守（左太夫、一吉）、代官小林孫四郎（政用、江戸陣屋）の下知により藤代宿の定助郷・加助郷の村々に対して高一〇〇石につき三人三疋の助郷課役を触れ当て、合わせて人足一二〇〇人・馬一五〇〇疋余りを動員していたことがわかる。

この人馬動員数は天和二年十月の光圀通行時の人馬動員数人足一九二人・馬三三六疋に比べると相当大幅に増加していたことが明白となってくる。

3　六代藩主治保の継立人馬動員数

次いで寛政三年（一七九一）六代藩主治保《はるもり》の取手宿通行時の人馬動員数について、同年五月の記録「水戸様御通之節御印状控(46)」を見ると、つぎのとおり記されている。

今般水戸殿為湯治来ル十五日江戸発駕、同十八日国許被致到着候積ニ候、尤道中継人馬入用高左之通ニ候

人足弐百人
馬　弐拾疋
是ハ発駕前々日入用之分
人足七百三拾人
馬　弐百四拾疋
是ハ発駕当日入用之分

右之通人馬於宿々致用意、且明和元申年帰国之節人馬入用高ニ格別相減被相越候趣ニ候間、人馬無差支様取斗、勿論書面之外無益之人馬触当用意不致候様相心得、渡舟川越等之儀も差支無之様可取計者也

（寛政二年）戌十一月九日
甲斐印（勘定奉行　曲淵景漸）
佐渡印（〃　久保田政邦）
肥前印（勘定奉行加役 道中奉行　根岸鎮衛）
丹後印（〃　久世広民）
御用ニ付無加印
主膳印（〃　柳生久通）
伊予印（大目付加役 道中奉行　桑原盛員）

日光道中
千住ゟ水戸迄
右宿々
問屋
年寄

この勘定奉行（道中奉行）連署状により、取手宿問屋市郎兵衛ならびに組頭忠左衛門は定助郷二三カ村ではとうてい継立が困難であるため、加助郷人馬の提供を奉行所に願い出たのである。

その結果、再び同年十一月付で勘定奉行連署のつぎのような文面の、下総国二八カ村に対する助人馬の御印状が令達された。(47)

今度水戸殿為湯治被相越候ニ付、取手町江助人馬右宿問屋方ゟ相触次第無滞可差出者也

戌十一月

在勤無印形
在勤
甚八
惣十

左太
与兵
甲斐　印
佐渡　印
肥前　印
丹後　印
在勤無印形
主膳

下総国
平沼村・筒戸村・新宿村・細代村・川又村・水海道村・内守谷村・坂手村・横曾根村・横曾根新田・報恩寺・菅生村・大塚戸村・神田山・法師戸・大崎村・大谷口・桐木村・小泉村・中里村・矢作村・莚内村・小山村・長谷村・辺田村・杉下村・寺畑村・岩井村

この加助郷村々の範囲は相馬郡をはじめ猿島郡・岡田郡・豊田郡などきわめて広範囲に及んでいる。

水戸藩主治保の通行は寛政三年五月十五日に国元を発駕し、同月十八日に江戸へ到着することになり、再び勘定奉行連署の御印状が発せられた(48)。それによると継人馬入用は人足二〇〇人・馬二〇疋が発駕前後の入用分で、発駕当日分として人足六五〇人・馬二〇〇疋と記されている。

これにより再び寛政三年五月付で取手町市郎兵衛・組頭忠左衛門は勘定奉行所あてに新たに大口村・猫実村を加えた下総国三〇カ村の助人馬の御印状を願い出たのである。

その結果、五月十日付でつぎのとおり大目付・勘定奉行連署の下総国三〇カ村に対する取手町への助人馬の御印状(49)が出された。

今度水戸殿参府ニ付取手町へ助人馬、菅沼安重郎方ゟ申触次第無滞可差出もの也

亥五月九日　内膳　印

甚八　印

無出座
左太

与兵　印

忌
甲斐　（勘定奉行曲淵景漸）

佐渡　印（　〃　久保田政邦）

肥後　印（大目付　山田利壽）

丹後　印（勘定奉行久世広民）

主膳　印（　〃　柳生久通）

（下総国助郷村三〇カ村名省略）

追而取手宿へ手代差出置、人馬触当継立共差図致事ニ候、其旨可相心得候

別紙御勘定所村触之通り取手宿ゟ人馬申触次第壱人壱疋たり共無滞可差出候、尤印状相添相廻候間御勘定所印状之可令請印候儀等、廻状江其村下ニ令請印早々相廻シ、泊村より村触一同我等役所可相返候者也

亥（寛政三年）五月十日　菅　安重郎

銘々村名

御印状之通り

此度　水戸様被為　遊御参府候ニ付、取手宿ヘ助人馬菅沼安重郎様ゟ被仰触次第可差出旨御印状拝見仕奉畏候、右為御請村々一同差上申候、以上

これにより、寛政三年五月の水戸藩主治保の参府通行にあたり、合わせて人足八五〇人・馬二二〇疋の御印状が発令され、定助郷村二三カ村のほか下総国三〇カ村からも加助郷人馬が徴収されていたことが明らかとなる。

なお、この水戸藩主の人馬継立にあたっては江戸代官菅沼安重郎の手代が取手宿へ派遣され、人馬触当や継立の差図にあたっているが、これも水戸藩（御三家）のための特別の配慮からであろう。

4　文化六年七代藩主治紀の人馬継立負担

次いで七代藩主治紀《はるとし》の人馬継立と助郷人馬の動員状況について、藤代宿の文化六年（一八〇九）三月二十九日付で宮和田・藤代両宿役人から江戸陣屋代官滝川小右衛門（惟一）の手代森喜三郎・戸栗小弥太にあてた、つぎの「水戸様御通行人馬遣払仕訳覚」(50)により明らかにしてみよう。

覚

一宿方人足　百五拾人
一　　馬　三拾疋
一定助人足　千八拾人
　　馬　九百疋
一加助人足　八百人
　　馬　六百六拾八疋
合人足弐千三拾人
　馬千五百九十八疋
　此遣払
一宿方人足百五拾人、不残是ハ道造いたし、幷御当日荷物等付下シ、渡船場遣ニ付、継立ニて遣不申候

廿四日奥女中様継立分
一人足六百八十弐人
　馬　百三拾四疋
廿六日御当日継立分
一人足千弐百八拾人
　馬　六百四拾疋
〆人足弐千百拾弐人
　馬　七百七拾四疋
　差引
前々前宿取手宿ゟ買上継立分
　人足八拾人　　不足
　馬　九百五十八疋　過
　　内
　　　三拾疋　　荒馬
　　六拾八疋　弱馬
右者今般
水戸様御通行ニ付、人馬遣払仕訳、書面之通相違無御座候、已上

宮和田
　源右衛門
　得左衛門

藤代
与五右衛門
惣　助

滝川小右衛門様
御手代
森喜三郎様
戸栗小弥太様

見られるとおり、文化六年三月七代藩主治紀の水戸道中通行にあたっては藤代・宮和田両宿から人足一五〇人・馬三〇疋、定助郷村から人足一〇八〇人・馬九〇〇疋、加助郷村から人足八〇〇人・馬六六八疋、合わせて人足二〇三〇人、馬一五九八疋が動員されていたことがわかる。

右のうち宿方人足一五〇人は道造りのほか荷物の付け下ろし、あるいは小貝川渡船場などの仕事に従事していたので、実際の人馬継立には定加助郷村の人足一八八〇人、馬は定加助郷村の一五六八疋に宿馬三〇疋を加えた一五九八疋になるであろう。

また、三月二十四日付「水戸様御部屋様人馬継立帳」(51)により藩主側室の駕籠・長持・分持などの継立状況について見ると、表12に示したとおりで、駕籠一挺について人足六人ずつ、長持一棹について人足八〜一三人くらいずつ、分持一荷について人足二人の割合で継立しているが、その総人数は四〇九人となる。

これは側室分と考えられる。そのほかに奥女中分として駕籠三五挺二一〇人（一挺六人ずつ）、分持一二荷三六人（一荷三人ずつ）、と記されているので、その人数は合わせて二四六人となり、これらを合わせると側室の継立人足数は六五五人となる。

また、この「継立帳」には人足一六九人御払の分とあり、本馬一三疋・軽尻二八疋御払の分という記載があり、不

表12　文化6年3月24日　水戸藩主治紀側室継立表

乗物・荷物		数量	人足数	備考
駕　籠		3挺	18人	1挺6人持
長　持		32棹	389	1棹8〜13人くらい
分　持		1荷	2	
駕　籠（奥女中分）		35挺	210	1挺6人ずつの割合
分　持（奥女中分）		12荷	36	1荷3人ずつ〃
計			655人	
人足	不払分		35人	120人
	荷付人足		85人	
	御払の分		269人	
	当日継立分		780人	820人
	前日　〃		40人	
馬	当日継立分		78疋	151疋
	不払の分		42	
	前日の分		31	

出所：国立史料館所蔵，藤代宿飯田家文書（3353），文化6年3月24日「水戸様御部屋様人馬継立帳」により作成．

払の人馬賃銭がかなりあったものと思われる。

なお、治紀一行の人馬継立にあたっては、文化六年三月付で取手宿問屋市郎兵衛・藤代宿与（組）頭惣助・宮和田宿・若柴宿名主などが連名で代官滝川小右衛門あてに高一〇〇石につき人足六人・馬五疋あての助郷村々への触れ当てを願い出ている。(52)

ところで、翌年の文化七年（一八一〇）四月、水戸藩主治紀一行は再び参府のため取手宿で昼時に休息したが、そのとき取手宿役人は領主建部氏家来の指示により、宿住民一五五人からつぎのような道普請や下宿割・人馬継立・火の用心など遵守すべき四カ条にわたる心得について請印を取っている。(53)

此度　水戸様御参府ニ付、其宿方御昼休被仰付候趣致承知候ニ付、道普請等致気を付候、其外物事無差支大切ニ取計ひ可申候、右之趣小前江不洩様可為申聞候、以上

午三月十八日　小山田繁八
佐川武太夫

一御参府ニ付道普請人足、当触次第無差支様相勤可申候
一御昼御休御下宿割等無差支様心得可申候
一口附無之馬決而乗らせ申間敷候
一第一火の用心昼夜大切ニこゝろ付相守可申候

右之通り従　御屋敷様急度小前江申聞、心得違無之様大切ニ相勤可申様被　仰付候間、小前一同心得違無之様相

守り可申候、以上
午三月廿五日
宿役人

右之通被　仰聞承知仕、依之小前一同連印差出申候、以上
午三月日
（一五五名署名連印省略）

また、文化七年「水戸様御参府につき宿内役割覚帳」[54]によれば、通行当日の取手宿の役割分担をつぎのように決めている。

御本陣附役
御手伝　五兵衛ほか四人
役割覚
宿内役人代　彦兵衛ほか一名
渡し場役人代　上ノ甚蔵ほか一名
宿内問屋場世話人　佐右衛門ほか四名
渡し場問屋場世話人　箱屋七兵衛ほか二名
御先払　市平ほか一名
森(盛)砂世話人　林内ほか七名
人馬操(繰)出シ　惣兵衛ほか三名
人馬出方改メ　中ノ茂兵衛ほか三名
御下宿御案内　清兵衛ほか二八名
御若徒　政吉ほか一名

鑓持　　　　　札場　平左衛門
　　　　　　　　　　　若者
御箱　　　　　元宿　喜左衛門

これらの総人数は六八名となる。藩主通行にあたって取手宿では人馬継立や渡船にかかわる仕事のほか、このような負担も課せられていたのである。

さらに文化七年四月六日付の「水戸様参府宿方諸入用帳」(55)によると、取手宿では渡船場関係の入用と思われる明俵二〇七俵、乱杭代、杭木、縄、渡し場板子造作扶持手間代、渡し場笹羽根杭出し代など合わせて九貫三八八文の出費があり、これを取手・大鹿両村で負担していたことが明らかとなる。

5　文化十三年水戸源武公の通棺と人馬継立

水戸源武公（治紀遺骸）の通棺にあたっては、文化十三年（一八一六）九月四日付で道中奉行井上美濃守（利恭、大目付加役）ほか勘定奉行四名連署の人馬触れ(56)が、つぎのとおり発令された。

水戸殿遺骸来ル十一日江戸発棺、同十五日ニ水戸着棺之積リ候、尤道中継人馬左之通

人足四百人

馬百廿疋

右之通宿々人馬用意いたし差支無之様可取計者也

九月四日

山城　御印（勘定奉行古川氏清）

無御座

紀伊　　　（勘定奉行土屋廉直）
伊賀　御印（　〃　　服部貞勝）
無御座
主計　　　（　〃　　榊原忠之）
主膳　御印（　〃　道中奉行兼任　柳生久通）
美濃　御印（大目付道中奉行兼任　井上利恭）

御触書拝見承知奉畏候、依之御請印奉差上候、以上

九月五日

問屋代
三左衛門
名主
孝　蔵

これにより取手宿では助郷村々に対して下知次第に追々人馬の触れ出しをするので、前々のとおり遅滞なく差し出すように通告するとともに、七日・八日の両日は道普請、九日は渡船場出し普請、十日は御召船船出し四カ所を造作するなど通行準備におおわらわであった(57)。

また、九日早々には水戸藩小石川屋敷からつぎのような先触れ(58)があった。

源武殿遺骸来十一日申上刻江戸小石川出棺、道中ニ而　水戸瑞龍山江通棺被致候条、宿々人馬無滞可被指出候

一葛西・松戸・取手・絹川《(ママ)》舟渡是又無滞様心懸可被申候

水戸
大田要人
武藤六左衛門

九月七日

千住ゟ

片倉迄　道中宿々
問屋中

小金　十二日朝
取手　同日昼
牛久　同日夕
中村　十三日朝
稲吉　同日昼
片倉　同日夕

右之駅々ニ而供方食事之儀下宿申付候人別ニ応心懸ケ可申候、尤左之人別朝夕之駅館ニおゐて致食事候、本陣仕出ニ手当可被致候、但本陣仕出人別之大図

上下弐拾五人

馬飼料之儀者拾弐疋分、是又心懸ケ可申候、已上

この水戸小石川屋敷からの先触れによれば、源武公遺骸は九月十一日午後三時半頃に小石川を出棺し、小金宿に十二日朝、そして取手宿には同日昼頃に到着する予定となっていたのである。

しかし、当日は生憎大雨のため到着が遅れ、渡船場へ五ツ時（午後八時頃）に着き、夜五ツ半時になってようやく取手宿へ着棺となった。この間の事情につき「御用留」(59)にはつぎのとおり記されている。

水戸様御尊骸御通棺九月十二日当宿御昼休ニ御座候処、折節大雨相重り道筋甚悪敷、殊ニ大雨ニ而十二日夜五ツ半時当宿江御着棺ニ而相成、同夜急ニ御泊り相成大混雑いたし、翌(十脱カ)三日朝五ツ時（午前八時頃）当宿御出棺ニ相成申候、委敷《くわしく》者地方ニ記シ置也

見られるとおり、御通棺当日の九月十二日は大雨のため水戸道中の道筋が悪く、夜分になってようやく取手宿に着棺し、急に一行が取手宿に宿泊することになったので、宿場では大混雑となったのである。

そして文化十三年「水戸源武公通棺宿割帳」[60]によると、尾州使者一行六〇人くらいが本陣のほか下宿四軒に分宿し、紀州使者一行上下六〇人くらいが問屋ほか四軒へ分宿した。

そのほか、老中松平伊豆守（信明）の使者一五人、牧野備前守（忠精）の使者一五、六人、酒井若狭守（忠進）の使者一五、六人、土井大炊守（利厚）の使者一五、六人、青山下野守（忠裕）の使者一五、六人、松平能登守（乗保）の使者一五、六人などが、それぞれ取手宿の旅籠などへ宿泊することになった。それら使者の人数は合わせて二一〇〜二二五人ぐらいとなる。

さらに見送り使者一六四人も五軒に分宿したので、総勢三八〇人くらいとなるので、宿場側の対応は容易ではなかったと思われる。

ところで、当日の旅籠銭は水戸藩の宿割目付から一人四八文との指示であったが、本陣藤左衛門があまりにも安いので善処するよう願望したところ、上士一人につき一七二文、下士一人一五二文の割合で支払うとのことになった。しかし、それは水戸藩が支払うのではなく、本陣から支払うようにとの指示であったからその不足分は本陣か、あるいは宿場の負担となったものと思われる。[61]

この間の事情について「水戸源武公通棺御用日記録」[62]には、つぎのとおり記されている。

一御当日旅籠銭御払之儀、御本陣方江小役人斉藤様ゟ昼ル四拾八文朝四拾八文都合百文之御払ニ而可然之趣御掛合仕之候間、自分ゟ御答申上候ハ、御本陣儀ハ何様被仰付候共能敷義ニ奉存候得共、外宿之内日々商売渡世仕平日旅籠等ニ不被懸者多く、此度之御用相勤候者儘（ママ）在之商物店相方サへ御用申付候間、此もの之内已来ばかもの五七人も在之候節者彼等等対シ御本陣当惑仕候間、小金宿並合被　仰付候様相願候趣申上候処、小役人中ゟ被申聞候ハ当宿ニ而者平日旅人何程之あたひニ候哉与御尋ニ付、平日ハ御壱人前百七拾弐文百六拾四文位ニ御座候、尤平日旅籠渡世仕是ニ而渡世之ものハ、日々御用之御影ニ而渡世シ候もの、御本陣等者何程ニ而否哉申上候義無之候とも外商人とも江並合之御旅籠被下候ハヽ、已来御用難有かり候而御請可仕奉存候間御勘弁相願候申上候処、御窺之上御承知被下御本陣ゟ宿々江上百七拾弐文 下百五拾弐文宛被下候趣御下知ニ依而相触申候

一方、このたびの通棺大通行の人馬継立にあたり、水戸道中の我孫子・取手・藤代・宮和田など四カ宿の問屋役人は連名で代官羽倉外記役所あてに加助人馬の願書を文化十三年九月五日付で差し出したところ[63]、九月六日付で羽倉外記から平沼村ほか二九カ村の名主組頭あてに「来ル十一日水戸宰相殿御遺骸江戸発棺ニ而通行ニ付、其村々助人馬先格之通願出候間、高一〇〇石ニ付人足四人馬三疋来ル十日暮六ツ時迄ニ取手宿江無相違才料相添可差出候[64]」との触書が出された。

これに対し、平沼村ほか二九カ村では残らず受印をした請書を羽倉外記手代飯倉忠蔵・小串鉄蔵あてに差し出している[65]。

これら定助・加助郷村々への人馬賃銭の支払いは当日掛り役人から御印鑑を渡し、翌日に切手と引き換えに支払う手筈となっていたが、その金額は人足一人につき五文ずつ、馬一疋につき一六文という低廉なものであった[66]。

また、このたびの通棺御用にあたっては文化十三年閏八月付の「御通棺御用諸入用控[67]」によれば、取手宿の出費は御用弓張、小田原提灯、半紙、ろうそく、水油、酒、酒肴、高瀬船一艘代（一貫文）、定使代、馬五疋分、地頭所土産代など、合わせて金一両三分と三六貫八〇一文にものぼっている。

なお、文化十三年十月付の「水戸源武公御召船諸入用払方覚（状）[68]」によれば、御召船仕立のための入用金として備中表八枚・裏八枚・地縁八枚・糸八〇本代が三三匁一分、それに畳屋扶持手間代、かすかひ一六挺・釘代、大貫二二挺代、むしろ二〇枚代、大工扶持手間代など、合わせて「金一両一分二朱ト銭一四七文」と記録されている。

6 天保十一年九代藩主斉昭の人馬継立

天保十一年（一八四〇）一月二十一日から二十六日にかけて斉昭一行が帰国のため牛久宿を通行した。このとき牛久宿問屋直七ほか五名、大谷村・石川村・木原村・塙村・舟子村など助郷村々三〇カ村代表の名主たちは、天保十一年一月付で伊奈友之助代官所の手代飯田哲兵衛あてに斉昭通行時の継立に従事した「人馬遣払仕訳書」(69)をつぎのとおり提出した。

御先触高 人足千八拾三人
　　　　 馬　百八拾疋

助合高六万四千七拾五石
　　　　　　　　　人足八分五厘五毛
　　　　　　　　　馬　七分弐厘
　　　　　　　　　加助合寄人馬

一人足五千五百三拾弐人
　馬　四百六拾四疋
　　内人足百弐拾人
　　　馬　拾四疋

是者御当日廿五日六日沖荒川宿囲人馬之分

人足五百八拾弐人

是ハ正月廿一日御先触之処、日後ニ相成不用ニ遣払

人足千百廿人

是ハ廿一日、廿二日両日御用継立之分

人足三千四百五拾弐人

馬三百七拾八疋之(ママ)

是者御当日廿五、六日継立之分

人足百四拾人、馬五拾弐匹

是者病人、病馬弱人馬荒馬等ニ而継立之分

人足七拾弐人、馬拾九疋　残人馬

右者此度　水戸様御帰国御通行、御女中様方御差下御通行ニ付、助合人馬御触之義御願候処、其筋ゟ御沙汰も有之候ニ付、御先触高ニ准シ過人馬触当不申、無益之人馬継立申間敷旨被仰渡候ニ付、宿役人并助合村役人惣代之者共立会罷在御継立候処、人馬遣払仕訳書面之通相違無御坐候、然ル上ハ宿方者勿論、助合村々ニおゐても重而申分願筋者決而無御坐候、為後日連印人馬遣払仕訳書指上申所、仍如件

天保十一年子年正月

山口周防守領分
水戸道中牛久宿

組頭　治兵衛

同　幸蔵

名主　治左衛門

同　吉作

問屋　直七

同　新右衛門

天野図書知行所
大谷村名主
善兵衛

水野妥女知行所
石川村組頭
治兵衛

大久保甚四郎知行所
木原村組頭
佐次兵衛

林金五郎御代官所
塙村名主
利兵衛

舟子村名主
又右衛門

伊奈友之助様御手代
飯田哲兵衛殿

見られるとおり、斉昭通行時における助郷人馬動員数は先触れ人足一〇八三人・馬一八〇疋であったが、実際に動員された人馬数は人足が約五・一倍にあたる五五三二人、馬が約二・五七倍にあたる四六四疋となっている。

これらから合宿の荒川沖村の囲人馬一二〇人・一四疋、不用に遣払い人足五八二人（不用分として除外カ）を差し引いた残りの人足四八三〇人・馬四五〇疋が二十一日から二十六日にかけての実際に継立にあたった人馬数である。そのほか人足一四〇人・馬五二疋は病馬・弱人馬・荒馬で継立にあまり役立っていなかった人馬と思われる。最後の残人馬七二人・一九疋は継立に従事しなかった人馬と考えられる。

これら助郷人馬は牛久宿定助村（高三四六九石）三四カ村、荒川沖宿定助村（高一七三八石）二五カ村、合わせて五九カ村から動員されたのであるが、これら助郷人馬に対し水戸藩からどのくらいの人馬賃銭が支払われていたのであろうか。右記録には賃銭総額は四七貫一七二文とあるが、これの支払基準は人足一人につき七文、馬一疋につき一四文であった。(70)

そこで取手宿の天保十一年一月二十三日付の「水戸様通行人馬賃銭割合帳」(71)（A）ならびに同年一月二十五日付の「水戸大奥御女中通行人馬賃銭割合帳」(72)（B）により助郷村への人馬賃銭支払い状況を調べてみると、表13のとおりである。

この（A）の最初に助郷村への賃銭の総支払高として一七貫八〇四文とあり、うち駒之口（銭）引一貫六〇〇文とあって、それらを差し引いた残りの一六貫二二九文を定加助村々の出動人馬に分配しているが、その割合は人足一人につき四文、馬一疋について八文あてと記されている。これは水戸藩の支払基準であり、実際に分配する際には宿場

表13　天保11年　徳川斉昭一行の取手宿通行時の人馬賃銭支払表

	斉昭通行時の人馬賃銭（A）			水戸奥女中通行時の人馬賃銭（B）		
村名	人足数	馬数	賃銭高	人足数	馬数	賃銭高
平沼村	36人	3疋	176文	18人		67文
筒戸	160	20	832	84	2疋	338
新宿	66	7	332	37	1	148
杉下	34	3	164	18		67
寺畑	65	7	328	33	1	134
細代	45	5	228	24		89
川俣	40	4	204	21		78
水海道	190	25	1貫文	97	4	405
横曾根	168	20	864	85	3	349
同新	108	2	532	52	2	200
報恩寺	168	20	864	85	3	349
大口	48	5	240	25		101
猫実	62	6	308	30	1	118
神田山	83	7	404	41	1	163
大塚戸	130	12	640	63	2	256
菅生	260	30	1貫632	120	10	538
辺田	40	4	200	21		78
岩井	159	16	792	79	2	319
中里	35	2	164	17		63
小泉	34	2	160	17		63
桐木	28	2	136	14		52
法師戸	20	2	100	11		41
大崎	46	4	224			
大谷口	38	3	180			
小山	92	10	464	47	1	185
矢作	92	10	464	49	1	185
長谷	90	8	448	44	1	174
莚内	40	4	200	21		78
坂手	180	22	932	92	3	375
内守谷	54	5	264	28		108
計	2,611	270		1,273	38	
賃銭支払高	加助郷3,167人，13貫192文 定助郷　728人，　3貫　32文 2口〆　16貫228文 人足1人につき4文，馬1疋8文あてと記されている．			賃銭支払高　9貫202文 駒之口引　848文 残り　8貫150文 人足1人につき3文7分，馬1疋6文4分あてと記されている．		

出所：『取手市史』別巻，本陣交通史料1，天保11年正月「水戸様通行人馬賃銭割合帳」，同「水戸大奥御女中通行人馬賃銭割合帳」により作成．

の駒之口銭（繫留口銭）を差し引いた残りを加助郷村々三〇カ村に分配したものと思われる。

たとえば（A）の一番目の平沼村を見ると、人足一人四文として三六人分で一四四文、馬一疋八文として三疋分として二四文、合わせて一六八文となるが割合帳には一七六文と記されている。

また、（B）の大奥女中分の支払基準は藩主の場合よりさらに低く、人足一人三文七分、馬一疋六文四分と記されている。このように支払い高九貫二〇二文から宿場への駒之口銭八四八文を差し引いた残りの八貫一五〇文を出動人馬により分配したものと思われる。

なお、（A）の最後に「加助郷三二六七人此賃銭一三貫一九二文、定助郷七二八人此賃銭一六貫二二八文」とあり、定助二三カ村の惣代立沢村名主善次、加助郷三〇カ村の惣代報恩寺村与頭利右衛門、辺田村与頭佐兵衛の三名が捺印をしている。

これにより、斉昭通行時には人足合わせて四八三〇人・馬四五〇疋（筆者計算）の助人馬が動員され人馬継立に従事していたことがわかる。また、水戸藩主通行時の人馬継立・助郷人馬に対する人馬賃銭がいかに低廉なものであったかが明らかとなってくる。

表14　天保10年4月　水戸松平八郎麿人馬賃銭分配表（取手宿加助郷村）

村名	人足数	受取賃銭
平沼村	18人	65文
筒戸	88	329
新宿	39	144
杉下	18	65
寺畑	35	130
細代	24	86
川俣	21	76
水海道	105	390
横曾根	91	340
同新田	56	210
報恩寺	91	340
大口	26	94
猫実	32	119
坂手	98	365
内守谷	28	105
大塚戸	67	249
神田山	42	155
辺田	21	76
岩井	81	307
長谷	46	170
桐木	14	50
小山	49	180
莚打	21	76
矢作	49	180
法師戸	11	40
大崎	24	86
大谷口	19	68
中里	17	61
小泉	17	61
菅生	140	524
（筆者計算）	1,388人	5貫141文

出所：『取手市史』別巻，本陣交通史料1，天保10年「水戸松平八郎麿通行人馬賃銭割合帳」により作成．

注：支払高8貫765文，このうち800文を駒之口として引き，残り7貫938文を人足1人につき3文6分，馬1疋7文2分の割合で割付したと記されている．

この点について、時代はやや下るが元治二年（一八六五）二月の藤代宿から取手宿までの御定賃銭を見ると、人足一人三五文五分、本馬一疋七一文とあり、さらに三倍五割増として人足一人一二八文、本馬一疋二五〇文に値上げされているが、これらと比較してみても水戸藩の支払い賃銭がいかに低廉であったかがわかる。[73]

そこで参考までに天保十年（一八三九）松平八郎麿（昭融、斉昭子息）の通行時に取手宿加助郷村三〇カ村へ支払った人馬賃銭について見ると、表14に示したとおりで、人足一人につき三文六分、馬一疋について七文二分の割合で、人足一三八八人に対し八貫七六五文が支払われ、駒之口銭八〇〇文を差し引いた残り七貫九三八文を、加助郷村三〇カ村で分配していたことがわかる。

これを先の（B）大奥女中分人足一人三文七分に比較してみると、三文六分であるから、それよりさらに一分だけ低くなっていることがわかる。したがって、これまで述べた人馬賃銭支払額は水戸藩の当時の人馬賃銭の支給基準であったといえるであろう。

また、これも参考までに紹介しておくが、天保九年松戸宿から小金宿まで一里二一町の御定賃銭は荷物一駄七七文、乗掛荷人共一疋同断、軽尻馬一疋四九文、人足一人三九文であった。[74] これにより水戸藩支払いの人馬賃銭は御定賃銭のおよそ十分の一くらいであったことがわかる。

7　天保十四年松平七郎麿の助郷人馬動員数

天保十四年（一八四三）五月七日、松平七郎麿（慶喜）が江戸を出立し、小金宿を通行することになったが、そのときの水戸藩役人加藤駒四郎（外一名）から水戸道中宿々問屋あての先触れには、つぎのとおり記されている。[75]

一人足弐百五拾人

一馬　弐拾疋

右者此程相達候通、松平七郎麿殿当月十七日暁七ツ時御発駕被罷下候ニ付、前書之通宿々無滞様可心掛候、依

為先触申達候、以上

これによると、先触れ人馬は人足二五〇人・馬二〇疋であったが、これに対し小金宿問屋邦松、役人惣代年寄権右衛門は青山九八郎代官所（馬喰町）に対し、つぎのとおり助郷人馬の御印状触れ流しを願い出たのである。

乍恐以書付奉願上候

当御代官所下総国葛飾郡小金町問屋・年寄奉申上候

松平七郎麿様、明後十四日江戸表御発駕ニ而被遊御下、則別紙写之通御先触到来仕候ニ付、先格之通、小金領村々江御印状御触流奉願上候、右者差掛り候ニ付、早々御出役人馬触当被成下置候様仕度、此段奉願上候、已上

下総国葛飾郡

小金町

問屋　邦松

役人惣代

年寄　権右衛門

天保十四卯年五月十二日

この願書に付載された覚書には助郷村六七カ村に対する触当高が記されているが、それによると高一〇〇石につき人足五人・馬一疋の割合で、人馬動員数は表15に示したとおり人足六五五六人・馬一二五疋となっている。この動員人馬数は先触れの人馬二五〇人・二〇疋に比べると人足が約二・六二倍、馬が六・二五倍となっている。これは先触れ通りの人馬数ではとうてい継立が困難であったことを示すもので、このような増し人馬の触れ当てもやむをえない措置であったといえる。

これに対し、小金町定助郷村六七カ村では、下総国葛飾郡惣代西平井村名主又兵衛・同国同郡中村名主勘右衛門らは青山九八郎代官所あてに天保十四年五月十五日付で「近年度々之御通行ニ被為在候折柄、右様加助村御免除ニ相成候上者、凡四千石程勤冠候様相成、素ゟ難渋之村々、弥弥困窮相募候儀者乍恐眼前ニ而何共歎敷奉存候」[76]と、助郷負

担の減免を願い出ている。

このように天保期に入ってからの九代藩主斉昭をはじめとする特権大通行の人馬継立負担は、水戸道中の宿駅や助郷村々を疲弊させていった要因であったといえるであろう。

表15　天保14年5月　松平七郎麿帰国小金宿助郷人馬動員数

（高100石につき人足5人馬1疋）

村名	人足	馬
上総内村	6人	1疋
幸谷村	23	4
二ツ木村	15	3
三ケ月村	5	1
八ケ崎村	6	1
馬橋村	32	6
伝兵衛新田	10	2
古ケ崎村	30	6
主水新田	3	1
九郎左衛門新田	8	1
三村新田	3	1
小計	141	27
殿平賀村	4	1
平賀村	4	1
中金杉村	11	2
幸田村	13	2
芝崎村	9	2
古間木村	4	1
中村村	11	2
思井村	10	2
前平井村	6	1
後平井村	11	2
市野谷村	11	2
三輪野山村	12	2
大畔村	8	1
桐ケ谷村	2	1
下花輪村	11	2
貝塚村	14	
谷津村	13	
南村	9	1
小計	135	25
大谷口村	13	2
横須賀村	19	3
鰭ケ崎村	26	5
西平井村	17	3
加村	18	4
流山村	31	6
木村	15	3
七右衛門新田	5	1
大谷口新田	4	1
小計	148	28
東平賀村	10人	2疋
根木内村	13	2
久保平賀村	10	2
中新宿村	5	1
栗ケ沢村	14	3
酒井根村	10	2
逆井村	16	4
藤心村	4	1
大井村	7	1
塚崎村	8	1
佐津間村	9	1
粟野村	4	1
小計	110	22
前ケ崎村	12	2
名都借村	11	2
長崎村	3	
野々下村	9	1
十文字新田	3	1
駒木新田	3	1
青田新田	2	
西深井村	21	4
同新田村	16	3
東深井村	14	2
平方村	9	2
同新田	1	1
中之久木村	6	1
上新宿村	3	1
小屋村	3	1
北村	6	1
小計	122	23
合計67か村	656	125

出所：『松戸市史』史料編Ⅱ，天保14年5月「松平七郎麿下国小金宿割御用品」により作成．

注1：筆者合計は66カ村

第五節　幕末期における特権大通行とその負担

1　嘉永七年松平余八麿の下国通行とその負担

嘉永六年（一八五三）六月、ペリー提督の率いるアメリカ東インド艦隊が浦賀に渡来してから武家の陸上交通の往来はにわかに活発となったが、水戸道中においても例外ではなかった。この点については、ペリーが再渡来した翌年三月七日付の「異国船渡来につき人馬雇替賃銭議定書」[77]によって知ることができる。

為取替申議定一札之事

一今度異国船浦賀表江渡来ニ付、諸家様方御通行繁ク人馬多入候間、当宿ゟ触当次第人馬可差出旨　佐々木道太郎様ゟ御触御廻状之趣拝見承知奉畏候、然ル上者当宿ゟ御触次第人馬可差出之処、追々農業繁多之時節ニ茂相成候間、正人馬差出候茂村々迷惑之儀ニ付、依而者正月廿四日ゟ二月晦日迄人馬遣払日〆帳見届候上、平均見積リ人馬雇買賃左之通取極メ申候

一人馬勤方之儀先達而　佐々木道太郎様御役所江奉伺候処、双方示談之上宿立人馬幷定助郷村々勤人馬定雇揚者、月並賃銭分共右人足三拾八人日々遣払、其余定加助高割相勤可申議定仕候之処、勤日限之儀者憐(隣)宿藤城(代)宿振合を以、正月廿四日ゟ四月十六日迄八十一日を一替リト取極メ、此日限中加助郷勤人馬雇買賃銀見積リ金九拾両与取極メ宿方江相渡可申筈、尤此節為内金拾六両請取、残金七拾四両之儀者当月十二日不残(皆)替済可致筈、且又右日限過候而茂異国滞船致居、矢張諸家様御通行多候ハヽ、是又村々打寄宿方難儀ニ不相成様何れニも相談可致候筈取極メ議定致候処相違無御座候、依之為後日取替申議定一札依而如件

嘉永七寅年三月七日

加助郷三拾三ケ村惣代
大崎村（欠損）

名主 [　　]
報恩組頭
取手宿問屋　市郎兵衛 ㊞
名主　藤左衛門 ㊞

右により明らかなように、嘉永七年に入り、取手宿加助郷村三三カ村では農繁期の人馬継立を回避するための対策として、取手宿問屋市郎兵衛・名主藤左衛門との間で正月二十四日から四月十六日までの八一日間を一期限として、金九〇両の約束で人馬雇い替えの協定を結んでいたことがわかる。

ところで、嘉永七年四月これまた農業繁多の時期に水戸藩松平余八麿（徳川昭武）の下国通行の先触れ(78)が、つぎのとおり取手宿に入ったのである。

覚

一人足六拾三人
一馬　九疋

右者此度松平余八麿様御下国ニ付御先荷物差下候、明九日江戸小石川差立水戸表迄

水戸御目附方
小林庸助　印
寺門吉衛門　印

寅四月

これは余八麿の下国に先立ち、荷物を水戸へ搬送するための先触れである。これと相前後して余八麿下国御用の宿割役人や幕張役人、船場見分役人などが水戸道中を通行した。

そこで取手宿問屋の「先触写し」(79)を見ると、余八麿の先触れ人馬として左のごとく記されている。

覚

一人足百六拾人

一馬　拾壱疋

右者此度　松平余八麿様明後十日江戸　御発駕

水戸御目附方

これによると、先の荷物運送の先触れ人足六三人・馬九疋を合わせると、余八麿だけの継立で人足二二三人・馬二〇疋となる。

それでは余八麿の下国通行にあたり、実際にはどのくらいの助郷人馬が動員され、どのくらいの人馬賃銭が支払われていたのであろうか。

この点については、嘉永七年（一八五四）四月十日付の「水戸松平余八麿下国につき人馬賃銭取立帳[80]」により明らかにしてみたい。まず余八麿下国通行にあたって人馬継立負担が課せられた定加助村は表16に示したとおり、平沼村をはじめ三〇カ村で、継立人馬数は人足五五七人・馬三四疋となる。これらの人馬は雇い揚げによったものと思われ、助郷村々では助郷高に比例し臨時の人馬賃銭の負担をさせられたのである。

この雇い揚げ賃銭の総額は「金四一両二朱ト銭一一貫六七九文」と同帳面の末尾に記されているが、それを三〇カ村の助郷高に応じて割付けて取り立てていたことが明らかとなる。

たとえば平沼村（文久元年、村高二六〇石余）は人足数の負担割合が七人五分八厘で、それを銭に換算すると三貫三二文、馬の負担割合は七分二厘八毛で、それを銭に換算すると五七八文となり、これを合わせると三貫六一四文となる。さらにこれを金に換算すると二分と三八六文ということになる。

もっとも負担が多い村は菅生村（文久元年、村高二〇〇一石）で人足五八人三分で、それを銭に換算して二三貫三二〇文、馬は五疋五分五厘の割合で、銭にして四貫四四六文となり、これを合わせると二七貫七六六文となり、金にし

表16　嘉永7年4月　松平余八麿下国取手宿定助・加助村々人馬賃銭取立表

村　名	人足賃		馬賃		合計	
	人足数		馬数		銭として	金として
	人分厘毛	貫　文	疋分厘毛	貫　文	貫　文	両分朱　文
平沼村	7.5.8.0	3.032	7.2.8	578	3.614	2.0.386
寺　畑	10.2.7.8	4.111	9.6.0	776	4.877	3.0.000
細　代	9.9.6.6	3.983	9.5.0	758	4.745	2.2.715
坂　手	28.2　0	11.277	2.9.2.8	2.387	13.668	2.0.0.768
大塚戸	27.9.9.7	11.195	2.6.7.0	2.135	13.334	2.0.0.435
大　崎	9.9.1.0	3.962	9.4.5	754	4.720	2.2.2.686
大谷口	8.0.9.0	3.235	7.7.2	617	3.852	2.0.628
小　泉	6.7.1.0	2.681	6.4.0	512	3.193	1.2.775
中　里	7.5.7.0	3.027	6.7.5	539	3.566	2.0.342
莚　打	8.7.4.0	3.492	8.(3).4	665	4.161	2.2.131
筒　戸	36.4.3.0	14.570	3.4.□.0	2.779	17.353	2.2.2.423
新　宿	14.5.7.0	5.827	1.3.9.0	1.112	6.939	1.0.0.487
内守谷	11.6.6.0	4.662	1.1.1.0	885	5.551	3.0.715
菅　生	58.3.0.0	23.320	5.5.5.0	4.446	27.766	4.1.0.354
法師戸	4.3.7.0	1.746	4.2.0	335	2.081	1.0.469
矢　作	27.7.0.0	8.277	1.9.5.0	1.558	9.839	1.2.0.163
小　山	27.7.0.0	8.278	1.9.5.0	1.558	9.840	1.2.0.164
桐　木	5.8.3.0	2.332	5.6.0	446	2.778	1.2.360
長　谷	19.2.0.0	7.677	1.8.3.3	1.466	9.147	1.1.2.277
岩　井	34.7.9.0	13.916	3.3.1.0	2.646	16.562	2.2.0.432
杉　下	7.2.9.0	2.916	6.9.5	554	3.417	2.0.0.246
川　俣	8.7.4.0	3.492	8.3.4	665	4.161	2.2.131
水海道	43.7.0.0	17.477	4.1.7.0	3.335	20.816	3.0.2.658
横曾根	37.8.7.0	15.115	3.6.1.0	2.885	18.039	2.3.0.303
同新田	23.3.0.0	9.320	2.2.2.4	1.777	11.101	1.2.2.619
報恩寺	37.8.7.0	15.150	3.6.1.0	2.885	18.039	2.3.0.303
大　口	10.2.0.0	4.077	9.7.3	776	4.857	3.0.021
猫　実	13.4.0.0	5.520	1.2.8.0	1.024	6.544	1.0.0.092
神田山	17.6.9.0	7.073	1.6.9.0	1.350	8.427	1.1.0.363
辺　田	8.7.9.0	3.492	8.3.4	665	4.161	2.2.130
30カ村	557		34		41両2朱	11貫679文

出所：『取手市史』別巻，本陣交通史料集Ⅱ，嘉永7年4月「水戸松平余八麿下国につき人馬賃銭取立帳」により作成．

て四両一分と三五四文となるのである。

最後に、余八麿通行時の「人馬賃銭取立帳」に記されている総人馬数人足五五七人・馬三四疋を先触れ人馬数人足二二三人・馬二五疋と比較してみると、人足が約二・五倍、馬が一・四倍で、これらの負担額は嘉永七年三月に加助郷三〇カ村と取手宿との間で取り替わした人馬雇い替え賃銭正月二十四日より四月十六日までの八一日間の金九〇両以外の余分の負担となっていたのである。

ちなみに、嘉永六年七月の「加助合人馬高割帳[81]」によると、定助人足六五〇人一分、馬六六疋五分三厘とあり、加助郷村三〇カ村の高割り人馬賃銭の総額は一三二両二分と四八八文にも達している。このうち菅生村分が金九両一分と一九二文、報恩寺村は金九両三分と一八四文と記されている。

また、筒戸村については金九両一分二朱と一八〇文とあり、このうちから正人足三八人・馬七疋分については「働候分」として金三両二朱と四八四文、そのあとに同五一二文引きと記されているがその理由は不明である。これらを見ると、人馬雇い替え賃銭が助郷村々にとって多大の負担になっていたことが明らかとなる。

ところで、嘉永七年四月の松平余八麿の通行にあたって、取手宿ではどのくらいの費用負担があったのであろうか。その全容は明らかでないが、同年四月付「水戸松平余八麿下国につき諸入用判取帳[82]」には、宿内の本陣・問屋場・旅籠屋をはじめ宿内住民の出費が明細に記されている。

それによると、本陣は上下二四人分の中食代として二貫四〇〇文、渡し場では舟竹代など五一貫七一〇文、近江屋が酒代しめて三貫六一九文、穀屋喜平次が白米・炭代しめて金一分と一貫六〇七文、釜屋平助が出役入用青物代一貫八八四文、日の屋善兵衛が問屋行白米代しめて三貫九四四文、建具屋寅吉が橋普請丸太板代しめて一貫四〇〇文、魚屋忠兵衛がひらめ一《(疋)》尾代金二朱と一〇〇文、銚子屋吉兵衛が飯酒肴代しめて一五貫三五二文、釜屋弥兵衛が上下中食一一人分、山崎屋が上下二〇人分中食代など、その総出費はおよそ六〇貫文くらいにも達している。

これらを総合してみると、嘉永七年四月の松平余八麿の通行（昼休）でも、取手宿をはじめ助郷村々にとって多大の負担となっていたことは明らかである。

2　安政六年九月徳川斉昭の人馬継立・休泊負担

安政六年（一八五九）徳川斉昭は幕府から永蟄居を命ぜられ水戸へ帰国することになった。そこで八月二十六日、江戸小石川の藩邸を発駕し、九月三日には取手宿へ到着し、昼食の予定であった[83]。

このときの取手宿の先触れ控(84)を見ると、つぎのとおり記されている。

御先触之控

水戸前中納言様御下国御先触

一
人足四百三拾人

馬　九拾五疋

弐倍七分
人足千五百九拾壱人

弐倍五分
馬　三百三拾弐疋五分

定加高

合弐万六千七百六拾九石壱斗八升七合江割

但百石ニ付　人足五人九分四厘三毛

馬　壱疋弐分四厘弐毛

（後略）

見られるとおり、このとき取手宿では先触れ人足四三〇人・馬九五疋に対して、人足は三・七倍増しの一五九一人、馬は三・五倍増しの三三二疋五分の人馬を助郷村々から動員することになった。

そこで定加助郷村高合わせて二万六七六九石一斗八升七合へ割り付けることにして、高一〇〇石につき人足五人九分四厘三毛、馬一疋二分四厘二毛ずつの割合で人馬を徴収することにしたのである。

また、斉昭の通行とあいまって、御簾中荷物の先触れがつぎのとおり取手宿へ到達した(85)。

水戸前中納言様御廉《簾》中様御下国ニ付御先荷物

人足六百拾弐人

馬　四疋　馬人ニ直し

表17　安政6年9月2日　徳川斉昭藤代宿宿割表

旅籠屋	主な宿泊者	上士数	下士数	馬数	備考
七左衛門	松浦美治郎，奥祐筆頭取	3人	35人	1疋	
源二左衛門	大場弥之助	1	21	1	
与兵衛	御目付方，小道具方	2	36	1	
片　町　清左衛門	谷　弥治郎	5	19	1	
〃　平兵衛	御床机廻り	27	2		
〃　忠助	〃	20	2		
平吉	御黒鍬方		15		
万治郎	御持頭	1	34		下10人松兵衛,伝右衛門9人
与治右衛門	御床机廻り	10	1		
治左衛門	御厩方	2	25	15	馬計り文之助
治兵衛	御使番	1	4	1	
彦左衛門	御床机廻り		6		
木左衛門	御先手方		19		
片　町　武左衛門	御床机廻り	25	19		
〃　清右衛門	御黒鍬方	1	15		
〃　金治	御書院番頭,御世話人	6	1		
治兵衛	御黒鍬方		30		
奥右衛門	〃		10		
卯兵衛	〃		10		
宮和田　伝蔵	御船手頭，武藤様	1	27		
片　町　仁左衛門	中奥御番，御医師，坊主	31	41		
〃　五兵衛	馬廻り	7	21		
茂兵衛	御小人		17		
伊兵衛	御徒		10		
幸右衛門	御小姓頭取，御小姓	26	44		御小納戸,御次御坊主など
嘉右衛門	御駕籠方		26		
忠右衛門	御郡方，御床机廻り	16	3		
横　町　平兵衛	御床机廻り	16	20		
儀右衛門		4			
安兵衛			8		
用蔵	御黒鍬方		20		
御本陣　脇分	庄司東右衛門,御茶道方	3	2		
32軒		208	543	20	その他御本陣詰4名などの記載あり
	札払人数	208	543	20	

出所：国立史料館所蔵，藤代宿飯田家文書（3437），安政6年9月「水戸前中納言様御下国御宿割控」により作成.
注：馬1疋416文，上士1人208文，下士1人200文の割合で支払われた.
　総額23両1朱と5貫509文，金として23両3分1朱と381文.

合六百弐拾人
弐倍七分掛ケ
人足千六百
七拾四人

右によると、御簾中の場合は人足六一二人・馬四疋の先触れに対して二倍七分掛けとし、人足一六七四人を徴集することになったので、斉昭の徴集人馬を合わせると人足三二六五人・馬三三二疋五分の助郷人馬を動員することになったのである。

ところで、このたびの帰国通行では斉昭一行が宿泊したのは藤代宿であった。このときの藤代宿「水戸前中納言様御下国御宿割控」[86]を見ると、表17に示したとおりで、宿泊人数は右「宿割控」の記録によれば、上士が二〇八人、下士五四三人、馬二〇疋で、本陣はじめ三二軒に分宿した。また、その宿泊賃銭は上旅籠一人につき二〇八文、下旅籠一人につき二〇〇文、馬一疋につき四一六文の割合で支払われ、その総額は金二三両と銭五貫五〇九文であった。ただし全額現金ではなく後払いであった。

3　安政六年水戸御簾中の人馬継立・休泊負担

安政六年（一八五九）十二月、斉昭の御簾中が小金宿を通行したが、その際どのくらいの人馬が動員されたのか明確ではないが、小金宿「人馬雇替賃銭請取帳」[87]により動員人馬数を調べてみると、助郷村四二カ村から人足四六一人・馬一二七疋であった。

これら雇い替え賃銭の助郷村の負担額を例示してみると、つぎのとおりである。

覚

一馬六疋
　人足三拾人　　泉村
　此賃銀拾五貫三百文
　　此金弐両壱分ト六百七拾弐文
　　内金弐両壱分也　正金受取

一馬壱疋
　人足七人　　ミのわ村
　正金弐分三朱ト
　　三拾文

一馬四疋
　此雇壱貫八百文　　中村

一人足三人
此雇壱貫四十八文　大嶋田村

一三疋
拾八人
此雇賃銭
八貫八百四拾八文

（後略）

これを見ると、人足一人につき三四九・三文くらい、馬一疋につき四五〇文の割合となっている。右には引用してないが上柳戸村の場合は人足七人で二貫八〇〇文、五条谷村は四人で一貫六〇〇文、加村では馬六疋で二貫二五〇文を負担しているので、必ずしも負担割合が同じであったわけではない。

いずれにしても助郷村四二カ村の負担総額は金二両三分三朱と二一五貫六八〇文と記されているので、村々にとって相当の負担になっていたことは間違いない。

つぎに安政六年十二月付の藤代宿「水戸御簾中様御旅館ニ付御下宿旅籠払方帳(88)」により斉昭正室の旅籠代支払い状況を表示してみると、表18のとおりである。これによれば上旅籠の止宿人数は五一人、下旅籠四七八人で、それに馬旅籠が六疋であった。

これら止宿人の旅籠代を見ると、同帳面の初めに上旅籠が一人につき代銭一八八文、それに両宿（藤代・宮和田）からの助合金一〇〇文で、合わせて二八八文払と記されている。

下旅籠は一人につき代銭一八〇文、それに両宿よりの一〇〇文ずつの助合金と合わせ二八〇文が支払われていたことがわかる。馬は一疋につき代銭三六四文で、それに両宿から二〇〇文ずつの助合金があり、合わせて五六四文が支払われていたことが明らかとなる。

そこで参考までに、同「払方帳」から問屋源二左衛門分の記載例を抜粋し紹介すると、つぎのとおりである。

表 18　安政 6 年 12 月　水戸御簾中一行藤代宿止宿旅籠代支払表

旅籠請負人	上旅籠		下旅籠		馬旅籠		旅籠銭計
	人数	代銭	人数	代銭	馬数	代銭	
七左衛門	3 人	872 文	41 人	11 貫 616 文	2 疋	1 貫 132 文	13 貫 624 文
源二左衛門	2	580	22	6 132	1	564	7 380
治　助	4	1 貫 064	6	1 700			2 864
忠左衛門	6	1 748	29	8 216	1	564	10 534
治左衛門	1	288	14	3 964			4 256
万治郎	8	2 332	14	3 964			6 300
平兵衛			14	3 964			4 464
			5（分払に付両宿助合分）	500			
与兵衛			51	14 448			14 448
治　平	4	1 164	23	6 516			7 680
安兵衛	4	1 164	4	1 132			2 300
繁　蔵			9	2 548			2 548
治郎兵衛			8	2 264			2 264
新　蔵	1	288	1	280			572
多郎兵衛	1	288	8	2 254			2 556
市郎兵衛	3	872	6	1 700			2 572
茂兵衛	2	580	1	（昼喰払） 72			708
明之助			5	1 416			1 416
忠　助	1	288	6	1 700	1	564	5 556
片町 五兵衛	1	288	6	1 700	1	564	2 556
武左衛門	8	2 332	2	564			2 900
片町 仁左衛門			59	26 716（金2両1分2朱 1貫176文）			16 716
宮和田宿 伝蔵			53	15 16（金2両 2貫16文）			15 016
〃 平兵衛			30	8 500			8 500
〃 源右衛門			14	3 962			3 962
〃 奥左衛門			38	10 764			10 764
伊　平			3	600			600
木左衛門	3	872	6	2 700			2 700
	51		478		6		

出所：国立史料館所蔵，藤代宿飯田家文書（3300），安政 6 年 12 月「水戸御簾中様御旅館ニ付御下宿旅籠払方帳」により作成．

注：上旅籠 1 人につき代銭 188 文，外に両宿より 100 文ずつ助合，合わせて 288 文．
下旅籠 1 人につき代銭 180 文，外に両宿より 100 文ずつ助合，合わせて 280 文．
馬 1 疋につき代銭 364 文，外に両宿より 200 文ずつ助合，合わせて 564 文．

一御上旅籠　弐人
代五百八拾文
一御下旅籠　弐拾弐人
代六貫百三拾弐文
〆七貫三百八拾文
一馬壱疋
代五百六拾四文
〆七貫三百八拾文
右之通慥ニ受取申候以上
右源二左衛門

十二月廿七日

これは問屋源二左衛門の受取賃銭であって、この中には両宿よりの助合金が含まれているのである。

このように御簾中一行の旅籠代は当時の相場より安かったので、その埋め合わせとして上下士分一人につきそれぞれ一〇〇文ずつ、馬一疋につき二〇〇文ずつの補償金を両宿から支出しなければならなかったのである。

それでは当時の宿泊賃銭の相場はどのくらいであったろうか。安政六年より一三年前の相場になるが、弘化三年（一八四六）十月の「水戸道中旅籠屋仲間旅籠代値上一件」(89)の相場書を見ると、つぎのとおり記されている。

覚

十月二日　　御旅籠料　　同断
一御武家様方　三百文　御次　弐百七十弐文
弐百五十文　商人衆　弐百廿四文

表19　万延元年10月14日　徳川慶篤一行藤代宿旅籠代明細表

旅籠代／旅籠請負人	上旅籠 人数	上旅籠 代銭	下旅籠 人数	下旅籠 代銭	馬旅籠 馬数	馬旅籠 代銭	旅籠代計	藤代・宮和田両宿からの助合金
	人	貫　文	人	貫　文	疋	貫　文	貫　文	
七左衛門	5	1.436	48	12.	2	1	14.436	不払助合分　148文
源二左衛門	3	860	39	9.748	2	1	11.760	〃　148
下ノ治平	1	284	21	5.248	1	500	6.036	
治左衛門	1	284	18	4.500	1	500	5.284	
万治郎	1	284	12	3	1	500	3.784	
治兵衛	2	572	21	5.250	1	500	6.672	不払助合分　348文
忠助	1	284	19	4.748	1	500	5.536	
松兵衛	2	572	19	4.748	1	500	5.824	
新蔵	1	284	10	2.500	1	500	3.284	
幸右衛門	9	2.584	23	5.748			11.460	不払助合分　124文 1貫文
与五右衛門	4	1			2	1	(2貫)	
治郎兵衛	1	284	8	2	1	500	2.784	
与兵衛	47	11.512	79	19.748			33.260	
久右衛門	3	860	3	748			1.612	
木右衛門	1	284					684	予約より減少，400文助合
茂兵衛	8	2.300	4	1貫			3.300	
伊兵衛	4	1.148	9	2.248			3.400	
多兵衛			11	2.748			(2.748)	
木左衛門	6	1.724	26	6.500			8.224	
用蔵	12	2.448	21	5.248			8.700	
明之助	4	1.148	6	1.500			2.648	
彦左衛門	5	1.436	4	1			2.436	
惣助	2	572	1	248			824	
徳兵衛	2	572	14	3.500			(4.072)	
平吉			2	500			(500)	
平兵衛			32	8.			(8貫)	
政右衛門			16	4			(4貫)	
六右衛門			9	2.248			(2.248)	
嘉左衛門・与右衛門			35	8.748			(8.748)	
多郎兵衛	3	860	31	7.688			8.612	
膳右衛門	14	4.024	15	3.748			7.772	
市郎左衛門	13	3.836	12	3			6.836	
徳兵衛	2	572	7	1.748			2.324	
熊蔵	5	1.436	4	1			2.436	
忠吉			2	500			(500)	
冨治			3	748			(748)	
伝右衛門							(不利用のため800文助合)	
勝右衛門								
	(162)		(584)		(14)		(207貫464文)	不払分2貫968文
片町　平左衛門			6	1.500			(1.500)	
徳右衛門	17	4.884	17	4.248			9.136	
清右衛門	10	2.872	10	2.500			5.372	
片町　平兵衛	13	3.736	11	2.748			6.484	
五兵衛	13	3.736	13	3.248			6.984	
仁左衛門	25	7.184	25	6.248			13.436	
五右衛門	4	1.148	13	3.248			4.400	
	(82)		(95)				(47.312)	
宮和田宿重兵衛	1	284	7	1.748	1	500	2.536	
総人馬数	245人		686人		馬15＋12＝27疋(257貫312文内両宿負担分45貫698文)			

出所：国立史料館所蔵，藤代宿飯田家文書（3333），万延元年10月「水戸中納言様御旅館ニ付御下宿払方帳」により作成．

注：上旅籠1人につき224文＋60文(助合)＝284文，下旅籠1人につき200文＋48文(助合)＝248文．
馬旅籠1疋につき代銭400文，ほかに100文ずつ両宿より助合分と記載されているが，そのあとに下宿馬27疋分代5貫400文，これは1疋につき200文ずつ御下げのため代銭300文ずつ両宿より助合分と付記されている．

右は一三年前の相場であるから、幕末期の物価上昇を考え合わせると、これよりさらに値上げされていたと思われるので、藤代宿ではかなりの負担を余儀なくされていたものと考えざるをえない。

4　万延元年十代藩主徳川慶篤一行の宿泊賃銭

次いで万延元年（一八六〇）十月、十代藩主慶篤《よしあつ》一行の藤代宿における旅籠代がどのくらい支払われたのか明らかにしてみたい。

この点については、藤代宿の同月十四日付の「水戸中納言様御旅館ニ付御下宿払方帳(90)」により作成した表19に示したとおりである。

まず総人馬数を見ると上士二四五人、下士六八六人で、これを合わせると九三一人となる。馬数は二七疋であった。これらの人馬を旅籠をはじめ宿場の民家四六軒に分宿させていたことがわかる。つぎに宿泊賃銭について見ると、上旅籠一人につき二八四文とあるが、そのうち六〇文は宿場からの助合金で、実際に水戸藩から支払われた宿泊賃は二二四文となる。

また、下士について見ると、二四八文ずつ旅籠請負人が受け取っているが、そのうち四八文は宿場からの助合金なので、水戸藩が支払った賃銭は二〇〇文であった。馬旅籠については一疋につき五〇〇文のうち二〇〇文が助合金で、水戸藩から支払われた賃銭は一疋につき三〇〇文であった。

これはあくまでも支払い基準であって、実際の支払い金額について個々の旅籠請負人の受取賃銭を見ると、端銭については若干の相違はあるが、受取額のほとんどは支払い基準を満たしているか、あるいは少々上回っている場合が多い。

たとえば、一番目の七左衛門は上旅籠五人で一貫四二〇文のところ一貫四三六文、下旅籠四八人で一一貫九〇四文のところ一一貫文を受け取っている。馬は二疋で一貫文であるから過不足なしである。

弁当代				馬飼料	合計	備考
上		下				
1人	72文	16人	1貫 64文	248文	7貫116文	
8	600	44	2 932		19 932	
5	372	9	600		5 300	
		6	400		2 200	
1	72	4	264		2 464	
1	72	4	264		5 464	不払分上下30人3貫文を含む
					(3 148)	
18	1貫348(ママ)	5	332		13 032(ママ)	外に黒鍬方20人代4貫文
5	372	6	400		4 200	
7	528	15	1 000		8 300	
		21	1 400		7 700	
		13	864		4 764	
		13	864		4 764	
		10	664		3 664	
		10	664		3 664	
		10	664		3 664	
		10	664		3 664	
		20	1 332		7 332	
		10	664		3 664	
		5	332		1 832	
					(1 500)	
					20 872	
1	72	15	1 000		6 500	
1	72	14	932		5 532(ママ)	外に馬1疋代600文
		9	600		(3 300)	
		20	1 332		7 332	
		9	600		3 300	
		7	464		2 564	
		6	400		2 200	
		8	532		2 932	
		128	8 532		46 932	
					1 800	
(48人)		(417人)		惣〆	220貫672文	

御旅館御旅籠払方帳」により作成．
上下に関係なく1人につき100文，馬1疋につき200文ずつ藤代·宮和田両宿より助合する旨の記載がある．
ている．

なお、藤代・宮和田両宿からの助合金の欄に記してある不払助合分とあるのは、不払いがあった分を両宿で補償した金額である。

したがって総額二五七貫三一二文のうち、両宿からの補償金額は上旅籠分が六〇文×二四五人で一貫七〇〇文、下旅籠分が四八文×六八六人で三二貫九二八文、馬旅籠分が三〇〇文×二七疋で八貫一〇〇文、それに

表20　文久3年3月8日　水戸御簾中一行下国藤代宿旅籠代明細書

旅籠請負人	上旅籠		下旅籠		馬旅籠	
	人数	代銭	人数	代銭	馬数	代銭
源二左衛門	1人	324文	16人	4貫800文	1疋	600文
与兵衛	8	2貫600	44	13　200	1	600
治兵衛	5	1　620	9	2　700		
惣助			6	1　800		
治助	1	324	4	1　200	1	600
幸右衛門	1	324	4	1　200	1	600
平兵衛代仁左衛門	5	1　648	5	1　500		
仁左衛門	18	5　848	5	1　500		
安兵衛	5	1　620	6	1　800		
清左衛門	7	2　272	15	4　500		
治左衛門			21	6　300		
清左衛門			13	3　900		
五兵衛			13	3　900		
清兵衛			10	3　000		
熊蔵			10	3　000		
明之助			10	3　000		
彦左衛門			10	3　000		
泰次郎			20	6　000		
忠吉			10	3　000		
平吉			5	1　500		
伝右衛門			5	1　500		
忠右衛門	43	13　932	23	6　900		
平兵衛	1	324	15	4　500	1	600
要蔵	1	324	14	4　200	1	600
多郎兵衛			9	2　700		
勘兵衛			20	6　000		
大助			9	2　700		
吉兵衛			7	2　100		
伊兵衛			6	1　800		
平吉			8	2　400		
吉助			128	38　400		
本陣		（上下6人	600文	台所詰）	2	1200
	(93人)		(480人)		(8疋)	

出所：国立史料館所蔵，藤代宿飯田家文書（3341），文久3年3月8日「水戸様御簾中様御下国
注1：旅籠代については上旅籠1人224文，下旅籠1人200文，馬1疋400文とあり，そのほか
　　また，弁当代については上弁当1人代銭72文，下弁当1人64文，馬飼料248文と記載され
注2：（　）内数字は筆者の計算による．

不払分二貫九六八文を合わせると、両宿からの助合金は四五貫六九六文にも及んでいたことになる。

これは水戸藩支払い金額のおよそ一七・八パーセントにあたるので、水戸藩主十代慶篤一行の藤代宿止宿もまた宿住民の重い負担になっていたことが明らかになってくるのである。

旅籠代計	両宿助合分	受取高合計	備考
4貫424文	2貫200文	6貫624文	
1 244	600	1 844	
1 224	600	1 824	
1 024	500	1 524	
1 248	600	1 848	
(1 400)	700	2 100	
(2 000)	1 000	3 000	
5 240	2 500	7 740	
2 120	1 000	3 120	
7 400	3 700	11 100	
4 000	2 000	(6 000)	
2 448	1 200	3 648	外に上旅籠3人，下旅籠10人 1貫300文不払助合分
(2 000)		2 000	
(35 772)	(16 600)	52 372	

により作成.
数1人につき上下差別なく100文あて，馬1疋につき200文あて両宿より助合と記

5 文久三年水戸御簾中の宿泊負担

さらに文久三年（一八六三）の水戸御簾中（十代藩主慶篤正室）が下国時に藤代宿に止宿した際の宿泊賃銭の支払い状況について明らかにしてみよう。

文久三年三月八日付の「水戸御簾中様御下国御旅館御旅籠払方帳(91)」により御簾中一行の支払い賃銭について、旅籠請負人三一軒の旅籠代受取金額を上旅籠・下旅籠・馬旅籠・弁当代別に表示してみると、表20のとおりである。

見られるとおり、問屋源二左衛門は上旅籠一人につき三二四文、下旅籠一六人につき四貫八〇〇文、馬旅籠一疋につき六〇〇文、上弁当代一人分七二文、下弁当代一六人分一貫六四文、それに馬飼料として二四八文、合わせて七貫一一六文を受け取っている。この旅籠代については同「払方帳」に藤代・宮和田両宿からの助合金について上・下に関係なく一人につき一〇〇文、馬一疋につき二〇〇文ずつと記されている。

したがって源二左衛門の受取額のうち上下旅籠代一七人分として一貫七〇〇文、馬一疋分のうち二〇〇文、合わせて一貫九〇〇文が両宿からの助合金で賄われていたことになる。

この明細書によると旅籠請負人の総受取額は二二〇貫六七二文となっているが、そのうち宿泊人数上旅籠九三人・下旅籠四八〇人、合わせて五七三人の助合金五七貫三〇〇文、それに馬旅籠八疋分の助合金一貫六〇〇文を加えると、五八貫九〇〇文

表21　文久２年閏８月　水戸松平余六麿一行藤代宿旅籠代明細表

旅籠代 / 旅籠請負人	上旅籠		下旅籠		馬旅籠	
	人数	代銭	人数	代銭	馬数	代銭
源二左衛門	1人	224文	19人	3貫800文	1疋	400文
七左衛門	2	444	4	800		
下ノ治兵衛	1	224	5	1　000		
治助	1	224	4	800		
太郎兵衛	2	448	4	800		
治左衛門			7	1　400		
嘉左衛門・安之助			10	2　000		
幸右衛門	10	2貫240	15	3　000		
万治郎	5	1　120	5	1　000		
与之助			37	7　400		
仁左衛門			20	4　000		
三左衛門	2	448	6	1　200	2	800
忠右衛門	3	300	17	1　700		
	(27)		(148)		(3)	

出所：国立史料館所蔵，飯田家文書（3337）文久２年閏８月「水戸松平余六麿様御参府御旅館旅籠払方帳」
注：上旅籠１人につき代銭224文，下旅籠１人につき代銭200文，馬１疋につき代銭400文御下げとあり，人
載されている．

が両宿の負担金となっていたものと考えられる。

6　文久二年松平余六麿の宿泊賃銭

最後に文久二年（一七三七）藤代宿で止宿した松平余六麿（昭嗣、斉昭子息）一行の旅籠代がどのくらい支払われていたのか明らかにしてみたい。

まず文久二年八月付の「水戸松平余六麿様御参府御旅館旅籠払方帳[92]」により宿泊状況を表示してみると、表21のとおりである。

見られるとおり、宿泊総人馬数は上下合わせて一七五人、それに馬が三疋であった。

これらの人数が藤代宿旅籠請負人一三軒へ分宿した。旅籠銭は上旅籠一人につき二二四文、下旅籠一人につき二〇〇文、馬一疋につき四〇〇文と記されているが、それら旅籠銭は藤代・宮和田両宿からの助合金として上下旅籠に差別なく一人につき一〇〇文ずつ、馬一疋につき二〇〇文ずつが含まれているのである。

ところで、旅籠請負人が受け取った旅籠代は当時の相場と比べて適当な値段であったのであろうか。残念ながら当時の相場がわからないので、先述した弘化三年（一八四六）の水戸道中

の旅籠屋仲間の相場を見ると武家の上旅籠一人につき三〇〇文、御次一人につき二七二文とあるので[93]、これら九年前の相場と比較してもかなり低廉であったといえる。

また、旅籠請負人一三軒が受け取った旅籠代の総額は五二貫三七二文となっているが、それらのうち一六貫六〇〇文が藤代・宮和田両宿の助合分となっているので、水戸藩からの実際の支払額は三五貫七七二文となる。

しかし、旅籠人三左衛門の欄に上旅籠三人、下旅籠一〇人分の一貫三〇〇文が不払助合分と記載されているので、これを両宿の助合分に加算すると一七貫九〇〇文となる。これは一三軒への支払い総額の約三分の一にあたるので、松平余六麿の場合も藤代・宮和田両宿の負担はかなりの額にのぼり、水戸藩主およびその親族の休泊が宿駅住民にとっては重い負担となっていたことは明らかである。

おわりに

以上において水戸道中の取手・藤代両宿を中心とする特権大通行の人馬継立と休泊負担の実態についてできる限り追究してきたつもりであるが、いささか長文になったので、この辺でこれまで述べてきたことをもう一度整理要約して本章を閉じたいと思う。

周知のとおり水戸道中は日光道中と千住宿で分かれ、水戸に至る脇往還であったが、水戸以北は陸前浜街道などに接続する重要な街道であったといえる。

しかし、五街道などに比べて宿駅の規模は小さく、そのうえ地子免許・問屋給米・継飛脚給米などの幕府助成策もほとんどなかったにもかかわらず、水戸藩主とその家臣、あるいは常陸・奥羽の諸大名やその家臣などの特権大通行が頻繁であった。

そのため近世後期に入ると、宿駅や助郷村々の住民はその重荷にあえいでいたのである。

たとえば、藤代・宮和田両宿の人馬継立数をみると寛政十一年（一七九九）には人足七九四四人・馬七一二八疋であった。(94)

これに比べて日光御成街道大門宿の文政十一年（一八二八）の人馬継立数は人足一一〇二人・馬九四疋、天保元年（一八三〇）の継立数は人足一二九〇人・馬一一四疋であった。(95) これをみると水戸道中の人馬継立数がはるかに多かったことが明らかとなる。

このように水戸道中が脇往還でありながら人馬継立数が多かったのはなぜであろうか。この疑問を解決するため、まず取手宿の天明九年（一七八九）の「加人馬元触控帳」(96)により助人馬徴発の動向を調べてみると、人馬徴発件数一三五件中水戸藩家中と確認できるものだけでも七三件に及び、全体の半分以上を占めているのである。

また、寛政二年（一七九〇）の取手宿「助郷人馬触出帳」(97)によってみると、水戸藩関係の助郷人馬徴発件数は七〇件中四一件で、そのうち人足は一八〇四人中一一二九人、馬は一一八四疋中八二一疋で、水戸藩士の通行がいかに多かったかが明らかとなる。

次いで水戸藩以外の通行大名の人馬継立・休泊負担がどのくらいあったのかについてみると、継立人数がもっとも多かったのは仙台藩主の伊達氏で、安永五年（一七七六）に松戸宿を通行した際の記録によると、前後三日間で人足六六四人・馬五六九疋であった。(98) しかし、これは安永五年四月の日光社参にかかわる通行で、参勤交代とは関係のない臨時の通行であったといえる。

そこで水戸道中を参勤交代で通行していた土浦藩主（九万五〇〇〇石）の人馬継立数についてみると、天明九年十一月参府のため取手宿を通行した際には人足一二〇人・馬四五疋であった。(99) また、文化十二年（一八一五）九月、藤代宿を下国通行した際の先触れ人馬数は人足二六四人・馬六一疋であった。(100)

つぎにこれら大名の宿泊賃銭についてみると、寛政六年土浦藩主土屋氏一行が取手宿に止宿した際には士分一人につき一四八文、馬一疋につき三〇〇文を支払い、(101) 文化十二年（一八一五）藤代宿では一人につき一七四文・馬一疋三四文、[102]元治元年（一八六四）十二月藩主奥方一行が藤代宿に止宿した際の宿泊賃銭は一人につき四二四文九分くらいであった[103]。

それから休息代金についてみると、元治元年九月土屋但馬守一行が藤代宿で休息・昼食したときの賃銭は一人につき一二五文・馬一疋分として二五〇文が支払われている[104]。

さらに、笠間藩主牧野越中守（八万石）一行一二〇人が文化十三年十月取手宿に止宿した際の宿泊賃についてみると旅籠銭上下平均一人一八四文とあり[105]、土浦藩主と比べてあまり大きな差異はなく、弘化三年（一八四六）の値上げ以前の水戸道中の旅籠代相場上分二四八文、下分二一六文、昼喰一〇〇文、弁当八〇文[106]と比べてもそれほど安かった

寄人馬数	実働人馬数	出典
人足 200 人 馬　336 疋		『取手市史』別巻 本陣交通史料 I, 23 頁
	人足 1,267 人 馬　1,005 疋	国立史料館 飯田家文書
	人足 1,400 人余 馬　1,050 疋	〃
人足 1,097 人 馬　815 疋	人足 972 人 馬　415 疋	『茨城県史』 近世編 284 頁
		『取手市史』 近世史料編 II, 176 頁
人足 1,244 人 馬　643 疋	人足 1,378 人 馬　207 疋	同上　185 頁
人足 2,030 人 馬　1,598 疋	人足 2,112 人 馬　774 疋	国立史料館 飯田家文書
人足 400 人 馬　120 疋		『取手市史』別巻 本陣交通史料 I, 249 頁
人足 5,532 人 馬　464 疋	人足 4,812 人 馬　430 疋	『牛久市史料』 近世 1, 387 頁
人足 656 人 馬　125 疋		『松戸市史』 史料編（二）, 449 頁
		『取手市史』別巻 本陣交通史料 II, 205 頁
人足1,591人 馬　332.5疋		『取手市史』近世 史料編 II, 290頁
人足 1,674 人		同上, 290 頁
人足 1,047 人 馬 94 疋 5 分	（2倍7分5厘掛） （2 倍 5 分掛）	同上, 291 頁
		同上, 293 頁
人足 1,110 人 馬　108 疋		同上, 295 頁
		同上, 296 頁

表22　水戸藩主関係人馬継立一覧表

年次	通行者	宿名	先触数	助郷村への触数（高100石につき）
天和2年10月（1682）	2代藩主光圀 下国	取手		
明和元年12月（1764）	5代藩主宗翰 下国	藤代		
3年 1月（1766）	藩主宗翰 参府	〃		人足3人 馬 3疋
3月（1766）	宗翰遺骸 通棺		人足319人 馬 555疋	
寛政3年 5月（1791）	6代藩主治保 下国	取手	人足930人 馬 240疋	
文化2年11月（1805）	治保遺骸 通棺	〃	人足400人 馬 120疋	人足4人 馬 3疋
6年 3月（1809）	7代藩主治紀 下国	藤代		
13年 9月（1816）	治紀遺骸 通棺	〃		人足4人 馬 3疋
天保11年1月（1840）	9代藩主斉昭 下国	牛久	人足1,083人 馬 180疋	
14年5月（1843）	松平七郎麿（慶喜）下国	松戸	人足250人 馬 20疋	
嘉永7年 4月（1854）	松平余八麿（昭武）下国	取手	人足160人 馬 11疋	
安政6年 8月（1859）	前中納言斉昭 下国	〃	人足430人 馬 95疋	人足5人9分4厘3毛 馬 1疋2分4厘2毛
〃	斉昭御簾中 下国	〃	人足612人 馬 4疋	
文政元年 4月（1861）	松平廿二麿・信之丞 下国	〃	人足283人 馬 27疋	人足3人9分1厘 馬 3分3厘3毛
2年 8月（1862）	松平余六（慶篤舎弟）上京	〃	人足367人 馬 55疋	人足4人9分9厘 馬 7分3厘7毛
3年 3月（1863）	松平鉄之丞・常三郎（御連枝）	〃	人足300人 馬 30疋	
〃	10代藩主慶篤 御簾中息女下国	〃	人足850人 馬 80疋	（2倍7分5厘掛）（2倍5分5厘掛）

とは考えられず、むしろ宿場にとってはある程度の収益になっていたのではないかと思われる。

なお、これら藩主の利根川渡船については大名の格式（所領の禄高）により運賃・謝礼金名目で取手宿をはじめ渡船関係の問屋や村役人・水夫に相当の謝金が下賜されていた。[107]

これらを考え合わせると、諸大名の通行は宿駅や助郷村々にとってそれほど大きな負担となっていたとはいえないようである。

そこで最後に、水戸藩主関係の人馬継立と休泊負担についてもう一度整理してみよう。

まず表22をご覧いただければ明らかなように、近世中後期に入ると水戸藩主の人馬継立数はきわめて多くなり、その負担が宿駅や助郷村々に重くのしかかっていたであろうことが確認される。

たとえば、二代藩主光圀の天和二年（一六八二）十月の取手宿の通行では人足二〇〇人・馬三三六疋の寄せ人馬であったが、[108]五代藩主宗翰の明和元年（一七七六）の藤代宿通行では先触れによる人馬動員数は人足一二六七人余・馬一〇〇五疋余[109]もあっていちじるしく増加していたことがわかる。

次いで文化六年三月の七代藩主治紀の通行にあたって藤代宿では人足二〇三〇人・馬一五九八疋の助郷人馬を動員したが、それでも不足し、人足八〇人を取手宿から買い揚げて継立御用を果たしたと記されている。[110]

さらに九代藩主斉昭が天保十一年一月牛久宿を通行した際には先触れ人足一〇八三人・馬一八〇疋に対し、助郷村々から人足五五三二人・馬四六四疋ものきわめて多くの人馬が動員されたのである。[111]

こうした水戸藩主やその親族の特権大通行にあたり特に注目されるのが、勘定奉行連署の御印状による先触れ人馬数に対し、取手宿の人馬動員数は二・五倍から三・七倍、牛久宿の場合は実に五・一倍にも及んでいることである。

それではこれら助郷人馬に対して、どのくらいの人馬賃銭が支払われていたのであろうか。この点については表13（四三四頁）にも示したとおり、天保十一年一月徳川斉昭通行時の人馬賃銭はわずかに人足一人四文・馬一疋八文、奥女中分が人足一人三文七分・馬一疋六文四分であった。

また、天保十年四月松平八郎麿の取手宿助郷人馬への支払賃銭は人足一人三文六分・馬一疋七文二分という低廉なものであった(表14、四三五頁)。

ちなみに元治二年(一八六四)二月の藤代宿の「往還人馬継御定元賃銭書上帳控」[112]により取手宿への御定賃銭を見ると、道法一里半で三倍五割増しとなり、人足一人一二八文・本馬一疋二五〇文であった。それから若柴宿へは道法一里で人足一人七〇文・本馬一疋一四〇文と記されている。

このような御定賃銭と比較してみても、水戸藩主などの特権大通行の人馬継立により、宿駅・助郷村ともに大きな打撃を受けたであろうことは疑う余地がないであろう。

ところで、弘化二年(一八四五)三月アメリカ捕鯨船マンハタン号が渡来したが、その翌年の弘化三年四月藤代・宮和田両宿では定助郷村二八カ村との間で一カ年分の人馬請負金を、臨時助合分も合わせ金二三〇両と銭六貫三六〇文という値段で示談が成立している[113]。

また、弘化三年四月我孫子宿では取手宿役人との間で一カ年金三一二両二分と永一〇七文五分の金額で人馬雇い替えの示談が成立している[114]。このように、幕末の対外情勢の緊迫化による特権大通行の増大とあいまって、水戸道中の助郷村々はもはや正人馬勤めが困難となり、人馬雇い替えに切り換えざるえなくなったのであるが、その負担金もまた容易ではなかったことも明らかになった。

ちなみに、これまで正人馬の木賃宿代として一昼夜につき人足一人五一文・馬一疋一〇六文の負担金、それに駒之口銭として人足一人二文・馬一疋につき四文を助郷村々から宿場側に支払う負担もあった[115]ので、助郷村々では正人馬勤めより人馬雇い替えの方が得策と判断したのであろう。

こうした特権通行の増大とあいまって人馬雇い替えをせざるをえなくなった助郷村の困窮状態については、取手宿の定助郷村であった相馬郡守谷町の小前役人惣代名主忠兵衛から奉行所にあてた嘉永四年(一八五一)八月付の「定助郷休役嘆願書」[116]の左の一節を見ると、より一層鮮明になってくるであろう。

天明年中之頃者当町方往来之御継立壱ケ年ニ人足千四百人・馬三百疋位之処、当時者諸家様御通行多く壱ケ年人足弐千六百人位より九百人位迄、馬七百疋余も御継立候故、追々困窮仕退転百姓数多出来、安永年中迄者家数弐百三拾軒余人別千人程御座候処、当時者家数百八拾三軒人別八百三拾八人程ニ減シ候内、寺社之人数幷老人・子供・病人・奉公・出稼等之もの引去り候得者、僅之人数ニ而御継立仕候故、田畑手余り百町余荒地幷年々免除ニ之(ママ)地ニ罷成、一同必至与難渋困窮仕往々亡所ニ可相成次第ニ御座候

これは守谷町が脇往還守谷道で宿駅と同様の人馬継立を行なっていたので、取手宿への助郷は重役になるため、その免除を願い出た嘆願書の一節であるが、当時の水戸道中の人馬継立と助郷村々の窮迫状態を如実に示しているように思われる。

一方、近世後期に入ると水戸藩関係の休泊負担もまた容易ではなかったのである。

たとえば安政六年（一八五九）十二月、水戸御簾中一行五七三人が藤代宿に止宿したが、その際の宿泊賃銭は表18（四四八頁）に示したとおり、上下身分に関係なく藤代・宮和田両宿から助合金として一人につき一〇〇文ずつ、馬一疋について二〇〇文ずつ補助しているのである。

そのときの負担金は、筆者の計算によると五四貫一〇〇文にものぼり、宿泊料総額一二〇貫六七二文のおよそ二四・五パーセントにもあたっているが、これらを負担するのは宿住民であったことはいうまでもない。

最後に、天保十一年五月に常州信太郡助郷村一三カ村惣代の久野村名主治左衛門らが牛久宿問屋を相手どって起こした過人馬触れ当て出入りの訴訟文書の一節[117]を紹介し、天保期の特権大通行と過重な助郷負担の様相を再確認してみることにしたい。

天保四年巳年水戸様御入部、翌午年中御参府ニ而、別而大通行ニ有之候処、多分之過人馬触当、相手もの共馴合私欲仕、同七申年中　水戸様重キ御女中様御通行ニ而、人足三百三拾人、馬三拾六疋之御先触之趣之処、高百石ニ付人足弐人、馬弐疋宛之積りを以、都合人足千四百人、馬七百疋余触当、同八酉年右重御女中様猶御通行之節、

人足四百五人、馬三拾疋御先触之処、百石ニ付人足弐人、馬壱疋触当、同九戌年、水戸七郎麿様御通行之節、人足三拾五人、馬廿五、同亥年同八郎麿様御通行、人足百四拾人、馬拾五疋匹御先触之処、百石ニ付人足弐人、馬五分触当、且当正月廿四日　水戸様御通行ニ付、助合村其外都合百四拾ケ村、高六千（万カ）四千七拾石余、人足三千八百三拾弐人、馬三百七拾四疋触当、同廿六日同御奥女中様御通行ニ而人足百八拾弐人、馬四疋御先触之由之処、右百四拾ケ村江人足千七百人余触当候ハ、水戸様御当日廿四日御先触之義ハ、人足八百六拾人、馬百九疋之由ニ而承知仕候処、右過人馬触当、猶大通行之義度々助合江被　仰付置候

右により助郷村々にとって水戸藩特権大通行の負担がいかに重荷になっていたかを明瞭に汲み取ることができるであろう。

一方、重荷にあえいでいたのは助郷村々ばかりではなかった。宿駅側もまた窮乏に陥っていたのである。この点については天保十二年九月の「差上申済口証文之事」(118)の一節に「牛久宿之儀者病難打続候上、度々之火災其外ニ而格別困窮仕詰、取続ニ相成兼候中、右様無跡難題種々被申掛迷惑候」とあって、当時の宿駅窮状の一端を垣間みることができる。

以上、本章においては水戸道中における特権大通行の実態についてできる限り追究してきたが、その結果、水戸藩を中心とする大通行の人馬継立や休泊の負担が近世後期における助郷村々の農民や小規模宿駅の住民を困窮に追い込んでいった最大の要因になっていたといっても過言ではないであろう。

（1）　まず水戸道中に関する研究としては、木村宏氏「水戸道中牛久宿の助郷について」（茨城大学史学会編『歴史研究』三〇号、一九六二）、飯島章氏「水戸街道と取手宿の成立」（『茨城史林』二八号、二〇〇四年）などの論考もある。それから『水戸市史』中巻二にも水戸道中についての記述がある。また、水戸道中宿駅に関する史料としては取手市染野修家（旧本陣）文書が『取手市史』近世史料編Ⅱ、別巻本陣交通史料集Ⅰ・Ⅱに収められている。なお、『松戸市史』史料編㈡、『牛久市史料』近世1「牛久助郷一揆」などにも宿駅・助郷関係文書が収められている。そのほか藤代宿本陣飯田家文書が国文学研究資料館史料館（国立史料館）に保存されて

負担」などもある。

いる。そして特権大通行の人馬継立・休泊負担に関する論文には拙稿「日光御成道大門宿の研究――特権大通行と人馬継立・休泊の

他の近世宿駅に関する主な参考文献を左に紹介しておく。

児玉幸多『近世宿駅制度の研究』（吉川弘文館、一九五七年）

丸山雍成『近世宿駅の基礎的研究』第一・第二（吉川弘文館、一九七五年）

藤沢晋『近世封建交通史の構造的研究』（福武書店、一九七七年）

渡辺和敏『近世交通制度の研究』（吉川弘文館、一九九一年）

深井甚三『幕藩制下陸上交通の研究』（吉川弘文館、一九九四年）

土田良一『近世宿駅の歴史地理学的研究』（吉川弘文館、一九九四年）

大石学監修『東海道四日市宿本陣の基礎的研究』（岩田書院、二〇〇一年）

なお、これら先学の優れた研究成果を見ても、特権大通行の実態については必ずしも十分究明されていないように思われる。

(2) 前掲『取手市史』近世史料編Ⅱ、八八頁。

(3) 『日本交通史辞典』八五一頁、「水戸道中」（吉川弘文館、二〇〇三年）。

(4) 『松戸市史』史料編㈡、四〇六―四一七頁。

(5) 右同書、二五六―二五八頁。

(6) 前掲『松戸市史』中巻、近世編、五二六頁。

(7) 前掲『取手市史』別巻、本陣交通史料集（以下本陣史料集と略称）Ⅰ、三三二―三三三頁。

(8) 右同書、本陣史料集Ⅱ、四五―四八頁。

(9) 右同書、三頁・四六頁など。

(10) 右同書、本陣史料集Ⅰ、二五―二六頁。

(11) 右同書、本陣史料集Ⅱ、一一九―一二〇頁。

(12) 右同書、五九―六五頁。

(13) 国文学研究資料館史料館（以下国立史料館と略称）所蔵、下総国相馬郡藤代宿飯田家文書（二一一三号）。

(14) 右同文書（九八〇号）。

(15) 右同文書（五四五四号）。

(16) 右同文書(四九八〇号)。
(17) 右同文書(四九八一号)。
(18) 右同文書(二〇六一・二〇六二号)「往還人馬継御定賃銭書上帳」。
(19) 前掲『松戸市史』史料編(二)、四三五―四四四頁。
(20) 埼玉県立文書館所蔵「会田家文書」(二六三号)、天保十四年三月「宿助郷人馬勤辻改帳」。前掲拙稿論文参照。
(21) 前掲『取手市史』本陣史料集Ⅰ、一四三―一七一頁。
(22) 右同書一七二―一九一頁。
(23) 前掲『松戸市史』史料編(二)、三五九―三七三頁。
(24) 前掲『取手市史』本陣史料集Ⅰ、一二六―一二七頁。
(25) 『日本交通史料集成』第二輯、二八五―二八七頁、「諸家旅行ニ付人馬遣高問合之節心得書」(聚海書林、一九三八年)。児玉幸多『宿駅』六二―六五頁参照(至文堂日本歴史新書、一九六〇年)。
(26) 国立史料館所蔵、飯田家文書(二〇八〇号)。
(27) 前掲注21に同じ。
(28) 国立史料館所蔵、飯田家文書(七九〇一号)「御殿様御通行人馬差出牛久宿迄継立仕候ニ付届書」。
(29) 「駅肝録」(前掲『日本交通史料集成』第二輯)一九九頁、寛政十一年五月「役所印鑑宿々江渡ス触書之事」。
(30) 前掲『取手市史』本陣史料集Ⅰ、二二五―二二七頁。
(31) 国立史料館所蔵、飯田家文書(三三八五号)。
(32) 右同文書(三三七七号)。
(33) 右同文書(三三七六号)。
(34) 前掲『取手市史』本陣史料集Ⅰ、二八七―二八八頁。
(35) 右同書、三一四―三一七頁。
(36) 右同書、七一―一〇二頁。
(37) 国立史料館所蔵、飯田家文書(七〇六六号)。
(38) 右同文書(七二五六号)。
(39) 右同文書(七二五七号)。

(40) 前掲『取手市史』本陣交通史料Ⅱ、二三頁。
(41) 右同書、二三―二四頁。
(42) 右同書、二四―二五頁。
(43) 右同書、本陣交通史料集Ⅰ、二三―二五頁。
(44・45) 国立史料館所蔵、飯田家文書(二〇六六号)。
(46) 前掲『取手市史』近世史料編Ⅱ、一七六―一七八頁。
(47) 右同書、一七八頁。
(48) 右同書、一七九頁。
(49) 右同書、一八〇―一八一頁。
(50) 国立史料館所蔵、飯田家文書(七五五九号)。
(51) 右同文書(三三五三号)。
(52) 右同文書(四六六六号)「水戸様御入部ニ付人馬割願書」。
(53) 前掲『取手市史』近世史料編Ⅱ、二〇〇―二〇五頁。
(54) 右同書、二〇七―二〇九頁。
(55) 右同書、二〇五―二〇七頁。
(56・57) 右同書、本陣史料集Ⅰ、文化十三年「水戸源武公通棺御用日記録」二四九―二五〇頁。
(58) 右同書、二五〇―二五一頁。
(59) 右同書、二七二頁。
(60) 右同書、二七三頁。
(61) 右同書、二六八頁。
(62) 右同書、本陣史料集Ⅰ、二五二頁。
(63～65) 右同書、二七〇―二七一頁。
(66) 右同書、二七二―二七三頁。
(67) 右同書、二五二―二六〇頁。
(68) 右同書、二九〇―二九一頁。

(69) 『牛久市史料』近世1、「牛久助郷一揆」三八六―三八七頁。
(70) 右同書、三九五頁。
(71) 前掲『取手市史』本陣史料集Ⅰ、三〇三―三〇六頁。
(72) 右同書、三一一―三一四頁。
(73) 国立史料館所蔵、飯田家文書(二〇六一・二〇六二号)、元治二年二月「往還人馬継御定元賃銭書上帳控」。
(74) 前掲『松戸市史』中巻、近世編、六一〇―六一三頁。
(75) 右同書、史料編(二)、「松平七郎麿下国小金宿宿割御用留」四四五頁。
(76) 右同書、「乍恐以書付奉願上候」四四九―四五〇頁。
(77) 前掲『取手市史』本陣史料集Ⅱ、二〇二―二〇三頁。
(78) 右同書、二〇四頁。
(79) 右同書、二〇五頁。
(80) 右同書、二〇五―二一一頁。
(81) 右同書、一八一―一八三頁。
(82) 右同書、二一四―二一七頁。
(83) 右同書、近世史料編Ⅱ、二八九―二九〇頁。
(84・85) 右同書、二八九―二九〇頁。
(86) 国立史料館所蔵、飯田家文書(三四三七号)。
(87) 前掲『松戸市史』史料編(二)、四九七―五〇〇頁。
(88) 国立史料館所蔵、飯田家文書(三三〇〇号)。
(89) 前掲『松戸市史』史料編(二)、四五六頁。
(90) 国立史料館所蔵、飯田家文書(三三三〇号)。
(91) 右同文書(三三四〇号)。
(92) 右同文書(三三三七号)。
(93) 前掲『松戸市史』史料編(二)、四五七頁。
(94) 国立史料館所蔵、飯田家文書(二一一二号)「往還継立五ケ年分御尋ニ付書上帳」。

(95) 埼玉県立文書館所蔵、会田家文書(二六三号)、天保四年三月「宿助郷人馬勤辻改帳」。拙稿「日光御成道大門宿の研究」(『さいたま市史研究』第一号、二〇〇三年)を参照されたい。
(96) 前掲『取手市史』本陣史料集Ⅰ、一四三―一七一頁。
(97) 右同書、一七二―一九一頁。
(98) 前掲『松戸市史』史料編(二)、三六六頁、安永四年十一月「日光御社参御用留」。
(99) 前掲『取手市史』本陣史料集Ⅰ、一六九―一七〇頁。
(100) 国立史料館所蔵、飯田家文書(七九〇一号)、文化十二年「御殿様御通行人馬差出牛久宿迄継立候ニ付届書」。
(101) 前掲『取手市史』本陣史料集Ⅰ、二二七頁。
(102) 国立史料館所蔵、飯田家文書(三二八五号)、「土屋対馬守参府本陣藤代止宿幷外宿旅籠人数帳」。
(103) 右同文書(三三七六号)、「御奥様於通様江戸表御引移ニ付御泊旅籠払方帳」。
(104) 右同文書(三三七七号)、「御殿様御参府ニ付御昼休御旅籠払方帳」。
(105) 前掲『取手市史』本陣史料集Ⅰ、二八三頁、文化十三年「牧野越中守宿割帳」。
(106) 右同書、本陣史料集Ⅱ、一二〇頁、弘化四年五月「会津様御尋につき宿明細書上」。
(107) 右同書、本陣史料集Ⅰ、七一―一〇二頁、宝暦六年「諸大名通行運賃割合帳」。
(108) 右同書、二三―二五頁。
(109) 国立史料館所蔵、飯田家文書(二〇六六号)「加助村々石高覚」。
(110) 右同文書(七五五九号)、「水戸様御通行人馬遣払仕訳」。
(111) 前掲『牛久市史料』三八六―三八七頁。
(112) 国立史料館所蔵、飯田家文書(二〇六一・二〇六二号)。
(113) 前掲『取手市史』本陣史料集Ⅱ、九三―九四頁、「藤代・宮和田宿定助郷一か年人馬請負賃金書上」。
(114) 右同書、九五―九六頁、「我孫子宿人馬賃金書上」。
(115) 右同書、九四―九五頁、弘化三年四月「藤代・宮和田人馬賃金書上」。
(116) 右同書、一四二頁。
(117) 前掲『牛久市史料』三九三頁。
(118) 右同書、三九五―三九八頁。

第四章　近世後期木下街道の在郷商人――商品物資の生産・販売と輸送

はじめに

江戸近郊農村の在郷商人と物資流通に関する研究はこれまで伊藤好一氏の『江戸地廻り経済の展開』（柏書房、一九六六年）、渡辺善次郎氏の『都市と農村の間―都市近郊農業史論』（論評社、一九八三年）など先学により鋭意進められてきた[1]。また、白川部達夫氏の『江戸地廻り経済と地域市場』（吉川弘文館、二〇〇一年）も北関東を中心とした流通経済に関する優れた著作といえる。

右のほか、両総地域の物資輸送と駄賃稼ぎに関する論考を収めた原直史氏『日本近世の地域と流通』（山川出版社、一九九六年）、あるいは森朋久氏「江戸近郊農村における物資流通」[2]、江戸周辺の河川舟運と下肥流通の関係を考究した澤登寛聡氏の「江戸近郊地域の下肥流通と荒川筋下掃除船持仲間」[3]などの注目すべき労作も発表されている。

しかしながら、江戸東郊地域やその周辺における在郷商人と商品作物などの生産・販売に関する研究はなお少ないように思われる。そこで本章ではこれまで比較的等閑視されてきた江戸東郊地域周辺の総州葛飾郡藤原新田（天領、現船橋市）の旧在郷商人安川厚家の「経営日記」[4]（文政十一年～万延二年、一一冊）を中心として商品物資の生産・販売と交通運輸とのかかわりに視点を据えつつ近世後期の江戸地廻り経済の展開の様相を明らかにしてみたいと考える。

第一節　木下街道の沿革と藤原新田の概況

1　木下街道の沿革

木下街道の成立については江戸後期に木下河岸に在住した押戸屋勘右衛門が書き残した「近隣旧事記」(5)に「寛永八辛未年秋六ケ宿組合相定申候事」とあって、寛永八年を画期として木下・大森・白井・鎌ケ谷・八幡・行徳などの六カ宿が成立したものと考えられる。

この脇往還を利用した参勤大名には常陸の麻生藩新庄氏、下総の高岡藩井上氏、小見川藩内田氏などがあり、天保十四年（一八四三）には水戸藩主徳川斉昭なども帰藩の際に通行している(6)。

そのほか公用通行の鷹場役人、鹿島・香取・息栖の三社めぐり旅人の通行、さらには木下河岸から本行徳河岸を経由して江戸へ送られる鮮魚荷物やその他の商品物資の輸送にも大いに利用されていたのである。

2　藤原新田の概況

つぎに藤原新田の概況について説明しておこう。藤原新田は享和三年（一八〇八）の「藤原新田銘細帳」(7)によれば村高六八一石余、反別一三四町八反余りで、このうち水田は一町五反歩、畑は一三三町三反余とあって武蔵野地方と同様に畑作地帯であったといえる。

また、「五穀之外多く作り出し候品、瓜・西瓜・大根之義多く作り、行徳ニ而売捌、江戸表江も相廻し申候」(8)とあって瓜・西瓜・大根などが主な商品作物であったことがわかる。

最寄市場としては鎌ケ谷宿・八幡町・船橋町があげられ、それぞれ行程一里、本行徳河岸（現市川市）へは二里の道程であった。家数は四九軒、人別は男一二二人、女九七人、それに馬数一六疋とされている。

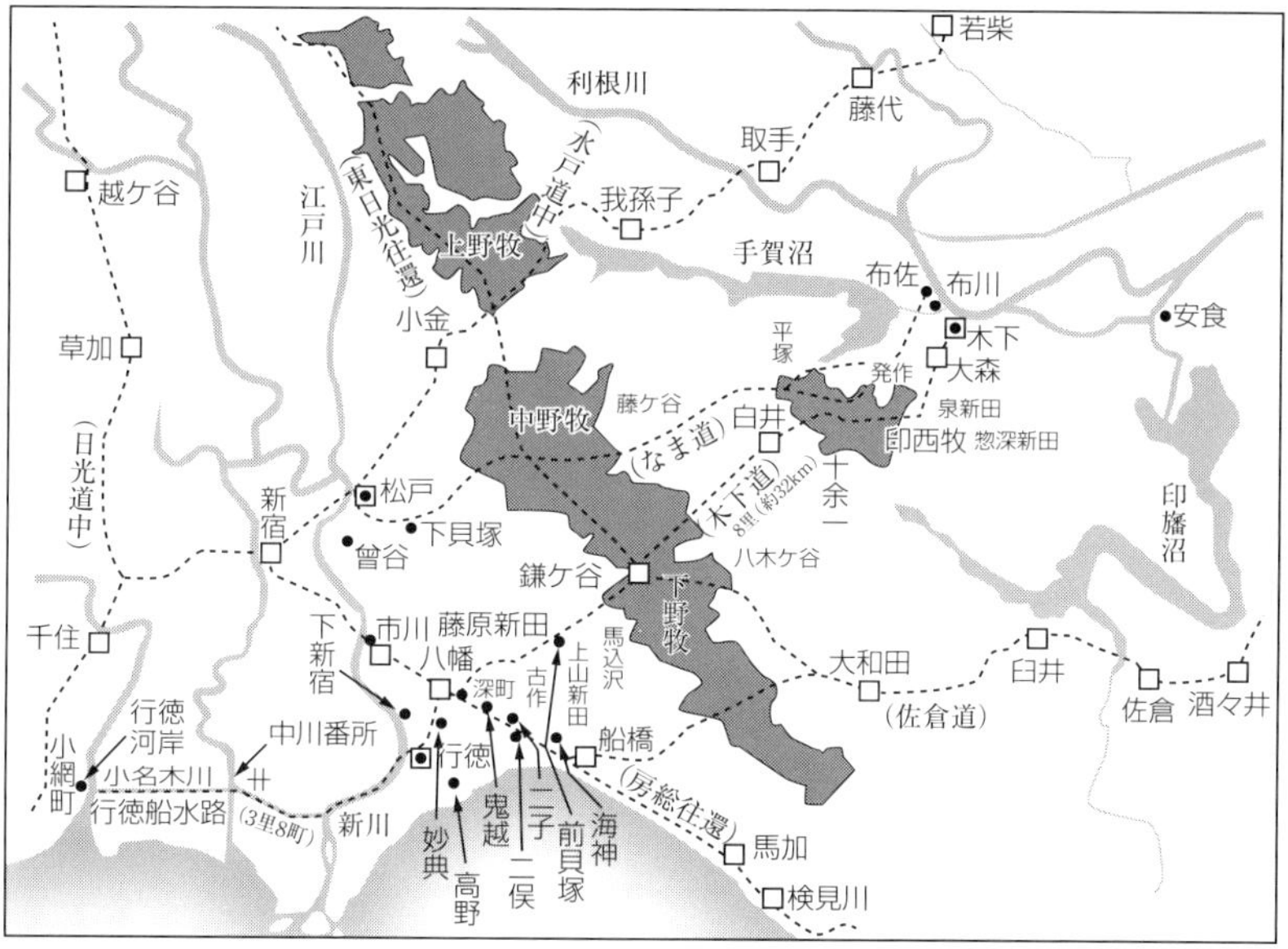

図１　木下街道周辺図

出所：市立市川歴史博物館発行「木下街道展――江戸と利根川を結ぶ道」掲載地図に加筆.

さらに天保十三年（一八四二）五月の「藤原新田村明細帳」[9]を見ると馬数が二六疋に増加し、「男女共萱刈薪拵え行徳領塩浜江附出し売拵渡世仕候」と記されている点が注目される。

3　在郷商人安川家の経営仕法

安川家には元禄十二年（一六九九）の「御用留帳」、天明八年（一七八八）の「御廻状写帳」、それに寛政四年（一七九二）から安政七年（一八六〇）にかけての「御用留帳」なども保存されているので、近世中後期に入って藤原新田の村役人を勤めていたものと思われる[10]。

そこで天保十四年六月の「御用留帳」により同家の資産・家族構成などを見ると「高百四拾石余、家内十弐人、内五人召遣、馬壱疋、農業一流ニ御座候[11]」とあるが、実際には自家奉公人や日雇い農民、さらには手馬・駄賃稼ぎの農民などを多人数使役し、商品作物や薪炭など多彩な商品物資を生産・販売・輸送して大いに利益をあげていた多角経営の在郷商人であったことが明らかになってくる。ちなみに文政十一年（一八二八）八月十七日の「日記」を見ると「本家へ千俵かし遣ス」(12)とあり、同十二年六月十五日の記事には「馬込沢小川夏成上納立替ニ差詰り候趣ニ而、金借ニ孫右衛門・半右衛門両人来、廿五両貸し渡ス」(13)と記されているのを見ても安川家の財力のほどがうかがわれる。

第二節　商品物資の生産販売と陸上輸送

1　商品作物の栽培

安川家の「日記」を見ると、米・麦・粟・稗などの穀物のほか蕎麦・大豆・甘藷・里芋・牛蒡・大根・西瓜・瓜・ねぎ・菜種などの商品作物を栽培していた藤原新田の有力農民であったことがわかる。

また、これら商品作物を藤原新田やその周辺の日雇い農民・自家奉公人を使役して栽培し、さらに加工・生産・出荷していた様子が「日記」によって明らかとなってくる。

たとえば、文政十二年五月十五日の記事には「田植始め、早乙女九人、苗取徳二郎・乙二郎・上さや三吉、小遣武蔵・亀蔵」(14)とあって、合わせて一四人の日雇い農民が田植えに従事していたことがわかる。そして翌日にも早乙女一一人と記されている。

また、弘化三年（一八四六）五月二十一日の田植えの記事には「苗取太郎八・いかけ・勝右衛門・辰五郎・源四郎・馬遣ひ三五郎、八ツ時分迄ニ仕舞、肥打・しろ打与助・豊吉・鉄吉・苗打文蔵・早乙女竹や・いかけ・藤助・藤次郎・花や・いさし・浅右衛門〆七人、外ニ内人二人」(15)とあって合わせて一九人を動員し、三日がかりで行なわれていたことがわかる。なお、天保四年（一八三三）五月四日の田植えの記事には「早乙女ニ銭渡し申候、使卯之助」(16)と付記されている。

つぎに西瓜の栽培記事を見よう。天保四年三月十四日の項には「西瓜植申候、中の割四四うね黒種、其余赤種也」(17)

とあり、弘化三年（一八四六）閏五月朔日の項には「西瓜肥いたす、但し手前の方へ下菌（下肥）引[18]」とある。そして同月七日の項には「豊吉居ル、西瓜山相切、肥ぼろニ煤水引[19]」などとあって、自家使用人豊吉に西瓜の手入れをさせていたことがわかる。

さらに大根栽培について紹介してみよう。

弘化二年七月十二日の記事には「石松居ル、大根地うなへ[20]」とあり、同月十五日の項にも「豊吉居ル、大根地うなへ[21]」とあり、続いて十九日の記事には「今朝石松来ル、大根うへ[22]」と記されている。そして同年十一月二十日の記事には「沢庵大根干、三百本余干ス[23]」とあって、その翌日の二十一日の項には「辰五郎来ル、大根ぬき[24]」とあって自家使用人や日雇い農民を使役して西瓜や大根など商品作物の栽培や加工に精出していた様子がうかがわれる。

なお、収穫した米や麦は若干加工してから出荷販売していたのである。

たとえば文政十二年七月九日の「日記」には「麦春《から》仕候、源四郎・三吉・勇蔵・亀蔵[25]」とあり、その翌日の記事には「麦春仕、源四郎・勇蔵・三吉・亀蔵[26]」とあり、その翌々日の十一日の項にも「麦まつき、上さや・与平次・源四郎・三吉[27]」とあって延べ一二人の日雇い農民を動員し、三日がかりで麦搗きを行なっていたことが明らかとなる。

以上により江戸東郊の地域周辺の在郷商人安川家の農業経営の仕法や多彩な商品作物栽培のありさまを看取することができるであろう。

2　商品作物の販売と陸上輸送

これら商品作物のうち米・麦・大豆などの多くは文政・天保期にかけて水戸・佐倉道の新宿《にいじゅく》（現東京都葛飾区）の商人いせや久七（八）方に駄送し販売した。たとえば文政十二年六月二十一日の「日記」には「新宿いせ屋久八方江米出し申候、六俵内分、四俵源介[28]」とあり、同月二十三日の項には「新宿江米六俵、弐駄附亀蔵[29]」、二十四日の項には「米壱駄附、三俵也[30]」と記されている。

表1　弘化〜万延期　深町への陸送と販売

弘化2年5月23日	米六俵深町長五郎へ出す
24日	深町長五郎へ米出し
25日	深町長五郎より米代金受取
6月2日	米壱太深町長五郎へ出ス
3年3月7日	馬小麦大豆深町へ附行 深町長五郎へ大豆小麦出ス
11日	馬深町長五郎へ蕎麦出し
4月9日	馬深町長五郎へ米附出し
10日	深町長五郎へ米出し勘定受取
5月28日	小麦八俵深町長五郎へ出ス
7月18日	深町長五郎来ル米相庭五斗四升之由申之
20日	深町長五郎へ米六俵出ス
22日	深町坂本や長五郎へ米六俵出ス
23日	馬深町長五郎米出し　仕切金不残受取
嘉永3年3月13日	深町長五郎へ米出し
14日	上総や馬弐疋ニ而深町長五郎へ米出し
15日	上総や深町長五郎へ米代勘定ニ行
4月3日	大豆弐俵深町長五郎へ出ス
万延元年1月29日	今朝深町長次郎参り米相庭参斗六升ニ而二月晦日仕切之積リ対談取纏め今朝より米附送り候事 茂七庄兵衛久蔵参疋ニ而米深町へ出ス

出所：船橋市安川厚家所蔵，弘化2年「安川亭書記」（二番）・嘉永3年「董嶽館春秋」・万延2年「辛酉日記」により作成.

また、文政十二年七月二日の記事には「新宿以勢屋久七殿ゟ米代金し切を市ニ為持遣ス、廿弐両三朱百十九文也[26]」とある。さらに同年七月十五日の項には「新宿いせ久ゟ小麦勘定仕、代金遣し申候ニ付受取[27]」と記されている。これらの記録から文政十二年（一八二九）〜天保四年（一八三三）頃にかけては穀類の主な出荷先は新宿のいせ屋であったことがわかる。

次いで弘化二年（一八四五）の「日記」を見ると穀類は新宿よりもさらに近い八幡町（現市川市）の商人森下銀次郎や深町（現市川市）などへの駄送販売が多くなってくる。たとえば六月二十九日の項には「米弐太八幡森下出し[28]」、七月九日の項には「米弐太八幡森下出し[29]」とあり、七月十五日にも「米四俵森下出し[30]」と記載されている。

そして弘化二年十二月四日の項には「八幡町森下ゟ米代勘定受取[31]」と記述されている。このように八幡町森下へは六月二回、七月一〇回、八月二回米の付け出し記録が見られる。

一方、安川家では森下屋のほか木下街道沿いの深町坂下屋長五郎とも取引関係を結んでいたことが「日記」の記事により明らかとなる。たとえば、深町の坂下屋関係の記事を「日記」から抜粋してみると表1のとおりである。

見られるとおり、深町長五郎へは米のほか大豆・小麦・蕎麦などの商品作物も馬付けにして販売していたことが明らかとなる。

なお、万延二年（一八六一）一月二十九日の「日記」には「今朝深町長次郎参り米相庭三斗六升ニ而二月晦日仕切之積り対談取纏メ今朝ゟ米附送り候事[32]」とあって、茂七・庄兵衛・久蔵の馬三疋で深町へ米を駄送していたことがわかる。

また、米の販売・輸送にあたっては一駄二俵付けが普通であるが、ときには一駄三俵付けの場合もあったことが注目される。

たとえば、先にも紹介した文政十二年六月二十四日付の新宿いせ屋久八関係の記事に「新宿江米壱駄附、三俵也[33]」とあるが、天保四年五月二十九日の項にも「勘蔵米壱駄三俵附ル[34]」とある。さらに同年七月二十三日の項にも「法伝清助ニ米九俵売、行田馬三疋ニ而附ル[35]」とあって一駄三俵付けが行なわれていた事実が判明する。

ところで、米は藤原新田の周辺一〜三里くらいの宿場町・在郷町が主な販売・取引先であったが、米相場高値の場合には江戸へ売り出す場合もあったものと思われる。天保四年九月二十四日の記事には「米値段高値ニ付所持のもの江戸表売出しの様ニ廻状来、半右衛門殿継立仕[36]」とあり、さらに同月二十八日の項には「米相場少し下り候由承之、麦ハ一切買人無之由承之、上ゟ入船有之由、酒も下り候由[37]」とも記されている。なお、江戸との関係については改めて後述する。

つぎに行徳塩浜村一六カ村中の高谷村《こうや》（現市川市）や妙典村《みょうでん》（同上）への萱木・松葉・杉葉・粗朶など塩焼き燃料の販売・輸送状況について紹介してみよう。

まず天保期の「日記」から見ると、天保四年四月二十一日の記事に「内馬勘蔵高野彦兵衛方江松葉附[38]」とあり、同年十一月十一日の項にも「松葉高野江附始メ、内馬弐駄付[39]」と記されている。また、同十二年一月二十四日の記事には「馬高野彦右衛門江萱木出し[40]」とあり、そのほかにも弘化三年まで松葉・杉葉・萱木を馬で高谷村へ付け出していた記事が時々「日記」に登場する。

次いで妙典村についてみよう。天保五年十二月七日の記事に「妙典いもや麁朶附始メ壱太附[41]」とあり、同十二年一月八日の項には「妙典いもやへ雑木麁朶一駄附り[42]」と記されている。

また、弘化三年（一八四六）十月十八日の記事には「妙典へ麁朶出し、藁取替[43]」などとあり、ときには藁と交換していたこともあった。

これらの記事を見ると、藤原新田の在郷商人安川家では萱木・麁朶・松葉・杉葉などの燃料を行徳塩浜諸村へ駄送し、販売して利益をあげていたことが明白になってくる。

さらに安川家では四代目当主栄之助の頃から釜三基で炭焼きを始め、木炭を俵詰めにして売り出していたのである。たとえば、万延二年（一八六一）二月八日の記事には「今日古釜炭焼込[44]」とあり、文久元年（一八六一）、四月八日にも「炭弐釜焼込[45]」とある。そして四月十日の項には「今朝炭釜弐つ留ル[46]」とあり、五月九日には「炭三釜焼込[47]」などと記載されている。これらの木炭は自家用ではなく、船橋や行徳など近辺の在郷町へ販売していたのである。

これら木炭の出荷先を見ると、万延二年一月十九日の記事には「馬炭弐拾俵下宿（下新宿村カ、現市川市）久右衛門殿行[48]」とあり、一月二十二日の項には「船橋えびやへ折炭附行、行徳いせやへ折炭拾六俵行、馬方勘右衛門[49]」などと記載されている。これら出荷先と回数を「日記」から拾い出して見ると、船橋えびやへ二月一回、五月四回、下宿久兵衛へ二月二回、三月一回となっている。

右のほか木炭の出荷先を見ると文久元年四月七日に曾谷《そや》村（現市川市）へ一二俵、五月三日には同村の伝左衛門へ棒炭一六俵、五月四日同村へ棒炭一駄を付け送ったという記事がある。

ところで木炭の出荷先は藤原新田周辺の在郷町ばかりでなく、嘉永三年（一八五〇）一月二十日の記事には「馬折炭弐拾俵河原出し[50]」とあり、その翌日にも「馬折炭四拾俵河原出し[51]」などとあって、地域市場のほか本行徳村の河岸問屋を経由して江戸市場へも売り出していたことがわかり、在郷商人安川家の積極的な経営姿勢がうかがわれる。

第三節　肥料の購入と輸送

1　下肥と馬屋肥の多用

本節では農業生産力の向上にきわめて重要な役割を果たしていた肥料の購入と輸送状況について、安川家日記を中心として述べてみたい。

まず藤原新田ではどのような肥料を使用していたのであろうか。享和三年（一八〇三）の「銘細帳(52)」には「肥之儀ハ馬や肥・下屎・油粕・干鰯其外海草等相ひ申候(53)」とある。

また、藤原新田の「御用留(54)」天保十三年（一八四二）七月二十日の項に記載されている日雇い駄賃値下げ取り決めの記事を見ると、ぼろ・下菌・馬屋肥・下ごへなどの肥料が使われていたことがわかる。右のうち下菌と下ごへ、ぼろと馬屋肥はそれぞれ同じものと推測される。したがって藤原新田とその周辺地域では肥料として下肥と馬屋肥が多用されていたものと考えられる。

2　下肥の購入と輸送

そこで安川家日記により下肥の購入と輸送状況について明らかにしてみよう。

下肥に関するもっとも早い記事は文政十二年（一八二九）七月二十七日の項に「河原兵蔵ゟ下こへ付ル(55)」とあるのが初見である。河原兵蔵とは本行徳河岸の船問屋で伊勢屋と号し、天保四年三月十六日の「日記」の記事に「川原兵蔵下こへ商売始メ候、披露ニ来(56)」とあって、それ以降の「日記」には行徳いせ屋から下肥を馬付けにして藤原新田まで運び込んでいた記事が随所に見られる。

たとえば、天保十二年四月三日には「葛西下菌河原兵蔵川岸ヘ揚リ候ニ付壱駄附取申候(57)」とあり、その翌日にも

表2　弘化2年
本行徳河岸からの下肥付け取り記事

月日	記事
1月9日	馬行徳いせやより下菌附取
10日	馬行徳より下菌附取
27日	馬行徳より下菌附取　馬方石松
2月4日	石松行徳へ下菌附ニ行
14日	内馬行徳より下菌附取
3月4日	石松行徳へ下菌附ニ行
	馬行徳より下菌附ニ行（二重記載カ）
5日	馬行徳より下菌附取
26日	石松行徳より下菌附ニ行
27日	石松行徳より下菌附取
4月8日	馬行徳より下菌附取二駄附取
5月6日	馬行徳江下菌附ニ行
14日	下菌壱太行徳いせやより附ル
16日	行徳いせやより下肥壱太附取
22日	行徳いせやより下菌壱太附取
6月3日	馬行徳より下菌附取
13日	行徳より下菌壱駄附取
18日	馬行徳より下菌附取
7月5日	下菌壱駄附取
11日	馬行徳より下菌附取
30日	馬行徳より下菌附取
8月3日	行徳より下菌壱駄附取
20日	行徳より下菌附取
21日	行徳より下菌附取
9月11日	馬行徳いせやより下菌附取
12日	馬行徳いせやより下菌附取
22日	本行徳いせやより下菌弐駄附取
23日	下肥壱駄行徳より附取
24日	下菌壱太行徳より附取
10月7日	馬行徳いせやより下菌附取
8日	馬行徳より下菌附取
25日	馬行徳より下菌附取
11月12日	馬行徳より下菌附取
12月4日	馬行徳より下菌附取
24日	馬行徳より下菌附取
25日	馬行徳より下菌附取
（計　36回付け取り）	

出所：船橋市安川厚家所蔵，弘化2年「安川亭書記」・「安川亭書記」（二番）により作成.

「馬川原河岸ゟ下菌附、但し馬四疋[58]」とある。さらに五日の項には「馬四疋ニ而下菌附取[59]」と記載されてるので下肥業を事業として始めた河原兵蔵から下菌すなわち下肥を馬付けにして盛んに運び込んでいたことが明らかとなる。

そこで参考のために時代はやや下るが弘化二年正月から十二月までの一年間の下肥馬付けに関する記事を「日記[60]」から拾い出してみると、表2のとおりで、付け取り回数は三六回（うち二駄付け二回）、弘化三年（一八四六）の付け取り回数は四三回にも及び、そのうち二駄付け取りと記載されているのが三回である。そしてこれらの下肥は内馬すなわち安川家の手馬や雇い馬によって藤原新田へ運び込まれていたことがわかる。

3　馬屋肥の購入と輸送

下肥に次いで安川家が多用した肥料は馬屋肥（ぼろ）であった。馬屋肥は佐倉街道の大和田宿三次などから購入し、馬付けにして藤原新田へ運び込んでいる。たとえば天保十二年（一八四一）閏正月二十二日の「日記」には、「馬昼前大和田ゟぼろ壱駄附都合弐脇（駄）附取[61]」とあり、同月十九日、二十日、二十一日にも大和田宿から馬付けした記事がある。また、時代はやや下るが弘化二年九月二十六日の「日記」に「大和田三次ゟぼろ附取、三右衛門馬与弐疋[62]」とあり、さらに弘化三年十二月二十二日の項にも「上総や大和田三次へ肥代勘定ニ行[63]」と記されているので大和田宿三次がぼろ、すなわち馬屋肥の購入先であったことがわかる。

一方、弘化二・三年の「日記[64]」には大和田宿の常七、次郎兵衛からもぼろを付け取った記録があるので、複数の業者から馬屋肥を買い取っていたものと思われる。なお、三次・次郎兵衛へは麁朶を売ったという記事も散見されるので、ときには麁朶を積んで行き、帰り荷として馬屋肥を付け帰ったのであろう。

ちなみに、弘化三年一月には大和田宿からぼろを馬付けにして帰った記事が八回、同年二月には七回（うち二駄付け一回）、同年五月に四回（うち二駄付け一回）、同年閏五月に五回（うち二駄付け二回）ほど記されている。また、五月九日の記事には「内馬大和田江田之肥ぼろ買ニ行[66]」とあるのでぼろが水稲耕作にも大いに利用されていたことが明らかとなる。

なお、嘉永三年（一八五〇）の「日記[67]」を見ると三月末頃から五月初旬にかけても合わせて一〇回（うち二駄付け四回）も大和田宿からぼろを買い取ってきた記事が見られる。

そのほか、文久元年（一八六一、二月十九日文久に改元）の「日記[68]」をみると曾谷《そや》村（現市川市）からも馬屋肥を付け取ってきた記事がある。たとえば二月八日の項には「内馬上山金三郎馬曾谷へはし（端）木附行、馬屋肥弐太ツ、附取[69]」とあり、四月十日の項には「馬曾谷ゟぼろ四俵附取[70]」と記されている。

さらに文久元年の「日記」を見ると二月に四回、三月に一回、四月六回、五月に六回記載されているが、同年五月七日の項には「曾谷へ肥附ニ行、から戻り[71]」、その翌日にも「曾谷へ行から戻り[72]」という記事も見られるので、田植え時の季節には馬屋肥の需要が多く入手が困難のこともあったのであろう。

以上のほか藤原新田の在郷商人安川家では佐倉街道沿いの鬼越村《おにごえ》（現市川市）の田中屋から馬屋肥、江戸川べりの河原村（同上）から〆粕・干鰯、本行徳河岸から糠・石灰、原村（河原村カ）から馬糞や油粕などを付け取っていた記事も見られるが、「日記」で見る限りでは下肥や馬屋肥を多用し、農業生産力の向上に努めていたものと考えられる。

第四節　商品物資の江戸販売と水上輸送

1　江戸への通船路と本行徳河岸

さて、藤原新田の在郷商人安川家では生産した商品作物や薪炭などの多くは陸路およそ二里の道程を手馬・雇い馬、ときには人足で木下街道を通って本行徳河岸へ運び出し、それから寛永九年（一六三二）に開設された長渡船（行徳船、小名木川・新川水路）を利用して江戸の行徳河岸（小網町三丁目）などへ陸揚げし、江戸商人へ送荷していたのである。(73)

そこでまず小名木川・新川水運について若干説明しておこう。『新編武蔵風土記稿』（第三巻、雄山閣、一九七二年）小名木川の項には「此川慶長年中小名木四郎兵衛掘割し故の名と云り」とあって小名木川の開発は慶長年中までさかのぼるものと考えられる。

その後渡船場として通船路が開設されたのは寛永八年（一六三一）のことである。この点について天明六年（一七八六）「本行徳村明細帳」(74)にはつぎのとおり記されている。

一、船渡場　但而本行徳河岸場ゟ小網町行徳河岸場迄河路三里余

右是者百六拾三年前寛永九申年船往還之儀伊奈半十郎様被仰付、当村ゟ小網丁岸橋迄安房・上総・常陸・下

総旅人漕送候（中略）

一、船五拾三艘　但茶船　壱人ニ付弐拾五文ゟ長銭五拾文迄人数拾六七人乗申し候乗合之儀判合受取申候

一、借切船壱艘　但壱人ゟ七人迄此賃銭弐百五十文

また、安政二年七月「本行徳村舟往還番舟明細帳」(75)には、つぎのとおり記されている。

一、番舟五拾三艘

外ニ茶船十三艘是ハ諸荷物積送リ舟ニ而往来之旅人乗セ不申番船之外ニ御座候

一、借切船壱艘　此船賃代弐百五十文

内　八十文　会所上ケ
　　百六十四文　船人雑用遣ス

（中略）

一、生魚荷物壱艘　但壱駄拾弐籠附七駄積

此船賃三百五十文

内　弐百十一文　会所上ケ
　　百八文　舟人雑用（ママ）ス
　　弐十九文　才料宿世話賃遣ス　（中略）

右者此度当村船往還番船取計方委細書上可申旨被仰付候ニ付古来ゟ仕来相糺書上候所書面之通無相違御座候、依之村役人問屋一同連印仕来差上候、以上

寛政九巳年七月

（後略）

右によれば、一般旅人の輸送に使われていた船としては番船五三艘があり、そのほかに茶船一三艘などがあって諸荷物運送に使われていたことが判明する。

表3　天保・弘化期　河岸出し荷物表

天保4年2月12日	高野槇木河原迄川岸出し人足拾弐人 壱人ニ付三百文ツヽ弁当持
7月8日	赤種西瓜弐駄金沢江遣し　上乗卯之助
11日	西瓜弐駄赤種出し　上乗平蔵行
5年10月25日	西川兵蔵川岸江附始メ　8束附
11月22日	河原江真木附
12年閏正月15日	薩摩芋壱駄河原出し　但し三俵附
16日	薩摩芋四俵河原出し
23日	馬切干壱駄河原江附行
24日	馬切干出し　弐太附送ル
2月11日	馬さと芋壱俵切干附合□河原出し
3月23日	里いも壱駄
弘化3年3月12日	馬河原へ樫板附出し
17日	馬河原へ樫木附行
20日	かし槙六束　此数十五本河原出し
22日	馬河原へ樫真木出ス
29日	馬河原より干鰯附取（参考）
6月4日	馬瓜五籠河原出し
6日	瓜九籠河原出し
7日	瓜五籠河原出し
8日	瓜五籠河原出し
9日	瓜四籠河原出し
11日	瓜五籠河原出し

出所：船橋市安川厚家所蔵，天保4年「苊斎館春秋」・天保12年「□堂春秋」・弘化3年「安川舎書記」により作成．

ちなみに安川家「日記」を見ると三代目当主新右衛門や四代目当主栄之助らも商用などで江戸と往来する際に行徳船を利用していたが、参考までにそれらの関係記事を抜粋し紹介してみると、つぎのとおりである。

(一) 文政十一年九月十七日、河原船乗、浅草武蔵や権兵衛殿江参り真木仕切金受取、金三両三分弐朱ト百四十九文取、傘借用仕、たはこ入九両五分、きせる三百五文(76)

(二) 文政十二年二月六日、朝出立おふで番町江行、私送り河原兵蔵方ゟ出船仕、弐人船頭にて稲荷河岸迄行、夫ゟ上り番町江行、馬喰町江来り佐野屋泊り(77)

(三) 文政十二年二月七日、朝武蔵屋江行金弐両受取、勝鹿屋江米廿三俵代金八両受取(78)

(四) 文政十二年二月十八日、番町御客帰府ニ付、私送り河原兵蔵河岸ゟ出船仕候、いも弐俵包壱ツ三人乗り、船頭ハ河原初殿也、稲荷河岸上り……馬喰町いせ屋重兵衛泊り、年頭三百文遣ひ申候(79)

(五) 文政十二年五月八日、夜船にて江戸江参り茅町大墨方江寄、磁石直し頼置申候、代五匁相渡し申候(80)

(六) 天保四年六月十五日、曇日東風ニ而甚船ニ而すゝし、馬喰町佐野屋出立、大丸屋江寄金七両弐分二朱買物仕、扇橋乗船、行徳揚帰宅(81)

これらの記事中に見える河原兵蔵とは本行徳河岸の船問屋で、天保四年（一八三三）から下肥業も営んでいた商人

表4　天保2年　薪河岸出し状況（本行徳河岸河原兵蔵扱い）

月日	品目	数量	馬方
1月4日	西川才	10束	吉蔵
〃	〃	7〃	勘蔵
5日	〃	7〃	〃
6日	〃	20〃	卯之助
〃	〃	14〃	勘蔵
〃	〃	17把	内馬
〃	〃	34〃	〃
〃	〃	31〃	〃
	計	140束	
「しめて140束武蔵屋（浅草）江積」と記されている			
1月10日	松結束	40把	内馬
11日	〃	14束	吉
12日	〃	12〃	〃
13日	〃	28〃	〃
〃	〃	14〃	上さや勘蔵
14日	〃	52〃	内馬2疋
〃	〃	14〃	内馬
〃	〃	52〃	内馬2疋
〃	〃	14〃	上さや勘蔵
〃	〃	12把	内馬
	計	252束	
「兵蔵河岸しめて252束　堀江江積両当55わかへ」と記されている			
1月18日	松結束	14束	内馬
29日	〃	52〃	〃
〃	〃	14〃	平蔵
〃	〃	14〃	内馬
〃	〃	14〃	□(勘)蔵
11月29日	松真木	40束	内馬
〃	〃	44〃	平蔵
〃	〃	42〃	平左衛門
12月1日	小割真木	26〃	平蔵
11日	〃	14〃	内馬
〃	〃	14〃	忠七
〃	〃	35〃	平蔵
12日	松真木	36〃	内馬
〃	〃	18〃	善六
〃	小割真木	18〃	〃
〃	松真木	19〃	平蔵
〃	小割真木	18〃	〃
13日	〃	18〃	善六
〃	〃	18〃	平蔵
〃	〃	18〃	忠七
14日	松真木	32〃	善六
〃	〃	36〃	平蔵
15日	〃	24〃	〃
〃	〃	34〃	善六
〃	〃	20〃	平左衛門
16日	〃	34〃	善蔵
〃	〃	32〃	嘉左衛門
〃	〃	32〃	平左衛門
17日	〃	16〃	嘉左衛門
〃	〃	18〃	内馬
〃	〃	18〃	善六
23日	〃	14〃	平蔵
26日	〃	12わ	〃
〃	〃	12〃	〃
27日	〃	26〃	〃
28日	〃	24〃	内馬
〃	〃	36〃	忠七
〃	〃	32〃	善六
「辰2月朔日勘定済両145束かへ」と記載されている.			

出所：船橋市安川厚家所蔵の天保2年「荷物河岸出入控」により作成.

で、安川家とは商売上きわめて懇意にしていた間柄であった。後述する安川家の江戸向け商品物資のほとんどは河原兵蔵の船を利用し、江戸へ送り込んでいたのである。

2　本行徳からの河岸出し荷物

藤原新田の在郷商人安川家では江戸へ出荷する商品物資は木下街道を利用して道程およそ二里を馬付けにして本行徳河岸まで運び出し、それから行徳船を利用して江戸商人に送り届けていたのであるが、ときには陸路を人足により運搬して河岸出ししていたこともある。

たとえば、天保四年二月十二日の「日記」には「高野槙木河原迄川岸出し、人足拾弐人、壱人ニ付三百文ツヽ、弁当持、兵蔵船ニ而積送り」[82]と記されていることによってもわかる。

さて表3は天保・弘化期の河岸出し荷物を「日記」から抜粋して整理したものであるが、これらを見ると薪のほか、蔬菜類では西瓜・瓜・薩摩芋・切り干し大根・里いもなどもある。

また、表4は天保二年の「荷物河岸出入控」により作成したものであるが、これを見ると冬期には相当量の各種薪が本行徳河岸の河原兵蔵船で江戸浅草瓦町の武蔵屋などへ送り込まれていたことがわかる。これら薪の運搬に従事した馬方名を拾い出してみると、吉蔵・勘蔵・平蔵・平左衛門・卯之助・善六・嘉左衛門・忠七・嘉左衛門など九名で、それに内馬（安川家手馬）二疋を加えると、合わせて一一人一一疋の馬が薪の河岸出しに従事していたものと思われる。

また、弘化二年（一八四五）十月の本行徳河岸への薪の付け出し回数を「安川亭書記」により数えてみると、一〜二十七日までに一四回もあって、薪の江戸への積み出しがかなり盛んに行なわれていたことがわかる。

このほか林産物として木炭も江戸へ出荷されていたことが注目される。たとえば嘉永三年（一八五〇）一月二十一日の「日記」には「馬折炭四拾俵河原出し」[83]とあり、万延二年（一八六一）四月二日の「日記」には「行徳いせやへ折炭拾弐附行」[84]と記されているので、安川家産出の薪炭は江戸東郊地域の宿場町・在郷町のほか江戸市場へも売り出されていたことが明らかとなる。これらの点については項を改めて述べる。

3　商品物資の販売と江戸商人

それではつぎに安川家の商品物資の販売先である江戸商人との関係について明らかにしてみよう。

まず江戸浅草瓦町の薪炭商と推定される武蔵屋に関する記事を「日記」から抜粋してみると、つぎのとおりである。

文政十二年七月十八日　私朝立にて江戸へ参る、乗船弐人船頭六十四文
七月十九日　浅草武蔵屋ゟ真木代金受取
天保四年　九月十四日　甚蔵浅草武蔵屋江真木代金取ニ遣し武蔵屋ゟ真木代金壱両也受取
十月二十四日　行徳いせや江立寄、夫ゟ浅草武蔵屋江罷越真木代金之内金壱両也受取
弘化二年　九月七日　槙壱艘浅草むさしやへ積入ル
十一月七日　今夕上総や江戸ゟ帰ル、武蔵屋ゟ金十両也受取
十二月六日　今夕浅草瓦町武蔵屋ゟ槙代金五両也受取
弘化三年　一月二十三日　今日江戸武蔵屋へ年始行槙代金不残受取
十月九日　今夜江戸ゟ帰ル、浅草武蔵屋ゟ金拾両也、昨日受取

これらの記事[85]を見ると武蔵屋への薪の販売状況がおおよそ明らかになってくるであろう。安川家で生産された薪は本行徳河岸の伊勢屋へ駄送され、それから行徳船で江戸浅草の武蔵屋へと送り込まれ、その仕切り代金は安川家当主かその代人が江戸へ出向し受け取っていたのである。その金額は天保期には金一両（二回）とあるが、弘化期は金五両（一回）～十両（二回）と弘化期の方が増加しているように思われる。

そのほか薪販売の得意先商人としては深川森下町の炭屋清次郎をあげることができる。

たとえば弘化三年十一月十七日の項には「今夕新切西川五十弐束、深川六間堀森下町炭屋清次郎方へ積切、豊吉上乗[86]」とあって西川薪五二束を船で運送し、使用人の豊吉が上乗して送り届けていたことがわかる。

その前々日の十五日に豊吉が薪の売り込みに行った記事があるので、おそらくその際に商談が成立したのであろう。また、同月十八日の記事には「豊吉今夕帰ル、仕切相済[87]」とあるので薪五二束の代金を受け取って帰ってきたものと思われる。その後同年十二月九日の項にも「豊吉深川六間堀江槙代金取に行[88]」という記事があるので引き続いて炭屋清次郎へ薪の販売を行なっていたのであろう。

表5　天保・弘化期　江戸本所木下川屋への蔬菜販売

天保5年10月1日	大根壱太　木下川江送り
5日	大根壱駄送り　木下川や
6日	大根壱駄本所木下川や送り
21日	大根壱駄送り木下川や
22日	大根壱駄送り木下川や
30日	さつま芋出し　六俵送り（木下川やカ）
11月1日	さつま出し〆五俵出ス（　〃　）
2日	本所木下川屋江立寄仕切ニ五十かし
12年2月7日	里芋四俵木下川出し　河原兵蔵へ附送ル
24日	柏井金次郎本所木下川より芋之し切取来り候
3月2日	本所木下川へ寄芋之仕切取
26日	里芋壱駄木下川出し
弘化2年9月5日	さと芋壱太木下川出し
6日	さと芋壱太木下川出し
7日	本所木下川ニ而里芋し切弐分受取
8日	里芋壱太木下川出し
9日	里芋壱太木下川出し
10日	里芋壱太木下川出し
23日	馬さつま芋木下川出し
24日	馬さつま芋木下川出し
25日	薩摩芋太木下川出し
26日	馬薩摩芋木下川出し
晦日	上総やより木下川仕切受取
11月23日	薩摩芋木下川出し
12月7日	本所木下川より芋代不残受取

出所：船橋市安川厚家所蔵，天保5年「安川館春秋」・天保12年「□堂春秋」・弘化2年「安川亭書記」により作成.

つぎに蔬菜類の江戸販売について明らかにしてみよう。蔬菜類販売の得意先として「日記」(89)にもっとも多く登場するのは本所の木下川屋である。

表5に示したとおり、その品目を見ると大根・薩摩芋・里芋などの蔬菜類を収穫期にはかなり多く販売していた様子がわかる。たとえば、天保五年十月には秋大根、弘化二年九月には里芋や薩摩芋を連日のように出荷している。

これら蔬菜類の輸送ルートを見ると、天保十二年（一八四二）二月七日の項に「里芋四俵木下川出し、河原兵蔵へ附送ル」(90)とあって本行徳河岸まで陸送し、それから河原兵蔵の船で江戸本所の木下川屋まで水上輸送していたことが確認される。

また、木下川屋への売上げ代金は弘化二年（一八四五）九月七日の「日記」に「本所木下川ニ而里芋し切弐分受取」(91)とあるように時々代金を清算し、現金で受け取っていたことが判明する。

蔬菜類販売のもう一軒の得意先商人は江戸神田の宮田屋である。宮田屋に関する販売状況については「日記」から抜粋した弘化二・三年の記事を表6に掲載しておいたのでご覧いただきたい。その品目は瓜・白瓜・真桑瓜、それに西瓜であったことがわかる。

また、表中の弘化三年七月二十九日の記事を見ると宮田屋から瓜・西瓜の代金を残らず受け取っていたことも確認される。

それから表中の同年五月二十九日の記事には「瓜九籠宮田叶屋双方へ出ス」とあって、叶屋もまた蔬菜類販売の得意先であったことが明らかになる。

江戸神田の叶屋については天保四年六月十六日の「日記」に「ま四箇叶や江遣し、勘蔵附行(93)」とあり、また同月二十六日の記事にも「真桑瓜弐籠叶屋江附送り(94)」と記されている。さらに、弘化二年六月十九日の「日記」に「瓜六籠叶屋出し(95)」とあり、同年七月四日の記事(96)にも同様の記載が見られる。そして弘化三年七月二十三日の記事には「神田叶屋ゟ瓜之通勘定受取、使三四郎(97)」とあって叶屋は蔬菜類、特に瓜販売の得意先商人であったといえる。

表6　弘化期　江戸神田宮田屋への蔬菜販売

弘化2年6月15日	瓜四籠宮田出し
17日	瓜四籠宮田出し
20日	瓜五籠宮田屋出し
23日	瓜四籠宮田出し
7月1日	瓜四籠宮田屋出し
3年閏5月16日	白瓜弐籠宮田や出し
19日	真桑瓜壱籠白瓜壱籠宮田出し
23日	真桑三籠白瓜三籠宮田出し
25日	真桑四籠白瓜壱籠宮田出し
27日	真桑四籠白瓜壱籠宮田出し
29日	瓜九籠宮田叶屋双方へ出ス
6月1日	瓜四籠宮田出し
2日	瓜五籠宮田出し
5日	瓜五籠宮田や出し
13日	瓜七籠宮田や出し
	内弐籠忠七殿馬頼ム
19日	瓜三籠宮田屋出し
23日	瓜五籠宮田屋出し
27日	瓜四籠宮田屋出し
7月29日	神田宮田屋より瓜，西瓜之勘定不残受取

出所：船橋市安川厚家所蔵，弘化2年「安川亭書記」(二番)・弘化3年「安川亭春秋」により作成．

右のほか蔬菜類の販売先として「日記」にしばしば登場するのは亀井屋であるが、同店が江戸のどの辺にあったのか不明である。

しかし、天保四年八月二十日の「日記」には「里いも六俵、弐駄送り、亀井屋(98)」とあり、同年九月九日の項にも「里いも三俵、壱駄亀井屋江送り(99)」とあり、さらに九月十六日の項には「里いも壱駄亀井屋送り、河原兵蔵与り(100)」と記されていて、やはり本行徳河岸から船で送られていたことが確認される。

そのほかもう一軒、米や薪の出荷先として「日記」にたびたび登場するのは江戸本所の葛飾屋（勝鹿）である。

そこで文政十二年（一八二九）の葛飾屋に関する記事を「日記」[101]から抜粋してみると、つぎのとおりである。

文政十二年　二月　四日　江戸本所葛飾屋豊次郎ゟ手紙来、米出し呉候様申来、相場六斗五六升位米出し始メ

二月　五日　本所江米出し、忠七馬頼来、廿三俵也

二月　七日　勝鹿屋江米廿三俵、代金八両受取

六月二十日　勝鹿屋豊次郎方江米出し積送り申候源介馬頼河岸出し

七月十九日　本所勝鹿屋豊次郎方ゟ米代金受取、帰り懸ケ河原兵蔵江寄ル

七月二十日　勝鹿屋江手紙遣ス、真木三十六束送ル積

見られるとおり、文政十二年二月四日の記事によると本所の葛飾屋から米を送ってくれるようにと手紙で注文があり、その翌日の五日には忠七の馬を頼み二三俵の米を出荷している。そして二月七日には勝鹿屋から代金八両を受け取っている。

また、六月二十日にも勝鹿（葛飾）屋豊次郎方へ米を河岸出しするため源介の馬で発送していたことがわかる。さらに七月十九日には安川家三代目当主新右衛門と推測される人物が江戸へ出向き、豊次郎方から米代金を受け取っていたことが判明する。そして翌日の七月二十日には勝鹿屋へ薪三六束を送るという趣旨の手紙を差し出していたことがわかる。

こうしてみると近世後期頃[102]から木下街道の在郷商人安川家では江戸地廻り経済の展開の波に乗り米や蔬菜類、さらには薪炭まで江戸商人に販売し大いに利益をあげていたものと考えられる。

おわりに

これまで述べてきたとおり、江戸東郊地域の在郷商人安川家は木下街道・本行徳河岸経由の江戸への水陸輸送路と

いう商品物資の販売にきわめて有利な条件を活用しつつ多人数の日雇い農民を使役し、馬屋肥・下肥などの肥料を自家手馬や駄賃馬で付け取り、米麦などの穀類や瓜・西瓜・大根・甘諸など多彩な作物の生産力の向上に努めるとともに、他方では薪炭などの燃料の製造も手がけ、それらの商品物資を藤原新田からおよそ二〜三里以内の宿場町や在郷町、それに行徳塩浜の村々などの地域市場へ売り捌いていたほか、さらには江戸市場へも進出し、大いに利益をあげていたのである。

これら安川家の「経営日記」を見て第一に注目されるのは、自家手馬・駄賃馬や新川・小名木川舟運（行徳船）など水陸運輸機関の積極的な利用である。

たとえば、安川家の手馬購入の記事について見ると弘化二年九月晦日の「日記」には「二子《ふたご》村（現船橋市）久兵衛殿へ馬代金拾両也渡ス」[103]とあり、同三年四月七日の記事には「歩橋金次郎・喜三馬喰両人ニ而馬壱疋連レ来ル、代金米十六俵ニ而買請候積リ対談仕候」[104]とあって金一〇両、あるいは米一六俵を投入して手馬を購入し、販売品や肥料の輸送に活用していることである。

また、同家には天保三年十二月の「駄賃勘定帳」、天保十三年正月の「万日雇駄賃帳」[105]など天保〜慶応期にいたる「日雇駄賃帳」などが三〇冊ほど保存されているので、商品作物や肥料の陸上輸送にあたっては農間駄賃稼ぎの農民のほか半ば駄賃稼ぎを専業とする農民なども相当多く動員していたものと思われる。

第二に注目されるのは江戸商人への蔬菜類や薪炭の販売にあたっては千住や神田などの特権的な市場や江戸問屋仲間に加入していない新興商人とも取引関係を結んでいることである。[106]

これは近世後期に入って江戸周辺の農村地帯に新しい農民的な商品流通路が形成されつつあったことを裏付けるものであろう。

第三に安川家の農林業経営で特に注目されるのは大がかりな植林事業である。たとえば、嘉永三年の「日記」[107]には三月九日「松苗植九百本植ル」とあり、その翌日にも松苗二五〇〇本植えるという記事がある。さらに同年三月二十一日の項には「勝右衛門・与平来ル、松苗植、但し八人ニ而昼後ゟ千六百本計植ル」とあって、安川家四代目当主栄之助の頃から大がかりな植林事業を手がけていたことが明らかとなる。

第四に注目されるのは、対外情勢が緊迫化しつつあった嘉永七年の「御用留」に「三月七日上納硝石五十貫目河原兵蔵積出し」[108]とあって、幕府へ上納する硝石の製造も手がけ行徳船で江戸へ輸送するなど、営業規模を着々と拡大させつつあったことである。

ちなみに、安川家の持高は享和二年（一八〇二）二代目当主内蔵之助当時の一一一石余りから天保十四年（一八四三）三代目当主新右衛門の頃には一四〇石余に、藤原新田の馬数も一六疋から二六疋に増加している。[109]これらの事実からも江戸地廻り経済の展開に伴う階層分化の進行と、半プロ化したと思われる駄賃稼ぎ農民の動向が察知されるであろう。

（1）伊藤氏にはこのほか『近世在方市の構造』（隣人社、一九六七年）、渡辺氏には『都市と農村の間―都市近郊農業史論』（論創社、一九八三年）、「都下近郊農業史研究の意義」（地方史研究協議会『都市周辺の地方史』所収、雄山閣出版、一九九〇年）などの労作がある。右のほか、研究史としては長谷川伸三氏『近世農村構造の史的分析』（柏書房、一九八一年）第一章第二節二「江戸地廻り経済圏と商品流通の展開」で関東農村における商品流通の展開と在郷商人に関する研究動向について適切な解説がなされている。

（2）葛飾区文化財専門調査報告書3『かつしかの道総合調査報告書』（一九九三年）所収論文。

（3）東京都北区教育委員会編『文化財研究紀要』第1集（一九八七年）。

（4）この安川厚家の「経営日記」（以下「日記」と略称する）は『船橋市史』史料編四上に文政十一年七月「子歳日記」、文政十二年正月「苊斎館春秋」、天保四年正月「苊斎館春秋」、弘化三年正月「安川舎書記」（一番）、弘化三年十月「安川亭春秋」（三番）など五冊が収められている。そのほか未刊分として天保五年十月「安川館春秋」、天保十二年正月「□堂春秋」、弘化二年「安川亭書記」、弘化二年五月「安川亭書記」（二番）、嘉永三年「董嶽館春秋」、万延二年「辛酉日記」などの六冊がある。

なお、本稿では紙数の都合もあり、右「日記」に関する注記はできる限り省略させていただいた。

（5）東京都足立区松村侑家文書。

(6) 水戸藩主徳川斉昭の木下街道通行については天保十四年六月十三日「水戸様舟路御通行ニ付鎌ケ谷村御中食被仰付御継立諸事控」(安川厚家文書)などに記されている。なお、木下街道については小池康久氏「鎌ケ谷宿の交通と助郷争論」(『鎌ケ谷市史研究』四、一九九一年)、木下街道の鮮魚輸送については山本忠良氏『利根川と木下河岸』(崙書房、一九八八年)などの労作がある。また、木下街道の概要については市立市川歴史博物館、船橋市郷土資料館、鎌ケ谷郷土資料館、白井町郷土資料館、印西市教育委員会で共同編集した「木下街道展」の特別図録に写真入りでわかりやすく解説されている。

(7・8) 前掲、安川家所蔵亨和三年閏正月「藤原新田銘細帳」(『船橋市史』史料編一、二八九—二九四頁)。

(9) 右同書、二九七—二九九頁。

(10) これら「御用留帳」は『船橋市史』史料編二・三に収められている。また、安川家の当主・相続人については石山秀和氏が「江戸近郊農村にみる手習塾の展開と地域社会——下総国葛飾郡藤原新田手習塾安川舎の事例」(『千葉史学』第三五号、一九九九年)において初代新右衛門(文化十二年没、八四歳)、二代目内蔵之助(文政十年没、七〇歳)、三代目新右衛門(天保八年没、五六歳)、四代目栄之助(明治七年没、六四歳)、五代目新作(明治二十九年没、六四歳)であることを明らかにされている。

(11) 前掲『船橋市史』史料編三、三九三頁。

(12) 右同書、史料編四上、五七五頁。

(13) 右同書、六一七頁。

(14) 右同書、六七三頁。

(15) 右同書、七二一頁。

(16) 右同書、六五一頁。

(17) 右同書、六四三頁。

(18) 右同書、七三七頁。

(19) 右同書、七三八頁。

(20〜24) 弘化二年五月「安川亭書記」(二番)。

(25〜27) 前掲『船橋市史』史料編四上、六二一頁。

(28〜30) 右同書、六一八頁。

(26) 右同書、六二〇頁。

(27) 右同書、六二二頁。

(28〜31) 文政十二年正月「芼斎館春秋」。
(32) 万延二年「辛酉日記」。
(33) 前掲『船橋市史』史料編四上、六一八頁。
(34) 右同書、六五四頁。
(35) 右同書、六六三頁。
(36・37) 右同書、六七五―六七六頁。
(38) 右同書、六四九頁。
(39) 右同書、六八三頁。
(40) 天保十二年正月「□堂春秋」。
(41) 天保五年十月「安川館春秋」。
(42) 注40に同じ。
(43) 前掲『船橋市史』史料編四上、七二五頁。
(44〜49) 万延二年「辛酉日記」。
(50・51) 嘉永三年「董嶽館春秋」。
(52・53) 前掲『船橋市史』史料編一、二九一頁。
(54) 右同書、史料編三、三五五頁。
(55) 右同書、史料編四上、六二四頁。
(56) 右同書、六四三頁。
(57〜59) 注40に同じ。
(60) 弘化二年正月「安川亭書記」、弘化二年五月「安川亭書記」(二番)。
(61) 注40に同じ。
(62〜64) 注60に同じ。
(65) 右同文書。
(66) 前掲『船橋市史』史料編四上、七一九頁。
(67) 注50に同じ。

(68〜72) 注44に同じ。
(73) 前掲松村侑家所蔵「近隣旧事記」には「六ケ宿（木下街道）本行徳村旅人出船之事、寛永八辛未年九月出船御免被仰付御文書左に記」とあって、伊奈半十郎あて酒井雅楽守（忠世）など老中八名連署の渡船禁止条例が記載されている。
(74) 『市川市史』第六巻上、二四〇頁。
(75) 市立市川歴史博物館所蔵、田中弘一家文書。このほか本稿執筆後、山本光正氏が『交通史研究』（第五三号、二〇〇三年）に国立歴史民俗博物館所蔵の寛政三年十月の「番船諸用留」全文を紹介されているが、それにも寛永九年に伊奈半十郎から本行徳村が河岸場を仰せ付けられたこと、番船五三艘に決められたこと、江戸には鎌倉河岸、小田原河岸、行徳河岸、木更津河岸があったことなど行徳船に関する興味深い記事が収載されている。
(76〜80) 前掲『船橋市史』史料編四上、五八一頁、五九八頁、六〇〇頁、六一一頁。
(81) 右同書、六五四頁。
(82) 右同書、六三八頁。
(83) 注50に同じ。
(84) 注44に同じ。
(85) これらの記事は文政十二年「苉斎館春秋」、天保四年「苉斎館春秋」、弘化二年「安川亭書記」（二番）、弘化三年正月「安川舎書記」による。
(86・87) 前掲『船橋市史』史料編四上、七二八頁。
(88) 右同書、七三一頁。
(89) 表5、注60に同じ。
(90) 注40に同じ。
(91) 注60の弘化二年の「日記」に同じ。
(92) 表6、注に同じ。
(93) 前掲『船橋市史』史料編四上、六五六頁。
(94) 右同書、六五八頁。
(95・96) 注60に同じ。
(97) 前掲『船橋市史』史料編四上、七四九頁。

(98) 右同書、六六八頁。
(99) 右同書、六七二頁。
(100) 右同書、六七四頁。
(101) 注28に同じ。
(102) 安川家保存の古文書を見ると、寛政四年九月「諸荷附覚帳」をはじめ荷物駄賃付けに関する記録が数多く残されている（船橋市教育委員会『船橋市安川家史料目録』参照）。
(103) 注60の弘化二年の「日記」に同じ。
(104) 前掲『船橋市史』史料編四上、七一三頁。
(105) 前掲『船橋市安川家史料目録』。
(106) 本稿に登場する江戸商人浅草瓦町武蔵屋、深川六間堀炭屋以外の本所木下川屋、同勝鹿屋（葛飾屋）、神田宮田屋、同叶屋、同亀井屋は、管見の限り「諸問屋名前帳細目」（嘉永四年以後作成、旧幕府引継書目録6、図会図書館）にはそれと思われる商人名は見当らない。
(107) 注50に同じ。
(108) 前掲『船橋市史』史料編三、九四七頁。
(109) 『船橋市史前篇』（一九五九年）三六九頁、享和三年「藤原新田銘細帳」、天保四年「弐番御用留」、天保十三年「村明細帳」など。

第五章　幕末維新期の助郷負担——武州多摩郡の村々を中心として

はじめに

本章は多摩川の支流秋川流域の武州多摩郡五日市の寄場組合三五カ村（表1）を中心として、幕末維新期の助郷負担の実態を究明し、先学の研究(1)を補足しようとするものである。

第一節　幕末期の助郷負担

1　甲州道中宿場への助郷負担

安政四・五年の助郷免除嘆願運動

当地域では将軍の日光社参のとき以外は助郷免除嘆願運動によりおおむね助郷負担を免れてきたようである(2)。しかし、安政四年（一八五七）十一月から翌五年四月にかけて上・中・下平井村（現西多摩郡日の出町）三村では甲州道中の小仏・駒木野両宿への助郷免除嘆願のため村役人をはじめ小前百姓たちが江戸表や駒木野宿へたびたび出向し、最後には老中へ駕籠訴までしたが、その目的を達成することはできなかった。

そこで当時の経緯を記した安政四年（一八五七）十一月の「小仏・駒木野御伝馬御免除願入用勘定帳(3)」により嘆願

表1　五日市寄場組合35カ村名

五日市村
小中野村
戸倉村
養沢村
乙津村
小和田村
留原村
高尾村
館谷村
横沢村
伊奈村
網代村
山田村
引田村
入野村
深沢村
三内村
大久野村
上平井村
下平井村
菅生村
上草花村
下草花村
淵上村
上代継村
下代継村
牛沼村
油平村
雨間村
野辺村
小川村
二ノ宮村
平沢村
原小宮村
瀬戸岡村

出所：日の出町平井三宅茂家所蔵，文政12年4月「組合村々高書・御朱印高・支配領主地頭性名幷三役人連印書付」により作成．

運動にかかわる村々の負担金などについて明らかにしてみたい。

まず右「勘定帳」に記載されている村々の主な支出金明細をみると表2（1～4）のとおりである。

この上平井村の年番名主伊右衛門が記録した「勘定帳」[4]は、伊右衛門のほか組頭弥市・源太郎、百姓代次郎右衛門、下平井村名主淀左衛門、組頭勇次郎、百姓代佐兵衛、中平井村名主作左衛門、組頭友吉、百姓代忠五郎の一一名が立ち合いのうえ作成されたものである。

これら安政四年三月から同五年四月までのおよそ一カ年間に費消した助郷免除嘆願運動の総額は金三一両三分三朱と銭二九貫四〇四文で、これを金に換算すると三六両一分と銭八八文であったことがわかる。

さらにこれを永銭に換算してみると三六貫二六四文となる。これを三カ村の村高九九二石で割ると高一石について永銭三六文五分六厘となる。この割合で三カ村の村高に比例して割り当てると、つぎのとおりである。

上平井村は村高が五四二石なので永銭一九貫八一五文五分二厘（金にして一九両三分と四三九文）、中平井村は村高が二二五石なので永銭八貫二二六文（金にして八両二朱と六七七文）、下平井村は村高が二二五石なので永銭八貫二二六文（金にして八両二朱と六七七文）となる。

このように多額の費用を支出し、村役人や村民が総力をあげて取り組んだ小仏・駒木野両宿への助郷免除嘆願運動ははたして成功したのであろうか。

「勘定帳」の記録を見ると三度願書を差し出したがすべて不首尾に終わり、四度目には老中へ駕籠訴までしたが、これまた受理されず、御下げ渡しとなり安政五年四月二十五日に帰村した旨が記されている。

表2-1　安政4年　小仏・駒木野宿助郷免除嘆願支出金

金額	使途
金4両2分1朱・銭362文	上平井村組頭弥市出府入用
〃 9両3分	同村出府入用78人分雑用
〃 1両2分	同諸事入用
〃 1両1分　・銭188文	下平井村惣兵衛出府入用
〃 4両	同人出府入用32人分雑用
〃 2分	同人へ礼
合計21両2分2朱・銭136文	

出所：表2-1・2・3・4は日の出町平井鈴木孚家所蔵，安政4年11月「小仏・駒木野御伝馬御免除願入用勘定帳」により作成．表中の支出金合計額は実際に計算した額と若干相違しているが，上記勘定帳のとおり記載した．

表2-2　（上平井村立替金）

金額	使途
金2両	出府余時入用
2分	上平井村名主伊右衛門出府雑用
1朱・銭371文	諸社代参・絵馬代
2両	村柄見分の節御出役両人へ菓子料
2両1分　・銭378文	御出役宿諸入用
	内訳　2朱　ま木代
	2朱　林右衛門役人泊り礼
	1朱　源右衛門宿札
	300文　中平井小休札
小計　6両3分1朱・749文	内訳計　2分1朱・300文
金　2分2朱	駒木野出張 5 人分
1朱・銭1貫400文	惣兵衛宅，願書案分勝□入用
2貫218文	役人両度出会入用
7貫600文	役人外□人足賃
3朱・　448文	立替金利分
200文	郷堺見分入用
1貫400文	勘定立合人雑用
1朱	上平井村名主伊右衛門宿礼
1分3朱・　2貫　31文	勘定諸入用
200文	勤□之節□そく
2貫400文	集給
合計　金8両3朱・銭18貫210文（帳面記載額）	

表 2–3　　　　　　　　（下平井村立替金カ）

金額			使途
金	1分2朱		駒木野出張雑用
	1分2朱・銭	300文	江戸まで飛脚雑用
		1貫200文	村役人出張雑用
		436文	御出役送り人足5人分
		571文	諸社代参入用
	1朱		印形間違入用
		100文	引田より状賃
	3朱・	162文	立替金利分
		200文	郷堺見分入用
		600文	勘定立合雑用
		800文	集給
合計	金1両・4貫373文		

表 2–4　　　　　　　　（中平井村立替金）

金額			使途
金	1分2朱		駒木野出張3人分
	2分2朱		願書入用
		銭1貫400 文	村役人出張入用
		436 文	御出役送り人足
		430 文	願書案文立会入用
		315 文	役人出会雑用
		675 文	西之内（紙）89 枚
		850 文	〃　93 枚
		571 文	鎮社代参入用
		244 文	郷堺見分入用
	1朱		立替利分
		600 文	勘定立合雑用
		1貫文	集給
合計	金1両1朱・5貫373文		

文久三年六月遊行上人通行と当分助郷

確かに助郷人馬差し出しによる農民の負担は幕末になるにつれて過重になってくる。中平井村青木十治家「御用留」（一七番）[5]を見ると文久三年（一八六三）六月十九日付の多摩郡下川口村（現八王子市）名主亀五郎、年寄庄左衛門両人あて、同年六月十三日付で支配代官江川太郎左衛門役所からの廻状を示し、遊行上人が御朱印状により、きたる六月二十一日下川口村を出立するので、表3に示したとおり多摩郡二六カ村の村々から人足二八六人・馬二九疋の人馬を差し出すようにと記されている。

また、下川口村名主亀五郎の同年六月十九日未上刻と刻付された書面にも遊行上人が六月二十三日に出立するので同月二十一日暮六ツ時までに書面の人馬を当村法蓮寺会所へ遅滞なく参着するようにと記されている。

このときは上平井村名主重太郎、中平井村作左衛門、下平井村徳左衛門一同が相談のうえ、人馬を雇い揚げすることにして、六月十九日下川口村まで出向き同村の村役人と対談し、馬一疋について銭八〇〇文、人足一人について四〇〇文ずつに取り決め示談が成立した。

そこで下平井村では人足二六人分と馬三疋分の雇い揚げ代金として銭一一貫八〇〇文を手渡して実人馬差し出しの負担を免れている。

元治元年駒木野・小仏宿への当分助郷

甲州道中の小仏・駒木野両宿への当分助郷は水戸天狗党の乱が勃発した元治元年（一八六四）に行なわれた。

これについては中平井村の青木十治家「御用留」（一九番）[6]に道中奉行の御印状や小仏・駒木野両宿役人からの書状などが記載されている。

それを見ると、まず寄場組合五日市村からの急触れとともに道中奉行の当分助郷に関する写しが記されている。

次いで十月十八日付の道中奉行有馬出雲守（則篤）・神保佐渡守（長興）の連署で、今般小仏関所の固めと幕府役人の見廻りのため人馬が多分に入用につき、右御用に限り当分の間加助郷が必要なので小仏・駒木野両宿役人から触れ次第人馬を滞り無く差し出すべし、という趣旨の文言が記されている。

また、この道中奉行の御印状写しにはつぎのとおり多摩郡一九カ村、相州高座郡三カ村の村名が記されている。

元治元年十月十八日の御印状

多摩郡

留原村、高尾村、小和田村、
山田村、小中野村、館谷村、
網代村、横沢村、三内村、戸
倉村、入野村、淵上村、油平
村、牛沼村、代継村、平井村、
五日市村、引田村、雨間村

表3　文久3年6月
遊行上人通行のための助郷人馬数

村名	人足数	馬数
戸倉村	13人	2疋
小中野村	6	
五日市村	12	3
入野村	8	
深沢村	3	
小和田村	5	
山田村	5	1
引田村	(上組)16	2
渕上村	6	
上代継村	10	1
下代継村	10	2
牛沼村	8	1
留原村	11	1
高尾村	6	
館谷村	3	
三内村	8	
横沢村	3	
伊奈村	35	5
網代村	4	
油平村	9	2
雨間村	21	
上平井村	27	
下平井村	26	3
上川口村	(下組) 9	2
	(中組)10	2
	(上組)12	2
合計 人足286人，馬合計29疋		

出所：日の出町平井青木十治家所蔵，文久2年11月～3年10月「御用留」(17番）により作成.

高座郡
矢部村、矢部新田村、大島村

さらに、この御印状には駒木野宿問屋金平、小仏宿問屋代年寄権右衛門、それに定助郷二〇カ村惣代館谷村名主左市の添書も付記されている。

これに対し差村された多摩郡二〇カ村の村々からはつぎのような請書を差し出している。

覚

今般小仏、駒木野両宿当分加助郷被仰付候趣、御印状ヲ以　被仰付一同承知奉畏候、依之御請奉申上候、以上

右名主、組頭連印(7)

なお、この当分助郷について寄場組合五日市村名主勘兵衛、利兵衛から伝馬免除願のため出府して昨夜帰宅したので明二十四日近江屋弁蔵方へ集合されたいとの記述がある。これにより二〇カ村代表が免除嘆願のため江戸の道中奉行所へ出向いたが不首尾に終わったものとみえ、小仏・駒木野両宿からの大急ぎの人足触れが「御用留」(一九番)につぎのとおり記されている。

御伝馬御用

小仏
駒木野　両宿

人足触

大急ぎ

雨間村始め

人足	九拾人	雨間村
人足	六拾人	引田村
人足	弐百人	平井村
人足	七拾人	上下代継村

人足　　三拾人　　牛沼村
人足　　三拾人　　淵ノ上村

また、同「御用留」には十一月二十三日午上刻と記載された駒木野宿問屋金平、年寄仁兵衛、小仏宿問屋代年寄権左衛門名で、このたび甲府表の賊徒・脱走人追討御用として明二十四日講武所役人方や若年寄などが通行するので、御披見次第前書の人足を至急当宿（図1）へ参着するようにしてもらいたい。なお、人足には一カ村一人あて名主方が付き添い、丈夫のものを選んで遣わしてもらいたいとも記されている。

さらに「御用留」の記録十二月一日付小仏・駒木野両宿からの伝馬触れ（写し）にはつぎのとおり記されている。

覚

図1　五日市から甲州道中への道
出所：『五日市町史』309頁により作成．

一、人足五人　　馬一疋　　網代村
一、人足拾五人　　馬一疋　　山田村
一、人足百人　　馬九疋　　平井村
一、人足三拾人　　馬弐疋　　引田村
一、人足三拾人　　馬五疋　　代継村
一、人足拾五人　　馬壱疋　　牛沼村
一、人足拾五人　　馬壱疋　　油平村
一、人足拾五人　　馬壱疋　　淵上村
一、人足三拾人　　馬弐疋　　雨間村

なお、この伝馬触れには小仏宿問屋・年寄幸八、駒木野宿問屋金平、年寄仁兵衛が連名で、甲州道中浮浪の賊徒、脱走人追討御用の役人様方の御用が済んだので、十二月二日には下り江戸方大通行となるため、書面の人馬を明一日暮六ツ時までに当宿へ参着するように堅く申し付けられたこと、そして一カ村一人あて役人衆を付けてもらいたいとも記されている。

ところで、「御用留」の元治二年（一八六五）三月十二日付五日市宿（寄場組合）廻状を見ると、去る十一月中駒木野・小仏両宿伝馬免除願の入用金を取り立てるための調査結果について、つぎのとおり記されている。

一金　拾三両弐分　弐百七拾四文
　右者御伝馬御免除願入用諸懸り共
　此調銭　八拾七貫九拾八文
高三千九百七拾七石七升
　高一石ニ付鐚弐拾四文掛

右によれば一二カ村の村々に対し、高一石につき鐚銭二四文ずつの割合で出府費用を徴収していたことが明らかとなる。

そして上平井村では金一両三分二朱と一五五文、中平井村が金三分と二〇八文、下平井村が同じく金三分と二〇八文ずつの割合で負担していたことが記されている。

したがって、元治元年の当分助郷では多くの助郷人馬を幕府役人継立のために差し出したうえ、道中奉行所への助郷免除嘆願運動の費用まで負担しなければならなかったのである。

2　中山道宿場への助郷負担

文久三年六月板橋宿への当分助郷

文久二年（一八六二）七月、将軍後見職となった一橋慶喜、政治総裁職に就任した松平慶永両人は幕政改革によって幕藩体制の維持・強化に乗り出した。その一環として参勤交代制度を緩和し、これまでの一年おきの参勤をゆるめ、三年一勤として江戸在府期間を短縮し、妻子の国元への帰国を許可した。

このため中山道でも諸大名とその家族、家来、妻子などの引越しのため宿場の人馬継立がいちじるしく増大し、助郷人馬の徴発を必要とした。そこで文久三年六月二十四日付の道中奉行都築駿河守峯輝の触書により多摩郡の村々でも中山道板橋宿への当分助郷を申し付けられた。(8) それらの村々は武州豊島郡、足立郡、多摩郡、入間郡、高麗郡の六二カ村にも及んでいる。このうち多摩郡は三三カ村で、上平井村・下平井村のほか熊川村・戸倉村・養沢村・二ノ宮村・乙津村・留原村・高尾村・引田村・上代継村・下代継村・牛沼村・油平村・雨間村・野辺村・小川村・平沢村などの村々が列記されている。

このような当分助郷の差村に対して多摩郡の村々はどのように対処したのであろうか。

青木十治家「御用留」(一七番)に記載されている「差出申一札之事」(9) には、つぎのように記されている。このたび道中奉行所より板橋宿へ当分助郷を勤めるようにと御印状をもって仰せ付けられ拝見した。しかし、私共の村々は御本丸膳所の上鮎御用や御鷹御用を勤めている。そのほか甲州道中駒木野・小仏両宿へ大通行のたびに助郷人馬を差し出している。そのうえ領主地頭への歩人足を多分に仰せ付けられ、当時勤め中で難儀している。恐れながら御嘆願中ではあるが、御請印形をつかまつるという趣旨である。

この中山道板橋宿への当分助郷については、他に関係史料が残されていないので、どのような結果になったのか明らかにすることはできない。

文久三年十月浦和宿への当分助郷免除願

次いで文久三年(一八六三)の助郷免除願(10)を見ると、江川太郎左衛門代官所、本多修理知行所の武州多摩郡大久野村小前役人惣代八左衛門、伝馬両名の名前で道中奉行所あてにつぎのように大久野村の窮状が詳細に記されている。

私共の村々は上大久野村・下大久野村・北大久野村の三カ村合わせて村高九四四石七斗九升七合で、潰れ屋敷百姓が前々より二四軒、村内道法東西三里、人家がある谷戸合わせて一三谷戸からなっている。

当村はもと一村であったが、その後三分に分かれ、なおまた近ごろ二度の分郷によって八カ村になりきわめて難渋している。川は平井川通りと唱えたがたびたび出水する荒所が多分にできたので、自普請はもちろん国役普請などもお願い申し上げている。

また、男は夏秋の間、昼は農業、夜は猪鹿の番に野小屋へ出かけている。冬春のうちは第一に炭を焼き、薪を拾い市場へ持ち出して売りさばき、諸材木を伐り出していささかの賃銭を取って雑穀を買い入れ、足し合わせにしている。女は農業の間に機を織り出し、それらによって御年貢の足し合わせにしている。

当村の境より浦和宿まで一六里もあり、村内中ごろから奥の者は一回の伝馬勤めに都合五日もかかり難儀である。そのほか御伝馬宿入用や鮎川御運上なども納めている。蚕は農家第一の助けになるが、ごく谷間の場所なので一切できず、脇郷よりはなはだ難儀の村方である。

当村地内の萱山は三五カ村の入会で野火番として十月から三月まで一回に八人あて付け置き、防ぎとして毎年一四四〇人もの人夫を遣わしている。なおまた風が激しいときは加人足の人夫を遣わしている。

萱山守は年中二人で山の入口で守り、萱山運上は三五村で取り立て上納しているが、当村三分にて年番に勤め鐚二貫文となっている。日光御社参の節は武蔵岩槻から江戸まで御伝馬勤めもしている。

これまで申し上げたとおり、私共の村方は萱山の麓にあるごく難渋の村方であり、また山間の冷地なので諸作共実り方が悪く、平年でも平均五分通りのほかは残らず買い入れ、ようやく渡世を営んでいる。ことに萱山は甲州より引き続きの大山で、冬三カ月は悪党共が山のうちに住み込み、人家へ押し入る盗賊もたびたび現われ、山へ住居のよしで野火等もたびたび発生している。

このようなありさまで森の者はもちろん加人足を差し出している。そのうえ近来追々難渋の者が多く年貢の上納にも差し支えるのようになったので、よんどころなく杣木挽きの者たちは他所へ出稼ぎに出ている。そのため老人が多く御伝馬御用を仰せ付けられても平井川、玉川や荒川そのほか小川なども多く御用に差し支え、すでに当三カ年以前甲州道中より近村までは仰せ付けられているが、その節も当村は除外されている。

しかるに、往古より勤めている宿方ならびに定助郷の者共難儀の時節に、新規に助郷差村になってはもとより難渋村百姓たちの困窮がますます嵩み、退転の者もできかねるので恐れも顧みず嘆願する次第である。どうかこのたびの差村助郷の儀は御免除に仰せ付けくださるように、広大の御慈悲を賜われば一同有り難き仕合せに存じたてまつる、という趣旨の嘆願書である。

この中山道浦和宿への助郷免除願は容認されなかったものとみえ、翌元治元年（一八六四）四月になって浦和宿との間に示談が成立した。

その内容は助郷人足を差し出す代わりに浦和宿へ金銭をもって代償とするものであった。元治元年四月十八日付の「中山道浦和宿示談金控」(11)によれば、第一回目の分として金二〇両を借用して浦和宿へ手渡し、そのほか示談のための旅費、雑費金八両二分と銭三貫一一八文を合わせ金三〇両二分と五六文の出費となり、これらは大久野村三分（上・中・下三村）の村々で分割し負担していたことが明らかとなる。

3　東海道宿場への助郷負担

慶応元年五月保土ケ谷宿への当分助郷

幕末の慶応年間（一八六五〜六七）に入ると、第二次長州征伐の軍事輸送などにより東海道の宿場では御用通行の人馬継立数がいちじるしく増大していった。そのため宿場や定助郷村々だけでは人馬継立を円滑に行なうことは困難となっていった。

そこで甲州や武州の遠隔地の村々まで助郷の範囲を拡大する必要に迫られていった。たとえば慶応元年九月東海道小田原宿ならびに定助郷村一一三カ村では道中奉行あてに当分助郷の願書を差し出している。これに対し道中奉行所では同年十一月になって甲州都留郡四八カ村、山梨郡二七カ村、合わせて七五カ村を当分助郷村に指定し、助郷人馬の提供を義務づけている(12)。

このような状況下に多摩郡五日市村、大久野村など二一カ村でも慶応元年五月十四日付で道中奉行土屋豊前守正直・神保佐渡守長興から東海道保土ケ谷宿への当分助郷を仰せ付けられた(13)。

その御印状（写し）には「このたび御進発につき御用状継立をはじめ御供の御役々様多人数通行のため人馬が多く入用なので、右御用につき日割中の継立に限り、左の村々東海道保土ケ谷宿へ当分助郷を仰せ付けられたので、右宿役人共より相触れ次第滞りなく差し出し、宿助郷平等に割り合い相勤むべきもの也(14)」という趣旨の文言が記されている。この道中奉行の「御印状」により当分助郷を仰せ付けられた二一カ村名および村高を示せば表4のとおりである。

また、慶応元年五月三日付の「御進発ニ付人馬遣いの日割他写(15)」によると、東海道品川宿の御進発御用の徴発人馬は五月五日から二十五日ごろまで人足一万六六六二人・馬一一六四疋、この替え人足四六五二人、ほかに用意人足六六六二人、これら人足数は合わせて二万七九九七六人と記されている。

その後道中奉行から五月二十七日付で二度目の御印状が発せられた。それには御進発で多人数が通行し、人馬が多く入用なので、右宿役人より触れ当て次第人馬を滞りなく宿、助郷が平等の割り合いで勤めるようにとあり、さらに甲州道中ならびに脇往還の助郷を勤めている村々に対しては村高の五分通りで日割中勤めるようにと記されている。

また、多摩郡二一カ村が助郷役を仰せ付けられた東海道保土ケ谷宿の定助郷・加助郷・新助郷などで負担する継立人足の総人数は六万人で高一〇〇石につき人足一〇三人三分五厘と記されている。

このような経緯により多摩郡二一カ村（表4）では当分の間東海道保土ケ谷宿から戸塚宿までの道法二里九町の人馬継立に動員されることになった。

しかし、多摩郡の村々から東海道保土ケ谷宿までは相当遠距離になるので実際に人足を出動させることはきわめて困難であった。そこでやむをえず多摩郡二一カ村では雇い揚げ人足で勤めることにした。そして高一石につき人足一人という割合で四三六四人分を金銭による負担で賄うことに決め、保土ケ谷宿役人や定助郷惣代と折衝の結果、つぎのような内容の示談が成立した。

すなわち、右の人足雇い替え賃銭の合計額は金七三二両と永一〇四文六分四厘という大金で、その内金として五月十三日に金二〇〇両を保土ケ谷宿の年寄新兵衛と定助郷惣代三人あてに手渡している。

また、その残金についても遅滞なく納入するという趣旨が記録されている。

これらにより第二次長州征伐に際しては多摩郡の山間部にまで助郷範囲が拡大され、多摩郡二一カ村の村々では東海道通行の幕府征長軍の人馬継立のため多大の負担を強いられることになったのである。

なお、元治二年五月の「保土ケ谷宿御伝馬入用帳(16)」によると北大久野村伝兵衛組では表5に示したとおり、第二次長州征伐が勃発した慶応元年五月金二両一分二朱一六〇文を保土ケ谷宿の御伝馬入用金として、組内九軒で負担していたことが明らかとなる。

表4　慶応元年　御進発につき保土ケ谷宿への当分助郷の21カ村

村名	村高
五日市村	270石9斗　4合96才
小中野村	84石1斗6升
戸倉村	242石3斗7升8合
養沢村	141石2斗3升4合
乙津村	255石6斗5升2合
小和田村	67石8斗3升9合
高尾村	81石6斗2升4合
留原村	73石9斗6升9合
館谷村	40石　6升1合
横沢村	42石6斗9升8合
伊奈村	521石(駒木野・小仏助郷残高)
網代村	55石8斗8升1合
入野村	109石3斗6升8合
深沢村	45石　6升8合
三内村	115石4斗5升8合
大久野村	848石
菅生村	170石9斗4升3合
上草花村	211石4斗2升9合
下草花村	369石　6升
平沢村	385石6斗7升7合
原小宮村	136石5斗5升6合
村高合計	4,364石

出所：日の出町大久野羽生卓史家所蔵，慶応元年5月14日「御進発ニ付東海道保土ケ谷宿より差村ニ相成当分助郷被仰付右御印状写」により作成．

表5　慶応元年5月　北大久野村伝兵衛組保土ケ谷宿への当分助郷負担金

百姓名	負担金	
武兵衛	金1分2朱	201文
米次郎	金　3朱	168文
武左衛門	金2分2朱	523文
平次郎		939文
浜蔵	金1分2朱	144文
勝五郎	金1分	570文
弥左衛門	金　3朱	294文
伝蔵		365文
金蔵		105文

出所：日の出町大久野宮田昇家所蔵，元治2年5月「程ケ谷宿御伝馬入用帳」により作成．

表6　慶応2年　東海道戸塚宿当分助郷負担金割合（第1期分）

村名	雇い替え金賦課対象村高		負担金割合
五日市村	2石 4斗 5升	永 118文 9分 5厘	1朱 381文
〃	132石 9斗 5升	永 6貫 456文	6両 1分 2朱 549文
上平井村	269石 5斗	永 13貫 8文 7分	13両 57文
中平井村	103石 5斗 5升	永 5貫 282文 4分	5両 190文
下平井村	101石 1斗 5升	永 4貫 911文 8分 4厘	4両 3分 2朱 248文
上代継村	83石 2斗	永 4貫 48文 2分	4両 282文
下代継村	96石 9斗 5升	永 4貫 708文	4両 2分 2朱 562文
野 辺 村	80石 6斗	永 3貫 914文	3両 3分 2朱 263文
〃	32石 4斗	永 1貫 573文 3分 4厘	1両 2分 1朱 71文
小 川 村	141石 3斗 5升	永 6貫 864文	6両 3分 773文
〃	13石 5斗	永 3貫 797文 4分	2分 2朱
油 平 村	78石 2斗	永 3貫 797文 4分	3両 3分 321文
牛 沼 村	39石	永 1貫 894文	1両 3分 2朱 128文
瀬戸岡村	140石 4斗 5升	永 6貫 820文 2分	6両 3分 537文
計			63両 永50文
その他	（問屋菓子料）		3分
合　計			63両 3分 永50文

出所：日の出町平井鈴木孚家所蔵，慶応2年3月「東海道戸塚宿江御伝馬当分助郷被仰付御伝馬人足雇替賃銀幷為取替書共取調控帳」により作成.

慶応二年二月戸塚宿への当分助郷

次いで多摩郡五日市寄場組合一〇カ村では慶応二年二月七日付で道中奉行から東海道戸塚宿への当分助郷を仰せ付けられた。しかしながら、戸塚宿までは相当遠距離であり、正人馬で勤めることはきわめて困難であるため、五日市寄場組合の村々では戸塚宿問屋内山仁兵衛・同才助、それに定助郷惣代飯田村名主六兵衛らと談合した結果、同年三月遠隔の村々なので正人馬では勤め兼ねるという理由で人馬を雇い揚げにするという示談が成立した[17]。

その取り交わした規定証文によると、将軍の御進発または還御などの大通行に際しては人馬賄いの見積りが難しいので別扱いとし、その他の諸家など御用通行にあたってはつぎのような取り決めが成立した。

すなわち、一カ年間の勤め人馬の平均見積り高をもって五日市寄場組合一〇カ村の村高二六一〇石五分の五分、つまり半高に対しての示談金として高一〇〇石につき金二〇両ずつを納めることにして、一カ年に合わせて金二六三両と永五〇文を納入することにした。

また、これら雇い替え金の納入時期は三月、七月、十一月の年三回ということで戸塚宿役人ならびに助郷惣代との間で示談が成立した。そして慶応二年三月十七日付で、その第一回分として金六三両と永五〇文を納入し、その受取証文を受領している。

なお、これら人馬雇い替え代金と戸塚宿問屋への菓子代金三分を合わせた金六三両三分と永五〇文を、五日市寄場組合の五日市・上平井・中平井・下平井・上代継・下代継・野辺・小川・油平・牛沼・瀬戸岡の一一カ村で、表6のとおり村高に応じてそれぞれ負担したのである。

第二節　東征軍の江戸進攻と助郷負担

1　甲州道中宿場への助郷重役負担

慶応四年（一八六八）三月六日、勝沼戦争で近藤勇の率いる甲陽鎮撫隊・春日隊を打ち破った東征軍先鋒隊に続いて、同軍本隊も三月八日に甲府城を出発して江戸へ向かって進撃を開始した[18]。

これら東征軍本隊の通行にあたっては甲州道中の宿場や助郷村々に多大の負担を強要した。中平井村青木十治家「御用留」（二三番）を見ると、慶応四年三月九日の酉上刻付の小仏宿問屋幸八・年寄十兵衛・助郷惣代金平から多摩郡五日市村・上平井村・下平井村など二二カ村（表7）にあてた大急ぎの伝馬御用人馬触れには、おおよそつぎのような文言が記されている。

今般、官軍御人数御役々様方莫大の御下向につき書面の人足昼夜にかかわらず、当宿へ触れ当て人数を差し出すようにしてもらいたい。もし、差し出せないときは右役々様の宿所まで出張し、その旨申し立ててもらいたい、という趣旨のものである。

また、この人馬触れには各村々の割り当て人足数が表7のとおり記されている。

これら人足の割り当て基準は村高一〇〇石につき五人と記されているので、村高が多い上平井・中平井・下平井村

表7　慶応4年3月　小仏宿への助郷人足割り当て数

村名	助郷人足数
留原村	8人
高尾村	4人
小和田村	3人
三内村	6人（横沢村と合わせて）
横沢村	
五日市村	14人
小中野村	3人
館谷村	3人
入野村	6人
戸倉村	13人
網代村	2人
山田村	8人
引田村	15人
淵上村	8人
上・下代継村	19人
油平村	8人
牛沼村	8人
雨間村	24人
上・中・下平井村	50人
計	214人

出所：日の出町平井青木十治家所蔵，慶応4年3月「御用留」（23番）により作成．

では五〇人、次いで雨間村二四人、上代継・下代継村一九人、引田村一五人、五日市村一四人などとなっている。

この人足触れにより五〇人を割り当てられた平井村では相談の結果、とりあえず上平井村から人足一三人、中平井村から六人、下平井村から六人合わせて二五人を十一日の暁け方に村方を出立させている。

次いで同「御用留」を見ると三月十日付で八王子宿から発信した官軍先鋒御用掛諏訪因幡守配下の関幸右衛門・藤森武右衛門、内藤若狭守配下の小松多仲・依田三郎兵衛などから多摩郡山田村・代継村・引田村・平井村・淵ノ上村・草花村・菅生村など七カ村の名主・組頭あての廻状が十一日昼ごろ到来した。その廻状を読み下し文にしてみると、おおよそつぎのとおりである[19]。

今般御親征御先鋒甲州路東下につき高嶋より武城まで兵食人馬滞りなく当賄方へ仰せ付けられ候、これによりその宿村々にて兵賦万事差し支えなく差し遣わし申すべく候、右御用滞り無く相済み候まで、男子の分十五歳より五十歳まで他行差し留め申し付け候、宿方より申し談じ次第急速差し出し申すべく候、なお、委細の義は宿役人へ厳重申し付け置き候間、その意を得べく候、以上

三月十日　　官軍御先鋒
　　　　　　御用掛
　　　　　　　諏訪因幡守内
　　　　　　　　関幸右衛門

藤森武右衛門
内藤若狭守内
小松多仲
依田三郎兵衛
武州多摩郡
山田村
代継村
引田村
平井村
淵ノ上村
草花村
菅生村
右村々
名主
組頭

見られるとおり、これには東征軍の甲州道中東下につき兵食人馬の賄方まで仰せ付けられていたことがわかる。そして一五歳から五〇歳までの男子については他行を禁止されるなど、きわめて厳しいものであったことが注目される。なお、このご用状に添えて三月十日丑下刻（午前二時五〇分ごろ）付で八王子宿の問屋七郎右衛門ならびに年寄与三郎から七カ村の役人にあてた書状には、明十一日九ツ時（昼一二時）までに当宿へ出張してもらいたいとも記されている。

表8　慶応4年3月11日・12日　東征軍通行助郷人足の負担

村名	正人足数	雇い替え人足数	雇い替え金高
上・下平井村	50人	50人	12両2分
上・下代継村		36	9両
山田村		16	4両
牛沼村		16	4両
油平村		16	4両
引田村		30	7両2分
雨間村		40	10両
淵ノ上村	8	6	1両2分
計	58	210	52両2分

出所：羽生卓史家，慶応4年3月9日「甲州道中駒木野・小仏両宿より御伝馬人足触之写其外雇替金差出候写」により作成．

これにより山田村・引田村・淵ノ上村の三カ村では先の小仏宿からの助郷人馬の負担と八王子宿への兵賦と合わせて二重の負担を、ほぼ同時に負荷されていたことが明らかになる。

それでは三月十一日・十二日の両日上平井村・下平井村など一〇カ村ではどのくらいの人足を甲州道中の駒木野・小仏両宿へ差し出していたのであろうか。

慶応四年（一八六八）三月九日付の「甲州道中駒木野・小仏両宿より御伝馬人足触之写其外雇替金差出候写（官軍通行につき）[20]」によってみると、表8に示したとおり上平井村・下平井村では三月十一日・十二日だけで人足一〇〇人の割り当てであったが、そのうち五〇人は正人足を差し出し、残りの五〇人分は雇い替えにして、その賃銭は一人につき金一分に換算し、合わせて金一二両二分を駒木野・小仏両宿へ差し出している。

また、淵ノ上村では正人足八人を差し出し、六人分を雇い替えにして金一両二分を差し出している。その他の村々では正人足を差し出さず、雇い替え金で済ませている。

これを見ると、多摩郡の上平井村・下平井村など一〇カ村では三月十一日・十二日の両日で駒木野・小仏両宿へ正人足で五八人と、そのほか雇い替え人足二一〇人分として金五二両二分もの大金を差し出していたことがわかる。

さて、この慶応四年三月の東征軍の大通行にあたって、駒木野・小仏両宿ならびに八王子宿への助郷負担につき村々ではどのように対処していたのであろうか。

慶応四年三月付の三宅茂家文書[21]によると、上平井村・中平井村・下平井村では名主・組頭などの村役人が上平井村伊右衛門宅へ集合して、駒木野・小仏両宿、八王子宿へ人足雇い替えなどの示談金として、上平井村では出人足一人につき金一分、休日の分として一人につき一朱ずつの割合に取り決め、その他の入用金を合わせ、つぎのとおり徴収している。

すなわち、上平井村では金一八両三朱と銭七貫五五六文、中平井村では金一〇両一分二朱と四貫五四九文、下平井村では金一〇両二分三朱と八貫五四一文ずつ集金しているが、これら三カ村分を合わせると、その負担金は実に金三九両一分と銭二〇貫六三〇文の多額となっている。

これを当時の銭相場金一両につき九貫八〇〇文として負担金をすべて銭に換算してみると、その総額は四〇四貫七八文にのぼっている。これを三カ村の総石高で割ると一石につき銭四〇八文となる。

これらの負担金は平井村の欠《はけ》の上組では一九貫四〇〇文、当時の金に換算して一両三分二朱と一貫一七文であった。また、本町組では銭一九貫五〇二文、金に換算して一両三分二朱と一貫一二文であった。さらに新町組を見ると一九貫四四八文、金に換算して一両三分二朱と三貫七二文であった。続いて谷ノ入組を見ると一六貫二一文、金に換算して一両二分二朱と五四八文であったことがわかる。

なお、この帳面の末尾には「辰（慶応四年）三月十四日改め[22]」と記載されている。

さて、ここで再び青木十治家の慶応四年三月付の「御用留[23]」（二三番）をひもといてみると、今度は三月十七日付で江川太郎左衛門役所から多摩郡三一カ村（表9）あての当分助郷に関する廻状が記されている。

表9　慶応4年3月17日付甲州道中駒木野・小仏両宿当分助郷村々

留原村
引田村
網代村
大久野村
入野村
瀬戸岡村
上・下代継村
二ノ宮村
高尾村
雨間村
横沢村
戸倉村
淵ノ上村
原小宮村
上・下平井村
平沢村
小和田村
小中野村
山田村
小川村
油平村
上・下草花村
五日市村
野辺村
館谷村
伊奈村
三内村
牛沼村
計31カ村

出所：青木十治家，慶応4年3月「御用留」（23番）により作成．

それには、勅使御下向そのほか諸家余時通行が嵩み、小仏・駒木野両宿の助郷だけでは勤め兼ねるので、その村々に対し当分助郷を願い出ているので、両宿より触れ当て次第人馬を差し出し、差し支えなく勤めるようにとの趣旨の文面が記されている。

また、この廻状には駒木野・小仏両宿問屋佐次右衛門・年寄新太郎、それに両宿助郷惣代安右衛門・太市から三一カ村あての同趣旨の添状が付されている。

次いで三月二十日付の引田村名主源藏から中平井村・下平井村・淵ノ上村・上代継村・下代継村・牛沼村・油平村・雨間村・山田村など九カ村あての「急廻状」を見ると、江川太郎左衛門役所から甲州道中小仏宿へ伝馬勤めをするようにとの差紙が到来したので、急速八ツ時（午後二時）までに拙宅へ集合願いたいとの文面が記されている。

その後三月二十三日付で引田村名主源五右衛門から九カ村の役人あてに廻状が到来したが、それによると下代継村名主安兵衛が八王子宿へ出張し、宿場の問屋ならびに助郷村々と相談のうえ、内藤新宿旅宿の御掛り様へ詳細につき申し立てるようになったと記されている。

また、三月二十二日付で八王子宿へ出張中の下代継村名主安兵衛から引田村名主田中源五右衛門あての書状によると、今朝八王子宿加助郷惣代が内藤新宿へ出立する旨が記載されている。

さらに青木十治家「御用留」（一二三番）に記載されている三月二十四日付の駒木野・小仏両宿の問屋作次右衛門・年寄新太郎からつぎの二〇カ村あての急廻状によると、勅使ならびに官軍先鋒御用として甲州道中通行の因幡藩・土州藩兵継立のための当分助郷を仰せ付けられた旨が記されている。

雨間村、原小宮村、山田村、小川村、上草花村、下草花村、淵ノ上村、野辺村、菅生村、牛沼村、二ノ宮村、上平井村、下平井村、引田村、平沢村、大久野村、上代継村、下代継村、瀬戸岡村、油平村

やがて三月二十九日になると引田村源藏、大久野村伝蔵から山田村・大久野村・上平井村・中平井村・下平井村・菅生村・瀬戸岡村など七カ村の役人あてに小仏・駒木野両宿から人馬触れが到来し、大至急に談判したいことがある

ので、二十九日九ツ時までに源藏方へ集合してもらいたいとの通知があった。

また、三月二十九日付の小仏・駒木野両宿から山田村・渕ノ上村・油平村・牛沼村・上代継村・下代継村・上平井村・下平井村・引田村・雨間村・大久野村など一一カ村あての「御勅使様御伝馬触」大急ぎ御用によると高一〇〇石につき五人あての人足を差し出してもらいたいと記されている。

一方、三月二十八日付の駒木野・小仏両宿の問屋佐次右衛門、年寄三郎右衛門・権右衛門、定助郷惣代の上椚田村名主安右衛門から右一一カ村の名主あての廻状を見るとつぎのように記されている。

総督府柳原（光愛）殿ならびに親兵の浜松の人数通行の達しがあり当惑している。そこで余儀なく甲府出陣先ならびに支配同所様へ村々より再応申し遣わした始末を申し立てたが、早急に人馬継立・賄方共宿助郷が申し合わせすべて差し支えがないように取り計らいするように仰せ渡されたので、前書人馬につきこの御触を御覧になり次第、当両宿へ参着するように堅く申し付けていただきたい。

もし、違反するような村々があれば厳しく申し立てするように仰せ付けられているので、念のため心添えまで申し達し置く次第である。なお、急流しのため御覧のうえ御請印をされ、この者へ返却していただきたい、という趣旨の廻状である。

なお、この廻状の末尾には一カ村の出人足につき村役人が一人ずつ付き添い一刻も早く到着するように頼み入る、との添書が付されている。

さらに三月二十九日辰中刻（午前八時ごろ）付で横山宿（八王子宿）問屋七郎兵衛・助郷惣代鑓水《やりみず》村友右衛門から代継村・山田村・引田村・油平村・上平井村・中平井村・下平井村・大久野村など八カ村の村役人あてに書状が到来した。

それによると今般御勅使様が甲府表より下向し、当宿へ御泊まりになるので、先般触れ当てておいた人足を今夜正五ツ時までに当宿へ参着し、御役を勤めるようにと申し遣わされたので、この廻状の村名下へ請印を押して順達し、留まり村よりご返却願いたいというものである。

なお、それについては酉上刻（午前六時）までに高一〇〇石につき人足三人ずつ差し出してもらいたい、との添書が付されている。

こうしてみると、多摩郡の村々では慶応四年三月には莫大な人数の東征軍通行のための当分助郷として駒木野・小仏両宿には第一次の三月十一日・十二日、次いで第二次の三月十七日、さらに第三次の三月二十四日というように三回にわたって負担を強いられ、そのうえ第四次として三月二十八日・二十九日の両日には総督府ならびに浜松藩の軍勢通行にあたっては駒木野・小仏宿と横山宿双方の宿場にそれぞれ助郷人足を差し出していたことがわかる。

これは明らかに甲州道中の二つの宿場への助郷重役負担であったといえる。これら負担金の総額はどのくらいになったのであろうか。第一次〜第三次までの助郷人足は高一〇〇石につき人足五人、第四次の場合は高一〇〇石につき三人であったと推測されるので、その割合で負担総額を計算してみよう。

たとえば上・下平井村では第一次の三月十一日・十二日には駒木野・小仏両宿に対して正人足五〇人、雇い替えとして五〇人、合わせて一〇〇人分の負担金は人足一人金一分（金一両は四分）として換算してみると、金二五両の割合となる。したがって助郷課役三回の上・下平井村では人足三〇〇人であるからその負担金は合わせて金七五両という計算になる。

それから第四次の総督府一行の通行にあたっては高一〇〇石につき人足三人の割合で差し出しているから、上・下平井村では一日三〇人、二日で六〇人となり、その負担金は一人金一分として計算してみると金一五両となる。

これにより第三次分までの七五両と第四次の一五両を合わせると、金九〇両もの大金を上・下平井村では負担していたことになる。もちろん、負担金は村役人などの準備打ち合わせのための費用や出動人足の宰領、そのほか予備人足などの費用を加えると、右の金額をさらに大幅に上回るものとなろう。

なお、慶応四年六月二日付の「駒木野・小仏両宿御伝馬金高割帳」(24)によると、同年三月から五月晦日までの四カ月間の五日市村ほか一二カ村の両宿への当分助郷負担金は表10のとおり、村高合わせて一九九〇石二斗一升八合九勺六才のうち伊奈村の増助郷高一二六石を差し引いた残高一八六四石二斗八合九勺六才に対して高一〇〇石につき人足三〇人の割合で賦課されていたことがわかる。

そしてこれら雇い替え買揚金として人足一人につき金二朱あての割合として、高一〇〇石につき金三両三分がかかりで村々に賦課し、合わせて金五〇両二朱と五〇〇文を村々から徴収し、これを両宿問屋ならびに定助郷惣代に手渡している。

表10　慶応4年3月～5月　五日市村ほか12カ村駒木野・小仏両宿当分助郷負担金・雑用金一覧表

村名	負担金	雑用金
五日市村	10両　2朱　370文	3分　2朱　385文
小中野村	3両　2朱　335文	1分　358文
戸倉村	9両　1朱　290文	3分　1朱
小和田村	2両　2分　478文	2朱　454文
高尾村	3両　668文	1分　264文
館谷村	1両　2分　275文	2朱　106文
横沢村	1両　2分　1朱　393文	2朱　201文
網代村	2両　1朱　361文	3朱　3文
入野村	4両　1朱　425文	1分　1朱　605文
深沢村	1両　2分　3朱　26文	2朱　287文
三内村	4両　1分　186文	3分　2朱　141文
留原村	6両　3分　1朱　126文	2分　1朱　537文
伊奈村	126石増郷のため免除	3朱　3文
13カ村計	49両3分1朱と5貫941文	5両3分3朱と3貫604文
金にして	50両　2朱と　500文	

出所：あきる野市立五日市郷土館所蔵，萩原家文書（マイクロフィルム）
慶応4年6月2日「駒木野・小仏両宿御伝馬金高割帳」により作成.
注1：伊奈村を除く12カ村高計1,864石2斗8合9勺6才.
2：高100石につき人足30人.
3：買揚金100石につき金3両3分.

また、右のほか両宿の当分助郷にかかわる雑費として金五両三分三朱と銭三貫六〇四文を各村々へ割り当て徴収していたことも記録されている。

さらに「御伝馬金高割帳」(25)によると、明治元年十月には五日市村ほか一二カ村では甲州道中の御用通行が多いため当分助郷を仰せ付けられたが、遠路のため正人馬では勤め兼ねるので御免除になるまでの示談金として金四〇両を小仏・駒木野両宿ならびに定助郷惣代兼駒木野宿の問屋佐次右衛門に手渡し、これにかかわる費用金五両一分二朱一一六文と合わせ金四五両一分二朱一一文を五日市村ほか一一カ村で負担していたことが確認される。

以上が多摩郡の村々からみた慶応四年三月～五月、同六月～十月に至る間の甲州道中駒木野・小仏両宿ならびに横山宿への助郷負担のあらましである。

2　東海道宿場への兵食人馬賄い負担金

他方、多摩郡村々への官軍通行のための助郷人馬の負担は甲州道中のほか東海道の宿場にまで及んでいたことが注目される。

先にも紹介した青木十治家「御用留」(一二三番)[26]を見ると、三月十五日付で江川太郎左衛門手代富沢正右衛門、米倉丹後守内海老原鎌次郎・織田従右衛門・河合修輔から上・下平井村などつぎの一三カ村の名主・組頭あての「御親征御用」の触書には、「今般御親征につき官軍通行の節、兵糧御役人馬御継立御用を仰せ付けられたので、その村々に申し談ずることがあるので、早々罷り出でくださるべく候、且つ右御賄御用途金として高一〇〇石につき金三両あてその節持参されたい」という趣旨の文言が記されている。

(多摩郡一三カ村)

上平井村、下平井村、油平村、引田村、上代継村、下代継村、山田村、伊奈村、館谷村、深沢村、入野村、五日市村、川口村

次いで三月十六日付の引田村惣代年寄源蔵から平井、山田、代継、油平など四カ村の名主あての廻状を見ると、今般東海道神奈川宿から官軍御用御伝馬を触れ当てられたことについて相談したいことがあるので、御苦労ながら明十七日九ツ時までに拙宅へ神奈川宿からきた廻状に請印を押した印鑑を持参のうえ不参しないよう集合くだされたい。また、この廻状御披見のうえ大至急順達し、留り村よりご返却くだされたいと記されている。

これにより多摩郡村々では甲州道中通行の東征軍の人馬継立の負担とほとんど同時期に東海道神奈川宿への助郷人馬の負担を強いられていたことが明らかとなる。

この東海道神奈川宿への助郷負担については慶応四年三月付で東海道御用掛り役人あてに小仏・駒木野両宿ならびに伊奈村・網代村・横沢村・館谷村・三内村・高尾村・留原村・入野村・小中野村・戸倉村・深沢村・小和田村など

一二カ村の役人連名で役人惣代年寄三郎左衛門・新兵衛から嘆願書を提出している。

それにはつぎのような文面が認められている。このたびその御筋様より東海道神奈川宿へ御用を勤めるように仰せ付けられたが、官軍御用として御役々様方多分御通行遊ばされるので、左の村々の儀はその御筋様へお願いし、甲州道中小仏・駒木野両宿へ御用昼夜とも人馬詰め切りで勤めているので、なにとぞ格別の御慈悲をもって御免除くだされたくひとえにお願い申しあげる、という趣旨のものである。

その後慶応四年四月一日付の江川太郎左衛門手代の富沢正右衛門から多摩郡下草花村・大久野村・上平井村・下平井村など三〇カ村の村役人あての触書には、おおよそつぎのとおり記されている。

今般御親征のため駅々官軍通行の兵食人馬御賄御用につき総督府よりの通達によれば、甲州道中または中山道筋へ定・加助郷を勤めている村方は継立人馬勤めは免除となるが、今般の御賄い御用向きについては、すべて神奈川宿から品川宿まで当方の手持ちに仰せ付けられたので、右御用途金高一〇〇石につき金三両の割合をもって当月五日までに差し遣わしてもらいたいというものである。なお、多摩郡三〇カ村の村名を紹介すればつぎのとおりである。

下草花村、二ノ宮村、淵ノ上村、大和田村、梅坪村、矢(谷)野村、楢原村、犬目村、戸吹村、宮下村、留原村、高月村、小川村、野辺村、雨間村、瀬戸岡村、原小宮村、平沢村、三内村、大久野村、牛沼村、上平井村、下平井村、油平村、引田村、上代継村、下代継村、山田村、伊奈村、館谷村

これら東海道官軍通行の兵食人馬賄い負担金については、先の「御用留」[27](一二三番)を見ると、四月四日付で雨間村名主太郎右衛門、下代継村名主両名から牛沼村・菅生村・油平村・瀬戸岡村・雨間村・下平井村・小川村・中平井村・野島村・上平井村・平沢村・山田村・上草花村・引田村など一四カ村名主あてに、東海道神奈川宿の御親征御用掛り富沢正右衛門より高一〇〇石につき金三両あて上納するよう御廻状が到来したので、談判したいことがあるので、きたる七日早朝引田村西上様まで御苦労ながら出張してもらいたい、という趣旨の文面が記載されている。

次いで四月十四日付の東海道先鋒総督会計方から多摩郡五日市村ほか三四カ村にあてた通達を見ると、今般官軍兵

食賄人につきその村々ならびに組合村々共高一〇〇石につき白米三俵（四斗入り）と金三両あて、当月十五日から晦日までに米金とも相違無く持参のうえ差し出すこと、その節一村限り高請書を添え品川宿官軍賄い所まで納入することとある。

また、遠村にて正米運送難渋のところは、時の相場をもって金納してもよい。もっとも、右については追々朝廷より御下げ金になるが、その節は相当の歩合を付けて遣わすので、そのように心得ることと添え書きされている。なお、江川太郎左衛門手代より相触れ、まだ納入していない村々は右請書をもって前書の個所々々まで申し出ることとあるが、文末には組合村々にて親村より触れ出した廻状の村々名下へ請印をしたうえ、刻付をもって急いで順達し、留まり村よりこちらへ差し返すように記されている。

さらにこの「御用留」[28]の寄場五日市村名主勘兵衛・利兵衛からの通知文には、東海道品川宿官軍賄方より御印状が到来したので、きたる二十三日早朝に近江や弁蔵方へ集合されたいという文面が記されている。

この近江屋弁蔵方での集会ではどのようなことが談合されたのか明らかでないが、慶応四年閏四月付の多摩郡二〇カ村の惣代引田村名主嘉右衛門・下草花村名主半兵衛・大久野村六郎右衛門から会計方役人あての長文の嘆願書には、つぎのとおり記されている。

（多摩郡二〇カ村）

山田村、油平村、牛沼村、上代継村、下代継村、上平井村、下平井村、引田村、雨間村、大久野村、菅生村、上草花村、下草花村、淵ノ上村、瀬戸岡村、原小宮村、小川村、野辺村、二ノ宮村、平沢村

このたびの官軍通行にあたっては甲州道中小仏・駒木野両宿への伝馬御用を勤めていたが、そのうちに八王子宿からも人馬を差し出すようにとの達しがあり、昼夜の別なく同宿へ御用を勤めている。

ところが、その後間もなく東海道神奈川宿・川崎宿からも高一〇〇石につき金三両と俵米三俵あてを持参せよとの御賄方からの御触があり、金子を取り集めていたところ、またまた小仏・駒木野両宿から早々請印をするようにとの

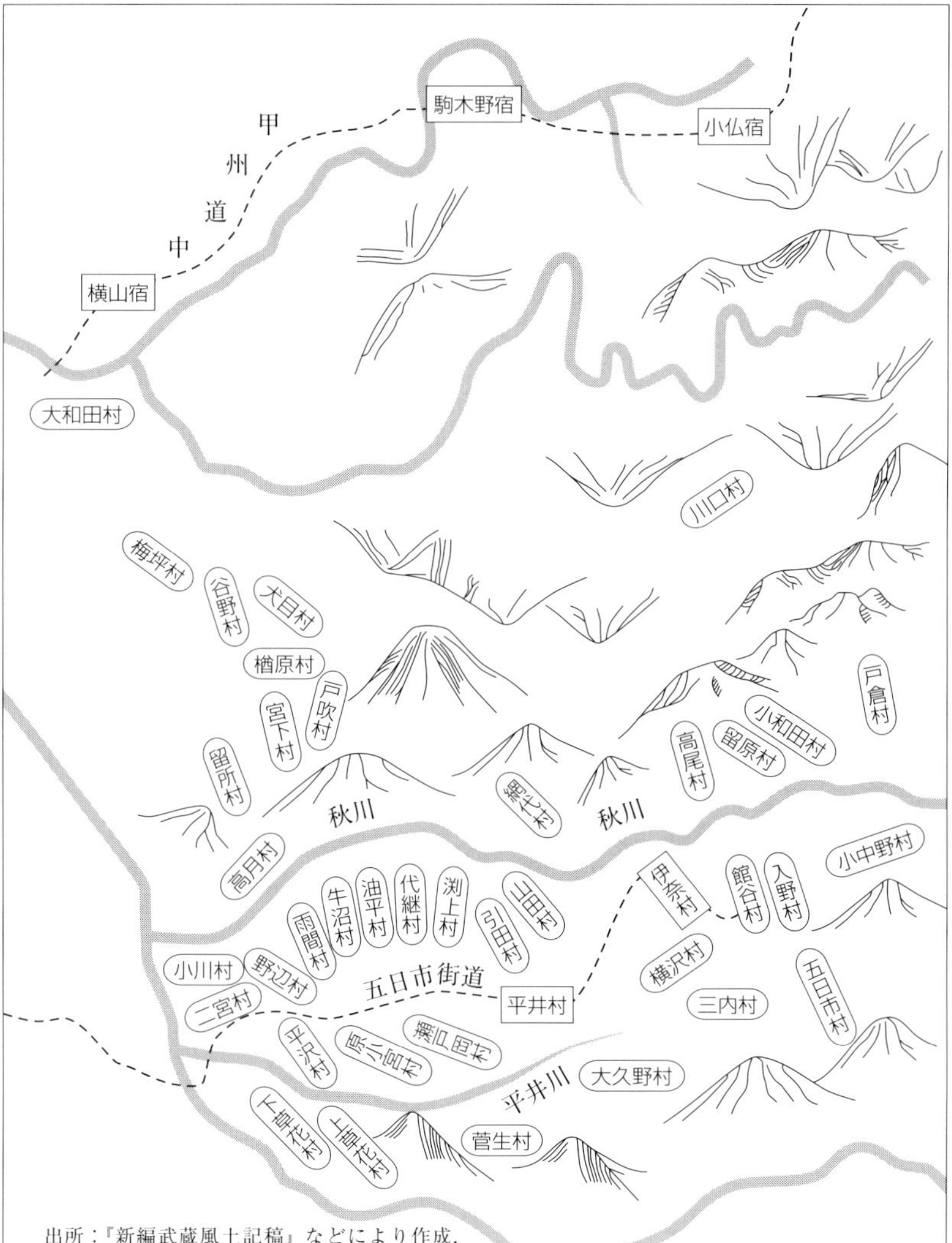

出所：『新編武蔵風土記稿』などにより作成.

図２　慶応４年　東征軍通行助郷・賄い金負担関係村々

お達しがあった。

そのうえ八王子宿からはたとえ御印状がなくても人馬を差し出すようにとの差図があったので、当分助郷の村々では連印をもって先月二十九日に参議役人中様へ右の趣を差し含んでいただくようにお願い申し上げたところ、稲葉勝之助様の取り扱いをもって御聞き届けになった旨仰せ渡された。

そこで帰村のうえ村々大小の百姓一同にその旨申し渡しておいた。これにより両宿両役の勤めとなるが、それのみでなく東海道宿方賄方御用途金を上納すれば、二重三重の勤めとなるので、なにとぞ格別の御慈悲をもって一宿一方への伝馬勤めとなるようひとえに御憐憫のご沙汰をお願い申し上げる、という趣旨のものである。

この嘆願書が聴許されたかどうかについては、慶応四年閏四月二十一日付の「御用留」中の多摩郡一三カ村惣代の引田村名主源五右衛門・雨間村名主太郎右衛門から江川太郎左衛門手代の富沢正右衛門にあてた「差上申御請之事」[29]を見ると、親征官軍通行兵食人馬賄金高一〇〇石につき金三両出金の件は中山道、甲州道中筋の御用人馬を勤めているので免除されたという趣旨の記録があるので、聴許されたものと見られる。

第三節　維新政府の成立と助郷負担

1　甲州道中宿場への助郷重役負担免除願

明治元年九月「甲州道中小仏・駒木野両宿ゟ御伝馬差村ニ相成御免除願歎願書之写」[30]によると、多摩郡引田村をはじめ一七カ村では新政府の民政裁判所あてに小仏・駒木野両宿への助郷を免除してくれるように長文の嘆願書を差し出したが、それにはつぎのような趣旨が記されている。

当年三月中官軍東下につき山田村ほか七カ村へ人足を差し出すよう廻達があった。それには厳重の御文言があり、一途に官軍方実々御下知と心得、遠隔難所高山・大川を越え、御継立御用を勤めていたが、御先鋒御用掛り諏訪・内藤両藩より一七カ村一同へ御印状をもって八王子宿へ人馬勤め方を仰せ付けられた。

その際、山田村ほか七カ村では一事両端の勤めで難渋の旨申し立てたが、小仏・駒木野両宿には聴き入れられず、八王子宿へ再勤仰せ付けられたので、余儀なく外村同様人足を差し出し継立御用を勤めた。

その後も江川太郎左衛門役所から私共村々へ当分助郷を勤めるよう触れ流しがあった。しかるに、その頃東海道兵食御賄いを仰せ付けられ、心痛いや増し重役勤め難い旨嘆願し、皆御免除になった。

そのうえ重役の勤め方仰せ付けられては不容易の儀につき、御先鋒御掛り様より御印状をもって仰せ付けられたとおり、八王子宿へ一方勤めをしたい旨御参謀様へお願いしたが、御取り用いにならず、以来、八王子宿勤め方仰せ付けられ、勤役を果たしていたところ、またまた小仏・駒木野両宿役人共種々周旋いたし、霞ケ関御会計局より再御印状を頂戴したので村々へ廻達いたし、一同拝見したところ驚き入り、早速惣代をもって同局へ嘆願のうえ、願いのとおり両宿の分は皆御免除仰せ付けられた。

以来、八王子宿一方加助郷御書下げに仰せ付けられ、帰村のうえ早々小前末々まで申し聞かせ一同安心していたところ、去る五月二日柳原様上申のみぎり、御印状をもって八王子宿へ人馬差し出し勤めるよう仰せ付けられ継立御用を勤めていた。

ところが、またまた小仏・駒木野両宿の役人共右御役々様御通行後に甲州郡内花咲宿まで追いかけ、八王子宿加助郷御免除を願い、五月七日より小仏・駒木野両宿への加助郷を勤めるよう御印状を賜わった。その厳命は恐れ入りたてまつるが、柳原様御通行後大通行はなく、ことにその頃雨天が続き大洪水にて川止めゆえ御用御伝馬継立もなく、いささかの通行があっても両宿の定助郷を勤めてきた一九カ村にて高七八〇〇石余、合わせ高一万五七八八石外宿へ差し合わせはなくまったく両宿一方勤め、在来の村々へ高一〇〇石につき定助郷八人、加助郷四人の割合をもって触れ当てれば、日々九四三人の人足があり、そのほかに宿立人馬定式の者二五人・二五疋、それらをもってどのような大通行にも差し支えはないはずである。

すでに先だって柳原様御通行の節さえ人足触れ一六〇人の御達し、その後はいまだ大通行もなく、いわんや八王子宿へ勤めている私共一七カ村へ二重の勤め方をさせるよう御印状を願い立てるのは御用差し支えるとの偽り雇い替え賃銀を受け取る所存にて強願つかまつるものと承知している。

右の趣き甲府表御会計局へ恐れながら嘆願たてまつり、当分助郷は皆御免除になり、以来大通行当日のみ高一〇〇石につき人足三人よりは一人たりとも取り立てしないよう御印状をもって宿方へ仰せ渡された。

しかるに両宿役人共日々大通行などと偽り、通行の有無にかかわらず雇替え賃銀を出金いたさせるよう掛け合いに及び、困窮の百姓共一同難渋つかまつり、余儀なく再々応御愁訴に及んだ。その節は民政裁判所御開所のことゆえ、八王子宿御取り締まり安田源之丞様、御参謀附属武田恵一郎様、松下勝之助様へ嘆願書を差し上げたところ、願書御預かりになり、その御筋へ進達に及ぶべく追って御沙汰あらせらるべく仰せ聞かされ、いまだ嘆願中であるので、不勤と申す訳には恐れながら承服なり難い。

元来、私共の村々はまれな難所であり、また貧村なので当時節柄になって農間渡世を失い、追々潰家が多くなり、既に袖乞（乞食）をしている者も多く必至と難渋の折柄、遠隔の両宿へ御伝馬を勤めるには一役勤め往返五、六日もかかり、これに加え両宿役人共は邪欲よこしまの者にて私共村々を掠め、宝永度からの加助郷であるなどと申し立てている。

さらに、御用が差し支えると偽り、たびたび重き御印状を頂戴し、私共村々へ差し向け難渋いたさせ、すでに最初自己の触れ当てにて山田村・引田村・淵ノ上村・代継村・牛沼村・油平村・雨間村・平井村の八カ村で人足を差し出した際にも山中愚昧の百姓共と侮り、不相当の触れ当てをしている。

そのうえ、案外の重荷を掠め、自然正人馬勤続ができないように仕向け、よんどころなく雇い替えを頼んだが、人足一人につき金二分あて差し出すよう強談の掛け合いにつき、ようやく侘び入れ弱人足の分一人前金一分あて差し出し、合わせて金五一両と正人足五七人を勤めた。

しかし、これも御上《かみ》の下知ではなく、まったく佐次右衛門自儘の私欲に取り掠める仕合せであった。それゆえに窮民共一同右同人非義の仕向けと憎み、その後まったく御印状にて仰せ付けられても、小前の者共、またまた偽りと心得、村役人が触れ当てしても人足出勤せず、このため当惑している。

ことに両宿までは山川の難所を越え、五、六里の距離を往返するので正人馬勤めも難しく、雇い替え賃銀でも困難なので憤激悲願しているため、村役人一同ほとんど当惑している。この段御見慮のほど願いたてまつる。

それから八王子宿へ御伝馬を勤めたところ、手近のことゆえ、一役一日にて勤まり、万一人足が不足した場合、その分雇い替えに頼んでも宿役人はそれほど法外のことを云わず、人足一人につき銀五匁の振り合いでやってくれている。

しかるに、小仏・駒木野両宿役人共は取り計らってくれないので嫌気がして、このうえどのようなことがあっても両宿勤めは御免除成しくだされ、八王子宿ならびに私共村々双方一紙にて御参謀様へ願い出て八王子宿一方勤めを仰せ付けられ、なおまた霞ケ関にて会計局より八王子宿勤め方御書き下しをもって仰せ付けられた。

ところが、またまた両宿へ人足を差し出すようになっては、これまでたびたびの御免除の御沙汰ならびに御威光の数々が潰れ恐れ入りたてまつる。

かつまた元治元年十一月中甲州路へ浮浪共立ち回り、右追討として御役々様が差しかかり大通行につき、御支配役所より御触れ流しをもって山田村ほか七カ村へ人馬を差し出すよう仰せ付けられ、その節人馬差配として御手代衆御出張なされ、村々役人を呼び立てのうえ種々御理解仰せ聞かされ、御支配へ対し火急大切の御用と心得、不服ながらとりあえず人足を差し出し勤めていた。

すなわち、正人足一〇三八人、そのほか雇い替えの分五八七人、この賃銀七三両一分二朱を差し出したが、その節定助郷へは一切人足を触れ当てせず、右八カ村合わせ高二三四〇石へ右のとおりの人足を触れ当て勤めさせ、大通行が終わったあと、右の人足を三日の間差し止め置き、無益の雑費がかかってしまった。

そのため村々困窮の百姓共親族の養い方にもよくよく差し支え、その節御伝馬役不案内の者へ四人掛りを二人に持たせ、なおまた折り返しなどまで勤めた。このような遣い方のため小前の者一同人気が立ち、村役人の取り計らい方にも差し支えた。

しかるに、翌丑年五月中に右賃銀御下げ渡しになると受けたまわったが、右村々へは賃銭をいささかも渡さず、これがため佐次右衛門の私欲横領と認められ、両宿の御伝馬役は勤め難いと申し立て村役人一同当惑している。

これにより先般高一〇〇石につき三人勤めの義も、是非共皆御免除くださるよう嘆いているので、余儀なくこのたび御愁訴願い上げたてまつる。

かつ駒木野が申し立てるには在来加助郷などと唱えているが、右のような訳ではなく、古来から日光道中・東海道・中山道宿々へ余時大通行の節はその時限りに御用を勤めていたことはあるが、これまたありきたりの加助郷と申すべきか、いわんや無縁の大久野村・菅生村・瀬戸岡村・草花村・原小宮村・平沢村・二ノ宮村・小川村・野辺村の右九カ村を同様の趣意に書きくるめ、たびたび御印状を願い尊眼(顔)を労したてまつり言語同断の次第である。

右のような強欲の宿方へいささかなりとも助郷を勤めるようでは今般の宿意かたがたどのような仕向けをいたされ、近年格別疲弊している百姓共が、このうえどのような難渋に陥るのか計り難いので、恐れ多くもこの段嘆願たてまつる次第である。

なにとぞ御慈悲をもって前段の廉々幾重にも御憐察成しくだされ、小仏・駒木野両宿助郷のことは皆御免除仰せ付けられ、貧窮の村々が助かるよう御仁恵の御沙汰を願い上げたてまつる、というものである。

なお、この嘆願書は十一月十三日付で民政裁判所あてとなっているが、いったん江川太郎左衛門役所を経て駅逓役所に差し出され、同年十一月になって願いのとおり小仏・駒木野両宿への助郷は免除となり、八王子宿一方勤めの当分助郷を仰せ付けられている。

しかし、さらにその後文には十二月二十三日付で「駒木野・小仏両宿御伝馬御免除余時入用」が記録されている。

それには金一八五両、永銭銀に換算して一八五貫とあり、一六カ村の合わせ高六六三三石八斗七升で割り、高一石につき永二七文八分九厘と記されている。

そのほか諸雑用として金一四四両三分三朱と永二三貫五八〇文、これを永銭に換算して一四七貫二〇四文八分とある。これから下草花村の分の永一貫六八七文を差し引いた残り、永一四五貫五一七文八分を高六六三三石八斗七升で割ると高一石につき永二二文となる。

これら余時諸雑用二口を合わせると高一石の負担が永二二文となる。

さらに同年十二月二十三日に八王子宿で大坂屋喜左衛門方で村々が集会し、八王子勤めの示談が行き届いた旨の対談書を渡したが、その際の会場費・茶代・酒肴代などの費用が金六両一分一朱と銭三貫九七二文であったことも付記されている。

以上は多摩郡中平井村の名主青木作左衛門の記録である。

2　御臨幸につき東海道小田原宿への助郷負担

維新政府は慶応四年九月八日明治と改元し、一世一元の制を定めたが、それとあいまって明治天皇の東京への御臨幸を奏請した。天皇は九月二十日京都を出発し、十月十三日に東京に到着された。この東京御臨幸にあたって多摩郡の村々は東海道小田原宿への当分助郷を仰せつけられた。

すなわち、明治元年十月「御臨幸ニ付東海道小田原宿ゟ御伝馬差村ニ相成御裁判所ゟ御触書之写其外諸文控[31]」にはつぎのとおり記されている。

今般就御臨幸人馬多入候間、先般小田原宿定助郷村々当分助郷相触置候処、右村々ニ而者人馬引足兼候ニ付、右御日割中右之村々増当分助郷申付(候脱カ)間、右宿役人共ゟ相触次第無滞差出平等割合遅参不参無之様可相勤者也

辰十月二日民政裁判所御判

表11　明治元年10月　御臨幸につき東海道小田原宿への当分助郷負担の村々

大宮前新田村	多摩郡	今寺村	多摩郡
新井村	〃	塩舟村	〃
橺原村	〃	今井村	〃
井口新田村	〃	大門村	〃
谷田村	（谷野カ）	吹上村	〃
太郎丸村	比企郡	下師岡村	〃
上横田村	〃	上師岡村	〃
笠原村	〃	乗願寺村	〃
大附村	〃	西分村	〃
熊井村	〃	青梅村	〃
瀬戸村	〃	野辺村	〃
田中村	〃	雨間村	〃
馬場村	〃	牛沼村	〃
番匠村	〃	瀬戸岡村	〃
大豆戸村	〃	上平井村	〃
高野倉村	〃	下平井村	〃
竹本村	〃	油平村	〃
須江村	〃	引田村	〃
奥田村	〃	山田村	〃
泉井村	〃	伊那村	〃
今宿村	〃	横沢村	〃
小田分村	多摩郡	三田村	〃
大塚村	〃	檜原村	〃
下田村	下田野カ	五日市村	〃
蔵敷分村	蔵敷カ	小中野村	〃
関堀村	比企郡カ	友田村	〃
宅部村	多摩郡	下長淵村	〃
長谷部村	〃	上長淵村	〃
五之神村	〃	駒木野村	〃
新田村	〃	畑中村	〃

出所：青木十治家，明治元年10月「御臨幸ニ付東海道小田原宿より御伝馬差村ニ相成御裁判所より御触書之写其外諸文控」により作成．

右により多摩郡・比企郡六〇カ村（表11）では小田原宿への当分助郷を勤めることになった。右につき十月五日小田原宿問屋金左衛門・半左衛門、人足肝煎佐五兵衛・吉兵衛から多摩郡大宮前新田村・畑中村役人にあてた添書には、本紙では墨付き・汚れなどができる恐れがあるので写し文を廻覧にしたので拝見次第請印をして返すようにと記されている。

また十一月七日付の小田原宿から多摩郡引田村・牛沼村・油平村・雨間村・上平井村・下平井村・野辺村・瀬戸岡村など八カ村あての急廻状には、今般宿駅取り調べのため駅逓司役人が廻村のためその村々一村限り雛形のとおり委細取り調べ、きたる十二日までの間に組合村々惣代が書類ならびに印形を持参し遅滞なく当宿へ出張されたい。なお、その節談判するであろう。これにより急回状をもって申し入れる、という趣旨が記されている。

次いで村々惣代が出張し、左のとおり示談が成立した旨付記されている。

一札之事

高弐千四百拾弐石壱斗

一金六拾五両也
引田村始メ
外八ケ村
示談金

右示談金は小田原宿芦川半佐衛門らと談合のうえ、なにぶんにも遠路かつ難渋のため雇替え代金として六五両を引き渡し、実人馬の差し出しを免れるためのものであった。

また、多摩郡引田村ほか九カ村では、右示談金のほかに飛脚代・小田原出張入用金など二五両三分二朱の出費があり、これらを合わせると金八五両三分二朱の負担金となった。

そこで九カ村ではこれらの金額を村高（表12）に比例して高一石につき永三一文四分七厘ずつの割合で負担し、十一月二十六日になってようやく小田原宿への当分助郷一件が落着をみたのである。

表12　明治元年11月　御臨幸につき小田原宿御伝馬9カ村高・家数表

村名	村高			家数	支配者名
引田村	248石	6斗		110軒	古賀一平・前田信濃守・江川太郎左衛門
山田村	111	2		50	江川太郎左衛門
牛沼村	137			30	水野式部
油平村	156	4		19	古賀一平
雨間村	259	9		85	古賀一平・江川太郎左衛門
下平井村	456	7	2升	62	前田信濃守
中平井村				65	古賀一平
上平井村	545			150	江川太郎左衛門
野辺村	216			45	古賀一平・戸田七内
瀬戸岡村	280			48	古賀一平
計	2,410	8	2	664	支配者5名

出所：青木十治家，明治元年10月「御臨幸ニ付東海道小田原宿より御伝馬差村ニ相成御裁判所より御触書之写其外諸文控」により作成．

おわりに

以上、武州多摩郡の村々を中心として幕末維新期の助郷負担の実態について追究してきたが、その結果、維新前後の激動期には幕府征長軍や新政府東征軍などの膨大な兵員の通行とあいまって、これまで負担を免れてきた遠隔地山間部の農村まで当分助郷を仰せ付けられ、その負担に農民があえいでいたことが明らかとなった。

また、その際中山道や東海道宿場へは実人馬の出動は困難なため宿場側役人と示談のうえ、雇い揚げ人馬の負担金を納めることでその責を免れてきた。

さらに、当分助郷差村のたびに道中奉行所や新政府当局者に助郷免除嘆願運動を繰り返してきたが、そのほとんどが功を奏せず、その費用もまた農民の負担をより一層重くした。

とくに明治元年九月の多摩郡村々から新政府民政裁判所あての嘆願書にも見られるとおり、これまで道中奉行所の統制下にあった助郷夫役賦課の権限が戊申戦争の最中には東征軍総督とその配下の現地役人に委ねられていたこともあって、多摩郡村々では助郷重役という同時期に二つの宿場へ人足を差し出すという負担を負わされていたことが判明した。

なおまた、明治天皇の東京御臨幸にあって武州多摩郡や比企郡の村々では途方もない遠方の東海道小田原宿にまで当分助郷を仰せ付けられるなど助郷負担は農民にとってより一層重荷となり、武州地方の農村をますます疲弊に追い込み、やがて助郷忌避運動が高揚するに及んで、明治五年、維新政府は江戸時代以来農民生活を脅かし続けてきた助郷制度を廃止するのであるが、これら維新後の助郷制の変遷と村々の実態については今後の研究課題としたい。

（1）　幕末維新期の助郷制度の崩壊過程については児玉幸多氏の『近世宿駅制度の研究』（吉川弘文館、一九五七年）や山本弘文氏の『維新期の街道と輸送』（法政大学出版局、一九七二年）で制度的な面から詳述されている。そのほか山本弘文氏には「戊辰期の軍事輸送と助郷再編成―宿駅制度終末期の一研究」（『日本近世交通史研究』所収、吉川弘文館、一九七九年）がある。

また、宇佐美ミサ子氏の『近世助郷制の研究』（法政大学出版局、一九九八年）では東海道小田原宿や大磯宿の史料を中心として助郷制の研究を体系的にまとめられたが、その中でも幕末維新期の当分助郷村々の動向について明らかにされている。

さらに自治体史では『取手市史』（通史編Ⅲ）の中で増田廣實氏が「戊辰戦争と宿・助郷の疲弊」という項目を設定し、戊辰戦争期の水戸街道の助郷実態について追究されている。しかしながら、これまでの研究は宿場側の史料や江戸幕府あるいは維新政府の法令・布達などに依拠したものが多く、幕末維新の激動期に負担過重となってきた遠隔地農村の当分助郷の実態については各地域のなお一層の研究の進展が必要ではないかと考えている。

（2）　五日市寄場組合助郷関係史料を見ている限りでは、実際に助郷人馬を負担したのは享保十三年四月の八代将軍吉宗の日光社参、安永五年四月の十代将軍家治の日光社参に際して日光御成街道岩槻宿へ実人馬を差し出している。この点については拙稿「享保十三年の日光社参と国役助郷負担」（『埼玉史談』四一巻一〜三号、一九九四年）、同「安永五年の日光社参と国役助郷負担」（拙著『近世交通運輸史の研究』所収、吉川弘文館、一九九六年）参照。そのほか助郷関係史料としては日の出町平井の野口定一家所蔵の安永五年五月「乍恐以書付奉願上候」、安永五年五月「駒木野小仏宿麻疹流行ニ付助郷控（帳）」、文政三年六月「駒木野小仏への当分助郷免除願い」など助郷免除嘆願関係文書がある。なお「伝馬と五日市」（『五日市町史』）でも主として助郷免除嘆願に関する記述があるので参照されたい。

（3）日の出町平井、鈴木孚家所蔵文書。

（4）同右文書。

（5）日の出町平井、青木十治家所蔵文久三年十月。

（6）同右、元治元年十一月より五月までの文書。

（7）同右文書。

（8）同右、文久二年十一月「御用留」（一七番）。

（9）同右文書。

（10）日の出町大久野、羽生卓史家所蔵文久三年十一月「乍恐以書付御歎願奉申上候」（浦和宿当分助郷免除につき下書）。

（11）同右、元治元年四月十八日「中山道浦和宿示談掛合臨時示談金控」。

（12）前掲、宇佐美ミサ子氏『近世助郷制の研究』。

（13）前掲、羽生卓史家所蔵、慶応元年五月十四日「御進発ニ付東海道保土ケ谷宿より差村ニ相成当分助郷被仰付右御印状写」。

（14）同右文書。

（15）前掲、羽生卓史家所蔵、慶応元年五月三日「御進発ニ付人馬遣いの日割他写」。

（16）日の出町大久野宮田昇家所蔵、元治二年五月「保土ケ谷宿御伝馬入用帳」。

（17）前掲、鈴木孚家所蔵、慶応二年三月「東海道戸塚宿江御伝馬当分助郷被仰付御伝馬人足雇替賃銀并為取替書共取調控帳」。

（18）前掲、青木十治家所蔵「御用留」（二番）。

（19）同右文書。

（20）前掲、羽生卓史家所蔵、慶応四年三月九日文書。

（21）日の出町平井三宅茂家所蔵、慶応四年三月「御親征御下向大通行ニ付小仏宿より御伝馬増人足助合申来り則人足雇替賃銀賃并右大通行ニ付八王子宿より御印状ヲ以又々申来りニ付右宿示談入用共三分割合帳」。

(22) 同右文書。
(23) 前掲、青木十治家所蔵「御用留」(三番)。
(24) あきる野市立五日市郷土館所蔵、萩原家文書(マイクロフィルム)。
(25) 同右文書。
(26) 前掲、青木十治家所蔵「御用留」(一三番)。
(27) 同右文書。
(28) 同右文書。
(29) 日の出町平井野口定一家文書。
(30) 前掲、青木十治家所蔵。
(31) 同右文書。

あとがき

本書の発刊を思い立ったのは前著『近世交通運輸史の研究』(吉川弘文館)を刊行した平成八年(一九九六)の頃まで遡る。

それ以来、十年余り埼玉県与野市史や東京都日の出町史編さんに従事してきたが、その傍ら近世から近代にかけての水陸交通史の研究を心がけ、その成果を学会誌や記念論文集等に寄稿し、少しずつ蓄積に努めてきた。

やがて平成十八年二月『日の出町史』(通史編下巻)の発刊をもって、三十年余り続いた自治体史編さんの仕事もようやく終わりを告げたので、早速本書出版の準備に取りかかり、新たに三編の論文を執筆し、それら新旧十一編の論稿を合わせ、本書を構成することにした。

右論文を本書に収録するにあたっては編集の都合上文章や字句などに若干訂正した箇所もあるが、大幅な改稿はしていないことをお断わりしておきたい。

そこで参考までに初出一覧を示せば次のとおりである。

第一編　水上交通

第一章　利根川水運の展開(『交通史研究』三八号、一九九七年一月)

第二章　近世河川海上運漕と江戸廻船問屋(石井謙治編『日本海事史の諸問題――海運編』文献出版、一九九五年)

第三章　水戸天狗党の乱と利根川舟運(丸山雍成編『近世交通の史的展開』文献出版、一九九八年十月)

第四章　明治前期の内陸水運と道路輸送(山本弘文編『近代交通成立史の研究』法政大学出版局、一九九四年六月)

第五章　明治前期の下利根川水運と商品流通（新稿）
補　論　関東水運史をめぐる諸問題（柚木学編『総論水上交通史』文献出版、一九九六年一月）

第二編　陸上交通

第一章　近世宿駅問屋制の確立過程再論（新稿）
第二章　日光御成道大門宿の研究（『さいたま市史研究』第一号、二〇〇三年三月）
第三章　水戸道中における特権大通行とその負担（新稿）
第四章　近世後期木下街道の在郷商人（『千葉史学』四四号、二〇〇四年五月）
第五章　幕末維新期の助郷負担（『交通史研究』四四号、一九九九年八月）

ところで、交通史研究会は児玉幸多先生の指導のもと昭和五十一年（一九七六）五月に発足したが、それ以来多年にわたり豊田武・新城常三・渡辺信夫・丸山雍成の諸先生、さらには優れた先学や多くの方々からご支援・ご協力をいただき、私も常任委員のひとりとして同会発展のために微力を尽してきたが、近年では前会長の山本弘文、現会長の増田廣實先生をはじめ常任委員や会員諸賢の一方ならぬご尽力により益々充実してきたように見受けられる。

こうした交通史研究会の進展とあいまって私の研究もまた徐々に進捗してきたように思われる。

また、歴史研究には史料の収集が不可欠であることはいうまでもない。そのため私は大学院入学以来史料探訪に努めてきたが、その範囲は関東各地はもとより、時には福島・長野・新潟にまで及んでいる。

その間、旧家の史料所蔵者の皆様から多大のご協力を賜わり、研究に利用させていただいたことを今更ながら想い出し、深く感謝申し上げる次第である。

しかしながらこうした史料探訪に専念していたのは比較的早い時期であったように思われる。

昭和五十年代頃から自治体史の編さん事業がとみに盛んになり、貴重な史料集の刊行が相次ぎ、さらに史料の保存運動の高まりとあいまって公立文書館の建設も進み、これら公共機関の収集文書も閲覧できるようになり、大変有り難い時代が到来してきたといわざるを得ない。

私が本書に収録した新旧論文も、これら公共機関の閲覧文書を利用させていただいたものも少くない。その際いろいろとお世話になった公共機関の各位にも改めて謝意を表したいと思う。

それから私が今日まで長い間歴史学徒としての道を歩んでこられたのは、日本歴史関係の諸学会から有益なご示唆をいただいたお蔭であると思っている。とりわけ私が所属する史学会、日本歴史学会、地方史研究協議会、関東近世史研究会、日本海事史学会、それに母校の法政大学史学会、地元の千葉歴史学会、利根川文化研究会の諸先輩や学友の皆様に心から御礼を申し上げる次第である。

そして、本書がこれまでご支援いただいた諸先学や学友の方々への御恩返しになれば望外の幸せと思っている。

最後に本書の出版にあたり格別のご配慮をいただいた法政大学出版局の平川俊彦氏をはじめ金沢清氏、それに同出版局の皆様、いろいろとお世話になった緑営舎の佐藤憲司氏にもこの紙上を借り厚く御礼申し上げる。

事項索引

あ行

相対運賃　62,73
相対賃銭　356,405
会田落穂集　338,339
会田家文書　347
会　宿　384,433
青山九八郎代官所　437
揚げ返し　394
揚提灯　366
浅草御蔵　272
浅草橋場川船改番所　268
浅草橋場番所　268,269
浅　瀬　203,254,255,256,257
旭商人　138
預り手形　257
預り荷物仕訳帳　262
畔吉河岸問屋（荒川）　36
雨　掛　406
雨鞘駕籠　366
アメリカ東印度艦隊　439
アメリカ捕鯨船マンハタン号　461
鮎川御運上　504
荒川沖宿定助村（水戸道中）　433
荒川舟運　32,33,34,35,37
荒川通船　97
荒川番所　273
歩人足　298,503
歩（行）役　298,388

飯岡（浜）商人　138,144,158,168,174,180,183,189,207,241
飯田奉行　306
筏　79
筏運上金　273
筏川下げ　78
筏石銭　274
筏　仕　273
五十集《いさば》　116
維新政府　76,81,82,83,90,91,93,96,124,125,527,530
伊勢崎藩支配所　82
市（場）　4,5,102,103,120,122,254,257,258,267,340,344,377,394,470,489,504
五日市寄場組合　509
伊那藩　306
伊奈友之助代官所　431
茨城商人　136,155,166,168,169,178,208,217,218,244
今須宿問屋（東海道）　313
居屋敷　282,284,287
岩瀬村陸運会社（茨城）　238
岩槻道（埼玉県）　266
岩鼻県御出役衆　81
岩鼻県民政役所　77,78,80
岩鼻県役人　80,93,94
印判状　3

牛久宿定助村　433
牛久宿問屋　431,462
牛子河岸問屋（新河岸川）　270
内　馬　153,475,478,479,484
打越荷物　248
打ち荷　31
有徳丸　43
馬稼ぎ　109
馬飼料　408,454
馬差（指）　340,385,387,388,390,411
馬指給　391
馬付け　100,104,144,153,166,167,187,191,192,195,196,229,231,232,243,255,266,474,477,478,479,483
馬付替　356
馬の口付人足　370
馬旅籠　447,451,452,454
馬賄（い）　367,370
馬　持　105,107,108,109,125,264,265,266
馬　役　388

馬　宿　366, 367, 370
馬屋肥　477, 478, 479, 480, 489
浦賀番所　28, 30, 269
浦届け　31
浦和県役所　84
売り上げ量　219
売り帳　156
上乗り　94, 95
運上金　77, 78, 81, 82, 90, 91, 124, 273
運　漕　5, 15, 16, 17, 18, 24, 28, 31, 38, 44, 58, 59, 61, 67, 69, 70, 74, 95, 110, 146, 253, 254, 255
運漕御用掛り　62
運送先得意商人　262
運漕所　119
運送路　105, 254
運　賃　11, 17, 24, 27, 28, 29, 31, 44, 47, 58, 60, 61, 62, 64, 70, 110, 112, 113, 114, 116, 118, 119, 125, 174, 196, 231, 254, 410, 460
運賃受取覚　60, 61
運賃規定　11, 15
運賃金　16
運賃米　14

江川太郎左衛門（代官所）　503, 513, 514, 522, 523, 526
駅肝録　384
駅逓司役人　528
駅逓役所　526
駅　務　279, 302
越後御城米覚帳　11, 14
江戸浅草瓦町の武蔵屋　484, 485
江戸廻船問屋　26, 29, 34, 37, 40, 44
江戸廻漕　11, 16, 257
江戸方大通行　502
江戸神田の叶屋　487
江戸神田の宮田屋　486
江戸近郊農村　469
江戸小石川の藩邸（水戸藩）　443
江戸小間物問屋　32
江戸市場　254, 476, 484, 489
江戸商人　139, 480, 483, 484, 488, 489
江戸地回り経済　37, 44, 254, 469, 488, 490
江戸進攻　509
江戸進発　365
江戸陣屋代官　421
江戸蔵納　18
江戸代官　421
江戸問屋　270
江戸問屋仲間　489
江戸登り　411
江戸幕府　47, 73, 77, 79, 124, 251, 267, 280, 331
江戸販売　480, 486
江戸へ入津　269
江戸本所の葛飾屋　487, 488
江戸本所の木下川屋　486
江戸町年寄　307, 309, 329
江戸回し　23
江戸屋敷（大名）　375
江戸輸送　131
江戸両国橋石場船改所　270
遠隔地　229

往還役　261
大御（跡）押　360, 361, 362, 365, 377
大湫《おおいけ》（宿）問屋　317
大垣宿問屋　307, 309
大垣町役人　320, 321, 322
大型船　203
大久保長安　287, 289, 290
大越村問屋　258
大坂の役　329
大坂の陣　7
大島宿問屋（伊奈街道）　306
大助郷　358
大高瀬船　69
大津屋利九郎船　39
大伝馬御用　306
大伝馬町　205
大羽束　229
大房丁（船）　70
大目付　345, 350, 351, 360, 377, 419
大宿割　345, 348, 360
岡田将監（美濃国郡代）　312, 313, 315
岡部宿問屋（東海道）　286
小川運漕方役所　64
御勘定　16, 21, 63, 64, 345
御勘定頭　29
掟　書　293
沖乗船頭　43
奥川組惣仲間　110

奥川筋積荷問屋　29
奥川筋船積問屋　26, 116
贈り証　238
送り状　31, 112, 135, 146, 156, 157, 158, 161, 162, 165, 166, 167, 169, 173, 174, 176, 178, 183, 184, 185, 205, 207, 208, 209, 210, 212, 213, 214, 217, 227, 228, 229, 233, 234, 236, 237, 238, 239, 240, 241, 243, 244, 246, 247, 270, 271
送り状之事　228
送り証　229
送り証券　231
御先払　350, 351, 352
御定人馬　339, 340, 385, 386
御定人馬賃銭　392, 393
御定賃銭　304, 331, 404, 405, 406, 436, 461
押送船　166
御鷹御用　503
小田原宿問屋　528
御伝馬御用　505, 511
御伝馬宿入用　504
御伝馬町問屋衆　301
御伝馬役　256, 526
御伝馬役人　330
小名木川舟（水）運　480, 489
小名木川通船　268
御　箱　350, 351
御風呂　350
織物業　121
織物市場　120
御留守居印形　31
御留守居の証文　30
卸売営業願い　134, 225
尾張藩役人　302
御定使　387
御勅使様　515
御勅使様御伝馬触　515
御追討御用留　47, 67, 68, 70
御供駕籠　352
御長持　352
御賄御用途金　518
御召（駕籠）　350, 352
御召船　411, 427, 430
御召船運賃　411

か　行

買い揚（上）げ　356, 357, 456, 460
買上人馬　356, 357, 358
買上げ人足　350
『買入帳』　215, 221
海上運賃　30
海上運漕（送）　32, 44, 187
海上船舶　268
海上輸送　26, 32, 33, 37, 38, 44, 176, 187, 274
海上輸送運賃　44
海　船　5, 229
廻　船　27, 28, 29, 30, 31, 38, 40, 44
廻船運送仕用書　29
廻船問屋　26, 28, 29, 30, 31, 32, 35, 37, 38, 44
廻船の雇い方　27, 31
廻漕店　121, 122, 123, 238
廻漕店連盟　247
買い帳　156
買継商人　33
買継問屋　35
海　難　40
『買之帳』　217, 232, 243
飼　葉　367
海辺商人　162, 164, 174
買　米　16, 17
廻　米　18, 96
廻米政策　96
廻米運賃　16, 96
買米運漕　23
廻米運漕　20
廻米輸送　15, 17, 18
篝　代　413
過　勤　357
過勤人足　358
欠《かけ》　米《まい》　22
夏期渇水期　204
掛売帳　215, 217, 221, 224
水《か》　主《こ》　18, 22, 257
駕　籠　346, 347, 348, 349, 351, 366, 396, 398, 402, 423
駕籠訴　495, 496
駕籠人足　402
囲人馬　340, 386, 394, 433
河岸揚げ荷物　146
河岸筏　274

河岸運上金　81
河岸営業圏　258
河岸組合　78
河岸後背地　258,261
河岸出し荷物　484
河岸問屋　26,31,32,34,35,36,59,60,62,70,71,73,77,78,81,82,83,88,90,92,94,96,97,100,116,124,125,126,132,134,135,136,146,151,153,154,156,159,160,161,162,164,167,168,169,171,172,174,180,181,183,190,209,213,215,217,219,224,227,231,233,234,236,238,241,243,244,245,246,247,254,258,261,262,265,266,267,270,273,476
河岸問屋運上金　274
河岸問屋株　83,84,87
河岸問屋仲間　77
河岸問屋宮城家　156,174
河岸荷駄賃　265
河岸荷物　105,107,109,262,264,265,267
河岸（場）　7,63,76,84,85,86,91,93,96,120,121,122,124,126,166,251,258,262,264,266,267
加宿高　386
過人馬触れ当て　462
加人馬元触控帳　396,457
春日隊　509
加助郷　385,417,435,442,499,506,519,523,526
加助郷人馬高割帳　442
加助郷高　357
加助郷村　344,353,357,360,419,423,435,436,440,443
加助郷村人馬　355,418,421
霞ヶ関御会計局　523
河川・海上運漕　44
河川・海上輸送ルート　37
河川舟運　35,44,76,116,257,258,469
河川水運　91,96,124,130,274
下賜金　375,410,411,412,413
徒人足　357
渇水期　204
合羽掛　366
合羽（籠）　346,347,351,352,398,402,406
合羽竹馬　406
勝沼戦争　509
加人足　504
鹿沼商人　173
株仲間　77
上方輸送　40
上利根川水運　119,120
上利根川舟運　110,116,122,125
上利根川筋河岸場　114
上利根川筋積問屋　112
上利根川一六河岸　90
上利根川の一四河岸船問屋　97
上旅籠　446,447,449,451,452,454,456
貨物輸送　126
萱　山　504
萱山運上　504
軽尻（馬）　340,349,396,398,402,404,406,423,436
過料銭　319,358
河田家問屋記録　262
川下げ　91
川　船　8,27,28,35,47,67,73,180,203,229,247,268
川船改番所　267,268
川船運送　34
川船極印改め　7,270
川船船頭　29
川船役所　266,269,270
川船年貢　271
川船年貢手形　271
川船年貢役銀請取証文　10
川船奉行　270
官軍御用　518,519
官軍先鋒御用（掛）　510,514
官軍通行　518,519,520
官軍兵食賄人　519,520
勘定組頭　345
勘定所役人　64
勘定奉行　89,97,308,345,351,352,360,377,385,417,418,419,420,426,460
勘定奉行所　419
関東河川舟運　7,256
関東河川水運　10,83
関東河川水運史　251,274
関東河川水運網　251
関東川船　47
関東取締出役　65

木下通運会社　232
帰国通行　415,416,445
起請文　281
汽　船　131,248
汽船運送　248
汽船乗客数　248
北関東農村商人　246
木賃宿　461
鬼怒川舟運　232
旧河岸問屋　124
給　衆　280
休息代金　409,458
休　泊　360,384,463
休泊負担　337,377,383,394,403,409,410,
443,446,456,457,460,462,463
急触れ　357
行徳船　482,483,485,490
京都所司代　308
漁村網方　187
近在組　264
『近隣旧事記』　470

九十九里浜産　186,228
九十九里浜商人　138,147,156,162,163,166,
174,178,183,197,205,206,209,210,212,
215,219,228,238,244,245,246
具　足　346,347,350,352,402
具足箱　398,399
下り荷物　10,111,254,303
口　付　285
口付き人足　370
国役普請　504
倉賀野河岸陸運会社　119
倉　敷　193
蔵（くら）敷　23,191,192,193,194,195
蔵敷銭　28
蔵敷賃　23
蔵敷料　111
栗橋城　5
軍事警察的機能　268
軍事輸送　505
軍需物資　49,54,58,70,73,74
軍需物資運漕　47,49,60,74

下国通行　439,440,441
下　宿　391
下知状　282

御案内　346,347,348,349
御案内人足　348
御印状　418,419,421,437,460,499,500,503,
506,520,522,523,524,525,526
公　儀　293,295,297,301,304,307,317,324,
326,328,329,331
公儀定書　306
公儀高札請取証文　330
公儀高札文　304
公儀役人　294,322,324,329
耕作船　97
高　札　34,281,324,329,331
高札請取証文　323,324
口　銭　70,112,149,221
豪　族　281
甲州道中の宿場　509
甲州道中通行　514,518
交通運輸　469
公定宿泊賃銭　326,330
公定賃銭　320
後背地　203,258
甲府表　501,515
甲府表御会計局　524
甲府城　509
講武所役人　501
貢米運漕　92,93,94,96
貢米運漕請負い証文　95
貢米運漕船掟　93
貢米会所　93
貢米廻漕　91
貢米東京廻漕　91,125
貢米納入　93
公用人馬　344,377
公用人馬継立　329,331
公用人馬（継立）数　342,343,346
甲陽鎮撫隊　509
公用通行　470
公用荷物　301
五街道　456
五街道宿駅　391
五街道便覧　405
古河河岸積問屋　61,62,65
古河城　60
古河藩　48

古河藩会所　30
古河藩役所　31
古河船積問屋　29
古河の船渡河岸問屋　256
小貝川渡船（場）　412,423
小型船舶　203,204
小金宿問屋　437
小金町明細書上帳　385
極印（川船）　268,270,271
黒印状　283
石　銭　79,80,81,274
石銭番所　79,80
石銭改役　80
国内市場　130
石場船改所　270
御座船　414
御朱印　349,350,357,377,498
御朱印人馬　350,351,352
御朱印人足　346,347
御証文　349,350,357,377
御証文馬　347,352
御証文御用長持　346,347,350,351,352,357
御証文人馬　352
御証文長持　351,352
御親征御用　518
御親征御用掛り　519
御先鋒御用掛り　522
雇　船　28,31,92
五大力船　166,187
小高瀬（船）　70
御馳走船　414
御　殿　384
小荷駄馬　366,367,368,370,373,374
小仏・駒木野両宿役人　499,523,525
小仏宿の問屋　500,501,509,514,515
小仏関所　499
ご本丸膳所　503
駒木野宿の問屋　500,501,514,515,517
駒の口銭　433,435,436,461
米相場　475
米　宿　18
御用伝馬継立　306,523
御用人馬　522
御用通行　505,508,517
御用長持　351
御用荷物　11,44,89,91,146,251,257,288,
295,298,328,329
御用荷物運漕　47
御廉中　445,446,454
御廉中荷物　444
御臨幸　527
権現堂河岸問屋　258

さ　行

境河岸通運会社　232
在郷商人　33,35,83,101,104,110,124,227,
253,257,258,261,469,471,476,488
在郷商人安川家　471,473,476,480,483,488
在郷町　33,101,475,476,484
埼玉県知事　123,266
埼玉商人　172
在町商人　258
材木筏　274
材木貫目改め　274
材木流送　273
宰　領　357
相模川水運　273
先　払　346,347
先払人足　351,352
先触（れ）　346,347,348,349,350,351,352,
353,357,387,396,402,405,406,408,427,
428,436,437,440,444,445,460
先触れ人馬　347,356,357,406,437,440,442,
457,460
先触れ人足　350,357,433,441,444,460
先触人足賃　391
作事奉行　345
佐倉藩　64
定　書　280,281,285,286,292,296,297,300,
303,304,318,319,320,329,330,331,332
佐渡金山　288
佐原商人　139,144,155
参勤交代　280,338,457,502
参勤大名　470
三州船　28
参府通行　416,421

椎名内村商人　174
塩市場　257
塩商人　257
塩取引　257
塩名田（宿）連印請証文　324,331

塩焼き　475
地方役　361
地　借　378
地借百姓　355
自家使用人　473
自家手馬　489
自家奉公人　471,472
仕切金　216,224
地下人　285,286
地　侍　284,285,287,298,327
寺社奉行　360
市場圏　258
実人馬　529
自動車輸送　267
品川県役所　86,87
品川宿官軍賄い所　520
支配代官　273,274,498
柴宮河岸問屋株　87
自普請　504
地回り経済　257,258
下大越村問屋　258
下　肥　477,478,482,489
下肥流通　469
下田番所　268
下利根川水運　130,131,132,156,197,242,
247,248
下旅籠　446,447,448,449,451,452,454,455,
456
社　参　362
朱　印　384
朱印改め　329
舟　運　6,32,35,44,49,54,76,118,119,123,
126,146,180,204,233,234,251,254,255,
256,257
舟運荷物　26,119,255,261,262,266
舟運路　4,7
集荷圏　131
集散地　253
十二さい市　257
宗門人別帳　378
宿　駅　280,281,282,286,287,288,289,290,
294,299,300,301,302,304,307,308,317,
320,323,324,326,327,328,331,339,340,
383,384,438,456,460,461,462,463
宿駅機構　386
宿駅支配　299
宿駅制度　289,329,337,384
宿駅伝馬　289
宿駅問屋　279,280,287,288,293,294,295,
300,302,305,307,313,317,327,328,330
宿駅統制　303,304,317,324,329,303,304,
330,331
宿館（本陣）　384
宿入用　341,378
宿住民　318,331,341,355,365,366,377,378,
383,391,424,453,455,462
宿助成　279,280,294,341,344
宿人馬　377
宿人足　344,347,348
宿助郷　515
宿　高　385,386,390
宿継体制　302
宿次飛脚　309
宿　場　230,293,294,297,298,300,303,305,
326,331,338,340,344,369,376,377,429,
433,435,451,460,461,503,505,514,516,
518,529,530
宿　泊　279,281,302,361,362,365,366,369,
370,372,373,374,375,376,377,378,408,
429
宿泊請負人　366,367,368,369,370,372,373,
375,376
宿（止）泊人数　409,446
宿泊賃　372,374,375,376,408,410,458,462
宿泊賃銭　320,326,331,408,409,446,449,
451,454,457,458,462
宿場規定証文　326
宿場定書　326
宿場町　103,125,298,475,484,489
宿役人　279,280,281,301,302,306,307,310,
311,315,320,324,326,327,329,330,331,
349,357,358,361,375,506,510,524,525
出荷先　131,161,167,171,178,184,186,187,
205,206,210,243,244,246,476
出荷商人　210
出荷（数量）　135,140,161,168,169,171,
174,179,180,206,208,209,210,217,228,
244,245,246,247,253,254,484
出荷地　140,166,167,183,212,253
出荷人　135,136,139,140,141,144,171,173,
184,189,190,246,253
出荷販売　473

出荷品　169,172,173,181,183,185,197,201,
203,210,245,246
出動人馬　435
出帆船　120
所働船　204
上鮎御用　503
定加助村　423,430,433,441,444
城下町商人　258
蒸汽船　239,240
定立人馬　344,377,387
将軍後見職　502
商　圏　257
定使代　430
定式帳　197,203,243,245
上州積問屋　115
上州組積問屋仲間　125
上州問屋　111
上州組仲間　110,112,116
定助郷休役嘆願書　461
定助郷総代　507,508
定助郷（村）　344,353,357,385,417,418,421,
423,435,437,461,500,505,506,517,523,
525
定助人足　443
商　船　4,5,262
定船場　7
定船場制札　7
商　人　5,103,280,306
商人惣代　116
商人問屋　279,281
商人荷主　112,266
商人荷物　10,32,44,73,80,87,89,97,101,
105,109,110,118,125,132,135,141,146,
157,166,174,186,195,205,228,238,240,
245,246,251,255,261,282,284,285,286,
287,294,295,298,301,302,303,306,326,
328
乗　馬　366,367,370,376
常備人馬　280
商品作物　33,469,471,472,473,474,480,489
商品出荷地　166
商品出荷量　166,201,245
商品取引　146,154,155,156,169,181,215,
219,238
商品物資　6,96,114,115,116,125,130,131,
146,185,204,230,244,273,467,469,470,
471,472,480,483,484,489
商品輸送　204,248
商品輸送ルート　242
商品流通圏　196,226
商品流通量　245
城　米　11,14,22,270
城米運漕　24,91
城米運賃規定　14
城米廻漕　11,91
諸問屋再興　32
正油会社　205
醤油出荷人　209
食糧（料）品　147,185,228
植林事業　489,490
新河岸　83,84,86,87,88,89,90,91,124,258
新河岸開設運動　84
新河岸開設反対運動　124
新河岸・新問屋　116
新規河岸場　84,86,87,88,89,124
新興商人　489
新助郷　506
親征官軍通行兵食人馬賄金　522
新政府東征軍　529
新政府民政裁判所　530
薪炭商　484
人馬請負金　461
人馬先触れ請書　405
人馬徴発金　317,330
人馬賃銭　324,329,358,404,405,424,430,
433,435,436,441,443,460
人馬賃金取立帳　441,442
「人馬遣払仕訳書」　431
人馬継立　119,289,294,295,297,298,300,
301,304,307,308,315,317,318,320,328,
329,330,337,338,339,342,343,345,346,
349,353,355,356,358,377,378,383,384,
385,386,388,391,394,396,402,403,406,
407,408,409,410,414,415,421,423,424,
425,426,430,435,440,443,446,457,460,
461,462,463,503,505,507,515,518
人馬継立仕法　293,326
人馬継立賃金　407
『人馬継立日〆帳』　394
人馬継立負担　394,421,438,441
人馬動員数　345,403,415,416,417,437,460
人馬の触れ　426,427,509,514

人馬触当　421
人馬雇い替え　440,461
人馬雇替え代金　509
人馬雇替え賃銭　442,443
人馬雇替賃銭議定書　439
『新編武蔵（国）風土記稿』　5,34,96,101,
262,480
『新編武州古文書』　5

水運業者　82
水運漕所　91
水運分社　119,125
水産加工品　131,135,147,157,166,174,178,
180,181,210,215,224,226,227,246
水車船　97
水上運輸機関　190
水上輸送　26,231,235,261,480,486
水前《すいせん》（水手桶）　348
水陸運輸　125
水陸輸送路　488
助　馬　280,310,311,313,315
助　郷　343,383,506,522,526
助郷課役　417,516
助郷忌避運動　530
助郷勤　394
助合金　447,449,451,452,453,454,455
助郷差村　505
助郷重役　530
助郷重役負担　509,516
助郷重役負担免除願　522
助郷人馬　279,302,340,347,350,354,355,
356,377,402,415,421,433,435,437,441,
445,460,461,498,502,503,506,512,518
助郷人馬徴発　457
助郷人馬動員数　394,416,433,436
助郷人馬触出帳（取手宿）　402,403
助郷制度　530
助郷惣代　508,509,515
助郷高　317,353,358,359,441
助郷人足　350,352,505,516
助郷負担　462,495,502,505,509,512,517,
518,527,529,530
助郷夫役　530
助郷村　315,340,344,355,356,358,359,386,
394,424,427,431,433,437,438,441,443,
444,446,447,456,460,461,462,463,509
助郷村高　390
助郷免除嘆願運動　495,496,502,530
助郷免除願　495,503,505
助郷役　506
助人馬　311,312,313,315,317,330,392,402,
406,418,419,430,435
助人馬体制　317,324,331
助人馬編成　317,330
助人馬村　317,330
炭焼き　476
駿府町奉行　293

盛運丸　239
制　札　321,329
生　産　471
生産地　253,254
政治総裁職　502
正人馬　461,508
正人馬勤め　461,525
正人足　512,516,525
関ヶ原合戦　6,284,287,288,298
関ヶ原（宿）問屋　294,295,311,312,313,
315,328
関　所　268
関宿川船改番所　268
関宿（の）商人　158,159,244
関宿関所　268
銭相場　257,375,513
世話銭　80
銭貨流通　305
銭貨流通政策　331
銭貨流通促進　320,324,330
戦国大名　280,327
船　頭　18,22,28,31,59,62,64,70,71,73,83,
94,95,96,112,139,257,412,482
船　舶　119,130,197,203,204,245,267

送荷量　246
贈　券　235
掃　除　349
掃除人足　356
惣船頭　411,412
総武鉄道　126,248
『続徳川実紀』　48

た 行

代　官　16, 18, 19, 21, 62, 63, 64, 65, 80, 273, 274, 285, 286, 289, 323, 328, 330, 345, 352, 357, 362, 417, 424
代官所　313
代官羽倉外記役所　430
田　植　472
大根栽培　473
第二次長州征伐　505, 507
太政官布告　119
大通行　340, 342, 343, 345, 349, 356, 357, 377, 378, 463, 503, 508, 512, 523, 524, 525
滞船場　95
大文字屋　40
大門宿問屋　357
大門宿本陣（会田家）　362, 369, 375
大門宿役人　356, 358, 362
高崎線　110, 122, 126
高瀬船　19, 20, 24, 69, 70, 82, 97, 123, 132, 248, 255, 411, 430
高田河岸商人　161, 187
高田河岸通運会社　232
高田河岸（の）積問屋　178, 180, 181
高田河岸問屋　158, 162, 164, 167, 168, 169, 181, 184, 209, 210, 217, 226, 227, 233, 234, 238, 244, 245, 246
高田河岸問屋宮城家　132, 146, 163, 164, 167, 173, 186, 205, 207, 215, 242
高田河岸問屋宮城喜三郎　234
高田問屋　159, 210
鷹場役人　470
竹　馬　346, 351, 352, 398, 402
駄　送　100, 192, 194, 229, 254, 267, 473, 474, 475, 476, 485
駄賃（銭）　265, 266, 282, 291, 296, 297, 298, 306, 319
駄賃馬　287, 489
駄賃稼ぎ　125, 132, 265, 294, 295, 469, 471, 489
駄賃稼ぎ農民　490
駄賃勘定帳　489
駄賃定書　305
駄賃高札　338, 339
駄賃銭　265, 266, 299, 309, 339
駄賃付　331
駄賃荷物　294, 306, 328
駄賃米　295
立人馬　340, 344
高張提灯籠　352
棚倉藩　64
駄　馬　267
旅　人　279, 281
平（艜）船　411
樽廻船　26, 33
樽詰温泉　185
『俵物取調帳』　258

地域市場　469, 476, 489
地　子　283, 301, 331, 340, 344, 377
地子免許　301, 456
地子免許状　301, 331
地子免除　330, 361, 391
秩父（の）荷物　97, 126
『秩父郡中荷口之覚之帳』　262
千葉県文書館　242
千葉商人　217
着到人馬　353, 355, 356
着到帳　355
茶　船　481
中継河岸　255
中房丁　70
銚子汽船（株式）会社　132, 248
銚子商人　136, 139, 152
町　勤　394
帳　付　340, 385
提　灯　402
提灯籠　351, 352, 406
提灯箱　352
提灯持人足　350, 357
徴発人馬　353, 506
勅使御下向　514
賃　馬　348
賃人足　346, 347, 348, 352

津出し　85, 92, 123, 165, 176, 213, 258, 261
「追討御用手控」　49
杖　払　352
通　棺　426
通棺御用　430
通棺大通行　430
通行大名　457

通行船舶　273
通行手形　271,272,291
通船改め　269
通船路　480
継　馬　313
継人馬　386,419
継　立　279,302,312,340,350,351,352,356,357,358,377,402,407,418,421,423,431,433,437,441,502
継立御用　307,328,391,460,523
継立仕法　291,308,313
継立人馬　339,350,355,356,357,402
継立人馬勤め　519
継立人馬数　309,344,394,441,457
継立人馬動員数　417
継立帳　350,351,425
継立賃銭　331
継立人足　309,350,404,506
継飛脚　298
継飛脚給米　309,310,330,377,391,456
付替立働（問屋場）　348
付け通し　218
土浦河岸廻漕店　238
土浦商人　219
土浦藩主　396,406,407,408,458
勤め人馬　508
積口記　241
積出荷物　199
積手板　164
積問屋（宮城家）　54,60,69,112,176,177,178,181
積問屋仲間　112
積荷改　269
積荷問屋　30
釣　台　398,402

定期市　120
手　馬　134,471,480,489
手　形　160,176
手形取引　160,161,258
鉄　道　76,248
鉄道開通　123,125,131
鉄道敷設　122
手　判　313
鉄　砲　268,269
手　船　43
天狗館　64
天狗党　47,48,65
天狗党の乱　47,70
伝　馬　279,281,284,287,296,298,322
伝馬掟朱印状　328
伝馬勤仕衆　328
伝馬勤仕人　283,284
伝馬御用　520
伝馬御用人馬触れ　509
伝馬定書　296,299,326,328,329,331
伝馬仕立　282
伝馬朱印状　328
伝馬衆　280,283,291,305,306,326
伝馬助成金　327
伝馬船　61,97,187
伝馬駄賃定書　290,291
伝馬駄賃免許状　289
伝馬継立　283,284,285,286,287,292,293,295,298,311,312,328
伝馬勤め　504
伝馬手形　328,384
伝馬問屋　283,287,289,295,301,306,307,317,328,329
伝馬之覚　283
伝馬触れ　501
伝馬免除願　500
伝馬役　265,287,298
伝馬役人　297
伝馬屋敷　283,331

問《とい》　屋《や》　14,16,17,24,28,35,67,71,72,73,78,79,81,86,93,96,97,105,108,109,116,136,139,144,154,161,162,166,171,177,187,195,213,215,217,223,224,227,236,243,244,257,258,262,279,280,281,282,283,284,285,286,287,288,289,290,291,292,293,294,295,297,298,299,300,301,303,304,305,306,307,310,311,312,313,315,317,318,319,320,321,322,323,324,325,326,327,328,329,330,331,340,355,356,358,361,369,370,372,375,376,377,385,386,387,391,403,404,406,408,409,410,411,418,429,436,443,447,449,454,460,476,511,514,515
問屋預置証文　288
問屋馬　306,326

問屋運上金　82,83,89,91
問屋稼業　82
問屋株　73
問屋株式　89
問屋給米　377,391,456
問屋蔵　107
問屋口銭　112,216
問屋職　282,284,288,325
問屋職任命状　296
問屋商人　104,110,125
問屋惣代　77,80
問屋手船　132
問屋任命書　292
問屋場　340,356,358,385,391,392,443
問屋場小遣　348,356
問屋場立働　349
問屋場付替立働　349,356
問屋分配金　14
問屋役　285,307,327,391
問屋役人　430
問屋屋敷　282,283
動員人馬数　357,437,446
冬期渇水期　204,255
東海道官軍通行　519
東海道御用掛り役人　518
東海道品川宿官軍賄方　520
東海道宿駅　284,317,320,331
東海道宿方賄方御用途金　522
東海道宿場　505,518,529
東海道先鋒総督会計方　519
東京送り　187
東京廻漕　91,96,125
東京御臨幸　527,530
東京市場　131
東京商人　135,156,171,173,184,187,208,
210,219,228,242,243,244,246
東京醤油会社　210
『当座帳』 146,147,154,156,215,217,243,
245
東征軍　509,511,512,518
東征軍通行　516
道中奉行　281,339,356,358,385,418,426,
499,503,505,506,508
道中奉行所　356,500,502,503,505,530
討幕軍　76
東武鉄道　126
当分助郷　498,499,500,502,503,505,506,
508,513,514,516,517,522,523,524,526,
527,528,529,530
当分助郷負担金　517
当分助郷村　357,506
当分助郷免除願　503
道路交通　124
道路輸送　76,97,105,106,109,124,125,261,
262,264,265,266,267
通し馬　368,370,375
通し馬請負方　369
遠　見　347,348,349
遠見人足　346,347,356
得意先商人　101,261,485,486,487
徳川家斉　345
徳川家治　362
徳川家光　312,317,324,329
徳川家康　6,287
徳川家慶　360
徳川家代官　288
徳川家奉行衆　328
徳川政権　281,302,327,328,329
『徳川実紀』 6
徳川将軍家　312,317,324,329,337,342,345,
360,362,377
徳川斉昭　470
徳川光圀　414
土　豪　282,327,328
年　寄　385,386
渡船（場） 7,97,266,289,338,383,384,391,
410,411,412,413,426,427,428,480
渡船運賃　411
渡船御用　391
渡船場下賜金　410,412
渡船用の御座船　414
戸田河岸問屋　261
栃木商人　155,172,183,208,210,217,244
戸塚宿問屋　508,509
戸塚宿役人　508
特権大通行　337,344,353,360,377,383,438,
439,456,461,462,463
利根運河　248
「利根川古今沿革取調書」 122
利根川舟運　6,47,74,125
利根川水運　96,125,130,131,132,134,156,
157,158,166,203,242,248

利根川水系　6,77,91,110,251,253,268
利根川筋商人　152,169,172,181,205,207
利根川渡船　411,460
供駕籠　351,352
取手宿加助郷村　436,440
取手宿助郷　403
取手宿助郷人馬　461
取手宿問屋　424,440
取手宿役人　424,461
取手町の本陣　415
取引先　475
取持（宿場）　388

な　行

内国通運会社　91,119,125,132
内国通運会社藤蔵分社　239
内陸運送業者　119
内陸水運　76,82,124,130,274
中川番所　30,268,269
中津川問屋　317,330
長渡船（現市川市）　480
長　持　268,349,351,352,398,402,406,423
中瀬河岸問屋　262
中瀬河岸問屋河田家　264
中瀬河岸の旧問屋　100
中瀬河岸船積問屋　100
中山道宿場町　264,301,502
中山道鉄道　123
菜種問屋　116
成田商人（現旭市）　244
難　船　44,96
難波船　96

荷揚げ　229
荷揚量　135
荷受人　135,136,138,139,140,144,184,243
荷受量　135
荷役銭　269
荷　車　97,267
西田喜作船　40
西田米十郎（船）　40
西本陣　364,370,372,375
似艜船　35
荷　付　351,352
日光御用　394
日光社参　337,342,344,345,360,365,372,
375,377,457,495,504
日光社参準備通行　345
日光法会　343
日光門主　344,345
荷積馬車　267
荷　主　250,265
日本鉄道　110,125
荷物運漕　38
荷物継立　358
荷　宿　254,255
『荷物積付帳』　39,131,247
入荷商品　197,201,203
入荷量　201
入津船　119
庭　馬　108
人足触れ　500
人足雇替え　513
人足雇い替え賃銭　507
人足矢来番　348,356

年貢米津出し　85,266
年貢役銀　9,268
年貢役銀請取証文　9

農間駄賃稼ぎ　265,489
農間紅花商い　32
農村工業　256
農民的な商品流通路　489
野火番　504
延方商人（茨城県）　156
登り荷物　10,79,110,125,254
登り船賃　256
乗替かご　406
乗掛馬　369
乗掛荷　285
乗掛荷人　340,436
乗　輿　402

は　行

拝借金　362
「拝借金嘆願書」　363
売買取引　134,147,151,155,160,181,215,
219,223,224
幕藩領主　303,328
幕府貸付役所　341
幕府勘定所　8,339

幕府軍　64
幕府征長軍　507,529
幕府鎮圧軍　65,70,74
幕府評定所　87
幕府奉行　303
幕府法令　318,329
幕府役人　307,499,502
箱桃灯持　406
挾　箱　402
馬　士　374
艀《はしけ》　下　23
艀　船　97,123
舩《はしけ》　舟　28,256
舩　銭　256
艀下船　24,255
艀下出入り　255
艀下輸送　18
橋場番所　269,270,271,272,273
橋場船改番所　270
破　船　18,31,40,43,44,96
旅　籠　365,408,429,451
旅籠請負人　451,454,455,456
旅籠銭　341,408,429,455,458
旅籠代　370,371,372,373,374,376,408,410,
　　447,449,451,454,455,456,458
旅籠屋　320,341,366,385,387,408,409,443,
　　447,454
旅籠屋仲間　449,456
畑作地帯　470
八王子宿加助郷　523
八王子宿加助郷惣代　514
初荷送り状　176
馬　背　180,187,238
馬荷運送請取状　287
羽根倉回漕店　267
浜松藩　516
早飛脚御用　386
馬力屋　267
番　船　481
販　売　471,473,475,476,484,486
販売量　246
飯米飼料　309

菱垣廻船　26,33
東廻り海運　274
被　官　282
引受荷物　255
飛　脚　30,529
飛脚賃　14
飛脚問屋　32
飛脚代　529
引越し荷物　26,44
人改番所　269
日　雇　370
日雇方　366
日雇い駄賃　477
「日雇駄賃帳」　489
日雇人足　373
日雇い農民　471,472,473,489
平方河岸問屋　35,36
百姓馬　386
兵糧御役人馬御継立御用　518
兵粮方掛り　61
艜　船　19,82,196,248,411
肥料流通　131

深川番所　268,269
袋井宿問屋　301
袋井町伝馬屋敷　301
藤枝宿問屋　293
藤代宿飯田家文書　391
藤代宿問屋　407
藤代宿本陣　409,412
「藤原新田明（銘）細帳」　471,472
武州商人　32
武州紅花　32,34,44
武州文書　4, 5
普請奉行　345
二瀬越し　411
物価政策　269
物資輸送　64,124,132,242,265,268,469
『武徳編年集成』　6
船揚げ荷物　254
船足（吃水）　18,22
船稼ぎ　109
船方趣法書　270
船方惣代　112
船　税　82,83,91,124
船　賃　13,14,17,28,71,73,112,184,190,
　　191,192,193,194,195,196
船賃値上げ　256,257
船積み運送　92,214

「船積帳」 135
船積問屋 26, 34, 85, 86, 87, 228, 270, 271
船積問屋株 78
船積荷物 110, 131, 244, 254, 265
船積場 107
船渡河岸（積）問屋 58, 256
船問屋 28, 30, 271, 477, 482
船道具 31
船乗り渡世 261
船持（層） 82, 83, 124, 256, 257, 265, 270, 271
船持船頭 73, 271
船持惣代 255
船改番所 269
不払助合分 452
触当人馬 353
触当数 354
触当人足 358
触辻人馬 394
不用人馬 394
『文恭院殿御実紀』 345
分　持 346, 349, 351, 352, 402, 423

兵食人馬 510, 511
兵食人馬御賄御用 519
兵食人馬賄い負担金 518, 519
部賀船 63, 64
紅花運漕 34
紅花買継問屋 35, 36, 37, 44
紅花商人 33, 34, 35, 37
紅花生産高 33
紅花積付状 38
紅花問屋 33, 37, 40, 43
紅花荷物 33, 35, 36, 37, 40, 44

『本行徳村舟往還番舟明細帳』 484
『本行徳村明細帳』 484
鉾田河岸問屋 70
干鰯問屋 187
干鰯荷受人 138
干鰯入荷量 187
戊申戦争 156, 530
『保土ヶ谷宿御伝馬入用帳』 507
保土ヶ谷宿役人 507
保福寺問屋（長野県四賀村） 296
本　陣 48, 340, 356, 361, 364, 365, 366, 371, 372, 374, 375, 376, 377, 383, 384, 385, 387, 391, 406, 408, 409, 415, 429, 443, 446
本陣職 387
本陣建物 363, 365
本陣問屋 406
本陣・名主 412
本百姓 355, 392
本　馬 346, 347, 349, 393, 396, 398, 402, 404, 405, 406, 423, 436

ま　行

前橋藩 17
増助郷高 517
町奉行 284
待人馬 340
松本城主 296

水揚げ 40
水揚（げ）帳 132, 135, 139, 140, 144, 146, 201, 242, 243
水揚げ量 135, 139, 141, 144
水手桶 356
水呑百姓 355, 378
道　売 190
道普請 424, 427
水戸家 386
水戸小石川屋敷 427, 428
水戸弘道館 66, 67, 69, 70
水戸御廉中 447, 454, 462
水戸様御旅館 386
水戸（藩）天狗党の乱 47, 48, 73, 74, 75, 203, 499
水戸道中通行 414, 423
水戸道中通行大名 410
水戸徳川家 387
水戸藩 47, 383, 402, 421, 429, 433, 436, 451, 457, 462, 463
水戸藩士 398, 402, 457
水戸藩諸生党 48
水戸藩尊壌派 47
水戸藩役人 436
美濃路宿駅 310
美濃国郡代 310, 315, 321, 330
宮代家問屋文書 242
宮和田・藤代両宿役人 421
民政裁判所 522, 524, 526

『武蔵国郡村誌』 35,97
『武蔵田園簿』 338
棟別諸役 282,283
村役人 471,496
『村明細帳』 340

明治維新 76,83,130
明治天皇 527,530

元 船 28
『元触控帳』（取手宿） 402
盛 砂 348,356

や 行

屋形船 415
宿 馬 265,423
宿駕籠 346,349
宿 賃 319
宿 割 366,370,372,373,376
宿割帳 366
宿割目付 429
雇い揚げ 441,498,508
雇い揚げ人馬 529
雇い揚げ代金 499
雇い揚げ賃銭 441
雇い揚げ人足 506
雇（い）馬 265,478,480
雇い替え 512,516,525
雇い替え金 508,512
雇い替え買揚金 517
雇い替え代金 529
雇い替え賃金 524,525
雇い替え賃銭 446
雇い替え人足 512
雇人足 370
鑓 268

遊行上人 498
輸出入商品 119,121,197,199
輸出物資 119,122
輸 送 471,475,477
輸送経路 190,194,196,230,231,236,237,238
輸送荷物 114,256
輸送物資 101,115,131,256,271
輸入物資 119,121,122,125

用意馬 369
用心船 411
寄せ人馬 309
寄せ人馬触当高 357
寄場組合 495,502
寄場組合五日市村 499,500
寄場惣代 65
『与野町村鑑差出帳』 261
『与野町両組差出帳』 261
寄居組 264
『万売帳』 215,243
『万積帳』 131
『万積附之帳』 131,186,190,196,229,236,238,240,243,244
『万日雇駄賃帳』 489

ら 行

陸揚げ 22,24,53,54,100,135,144,146,191,192,193,194,195,196,198,231,234,238,240,241,243,254,480
陸揚げ商品 140,198,201
陸揚げ荷物 116,198,200
陸揚げ物資 144,243
陸揚げ量 136,138,243
陸運元会社 91,119,125
陸軍奉行 65
陸上交通路 104
陸上輸送 472,473,489
陸 送 60,66,107,144,146,193,234,235,265
陸送ルート 255
陸送路 254,262
陸付け河岸 254,255
龍ヶ崎商人 207
流通経済 469
流通経路 254
流通圏 146
流通政策 269
両 掛 346,347,348,402
旅 船 112
「臨時人馬御印鑑」 408
臨時助合分 461

連署状 286,418

籠 舎 319

老　中　308, 337, 344, 345, 348, 349, 356, 357, 358, 360, 365, 377, 495, 496
六斉市　104, 385
六番堀貢米船届所　93
粮米　22, 63

わ　行

若年寄　345, 348, 350, 356, 357, 365, 377, 501
脇往還　100, 102, 105, 231, 262, 266, 305, 456, 457, 462, 470, 506
脇街道　383
脇本陣　375, 385
脇道通行監視　328
和　船　131
渡し場　426, 443
渡り書　157, 159, 160, 162, 169, 172, 174, 176, 177, 230, 231, 243, 244
渡り書覚　241
割渡賃銭　358, 359

地 名 索 引

あ 行

青柳町（北国西脇往還，長野県坂北村） 297，298
赤岩河岸（群馬県邑楽郡，上利根川左岸） 49，52，121
赤坂宿（愛知県宝飯郡，東海道） 280，327，330
秋川（多摩川支流） 495
阿久津河岸（鬼怒川，栃木県氏家町） 231
上尾（上尾市） 32，34
上尾宿（中山道） 32，33，35，36
浅草蔵前（東京都台東区） 16，21，24
浅草猿屋町（東京都台東区） 93
足尾銅山街道（群馬県） 105
足川村（旭市） 190
芦崎村（銚子市） 139，159，190
網戸村（千葉県海上郡） 153
畔吉河岸（荒川） 34，35，36
熱海（熱海市） 185，229
我孫子宿（水戸道中） 383，384，405，430
油平村（あきる野市） 501，503，509，514，515，518，519，520，524，528
雨間村（あきる野市） 500，501，503，510，514，519，520，522，524，528
新井村（本庄市） 122
荒　川 26，32，34，35，36，44，86，97，101，103，104，105，203，251，261，262，264，266，267，269，271，272，273，338，505
荒川沖宿（水戸道中） 384，433
荒波河岸（下利根川右岸） 139，167，168，178，181，208，226，243
荒野村（銚子市） 169，172，229，244，247
粟生村（山武市） 187，227，235
安中宿（中山道，安中市） 116
飯岡（千葉県飯岡町） 138，139，141，147，149，152，158，159，161，164，168，174，177，181，183，184，185，198，200，207，208，210，215，224，227，235，238，241，244，246
飯岡浦（同上） 166，167，239，241
飯岡下永井村（同上） 152，154，158，162，164，177，178，184，185，217，238
飯岡八軒町（同上） 159，237
飯岡（浜）（同上） 144，156，158，161，162，168，174，177，207，238
飯岡平松村（同上） 184
飯岡町（同上） 146
飯岡三川村（同上） 135，159，161，162，171，173
飯岡八木村（同上） 154，242
飯田町（長野県小布施町） 305
飯塚河岸（思川，小山市） 195，236
飯積河岸（上利根川右岸，埼玉県北川辺町） 123
飯沼村（銚子市） 169
飯野河岸（上利根川左岸，群馬県板倉町） 121
家中村（栃木県都賀町） 191，236
伊王野村（栃木市） 181，226，231
伊香保（群馬県伊香保町） 226
伊香保温泉場（同上） 195，196
息栖（茨城県神栖町） 470
石岡（石岡市） 151，155
石神河岸（下利根川左岸，茨城県鹿島郡） 167，178
石川町（福島県石川町） 253
石川村（茨城県稲敷郡阿見川町） 431
石津河岸（下利根川，茨城県神栖町） 167
石塚村（深谷市） 90
伊勢街道 311
伊勢街道高田宿（岐阜県平田町） 311
伊勢崎町（伊勢崎市） 104，105，122，258
伊勢崎河岸（上利根川，伊勢崎市） 9，10，81，88，93，94，96，121
磯之浜（茨城県大洗町） 64，218，225，226
潮来（茨城県潮来町） 48
板橋宿（中山道，東京都板橋区） 502，503
市川（市川市） 7，228，248

一の宮村（千葉県一の宮町） 187
五日市宿（あきる野市） 502
五日市村（あきる野市） 495,499,500,506,509,510,517,518,519,520
一本木河岸（上利根川右岸，本庄市） 7,88,97,113
一本木村（三郷市） 356
伊那街道（長野県） 289,305,306
稲荷河岸（東京都中央区） 482
稲子河岸（上利根川，羽生市） 123
茨城 155,159,187,190,226,227,243,244,245
今井（千葉市中央区） 187
今泉村（匝瑳市） 147,152,153,171,178,206,210,294,328,330
居益（今）宿（中山道，岐阜県関ヶ原町） 294,328,330
岩井村（千葉県海上町） 164
岩田村（埼玉県長瀞町） 104
岩槻（宿）（岩槻市） 33,337,338,339,340,349,357
岩槻道（埼玉県） 266
岩鼻河岸（烏川，高崎市） 91,113,116,121
岩淵宿（日光御成道，東京都北区） 338,344
岩道村（岐阜県養老町） 313
上野村（岐阜県上石津町） 313
氏家宿（奥州道中，栃木県氏家町） 224,226,231
牛久宿（水戸道中，牛久市） 383,384,407,428,431,433,460,462,463
後草村（千葉県海上町） 153
臼井河岸（印旛沼，佐倉市） 141
巴波《うずま》川（上利根川支流，栃木県） 172,183,194,226,265
内守谷河岸（水海道市） 54,57
宇都宮（宇都宮市） 226,232
宇都宮日野町（同上） 231
海上《うなかみ》町（千葉県海上郡） 146
鵜沼宿（中山道，各務原市） 330
厩橋（前橋市） 7
浦賀（湊）（横須賀市） 43,166,187,439
浦和（宿）（中山道，さいたま市） 33,261,338,503,504,505
江　戸 5,6,7,8,10,14,16,17,18,20,22,24,27,28,29,30,31,32,33,34,35,44,49,69,70,71,76,97,101,103,110,113,115,116,122,125,166,187,253,254,255,256,261,269,270,271,272,273,274,309,321,338,419,436,469,470,475,480,482,483,484,485,487,488,489,490,500,503,505,509
江戸日本橋（東京都中央区） 36
江戸浅草（東京都台東区） 16,484,485
江戸表 30,31,44,261,470,495
江戸川 7,18,126,131,226,228,229,248,251,254,255,256,257,258,384
江戸神田（東京都千代田区） 340,486
江戸小網町（東京都中央区） 26,29
江戸本所（東京都墨田区） 486,487,488
江戸南新堀（東京都中央区） 35
江戸両国橋（東京都墨田区） 270
海老沢（茨城県茨城町） 235
追分宿（中山道） 299,300,324
奥州街道 266
奥州道中 230,403
大井宿（中山道，恵那市） 291
大湫《いけ》宿（大久手宿，恵那市） 317
大鹿村（取手市） 386,387,411
大垣宿（美濃路，大垣市） 307,309,310,329,330
大垣町（大垣市） 321,322,323,330
大口村（岩井市） 419
大久手宿（中山道，恵那市） 291,302,328,330
大久野村（上・下・北） 503,505,506,507,514,515,519,520,526
大久保村（さいたま市） 266
大越河岸（上利根川左岸，加須市） 49,123,258
大　坂 40,44,92,309
大島宿（伊那街道，大垣市） 305,306
太田河岸（下利根川左岸，千葉県波崎町） 167,178,208,226
太田宿（中山道，加茂市） 302
太田村（旭市） 153
太田村（千葉県波崎町） 156,165
太田村（埼玉県大滝村） 104
大滝村（埼玉県秩父郡） 97,105,273
太田横瀬河岸（下利根川左岸，茨城県波崎町） 166,167,210
大館河岸（上利根川左岸，群馬県尾島町） 88,90,91,105,121
太田原（太田原市） 231

大塚村（岐阜県養老町） 310,311
大伝馬町（東京都中央区） 205
大沼河岸（鬼怒川，真岡市） 193,238
大船津（河岸）（北浦，鹿嶋市） 144,167,178,180,226
大宮（宿）（中山道，さいたま市） 33,35,37,126,261
大宮町（秩父市） 97,262
大間木村（さいたま市） 353,354
大間木新田村（同上） 354,359
大谷村（茨城県稲敷郡） 431
大和田河岸（巴《ともえ》川，茨城県鉾田町） 226
大和田宿（佐倉街道，市川市） 478,479
岡崎（岡崎市） 26,27,28,31
小鹿野（村）町（埼玉県秩父郡） 97,104,264
岡部宿（東海道，静岡県岡部町） 286,287
岡部新宿（同上） 286
小川町（埼玉県比企郡） 100,103,105,262
小川（町）（茨城県小川町） 48,64
大口村（岩井市） 419
桶川（宿）（中山道，桶川市） 32,33,34,36,37
桶川下南村 36
押越村（岐阜県養老町） 310,311
尾垂村（千葉県横芝光町） 147,164,227
小田原宿（東海道，小田原市） 505,527,528,529,530
鬼石町（群馬県多野郡） 104,122
鬼越村（市川市） 480
落合河岸（上利根川，藤岡市） 114,116
落合宿（中津川市） 315
乙女河岸（思川，小山市） 6,195,198,236
小名木川（隅田川，東京都） 7,268,480,489
小野新町（伊奈街道，岐阜県八幡町） 289
小幡（水戸道中，茨城県茨城町） 384
思川（渡良瀬川支流，栃木県） 6,191,195,236,265
小見川河岸（下利根川右岸，千葉県小見川町） 7,141,155,169,181,226,384,391
小山宿（日光道中，小山市） 49
尾張国亀崎湊（半田市） 229
尾張国師崎（愛知県南知多町） 28

か 行

嘉右衛門河岸（巴《うずま》川，栃木市） 183
桓根村（銚子市） 169
掛川宿（東海道，掛川市） 330
葛西（東京都江戸川区） 4,6,477
笠間町（笠間市） 49,187,192,226
鹿島（茨城県鹿島町） 470
鹿島灘（茨城県） 138,167,180,226,243
柏（柏市） 248
柏原宿（東海道，滋賀県山東町） 294,313,328
粕壁宿（日光道中，春日部市） 84,85,86,173,178,190,229
霞ケ浦（茨城県） 141,144,178,181,192,204,226,238,241,242
片貝村（山武市） 187
片柳村（さいたま市） 353
葛飾芝又（東京都葛飾区） 174
合戦場（日光道中，栃木県都賀町） 226,238
香取（千葉県神崎町） 470
神奈川（横浜市） 111,116,125
神奈川宿（東海道，横浜市） 518,519,520
金杉河岸（江戸川，埼玉県松伏町） 49,53,61
鹿沼（宿）（鹿沼市） 155,156,163,164,173,189,194,195,206,210,213,226,236,244
鏑川（烏川支流，群馬県） 80,273
鎌ケ谷宿（木下街道，鎌ケ谷市） 470
釜戸街道（長野県） 302
上井出宿（富士宮市） 282,283
上方（関西地方） 32,33,37,40,44,111,116,256,274
上川俣河岸（上利根川，羽生市） 123
上口村河岸（上利根川，三郷市） 58
上桑島（河岸）（鬼怒川，宇都宮市） 237,238
神郡村（筑波市） 192
上五箇河岸（上利根川，群馬県千代田町）121
上新郷河岸（羽生市） 123
神栖町（茨城県鹿島郡） 156
上手計村（深谷市） 108
上戸田村（戸田市） 272
上利根川 76,77,78,81,82,84,88,90,91,96,97,116,119,120,124,125,126,157,257,258
上之宮村（伊勢崎市） 88,90
上福島村（伊勢崎市） 83

上柳戸村（千葉県沼南町） 447
加村・流山河岸（江戸川，流山市） 254
茅場町（東京都中央区） 185
烏川（上利根川支流） 10,11,83,91,113,119,122,196,257,273
苅屋原宿（北国街道，長野県四賀村） 296
川（河）井河岸（上利根川・烏川，群馬県玉村町） 10,11,12,13,14,16,17,18,21,22,23,24,88,257
川口宿（中山道，川口市） 338
川越往還 102
川越道（埼玉県） 101
川崎宿（東海道，川崎市） 301,520
川島河岸（鬼怒川，下館市） 241
川尻河岸（下利根川左岸，千葉県波崎町） 144,167,178,208,226,243
河原村（市川市） 480
川藤村（吉川市） 353,355
川俣（村）河岸（上利根川左岸，群馬県明和町） 7,49,121,122
川原田村（栃木市） 236,237
神田（東京都） 205,486,487
木下街道（千葉県） 460,470,474,480,483,488
木下河岸（下利根川右岸，印西市） 226,470
木下宿（木下街道，印西市） 470
木　曽 295
木曽川 295
木曽福島（中山道，長野県木曽福島町） 299
北阿賀野村（深谷市） 108
北浦（茨城県） 54,64,70,141,166,167,178,180,181,203,204,208,226,231,233,234,235
北関東 171,190,196,212,214,219,224,227,244,246,256,469
北新堀町（東京都中央区） 205,209
北千住（東京都荒川区） 126
木戸村（千葉県横芝光町） 187
木原村（茨城県美穂村） 431
鬼怒川 54,193,226,231,232,237,238,240,241,251,254,255
木野崎河岸（中利根川左岸，野田市） 193,238
君島村（真岡市） 225
京　都 33,34,37,39,43,91,527
行徳（宿）（市川市） 470,476,477
行徳河岸（東京都中央区小網町） 480
行徳塩浜（村）（同上） 471,475,476,489
桐生（桐生市） 122
桐生新町（同上） 120
久喜（久喜市） 126
串引河岸（巴《ともえ》川，茨城県鉾田町） 226,235
九十九里浜（千葉県） 131,135,138,139,140,141,146,152,156,158,162,166,169,173,174,181,186,187,198,203,205,206,207,208,209,210,212,215,224,226,227,228,229,235,242,243,244,246
葛和田《くずわだ》河岸（埼玉県妻沼町） 7,112
久野村（牛久市） 462
熊谷駅（熊谷市） 124,126
熊谷宿（中山道，熊谷市） 100,103,105,107,109,258,262,264,265
熊谷道（埼玉県） 100,262
茱萸沢《ぐみさわ》宿（御殿場市） 281,282
倉賀野河岸（烏川，高崎市） 10,17,18,23,24,88,113,114,116,118,119,121,122,196,226
倉橋村（千葉県海上町） 161,164
蔵前（東京都台東区） 20
栗橋（河岸）（中利根川右岸，埼玉県栗橋町） 4,5,7,123,169,190,196,200,225
栗原村（岐阜県垂井町） 313
九里半街道（岐阜県） 294,328
黒羽街道（栃木県） 231
黒羽河岸（那珂川，栃木県黒羽町） 208,224,226,231,232,233,234
黒羽（町）（栃木県黒羽町） 233,234,235
黒羽向町（同上） 217
小網町（東京都中央区） 110,112,173,174,184,185,228,480
小泉村（群馬県大泉町） 49
恋瀬川（霞ヶ浦，茨城県） 238
甲州街道 103,266
甲州路 525
甲州道中 495,499,501,503,505,509,511,512,516,517,518,519,520,522
甲府（甲府市） 501,515
小前田村（埼玉県花園町） 105
鴻巣（宿）（中山道，鴻巣市） 33
高間木（真岡市） 206
高谷村（市川市） 475
古河（宿）（奥州道中，古河市） 7,26,27,30,

31,48,49,52,53,54,58,63,67,123,159,168,191,226,244,256,265
古河城下町（古河市） 265
古河・船渡河岸（渡良瀬川左岸，古河市） 29,47,49,53,55,58,59,60,61,62,64,65,256,265
小貝川渡船場（茨城県北相馬郡） 384,391,411,412
小金（宿）（水戸道中，松戸市） 384,385,386,394,404,428,436,437,446
越名《こえな》河岸（旧佐野川，佐野市） 208
越谷宿（日光道中，越谷市） 350
国府（市川市） 123
国領（村）河岸（伊勢崎市） 91,121
五田保《ごたっぽ》（千葉市） 166,187
児玉往還（埼玉県） 102,103
児玉町（埼玉県児玉町） 100,102,104,105,125,126,264
五丁田村（茨城県麻布町） 171
小林村（真岡市） 193,238
小船木（村）河岸（下利根川右岸，銚子市） 132,155,169,171,172
小船町（東京都中央区） 110
小仏・駒木野宿（甲州道中，八王子市） 495,496,499,500,501,514,515,517,518,519,520,522,526
小仏宿（同上） 501,512,514,522,523
小牧宿（中山道，小牧市） 302
駒木野宿（甲州道中，八王子市） 495,500,501
駒木野小仏宿（同上） 499,501,502,503,512,513,514,515,517
小森河岸（鬼怒川右岸，結城市） 238,240
五料河岸（上利根川右岸，群馬県玉村町） 7,13,14,17,77,88,89
権現堂河岸（中利根川右岸，幸手市） 49,123,124,258

さ 行

境河岸（中利根川左岸，茨城県境町） 65,226,232,253,254,255
酒巻河岸（上利根川左岸，行田市） 112,123,228
酒巻村（行田市） 63,64
相模川（神奈川県） 251,273
佐倉（佐倉市） 4,64,69,141,248
佐倉街道（千葉県） 473,478,480
桜野村（栃木県氏家町） 217,221,226
笹川河岸（下利根川右岸，千葉県東庄町） 169
差間村（川口市） 353,354
幸手宿（日光道中，幸手市） 49,338
佐野（佐野市） 226
佐野天明（同上） 163,226
寒河（千葉市） 166,187
醒井《さめがい》宿（中山道，滋賀県米原町） 313
佐波河岸（上利根川右岸，埼玉県大利根町） 123
沢田村（岐阜県養老町） 313
佐原河岸 144,155,164,226
三州岡崎湊（岡崎市） 31
三州鷲塚湊（三河湾碧南市） 28,29,30,31
山王堂河岸（上利根川右岸，本庄市） 88,122,124
椎名内村（九十九里浜，旭市） 131,135,139,140,146,147,149,152,153,158,162,163,164,165,173,174,176,178,181,183,189,191,194,195,198,201,209,210,213,215,216,221,223,227,228,229,230,231,236,237,238,240,243,244
塩名田宿（中山道，長野県浅科村） 324,326,331
志木町（志木市） 266
七里ケ渡し（下利根川，柏市，取手市） 7,9
品川宿（東海道，東京都品川区） 506,519,520
品川県 90
信濃地方 295
芝河岸（広瀬川，伊勢崎市） 121
柴宿（伊勢崎市） 89
柴又（東京都葛飾区） 228
柴町（伊勢崎市） 91
渋川（渋川市） 257
志摩国鳥羽湊（鳥羽市） 28
嶋田村（岐阜県養老町） 310,311,313
島村（群馬県境町） 91,96,104,121,257
下奥富村（狭山市） 272
下川口村（八王子市） 498
下館河岸（霞ヶ浦，下館市） 49,155,156,163,187,218,225
下館町 224,240,241
下手計村（深谷市） 103,108

下戸田村（戸田市） 272
下利根川 9,130,131,132,136,144,167,169,171,178,203,204,226,240,243,244,254,255
下永井村（千葉県飯岡町） 135,147,152,154,158,164,177,178,184,189,217,241
下中条河岸（上利根川，行田市） 123
下新倉河岸（和光市） 86,87
下仁田河岸（鏑川，群馬県下仁田町） 78,79,80,273,274
下幡木（茨城県神栖町） 156
下早川田河岸（渡良瀬川，館林市） 49,121
下村河岸（上利根川右岸，加須市） 49
下村君河岸（上利根川右岸，羽生市） 123,158,258
下柳村（埼玉県庄和町） 258
下吉影河岸（巴《ともえ》川，茨城県茨城町） 226
十八条村（岐阜県巣南町） 313
白久村（群馬県荒川村） 103,264
白井宿（千葉県白井町） 470
白井村（群馬県子持村） 104
白河宿（奥州道中，白河市） 231
白坂宿（奥州道中，白河市） 231
新戒村（深谷市） 103,107,108,109,264
新河岸（上利根川左岸，群馬県玉村町） 10,12,13,14,17,77,88,89
新河岸川（荒川支流，埼玉県） 251,270
新生村（銚子市） 169,244
新地村（銚子市） 169,244
新宗道（結城市） 241
新堀村（九十九里浜，匝瑳市） 152,163,164,170,178,185,196,227
新町駅（高崎線） 124
新町河岸（上利根川，群馬県新町） 91,121
末野村（埼玉県寄居町） 97
須賀河岸（上利根川右岸，行田市） 112,123,258
菅生村（水海道市）441,443
須賀川宿（棚倉道，須賀川市） 164,226,230,231
墨俣宿（美濃路，岐阜県墨俣町） 309
隅田川（東京都） 271
諏訪宿（甲州道中，諏訪市） 18
駿府（静岡市） 384
関宿河岸（千葉県関宿町） 4,7,63,64,70,118,158,159,163,165,169,171,177,178,186,187,189,190,191,194,195,198,199,200,203,206,210,219,225,226,227,228,236,237,244,245,255,268,269
関宿向河岸 213
関ヶ原（宿）（中山道，岐阜県関ヶ原町） 295,311,313,330
摂州伊丹（伊丹市） 43
勢州通町（伊勢市） 229
瀬戸河岸（中利根川，野田市） 169,237,241
洗馬宿（中山道，塩尻市） 300,304,318
善師野《ぜんしの》（犬山市） 302
千住河原町（東京都荒川区） 340
千住宿（東京都荒川区） 383,384,385,456
草加宿（日光道中，草加市） 356
惣社（前橋市） 257
宗道河岸（鬼怒川左岸，結城市） 54,55,57,63,64,226,241
相馬（相馬市） 384
蘇我野（千葉市） 166,187
曽谷村（市川市） 476,479

た 行

当麻宿（相模市） 281
大門宿（日光御成街道，さいたま市） 337,338,339,340,342,343,344,345,346,348,349,353,354,355,356,357,358,360,361,362,365,366,369,370,372,375,376,377,457
高尾河岸（荒川，北本市） 267
高道祖《たかさい》（下妻市） 48
高崎（高崎市） 105,114,118,125,226,257
高崎河岸（上利根川，高崎市） 91,116,121,228,257
高崎宿（中山道，高崎市） 116
高崎町（高崎市） 104
高島河岸（上利根川右岸，深谷市） 88,89
高曽根村（岩槻市） 354
高田（町）（銚子市） 132,159,185,247
高田河岸（下利根川左岸，銚子市） 54,56,130,131,132,135,139,144,146,154,155,156,157,158,161,164,165,166,169,171,172,176,178,180,181,183,184,186,187,193,196,197,198,201,203,204,205,207,208,209,210,213,215,217,226,227,228,229,230,231,232,233,234,235,236,238,239,242,243,244,245,246,247

高田宿（伊勢街道，岐阜県養老町） 311
高友河岸（恋瀬川上流，茨城県岩瀬町） 238
竹貫《たかぬき》村（福島県古殿町） 253
高浜河岸（霞ヶ浦北岸，石岡市） 144,178,187,191,192,226,238
高林河岸（上利根川左岸，太田市） 91,112,121
滝瀬村（深谷市） 107,108
栢田《たくた》浜（九十九里浜，匝瑳市） 206
立沢村（茨城県守谷町） 435
館林（館林市） 226
館林堅町（館林市） 228
館谷村（あきる野市） 500
棚倉（棚倉道，福島県棚倉町） 398
多摩川（玉川）（東京都） 495,505
玉造河岸（霞ヶ浦東岸） 64,241,242
玉村（岐阜県関ヶ原町） 314
垂井《たるい》宿（中山道，岐阜県垂井町） 294,309
俵瀬河岸（上利根川右岸，埼玉県妻沼町） 112,258
千津井河岸（上利根川左岸，群馬県明和町） 121
千葉（県） 166,187,219,225
秩父往還（埼玉県） 103
秩父大宮町（秩父市） 101,105,262
秩父道（埼玉県） 100,105,262
銚子（銚子市） 130,131,132,141,144,146,153,164,165,166,169,176,180,185,186,187,191,197,198,200,219,225,229,240,244,245,247,248
銚子（港）荒野村（同上） 136,155,164,172,229,247
銚子飯貝根（同上） 136,190
銚子飯沼村（同上） 139,165
銚子今官村（同上） 171
銚子垣根村（同上） 172
銚子新生村（同上） 139,155,171,210
土浦（土浦市）141,151,155,156,181,187,189,192,218,219,223,224,225,226,238,255,383
連取《つなとり》村（伊勢崎市） 95
土室村（栃木県塩谷郡） 217
筒戸村（茨城県筑波郡谷和原村） 443
堤根村（行田市） 63,64
妻籠宿（中山道，長野県南木曽町） 287,288
出来島河岸（上利根川右岸，埼玉県妻沼町） 112
東海道 286,287,292,301,308,310,328,330,331,505,506,507,508,518,519,520,523,526,527,529,530
当（塔）ヶ崎（北浦鉾田町） 181,208,226,234
東金街道（千葉県） 166,187
東金村（東金市） 187
東　京 86,92,95,104,118,119,123,144,152,156,158,159,162,164,165,166,168,177,178,184,187,190,197,198,199,203,204,205,206,208,209,210,212,213,214,227,228,229,242,243,244,246,247,527,530
東京大伝馬町（東京都中央区） 214
東京蠣殻町（東京中央区） 210,229
東京河岸（東京都） 84,85
東京北新堀町（同上） 135
東京小網町（同上） 135,146,242,247
東京隅田村（東京都墨田区） 165
東京難波町（東京都中央区） 169,172
東京八丁堀永島町（東京都中央区） 229
東京深川（東京都江東区） 165,189
東京深川大和町（東京都中央区） 210
東京霊岸島（同上） 174,189
東京湾 166
東下村（茨城県波崎町） 208
藤蔵河岸（下利根川左岸，龍ヶ崎市） 193,207,226,238,239,240
道満河岸（荒川左岸，戸田市） 261
徳川河岸（上利根川左岸，群馬県尾島町） 88,89,121
斗合田《とごた》河岸（上利根川左岸，群馬県明和町） 121
戸田河岸（荒川左岸，戸田市） 261
戸田渡船場（荒川，戸田市） 261
栃木（町）（栃木市） 152,155,163,164,165,172,190,208,210,217,226,227,236,237,244,245
栃木河岸（同上） 172,183,191,236
栃木倭町（同上） 191
栃木若松町（同上） 189,231
戸塚宿（東海道，戸塚市） 506,508,509
巴《ともえ》川（茨城県） 226,235
取手（宿）（水戸道中，取手市） 152,155,187,189,206,210,218,225,226,383,384,386,387,393,394,396,402,403,405,406,

408,409,410,417,418,421,424,425,426,427,428,429,430,433,436,440,443,444,457,458,460,461,462
取手・大鹿両村（取手市）　426
取手河岸（中利根川左岸）　141,155
取手町（取手市）　404,411,414,415,419
取手・藤代両宿（取手市藤代町）　383,456
利根川　5,6,7,9,10,11,18,26,44,83,86,91,96,103,104,121,122,131,132,155,169,181,183,193,196,200,204,205,207,226,228,232,237,238,244,247,248,253,254,255,256,258,265,267,273,384
利根川右岸　7,9,90,124,126,228,241,258
利根川左岸　90,95,141,207,226,238,253
利根川渡船場　410,411
利根川南岸　244
利根川北岸　139,166,178,208,226,244

な　行

内藤新宿（甲州道中，東京都新宿区）　514
直井（江）村（岐阜県養老町）　310,311
長岡（宿）（水戸道中，茨城県長岡町）　384
中川（東京都）　7
那珂川（茨城県）　208,226,231,233,234,251
長倉河岸（那珂川，茨城県御前山村）　234
中里村（真岡市）　189,194
中島村（群馬県境町）　82
中島村（越谷市）　355
中条村（行田市）　96,112
中瀬河岸（上利根川右岸，深谷市）　88,96,97,100,103,104,105,106,107,109,112,113,123,125,126,262,264,265
中瀬村（深谷市）　96,97,103,105,107,108,262,264
中山道　17,24,33,35,100,101,103,105,122,125,258,262,280,287,288,299,300,302,303,305,309,310,311,317,328,338,503,505,522,526,529
中津川宿（中山道，中津川市）　315,317,330
中利根川　123,257
那珂湊（茨城県那珂町）　48,49,208,226,234,235
長宮河岸（上利根川，羽生市）　49
中村河岸（鬼怒川右岸，結城市）　237
中村宿（水戸道中，土浦市）　187,192,384
流山（流山市）　49
流山河岸（江戸川左岸，流山市）　228,248
鍋掛（奥州道中，黒磯市）　231
成田宿（多古銚子道，旭市）　135,138,141,153,167,169,171,172,181,184,219
成田東町（旭市）135
成田村（旭市）　164
新　宿《にいじゅく》（水戸道中，東京都葛飾区）　383,473,474,475
新堤村（さいたま市）　359
仁井町（福島県小野町）　253
西足洗村（旭市）　152,153,159,160
西浦（霞ヶ浦）　200
西方村（越谷市）　356
西金野井河岸（江戸川，埼玉県庄和町）　49,53,229
西小笹村（匝瑳市）　164
錦織（岐阜県八百津町）　295
西宝珠花河岸（江戸川右岸，埼玉県庄和町）53,126
日光御成（街）道　337,338,344,345,377,394,457
日光街道　265
日光例幣使街道　10,90,105,238
日光道中　338,383,456,526
新波《にっぱ》河岸（巴波《うずま》川，栃木県藤岡町）　189,194
日本橋（東京都中央区）　184,205,210
日本橋音羽町（同上）　269
日本橋本船町（同上）　209
沼尾河岸（北浦，鹿嶋市）　167,178
沼ノ上河岸（群馬県玉村町）　121
沼ノ上村（同上）　77,83
猫実村（岩井市）　419
野上村（埼玉県長静町）　97
野尻河岸（下利根川右岸，銚子市）　54,55,131,132,164,169,171
野尻宿（中山道，長野県大桑村）　288
野尻村（銚子市）　171,229
野田（野田市）　126
野手村（匝瑳市）　210
野中村（旭市）　139,162,164,177,178,184,212
登戸河岸（千葉市）　187

は　行

長谷村（匝瑳市）　184,228
蓮沼村（九十九里沼，山武市）　162,166,172,

187,227
八王子宿（中山道横山宿，八王子市） 103, 510,511,512,513,514,515,520,523,525, 526,527
八幡山町（埼玉県児玉町） 100,101,102,103, 104,105,107,108,109,125,126,262,264
八丁河岸（上利根川，埼玉県上里町） 88, 124,257
鳩ヶ谷宿（日光御成道，鳩ヶ谷市） 338,339, 340,356,357
花咲宿（甲州道中，大月市） 523
塙村（茨城県阿見町） 431
塙新田村（千葉県飯岡町） 160
羽生（水海道市） 64
羽根倉河岸（荒川左岸，さいたま市） 261, 266,267
羽根倉道（さいたま市） 266
浜田（浜田市） 27
浜松（浜松市） 285,515
浜松宿（東海道，浜松市） 307,315
早井村（栃木県河内郡） 238
日川河岸（下利根川，茨城県神栖町） 136, 139,167,178,208,226,243
引田村（あきる野市） 500,501,503,510,511, 512,514,515,518,519,520,522,524,528, 529
常陸利根川（茨城県） 136,178
涸沼（同上） 226,231,234,235
平坂湊（瀬戸市） 28
平方河岸（荒川，上尾市） 34,35,36
平塚河岸（上利根川左岸，群馬県尾島町） 17,82,88,89,93,95,97,112,120,121,122, 257,258
平塚村（同上） 104
平井村（上・中・下）（東京都日の出町） 495,496,498,499,500,501,502,503,509, 510,511,512,513,514,515,516,518,519, 520,524,527,528
平沼村（茨城県谷和原村） 430,435,441
平松村（千葉県飯岡町） 184
広瀬川（上利根川支流，群馬県） 9,81,83
深川（東京都江東区） 28,29
深川油堀（同上） 184
深川永代橋（同上） 209
深川熊井町（同上） 209
深川佐賀町（同上） 35
深川東大工町（同上） 184
深川森下堀（同上） 485
深川六間堀（同上） 485
深町（市川市） 474
深谷駅（深谷市） 124,126
深谷宿（同上） 100,101,103,105,107,109, 262,264
深谷道 262
深谷町（同上） 126
布川河岸（下利根川右岸，茨城県利根町） 226
袋井宿（東海道，袋井市） 285,301
福島河岸（上利根川，群馬県千代田町） 93, 273
布佐（下利根川，我孫子市） 189,219,225, 226
藤枝宿（東海道，藤枝市） 287,292,293
藤岡町（藤岡市） 102,104,105,108,109,122, 262
藤代宿（水戸道中，茨城県藤代町） 187,218, 383,384,388,391,392,393,406,408,409, 410,411,412,413,415,416,417,421,424, 430,436,446,447,451,453,454,455,456, 457,458,460,461,462
藤代・宮和田宿（同上） 388,390,391,394, 423,452,454,455,456,457,462
藤ノ木河岸（上利根川右岸，埼玉県上里町） 17,88,114,116
伏見宿（中山道，岐阜県御嵩町） 302
藤原新田（船橋市） 469,470,471,472,475, 476,477,478,479,480,483,489,490
布施河岸（中利根川右岸，柏市） 7,9,10, 226,254,255
布施村（同上） 254
二子村（船橋市） 89
二つ小屋（群馬県尾島町） 91
府中宿（水戸道中，石岡市） 384
船渡河岸（渡良瀬川左岸，古河市） 256,265
船渡町（同上） 265
舟子村（茨城県麻生町） 431
船橋（町）（船橋市） 470,476
古海河岸（上利根川左岸，群馬県大泉町） 49,53,121
古戸河岸（上利根川左岸，太田市） 121
古利根川 84,85,251
別所河岸（上利根川，羽生市） 259

辺田《べた》村（岩井市） 435
部屋河岸（巴波《うずま》川，栃木県藤岡町） 172,183,
　191,236,237
報恩寺村（茨城県水海道市） 435,443
北越街道（新潟県） 105
鉾田河岸（北浦，茨城県鉾田町） 54,58,59,
　60,65,66,67,68,69,70,141,181,187,235
鉾田町（同上） 47
鉾田（村）（同上） 61,64,65,66,67,69,71,
　72,73,208,226
細久手宿（中山道，瑞浪市） 302
発戸河岸（上利根川右岸，羽生市） 123
北国街道（岐阜県） 294,296,328
北国西街道（長野県） 288,297
北国脇往還（岐阜県） 283
保土ヶ谷宿（東海道，横浜市） 505,506,507,
　508
保福寺宿（長野県西賀村） 296
保福寺通り（長野県東筑摩郡） 296
堀口河岸（伊勢崎市） 91,121
本川俣河岸（上利根川右岸，羽生市） 123
本行徳河岸（市川市） 470,477,480,482,483,
　484,485,486,487
本行徳村（市川市） 476,481
本郷追分（東京都文京区） 338
本材木町（東京都中央区） 185
本庄駅（本庄市） 124,126
本庄宿（中山道，本庄市） 100,103,105,107,
　108,109,262,264,265
本庄道（埼玉県） 100,105,262
本庄町（本庄市） 126
本庄西上州道（藤岡往還） 105
本所猿江（東京都墨田区） 268,269
本八丁掘（東京都中央区） 185

ま　行

舞木河岸（群馬県千代田町） 121
舞木（村）河岸（群馬県千代田町） 49,121
舞坂宿（東海道，静岡県舞坂町） 43
前小屋河岸（群馬県尾島町） 90,112
前島河岸（同上） 112,114,116
前橋（前橋市） 83,105,116,120,122,125,
　206,226,258
前橋町河岸（同上） 83
馬郡村（浜松市） 42,43
益子村（栃木県益子町） 104
松川村（福島県白川郡） 253
松岸（銚子市） 132
松戸（松戸市） 7,219,225,228,383,384,404
松戸宿（水戸佐倉道，松戸市） 384,385,403,
　436,457
松本町（松本市） 283,284,305
丸子《まりこ》宿（東海道，静岡市） 287
丸子町（長野県丸子町） 104
美江寺《みえじ》（中山道，岐阜県巣南町） 309,312
三川村（千葉県飯岡町） 161
水海道（水海道市） 158,159,221,226,240,
　241,244
御嶽宿（中山道，岐阜県御嶽町） 290,291,
　292,302
見付宿（東海道，磐田市） 284,285,286,292,
　328
水　戸 49,65,68,383,385,398,443,456
水戸街道（茨城県） 226
水戸・佐倉道（茨城県・千葉県） 383,473
水戸道中（茨城県） 383,384,388,394,396,
　403,429,430,436,438,439,440,449,456,
　457,458,461,462,463
水戸向町（水戸市） 59
三友河岸（上利根川，本庄市） 88,103,122,
　257
皆野村（埼玉県皆野町） 97,104,105,264
南新川（東京都中央区） 210
南村（上尾市） 35
宮の井（河岸）（江戸川右岸，埼玉県三輪野
　江村） 49
美濃路（岐阜県） 307,308,310,329,330
三春町（福島県三春町） 253
宮ヶ崎（涸沼，茨城県茨城町） 226,234
宮和田宿（水戸道中，茨城県藤代町） 388,
　412,413,424,430
宮和田・藤代宿（同上） 421
宮和田村 388
妙典村（市川市） 475
麦倉河岸（埼玉県北川辺町） 123
武蔵岩槻（さいたま市） 504
武蔵府中（府中市） 102
武蔵野地方（東京都・埼玉県） 470
本山宿（中山道，塩尻市） 296
紅葉河岸（巴《ともえ》川，茨城県鉾田町） 235
守谷道（脇往還，茨城県） 462
守谷町（茨城県守屋町） 461,462

や 行

屋形村（千葉県横芝光町） 164,187,227
八木村（千葉県飯岡町） 241
野州家中村（栃木県都賀町） 191
野州伊王野（栃木県那須町） 180
野州中里村（真岡市） 189
矢島村（深谷市） 107,264
安塚村（茨城県鉾田町） 64
矢田部河岸（下利根川右岸，茨城県波崎町） 139,144,156,167,169,178,208,226,243
八斗島《やつたじま》河岸（上利根川左岸，伊勢崎市） 13,88,91,121
矢作川（長野，岐阜，愛知県） 28
山田村（あきる野市） 499,501,510,511,512,514,515,518,519,520,523,524,525
矢守村（愛知郡） 104
鑓水《やりみず》村（八王子市） 515
八幡宿（木下街道，市川市） 470
八幡町（市川市） 474
結城（結城市） 159,187,240,244
靭負《ゆきえ》河岸（上利根川，伊勢崎市） 17,88
由比宿（東海道，静岡県由比町） 293
八日市場村（匝瑳市） 164,173,242
横浜（横浜市） 111,116,125
横浜高砂町（横浜市） 139,242
横山宿（甲州道中，八王子市） 515,516,517
横瀬河岸（下利根川左岸，茨城県神栖町） 136,167,178,226,243
横瀬村（深谷市） 257
吉田宿（東海道，豊橋市） 310
吉田町（埼玉県秩父郡） 97
代継村（上・下） 501,503,509,510,511,514,515,518,519,520
与野町（さいたま市） 33,261,266,267
寄居町（埼玉県寄居町） 100,101,104,105,107,125,126,262

ら・わ行

陸前浜街道（茨城・福島・宮城） 384,456
龍ヶ崎（龍ヶ崎市） 155,187,193,207,218,225,226,239,240
霊岸島四日市町（東京都中央区） 185
若柴宿（水戸道中，龍ヶ崎市） 384,389,393,406,407,424,461
鷲塚湊（三河湾碧南市） 28,29,30,31
渡良瀬川（利根川支流） 6,119,121,183,191,226,251,256,265
和戸《わど》村（さいたま市） 84,85,86
和戸村河岸場（同上） 86
蕨宿（中山道，蕨市） 35,261,338

物産および廻漕商品索引

あ　行

藍　玉　103,116,122,125,165,199,200,241,
　242
青明・選明（酒空樽力）　184
青　莚　116
赤尾張糠　113
赤　糠　116
明（空）樽　116,135,139,146,147,154,173,
　181,184,185,201,228,243,244
明（空）俵　49
赤穂塩　102,103,135,147,152,153,154,155,
　173,174,184,198,201,208,243,244,245,
　264,265
麻　154,172,183,198,208
小　豆　132,210,375
熱海温泉（樽詰）　229
網端木　238
油　121,122,201,265
油明（空）樽　104,139,199,200,201,229,
　242,264
油粕（糟）　103,264,266,477,480
油　紙　116
油　樽　181
藍　123,132
藍　瓶　104,264
荒　粕　139
荒　糠　368
荒　物　116
粟　132,472
行　灯　185
硫　黄　268,269
板砂糖　102,264
糸　123
糸蚕種荷物　119
稲　扱　104,116,125
芋　261
入むしろ　169
鰯　167,169,180
印元豆　181
印　墨　185
鰻　255
馬　草　49
馬くつ　49,54,55,56,57
馬　沓　58
馬屋肥　477,478,479,480
梅干し　54,55,56,57,116
瓜　470,472,484,486,487,489
越後城米　14
焔　硝　268
奥州たばこ　253
奥州米　229
大嶋（織物）　115
大山田たばこ　255
小川紙　103
折　炭　476

か　行

海産物　5
海　草　477
買　米　16,17,23,24
蠣　灰　102,103,104,116,125,165
傘　102,104,185,264,482
笠　185
傘　入　104
柏　皮　181,201,203,227,228,233,234,235,
　245
柏木皮　147,154,208,235
柏　縄　154
粕　139,147,149,151,159,181,184,190,191,
　192,193,199,200,236,241
粕　束　165
粕　糠　154
粕むしろ　140,154
片手桶　49
神奈川むしろ　140,156
金物荷物　288
鎌　104,125

釜　49
蒲《がま》　莚　57
紙　116,119,185,255
紙　荷　103
紙荷物　113
唐　糸　115
唐　綿　115,116
萱　木　475,476
から麦　165
瓦　174,228,244
寛永新銭　318,321
干　鈔　210
干　魚　116
甘　藷　132,472,489
生　糸　119,120,121,125
木　口　103,264
刻煙草　103,264
絹　101
魚　肥　131,141,155,158,169,187,197,203,206,208,209,212,218,219,228,229,242,244,245
魚　油　103,104,116,125,135,144,147,152,153,155,158,161,162,164,169,171,172,178,184,185,186,187,189,197,198,199,227,228,243,244,245,264
魚油明樽（魚明）　139,173,183,184
魚　蠟　165,199,200
桐甲ら（下駄）　104
切　干　181
切り干し大根　484
金巾（織物）　114
括むしろ　203,243
草　58
繰　綿　113
榑　木　295
黒砂糖　102
桑　苗　119
下菌（下肥）　473,477,478
下　駄　104,185
下　屎　477
県蔵米　181
玄　米　49
氷砂糖　103
麹　粕　103
貢　米　91,92,93,94,95,96,122,125
小柄杓　54,57,58
穀　物　265,266,270,472
穀　類　101,257,258,474,489
小　糠　147,154,368
牛　蒡　254,472
駒　板　103,264
ごま油　174
小　麦　103,181,197,198,207,238,241,474
米　10,22,23,28,61,64,103,119,122,123,132,135,141,147,154,155,181,198,199,200,207,229,238,244,245,271,272,321,322,472,473,474,475,487,488,489
小紋糠　116
蒟蒻玉　255
金平糖　116

さ　行

さある（笊）　49
斉田塩　101,102,103,104,135,147,153,154,155,174,181,184,200,201,208,243,244,245,262,264,265
材　木　79,273
魚　類　121
魚（肴）明樽　139,184
酒　116,120,122,123,135,146,185,200,201,255,256,265,268,269,271,475
酒荷物　269
酒明樽　185,200
雑　穀　261,266,271,504
薩摩芋　484,486
里　芋　340,472,484,486,487
砂　糖　103,104,116,125,174,228,264
沢手米　22
蚕種荷物　119,125
塩　103,104,111,112,114,116,121,125,134,135,152,154,155,173,184,185,201,207,208,209,215,228,243,257,265
塩　鰯　165
塩　物　255
釼《じつ》（にぶし）　116
地　糠　116
嶋むしろ　140
〆　粕　116,123,131,134,135,141,147,155,158,159,162,164,165,166,168,169,172,174,176,177,178,180,181,186,187,190,191,193,197,198,199,200,201,203,206,208,209,210,215,216,217,218,219,221,

223, 224, 225, 227, 228, 229, 232, 233, 238, 241, 244, 245, 246, 247, 480
下　肥　477, 478, 480
棕呂皮　200
酒　類　122
生　姜　340
硝　石　490
上明（空）樽　156, 185
城　米　146, 251, 268
上間むしろ　140
上むしろ　140
醤　油　116, 122, 123, 135, 186, 187, 189, 190, 194, 195, 197, 198, 199, 200, 201, 203, 205, 209, 210, 212, 213, 214, 215, 225, 227, 228, 231, 236, 237, 242, 243, 245, 246, 247, 255, 256, 266
醤油明（樽）139, 198, 199, 201, 245
醤油新粕　181
醤油製品　131
白　瓜　486
白砂糖　115, 116
薪　炭　273, 471, 480, 484, 489
針　銅　116
新南郷米　144
西　瓜　470, 472, 473, 484, 487, 489
杉　葉　475, 476
菅　笠　265
炭　270, 504
生活用品　228
生　魚　255
生鮮食料品　268
石　炭　122
石炭油　228
石　油　209
石　灰　104, 125, 183, 184, 208, 480
瀬戸物　101, 102, 103, 104, 116, 264
銭　207, 238, 243
銭荷物　269
銑　116
銭　貨　4
鮮魚荷物　470
船　具　228
前栽物　270, 340
仙台米　229
鮮荷物　248
船舶用具　209
蔬菜類　486, 487, 488, 489
粗（麁）朶　475, 476, 479
蕎　麦　472, 474
相馬米　229

た　行

鯛　5
大小豆　123
大小麦　123
太　鼓　104
大　根　470, 472, 473, 486, 489
大　豆　10, 49, 54, 55, 56, 57, 58, 122, 132, 197, 198, 200, 207, 238, 257, 258, 321, 322, 367, 368, 472, 473, 474
松《たい》　明《まつ》　49, 54, 56, 57, 58
大漁印墨　174
竹貫《たかぬき》たばこ　253, 254
竹　皮　57, 58
た　こ　5
田　作　169, 186, 190
種　粕　139, 157, 165, 186, 187, 197, 198
種　紙　104
束　粕　215, 217, 218, 225, 246
束　俵　229
たばこ　10, 104, 122, 165, 254
玉砂糖　103
俵　物　104
箪　笥　103, 116, 268, 402
竹　林　184
茶　122, 266
搗　麦　181, 183, 184, 198
舂　麦　103
附　木　200
手　桶　49, 54, 56, 57, 58
出島砂糖　116
鉄　116
天光（上砂糖）102, 264
天保銭　173
砥　石　102
唐辛子　340
陶磁器　4
銅製品　185
苫（笘）49, 54, 55, 56, 57, 58
土州黒砂糖　115, 116
戸障子　103

な 行

直し塩　102, 264
菜　種　135, 141, 181, 472
なまこ　5
生　蠟　268
縄　49, 147, 154
南京米　102, 103, 104
南京綿　104, 115, 125
南部米　229
苦　汁　101, 104, 262, 264
西川薪　485
日用雑貨品　185
糠　49, 58, 111, 112, 116, 164, 169, 186, 190, 199, 200, 257, 265, 266, 367, 480
抜むしろ　140
ぬり荷　104
塗　物　103, 264
年貢米　146, 251, 255, 257, 261, 270, 272
ねき（ぎ）　184

は 行

秤　174
白　米　49, 54, 55, 56, 57, 58, 59, 65
舶来鉄　116, 125
舶来油　102, 103, 104, 125
箱　231, 232
八石灰　102
馬　糞　480
飯　米　18
柄　杓　49, 58
尾州糠　116
火　鉢　185
稗　472
干　物　255, 266
兵粮桶　58
兵粮米　49, 60, 65, 67
肥　料　123, 125, 131, 158, 477, 489
武　器　268
武　具　269
袋　粕　139, 210
太　物　113, 114, 116, 228, 239, 240
布海苔　185
古　着　104
古積塩　102, 103, 264
古　手　115
古銅類　269
風呂釜　185
米　穀　121, 229, 247
米　麦　489
紅　花　32, 33, 34, 35, 36, 37, 38, 39, 40, 43, 44, 255
箒（入）　103, 264
棒　炭　476
干　鰯　10, 116, 131, 134, 135, 136, 138, 141, 147, 152, 153, 156, 158, 159, 160, 161, 162, 163, 164, 166, 167, 168, 169, 171, 172, 174, 178, 180, 181, 186, 187, 197, 199, 200, 201, 203, 206, 208, 209, 210, 214, 215, 217, 218, 219, 224, 225, 226, 227, 228, 229, 238, 243, 244, 245, 246, 247, 257, 477, 480
干鰯むしろ　140, 156, 200, 201, 203, 243, 245, 246
干　糟　266
ぼろ（馬糞）　477, 479, 480

ま 行

薪　270, 484, 485, 487, 488, 504
秣　草　54, 55, 56, 57
真桑瓜　486, 487
町　米　165, 239
松　葉　475, 476
豆　123
繭　123
蚕　玉　104
蜜　柑　116
水　油　116, 157, 181, 197, 198, 199
味　噌　54, 56, 57, 58, 103, 264
味噌漬　185
蜜　115
蓑　莚　58
耳取莚　57
麦　122, 123, 135, 141, 147, 155, 199, 200, 472, 473
麦わり　103
莚　49, 54, 55, 56, 57, 58, 120, 135, 140, 147, 154, 181, 203, 243
莚　包　103, 104, 264
莚　鞋　54, 55
飯　桶　58
綿古手　113
綿　123

綿　実　255
木　材　122
木　炭　97,238,476,484
餅　米　375
籾　糠　367
木　綿　255

や・ら・わ行

薬　種　255
野　菜　254
ヤマサ醤油　131
洋酒明　184
吉田灰　116,210
落花生　144
琉　球　103
鱗　161,164
蓮　根　254,255
蠟　103,116,264
蠟　燭　54,57,102,264
粮　米　19,22,49,52
櫓　木　209,228
櫓　腕　209
藁　58,476
草　鞋　57,58
わらんじ（草鞋）　49,56,57
割　石　103,264
割　貝　164,230,231
腕　木　209,228

丹治健蔵（たんじ・けんぞう）
1927年，東京都に生まれる．1952年法政大学文学部史学科卒業，その後大学院博士課程修了．法政大学文学部研究助手・同大学兼任講師，青山学院大学文学部・埼玉大学教育学部の兼任講師，与野市史編さん委員長，日の出町史専門委員長，交通史研究会監事等を歴任し，現在交通史研究会顧問，文学博士．
主な編著書『関東河川水運史の研究』（法政大学出版局），『近世交通運輸史の研究』（吉川弘文館），『日本近世交通史研究』（共編吉川弘文館），『日本近世交通史論集』（共編吉川弘文館），『日本交通史』（共編吉川弘文館）．
現住所：千葉県山武郡横芝光町上原654-8

＊叢書・歴史学研究＊
関東水陸交通史の研究

2007年10月15日　初版第1刷発行

著　者　丹　治　健　蔵
発行所　財団法人　法政大学出版局
〒102-0073 東京都千代田区九段北3-2-7
電話 03(5214)5540／振替 00160-6-95814
製版・印刷／三和印刷
製本／鈴木製本所

ISBN 978-4-588-25053-8

（価格は消費税抜きで表示してあります）

浅香年木著
日本古代手工業史の研究
古代から中世への移行期における生産様式の変貌を手工業生産の発展と社会的分業の展開過程に視点をおいて究明する一方、官営工房中心の分析がもつ限界を衝き、在地手工業の技術と組織とを精細に発掘・評価して古代手工業の全体像を提示する。
オンデマンド版　7200円

山本弘文著
維新期の街道と輸送（増補版）
明治初年における宿駅制度改廃の歴史的意義と、これを断行した維新政府の政策の問題性とを実証的に跡づける。わが国における馬車輸送登場後の資本主義的交通・輸送・道路体系の成立過程を対象に、初めて学問的な鍬入れを行なった経済史的研究。

3800円

佐々木銀弥著
中世商品流通史の研究
荘園領主経済と代銭納制、国衙・国衙領と地方商業の展開過程及び座商業を実証的に追究し、商品流通の中世的構造の特質を解明することにより、中世の新たな歴史像に迫る。従来の通説を方法論的に検討し、中世商業史研究に画期をもたらした労作。
オンデマンド版　7000円

旗田　巍著
朝鮮中世社会史の研究
高麗時代を中心に、新羅・李朝にわたって、郡県制度、土地制度、家族・身分・村落制度を精細に考察し、朝鮮中世社会の独自な構造と特に土地私有の発展過程を解明する。土地国有論の克服等によって、戦後わが国朝鮮史研究の水準を一挙に高めた。
オンデマンド版　7200円

宮原武夫著
日本古代の国家と農民
人民闘争史観の鮮烈な問題意識に立って、古代国家と農民との矛盾を租税・土地制度・生産諸条件等において綿密に考究し、その上に律令体制下の農民闘争と奴婢の身分解放闘争を展望し位置づける。古代史研究に大きく寄与する新鋭の野心的労作。
オンデマンド版　6000円

家永三郎著
田辺元の思想史的研究
――戦争と哲学者――

西田哲学と並び立つ壮大な思想体系を構築し、「種の論理」に立つ十五年戦争下の協力と抵抗、戦後の宗教的自省とにおいて独自の思索を続けた田辺元。その哲学の生成と展開、思想史的意義と限界を追究し、昭和思想史の一大焦点を鮮やかに照射する。

〔品切〕

誉田慶恩著
東国在家の研究
中世的収取体制の下で幾多の夫役を担いつつ、多彩な農業生産活動を展開した東国辺境地帯の在家農民の実像を古典的在家から田在家への推移のうちに捉える。実証的で周到な論証に加え、研究史を深く検討し、宗教史との関連をも鋭く示唆する好著。
オンデマンド版　6000円

鬼頭清明著
日本古代都市論序説
正倉院文書に記された高屋連赤万呂ら三人の下級官人の生活と行動を追究し、その舞台である平城京の「都市」としての歴史的性格を考察する。優婆塞貢進、民間写経、出挙銭等に関する論稿も収め、さらに文化財保存問題の現状と課題に言及する。

4800円

浅香年木著
古代地域史の研究
――北陸の古代と中世　1
古代のコシ＝北陸地域群の独自な発展過程を、対岸の東アジア及び畿内・イヅモ地域群等との交通、在地首長層と人民諸階層の動向・扇状地・低湿地の開発等の分析によって追究。日本海文化圏を想定して近年の〈地域史〉の模索に貴重な寄与をなす。
7800円

浅香年木著
治承・寿永の内乱論序説
――北陸の古代と中世　2
有数の平氏知行国地帯である北陸道において、在地領主層と衆徒・堂衆・神人集団の「兵僧連合」が義仲軍団の構成勢力として反権門闘争を展開した過程を分析。従来の東国中心の内乱論を問い直す一方、転換期北陸道のダイナミズムを見事に活写。
オンデマンド版　7000円

浅香年木著
中世北陸の社会と信仰
――北陸の古代と中世　3
南北朝動乱と一向一揆の時代の北陸――その庄園領有関係、領主層の動向、商品流通の実態を踏まえつつ、社会生活と信仰、特に泰澄伝承と寺社縁起、在地寺院・村堂をめぐる結衆＝共同体的結合の様相と地域の特殊性を追究する。畢生の三部作完結。
7500円

杉山　宏著
日本古代海運史の研究
明治以降の研究史の検討を踏まえて、朝鮮半島との交流、海人の性格、船舶管理、官物輸送、津と船瀬の造営管理、運送賃、海賊取締等にわたり、律令制成立前―確立期―崩壊期の時期区分に従って古代海運の実態を究明。斯学における初の本格的研究。

4700円

柚木　學著
近世海運史の研究

上方―江戸間、瀬戸内、そして日本海と、近世の主要航路に展開された海上輸送の実態を追究、とくに菱垣廻船、樽廻船、北前船の問屋組織、輸送状況、経営実態を、船と航海術の技術史的背景も視野に入れて分析、近世海運の特質を総体的に捉える。

オンデマンド版　7000円

小早川欣吾著
日本担保法史序説

資本主義以前のわが国において、法制度と経済生活の接点をなした「質」概念の発達、即ち人的担保と物的担保の成立と発展、その諸形態、保証の種類と性格、時代的特質を、研究史上初めて通史的に体系づけた記念碑的労作。待望の改訂新版。

5800円

平山敏治郎著
日本中世家族の研究

公家衆や武士団の中世家族のうち、主に前者に焦点をあて、家の成立と相続、旧家・新家の動向、同族的結合、家礼・門流の問題を考察する。伝承文化の基軸としての家族的結合を、民俗学と歴史学の接点から初めて本格的に追究した注目の書下し。

オンデマンド版　7000円

小野晃嗣著
日本産業発達史の研究

中世における製紙・酒造・木綿機業の三つの産業の成立・展開を追い、その製造技術と組織、流通過程及び用途、幕府の酒屋統制等をも実証的に究明。物を生産する場を捉える斬新な視角と堅実な手法は産業史研究の範とされた。新版。

5800円

秋山國三著
近世京都町組発達史
――新版・公同沿革史

戦国末期より明治三〇年の公同組合設立に至る京都町組三百年の沿革を通観し、町組＝都市の自治を、制度・組織・理念にわたり巨細に追究した古典的労作。著者急逝の直前まで製作に没頭して完成された町組色分け図を付し、増補改訂を得た新版。

9500円

村瀬正章著
近世伊勢湾海運史の研究

伊勢湾・三河湾の近世海運の実態を、廻船業の経営を中心に、浦廻船と商品流通、河川水運、沿海農村の構造的変容、海難及び海上犯罪、造船と海運業の近代化の諸問題にわたって追究する。地方史と海運史の結合がもたらした貴重な研究成果。

5800円

周藤吉之著
高麗朝官僚制の研究

高麗朝は宋の官僚制を導入した官僚国家である。その両府・三司・翰林院・宝文閣・三館等々の中枢機関と地方制度、科挙制、さらに内侍・茶房、兵制に及ぶ官僚制の全体を、宋のそれと綿密に比較し考証する。朝鮮中世の制度史的基底を照射する。

7800円

新村 拓著
古代医療官人制の研究
——典薬寮の構造

令制医療体制の成立から崩壊に至る過程を、国家医療の軸となった内薬司・典薬寮の機構、医療技術官の養成、薬事・医事行政の成立と展開等にわたって追究し、中世医療体制の成立までを展望する。日本医療の通史を構築する注目の第一作。

オンデマンド版 8700円

丹治健蔵著
関東河川水運史の研究

利根川を中心とする近世河川水運は江戸市場の形成に大きな役割を果した。河川問屋・船積問屋の盛衰、領主による河川支配と川船統制の構造、川船の種類や技術を究明、併せて信濃川水運との比較、明治以降の動向をも検討。関係史料67点を付す。

オンデマンド版 7200円

仲村 研著
中世惣村史の研究
——近江国得珍保今堀郷

今堀日吉神社文書の編纂研究を基礎として、惣村農業の形態、村落生活の様相、座商業の特質と展開、守護六角氏と家臣団の郷村支配の実態、郷民の祭祀・芸能等、多角的に追究。今堀郷の徹底的かつ実証的な解明により中世惣村の構造を見事に描く。

9500円

江村栄一著
自由民権革命の研究

自由民権運動を広範な民衆運動の中に位置づけ、国会設立建白書・請願書の網羅的分析、主権論争及び秩父・群馬等の激化事件の考察、新潟県の運動の事例研究等により、ブルジョア民主主義革命としての全体像を描く。〈自由民権百周年〉記念出版。

オンデマンド版 8000円

新村 拓著
日本医療社会史の研究
——古代中世の民衆生活と医療

悲田院・施薬院の機能と歴史を皮切りに、古代中世の疾病と治療、祈療儀礼や養生観、僧医・民間医の動向、医薬書の流布、薬種の流通等々を多面的に検討し、病気と病人を取りまく問題を社会史的に浮彫りにする。技術偏重の医史学を超える労作。

7500円

岡藤良敬著
日本古代造営史料の復原研究
——造石山寺所関係文書

正倉院文書中の造石山寺所関係文書は、古代の建築・彫刻・絵画・工芸等の造営・製作事業の実態を伝える世界史的にも稀な史料である。先行業績を踏まえ、文書断簡の接続・表裏関係、編成順序、記載内容を精細に検討し古代の原型を見事に復原。

6800円

船越昭生著
鎖国日本にきた
「康熙図」の地理学史的研究

清代の康熙帝が在華イエズス会士に実測・作成させた「皇輿全覧図」とそれを採り入れた西欧製地図の伝来は、日本人の世界像の形成、近代的地図作成技術と地理学の発達を促した。百点近い地図図版を収め、受容・考証・利用の過程を克明に追究。

10000円

浜中　昇著
朝鮮古代の経済と社会
——村落・土他制度史研究

正倉院所蔵新羅村落文書の精緻な分析により、統一新羅における家族と村落の歴史的性格を考察し、また高麗期の土地制度を田柴科、小作制、公田と私田、民田の租率、賜給田、量田制、田品制等にわたって検討、朝鮮古代史の基礎構造を究明する。

8000円

田端泰子著
中世村落の構造と領主制

山城国上久世荘、備中国新見荘、近江国奥島荘、津田荘その他における村落結合の実態を具さに検討する一方、小早川家・山科家等の領主制の構造、さらに農民闘争の展開を分析する。戦後の研究史を継承して、中世後期社会像の具体化に寄与。

オンデマンド版
6700円

今谷　明著
守護領国支配機構の研究

南北朝・室町期の畿内近国における管国組織の復原を主眼とし、守護所、郡代役所等、地方官衙の成立・所在地・立地条件、守護・守護代・郡代等の人名・在職期間等を精細に考証して、守護領国概念の有効性と復権を説き、具体像を提示する労著。

8900円

前川明久著
日本古代氏族と王権の研究

古代氏族の成立と発展の過程、とくに記紀神話伝承および伊勢神宮・熱田社が果たした役割を、考古学・歴史地理学・神話学等の広い知見を採り入れて考察を行なう。政治史の枠をこえて大和政権＝古代国家の本質と構造を解明する。

オンデマンド版
8500円

山口隆治著
加賀藩林制史の研究

加賀藩の出廻役、御林山、七木の制、植林政策、請山と山割、焼畑、さらに大聖寺藩の林制等を考察して研究史の欠落を埋める労作。宮永十左衛門「出廻役御用勤方覚帳」をはじめ、「御領国七木之定」、「郷中山割定書并山割帳」等の参考史料を付す。

4500円

牧野隆信著
北前船の研究

その起源と発達の過程、経営と雇用の形態、労使関係、航海と海難、文化交流の実態等々を実証的に追究、北前船の「航跡」を照らし出す。研究史を踏まえたうえで、民俗学の成果を取り入れた、北前船研究の第一人者による三十余年間の集大成。

オンデマンド版 8700円

小野晃嗣著
日本中世商業史の研究

「油商人としての大山崎神人」をはじめ、北野麹座、興福寺塩座・越後青苧座・奈良門前市場・淀魚市等の具体的考証で、今日の中世商工業史及び非農業民研究の先駆となり、今なお大きな影響を与えている著者の単行本未収録全論考（網野善彦解説）

6800円

小野晃嗣著
近世城下町の研究〔増補版〕

江戸や大坂はロンドンやパリをも凌駕せんとする巨大都市であった。世界史的視座から城下町の成立と発展・没落の過程、組織構造、封建社会におけるその経済的意義を究明した古典的名著。「近世都市の発達」他三編の都市論を増補。（松本四郎解説）

7800円

米沢　康著
北陸古代の政治と社会

国造制・国郡制の実態から古代氏族の存在形態と伝承の究明を始め、神済とその史的環境、北陸道の伝馬制、さらに越中からみた『万葉集』の独自な考察に及び、辺境後進地域と見なされてきた北陸＝越中の実像を描き上げる。日生財団刊行助成図書。

6800円

前川明久著
日本古代政治の展開

律令国家の展開、特に七・八世紀政治の特質を究明すべく、聖徳太子妃入内、蘇我氏の東国経営、飛鳥仏教と政治、大化改新と律令制、壬申の乱と湯沐邑、陸奥産金と遣唐使、近江・平城・平安の遷都等を論ずる。日置氏、名張厨司に関する論考を付す。

4800円

土井正興著
スパルタクスとイタリア奴隷戦争
前著『反乱論序説』以来二四年、〈反乱〉から〈蜂起〉へ、さらに〈戦争〉へとその見方を深めた著者は、スハルタクス軍の構成と再南下問題等の細部を検討する一方、古代トラキアや地中海世界の動向の中に位置づけて〈戦争〉の意味を解明する。

11600円

網野善彦著
悪党と海賊
――日本中世の社会と政治
鎌倉後期から南北朝動乱期にかけて活動した悪党・海賊を取り上げ、彼らの位置づけをめぐる従来の通説を検討する一方、その存在形態を明らかにして、中世社会に定位する。精力的な実証研究を通じて日本史像の転換を促し続ける網野史学の原点。
6700円

川添昭二著
中世九州地域史料の研究
覆勘状、来島文書、肥前大島氏関係史料、豊前香春・香春岳城史料、宗像大社八巻文書、太宰府天満宮文書等々を分析・考証して、九州の中世史料総体を論ずる一方、地域規模の史料研究の意義と方法を問う。調査・整理・刊行の技術にも論究する。

7300円

宇佐美ミサ子著
近世助郷制の研究
――西相模地域を中心に
近世の宿駅制を維持すべく設けられた補助的な人馬提供制度であり、同時に地域に役負担を課す幕府の経済支配政策の一環でもあった助郷制。小田原宿・大磯宿を中心に、その成立と実態、地域間の係争や貨幣代納への転換、解体の過程を究明する。
9000円

山内　譲著
中世瀬戸内海地域史の研究
弓削島荘・菊万荘・得宗領伊予国久米郡等の沿岸部・島嶼部荘園の存在構造、産物と輸送など特質の分析をはじめ、塩入荒野の開発、村上氏＝海賊衆の水運・流通・軍事の各方面の活動と海城の実態、伊予河野氏の成立と消長の過程等々を追究する。

7100円

笠谷和比古著
近世武家文書の研究
「文書学」と「文書館学」の統一的研究の必要を唱える独自の視点から、全国に伝存する近世武家文書の内容構成を網羅的に概観し、幕藩関係及び各大名家（藩）間の、またその内部で作成・授受される、諸文書の類型・機能・伝存等々を考察する。

5300円

賀川隆行著
江戸幕府御用金の研究
宝暦・天明期の大坂御用金の指定・上納・返済・年賦証文等々分析、賦課と反発、その経済効果や混乱の実態を解明する。また、文久以降の三井組・大坂銅座・長崎会所・箱館産物会所等の業務・財政構造から近世後期の金融・経済政策を展望する。

7700円

村瀬正章著
伊勢湾海運・流通史の研究
江戸期から近代初頭に至る、米・酒や味醂・木綿・木材・干鰯・大豆・塩などの物産と流通、伊勢・尾張・三河の諸港と廻船経営、海難と漂流、沿海農村の問題を実証的に検討する。豊かで多様な経済活動の実態を掘り起こす、伊勢湾の経済史的研究。

6800円

山口隆治著
加賀藩林野制度の研究
「近世の林野は誰のものか」という問題意識から出発し、林制と改作法の関係、藩有林や留木制度の設定、民有林の成立、植林政策の推進と山林役職の整備、白山麓の焼畑用地、そして出作りの実態に及ぶ。史料「出廻役御用勤方覚帳」他三編を収録。

8800円

松薗　斉著
王朝日記論
平安貴族らが「公事情報」を蓄積するために記した日記は、「家の日記」、「日記の家」を生み、国家レベルの「情報装置」となり、「家記のネットワーク」を形成した。「情報史」の視点から、王朝日記の発生・展開・終焉の過程を辿り、機能と意義を追究する。

4500円